KB205535

예루살렘과 아테네

신학 방법론

윤철호교수 정년은퇴 기념

예루살렘과 아테네
신학 방법론

초판 1쇄 인쇄 | 2020년 7월 27일
초판 1쇄 발행 | 2020년 8월 7일

지은이 윤철호
펴낸이 임성빈
펴낸곳 장로회신학대학교 출판부

등록 제1979-2호
주소 04965 서울시 광진구 광장로5길 25-1(광장동 353)
전화 02-450-0795
팩스 02-450-0797
이메일 ptpress@puts.ac.kr
홈페이지 http://www.puts.ac.kr

값 25,000원
ISBN 978-89-7369-463-1 93230

＊이 도서의 국립중앙도서관 출판예정도서목록(CIP)은
 서지정보유통지원시스템 홈페이지(http://seoji.nl.go.kr)와
 국가자료공동목록시스템(http://www.nl.go.kr/kolisnet)에서
 이용하실 수 있습니다. (CIP제어번호 : CIP2020029989)

윤 철 호 교 수　정 년 은 퇴　기 념

예루살렘과 아테네

● 신 학 방 법 론 ●

윤철호지음

장로회신학대학교출판부

머리말

고대교회의 교부들 가운데 한 사람이었던 터툴리아누스는 예루살렘과 아테네는 아무런 관계가 없다고 주장했다. 예루살렘은 계시의 도시이고 아테네는 철학의 도시인데, 계시와 철학은 아무 관련이 없기 때문이라는 것이다. 그에 따르면, 기독교 신학은 하나님의 계시를 신앙으로 받아들이는 학문이기 때문에 인간의 이성에 의존하는 철학과는 아무런 관계가 없다. 따라서 신학의 진리를 철학적으로 이해 가능한 방식으로 증명하려고 할 필요가 없다. 그래서 그는 "나는 불합리하기 때문에 믿는다" Credo quia absurdum 라는 유명한 말을 남겼다.

그러나 고대교회에 터툴리아누스와 같은 교부만 있었던 것은 아니다. 저스티누스와 클레멘트 같은 교부들은 기독교의 진리를 헬라 철학의 관점에서 이해 가능한 방식으로 설명하고자 하였다. 주지하는 바와 같이 고대교회의 가장 중요한 신학적 논쟁은 로고스 개념을 중심으로 한 기독론 논쟁이었다. 헬라 개념인 로고스를 예수 그리스도와 관련하여 어떻게 이해해야 하는가 하는 것은 기독론뿐만 아니라 삼위일체론의 형성에 결정적으로 중요한 문제였다. 로마제국 시대에 변방 팔레스타인의 소수집단이었던 기독교가 오늘날 세계종교가 될 수 있었던 것은 무엇보다 성령의 능력에 사로잡힌 바울과 같은 사도들의 헌신적인 선교에 힘입은 것이지만 이와 아울러 기독교가 그리스 로마와의 상호 변혁적인 관계 안에서 헬레니즘 세계를 포용하고 끌어안았기 때문이기도 하다.

우리는 신약성서에서 바울이 아레오바고에서 아테네 사람들에게 복음을 전할 때 그들이 알아들을 수 있도록 그들의 종교심에 호소하면서 하나님을 "알지 못하는 신"^{행 17:23}으로 소개한 것을 발견할 수 있다. 성서 주석가와 설교자들 가운데는 바울이 아레오바고에서 합리적인 방식으로 복음을 전하고자 했기 때문에 선교에 실패했다고 보는 사람들이 있다. 그러나 이러한 견해는 충분한 근거가 없다. 우리는 바울의 선교가 언제나 성공적인 것만은 아니었으며 또한 선교의 과정에서 때때로 말할 수 없는 어려움과 고난을 당했음을 기억할 필요가 있다. 아레오바고에서 바울은 복음을 증언하기 위해 자신이 할 수 있는 모든 최선의 노력을 다했을 뿐이며, 그가 변증적인 방식으로 선교했기 때문에 실패했다고 단정하는 것은 지나친 억측이다.

신학의 변증적 과제는 단지 탈기독교화, 세속화된 오늘날 생겨난 문제가 아니라 이미 최초의 교회 시기와 고대교회 시기부터 있었다. 물론 기독교의 진리를 세상의 철학의 관점에서 설명하려고 하다가 기독교의 진리 자체가 훼손되거나 변질될 위험성은 항상 존재하며 이 가능성은 종종 현실이 되었다. 그러나 그렇다고 기독교가 세상과 담을 쌓고 폐쇄적인 게토^{ghetto}에서 자신만의 배타적 진리를 종파주의적으로 주장할 수는 없는 일이다. 터툴리아누스가 유감스럽게도 말년에 종파주의에 빠진 것도 "불합리하기 때문에 믿는다"는 자신의 종교적 신념과 무관하지 않을 것이다.

오늘날 많은 사람이 한국교회가 위기에 처해있다고 말한다. 한국교회가 위기에 처하게 된 원인들은 여러 가지가 있겠지만 그 가운데 하나는 한국교회 특히 개신교가 세상과 소통할 줄 모르는 독선적이고 배타적인 종교집단으로 인식되고 있기 때문이다. 오늘날 기독교 신학은 옛날처럼 단지 철학뿐만 아니라 다양한 인문·사회·자연과학 분야들과 대화하지 않을 수 없다. 특히 오늘의 과학 시대에 여러 자연과학 분야들과의 대화는 필수석인 신학적 과제이다. 이 책에서 필자는 신앙과 이성, 신학과 과학, 은혜와 자연, 구속신학과 자연신학 사이의 잘못된 이분법을 극복하는 통전적인 신학 방법론의 길을 모색하고자 한다. 다시 말하면, 이 책에서 필자는 예루살렘에서 출발하되 아테네와 열린 마음으로 대화함으로써 기독교가 자신의 정체성을 잃지 않으면서 자신의 진리를 가능한 한 이해 가능한 방식으로 변증하기 위한 신학 방법론의 전망을 제시하고자 한다. 여기서 아테네는 단지 고대 그리스의 도시가 아니라 오늘날의 모든 인간의 삶의 자리가 될 수 있고 또한 단지 인간의 거주지가 아닌 자연이 될 수도 있다.

이 책은 필자의 은퇴 기념 논문집으로 기획되었다. 아무런 소망이 없던 자를 불쌍히 여기시고 긍휼과 자비를 베풀어 주셔서 절망의 골짜기에서 구원해 주시고 지금 여기까지 인도해 주신 하나님의 은혜는 말로 표현할 길이 없다. 선지동산에서 미래의 교회 지도자들을 가르치며 연구하며 보낸 지난 30년은 너무도 영광스럽고 감사한 날들이었다. "내가 여호

와를 기다리고 기다렸더니 귀를 기울이사 나의 부르짖음을 들으셨도다. 나를 기가 막힌 웅덩이와 수렁에서 끌어 올리시고 내 발을 반석 위에 두사 내 걸음을 견고케 하셨도다"시 40:1-2.

이 책에 실린 글들은 신학 방법론에 대한 필자의 일관된 관심을 반영하는 글들로서, 다수가 여러 학술지에 발표되었던 글들이다. 이 책은 필자의 정년은퇴를 기념하는 은퇴기념예식준비위원회의 지원으로 출판되었다. 준비위원장으로 모든 행사를 주관하고 이끌어주신 신옥수 교수님과 조직신학과와 기독교사상연구부의 동료 교수님들, 그리고 바쁜 목회 일정 가운데에서도 기꺼이 후원회장의 짐을 맡아 물심양면으로 지원해주신 이상학 목사님과 여러 후원 교회와 목사님들께 감사드린다. 그리고 필자의 생애와 사상에 관해 그리고 필자의 저술들에 나타나는 일곱 가지 신학 주제에 관해 글을 써준 여덟 분의 박사님들의 따뜻한 배려에 감사의 마음을 표한다. 그리고 또한 출판을 허락해 주신 장로회신학대학교 출판부와 편집을 위해 수고해준 김정형 교수, 참고문헌과 색인 작업을 도와준 서현우 전도사와 김혜자 목사 그리고 여러 학생들에게 고마운 마음을 전한다.

2020년 2월
광나루 아차산 기슭 선지동산에서
윤 철 호

차례

머리말 ·· 5

제1부 신학과 철학

제1장 **신학과 철학의 관계와 철학적 신학** ································ 16

    Ⅰ. 서론 / 17

    Ⅱ. 철학이란 무엇인가? / 19

    Ⅲ. 신학이란 무엇인가? / 36

    Ⅳ. 철학적 신학의 조망 / 52

    Ⅴ. 결론 / 68

제2장 **신학과 철학의 관계성에 대한 역사적 개관** ···················· 78

    Ⅰ. 서론 / 79

    Ⅱ. 신학과 철학 사이의 내재적 긴장 / 80

    Ⅲ. 고대교회에서의 철학과 신학 / 85

    Ⅳ. 중세교회에서의 철학과 신학 / 93

    Ⅴ. 중세 이후 현대에 이르기까지의 신학과 철학 / 98

    Ⅵ. 결론 / 105

제3장 **신학의 학문성과 포스트 토대주의 신학** ······················· 110

    Ⅰ. 서론 / 111

    Ⅱ. 이해를 추구하는 신앙으로서의 신학 / 112

    Ⅲ. 지식(지혜)으로서의 신학과 학문으로서의 신학 / 117

    Ⅳ. 전통에 대한 해석학으로서의 신학 / 121

Ⅴ. 비판적 학문으로서의 신학 / 125

Ⅵ. 보편적 학문으로서의 신학 / 128

Ⅶ. 포스트 토대주의 신학, 그리고 신학과 과학의 인식론적 중첩 / 132

Ⅷ. 포스트 토대주의 신학과 다원적인 학제간 대화 / 137

제4장 **포스트 토대주의 신학에서의 합리성: 호이스틴과 슐츠를 중심으로** 142

Ⅰ. 서론 / 143

Ⅱ. 토대주의와 비토대주의 사이의 중도로서의 포스트 토대주의 / 146

Ⅲ. 포스트 토대주의의 네 가지 대구(對句) / 152

Ⅳ. 포스트 토대주의 합리성 모델에서의 인식론과 해석학 / 164

Ⅴ. 결론 / 166

제5장 **비판적 실재론의 관점에서의 성서 이해와 해석학** 172

Ⅰ. 서론 / 173

Ⅱ. 과학철학에서의 비판적 실재론 / 176

Ⅲ. 신학에서의 비판적 실재론 / 182

Ⅳ. 비판적 실재론의 관점에서의 성서 이해 / 188

Ⅴ. 결론 / 201

제2부 현대의 신학 방법론

제6장 **프리드리히 슐라이에르마허: 신앙·경험적 신학 방법론** 210

Ⅰ. 서론 / 211

Ⅱ. 새로운 방법론적 전환을 위한 사상적 배경 / 212

Ⅲ. 『신앙론』에 나타난 슐라이에르마허의 신학체계 / 219

Ⅳ. 슐라이에르마허에 대한 신학적 평가 / 234

Ⅴ. 결론: 성서말씀과 의식/경험, 계시와 종교 / 247

제7장 **칼 바르트: 계시 실재론적 신학 방법론** ⋯⋯⋯⋯⋯⋯⋯⋯⋯⋯ 256

   Ⅰ. 서론 / 257

   Ⅱ. 바르트의 신학 여정에 나타나는 신학 방법론의 변화 / 259

   Ⅲ. 계시신학과 자연신학, 그리고 종교비판 / 265

   Ⅳ. 하나님의 말씀(예수 그리스도)으로서 하나님의 인격적 현존과 성서에 대한 충실성 / 270

   Ⅴ. 예정(선택), 그리고 창조와 악 / 274

   Ⅵ. 결론 / 280

제8장 **루돌프 불트만: 실존론적 신학 방법론** ⋯⋯⋯⋯⋯⋯⋯⋯⋯⋯ 290

   Ⅰ. 서론 / 291

   Ⅱ. 마르틴 하이데거의 철학 / 293

   Ⅲ. 하이데거의 철학과 불트만의 신학 / 300

   Ⅳ. 불트만의 신학 방법론 / 304

   Ⅴ. 불트만의 신학 방법론에 대한 평가 / 312

   Ⅵ. 결론 / 318

제9장 **칼 라너: 초월론적 신학 방법론** ⋯⋯⋯⋯⋯⋯⋯⋯⋯⋯⋯⋯ 320

   Ⅰ. 서론 / 321

   Ⅱ. 라너의 사상적 배경: 근대 독일 철학과 가톨릭 신학 전통 / 322

   Ⅲ. 라너의 신학 방법론 / 331

   Ⅳ. 결론: 초월론적 토미즘 / 347

제10장 **볼프하르트 판넨베르크: 종말론적 신학 방법론** ⋯⋯⋯⋯⋯ 352

   Ⅰ. 서론 / 353

   Ⅱ. 판넨베르크의 종말론적 신학의 핵심 주제들 / 355

   Ⅲ. 판넨베르크의 종말론적 신학의 핵심 주제들에 대한 반성적 고찰 / 373

   Ⅳ. 결론: 사랑의 하나님, 하나님의 사랑 / 382

제11장 데이비드 트레이시: 공적 신학으로서의 조직신학을 위한 해석학적 신학 방법론 386

    Ⅰ. 서론 / 387
    Ⅱ. 신학의 세 공적 영역과 신학의 세 분야 / 388
    Ⅲ. 고전적 종교 텍스트 해석학으로서의 조직신학의 공공성 / 393
    Ⅳ. 상대적 적절성을 지닌 신약성서의 다양한 표현(장르)들: 문학비평적 접근 / 397
    Ⅴ. 오늘날의 기독론을 위한 해석학적 가이드 / 400
    Ⅵ. 오늘날의 상황에서의 기독교인의 응답 / 402
    Ⅶ. 유비적 상상력 / 405
    Ⅷ. 결론 / 408

제3부 통전적(온) 신학 방법론

제12장 기독교 자연신학에 대한 방법론적 고찰 420

    Ⅰ. 서론 / 421
    Ⅱ. 구약성서의 창조신학 / 423
    Ⅲ. 기독교 역사 속의 자연신학 / 427
    Ⅳ. 기독교 자연신학 / 432
    Ⅴ. 창조신학과 과학신학으로서의 기독교 자연신학 / 435
    Ⅵ. 몰트만의 기독교 자연신학 / 440
    Ⅶ. 포스트 토대주의적 기독교 자연신학 / 444
    Ⅷ. 결론 / 447

제13장 통전적 신학 방법론: 춘계 이종성의 신학 방법론을 중심으로 450

    Ⅰ. 서론 / 451
    Ⅱ. 『신학서론』에 나타난 통전적 신학 방법론 / 453
    Ⅲ. 『통전적 신학』에 나타난 이종성의 통전적 신학 방법론 / 462
    Ⅳ. 결론 / 473

제14장 **통전적(온) 신학 방법론 수립을 위한 화쟁사상의 의미:**
원효의 「십문화쟁론」(十門和諍論)을 중심으로 ⋯⋯⋯⋯⋯⋯⋯⋯⋯⋯⋯ 480

    Ⅰ. 서론 / 481
    Ⅱ. 「십문화쟁론」이란? / 484
    Ⅲ. 「십문화쟁론」의 내용 / 487
    Ⅳ. 배타적 견해의 쟁론을 조화시키는 화쟁의 논법 / 496
    Ⅴ. 결론 / 501

부록   윤철호 교수의 신학 세계 ⋯⋯⋯⋯⋯⋯⋯⋯⋯⋯⋯⋯⋯ 507

    1. 윤철호 교수의 이력 / 509
    2. 윤철호 교수의 생애와 사상(최유진) / 525
    3. 윤철호 교수의 기독론(박성규) / 537
    4. 윤철호 교수의 해석학(안윤기) / 542
    5. 윤철호 교수의 삼위일체론(김경래) / 547
    6. 윤철호 교수의 인간론(황수진) / 552
    7. 윤철호 교수의 설교 및 설교학(김정형) / 558
    8. 윤철호 교수의 교회론과 공적신학(이관표) / 563
    9. 윤철호 교수의 신학방법론(이상은) / 570

참고문헌 ⋯⋯⋯⋯⋯⋯⋯⋯⋯⋯⋯⋯⋯⋯⋯⋯⋯⋯⋯⋯⋯⋯⋯ 575
주제 찾아보기 ⋯⋯⋯⋯⋯⋯⋯⋯⋯⋯⋯⋯⋯⋯⋯⋯⋯⋯⋯⋯ 585
인명 찾아보기 ⋯⋯⋯⋯⋯⋯⋯⋯⋯⋯⋯⋯⋯⋯⋯⋯⋯⋯⋯⋯ 590

제1부 신학과 철학

제1장

/

신학과 철학의 관계와
철학적 신학

• 이 글은 윤철호, "철학적 신학에의 조망," 『장신논단』 9 (1993), 10 (1994)를 수정·보완한 것임.

I. 서론

신학과 철학의 관계와 철학적 신학에 대하여 고찰하기 위해서는 우선 우리가 일반적으로 사용하는 단어의 개념에 대한 기초적인 의미 규정이 필요하다. 철학이란 무엇인가? 신학이란 무엇인가? 그리고 철학적 신학이란 무엇인가? 철학이나 신학 그리고 철학적 신학에 대한 의미 규정에 있어서 어려운 문제는 보편적으로 널리 공인된 사전식 정의가 존재하지 않는다는 데 있다. 신학이 무엇이냐 하는 물음에 대하여 신학자들의 이해가 매우 다양한 스펙트럼을 형성하고 있으며, 철학에 있어서도 사정은 마찬가지이다. 철학이 무엇이냐에 대한 질문을 받은 어느 유명한 신학자의 이야기가 회자되고 있다. 그는 자기 서가에 꽂혀 있는 모든 책을 가리키면서 "저것이 철학이다."라고 말했다고 한다. 무슨 의미인가? 그는 적어도 두 가지를 의미했을 것이다. 즉 철학이란 정의하기가 극히 어렵다는 사실과 철학이란 매우 넓고 다양한 정신활동의 영역을 포함하는 것이라는 사실이다.

철학의 본성과 과제에 대하여 철학자들 모두가 동의하는 정의와 규정이 없는 것처럼, 기독교 신학자들 사이에서도 신학의 정의와 과제에 대한 매우 다양한 이해와 입장이 존재한다. 신학에 대한 어느 신학자의 정의는 바로 그 신학자가 지향하고 있는 신학함의 성격과 방향을 단적으로 보여준다. 철학과 마찬가지로 신학도 분리할 수는 없으면서도 구별되는 많은 분야로 구성되어 있다. 예를 들면 구약, 신약신학, 역사신학, 조직신학^{교의학}, 실천신학, 변증학 등이 그것이다. 시대에 따라 이 중의 어느 분야가 다른 분야보다 더욱 중요시되기도 하였다. 물론 신학에는 기독교 신학뿐 아니라, 유대교 신학, 이슬람교 신학 등도 있을 것이다. 그러나 우리의 주된 관심은 기독교의 신학에 있으므로 여기서는 신학의 의미를 제한시켜 기독교 신학만을 의미하기로 한다.

또한 여기서는 하나님에 대한 어떤 종류의 사고도 폭넓게 포함하는 넓은 의미에서의 신학보다는 하나님에 대한 교회의 신앙을 체계적으로 심사숙고하여 규정하고 밝히는 좁은 의미에서의 신학을 논의의 주제로 삼기로 한다. 넓은 의미에서 말하자면 성서의 기자들 자신이 이미 신학을 가졌다. 구약을 연구함에 있어서 야훼주의자의 신학이나 신명기 역사학자들에 관해 이야기하는 것은 지극히 일반적이고 또한 타당하다. 마찬가지로 신약을 연구함에 있어서 공관복음서 기자들의 신학이나 요한의 신학, 또는 바울의 신학에 관해 이야기하는 것은 이미 상식적이다. 그들은 신학적으로 사고하였으며 그들의 글들은 분명히 신학적인 주제와 개념들로 가득 차 있다.

그러나 그들은 후대의 '신학자들'처럼 조직적이고 보다 반성적인 방식으로 신학을 수행하지는 않았다. 계시의 진리에 대한 체계적이니 해석이라든가 또는 기독교 신앙에 대한 조직적인 진술이라는 의미로서의 '교의학'dogmatics이라는 용어를 사용하자면, 성서 안에는 분명히 아무런 교의학도 없다. 이런 의미의 교의학은 후대에 교회의 역사과정 속에서 시작된 것이다. 여기서는 이런 좁은 의미에서의 '신학'에 관해 생각해 보고자 한다. 하지만 여기서 논술되는 신학의 방법과 내용은 전통적인 의미의 교의학을 넘어설 것이다.

모든 신학은 다 어느 정도는 철학적이다. 왜냐하면 신학은 철학에 있어서 긴 역사를 가지고 있는 용어와 개념을 많이 사용하기 때문이다. 특히 기독교 신학이 시작되었던 A.D. 2세기경에 신학은 명백히 철학적인 용어와 개념들로 신앙을 진술하였다. 그럼에도 불구하고 현대에 들어 '철학적 신학'이란 용어가 부정적인 개념으로 연상되게 되었다. 그러나 우리는 철학적 신학의 특수한 실제적 형태들과 그 자체로서의 철학적 신학을 구별해야 한다. 어느 특정한 철학적 신학이 의문시된다고 해서 '철학적 신학' 개념 자체를 부당한 것으로 여겨서는 안 된다. 또한 때때로 철학적 신학을 개혁신학 전통과 배치되는 것으로 오해하는 사람들도 없지 않다. 이것은 사실상 자신에게 익숙하지 않은 개념이나 사상을 배척하는 태도에서 비롯된 것이다. 철학적 신학에 대한 보다 올바른 이해를 통하여 이러한 잘못된 선입견과 태도가 교정되기를 기대한다.

이 글에서 우리는 신학과 철학의 관계를 살펴보고 철학적 신학의 타당성과 정당성에 관해 고찰해 봄으로써 철학적 신학에 대한 올바른 이해와 조망을 발견하고자 한다. 글의 전개 방식은 변증법적이다. 먼저 철학과 신학에 대하여 각각 고찰하고 철학적 신학의 전망을 논술하였다.

II. 철학이란 무엇인가?

1. 철학과 존재론적 물음

철학은 우주와 존재에 대한 일종의 경이감과 놀라움과 더불어 시작된다고 할 수 있다. 왜 이 우주가 존재하는 것일까? 왜 어떤 존재가 존재하는가? 존재하지 않을 수도 있는데 왜 이 우주 안에 이 우주를 인식하는 의식이 존재하는가? 이 우주가 존재하고 이 우주 안에서 이 우주를 생각할 수 있는 존재들이 있다는 사실은 무엇을 의미하는가?

니니안 스마트 Ninian Smart 는 우주가 우리의 집이라고 말했다. 그러나 우리는 종종 우주가 실제로 낯선 이방인의 거처는 아닌가 하고 의구심을 갖게 된다. 철학과 과학은 그러한 의구심, 낯선 이방성의 느낌으로부터 출발한다. 철학은 이러한 의구심과 경이감의 표현이다. 그러나 철학은 또한 이러한 수수께끼 같은 실재를 우리의 이해의 영역 안에서 붙들어 보고자 하는 노력이다. 스위스 철학자 잔 허쉬 Jeanne Hersch 는 놀라움을 경험할 수 있는 능력이야말로 우리를 인간으로 만드는 요소라고 말했다. 사람들은 인간의 존재의 여러 측면들을 포함하여 많은 것에 대하여 경이감을 경험한다. 이것이 철학의 시작이다.

고대의 그리스 사상가들은 모든 것은 변한다는 사실을 깨달았다. 그들은 이 사실을 이상하게 생각했다. 그리고 이 변화하는 모든 실재 안에 변화하지 않는 그 무엇이 있다면 그것이 무엇인가를 물었다. 모든 생성 소멸하는 만물 가운데 변하지 않는 영원한 것은 무엇인가? 다른 말로 표현한다면, 모든 변화하는 실재 안에 있는 변화하지 않는 영속적인 실체는 무엇인가? 무엇이 근본적인 실재인가? 서양철학의 역사는 이 문제에 답변하기 위한 사고의 역사이다.

폴 틸리히 Paul Tillich 는 철학함의 과정이 어떻게 시작되었는지 매우 독특하게 설명한다. 그에 의하면 철학은 존재 being, 즉 존재 자체 being itself 또는 존재로서의 존재 being as being 에 대한 물음을 묻고 답변하기 위한 시도이다. 이것은 존재들 beings 과 실체들 entities 에 관한 물음이 아니다. 그것은 오히려 우리가 어떤 것이 존재한다 is 고 말할 때 우리가 무엇을 의미하느냐

하는 물음에 관한 것이다.[1] 왜 우리는 이러한 질문을 하는가? 틸리히에 따르면 철학적 충격, 다른 말로 형이상학적 충격 혹은 존재론적 충격이 존재 즉 있음에 관한 질문을 불러일으킨다고 한다. 이러한 충격은 비존 재의 위협으로부터 발생한다고 틸리히는 말한다.[2]

한 인간으로서의 우리 자신의 존재에 대하여 생각해 보자. 우리의 존 재가 매우 쉽사리 사라져 버리고 더 이상 인식의 대상이 되지 못한다는 사실을 생각할 때, 한 인간으로서의 당신의 존재와 당신의 개념이 당신 에게 의문과 경이감을 불러일으키는 바로 그 무엇이라는 말이다. 모든 것은 일시적이다. 그리고 개별적인 인간으로서의 우리의 존재에 대하여 참인 것은 또한 이 세상과 전 우주에 대하여도 참이다. 틸리히에 의하면, 만일 우리가 무 또는 비존재가 존재할 가능성에 대해 숙고할 때, 우리는 일종의 철학적 충격, 또는 존재론적 충격을 경험한다는 것이다. 이 충격 은 이 세상, 이 우주, 그리고 무엇보다도 존재being가 존재한다is는 사실의 의미에 대한 물음을 촉발한다.

이러한 질문들은 이미 철학이 시작되기 전에 발전되었던 신화들 안 에 함축적으로 내재해 있다. 이 '존재'에 대한 해석이 아리스토텔레스Aris-totles가 "첫 번째 철학"이라고 부른 바로 그것이다. 이것이 형이상학이다. 그리고 그 뒤를 따라 우리가 가정하고 아는 대로의 이 세상을 구성하고 있는 많은 다양한 존재들에 대한 숙고가 생겨났다. 물론, 아리스토텔레스 는 형이상학과 경험주의적 과학적 탐구를 서로 관련시켰다. 말하자면 그는 동시에 위로부터from above 그리고 아래로부터from below 사고를 전개하였다.

---

1   환언하면 틸리히에게 있어서 철학적 질문은 'ontological'한 것이지 'ontic'한 것이 아니다.
2   Paul Tillich, *Systematic Theology*, vol. 1 (Chicago: The University of Chicago Press, 1951), 181.
    Paul Tillich, *The Protestant Era* (Chicago: The University of Chicago Press, 1957), 85.

2. 철학에 대한 다양한 이해와 형이상학(존재론)

형이상학적인 질문들을 다루는 것을 공허하거나 그릇된 일로 생각하는 철학자들이 적지 않다. 왜냐하면 형이상학적 철학은 우리가 경험하고 아는 이 세상을 넘어선 사변적이고 복잡한 관념을 구축하고 있기 때문이다. 또한 그러한 철학은 매우 추상적이며, 그러한 실재에 대한 관념의 상들이 진리를 그 안에 갖고 있다고 믿을 만한 구체적이고 실증적인 근거가 없기 때문이다.

유럽의 대륙의 철학과 영국의 철학의 주된 차이점들 가운데 하나는 전자는 형이상학적 철학을 추구하는 반면 후자는 경험적인 사물들을 다루는데 큰 관심을 갖고 있다는 것이다. 영국 철학은 자기주장에 있어서 좀 더 소박하고 겸손한 셈이다. 버트란드 러셀Bertrand Russel은 관찰된 사실들이야말로 철학을 위한 훨씬 더 확고한 근거를 마련해 준다고 믿었다. 관찰된 사실들로부터 지식을 획득, 형성해 가는 이러한 방법론이 귀납적 방법론이라면 형이상학은 소수의 가장 근본적인 원리나 명제들로부터 광대한 체계를 구축해 가는 점에 있어서 연역적 방법론이라고 할 수 있다.[3]

지금까지 세워진 형이상학 체계 가운데 가장 그 스케일이 광대한 것 중의 하나는 19세기 초의 프리드리히 헤겔G. W. Friedrich Hegel의 형이상학 체계이다. 자연과 역사를 포함하는 모든 것, 그리고 인간이 개인적이고 사회적인 삶 속에서 행하는 모든 것이 절대관념의 관점에서 이해되었다.

---

[3] Bertrand Russel, *A History of Western Philosophy* (New York: Simon and Schuster, 1945), 643 이하.

절대정신Absolute Spirit, Geist이라고 불리는 이 절대관념이 가장 근본적인 실재인 것이다. 한동안 헤겔의 사상은 매우 인기가 있었다. 그러나 차츰 헤겔이 정말 실제적인 세계에 관해 말하고 있는가에 대한 의문이 일어나기 시작하였다. 그는 일상적이고 실제적인real 세계를 서술하고 있는가 아니면 비실제적이고 초 일상적인 세계를 창조하고 있는가 하는 의문이다. 헤겔의 사상 체계만 심각하게 비판을 받게 된 것이 아니라 그의 전 형이상학적 과업 자체가 의문시되게 되었다.

어떤 철학자들은 대신에 철학은 형이상학적 문제들이 아니라 무엇보다도 우선 인식론적 문제들에 관심을 기울여야 한다고 주장하였다. 특히 임마누엘 칸트Immanuel Kant가 철학의 과제를 형이상학으로부터 인식론으로 전환시킨 이후, 존재론이 아니라 인식론 즉 어떤 실재 자체의 실재론적 본성에 대한 관심보다는 그 실재를 인식하는 인식작용noesis과 그 인식작용에 의해 구성되는 지향적 대상noema에 대한 관심이 현대철학의 주된 관심사가 되었다. "내용이 없는 사고는 공허하고, 개념이 없는 직관은 맹목적이다"[4]라는 칸트의 명제는 외부의 감각자료들에 대한 감성적 직관에 기초하여 선험적초월적 개념에 의한 선천적 종합판단을 통해 인간 의식의 주관성 안에서 인식이 구성됨을 표현한다.

그러나 헤르더Johann Gottfried von Herder, 딜타이Wilhelm Dilthey에 의해 인간실존과 이해의 철저한 역사성에 대한 자각이 일어나면서, 인식론은 다시금 해석학으로 전환하였다. 편견 없는 순수한 가치 중립적이고 객관적인 인식이란 존재하지 않는다. 왜냐하면 그런 인식 주체가 역사적으로 존재하

---

4   Immanuel Kant, *Critique of Pure Reason*, trans. Norman Kemp Smith (New York: Palgrave Macmillan, 1929, 2003), 93.

지 않기 때문이다. 인간은 자신이 속해 있는 전통의 영향사Wirkungsgeschichte 또는 생활세계Lebenswelt 안에서 주어지는 이해의 선구조로 말미암아 언제나 이미 (적어도 암묵적으로) 해석함으로써 이해한다. 철학적 해석학을 수립한 20세기의 대표적인 철학자들로서 마르틴 하이데거Martin Heidegger와 한스 게오르그 가다머Hans-Georg Gadamer가 있다. 한편, 영국의 언어분석철학은 언어에 대한 물음에 더 관심을 기울인다. 우리가 말하는 바는 무엇을 의미하는가? 우리는 어떻게 우리가 내세우는 명제들이 참인 것을 아는가? 어떤 식의 이야기와 논술이 의미가 있는가? 이러한 질문들과 더불어 철학은 인간이 경험하는 세계 안에 그 사고의 영역을 제한한다.

그러나 이와 같은 경험론적인 입장과 관심과는 달리, 많은 다른 철학자들은 형이상학적 질문들은 도외시하거나 억누를 수 없는 것으로 생각한다. 틸리히는 말하기를 만일 철학이 단순히 인식론이라면, 그것은 오직 사고의 칼날을 날카롭게 할 뿐이며 실제로 아무것도 자르지 못하는 것과도 같다고 하였다.[5] 사고함에 있어서 앞으로 나아가기 위해서는 용기가 필요하며 더욱이 우리는 형이상학적인 논의로 들어가기를 회피할 수도 없고, 회피해서도 안 된다는 것이다.

그러나, 이제 아마도 형이상학은 이전과는 좀 다른 방향으로 나아가야 할 것이다. 초 일상적인 세계를 구축하려 한다는 인상을 주지 않기 위해서는, 형이상학은 일상적인 세상에 대한 이성적인 이해의 빛을 던져 주어야 한다. 형이상학은 비실제적이고, 진기한 세상을 창조하려 하기보다는 실제적이고 일상적인 세상을 비범하고 진기한 방식으로 다루도록 하여야 한다. 그러나 우리가 이 일상의 세계에 대하여 말하는 방식은 이

---

5 Paul Tillich, *The Protestant Era*, 89.

세계가 우리에게 부딪혀 오는 방식만큼이나 다양하다. 따라서 많은 종류의 상이한 형이상학적 체계나 모델이 또한 존재하게 된다.

하이데거는 전통적인 형이상학이 존재를 존재자와 혼동하고 존재에 대한 물음을 상실했다고 비판하면서, 전통적인 형이상학과 달리 현존재 Dasein로서 인간이 경험하는 일상적인 생활세계로부터 출발하는 기초 존재론을 새로운 철학 패러다임으로 제시하였다.[6] 그에 따르면, 모든 존재자들 가운데 현존재인간만이 존재 물음을 물을 수 있는 존재자이며, 현존재만이 존재 이해를 갖는다. 그는 존재 이해를 갖는 현존재의 고유한 존재방식을 '이성'이 아니라 '실존'으로 규정했다. 현존재의 고유한 존재방식인 '실존'Existenz은 다른 존재자들의 존재양태인 '있음'ist과 본질적으로 구별된다. 그러나 후기에 하이데거는 현존재로부터 존재로 나아가는 실존론적 접근으로부터 존재로부터 현존재로 들어오는 존재론적 접근으로 전환하였다. 이 존재론적 접근에서는 존재를 탈은폐하는 시적 언어의 기능과 현존재로서의 인간의 자기위임 die Gelassenheit 의 중요성이 강조된다.

알프레드 노스 화이트헤드A. N. Whitehead는 양자물리학, 심리학과 같은 경험과학으로부터 출발하는 형이상학적 체계를 수립하고자 하였다. 화이트헤드에 따르면, 형이상학이란 우주 전체와 그 각 부분을 이해할 수 있는 가장 일반적 개념을 탐색하는 것이다. 그는 다음과 같이 형이상학을 정의하였다. "형이상학이란 발생하는 모든 것들을 분석하기에 필수 불가결하며 적합한 일반적인 관념을 발견해내기 위해 노력하는 과학이다."[7] 이와 같이 형이상학은 실재에 대한 완전한 상, 즉 존재하는 모든 것

---

6   Martin Heidegger, *Being and Time*, trans. John Macquarrie and Edward Robinson (New York/ Evanston: Harper and Row, 1962).

7   Alfred North Whitehead, *Religion in the Making* (New York: The Macmillan Company, 1960), 84.

에 대한 상을 제시하려고 노력하지 않는다. 우주에 대한 우리의 지식의 결핍을 채워나가는 것은 과학의 할 일이다. 형이상학은 모든 경험들 가운데 참된 것이 무엇인가를 서술하려고 한다. 그것은 관심 있는 한 분야 예를 들면, 윤리, 종교, 혹은 심미적 경험에서 출발하여 그곳에서 발견한 사실이 모든 다른 경험의 영역에서도 참된 것인가를 숙고한다.

틸리히도 이와 매우 유사한 견해를 가지고 있다. 그는 실재 전체reality as a whole—그가 덧붙여 실재의 구조라고 설명하는—에 관하여 말한다. 그는 철학을 다음과 같이 정의한다. "철학은 실재 자체reality as such를 대상으로 삼는, 실재에 대한 인지적 접근이다. 실재 자체 또는 실재 전체는 모든 실재가 아니다. 그것은 실재를 하나의 전체성으로 형성하는 구조이다."[8] 따라서 "실재 자체로서의 자연을 탐구한다는 것은 모든 실재의 영역과의 인지적 만남에 있어서 전제되는 구조, 범주, 개념들을 탐구한다는 것을 의미한다."[9] 틸리히는 존재론을 이렇게 정의한다. "존재론은 세계 뒤에 있는 세계를 건설하기 위한 사변적이고 공상적인 시도가 아니다. 그것은 실재와의 모든 만남 가운데 우리가 부딪히게 되는 존재의 구조를 분석하는 것이다."[10]

3. 의미의 전체성에 대한 물음과 존재론

철학을 함에 있어서 우리는 실재의 참모습과 진실이 무엇인가를 알려고 추구하는데 그치는 것이 아니다. 우리는 또한 의미를 묻는 물음과

8　Paul Tillich, *Systematic Theology*, vol. 1, 22.
9　위의 책.
10　위의 책, 24.

도 씨름하게 된다. 어떤 사람들은 이 의미에 대한 물음은 그 자체가 의미 없고 헛된 물음이라고 생각한다. 그들은 말하기를 우리가 "세계 또는 우주는 왜 존재하는가?" 하는 것과 같은 실재의 의미에 대한 물음을 물을 때 우리가 과연 무엇을 묻는 것인지 분명하지가 않다고 한다. 즉 우리는 어떤 진술이나 단어의 의미에 대해서는 물을 수 있지만, 실재 전체의 의미에 대해서 묻는 것은 무의미하다는 것이다.

그러나 온갖 다양한 형태의 인간 경험이 의미로 가득 차 있다는 것이 모든 문화의 사람들에 의해 인식되어 온 것이 사실이다. 인간 경험의 의미가 옛날에는 신화의 형태 안에서 표현되었다. 그러나 의미는 하나의 단일한 현상이 아니다. 따라서 의미의 그물망이란 개념을 갖는 것이 더욱 적절할 것이다.

그런데 어떤 특수한 경험을 의미 있게 만드는 것은 무엇인가? 어떤 의미의 전체성이 있어서 그것이 개별적인 경험들에 대하여 의미를 주는 것인가? 신학자이자 철학자인 볼프하르트 판넨베르크 Wolfhart Pannenberg 에 의하면 철학과 과학은 둘 다 의미의 전체성에 대한 체계적인 해석을 산출해낸다고 한다. 이러한 체계적인 해석은 특수한 현상이나 경험들로부터 추론된다. 철학과 과학은 신화보다는 훨씬 더 세련되고 정제되어 있다. 왜냐하면 철학과 과학은 내적인 논리적 모순을 극복하려고 하며, 합리적인 한도 내에서만 앞으로 나아가기 때문이다. 그러나 이들은 인간이 신화로써 표현하려고 했던 것과 본질적으로 다른 일을 하려고 하는 것은 결코 아니다.

과학은 철학보다 더욱 제한적이라는 점에서 철학과 차이점이 있다. 과학에는 두 가지 종류가 있다. 첫째, 수학과 논리학과 같은 과학은 그 자신을 형식적인, 다시 말하면 순수하고, 비경험적이고, 초월적인 진술에만 제한시킨다. 이미 언급한 대로 이것들은 연역적이다. 즉 그 진리성이 이미 자명한 것으로 간주되는 어떤 원리들이나 공리로부터 출발한다. 둘째, 자연과학이나 사회과학 같은 경험적 과학은 경험적 자료에 의해 확증될 수 있는 진술만을 시도한다. 이 두 가지 종류의 과학은 모두 그 자체에 적합한 자료들만을 다룬다는 점에서 공통적이다.

반면에 철학은 제한적인 과학적 진술 같은 것에 제약을 받지 아니하고 받을 수도 없다. 왜냐하면 무제약적인 사고가 철학의 본성이기 때문이다. 과학과 달리 철학은 어떤 한계도 인정하지 않는다. 말하자면 철학은 "오직 모든 경험을 포괄하는 의미의 전체성을 드러내어 보이는 곳에서만 멈춰 설 수 있다."[11] 물론 이와 같은 상황은 결코 도달되지 않는다. 모든 철학은 새로운 철학에 의해 분석, 평가, 비판되기 마련이기 때문이다. 의미의 전체성을 파악하려는 시도는 끝이 없이 계속될 뿐이다. 실제로 철학의 역사는 시계의 진자가 흔들림 같이 언제나 새로운 철학들이 일어나 의미의 전체성에 대한 기존의 철학 이해에 근본적인 수정을 가해 온 것을 보여주고 있다.

어쨌든 이와 같은 철학은 가설적인 사고행위임에 틀림없다. 그 결과는 언제나 질문에 대해 열려 있다. 실재의 전체성에 대한 그 어떤 진술도 실재의 어느 특수한 한 영역으로부터 발생하는 질문에 대하여 열려 있다. 그러나 철학(형이상학적 관심을 가진 철학)은 자연이라든가, 역사, 윤리, 종교, 논리, 또는 심미학 등의 실재의 특수한 영역에 대하여 초점을 맞추고 관심을 갖는 것으로서 만족하지 않는다. 물론 철학자들은 이러한 인

---

11   Wolfhart Pannenberg, *Theology and the Philosophy of Science* (Philadelphia: The Westminster Press, 1973), 222.

간의 경험들의 여러 영역에 대하여 할 말이 많이 있다. 그러나 인간의 정신에는 부분에 대한 이해를 넘어서서 전체에 대한 의미를 이해하고자 하는 욕구가 있다. 미래가 아직 열려 있고, 따라서 전체의 의미가 결코 최종적으로 그리고 결론적으로 획득될 수 없는 것이 엄연한 현실임에도 불구하고, 철학자들은 실재 전체의 의미를 추구하는 시도를 포기할 수 없다.

철학은, (그리고 판넨베르크에 있어서는 신학 역시) "의미의 포괄적인 지평"에 대하여 관심을 갖는 학문이다.[12] 신학은 경험되는 모든 실재를 통일시키는 통일체unifying unity로서의 하나님의 실재라고 하는 특수한 관점으로부터 의미의 포괄적인 지평을 추구한다. 판넨베르크의 신학에서는 이러한 통일적 통일체에 대한 인식이 종교의 역사에 나타나는 의미 깊은 특징으로 간주된다.

지금까지의 논술의 주요 논지는 철학이란 모든 어려움에도 불구하고 단지 실재의 조그만 부분을 이해하려는 시도로 만족하지 못하는 사고행위라는 사실을 드러내 보임에 있다. 철학적 사고의 범위를 제한하려는 유혹이 있지만, 철학은 근본적으로 존재론적인 질문을 향하여 끊임없이 나아가지 않으면 안 된다. 존재론에 관한 질문은 불가피하게 인식론에 관한 질문을 포함하기 때문이다. 즉, 무엇이 사실로서 존재하느냐 하는 것에 관한 논의는 무엇이 사실로서 알려질 수 있느냐 하는 논의를 포함한다. 그러나 역으로, 그 자체를 인식론에만 제한시키는 철학도 실상은 언제나 존재론적인 질문을 포함하고 있게 마련이다.

틸리히는 철학을 인식론이나 논리학의 영역에 제한시키려는 시도는 결국 실패할 것이라고 단언한다. 왜냐하면 존재론은 결코 억압될 수 없

---

12 위의 책, 336.

기 때문이다. 모든 인식론은 함축적으로 존재론을 내포하고 있다. '앎'은 '존재' 안에 참여하는 행위이다. 따라서 모든 앎의 행위에 대한 분석은 존재에 대한 해석을 포함하고 있다. 심지어 '논리적 실증주의'까지도 (기호, 상징, 논리적 작동의) 실재와의 관계에 대한 질문에 답하여야 한다. 그것이 이 질문에 답을 하든지, 못하든지 간에, 그것은 이미 존재론적인 결정을 전제하고 있다.[13]

이미 소개한 잔 허쉬는 이와 같은 논점을 다음과 같이 서술하고 있다. 철학이 자연과 자연과학과, 윤리와 심리학, 그리고 심지어 논리학에 관하여 말할 때라도 언제나 형이상학적인 차원은 철학적 논의의 범주 안에 있다. 논리학은 오직 언어에 관심을 기울임으로써만 스스로 작동할 수 있다. 그러나 우리가 논리학에 대하여 철학적으로 충분히 깊이 숙고하고, 그럼으로써 (예를 들어서) 진리, 또는 타당성의 물음을 던질 때 형이상학은 우리의 논의의 중심 부분으로 떠오르게 될 것이다.

그럼에도 불구하고 철학자들은 또한 실재와 인간 경험의 조그마한 부분들에 초점을 맞추고 그것들을 분석과 깊은 이해를 위한 주제로 삼기도 한다. 오늘날 거의 모든 실재와 인간 경험의 영역의 부분들이 그들 자체의 철학을 갖고 있는데, 예를 들면 교육철학, 법철학, 정치철학, 사회철학 등이 그것이다. 그러나 전통적으로 철학은 형이상학, 논리학, 윤리학, 미학, 그리고 종교철학으로 구분되어 왔다. 이 중에서 특히 종교철학에 대하여 고찰해 볼 필요가 있는데 그것은 종교철학과 철학적 신학을 혼동하지 않기 위함이다.

---

13 Paul Tillich, *Systematic Theology*, vol. 1, 23-24.

4. 종교철학

'종교철학'이라는 용어는 18세기 말엽에서야 비로소 사용되기 시작했다. 그것은 계몽주의 시대에 이르러서야 처음으로 종교철학이 분리된 철학의 한 분야가 되었기 때문이다. 그때까지는 철학은 총괄적으로 종교적이고 형이상학적인 개념들에 대하여 매우 많은 관심을 기울였다. 하나님에 대한 개념이 철학의 주요 관심사였다. 따라서 계몽주의 이전에는 따로 분리된 종교철학의 분야가 필요하지 않았다. 그러나 사회의 일반적인 통념이 더 이상 종교적이지 않게 되고, 많은 철학자들이 종교적 신앙을 거부하게 되었을 때 종교철학은 그 자체의 정체성과 중요성을 갖게 되었다. 종교가 이제 이성적 탐구의 주제가 된 것은 이상한 일이 아니었다.

종교철학자들의 입장은 다음 몇 가지 분류로 구별된다. 첫째 부류의 철학자들은 종교적 신앙과 실천이 이성적으로 정당한 것임을 사람들에게 설득하기 위해서 철학적 진술을 시도하였다. 하나님의 존재에 대한 논증이 이런 종류의 종교철학에 속한다. 이런 종류의 철학은 철학적 신학과 매우 유사한 입장을 갖는다. 17세기와 18세기, 특별히 영국에서 일어난 이런 종류의 철학 중 대표적인 것이 이신론^{deism}이다. (물론 이 이신론은 철학적 신학의 한 종류로 볼 수도 있다.) 이러한 종교철학은 종종 계시종교를 위한 기초로 간주되었다. 다시 말하면 그것은 신학$^{즉 자연신학}$의 하부구조로서, 그 위에 계시로부터 유래하는 신학의 상부구조가 세워지는 것으로 여겨졌다.

두 번째로, 다른 부류의 철학자들은 그들의 사회에서의 종교적 전통$^{통상 기독교 전통}$을 비판하기 위하여 종교철학을 수행하였다. 흄의 "기적에 관한 논문"$^{Essay on Miracle, 1748}$이 이러한 비판적 종교철학의 좋은 예이다. 흄

David Hume과 아울러 포이에르바하Feuerbach, 니체Nietzsche, 마르크스Marx, 그리고 프로이트Freud 등도 이러한 전통에 속한다. 종종 이러한 종교에 대한 접근들은 종교를 심리학적, 사회학적, 인류학적인 요인들로 환원시키려 하였다. 종교란 것은 인간이 그 참된 모습을 깨닫게 되면 곧 극복되는 현상이라고 보았다. 비록 종교현상이 의심할 바 없이 실제적인 것이긴 하지만 하나님에 대한 관념에 상응하는 실재는 없다는 것이다. 이것이 이런 종류의 종교철학이 내린 판결이다.

세 번째로, 또한 종교철학은 종교적 신앙의 타당성에 대하여 변호적이지도 않고 부정적이지도 않고 종교현상을 중립적인 입장에서 논의할 수도 있다. 종교에 대한 이런 접근방식은 어떤 종교적 신앙이 참인가 거짓인가 하는 물음에는 관심이 없고 종교적 진술의 의미와 그 사용에 관심을 갖는다. 이 부류의 종교철학은 종교에 대한 전통적인 변증이나 비판 그 어느 한쪽으로도 치우치지 않고, 단지 열린 마음으로 종교인들이 믿고 생각하고 행동하는 것들의 의미가 무엇인지 이해하려고 노력한다. 종종 이 입장의 사람들은 종교를 어떤 다른 인간의 경험적 요소로 환원될 수 없는 독자적sui generis 현상으로 간주하고 이 세상에 존재하는 주요 종교들의 공통된 특징들을 찾아봄으로써 종교의 본질을 이해하려고 한다. 이런 입장은 종교현상학의 접근방식과 일치한다.[14]

5. 종교철학의 주제들

종교철학에서 다루는 주제에는 대략 다섯 가지 유형의 주요 문제들이 있다. 첫째로, 종교와 종교적 경험의 본성이 무엇이냐 하는 문제가 있다. 이미 언급된 대로 철학적인 비평가들 가운데에는 종교를 개인적인 혹은 집단적인 영역에서의 잘못된 길로 이탈된 심리적 혹은 사회적 현상으로 보는 입장도 있고, 어떤 비판자들은 종교란 열등한 또는 원시적인 과학이라고 보기도 한다. 또 다른 사람들, 특히 칸트 같은 철학자들은 종교의 본질을 도덕성으로 파악한다. 종교란 결국 실천적 도덕 법칙과 다르지 않다는 것이다. 물론 종교와 도덕의 관계는 종교의 본질을 규명하는데 매우 중요한 측면을 열어준다. 그러나 종교는 그 자체의 관점에서 자체를 이해하고자 한다.

종교의 본질이 무엇인가에 대한 논의에 큰 공헌을 한 철학자 중에 한 사람이 루돌프 오토 Rudolf Otto, 1869-1937 이다. 1917년에 출판된 그의 책 『거룩성의 개념』 The Idea of Holy, Das Heilige 은 종교의 본성을 이해하는데 있어서 고전적인 작품이다. 오토는 종교는 두렵고 떨리는 경외의 감정인 누미노스 the numinous, 즉 거룩성의 관점에서 이해되어야 한다고 주장했다. 거룩성은 이중적인 신비의 형태로 나타나는데, 매혹의 신비와 두려움의 신비가 그것이다 mysterium fascinans et tremendum. 그는 이 거룩성이 단지 주관적인 감정일 뿐이 아니고 객관적인 실재라고 믿었는데, 이것이 곧 신성으로서 이 신성 즉 거룩성은 이성이나 윤리적인 관점으로는 파악할 수 없는 불가해한 것이라고 보았다.

둘째로, 종교철학은 신앙의 본성이 무엇인가를 숙고한다. 어떤 대상을 '믿는다'는 것은 무슨 의미인가? 믿음은 지식과 어떻게 다른가? 종교적인 믿음에서의 진리는 어떻게 세워지는가? 신앙이란 단지 세계에 대한 특수한 태도만을 의미하는 것인가, 아니면 어떤 사물이 참된 것이라고

---

14 그러나 일반적으로 종교철학은 종교현상학보다 더 적극적으로 가치판단에 관심을 가지며, 따라서 종교 간의 우열에 대한 판단을 종교현상학처럼 유보 또는 판단중지(에포케, epoche) 하지 않는 것으로 이해된다.

믿는 믿음까지를 포함하는 것인가? 다른 말로 표현하면, 신앙은 토마스 아퀴나스Thomas Aquinas, 1225-1274가 생각하는 것처럼 명제적propositional인 것인가, 아니면 만남의 요소를 중요시하는 사람들이 생각하는 것처럼 태도적attitudinal인 것인가? 신앙은 실재론적인 것인가, 아니면 관념론적인 것인가? 계시와 이성의 관계도 신앙의 본성을 이해하는 데 중요하다. 계시란 무엇인가? 성서의 문자적 영감설을 주장하는 사람들이 믿는 것처럼 계시는 명제적인가, 아니면 오늘날의 현대인들이 생각하는 것처럼 우선적으로 역사적인 사건을 통하여 매개되는 것인가?[15]

셋째로, 종교철학의 주된 주제는 신의 존재와 실재에 관한 것이다. 전통적이고 고전적인 몇 가지의 신의 존재에 대한 증명이 이를 보여준다. 우선 안셀무스St. Anselm, 1033-1109에 의해 제안된 존재론적 증명 방법이 있다. 이 증명 방법의 주요 논지는 하나님이란 존재가 그 이상 더 크고 위대한 존재를 상상할 수 없는 가장 위대하고 큰 존재라면, 그러한 존재는 실제로 존재해야 한다는 것이다. 왜냐하면 실제로 존재하는 존재가 실제로 존재하지 않고 관념 속에서만 존재하는 존재보다 분명히 더 크고 위대하기 때문이다. 후에 이런 존재증명 방법을 받아들여 발전시킨 사람이 데카르트Rene Descartes, 1596-1650이다. 그러나 아퀴나스와 칸트 같은 사람들은 이 방법을 거부했다.

신의 존재에 대한 다른 중요한 논증은 우주론적 논증이다. 토마스 아퀴나스Thomas Aquinas, 1225-1274는 아리스토텔레스적인 개념을 사용하여 다섯 가지 형태의 우주론적 증명을 발전시켰다. 이 중의 다섯 번째는 일반

---

15 종교철학에 있어서 이런 문제들에 대한 논의를 다룬 책으로 John Hick, *Faith and Knowledge* (New York: Cornell, 1966)가 있다.

적으로 신 존재에 대한 목적론적 증명이라고 불린다. 여기에 있어서 주요 논지는 이 세계의 존재 현실, 또는 이 세계의 특수한 특성들로부터 거슬러 추론해 올라가 제 일 원인, 즉 하나님에게 도달한다는 것이다.

또 다른 하나님의 존재에 대한 논의 방식이 있는데 이것은 엄밀히 말하면 하나님의 존재에 대한 '증명'은 아니다. 칸트의 도덕적인 요청으로서의 신의 존재의 필연성은 유신론적 종교철학의 중요한 일맥을 형성한다. 이 논의의 논점은 오직 하나님의 존재가 설정되어야 도덕성이 의미가 있다는 것이다. 왜냐하면 오직 하나님만이 덕과 행복이 서로 균형 있는 조화를 이룰 수 있도록 보증해 주실 수 있기 때문이다.[16]

넷째로, 신의 존재에 대한 물음과 밀접하게 관련된 종교철학적 논제로서 신정론theodicy이 있다. 이 신정론은 악과 고통의 현실로부터 생성된 신에 대한 물음이다. 여기서 제기되는 문제는 이 세상에서의 악과 고통의 현실이 능력이 무한하시고 선하신 하나님과 양립되거나 조화될 수 있는가 하는 물음이다. 아마도 오늘날에 있어서 특히 두 번에 걸친 세계 대전으로 가공할 악과 참혹한 고난의 현실, 특히 600만이 희생된 유대인 대학살홀로코스트, Holocaust을 경험한 현대인들에게 있어서 이러한 질문보다 더 기독교 신앙에 대한 심각한 도전을 불러일으키는 질문도 없을 것이다.[17]

종교철학에서 다루는 마지막 영역은 다양한 기독교 신앙에 관한 철학적 탐구이다. 예를 들면 영혼 불멸 또는 사후의 생이라든가, 영혼의 개념, 기적 현상, 기도의 의미, 시간과 영원의 문제 등이 탐구의 주제가 된다.

16　이러한 논의가 John Hick, *The Existence of God* (London: Macmillan, 1964)에서 다루어지고 있다.
17　신정론의 문제는 John Hick, *Evil and God of Love* (London: Collins, 1966)에 잘 소개되어 있다.

III. 신학이란 무엇인가?

1. 신학의 기원과 동기

기독교 신앙은 중동의 고대 세계에 있어서 분명히 새로운 것이었다. 그것은 교회의 선교 사역을 통하여 선포되고 알려져야만 했다. 그러나 동시에 기독교 신앙은 또한 논쟁을 통하여 정당화되고 변호되어야 했다. 기독교인들이 믿는 신앙이 자명한 진리는 아니었기 때문이다. 헨드릭 벌콥[H. Berkhof] 또한 초기교회에서 신학을 시작하게 된 가장 포괄적이고 깊은 동기는 단지 기독교 신앙의 '스스로 자명하지 못함'에 있다고 말한다.[18] 이것은 신학의 내적 동기이다. 신앙은 내적 본성에 의해 지식을 추구한다[fides quaerens intellectum].

그러나 물론 보다 더욱 외적인 또는 실천적인 동기와 요인들이 있었던 것이 사실이다. 에밀 브루너[Emil Brunner]는 "교의학의 뿌리"에 대하여 말하면서 특별히 세 가지를 언급한다.[19] 첫째로, 거짓된 교리로부터 참된 기독교 신앙을 보호하기 위한 투쟁과정으로부터 신학이 시작되었다. 복음은 끊임없이 오해되고 때로는 의도적으로 잘못 해석되었다. 브루너는 교회가 지속적으로 "자체의 진리의 신적인 보고實庫를 단순한 인간적인 발명품으로 대치시키고자 하는 유혹을 당하여 왔다"고 말한다.[20] 거짓된 가르침은 교정되어야 했고 복음에 대한 여러 잘못된 해석으로 인하여 혼

---

18 Hendrik Berkhof, *Christian Faith* (Grand: Eerdmans, 1979), 28.
19 Emil Brunner, *Dogmatics*, vol. 1 (London: Lutterworth, 1949), 9-13.
20 위의 책, 9.

란을 겪고 있는 사람들을 도와주어야만 했던 것이다.

둘째로, 교리문답을 위한 가르침과 세례에 대한 준비의 필요성으로부터 신학이 비롯되었다. 어느 의미에서 복음은 매우 단순하다. 그것은 한두 마디의 단순한 문장으로 표현될 수 있다. 그러나 다른 의미에 있어서 복음은 그렇게 단순한 것이 아니다. 이 '단순한' 복음이지만 매우 정교하고 지적인 용어들을 통하여 사고되고 해석되어야만 한다.

교의학의 세 번째 뿌리는 성서주석이다. 기독교인들은 성서 문헌들을 더욱 정확하고 깊이 있게 이해하고 해석하고자 부단히 노력해 왔다. 그들은 브루너가 표현했듯이 "성서 문헌의 진리의 우물에서 풍성한 생수를 길어내려고" 하였다.[21] 성서의 중요한 단어들과 개념들의 의미는 무엇인가? 예를 들면, '신앙'이란 단어를 사용하는 모든 성서 기자들은 동일한 의미와 방식으로 이 단어를 사용했는가? 어떻게 좋은 주석과 나쁜 주석이 구별되는가? 이처럼 성서를 읽고 읽은 바의 의미에 대하여 생각함이 신학의 출발점이 되는 것이다.

이상의 두 가지 신학의 원천(즉, 내적, 본성적 동기와 외적, 실천적 동기)에 관하여 벌콥은 잘 요약하여 표현하고 있다. 그는 신학을 "신앙에 대한 반성적 사고"로 즐겨 표현한다. "신앙에 대한 반성적 사고는 개념의 명료화에 대한 일반적인 필요성으로부터 요청되지만, 주석, 교리문답, 논증, 해석학, 그리고 세상으로부터의 공격에 끊임없이 직면할 수밖에 없는 교회와 세상과의 충돌로부터도 요청되는 것이다."[22] 역사는 상이한 시대적 상황에 따라 이러한 신학의 동기유발 요소들 가운데서 어떤 것이 다른 것

---

21   위의 책, 10.
22   Hendrik Berkhof, *Christian Faith*, 27.

보다 더 중요한 역할을 수행하곤 하였던 것을 보여 준다.[23] 브루너는 교의학에 대한 세 가지의 '뿌리'를 세 명의 잘 알려진 개혁자들인 츠빙글리 Ulrich Zwingli, 칼뱅 Jean Calvin, 그리고 멜랑히톤 Philipp Melanchthon 의 신학적 목적과 프로그램을 비교 분석함으로써 예증하고 있다.[24]

그런데 이러한 신학의 과업은 결코 완결되지 않는다. 매 시대에 새로운 질문이 제기된다. 복음을 이러한 질문들과 관련시켜야 하는 과제가 바로 틸리히가 그의 상관관계 신학 체계를 통하여 강조하고자 했던 바이다. 예수 그리스도가 "어제나 오늘이나 영원토록 동일하시다 히 13:8."는 말씀은 진리이다. 그러나 신학은 어제에 있어서와 오늘에 있어서 같지 아니하며 내일은 오늘과 또 달라질 것이다. 물론 세상을 향한, 세상 안에서의 하나님의 구원 역사로서의 신학의 본질적 내용은 변하지 않는 상수이다. 그러나 이러한 본질적 내용이 표현되고, 해석되는 형태는 다양한 시간과 공간만큼이나 다양하게 변모할 것이다. 다양한 신학의 형태는 복음을 받아들이는 사람의 삶의 자리와 상황 modus recipientis 에 달려 있다.

이런 의미에서 브루너는 교리란 수용자에 의해 조건 지워지는 것임을 말한다.[25] 이 말은 분명히 인간 쪽에서 복음을 창조하거나 결정짓는 것을 의미하는 것은 아니다. 그러나 그것은 인간의 문화적, 역사적, 지적인 상황이 복음이 이해되고 표현되는 방식에 영향을 준다는 것을 의미한다. 모든 개개인의 인간은 계시가 그 위에 직접적으로 기록되는 빈 백지 tabula rasa 와 같은 것은 아니다. 인간은 복음이 언제나 동일한 액체처럼 그속에 부어지는 빈 그릇과 같은 존재가 아니다. 신학은 수용자의 양태, 즉

---

23   이에 대하여 위의 책, 28에 잘 요약, 소개되어 있다.

24   Emil Brunner, *Dogmatics*, 1, 27.

25   위의 책, 68 이하.

신자의 상황에 의하여 깊이 영향을 받게 마련이다.

2. 신학과 신앙

틸리히는 신학자가 몸담고 일해야 할 자리로서의 '신학적 서클'에 대하여 심도 있게 이야기했다.[26] 이 자리매김이 신학자를 철학자로부터 구별 짓는다. 뒤에 철학과 신학의 관계를 다룰 때 이 점이 좀 더 구체적으로 다루어질 것이다. 어쨌든 여기서 틸리히가 말하고자 하는 점은 신학자는 그 자신의 주제의 진실성에 대하여 무관심하거나 중립적인 입장을 취할 수 없다는 사실이다. 신학자는 그 진리에 의해 붙잡힌 바 되었고, 그것에 자신을 의탁한 자이다. 신학자로서 당신은 기독교의 복음이 '참될 수도 있다'라고 말할 수는 없는 것이다. 반대로 당신은 그 진리에 자신을 헌신한 자이어야 한다. 신학자란, 틸리히의 표현을 빌리면, '구체적인 헌신'을 결단한 자이다. 신학자는 자신의 교회와 교회의 신앙을 해석하는 자이다. 그가 신학자가 되기 이전에 그는 이미 '신앙의 사람'이다. 비록 (틸리히가 지적하는 대로) 그가 또한 종종 '의심의 사람'이기도 하지만 말이다. 그러나 신학자는 실존적인 결단을 한 사람이다. 신학자에게 있어서 신학적 서클의 내용, 즉 복음은 궁극적인 중요성을 가진다. 그는 단지 중립적이고 객관적인 방식으로 기독교인들이 믿는 바를 서술하는 것이 아니다.

신학은 신앙으로부터 발생하며, 언제나 신앙에 의존하며, 그리고 신앙을 위해 봉사한다. 이러한 통찰은 일찍이 안셀무스에 의하여 고전적인 형식으로 표현되었다. 그는 "신앙은 이해를 추구한다"고 말했다. 지식과

---

26 Paul Tillich, *Systematic Theology*, vol. 1, 11 이하.

이해를 추구하는 것은 신앙의 본성이다. 칼 바르트 Karl Barth 는 이를 이렇게 표현하였다. "신앙은 나를 지식으로 부른다".[27] 안셀무스가 "나는 이해하기 위해 믿는다"credo ut intelligam 라고 말한 것 역시 이와 같은 의미에서이다. 바르트의 설명을 다시 인용하면, "그러므로 우리가 신앙의 확실성을 소유했다는 바로 그 이유로, 우리는 이성적인 신앙fidei ratio을 갈망하여야 한다."[28]

신학은 신앙의 진리를 증명하거나 그것을 믿을만한 것으로 만들기 위한 시도가 아니다. 또 반면에 신학은 신앙을 불필요한 것으로 만들 수도 없다. 신학은 신앙의 대상, 즉 하나님의 존재와 사역에 대한 반성적 사고이다. 신학은 결코 이 신앙의 대상을 스스로 세울 수 없으며 신앙이 불필요한 지경에 이르도록 할 수도 없다. 오히려, 바르트의 표현을 빌리면, 신학은 "신앙의 대상을 바로 불가해성incomprehensihility 속에서 이해해야 하는" 것이다.[29]

따라서 신학자는 신앙의 영역 또는 서클을 떠나서는 일할 수 없다. 신학자는 신앙의 공동체를 형성하고 있는 신도들보다 결코 우월한 위치에 있지 아니하다. 신학은 매우 겸손한 작업이어야 한다. 그 어떤 지적인 교만의 자리도 허용되어 있지 않다. 지옥 중에서도 가장 낮은 자리가 바로 하나님 자신에 대해서보다 하나님에 관한 자기 자신의 사고에 더 관심을 갖는 신학자들을 위하여 예비되어 있다고 하는 말이 있다. 신학은 '하나님과의 신앙의 관계성' 안에서 수행되어야 한다.

신학은 객관적이다. 그러나 이 객관성은 대상을 진술함에 있어서 그

27　Karl Barth, *Anselm: Fides Quaerens Intellectum* (London: SCM Press LTD, 1960), 18.

28　위의 책, 21. Fidei Ratio란 신앙을 위한 이성, 신앙의 설명, 신앙을 위한 이성적인 근거나 기초를 뜻한다.

29　위의 책, 40.

대상에 대한 경외심을 가지고 깊이 명상하는 가운데에서의 객관성이다. 신학은 거짓으로부터 참을 구별해내려고 노력한다는 의미에서 객관적이다. 그러나 이 객관성이 그 탐구의 대상에 대한 사랑을 배제하는 것은 아니다. 신학에서 객관적이 된다고 하는 뜻은 우리가 그 대상을 진술함에 있어서 대상으로 하여금 그 자신이 원하는 대로 그 자신을 우리에게 주도록 허용한다는 의미에서이다. 환원하면 객관성은 불가피하게 분리나 이탈을 초래하는 것이 아니라는 말이다.

참으로 신학은 하나님과 만남에서 생겨나야 한다. 우리의 머리뿐만 아니라 우리의 가슴도 신학적 사고 안에 포함되어야 한다. 고전적인 표현을 빌리면, "신학은 하나님을 가르치고, 하나님에 의해 가르침을 받으며, 하나님에게로 인도한다."[30] 신학은 신앙과 동일한 것은 아니다. 그러나 그것은 신앙을 섬기고 도와야 하며 신앙을 일깨우기 위해 설교하는 자들을 도울 수 있어야 한다. 바르트는 교의학을 "신앙의 행위"로 서술하면서 신학은 오직 신앙의 행위로서만 가능하다고 역설하였다. 마치 신앙이 그리스도의 부르심에 대한 순종인 것처럼, 신학을 신앙으로부터 분리하려는 그 어떤 시도도 의미 없고 부적절한 것이다. 인간의 과업으로서 신학은 예수 그리스도에 대한 '충실한 들음'이어야 한다.[31]

그러나 다른 한편, 신학은 신앙과 동일시되지 않는다. 신학은 신앙의 근거를 수립하거나 신앙의 대상을 증명할 수는 없지만, 신앙을 단지 당연한 것으로 전제하지 말고 신앙의 이유를 가능한 한 이해 가능한 방식으로 설명할 수 있어야 하며, 단순히 신앙이 아니라 신앙의 학문으로서

---

30 Hendrik Berkhof, *Christian Faith*, 30.
31 Karl Barth, *Church Dogmatics*, vol. 1 (New York: Scribner, 1955), 17 이하.

의 논리적 정합성^{coherence}과 이해 가능성^{intelligibility}을 추구하여야 한다. 우리는 불합리함에도 '불구하고' 믿는 것이지 불합리하기 '때문에' 믿는 것은 아니다. 이런 의미에서 신앙은 '이해'를 추구한다.

3. 신학과 선포

이상의 논의는 신학과 교회의 선포 사이의 관계에 대한 문제로 우리를 이끈다. 신학과 설교 사이의 직접적인 관계에 대하여 바르트처럼 강조한 신학자도 없을 것이다. 바르트의 후계자인 하인리히 오트^{Heinrich Ott}도 같은 주지를 스승으로부터 이어받았다.

신학은 설교와는 다른 것이다. 그러나 또한 설교와 밀접히 관련되어 있다. 설교는 신학적 강의가 아니다. 그럼에도 불구하고 설교는 신학으로 채워져야 하고 좋은 신학, 즉 참된 신학이어야 한다. 비신학적인 설교는 설교가 아니라 단지 담화나 이야기일 뿐이다. 브루너는 이 점을 다음과 같은 비유를 들어 설명한다. 교의학적 개념이나 진술들은 신자들이 직접 필요로 하는 음식이나 영양분은 아니지만, 신학자들이 산출해내는 것들은 기독교인들의 삶에 필요한 음식을 매 주일 생산해내기 위하여 일하는 사람들을 위한 도움이며 또한 도움이 되어야 한다는 것이다.[32]

벌콥은 다른 비유를 들어 설명한다. 만일 당신이 모르는 지역으로 등산을 떠날 때 당신에겐 지도가 필요하다. 지도를 공부하는 것은 어느 특정한 지역을 걸어 지나가는 것과는 다르다. 어떤 지역을 걸어 지나가려는 의도 없이 지도를 연구하는 일은 이론적이고 추상적인 일이며 아마도

---

[32]   Emil Brunner, *Dogmatics*, 1, 65.

대부분의 사람들이 이런 일에는 흥미를 못 느낄 것이다. 그러나 그 지역을 걸어서 통과하려는 일과의 관련 속에서 지도는 매우 유용한 것이며 아마도 필수적인 것이다.[33]

바르트는 교회에서의 복음의 선포를 매우 인간적인 말과 사역으로 보았다. 이 인간의 말은 오직 하나님께서 당신 자신의 말씀으로 만드실 때만 하나님의 말씀이 된다.[34] 또한 이 선포가 매우 인간적인 말이기 때문에, 그것은 하나님 말씀이란 기준에 의하여 수정되어야 한다. 교회는 자신의 선포를 절대적인 의미에서 수정하거나 보증할 수는 없지만, 신학적인 과업을 통하여 끊임없이 수정해 나갈 수는 있다. 물론 교회는 언제나 선포가 올바른 선포가 되도록 하기 위해서는 기도하며 설교를 해야 한다. 그러나 또한 교회는 그 선포를 검증하여야 한다. 이 검증이 교의학의 과업이다.

바르트에 따르면 교회의 선포는 교의학의 '생생한 자료'이다. 그 반대가 아니다. 우리는 신학을 설교하지 않는다. 우리는 복음을 설교한다! 우리는 선포에 관하여 '신학화'한다. 이것이 신학과 선포의 올바른 관계이다.[35] "교의학이 초점을 맞추어 다루는 규범적이고 중심적인 사실이나 행위 factum 는 언제나 매우 단순하게 어제와 내일의 교회의 설교이다."[36] 교의학은 선포가 진실 된 것인지를 점검함으로써 선포를 위해 봉사한다. 그것은 선포보다 높은 위치에 있는 것이 아니라 단지 다른 과업을 수행할 뿐이다. 교의학은 자신을 위하여 존재하지 않는다. 교의학은 할 수 있

---

33 Hendrik Berkhof, *Christian Faith*, 30-31.

34 Karl Barth, *Church Dogmatics*, 1, 72.

35 위의 책, 79.

36 위의 책, 81.

는 한 교회의 선포가 참된 것임을 확증하기 위하여 존재한다. 선포의 내용은 복음, 즉 하나님의 말씀으로부터 온다. 그러나 참된 선포를 위한 지침이나 원리와 한정은 교의학으로부터 선포를 향하여 주어진다.

오트는 그의 책 『신학과 설교』 *Dogmatik und Verkundigung, 1961* 에서 바르트의 이러한 생각을 한층 더 발전시키고 있다. 만일 교회가 자체의 선포가 참된지 거짓된지에 관심을 가져야 한다면 교회는 또한 무엇이 선포되어야 하느냐에 관한 '올바른 이해'에 대하여 관심을 가져야 한다. 이 올바른 이해가 교의학의 과제이다. 따라서 교의학은 성서와 실제적인 교회의 설교 사이의 중간지점에 서 있다.[37] 실제로 오트는 교의학을 "설교 자체의 반성적 사고 기능"으로 정의한다.[38] 이러한 견해는 설교와 신학을 단일한 행동과 행위로 만든다. 그러나 설교는 직접적이고 즉각적인 행위인 데 반해 신학은 반성적인 행위이다. 따라서 신학과 설교는 근본적으로 동일한 활동의 두 측면으로 이해된다.

이러한 신학과 설교의 관련성을 오트는 또 다른 방식으로 다음과 같이 표현한다. 교의학은 설교의 양심이고 설교는 교의학의 심장과 영혼이라는 것이다.[39] 모든 설교자는 교의학적 사고를 수행해야 하고 모든 신학자는 자신이 설교하는 자들을 위해 봉사하고 있다는 것을 기억해야 한다. 이러한 까닭에 목회자는 결코 "나는 설교자다 나는 신학자가 아니다!"라고 말해서는 안 된다. 모든 설교자는 어느 정도는 신학자이다. 오트는 또한 교의학은 "설교자들을 위한 설교"라고 말한다.[40]

---

[37] Heinrich Ott, *Theology and Preaching* (Philadelphia: The Westminster Press, 1965), 17.
[38] 위의 책, 19.
[39] 위의 책, 22.
[40] 위의 책, 23.

신학은 설교자에게 모든 설교 뒤에는 복음의 전체성과 완전성, 일관성이 서 있다는 사실을 주지시킴으로써 설교를 돕는다. 어느 설교도 결코 복음의 완전성을 올바로 다 드러낼 수는 없다. 그러나 신학은 설교자에게 복음의 완전성을 상기시키는 과제를 갖고 있다. 오트는 다음과 같은 비유를 들어 설명한다. 설교는 물 위에 드러나 있는 빙산의 꼭대기 부분과 같다. 그러나 빙산에는 훨씬 더 많은 부분이 있다. 물표면 밑에 있는 훨씬 더 큰 부분은 물 위에 보이는 부분을 떠받쳐주고 지탱한다.[41]

신학은 언제나 성서가 증언하고 있는 근원사건의 주체이신 한 분 하나님에 관하여 생각하여야 한다. 설교는 하나님께서 사막의 이스라엘 백성은 인도하신 일이라든가 예수의 하나님 나라에 대한 선포 등에 관심을 가질 수 있다. 그러나 이러한 행위와 사건들 뒤에는 한 분이시고 참되시며 살아 계신 하나님이 계신다. 신학의 관심은 하나님의 어떤 특수한 행동에 대한 것이 아니고 바로 이러한 하나님에 대한 것이다. 반면에 설교는 자유롭게 하나님의 이러 저러한 행동에 관심을 가질 수 있다.

또 다른 곳에서 오트는 "해석학적 아치"에 관하여 기록하였다.[42] 하나의 아치가 성서 텍스트로부터 출발하며 오늘날의 교회 설교에까지 연장되어 있다. 이것은 케리그마와 케리그마에 대한 이해의 아치이다. 하나의 단일한 이해의 행위(또는 단일한 해석학적 과정)가 성서 텍스트로부터 설교 선포에로의 진행 속에 포함되어 있다. 조직신학은 이 아치의 중간쯤 어디엔가에 자리 잡고 있다. 이것은 주석과 현재적 선포 사이에 위치한

---

41 위의 책, 27.

42 James M. Robinson and John B. Cobb, Jr., *New Frontiers in Theology*, vol. 1: *The Later Heidegger and Theology* (New York, Evanston: Harper and Row, Publishers, 1963) 속의 그의 글 "What is Systematic Theology?"

다.

　참으로 중요한 것은 복음의 케리그마가 처음 선포되었던 때처럼 다시 한번 들려져야 한다는 것이다. 오늘날 케리그마를 이해하는 것은 해석학적인 문제이다. 그 의미가 과거로부터 현재에로 잘 전해지고 운반되어야 한다. 강의 한편에서 다른 편으로 잘 운반되는 것이 헬라어인 '해석학'의 근원적 의미이다.[43] 바로 이와 같은 생각 때문에 오트는 신학은 실질적으로 해석학이라고 말한다. 이 말로 오트가 의미하는 바가 신학이란 단지 이해의 이론이라는 것은 아니다. 그가 뜻하는 바는 신학이란 어떤 내용을 이해하려는 시도라는 것이다. 이 내용은 성서 텍스트 안에 원천적으로 표현된 주제이다.

　이상 살펴본 바와 같이 바르트와 오트는 공통적으로 신학이란 선포를 위하여 봉사하는 활동이라는 확고한 입장을 지니고 있다. 그러나 개혁교회 전통 밖에 있는 신학자들 중에는 이러한 신학에 대한 이해가 너무 지나치게 제한적이라고 여기는 사람들도 있다. 이러한 신학자들은 설교가 교회의 삶에 있어서 매우 중요한 것은 사실이지만 그것이 다른 모든 것들, 예를 들면 교회의 예전적 삶 위로 높여져서는 안 된다고 생각한다. 신학은 선포뿐만 아니라 교회의 모든 영역의 삶과 관련되어야 한다. 선포는 폭넓게 이해되어야 한다. 선포는 설교와 예전을 포함하는 교회의 모든 신앙과 삶의 궁극적인 목표이며 과제이다. 교회의 모든 행위는 그 중심과제인 복음 선포와 관련을 맺음으로써만 존속 의미를 갖는다. 따라서 신학을 넓은 의미의 복음 선포와 밀접히 연관시키는 것은 지극히 정당한 것이다.

43　위의 책, 80.

더욱이 신학의 관심은 교회 안에 갇혀있지 않다. 신학의 관심은 궁극적으로 하나님과 하나님 나라에 있다. 하나님은 세계를 창조하시고 이세계를 종말론적 미래의 하나님 나라를 향하여 인도하신다. 하나님 나라는 단지 교회 안에서가 아니라 사회 정치적인 영역을 포함한 이 세계의모든 영역에서 실현되어야 할 하나님의 통치이다. 신학이 섬기는 교회의선포는 궁극적으로 이 세상 속에서의 하나님 나라의 구현을 지향해야 한다. 신학은 교회 밖의 이 세상의 공적 영역 속에서 하나님 나라를 구현하기 위한 변혁적 실천의 과제를 갖는다.

4. 하나님에 관한 학문으로서의 신학

만일 신학이 복음에 대한 올바른 이해에 관심을 갖는다면, 복음을 인간 실존의 다른 이해의 길들_{일반학문, 특히 철학과 과학}과의 관계 속에서 해석하는일이 가능한가? 이 질문은 바로 바르트와 브루너가 강력하게 대립하였던변증적, 논쟁적 자연신학의 주제에 관한 것이다. 필자는 이 주제에 관한한 바르트보다 브루너의 입장이 더욱 타당성이 있다고 믿는다. 철학적신학의 본성을 다룰 때 이 주제가 다시 다루어질 것이다. 이제 신학의 본성을 이해하기 위한 마지막 접근방식에 대하여 고찰하려고 하는데 그것은 곧 신학을 '하나님에 관한 학문'으로 규정하는 입장이다. 이 입장은 판넨베르크가 강력히 내세운 견해이다.

판넨베르크는 신학을 이해하기 위한 두 가지 매우 상이한 길을 구분한다.[44] 첫째로 신학은 기독교 학문으로 이해될 수 있다. 기독교는 역사의 한 현상이며 따라서 본래적으로 연구할 가치가 있다. 기독교 신앙은합리적 진리의 체계가 아니라 역사로부터 생성되었다. 이것은 역사적인 소여 ^{所與}로 생각될 수 있다. 그렇다면 기독교는 단지 종교현상 중의 하나로서 이해될 수 있으며, 따라서 신학은 종교학문의 한 부분으로서의 기독교 학문으로 생각될 수 있다. 이것이 에른스트 트뢸치 Ernst Troeltsch 로 대표되는 종교사학파가 강조한 바이다. 1914년 트뢸치가 신학 교수직에서 철학 교수직으로 옮겨간 것은 이상한 일이 아니다. 기독교 학문으로서의 신학 이해는 신학적이라기보다는 기독교에 대한 보다 철학적인 접근방식을 취하기 때문이다. 또한 이와 같은 신학 이해에서 기독교가 사람들의 삶에 갖는 실제적 관련성 때문에 기독교를 연구할 수도 있다. 그리고 기독교의 주장이 참되다는 가치판단, 또는 신앙판단을 내릴 수도 있다.

흥미롭게도 판넨베르크는 계시신학을 이 기독교 학문으로서의 신학의 범주에 포함시킨다. 계시신학은 기독교를 하나님의 유일한 행동으로 본다. 따라서 계시신학은 기독교 현상으로부터 초연히 분리된 세속적인 학문이 아니다. 그러나 그럼에도 불구하고 계시신학은 연구범위를 기독교 안에 엄격히 한정시킨다. 이러한 모든 기독교 학문으로서의 신학 이해 방식들의 문제는, 판넨베르크에 따르면, 이것들이 '기독교의 진리'에 관한 문제를 적절하게 토의하는 것을 허락하지 않는다는 것이다. 이러한 신학은 기독교의 진리에 관한 물음에 전혀 관심을 갖지 않거나 아니면 기독교의 진리를 아주 당연한 것으로 전제한다. 이 두 가지 모두 올바른 태도가 아니다.

---

44   Wolfhart Pannenberg, *Theology and the Philosophy of Science* (Philadelphia: The Westminster Press, 1973), 265, 263 이하, 279-326. 지금까지의 논의의 요점은 신학은 철학과 마찬가지로 형이상학적(존재론적) 사고를 피할 수 없으며, 신학 자체의 기준(계시, 성서)뿐만 아니라 철학적 논술의 기준에 부합되어야 한다는 것이다. 판넨베르크의 말을 빌리면 그 까닭은 신학이 실재의 전체성에 궁극적인 관심을 갖기 때문이다. 그가 지적한 대로 실재의 전체성에 관한 물음은 하나님에 관한 물음 안에 포함되어 있다. 만일 신학이 하나님에 관한 질문을 올바로 다루려면 하나님과의 관계 속에서의 실재에 관한 물음을 다루어야 한다. 이것은 위에서 살펴본 대로 철학의 관심 영역이기도 하다. 따라서 신학은 자신을 철학적인 준거와 부합되도록 해야 할 필요성을 인식해야 한다.

기독교는 스스로 하나님의 계시, 즉 하나님의 자기 계시에 근거한다고 주장한다. 판넨베르크는 기독교가 이러한 위상을 전제하는 것만으로는 충분치 않다고 본다. 이런 위상은 신학적으로 토론되어야 하고 합리적으로 정당성을 인정받아야 한다. 바르트에 대한 그의 주된 비판은 바르트가 단지 하나님의 계시를 자명한 것으로 가정하고, 신앙과 신학을 위한 정당한 출발점으로의 논증을 통해 이 가정을 합법화하고 세워나가려고 노력하지 않는다는 것이다.[45] 신학자는 자신의 하나님에 관한 말의 근거가 하나님의 하나님 자신에 관한 말씀이라고 확실히 믿고 느낄 수 있을지 모른다. 그러나 바르트의 체계에 있어서 신학자는 이것을 증명할 수 없다. 판넨베르크는 이런 바르트의 신학을 지나치게 실증주의적이라고 비판한다. 그에 따르면 비록 바르트가 신학적 진술을 인간의 종교적 의식으로 환원시키는 신학을 거부하고자 했지만 결국 그것을 피하지 못했다는 것이다. "하나님과 하나님의 말씀에 관한 바르트의 고고孤高한 객관주의는 외부로부터의 그 어떤 정당화도 갖지 못하는 모험적 신앙의 비이성적인 주관성 이상 아무 것도 아님이 드러났다."[46] 판넨베르크에 있어서 이것은 결코 충분치 못하다. 우리의 전제는 공적인 토의와 논증에 열려 있어야 한다.

신학을 이해하는 두 번째의 길이 있는데 그것은 곧 신학을 "하나님에 관한 학문"으로 이해하는 것이다. 신학은 기독교를 넘어가야 한다. 신학이 구약을 성서로 받아들이는 사실이 이미 그 근거를 뒷받침한다. 하나님의 자기 계시의 행동은 기독교로부터 시작되지 아니하고, 창조와 아브

---

45 위의 책, 265, 272 이하.
46 위의 책, 273.

제1장. 신학과 철학의 관계와 철학적 신학 **49**

라함을 선택하심으로부터 시작한다. 따라서 신학은 단순히 기독교 학문일 수는 없다. 그것은 하나님에 관한 학문이 되기를 지향해야 한다. 신학이 그렇게 되어야 하는 또 다른 이유는 신학이 기독교의 계시의 진리에 대한 물음을 공개적으로 토의할 수 있을 만큼 넓게 열려 있어야 하기 때문이다. 단순히 계시의 진리를 자명한 것으로 받아들일 수만은 없다. 판넨베르크는 말한다. "신학은 기독교 학문이 아니라 하나님에 관한 학문이 될 때만 기독교를 올바로 다룰 수 있다. 하나님에 관한 학문으로서 신학의 주제는 실재의 전체성 reality as a whole 이다. …"47 물론 이 실재의 전체성은 이미 완성된 것이 아니라 역사적 과정을 통해 종말론적 미래에 완성될 것이다.

판넨베르크는 초기와 중세의 기독교 신학이 사실상 자신을 하나님에 관한 학문으로 이해했다고 주장한다. 왜냐하면 하나님에 관하여 가르쳤고 하나님의 행동으로 발생하는 모든 것에 대해 가르쳤기 때문이다. 따라서 신학은 다른 학문의 주제와 중복되는 많은 것들에 관하여 말한다. 다만 신학은 그것들을 그것들이 하나님과 가지는 관계성이라는 관점에서 논한다. 이러한 신학 이해만이 적절한 것이다. 판넨베르크는 바르트의 목표가 바로 이것, 즉 하나님의 현실과 자기 계시를 탐구하는 데 있었다고 본다. 그의 바르트 비판은 바르트가 기독교의 계시를 자명한 진리로 전제하는 데 대한 것이다. 무신론의 시대에 있어서 이러한 태도는 더 이상 통하지 않는다. 신학자는 하나님을 말함에 있어서 먼저 그가 실제적인 한 존재 a being 에 대해 말하고 있음을 보여주어야만 한다.

신학자는 신학이 하나님의 자기 계시로부터 시작한다는 주장 배후로

47　위의 책, 265.

들어가야 한다. 하나님에 관한 그 어떤 논의도 논리상 정당한 논의임을 보여주어야 한다. 계시 개념을 신학의 출발점으로 삼는 것은 적절치 못하다. "무신론의 유형들과 그 신학적 의미 Types of Atheism and their Theological Significance"라는 논문에서 판넨베르크는 다음과 같이 말한다. "포이에르바하 이후로부터 신학은 설명 없이는 더 이상 하나님이라는 단어를 입에 올릴 수 없게 되었음을 알아야 한다. 더 이상 이 단어의 의미가 자명한 것처럼 말할 수 없게 되었다. …"[48]

판넨베르크에 따르면 신학은 하나님의 개념, 하나님에 대한 질문, 하나님이라는 '문제'에 대한 논의로부터 출발해야 한다.[49] 신학은 이미 정립된 사실처럼 하나님으로부터 시작해서는 안 된다. 신학은 하나님에 관한 담론이 정당한 것임을 먼저 보여주어야 한다. 교회 안에서는 아마도 신학을 기독교 학문으로 간주하는 일이 정당화될 수도 있을 것이다. 교회는 목회자를 훈련해야 한다. 교회는 기독교 신앙에 대한 지식과 이해를 우선적으로 심화시키기를 원한다. 우리는 바르트가 신학은 교회 교의학이 되어야 한다고 말한 것을 상기할 필요가 있다. 결론적으로 말하자면, 기독교 신학이 신학의 기독교 부분에 주로 집중하는 것을 전적으로 잘못됐다고 할 수는 없다. 그러나 실로 신학은 보다 더욱 폭넓고 포괄적인 학문임을 기억해야 한다. 만일 기독교의 신학이 기독교인뿐 아니라 기독교인이 아닌 사고할 수 있는 사람에게도 말할 수 있으려면 신학은 단지 기독교 학문이어서는 안 된다.

지금까지 우리는 바르트 신학의 근본 전제와 대립되는 판넨베르크의

---

48 Wolfhart Pannenberg, *Basic Questions in Theology*, vol. 2 (London: SCM Press LTD, 1967), 189.
49 Wolfhart Pannenberg, *Theology and Philosophy of Science*, 299 이하.

새로운 신학의 길을 살펴보았다. 그는 하나님에 관한 학문으로서의 신학의 정의와 이에 따른 철학적 신학의 정당성에 관하여 훌륭하게 논증하였다. 이제 좀 더 숙고해야 할 문제가 남아 있는데 그것은 변증적 신학, 또는 논쟁적 신학에 관한 질문이다. 신학은 이미 신앙을 가진 사람들에게만 말하여야 하는가, 아니면 (아직) 신앙을 갖지 못한 사람들에게도 말해야 할 책임이 있는가? 만일에 후자라면 신학은 어떤 형태를 가져야 하는가? 철학적 신학이 정당화될 수 있는지 없는지는 이 질문에 대해 어떻게 대답하느냐에 달려 있다.

IV. 철학적 신학의 조망

1. 철학적 신학에 대한 기본적 정의

철학적 신학도 역시 다양한 방식으로 이해되어왔다. 모든 철학적 신학에 적용될 수 있는 단순한 정의란 아직 존재하지 않는다. 우선 철학적 신학에 대한 최소한의 정의를 생각해 보자. 신학이 철학과 구별되는 점 중의 하나로서 신학은 어느 특수한 진리의 드러남에 대한 자기 위탁의 구조 안에서 진행된다는 점은 이미 언급한 바 있다. 이런 의미에서 틸리히는 신학자의 사역은 신학적 서클을 벗어날 수 없다고 하였다. 다른 말로 하면, 신앙^{따라서} ^{신학} ^{또한}은 진리라고 믿어지는 것에 대한 물음에 대하여 결코 중립적일 수 없다. 신학은 진리의 물음에 관하여 관심을 갖는다. 그러나 신학은 특수한 관점, 즉 자기 헌신이라는 특수한 기초 위에서 진리의 문제에 접근한다.

모든 신학은 신앙에 대하여 합리적이고자 하는 시도이다. 그러나 철학적 신학은 고백적, 실존적인 자기 헌신의 요소와 객관적, 합리적인 진리의 요소를 조심스럽게 구분하려고 한다. 물론, 실제로 이 둘을 분리할 수 없다. 그러나 같은 것도 아니다. 우리는 우리가 어떤 것이 진리이기를 바라기 때문에 그것을 진리라고 받아들이지는 않는다. 우리는 헌신할만한 충분한 근거가 없다고 생각하는 한 자신을 의탁하지 않는 것이다. 그렇다고 할진대 철학적 신학은 특별히 기독교 신앙의 진리에 관한 주장을 합리적으로 설득력 있게 변증하는데 관심을 갖는 신학이라고 정의될 수 있을 것이다. 기독교 철학적 신학은 예수 그리스도에 대한 신앙의 헌신을 포기하지 않는다. 그러나 그것은 그 헌신 근저에 놓여 있는 진리에 대하여 사람들을 납득시켜야 할 필요에 대한 특별한 민감성을 가지고 그 헌신을 자세히 상술하려고 한다.

어떤 사람들은 헌신과 진리탐구는 원칙적으로 양립할 수 없으며 결국 어느 하나를 추구하기 위해서는 다른 하나를 포기해야 한다고 주장할지도 모른다. 그러나 이것은 지나치게 극단적인 생각이다. 진리에 대한 정직한 추구와 진리가 특수한 방식으로 특정한 장소에 드러났다는 것을 믿는 신앙 사이에 긴장 관계가 있을 수 있다. 그러나 이 둘이 상호 배타적이어야 할 이유는 없다. 다른 신학과 철학적 신학의 차이점이란 다름이 아니고 본질적으로 철학적 신학은 진리를 단지 전제하기보다는 그 진리를 상술하고 논증하려는 보다 더욱 강한 의도와 목적을 지니고 있다는데 있다.

이제 문제는, 이러한 신학 함이 정당한가 하는 점이다. 이미 살펴본 대로 바르트는 신학은 신앙의 근거와 기초fidei ratio를 설명해야 하지만 신앙의 진리성을 '증명'하려고 시도해서는 안 된다고 하였다. 신학이 신앙 위에 섬으로써, 신앙이 더 이상 불필요한 것으로 되어서는 안 된다는 것이다. 바르트에 따르면, 신학은 신학의 대상을 이해하고 포착하기 위해 노력해야 한다. 그러나 신학이 잊지 않아야 할 것은 이 대상은 궁극적으로 불가해한 것이라는 사실이다. 환언하면 신학은 스스로 제한되어 있고, 잘못될 수 있고, 유한한 사역임을 기억해야 한다. 반면 신앙의 대상은 무한한 하나님이다. 이 하나님은 결코 단지 인간의 사고 대상으로 환원될 수 없다.

바르트는 옳은가? 부분적으로 그는 옳다. 신학은 결코 신앙의 정당성을 '증명'할 수는 없다. 신학은 결코 최종적이고, 논박의 여지가 없이 명백한 신앙의 토대를 마련할 수는 없다. 신앙이 신학의 기초이지 그 반대가 아니다. 따라서 신앙의 진리는 신앙의 행위 안에 이미 함축되어 있으며 이것이 신학자의 전제이다. 이 한도 내에서 바르트는 옳다. 그러나 많은 신학자들은 그가 너무 극단적이라고 생각한다. 특히, 의견의 불일치가 변증적 자연신학에 집중되어 있다. 틸리히는 신학적 '답변'이 실존적 '질문'과 상관되어야 한다는 그의 견해로 잘 알려져 있다. 브루너 역시 이점에 있어서 바르트와 강한 대립을 보였다. 브루너는 신학은 변증적이 되어야 한다고 강조하였다. 변증학으로서의 신학의 정당성 문제는 철학적 신학의 합법성에 관한 문제와 밀접하게 연관되어 있으므로 이에 대해 살펴보는 것이 필요하다.

2. 변증적 신학과 철학적 신학

신학의 역사에 있어서 변증학은 신학의 중요한 일부로 존재해왔다. 어느 특정한 시대에 있어서 그 시대에 잘 이해되고 받아들여진 철학적 개념들이 기독교 복음을 진술하기 위한 중요한 개념들이 되곤 하였다. 예를 들면, 2-3세기의 변증가들(클레멘트, 유스티니아누스, 오리게네스, 터툴리아누스, 이레네우스 등)은 헬레니즘의 로고스 개념을 매우 중요한 신학적 개념으로 사용하였으며, 오리게네스와 아우구스티누스는 신플라톤주의 철학을, 토마스 아퀴나스는 아리스토텔레스의 철학을 그의 신학의 기초로 사용하였다. 그러나 이에 대한 강력한 반발이 20세기 초기에 일어났는데 특히 바르트는 신앙이 있는 자와 없는 자 사이의 경계는 쉽사리 관통될 수 없다고 생각하였다. 만일에 당신이 어떤 철학적 개념을 가지고 그 경계를 가로질러 가려고 시도하면 당신은 진리의 그 무엇을 양도하게 될 것이다. 왜냐하면 복음의 진리는 유일하기 때문이다. 그것은 철학적 체계에 자신을 순응시킬 수 없다.

이러한 견해는 틸리히에 의해 강력한 비판을 받았다.[50] 틸리히는 그렇다면 신학은 이제 복음이 전달되는 상황을 고려하거나 그 일부가 됨이 없이 돌을 던지듯 복음을 던지는 일밖에 다른 선택이 있을 수 없게 되었다고 지적한다. 그는 이러한 신학의 모습은 결코 교회의 신학적 과제를 충실히 수행하는 모습이 아니라고 믿는다. 어쨌든 엄밀히 말하면 이러한 일은 불가능하다. 왜냐하면 모든 신학은 적어도 그 시대의 '개념적 도구' 들을 사용해야만 하기 때문이다. 신학은 기독교의 메시지와 사람들의 상

---

50   Paul Tillich, *Systematic Theology*, vol. 1, 7 이하.

황을 연합시켜야만 한다. 이것이 틸리히 자신의 신학적 방법, 즉 상관관계 방법의 핵심이다. 틸리히의 신학적 체계는 변증학이나 자연신학을 위한 특별한 자리를 마련해 두지 않는다. 오히려 그는 변증학이 조직신학의 전재적全在的 요소라고 여긴다. 틸리히가 그의 조직신학 제1권에서 밝히고 있듯이 그의 목적은 "변증적 관점에서 기록되고 철학과의 지속적인 상관관계 안에서 수행되는 신학적 체계의 방법과 목적을 진술하는 것이다."[51]

브루너는 일반적으로 말하면 틸리히보다 바르트에 더 가까운 신학자이다. 그러나 이 신학의 변증적 성격에 대한 문제에 관한 한 그는 틸리히에 더 가깝다. 그는 신학의 논쟁적eristic 성격을 강조한다. 브루너는 변증학apologetics이라는 말을 피하려고 하는데, 왜냐하면 이 말이 오해의 소지가 있다고 생각하기 때문이다. 이 말은 이성을 높은 자리에 두고 기독교가 이성의 변호에 의해 수호될 수 있다는 오해를 불러일으킨다. 반면에 '논쟁적 신학'은 기독교 메시지와 대립하는 사상들과의 관계 속에서 기독교 신앙을 논증한다. 기독교 신학은 단지 자신을 방어할 뿐만 아니라 자신을 반대하는 사상들에 대하여 공격해야 한다.[52] 브루너는 기독교를 대적하는 사상과 맞서기 위하여 교회의 신앙을 신학적으로 표현해야 할 필요성과 교회 안의 이단에 대항해야 할 필요성 사이에 유비가 있다고 본다. 초기의 신학자들이 위대한 변증가였다는 것은 우연이 아니다. 브루너는 아우구스티누스야말로 변증적-논증적 신학자들 중에 가장 위대한 신학자라고 주장한다.

개혁신학은 여러 가지 점에서 신정통주의 신학의 모델이었으며, 변

---

51 위의 책, ix-x.

52 Emil Brunner, *Dogmatics*, vol. 1, 98-99 참고.

증적 신학이 아니었다. 그것은 그럴 필요가 없었기 때문이다! 왜냐하면 개혁신학은 불신앙과 충돌한 것이 아니라 신앙에 대한 잘못된 이해를 극복하고자 했기 때문이다. 개혁신학자들의 주된 관심은 교회와 세상과의 갈등을 극복하는 데 있었던 것이 아니라 교회 안의 문제점들을 해결하고 교회를 개혁하는 데 있었다. 브루너는 종교개혁자들이 변증적 신학을 하지 않았다는 이유로 그런 신학은 불필요하거나 잘못됐다고 단정하는 것은 옳지 않다고 생각한다.

새로운 변증적-논쟁적 신학이 계몽주의 시대에 시작되었다. 왜냐하면 다시 한번 기독교 신앙의 근본이 새로 일어난 합리주의의 도전에 직면했기 때문이다. 브루너는 파스칼의 팡세를 논쟁적 기독교 신학의 가장 훌륭한 실례로 여긴다. 19세기의 죄렌 키에르케고르 Søren Kierkegaard는 그 시대의 철학과 사상에 대항하여 기독교 신앙을 지켰던 대표적인 인물이다.[53]

변증적 신학은 신앙을 무시하지 않는다. 브루너는 성서의 메시지 자체가 변증적 요소로 가득 차 있기 때문에 변증적 신학은 정당한 것이라고 믿는다. 성서의 메시지는 세상이 스스로를 이해하는 방식을 비판한다. 변증적-논쟁적 신학과 밀접히 연관된 다른 유형의 신학은 브루너가 "선교적 신학"이라고 부르는 것이다.[54] 신앙은 자기 자신을 설명해야 하며 세상에 증언해야 한다. 그러나 이 증언은 듣는 자가 이미 소유하고 있는 진리와 통합되지 않으면 아무런 결실을 거둘 수 없다. 선교 사역에 수행되는 일이 신학에서도 수행되어야 한다. 브루너는 선교적 신학을 다음과 같이 정의한다. "선교적 신학은 듣는 자의 영적 상황에서 출발하여 그것

---

53 또한 자신의 철학이 기독교 신앙과 전적으로 부합된다고 여겼던 헤겔은 기독교 신앙의 진리를 형이상학적 체계를 통하여 구축해 보려고 하였다.

54 Emil Brunner, *Dogmatics*, vol. 1, 101 이하.

을 향하여 전하여지는 예수 그리스도의 복음에 대한 지적인 진술이다."
틸리히와 다소 유사하게, 브루너는 선교적 신학은 인간들이 무력하며, 결핍되어 있으며, 그들이 무엇을 갈망하는지를 보여주어야 하며 왜 인간이 안식이 없고 복음을 희구하는지를 보여주어야 한다고 말한다. 물론 복음은 인간의 필요로부터 생성되지 않는다. 이 복음은 순전히 예수 그리스도 안에 있는 하나님의 계시로부터 주어진다.

브루너와 틸리히의 차이점은 브루너는 이 선교적 신학, 또는 변증적-논쟁적 신학이 교의 신학과 동일한 것으로는 보지 않는다는 점에 있다. 브루너에게 있어서 교의학의 과제는 기독교의 메시지를 단지 그 자체 안의 상황적 맥락 안에서 밝히 설명하는 데 있다. 그러나 이것이 바로 틸리히가 "복음을 돌멩이 던지듯 던진다."고 표현한 바로 그것이다. 틸리히에게 있어서 변증적 과제는 필수 불가결한 신학의 과제이지 단지 신학의 한 측면이 아니다. 그것은 신학자가 해도 되고 안 해도 되는 그런 것이 아니라 모든 신학자가 수행해야 할 과제이다. 반면에 브루너에게 있어서는 변증적 신학이 분명히 수행되어야 하지만 그것은 교의학자나 성서 신학자가 할 일이 아니라 다른 분야의 신학자들이 수행해야 할 일이다. 브루너는 변증적 신학의 자리를 전혀 인정하지 않는 바르트와 격렬한 논쟁을 벌였다. 이것이 자연신학 논쟁이다. 바르트는 자연신학의 가능성, 즉 인간이 이성만을 사용하여 하나님에 대한 정확하고 참된 지식을 가질 수 있다는 가능성을 부인하였다. 브루너도 역시 이것을 부정했다.[55] 그러나 브루너는 창조 안에 나타난 하나님의 계시를 긍정하였다. 어찌 창조자가 그의 영의 표적을 피조물에 새기지 않겠는가? 그는 로마서 1장 19절이

---

55   위의 책, 133.

하에 근거하여 이 입장을 택했다. (그러나 후기의 바르트는 자연신학의 가능성을 인정하는 브루너의 입장에 매우 가까워졌다. 이에 대해서는 곧 다룰 것이다.)

지금까지 우리는 기독교 메시지의 진리를 특정한 시대의 사상과 질문과의 관련 속에서 진술하고자 하는 신학의 타당성에 관하여 살펴보았다. 아직 이러한 신학은 충분한 의미에서 철학적 신학이라고 할 수는 없지만, 철학적 신학에 매우 접근하고 있는 신학이다. 그렇지만 브루너는 철학을 통하여 하나님에 대한 지식을 얻으려고 시도하는 사변적 자연신학과 자신의 변증적, 논쟁적 또는 선교적 신학 사이를 명백히 구별하였다.[56] "플라톤Platon이나 아리스토텔레스의 하나님과 성서적 계시의 하나님 사이의 관계는 양자택일의 관계이다. 순수한 철학적 사변을 통하여 얻어지는 다른 모든 하나님에 관한 관념들에 관해서도 마찬가지이다."[57]

그러나 기독교 철학적 신학은 순수한 철학적 사변에 의해서 하나님에 관한 관념을 획득하고자 하는 것이 아니다. 철학적 신학은 교의학과 동일한 근원으로부터 시작한다. 그것은 신학적 서클 안에 위치한다. 왜냐하면 신학은 신앙 위에 서기 때문이다. 아마도 브루너가 철학적 사변이라고 부른 것은 종교철학이나 이신론 철학에 더 가까울지도 모르겠다. 그러나 철학적 신학과 종교철학 사이에는 단순하면서도 상당한 차이가 있다. 전자는 기독교적 헌신으로부터 출발하여 신학적 서클 안에 위치하는 반면, 후자에는 이러한 특수한 실존적 참여가 없다.

그러면 브루너의 입장은 무엇인가? 비록 그가 '창조 안의 계시'에 관하여 말하기를 더 좋아하지만 사실상 그는 일종의 기독교 자연신학을 옹

---

56 위의 책, 135 이하.
57 위의 책, 136.

호하는 입장이다. 그는 사변적 이신론적 자연신학을 거부한다. 왜냐하면 이것은 하나님의 자기 계시의 개념을 받아들이지 않기 때문이다. 그러나 브루너는 널리 통용되는 인간의 개념과 사상의 틀을 진지하게 받아들이는 일종의 변증적, 논쟁적 또는 선교적 신학이 교의학과 병행되어야 한다고 믿는다. 이러한 생각은 철학적 신학의 의도에 매우 접근하는 것이다. 철학적 신학은 신앙이 이성을 추구함에 있어서 갖는 내적, 본성적인 동기뿐만 아니라 외적, 실천적 동기를 함께 만족시키기를 원한다. 그러므로 신학은 신앙을 가진 자에게뿐만 아니라 불신앙자에게도 자신의 신앙의 진리를 설득력 있게 설명해 주어야 한다.

3. 자연신학과 철학적 신학

계시에 의존하는 신학으로 이해되는 기독교 신학이 종종 계시에 의존하지 않는 토대 위에 자신을 세워 왔다. 과거의 많은 신학들 가운데, 자연신학은 하나님이 존재하시며 선하시다는 사실 또는 인간은 영원한 영혼을 가지고 있다는 사실 등을 이성적 방법으로 세워 보려고 노력했다. 하나님의 존재증명에 관한 전통적인 논쟁이 바로 이런 자연신학에 속한다. 그러나 철학적 신학은 이 점에 있어서 전통적인 자연신학과 다르다. 틸리히에 의하면 하나님의 존재증명들은 "인간의 유한성 속에 포함되어 있는 하나님에 관한 질문의 표현"이다. 이 질문 자체는 타당하지만, 질문에 대한 답변은 타당하지 않다. 하나님은 본질과 실존의 저 너머에 있으므로 하나님의 "존재"라는 개념은 적절하지 않으며, 논리적 추론의 방법도 부적절하다. 즉 모든 증명은 주어진 세계로부터 출발하여 하나님을 추론한다. 그리하여 사실상 하나님은 세계에 의존하게 된다. 그는 세계를 무한히 초월하는 자가 아니라 "정확한 추론을 통하여 발견되는 고리 속에 있는 한 지체이다." 결국 그는 이 "세계"이며 이 세계를 설명하는 데 있어서 빠진 한 "부분"이다. 또한 모든 증명은 인간의 이성으로 하나님을 논리적으로 추론하며 정의한다. 이리하여 하나님은 인간의 이성에 예속된다. 하나님이 이성의 개념적 틀에 예속된다. 틸리히는 이성은 하나님의 존재에 대하여 질문함으로써 답변에 대한 "형식"을 제공하지만, 그 질문에 대한 답변의 "내용"은 오직 계시로부터만 온다고 보았다. 결론적으로 "하나님의 존재에 대한 증명들은 증명도 아니고 하나님의 존재로 인도하지도 않는다."[58] 판넨베르크도 신 존재증명의 문제점은 "성서의 신관의 왜소화, 하나님의 초월적 자유와 전능의 제한"에 있다고 지적하였다.[59]

그러나 다른 한편, 철학적 신학은 자연신학과 전적으로 배타적인 관계에 있지는 아니하다. 존 매쿼리 John Macquarrie 는 그러한 자연신학이 신학적 논술과 일상의 논술 사이의 연결점을 보여주려는 시도라고 믿는다.[60] 그것은 계시신학에 "도움닫기 출발" flying start 을 주려고 의도하며, 만일 자연신학이 전혀 없다면 계시신학은 매우 고립된 것이 될 것이다.

프리드리히 슐라이에르마허 Friedrich Schleiermacher 이후 자연신학 대신 독립적인 종교철학 또는 종교현상학이 기독교 신학을 위한 기초로 제시되기도 했다. 슐라이에르마허 자신이 한 일은 종교철학을 포함한 다양한 학문들로부터 개념을 빌어오는 것이었다. 이 일은 그에게 종교현상기독교는 그중에 가장 높은 형태로 인식되는에 관한 이해를 가져다주었다. 따라서 신학은 "절대

58   Paul Tillich, *Systematic Theology*, vol. 1, 235-41 참조.
59   Wolfhart Pannenberg, "Die Aufname des philosophischen Gottesbegriffs," in *Grundfragen systematischer Theologie*, 327.
60   John Macquarrie, *Principles of Christian Theology* (London: SCM Press LTD, 1977), 42.

적 의존감정"의 내용을 조직적인 형태로 진술하는 역할을 담당하는 것으로 이해되었다. 그러나 이것은 신학을 신학적 서클의 일부가 아닌 다른 것에 의존시키는 행위라고 보고 이를 근본적으로 비판하고 나선 것이 변증법적 신학이다.

그러나 변증법적 신학을 제외하고는 아직 신학은 자신을 그 위에 세워야 할 어떤 기초를 요구하고 있다는 인식이 여전히 존재해왔다. 신학은 모종의 '서문', 또는 '머리말'praeambula fidei이 필요하다. 이것이 중세의 스콜라주의의 견해이자 후대의 개신교 스콜라주의의 견해이다. 그러나 문제는 이 서문이 어떻게 이해되어야 하는가 하는 것이다. 종종 그것은 신앙을 위한 '이성적 증거'로 생각되기도 했다. 그러나 슐라이에르마허도 신학을 위한 철학적 기초를 그런 목적으로 사용하지는 않았다. 오늘날 대부분의 신학자들은 신학을 위한 그런 '증거'는 실제로 가능하지 않다고 생각한다.

그러나 이 '서문'은 신학을 위한 다른 기능을 가질 수 있다. 오늘날에는 하나님에 관한 물음 자체가 논란이 많은 문제이기 때문에 하나님에 관한 논술의 근거와 논리에 대한 설명이 주어져야 한다. 판넨베르크와 벌콥 같은 신학자들은 종교현상이 기독교 신앙과 하나님에 관한 질문을 논의하는데 유용한 출발점이 된다고 여긴다. 이 출발점이 기독교 신학을 위한 증거로 해석되지 않는 한 이러한 입장은 정당하다.

매쿼리는 그의 신학의 첫 번째 부분을 "철학적 신학"이라고 명기하였다. 이런 배열 체계로서 그는 이 철학적 신학이 대체로 전통적인 신학의 체계를 위한 시초적 도입 부분으로서의 자연신학의 역할을 하기를 의도한다.[61] 이런 배열은 신학은 이성의 요구를 만족시켜야 한다는 그의 견해를 반영한다. 매쿼리가 그렇다고 해서 이성이 사변적으로 실재에 대한 완전한 이론이나 형이상학을 세워야 한다고 생각하는 것은 아니다. 그러나 그는 실재의 단편적 요소들은 서로 관련되어야 한다고 생각한다. 이성은 또한 신학적 논술을 분석하고, 의문을 제기하고, 교정하는 비판적 기능을 가져야 한다. 계시의 내용은 이성의 심사숙고를 받아야 한다. "'이성종교'rational religion는 불가능하다. 그러나 이성적인 종교reasonable religion는 필연적이다."[62]

철학적 신학은 신학과 일반적 사상을 연결한다는 점에서 기존의 자연신학과 유사하다. 그러나 그것은 연역적이라기보다 기술적descriptive이라는 점에서 자연신학과 다르다. 철학적 신학은 자연신학처럼 "증명"을 주장하기보다는 단지 사물 자체가 자신을 드러내는 것을 우리가 보도록 한다.[63] 실재의 어떤 측면을 직시하도록 함으로써 그것은 기독교 신앙에 관한 특수한 교리를 형성하는 토대를 마련해 준다.

따라서 철학적 신학은 신학의 주요개념들을 소개하고 그것들이 의미있는 것임을 보여주려고 한다. 매쿼리에 따르면 철학적 신학은 "신학이 인간실존과 경험의 보편적 구조 안에 그 기초를 가지고 있다고 주장할 수 있음을 보여줌으로써, 신학에 대한 비판자들로부터 신학을 방어해 준다.[64] 다른 말로 표현하면, 철학적 신학은 신학의 가능성에 관한 탐구라고 생각될 수 있다. 그것은 신학의 기초를 형성해준다. 그것은 신학적 진술이 어떤 것이며, 그것이 어떻게 작용하며 무엇을 의미하는지를 설명한

61 위의 책, 40.
62 위의 책, 16.
63 위의 책, 30. 이러한 철학적 신학의 태도는 자연과학과 대화하는 오늘날의 과학적 자연신학의 태도와 유사하다.
64 위의 책, 35.

다. 그것은 증명을 추구하지 않지만, 하나님에 대한 신앙의 진리의 정당성을 입증, 설득하기 위하여 노력함으로써 신학의 주장이 의미가 있는 것임을 보여주려고 한다. 이렇게 해서 철학적 신학은 신앙과 신학을 지지해 준다. 예를 들면, 매쿼리는 어떻게 신앙의 확신이 인간 경험 안에서 생겨나는지 보여주려고 한다. 그는 하이데거의 실존주의 철학의 도움을 받아 인간실존을 분석함으로써 이 일을 시도한다. 이러한 인간실존에 대한 이해 안에서 하나님, 죄, 계시, 신앙 등의 개념들이 소개되고 정의된다. 매쿼리가 스스로 밝힌 대로 그는 "어떻게 이런 개념들이 의미의 지도 위에 그들의 자리를 찾을 수 있는지를" 보여주고자 시도한다.[65]

이와 같이 철학적 신학은 자연신학이 갖는 도움닫기, 서문으로서의 위치를 인식한다. 이것은 복음과의 관계 속에서 율법이 갖는 기능, 즉 몽학선생의 훈육적이고 안내적인 기능을 인식하는 것과 유사하다. 율법은 복음을 지시하고 복음으로 인도한다. 율법은 복음에 의하여 폐하여지지 아니하고 완성된다. 이러한 철학적 신학 이해는 기존의 자연신학이 수행했던 것과 유사한 종류의 목적을 철학적 신학이 가지고 있음을 보여준다. 하지만 전통적인 자연신학보다는 훨씬 겸손하다. 이런 신학은 로마가톨릭 신학에서 언제나 중요한 것으로 여겨져 왔다. 변증법적 신학에 반발하는 신학자들도 역시 그것을 중요하게 여긴다.

오늘날에는 고전적 자연신학과 구별되는 자연의 신학theology of nature에 대한 인식이 점차 증대하고 있다. 고전적 자연신학과는 달리 오늘날의 자연의 신학은 오늘날의 생태학적 위기의 상황과 과학에 의해 밝혀지는 세계관과의 관계 속에서 전통적인 창조신학을 자연의 신학의 관점에서

---

65 위의 책, 51.

새롭게 재구성하고자 한다. 이 자연의 신학 또는 창조신학의 접근방식이 전통적인 자연신학의 접근방식과 전혀 다른 것은 아니다. 왜냐하면 이 두 가지 형태의 자연신학에 있어서 공통적으로 이성, 자연, 존재 유비, 신학의 공공성 등의 개념이 매우 중요한 역할을 하기 때문이다.

4. 기독교 자연신학으로서의 철학적 신학

철학적 신학에 대한 한 좋은 이해 방식이 과정신학자인 존 캅[John B. Cobb]의 저서 『기독교 자연신학』[66]에 잘 나타난다. 무엇보다 우선 이 기독교 자연신학은 신학의 중요한 물음들을 다룬다. 이것은 명백히 신학적 과업이지 철학적 과업이 아니다. 다른 중요한 요소는 캅이 "신학적 열정"이라고 부르는 것이다. 이 기독교 자연신학이 어떤 것이며, 그 주제와 내용이 무엇이냐 하는 것은 신학적 열정에 의해 결정된다. 그 동기가 신학적이다. 이러한 신학을 추구하는 자들은 하나님의 실재에 의해 붙잡힌 바 되었거나 움직여진다. 다른 말로 표현하면 이들은 신학적 서클 안에서 일한다. 이러한 신학은 하나님이 본성과 사역을 이해하고자 하는 강렬하고 열띤 욕구를 지니고 있다는 의미에서 열정적이다.

그렇다면 이러한 신학이 어떤 의미에서 철학적인가? 그것은 신학적인 주제들에 관해 무엇이 말해질 수 있는지가 신학적인 기준과 함께 철학적인 기준에 의해서도 결정된다는 의미에서 철학적이다. 신앙의 진리는 수직적, 계시적, 실존적, 고백적 기준에 의해서 뿐만 아니라 수평적, 이성적, 객관적, 합리적인 기준에 의해서도 판단되어야 한다. 이런 의미

---

66   John B. Cobb, Jr., *A Christian Natural Theology* (Philadelphia: The Westminster Press).

에서 신학은 철학적 논술의 기준에 부합하여야 한다. 신학적 주장들이 철학적 원리들과 상충될 경우에 그것은 언제나 철학의 잘못 때문이며 따라서 신학은 철학의 동의를 얻기 위한 진술에 제한될 수 없다고 말하는 신학자들이 많이 있다. 캅은 이러한 입장에 동의하지 않는다. 신학은 신학적 장점뿐만 아니라 철학적 장점도 가져야 한다.[67] 캅은 아우구스티누스 Augustine 나 토마스 아퀴나스 같은 위대한 신학자들이 동시에 위대한 철학자였다는 사실을 중요시한다. 그들은 신학적 확신에 의해 촉발되어 명확히 철학적 과업을 수행했다. 철학적 과업은 그들의 신학적 과업의 일부였다. 그들은 신학을 함에 있어서 철학적 표준과 사고의 엄밀성에 깊은 관심을 가졌다. 캅은 이러한 신학적 태도를 자신의 신학을 위한 모델로 삼는다.[68]

캅은 인간에게 궁극적으로 중요한 물음에 관한 신학적인 사고는 동일한 질문에 관한 비신학적인 사고와 연결되고 만나져야 한다고 믿는다. 이 견해는 브루너의 생각과 크게 다르지 않다. 그러나 캅은 한 걸음 더 나아간다. 그는 외부의 사고와 전혀 접촉이 없이 순수하기를 추구하는 신학을 비판한다. 그런 신학은 신학 공동체 밖에 있는 그 무엇도 신학적 사고의 참과 거짓과는 전혀 관계가 없다고 여긴다. 캅은 바르트가 이런 식의 신학을 추구했던 가장 위대한 신학자라고 여기며, 그러한 노력에 있어서 바르트는 눈부실 정도로 거의 성공에 가까운 업적은 남겼다고 말한다.[69] 그러나 궁극적으로 캅은 그러한 노력은 언제나 실패했으며 실패할 수밖에 없다고 믿는다.

<hr>

67   위의 책, 17.
68   위의 책, 264.
69   위의 책, 262.

칸은 화이트헤드의 형이상학적 사고에 매우 강한 영향을 받았다. 화이트헤드 자신은 종교란 합리적이어야 할 뿐만 아니라 형이상학적인 지지를 필요로 한다고 믿었다.[70] 종교적 신앙은 (그리고 그에 대한 신학적 표현 또한) 의미를 비판하는 이성적 형이상학을 요청한다. 이 사실로부터 신학적 진술도 철학적인 심사숙고와 비판에 대하여 열려 있어야 한다는 사실이 추론된다.

화이트헤드는 이에 대한 유명한 말을 남겼다. "불교가 종교를 산출한 형이상학인 것과는 대조적으로 기독교는 언제나 형이상학을 추구하는 종교로서 존재해왔다."[71] 기독교 신앙의 종교적이고 영적인 핵심은 철학적인 형태 안에 표현되어야 한다. 신학은 형이상학으로부터 도피할 수 없으며, 형이상학 역시 신학으로부터 피할 자리를 찾을 수 없다. 화이트헤드는 형이상학을 "발생하는 모든 것들을 분석하는데 필수적인 적합한 일반적 관념을 찾아내기 위해 탐구하는 학문"[72]으로 규정한다. 형이상학은 우주를 이해하기 위해 가장 적당한 개념들을 탐구한다. 이런 개념들은 신학에 의해 무시될 수 없다. 칸은 성서와 하나님의 말씀에 나타난 하나님의 모습이 이러한 입장을 받아들이는 것을 정당화시켜 준다고 믿는다. 하나님은 역사 안에서 행동하신다. 이 역사는 문화적, 지적 역사를 포함한다. 성서의 하나님은 성서 시대의 문화적, 사상적 역사로부터 독립되어 행동하지 않는다. 하나님에 대한 성서적 사고와 그 당시 널리 통용되던 일반적 사고와 다를 경우에도 전자는 일반적으로 후자와의 관계 속에서 수행되었다.

---

70 Alfred North Whitehead, *Religion in the Making*, 83.
71 위의 책, 50.
72 위의 책, 84.

칸은 상이한 종류의 신학들이 있음을 인정한다. 어떤 것들은 다른 것들보다 더 명시적이고 광범위하게 철학적 범주들을 사용한다. 그는 철학적 범주들을 명시적으로 사용하는 신학을 선호한다. 그러나 어쨌든 실재에 대한 비신학적인 다른 사고의 길과 접촉되지 않는 순수함을 지킬 수 있는 신학이란 없는 것이다. 따라서 칸은 혹자처럼 신학과 철학을 그렇게 날카롭게 구분하지는 않는다. 그는 신학적 서클에 대하여는 말하지 않고 대신 특수한 신앙 공동체 또는 궁극적 관심의 공동체를 이야기한다. 문제는 이러한 공동체 안에 있느냐 밖에 있느냐가 문제가 아니라 그러한 공동체에 어느 정도 의존되어 있느냐 하는 정도의 문제이다. 어떤 신학은 다른 신학에 비해 교회 안에서보다 교회 밖에서 더 많이 행하여지기도 한다. 철학에 있어서도 마찬가지이다. 어떤 철학자들은 자신들이 의존하고 있는 문화가 기독교 신앙으로부터 심원한 영향을 받은 것임을 인식한다. 칸이 자신이 추구하는 신학을 "기독교" 자연신학이라고 표현하는 까닭은 그것이 기독교 교회의 신앙이라고 하는 특수한 신앙 공동체의 체험에 근거하고 있기 때문이며, 그의 신학이 기독교 "자연신학"인 까닭은 그것이 화이트헤드의 과정철학에 의해 심대한 영향을 받기 때문이다.

V. 결론

지금까지의 논의의 요점은 신학은 철학과 마찬가지로 형이상학적^{존재}론적 사고를 피할 수 없으며, 신학 자체의 기준^{계시, 성서}뿐만 아니라 철학적 논술의 기준에 부합되어야 한다는 것이다. 판넨베르크의 말을 빌면 그 까닭은 신학이 실재의 전체성에 궁극적인 관심을 갖기 때문이다. 그가 지적한 대로 실재의 전체성에 관한 물음은 하나님에 관한 물음 안에 포함되어 있다. 만일 신학이 하나님에 관한 질문을 올바로 다루려면 하나님과의 관계 속에서의 실재에 관한 물음을 다루어야 한다. 이것은 위에서 살펴본 대로 철학의 관심 영역이기도 하다. 따라서 신학은 자신을 철학적인 준거와 부합되도록 해야 할 필요성을 인식해야 한다.

신학은 재생적일 뿐 아니라 생산적이어야 하며 실존적, 고백적일 뿐 아니라 비판적, 합리적이어야 한다. 신학적 논술의 참됨은 단지 주장되기만 해서는 안 되고 토론되어야 하며, 단지 선포되기만 해서는 안 되며 변호되어야 하며, 아니면 적어도 이미 예상되는 반대를 고려하는 방식으로 진술되어야 한다. 철학적 신학의 필요성과 당위성이 여기에 있다.

철학적 신학은 철학을 포함한 다른 다양한 지적 학문들이 이해하는 바의 '실재의 전체성'에 대한 각별한 관심을 기울인다. 틸리히에 따르면 신학과 철학은 실재 자체, 실제 전체에 대한 존재론적 관심을 공유한다. 이것은 특히 판넨베르크가 확고하게 주장하는 견해이다.[73] 판넨베르크는 계시라고 주장하는 바를 깊이 검토하지 않는 계시신학에 강하게 반대한다. 이것이 초기의 바르트의 계시실증주의에 그가 반대하는 이유이다. 매쿼리의 말을 빌면 신학은 종교철학 또는 종교신학의 범주 안에서 그 서문적인 기초를 요구한다. 이 말은 어떠한 특수한 철학적 관점을 무비판적으로 받아들이는 것을 의미하지는 않는다. 왜냐하면 철학적 관념 자체

---

[73] Wolfhart Pannenberg, *Theology and Philosophy of Science*, 345. 그리고 *Basic Questions in Theology*, vol. 3, 116-43 참조.

도 검증되어야 하기 때문이다. 그러나 계시 역시 선험적인 것으로 받아들여질 수 없다. 더욱이 신학이 인간실존의 상황들에 관하여 진술하려고 하는 한, 철학이나 다른 학문들과의 만남을 피할 수는 없다. 신학은 인간의 본성에 관한 다른 사상들과의 관계를 단절하고 자신의 논술을 펼칠 수는 없다. 어떤 때는 근본적으로 일치할 때도 있을 것이고 어떤 때는 불일치할 때도 있을 것이다. 그러나 어쨌든 연결은 시도되어야 한다.

그러나 판넨베르크는 여기서 한 걸음 더 나아가 모든 신학은 철학적이어야 한다는 입장을 취하는 것처럼 보인다. 철학적 신학은 단지 주된 신학적 과업을 위한 기초작업이 더 이상 아니라 신학의 본질적 성격이다. 이미 살펴본 대로 이 입장은 신학의 참된 중심으로부터 논쟁적 신학을 구별해내는 브루너의 견해와는 다르다. 그러나 이 입장은 전 신학은 변증적이어야 하며 변증학은 단순 신학의 한 부분이 아니라는 틸리히의 입장과 상응하며, 아울러 창조신학으로서의 자연신학이 신학의 전제이자 목적이며 신학 자체라는 위르겐 몰트만Jürgen Moltmann의 입장과도 상통하는 바가 있다. 몰트만은 『신학의 방법과 형식: 나의 신학여정』에서 종말론적 관점에서 기독교적 자연신학에 대한 자신의 견해를 밝히고 있다.[74] 그는 "자연신학"을 인간의 타고난 이성의 도움으로 "자연의 책"에서 얻을 수 있는 하나님 지식으로 정의한다. 그는 자연신학의 세 가지 가능성을 논한다. 첫째, 자연신학은 특별히 기독교적인 신학에 대한 일반적인 전제이다. 둘째, 자연신학은 역사적이며 기독교적인 신학의 귀결이요 종말론적인 목적이다. 셋째, 기독교 신학 자체가 참된 자연신학이다. 몰

---

74 Jürgen Moltmann, *Erfahrungen theologischen Denkens*, 김균진 역, 『신학의 방법과 형식: 나의 신학여정』(서울: 대한기독교서회, 2001), 81 이하.

트만에 따르면 기독교 신학은 자연신학 없이 존재한 적이 없다. 자신의 영역 안에 있는 교회 이론 이상의 것이 되기 위하여 기독교 신학은 공적 신학으로서 공공성에 대한 그 의미를 제시해야 한다.

판넨베르크는 하나님을 "모든 존재를 통일하는 통일체"로 이해한다.[75] 그에게 있어서 철학은 모든 것을 통일시키는 통일체를 설명하려는 시도 안에 포함되어 있다. 따라서 철학이 자신의 역할을 과도하게 제한하지 않는 한 신학과 철학은 다소간 서로 경쟁관계에 있으며, 따라서 서로를 무시할 수 없다. 아마도 철학은 종교적인 존재 해석에 대한 비판적인 역할을 하는 과학으로서 처음 시작되었을 것이다. 환언하면, 철학은 자신이 진리에 대한 더 나은 설명을 할 수 있다고 주장한다. 이것은 철학이 건설적인 역할과 함께 비판적 역할도 지니고 있음을 시사한다. 신학은 철학의 이 비판적인 역할을 자신 안에 받아들여야 한다. 이것이 철학적 신학의 당위성이다. 실제로 신학이 철학과 경쟁관계에 있었던 교부시대에는 신학이 자신을 '참된 철학'이라고 여겼다.

이런 경쟁관계에 있어서는 다음과 같은 아이러니한 상황을 맞게 된다. 즉 철학은 실재에 대한 종교적 설명보다 더 나은 설명을 할 수 있다고 주장하고 신학 또한 종종 철학보다 이러한 주장에 대하여 역의 입장을 취한다. 서로 상대를 물고 다투는 이러한 상황은 바람직하지 못하다. 철학과 신학은 다소간 명시적으로 서로 대화적인 관계에 있어야 한다. 아마도 이러한 대화적인 관계의 필요성에 대한 인식이 철학적 신학의 정당성을 지지해 줄 것이다. 신학은 철학이 비판하는 신학의 현상들을 자신의 논의 안으로 포함시켜야 한다. 현대에 있어서 이것은 피할 수 없는 신

---

75 Wolfhart Pannenberg, *Basic Questions in Theology*, vol. 3, 130.

학 함의 모습이다. 판넨베르크는 말하기를 "오직 종교적 전통을 변호하고자 하는 사고 자체가 철학적이 되고, 무엇보다 일체 그 어떤 종류의 권위주의적인 자료나 근거에 대한 호소를 포기함으로써만, 종교적 전통에 대한 철학의 비판을 반박할 수 있다."고 하였다.[76] 이 말은 신학이 철학적 신학의 형태를 취해야 하는 당위성을 잘 표현하고 있다.

그러나 혹자는 판넨베르크가 신학을 신앙에 기초시키기보다는 이성에 기초시키고 이성을 신앙의 진리에 대한 최종적 척도로 간주하고 있는 것이 아닌가 하는 의심을 하기도 한다. 판넨베르크는 신학자가 신학이 하나님의 자기 계시로부터 시작한다는 주장 배후로 들어가야 하며, 계시를 신학의 출발점으로 삼는 것은 적절치 못하다고 주장한다. 물론 그가 계시 개념 자체를 거부하는 것은 아니다. 그에게 있어서 계시는 역사적인 것이다. 그는 이성에 의한 신존재 증명을 거부하는 대신 보편역사 속에서의 하나님의 계시를 주장하였다. 그런데 그에게 있어서 이 역사로서의 계시는 오직 이성에 의해 파악된다. 즉 역사로서의 계시는 볼 수 있는 눈을 가진 모든 이성적 존재에게 열려 있으며, 특정한 사람들에게만 주어지는 특수한 성령의 조명이나 신앙이 필수적으로 전제되지 않는다. 그는 "더 넓은 의미의 증명"을 인정하였다. 즉 믿음은 사건으로서의 계시를 올바로 인식함으로써 생겨난다. 중립적 지식으로부터 기독교의 신앙의 진리를 끌어내고자 했던 계몽주의의 합리주의적 자연신학과 판넨베르크의 차이점은 무엇인가? 그에게 있어서 "나는 알기 위해 믿는다"credo ut intelligam 가 "나는 믿기 위해 안다"intellego ut credam 로 대체되는 것이 아닌가? 이러한 질문이 판넨베르크에게 제기될 수도 있다. 이 문제에 대해서는 다음 기

---

76 위의 책, 137.

회에 보다 자세히 다룰 것이다.[77]

　기독교 신학은 본질적으로 신앙을 추구하는 이해의 과업이라기보다는 이해를 추구하는 신앙의 과업이다. 그러나 신학은 신앙으로부터 출발하지만, 신앙을 가진 사람들만의 배타적인 학문이 되어서는 안 된다. 신학은 이미 신앙을 가진 사람들에게만 아니라 신앙을 갖지 못한 사람들에게도 말해야 할 책임이 있다. 그러므로 신학은 폭넓고 포괄적인 학문이 되어야 한다. 신학은 철학과 마찬가지로 존재론적인 질문을 궁극적인 관심사로 삼는다. 신학의 학문적 보편성은 근본적으로 신학의 궁극적 주제인 하나님의 존재론적 보편성에서 기원한다. 보편적인 존재의 근거인 하나님이 신학으로 하여금 보편학문으로 나아가도록 요구하신다. 여기에 철학적 신학의 '신'학적 정당성이 있다. 어떠한 신학이 세상적 개념과 철학으로부터 독립해서 수행될 수 있을 것으로 생각하는 것은 환상이다. 문제는 철학적 전이해로부터 출발하거나 이성적으로 변증하느냐의 문제가 아니라 철학적 전이해와 이성적 척도가 어떤 비중을 차지하느냐 하는 것이다. 철학적 신학이 의심받는 것은 철학적 전이해와 규준을 가질 때가 아니라 이것들이 비밀리에 신학의 절대적 규범으로 변화할 때, 신학이 철학에 사로잡힐 때, 철학이 신학에 대해 질문이 아니라 궁극적인 대답이 될 때이다.

　결론적으로 이상의 논의를 통하여 드러난 철학적 신학의 성격은 다음 여덟 가지 내용으로 요약될 수 있다. 첫째, 신학과 철학은 서로를 외면

77　그러나 후에 씌어진 판넨베르크의 『조직신학』 1권(독일어판 1988, 영어판 1991), 2권(1991, 1994), 3권(1993, 1998)에 나타난 그의 신학적 입장에 대해서는 좀 더 집중적인 논의가 요구된다. 이에 관해서는 슐츠의 다음의 책을 참고하라. F. LeRon Shults, *The Postfoundationalist Task of Theology: Wolfhart Pannenberg and the New Theological Rationality* (Grand Rapids: William B. Eerdmans Publishing Co. 1999). 이 책에서 슐츠는 판넨베르크의 신학이 전통적인 객관주의적 토대주의 신학이 아니라 성격상 포스트 근대적인 포스트 토대주의적인 신학이라고 논증한다.

하거나 서로 동떨어져서 수행될 수 없다. 이 둘은 실재의 전체성에 대한 궁극적인 관심 안에서 만난다. 판넨베르크가 지적한 대로 실재의 전체성에 관한 물음은 하나님에 관한 물음 안에 포함되어 있다. 만일 신학이 하나님에 관한 질문을 올바로 다루려면 하나님과의 관계 속에서의 실재 전체에 관한 물음을 다루어야 한다. 이것은 철학의 관심 영역이기도 하다.

둘째, 그러나 철학적 신학은 철학이 아니며 전통적인 의미의 자연신학과도 구별된다. 즉 그것은 이성(세례받지 않은)을 자신의 진리 주장을 위한 근본적 토대나 기준으로 삼지 아니하며 순수하게 가치 중립적이고 합리적인 이성(이러한 이성은 실제로 존재하지 않는다)으로 신의 존재를 증명하려고 하지도 않는다. 그것은 하나님의 주권적인 계시 행위에 대한 순종적 응답으로서의 신앙에 근거하며, 신앙으로부터 출발한다. 신앙이 지식을 추구하는 것이지 그 반대가 아니다. 신앙은 사실에 대한 인식notitia이나 동의assensus이기에 앞서서 무엇보다 우선적으로 그리고 본질적으로 인격적인 하나님에 대한 신뢰fiducia이다.

셋째, 하지만 철학적 신학은 전통적인 자연신학과 이성과 단지 부정적, 배타적인 관계에 있지 않고 그것들의 역할을 비판적이며 동시에 긍정적인 방식으로 수용한다. 신앙은 단지 신뢰로서의 주관적 신앙일 뿐만 아니라 인식과 동의로서의 객관적 신앙이 되어야 한다. 다시 말하면, 신앙은 본질적으로 주관적 신뢰이며, 이성적 사고로부터 추론되지는 않지만, 넓은 의미에서 객관적인 인식적 요소를 그 안에 포함한다. 이성과 신앙, 자연과 은혜, 자연계시와 특별계시, 철학과 신학의 관계에 있어서 전자는 후자를 위한 전제 또는 후자로 인도하는 도움닫기의 기능을 한다.

넷째, 철학적 신학은 기독교 신앙의 진리를 변증하기 위한 철학과 이성의 보다 더욱 적극적인 역할을 인식한다. 신앙의 진리는 학문적으로 증명될 수는 없지만, 신앙에 관한 학문은 합리적이고 이해 가능한 방식으로 수립되어야 한다. 신학의 이 변증적 과제는 단지 교회 안의 신자만을 위한 것이 아니라 교회 밖의 불신자를 위한 것이기도 하다. 신학의 변증적 과제를 위한 이성의 적극적인 기능은 말하자면 칼뱅이 말했던 중생한 자들을 위한 율법의 제3용법tertius usus legis과 유사하다. 그러나 이 제3용법으로서의 이성과 철학의 적극적 기능은 교회 안에 있는 사람들뿐만 아니라 교회 밖에 있는 사람들을 향한 변증적 과제를 위하여 요청된다.

다섯째, 따라서 철학적 신학은 신앙과 이성을 변증법적 순환관계 안에서 이해한다. 아우구스티누스는 신앙과 이성의 순환적인 상호 연관성을 "믿기 위해 이해하며, 이해하기 위해 믿는다"Intellige ut credas, crede ut intelligas라고 표현했다. 신앙이 이해를 추구하는 것과 마찬가지로 이해도 신앙을 추구한다. 이와 같이 신앙과 이성이해 사이에는 해석학적 순환관계가 있다. 마찬가지로 창조자연와 구원은 이원론적이거나 배타적인 관계에 있지 않다. 창조는 구원의 외적 기초일 뿐만 아니라 최종적인 목표이기도 하다. 인류의 최종적 구원과 만유의 화해가 종말론적인 새 창조 안에서 완성되는 것처럼, 종말론적인 새 창조는 인류의 최종적 구원과 만유의 화해를 통해서 완성된다.

여섯째, 우리는 신학적이지 않은 '순수한' 철학도 없으며 철학적이지 않은 '순수한' 신학도 없다는 캅의 말에 귀를 기울일 필요가 있다. 교회의 신학은 언제나 교회 밖의 세상의 철학과의 상호적 관계 속에서 형성 발전되어 왔다. 또한 구체적인 전통의 영향사와 삶의 세계 안에서 형성되고 발전되지 않은 보편적 철학이나 초월적 신학이란 존재하지 않는다. 구체적인 전통과 삶의 세계 안에서 모든 신학은 모종의 철학적 전이해와 개념과 언어 안에서 형성되고 표현되며 또한 모든 철학은 모종의 신학과 신앙을 전제한다. 그러므로 신학적 진리를 인식하고 변증함에 있어서 이성과 철학의 역할은 불가피하다. 문제는 철학적 신학이 존재 가능한가 하는 것이 아니라 철학적 신학을 어떻게 수행하여야 하는가 하는 것이다. 철학적 신학의 과제는 신학에서의 이성과 철학의 역할의 불가피성을 적극적으로 인식하고 그 역할을 명시적으로 그리고 올바른 방향으로 발전시키는 데 있다.

일곱째, 따라서 철학적 신학은 신앙의 진리가 단지 고백적, 실존적, 배타적인 진리가 아니라 동시에 합리적, 객관적, 포괄적인 학문의 진리가 되도록 하기 위해서 신학적인 규범과 함께 철학적인 준거를 만족시키기 위해 노력하여야 한다. 기독교의 신학이 기독교인뿐 아니라 기독교인이 아닌 사고할 수 있는 사람에게도 말할 수 있기 위해서는 신학이 단지 게토ghetto화된 영역의 학문이어서는 안 된다. 신학은 공적이고 보편적인 학문을 지향하여야 한다. (물론 신학의 완전한 보편성의 실현은 종말론적인 가능성이다.) 신앙의 진리는 학문적으로 증명될 수는 없지만, 신앙의 진리에 관한 학문이 이성적, 비판적 사고를 통하여 인지적으로 이해 가능하고 설득력 있는 학문이 되도록 하기 위해서 신학적 진술은 철학적그리고 다른 일반 학문들의 정합성의 기준에 부합될 필요가 있다. 다시 말하면, 신학은 철학을 비판하고 넘어서야 할 필요성과 아울러 자신을 합리적인 준거와 부합되도록 해야 할 필요성도 인식한다.

여덟째, 이를 위해 신학은 철학과 상호 비판적이고 건설적인 대화적인 관계 속에 수립되고 전개되어야 한다. 대화적인 관계라는 것은 단지 상호경쟁이나 투쟁의 관계가 아니라 보다 열린 공개적 토론의 장으로 나아감을 의미한다. 브루너의 '논쟁적 신학'은 기독교 메시지와 대립되는 사상들과의 관계 속에서 기독교 신앙을 논증하는 신학이다. 그에게 기독교 신학은 단지 자신을 방어할 뿐만 아니라 자신을 반대하는 사상들에 대하여 공격하는 신학이다. 그러나 보다 바람직한 철학적 신학은 이러한 방어와 공격의 전투적인 영성을 넘어서 철학과 일반학문들과의 상호 비판적이고 건설적인 대화를 통한 동반자 관계 안에서 발전된다. 신학^{철학적} ^{신학}은 철학과 일반학문들[78]과의 상호 비판적이고 창조적인 상관관계 속에서 자신의 신앙의 진리를 변증할 뿐만 아니라 자신의 왜곡된 전통을 반성하고 개혁할 준비를 하여야 한다. 기독교 신학^{특히 개혁신학}은 이러한 대화적 관계 안에서 끊임없는 자기 개방과 자기 개혁을 통하여 새로운 창조적인 전통을 창출해 나가는 과정 가운데 존재한다^{ecclesia reformata semper reformanda}. 기독교의 창조적인 신학 전통은 철학을 포함한 다른 학문들과의 상호 비판적이고 창조적인 대화의 관계 속에서 효과적으로 창출될 수 있다.

이러한 대화를 통한 창조적인 기독교 전통의 창출은 궁극적으로 종말론적인 미래의 하나님 나라를 지향하며 소망한다. "하나님이 만유 안에 만유가 되시는"^{고전 15:28} 종말론적인 하나님 나라에서는 하나님의 진리가 하늘과 땅에 충만할 것이며, 따라서 이성과 신앙, 자연과 은혜, 자연계시와 특별계시, 철학과 신학이 더 이상 나누어지지 않고 하나가 될 것이다. "우리가 이제는 거울로 보는 것같이 희미하나 그때에는 얼굴과 얼굴을 대하여 볼 것이요 이제는 네가 부분적으로 아나 그때에는 주께서 나를 아신 것같이 내가 온전히 알리라"^{고전 13:12}.

---

78 특히 오늘날에는 인문사회과학뿐 아니라 자연과학과의 대화가 매우 중요한 신학의 과제이다. 자연과학과의 대화를 적극적으로 수행하는 신학은 '과학적 자연신학'(scientific theology of nature)이라고 불릴 수 있다.

제2장

신학과 철학의 관계성에
대한 역사적 개관

• 이 글은 윤철호, "신학과 철학의 관계성에 대한 역사적 개관,"『장신논단』15 (1999, 12)를 수정·보완한 것임.

Ⅰ. 서론

이십 세기가 넘는 기독교의 역사 속에서 신학과 철학의 관계는 아마도 '사랑과 미움'愛憎의 관계로 묘사될 수 있을 것이다. 때때로 이 두 분야는 매우 가까운 관계였다. 그러나 또 다른 때에는 각기 다른 것의 지배에서 벗어나고자 노력했거나, 또는 다른 것으로부터 자신의 독립성을 주장하고자 노력해 왔다. 하지만 기독교 역사 대부분의 시기 동안에 신학과 철학은 긍정적이든 부정적이든 매우 긴밀한 관계를 맺어 왔다.

매쿼리에 따르면 기독교 교회가 초기의 유대주의적인 반경을 넘어서서 헬레니즘의 문화권으로 퍼져 나가게 되었을 때, 기독교는 교양 있는 지식인층들을 위하여 기독교의 복음을 새롭게 개념화할 필요에 직면하게 되었다. 그리하여 초기의 기독교 변증가들은 기독교를 새로운 철학으로 제시하였으며, 따라서 자연히 비기독교적 세계의 철학자들과의 대화 속에서 그리스와 로마의 철학으로부터 개념과 사상들을 채용하게 되었다.[1] 사도 이후와 교부 시대에 들어서서 기독교가 헬레니즘화 될 수밖에 없었던 불가피성은 기독교의 헬레니즘화를 강하게 비판했던 아돌프 하르낙Adolf von Harnack 조차 인정하였다. 기독교가 자신의 협소한 반경을 돌파하여 모든 사람들에게 호소할 수 있기 위해서는 고대의 넓은 문화와의 만남이 불가피했다. 더욱이 주변화된 민중의 하나님나라 운동으로서 출발한 기독교 공동체가 넓은 헬레니즘 세계에서 제도화되고 교리체계를

---

[1]　John Macquarrie, *Jesus Christ in Modern Thought* (London: SCM Press, 1991), 149.

형성하게 됨에 따라, 그리고 그 세계의 지식층에게 이해 가능한 방식으로 설득력 있게 말할 수 있기 위해서는 그 당시의 철학적 관념들을 붙들지 않을 수 없었다. 팔레스타인 지역에서 미미하게 시작되었던 기독교가 세계적인 종교로 발전할 수 있었던 것은 자신의 본래적인 생명력 안에서 헬레니즘 사상을 통합할 수 있었기 때문이다.

신학과 철학의 관계에 대해 최근의 독일 작가인 게르하르트 놀레르 Gerhard Noller는 다음과 같이 말했다. "신학의 역사는 또한 변화하는 철학들의 역사이기도 하다." 철학과 과학에의 새로운 질문은 기독교 신학에 새로운 질문을 제기했다.[2] 다른 한편으로, 적어도 서구의 역사 속에서 기독교의 신앙과 신학은 철학과 과학의 형성과 발전에 지대한 영향을 미쳐 왔다. 따라서 서구 기독교의 역사 속에서 기독교의 헬레니즘화 못지않게 헬레니즘의 기독교화가 일어났다.

이 글의 목적은 성서가 기록된 사도 시대 이후 기독교가 그리스의 헬레니즘 문화권으로 전파되기 시작한 이래 오늘날에 이르기까지 서구 기독교의 역사 속에서 신학이 철학과 긍정적으로든 부정적으로든 어떻게 불가분리의 관계를 맺어 왔는가 하는 사실을 개관하고, 철학적 신학의 역사적 현실성과 신학적 정당성을 고찰해 보는 데 있다.

II. 신학과 철학 사이의 내재적 긴장

신학과 철학 사이의 관계(실제로 신앙과 철학 사이의 관계)는 좋은 관계로 시작되지 않았다. 골로새에 있는 초기 기독교인들은 골로새서의 저자에 의해서 그들의 삶을 그리스도와 연합해서 살아가라는 경고를 받았다. 그들은 "인간이 만든 가르침의 전통들 위에 기초한 공허하고 현혹적인 사변에 사로잡히지" 말아야 했다^{골 2:6-8}. 이 저자에 따르면, 지혜와 지식의 모든 보화들은 예수 그리스도 안에서만 발견되어야 한다^{골 2:2-3}. 이것은 적어도 부분적으로는 초기 기독교 공동체가 고도로 지적인 헬레니즘 세계의 문화적 중심지에서 형성된 사상적인 지식인 집단이 아니라 변방인 팔레스타인 지역에서 일어난 역사 변혁적 운동의 주체로서의 민중 집단이었기 때문이었다. 그러나 그럼에도 불구하고 이 성서의 저자가 말하고자 하는 바는 예수 그리스도를 떠난 사변적 철학을 거부하는 것이지 예수 그리스도 안에 나타난 하나님의 구원의 계시를 (철학적으로) 변증하려는 모든 노력조차도 불필요한 것으로 배격하는 것은 아니다.

실제로 신약성서에 나타나는 바와 같은 예수 그리스도에 대한 초기 기독교 공동체의 기독론적 해석은 그 당시의 세계관과 사고의 틀 안에서 이루어진 것이었다. 예수 그리스도에 대한 신약성서 기자들의 신앙고백적 해석의 배후에는 한편으로는 그들의 유대교적 전이해(예를 들면, 공관복음서의 하나님 나라, 메시아 사상)와 다른 한편으로는 헬레니즘적 사고의 지평(예를 들면, 요한복음의 로고스 개념)이 있었다. 물론 신약성서 저자들은 오늘날 우리가 말하는 엄격한 의미에서의 철학적 신학자들은 아니었다. 그러나 최초의 신약성서의 형성과정 자체가 이미 예수 그리스도 안에 나타난 하나님의 구원의 계시를 자기 동족인 유대인들(예들 들면, 마태복음)과

---

2   J. Salaquarda, *Philosophische Theologie im Schatten der Nihilismus* (Berlin: Walter de Gruyter, 1971), 55.

헬레니즘 세계의 이방인들(예를 들면, 요한복음과 바울서신)에게 증언하고자 하는 변증적인 신학적 과제에 의해서 생겨난 것이다. 신약성서 저자들의 변증적 과제에 있어서 문제는 전이해와 사고의 지평이 유대적인 것(역사적, 이야기적 패러다임)이냐 헬레니즘적인 것(철학적, 형이상학적 패러다임)이냐 하는 데 있는 것이지, 순수한 복음이냐 철학이냐의 이분법적인 대립이 있었던 것이 아니다.

아마도 철학 자체는 세계에 관한 시적인 표현이나 종교적인 설명들에 대한 반성적 숙고와 비평으로서 시작되었을 것이다. 초기교회의 역사 속에서 철학과 기독교 신학 사이의 긴장관계는 교회의 최초 시기에서부터 있었던 것이 사실이다. 하지만 동시에 교회의 신학과 교리의 형성과정 가운데 철학적인 이해와 사고의 지평과 개념들이 언제나 작용했던 것도 사실이다. 이른 시기에 유대 사상가인 필로[Philo]는 이미 유대 신학과 그리스 철학을 함께 아우르고 있었다. 그의 로고스[지혜] 사상은 요한복음을 기록한 요한 공동체의 로고스 기독론 형성에 영향을 주었을 것으로 추측되며, 그 이후의 고대교회의 알렉산드리아 학파, 특히 클레멘트[Clement]와 오리게네스[Origen] 등의 교부들에게 매우 커다란 영향을 주었다.

물론 신학과 철학의 밀접한 관련성이 주장되는 곳에서라고 할지라도, 이 두 학문 분야는 매우 다른 분야로 간주되어야 한다. 에른스트 푹스[Ernst Fuchs]는 이 두 학문 분야의 차이를 예리하게 구분한다. 즉 신학은 그 자신을 진리로부터 '파생된' 것으로 이해하는 반면, 철학은 진리를 '추구한다' 것이다. 중요한 문제는 진리에 관한 관심을 갖고 있는 이 둘이 동반자가 될 수 있는가, 혹은 적이 되어야만 하는가, 혹은 단지 서로에게 무관심해야 하는가 하는 것이다. 어떤 신학자들에게 있어, 특히 터툴리아누스, 키에르케고르, 바르트의 경우에 있어서 철학은 신학에서 배제되어야 한다. 그러나 역사적으로 볼 때, 이것은 신학자들이 신학과 철학의 관계를 고려했던 지배적인 방식은 아니다. 틸리히는 철학적 신학에 관한 그의 글에서, 신학적 초자연주의는 철학적 신학을 신학에 대한 "고도의 반역"으로 매도한다고 불만을 토로하였다.

니니안 스마트Ninian Smart는 철학은 종교적 진리와 모호한 또는 이중적인 관계에 있다고 논평했다. 철학은 동맹이기도 하고 위협이기도 하다. 철학은 단순한 신앙에 대하여 뿐만 아니라 신학의 주장들에 대한 위협이다. 비판적인 것은 철학의 본성이다. 그러나 철학은 또한 신앙과 신학에 깊이를 더해 준다. 철학은 신학에 도움이 되는 것으로 생각되어 왔다. 그러므로 철학이 신학의 동맹자가 되는 것 또한 가능하다.

20세기 초의 지배적인 신학 유형인 신정통주의 신학은 신학 안에 철학이 중요한 위치를 차지하는 것을 거부했다. 바르트는 그의 신학적 사고를 수행함에 있어서 철학적 영향으로부터 자유로워지고자 노력했다. 바르트적인 신정통주의 신학의 지배적인 영향권 안에 있는 사람들은 신학이 원래 자신을 철학의 한 종류로 간주했다는 사실을 발견하는 것이 놀라운 일일 수도 있다. 판넨베르크에 따르면, 초기의 기독교 신학은 자신을 우월한 종류의 철학 혹은 지혜로 여겼다.[3] 그에 의하면 실제로 기독교의 초기에는 "신학"이라는 말이 기독교의 가르침에서 전혀 사용되지 않았다고 한다. "신학"이란 용어가 사용되기 시작했을 때, 그것은 훨씬 더 협소한 의미를 가졌다. 즉 신학은 신론이나 특히 삼위일체론이란 의

---

3 우리는 최초의 기독론적 명칭 가운데 '지혜'(호크마, 소피아)가 있었던 것을 기억할 필요가 있다. 그리고 '철학'(philo-sophy)이란 지혜를 사랑하는 것이라는 의미라는 사실도 상기할 필요가 있다. 이러한 사실들을 고려할 때 우리는 예수 그리스도에 대한 기독론적 고백과 해석 자체가 철학적인 (지혜를 사랑하는) 과업이라고 말할 수 있다.

미를 가졌다. 신학은 자신을 철학의 부분으로 간주했고(또는 심지어 우월한 것으로), 철학의 임무는 시인들의 '신학적' 관념들을 비평하는 것이었다. 따라서 기독교 사상은 매우 자연스럽게 자신을 "참된 철학"으로 간주하게 되었다.

그러나 신학을 '참된 철학'으로 여기는 관점이 논쟁의 한 쟁점이 되어 온 이유를 이해하는 것은 어렵지 않다. 신학자들은 최종적으로 철학을 예수 그리스도 안에 있는 하나님의 특별계시에 관한 관념에 부적합한 것으로 여겼다. 반면에 철학자들은 또한 다른 이유로 인해 하나님의 특별계시라는 관념을 거부했다. 왜냐하면 그런 관념은 비유신론적이거나 비종교적인 철학의 가능성을 부정하기 때문이다. 그러나 이러한 상호적인 대립과 반목은 불가피한 것이 아니다. 신학자들은 철학을 하나님의 특별계시의 관념에 부적절한 것으로 여길 필요가 없으며, 철학자들도 특별계시라는 관념을 거부할 이유가 없다.

많은 기독교 신학자들이 그들 자신의 신학에서 철학적 개념과 관념을 사용하기를 원해 온 것은 매우 당연한 일이다. 물론, 그들은 종종 철학적 개념과 관념을 특별한 방식으로, 다시 말하면 신학과 양립 가능한 방식으로 해석해 왔다. 어쨌든, 신학자들이 철학으로부터 모종의 개념과 관념을 차용한 것은 이해할 만하다. 그것은 불가피한 일이었기 때문이다. 이러한 종합이 만들어졌던 두 고전적 시기가 있다. 첫 번째 시기는 변증가들의 시기였고, 두 번째 시기는 중세 스콜라주의, 특히 토마스 아퀴나스 시기였다. 이러한 두 시기에 덧붙여서 말하자면, 아우구스티누스 역시 자기 당대의 신플라톤주의를 매우 신중하게 사용했다.

판넨베르크는 기독교 신학의 최초 시기에서부터 "기독교 교사들은 기독교 전통을 철학자들의 관념과 연결시켰으며, 특히 신앙의 하나님과 철학의 신을 동일화시켰다"고 주장한다.[4] 비록 몇몇 매우 중요한 신학자들은 그러한 신학관을 거부했을지라도, 이런 연결은 전 역사에 걸쳐서 기독교 신학의 특징적인 면모가 되어 왔다. 신학과 철학 사이의 관계는 그 둘 사이의 내재적인 긴장과 갈등은 불가피하더라도 상호배타적이고 적대적인 대립 속에 방치되어야 할 관계가 아니고 상호비판적인 대화를 통하여 그 긴장과 갈등이 극복되어야 할 관계이다.

III. 고대교회에서의 철학과 신학

고대교회의 변증가들은 대부분 2-3세기의 기독교 저술가들이었다. 변증가들은 기독교 신앙을 변호하고, 그것을 다른 사람들, 특히 교육받은 사람들에게 소개하고 전파하고자 의식적인 노력을 했다. 그들은 헬레니즘 철학과 유대교와의 차별성 속에서 기독교 신앙을 설명했다. 변증가들 중 가장 잘 알려진 인물들은 클레멘트 Clement, 유스티니아누스 Justin, 아테나고라스 Athenagoras, 터툴리아누스 Tertullian, 타티안 Tatian, 테오필루스 Theophilus, 그리고 미누키우스 펠릭스 Minucius Felix 이다. 하르낙은 변증가들이 기독교가 계시에 근거하고 하나님과 세계에 대해 가장 과학적인 지식을 제공하기 때문에 가장 완전한 철학이라는 것을 보여주려고 노력했다고 말한다.

---

4   Wolfhart Pannenberg, *Theology and the Philosophy of Science* (Philadelphia: The Westminster Press, 1976), 12.

특히 변증가들의 하나님 개념은 철학적 사상에 의해 강하게 영향을 받았다. 그들은 유대교 유일신론의 기초 위에 하나님 이해를 세웠을 뿐만 아니라, 특별히 신적 실재의 통일성에 관한 철학적 개념을 사용했다. 그리스 철학은 만약 우리가 우주를 하나의 통일체로 생각할 수 있다면, 우주를 결정하는 신적 실재 역시 통일체여야 한다는 결론에 이르렀다. 그러므로 하나님은 모든 것을 결정하는 힘으로, 그리고 하나님 자신은 어떤 다른 존재에 의해 결정되지 않는 존재로 이해되게 되었다.[5]

기독교와 헬레니즘 사상의 이런 결합은 매우 다르게 평가되어왔다. 브루너는 헬레니즘 사상이 "계시와 조화되는 기독교의 하나님 관념을 손상시켰다"고 말한다.[6] 하르낙은 그것을 기독교의 '헬레니즘화'의 시작으로 보았으며, 그것을 매우 불행한 것으로 간주했다. 이러한 평가는 19세기 리츨 학파의 산물이었다. 알브레흐트 리츨Albrecht Ritschl은 신앙과 신학을 위한 확고한 기초를 종교적 경험과 윤리학에 둠으로써 기독교 신학으로부터 형이상학적 요소들을 제거하려고 노력했다. 철학자들의 신은 형이상학적 우상에 지나지 않는다. 이 신은 형이상학적 가정인데, 이러한 가정은 계시 종교 안에서는 어떤 위치도 가지지 못한다는 것이다.

물론, 모든 변증가들이 그리스 철학을 사용한 것은 아니었다. 신학자 터툴리아누스는 철학을 악으로 간주했다. 터툴리아누스는 예루살렘과 아덴은 아무런 관계가 없다고 말했다. 그에 따르면 기독교 신앙과 그리스 철학의 관련성을 지적하는 것은 시간 낭비이다. 신앙을 가진 사람들은 어떤 다른 종류의 신념을 필요로 하지 않는다. 천상의 제자들은 그리

---

5   위의 책, 302.
6   Emil Brunner, *Dogmatics*, vol. 1, trans. Olive Wyon (London: Lutterwork Press, 1946), 153.

스의 제자들과 절대적으로 아무런 공통점도 없다. 터툴리아누스는 철학에 대한 비타협적 태도를 견지함으로써 신앙을 강력하게 보호하고 옹호하고자 하였다. 이교 철학을 거부했던 터툴리아누스의 입장을 지지했던 다른 변증가들로서 타티안과 테오필루스 그리고 이레네우스^{Irenaeus}가 있다. 리차드 니버^{H. Richard Niebuhr}는 터툴리아누스를 문화의 주된 구성물들을 근본적으로 거부했던 신학의 으뜸가는 전형으로 간주한다. 니버는 이것을 "문화에 대항하는 그리스도"^{Christ against Culture}의 입장이라고 불렀다. 이 입장에 따르면, 그리스도인들은 결코 문화 속에 있는 어떤 것에도 자신들의 충성을 바쳐서도 안 되고 그것과 타협해서도 안 된다.[7]

그러나 클레멘트, 유스티니아누스, 아테나고라스, 그리고 미누키우스 펠릭스 같은 변증가들은 터툴리아누스와 매우 다른 견해를 취했다. 그들은 하나님의 본성에 관해 깊이 사고하기 위하여 플라톤주의(실제로 중기 플라톤주의)의 개념적 도구들을 기꺼이 사용하였다. 판넨베르크는 초기 기독교 신학에서 발견되는 하나님에 대한 철학적 개념의 사용에 관해서 주목할 만한 글을 썼다. 그 제목은 "초기 기독교 신학의 교의적 문제로서의 철학적 신개념의 전유"이다.[8] 이 글에 따르면, 플라톤주의 철학에서 신은 세계 내에 존재하는 모든 사물의 참된 기원으로 이해되었다. 그 경우에 신은 모든 사물들의 궁극적 원리이거나 혹은 궁극적인 통일체^{unity}가 된다. 왜냐하면 궁극적인 원리들의 복수는 가능하지 않기 때문이다. 또한 신은 불가해한 존재이지만 인간 정신에 어떤 방식으로든 인식되어질 수 있다는 사상이 발전되었다. 왜냐하면 신 자신이 지성적이기 때문이다.

---

7   H. Richard Niebuhr, *Christ and Culture* (New York: Harper and Brothers, 1951), 45 이하.

8   Wolfhart Pannenberg, *Basic Questions in Theology*, vol. 2 (London: SCM Press LTD, 1971), 119-83.

신에 관한 이런 종류의 철학적 사고는 유대주의와 초기 기독교의 성서적 사고와 결합되었다. 유대인들은 자신들이 믿는 하나님이 보편적인 신이라고 믿었다. 참으로, 다른 어떤 신도 존재하지 않는다! 그러므로 이 신은 철학자들에 의해 추구되는 신과 동일한 신임에 틀림없다. 판넨베르크는 이것을 신에 관한 철학적 질문 안에 기독교 신앙이 동참하기 위한 신학적 기초로 간주한다. 이러한 동참은 순수하게 외적인 요인들을 통해 일어난 것이 아니다. 다시 말하면 이 일은 그리스 철학이 그 시기에 영향력이 있었다는 그 사실에 의해서 일어난 것이 아니다. 판넨베르크는 철학자들의 일신론은 "다신론적인 대중들의 믿음에 대항하여 투쟁하는 기독교 선교를 위해서나 유대인들을 위해서나 자연스런 동맹자였다"고 강조한다.[9]

물론, 신에 관한 철학적 사상과 하나님에 관한 성서의 묘사 사이에는 차이점들이 있었다. 이런 차이점들 가운데에서 가장 중요한 것은 다음과 같다. 즉 성서적 하나님은 단지 존재의 불가시적 토대가 아니라 "항상 새롭고 미리 볼 수 없는 것의 자유롭고 독창적인 원천"이다.[10] 더욱이, 성서적 하나님은 단지 개념적인 원리나 비인격적인 근거가 아니라 살아 계신 인격적인 존재이다. 그러나 기독교 신학은 철학적 신개념을 성취함과 동시에 극복할 수만 있다면 철학적 신개념을 받아들여 사용할 수 있다. 기독교는 하나님을 현존하는 실재의 창조자로서 생각해야 한다. 왜냐하면 실재의 다른 원천이 있을 수 없기 때문이다! 그러나 동시에, 철학적 신개념에 대하여 새로운 형태가 주어져야 한다. 왜냐하면 성서적 하나님은

---

9   위의 책, 137.
10 위의 책, 138.

역사를 형성할 자유를 가지고 있기 때문이다[11]. 성서의 하나님은 역사 속에서 인간과의 대화의 관계 속에서 새로운 미래를 창조해 가시는 인격적인 역사의 하나님이다.

그러나 하나님에 관한 많은 관념들은 후기 플라톤주의로부터 받아들여졌다. 이것들 가운데는 하나님과 세속적인 것들 사이의 구분, 하나님의 단일성과 영적 속성, 그리고 하나님에 관해 말할 수 없음(즉, 인간의 언어와 개념들로는 하나님에 관해 표현할 수 없음) 등이 있다. 이와 같은 하나님의 이해 불가능성 incomprehensibility 개념은 그리스 철학으로부터 유래되었지만, 철학에 반대하여 사용되었다. 예컨대, 이레네우스는 하나님의 이해 불가능성 개념을 예수가 우리에게 하나님에 관한 지식을 주기 위해 왔다는 사상과 연결했다. 하나님은 인간에게 이해될 수 없는 존재이기 때문에, 어떤 인간도(철학자를 포함하여) 참된 하나님 지식을 가지고 있지 못하다. 알렉산드리아의 클레멘트 Clement of Alexandria 역시 자연적 하나님 지식은 충분치 않다고 말했다. 필요한 것은 하나님에 관한 실증적 지식, 즉 역사적 계시에 근거한 지식이다. 이 점에서 철학을 극복되어야 한다.

많은 사람들은 하나님의 '타자성'에 대한 철학적 강조는 기독교의 신관을 왜곡시켰고, 그것을 매우 추상적인 것으로 만들었다고 생각한다. 그러나 판넨베르크는 반대 견해를 취한다. 그는 이 지점에서 철학적 신 개념은 성서적 하나님 개념에 매우 가깝다고 생각한다.[12] 하지만 성서적 하나님은 초월적 타자성과 역사적 내재성 양면의 변증법적인 관계 안에서 나타나기 때문에 철학적 신의 타자성과 이해 불가능성은 성서적 하나님

---

11   위의 책, 139.
12   위의 책, 154.

과 전적으로 다른 것도 아니고 전적으로 같은 것도 아니다. 철학적 신관을 철저하게 거부하고 성서적 신관만을 고수했던 터툴리아누스 Tertullianus 가 하나님의 이해 불가능성 개념을 표현하기 위해, 널리 알려진 다음과 같은 고전적인 철학적 언어들을 사용했다는 사실은 흥미롭다. "우리는 단지 하나님을 이해할 수 없는 분으로 알 때만 그를 이해한다." "불합리하기 때문에 나는 믿는다." Credo, quia absurdum "어리석기 때문에 그것은 믿을 만하다." Credibile est, quia ineptum est 13

성서적 사고와 화해될 수 없는 하나님의 본성에 관한 철학적 관념들 가운데 하나는 하나님의 불변성에 관한 관념이다. 여기서 불변성이란 변화에 종속되지 않는 본성을 의미한다. 성서적 하나님은 살아 있는 하나님이고, 자신의 자유 안에서 자기 안에 가지고 있는 다양한 가능성들을 실현한다. 하나님은 확실히 자신이 창조한 것에 대해 충실하다. 그러나 하나님은 또한 자유롭다. 하나님이 변화할 수 없다고 말하는 것은 너무 멀리 나아가는 것이다. 하나님의 자유의 요소는 하나님의 불변성이라는 철학적 교리 안에서 무시된다.

이 하나님의 불변성에 관한 교리는 기독론과 구원론에 매우 큰 영향력을 미쳤다. 하나님의 불변성이라는 개념의 영향으로 인하여 고대교회의 교부들은 하나님이 인간이 되었다고 말하지 않고 단지 하나님이 스스로 인간의 본성을 취했다고만 말하곤 했다. 또한 이 신적 불변성 개념으로 인해서 고대교회는 (아들과 아버지의 '동일본질'을 천명했음에도 불구하고) 예수 그리스도의 십자가의 고통을 하나님 자신의 고통으로 이해할 수 없었으며, 따라서 예수 그리스도의 죽음을 우리를 위한 하나님의 자기희생적

---

13   K. Heussi, *Kompend. d. k. G.*, 11, Aufl., 1957, 68.

인 사랑의 표현으로 설명하는 데 어려움을 겪었다. 따라서 누구나 여기에서 철학 전통의 영향이 너무 강하다고 생각하는 것은 매우 당연하다. 그러므로 하나님에 관한 어떤 철학적 개념들은 성서적 사고에 의해 비판적으로 변형되어야만 했다.

다른 예로서는 하나님의 영원성에 대한 관념이 있다. 헬레니즘의 이원론적 세계관의 영향 아래에서 철학자들과 신학자들은 하나님의 영원성을 하나님이 시간의 진행 과정으로부터 분리되는 것으로 이해했다. 그러나 하나님의 영원성에 관한 성서적 사고는 하나님은 모든 시간 속에 현존한다는 것을 의미한다. 하나님은 시간과 역사 밖에서 영원eternal한 것이 아니라 시간과 역사 안에서 영원everlasting하다. 마찬가지로, 성서적 사고에서 하나님의 무소부재는 하나님이 공간 안의 모든 범위에서 편재遍在하고 있다는 의미가 아니다. 이 개념은 하나님이 자신의 자유 속에서, 자신이 존재하고자 하는 어디에나 있을 수 있으며 우리 인간, 특히 택함 받은 이스라엘 백성의 현존하는 그 어느 곳에서든지 그들과 함께 계신다는 신앙을 표현한다.

버나드 로너간Bernard Lonergan은 헤브라이즘과 헬레니즘의 전체 유산이 함께 만나서 새로운 기독교의 사고 유형과 삶의 스타일을 형성하는 과정을 니케아를 중심으로 다음과 같이 기록한다.

니케아 교리는 다양한 상징들과 명칭들과 술어들로부터 이러한 것들의 궁극적인 기반, 즉 아버지와 아들의 동일본질성으로의 전이를 가져왔다. 마찬가지로, 그것은 우리에게 관련된 것들로부터 그 자체의 것들에로의 전이를, 그리고 만물의 지고한 행위 주체, 창조자, 전능한 주님으로서의 관계론적인 하나님 개념으로부터 신적 실체 그 자체의 존재론적 개념으로의 전이를 의미한다. 또한 이에 못지않게 그것은 특정한 상황과 특정한 시간 속에 있는 특정한 사람들에게 자신을 적응시키신 하나님의 말씀으로부터 모든 상황과 모든 시간 속에 있는 모든 사람들에게 선포되어야 하는 하나님의 말씀으로의 전이를 의미한다. 이것은 곧 야웨의 예언적 신탁, 갈릴리에 선포된 복음, 교회 안에서의 사도적 가르침과 단순한 전통, 이 모든 것으로부터 가톨릭 교리로의 전이이다.[14]

하지만 기독교의 신앙이 그리스의 문화권으로 전파되고 헬레니즘 철학의 개념들을 받아들여 기독교의 신앙을 새롭게 표현했을 때, 기독교가 일방적으로 헬레니즘화 된 것은 아니었다. 유대사상이 기독교 신학 안으로 수용되었을 때 변형을 겪은 것처럼 그리스 사상도 새로운 목적을 위하여 기독교 신학 안에서 사용되었을 때 역시 변형되었다. 그러므로 기독교 신학과 헬레니즘 철학의 관계는 일방적인 관계가 아니라 쌍방적이며 상호비판적이며 변증법적인 관계이다. 그리고 이것은 모든 시대에 있어서 신학과 철학의 관계 유형이 되어야 한다.

판넨베르크 역시 하나님에 관한 기독교 사상이 완전히 '헬레니즘화' 되었다고 말하는 것은 옳지 않다고 생각한다. 신학은 실제로 전적으로 철학의 통제와 지배 아래 놓여 있지는 않았다. 철학의 영향은 매우 강력했다. 그러나 변증가들은 그들 자신의 신학적 개념이 수정된 만큼 그들이 수용했던 철학적 개념을 수정했다. 판넨베르크가 주장하는 요점은 이것이다. 그것은 곧 변증가들이 하나님에 관한 신학적 사고와 철학적 사

---

14 Bernard Lonergan, *The Way to Nicaea* (Darton: Longman and Todd, 1976), 136-37.

고를 연결하고자 한 것은 신학적으로 타당했다는 것이다. 이러한 견해의 근거는 유대교와 기독교 신앙의 보편적 신관에 있다. 어떤 다른 신은 없다. 따라서 신에 관한 모든 말은(옳은 말이든 그른 말이든) 그 하나의 신에 관한 말이어야 하며, 그 유일하고 보편적인 신은 또한 성서의 하나님이어야 한다.

그러나 어떤 점에서 플라톤주의자의 철학의 추상적인 범주들이 성서 안에서 발견되는 하나님에 관한 살아 있는 언어를 대체했다는 것은 사실이다. 하지만 판넨베르크에게 있어서 이것은 하나님에 관한 철학적 사고는 잘못된 것이며 무시되고 부인되어야 한다는 것을 의미하지는 않는다. 반대로, 그것은 하나님에 관한 철학적 이해는 더욱 신중하게 검토되어야 하고, 하나님에 관한 성서적 사고와 올바른 관계 안으로 들어와야 한다는 것을 의미한다. 철학적 신학을 포기하는 것은 단지 그른 것만이 아니다. 그것은 또한 하나님이 '모든' 실재의 창조자이며 '모든' 사람의 하나님이며, 그리고 궁극적 실재에 대한 '모든' 질문들에 대한 답변이라는 주장을 거부하는 것이라는 함축적인 의미를 갖는다.

IV. 중세교회에서의 철학과 신학

로마 가톨릭 신학 안에 절대적인 규범으로서의 공식적인 철학은 존재하지 않는다. 그러나 교황 레오 13세의 교서 "Aetern Patris"는 로마 가톨릭 신학자들에게 토마스 아퀴나스Thomas Aquinas, 1225-1274 의 체계를 사용하도록 촉구한다. 그리하여 아퀴나스는 수 세기 동안 로마 가톨릭 교회의 비공식적인 그러나 권위 있는 신학자이자 철학자가 되어 왔으며, 토미즘은 그리스도인들을 위한 가장 탁월한 철학으로 간주되어 왔다.

아퀴나스는 다양한 작품들을 썼다. 그러나 가장 잘 알려진 작품은 『대이교도 대전』*Summa contra Gentiles* 과 『신학대전』*Summa theologica* 이다. 『대이교도 대전』에서 아퀴나스는 철학이 기독교 신앙을 필연적으로 배제하지 않는 실재관을 창조한다는 것을 보여주려고 노력했다. 이 작품은 몇 권으로 구성되어 있다. 제1권에서 그는 하나님과 자연을, 제2권에서는 창조와 인간 영혼을, 그리고 제3권에서는 인간의 종말 혹은 목적을 다룬다. 이 중요한 작품의 첫 번째 부분에서 아퀴나스는 매우 철학적인 방식으로 진술하고 있다. 여기서 그의 관심은 이성만으로 확립될 수 있는 진리들에 있다. 그리고 제4권을 포함하는 그 작품의 후반부에서는, 특별히 기독교 교리를 다룬다.

『신학대전』은 아퀴나스가 속해 있었던 도미니칸 직제에서 초보자들을 위한 신학 교재로 저술되었다. 이 작품은 세 부분으로 이루어져 있는데, 마지막 부분은 아퀴나스의 죽음으로 인하여 완성되지 못했다. 첫 번째 부분은 하나님과 창조를 다룬다. 두 번째 부분은 인간의 도덕적 삶을 다루며, 두 개의 소부분으로 나누어진다. 첫 번째 소부분은 인간의 종국과 다양한 일반적인 도덕적 주제들을 다룬다. 그리고 두 번째 소부분은 특수한 덕과 악덕을 다룬다. 세 번째 부분은 그리스도와 성례전을 다룬다.

아퀴나스는 철학자이자 동시에 신학자였다. 말하자면 그는 신학자-철학자였다. 그는 철학이 우리에게 세계에 대한 참된 지식을 줄 수 있다고 믿었다. 철학자는 세계에 대한 참된 지식을 가짐에 있어 이미 하나님에 대한 지식을 얻는 과정 안에 있는 것이다. 아퀴나스는 그의 유명한 신 존재 '증명'[15]에서, 중립적인 입장으로부터 출발하지 않았다. 그는 이미 하나님을 믿고 있었다. 그러나 그는 일상적인 사물들에 관한 형이상학적 분석이 그 사물들이 그것들을 초월하는 어떤 실재에 의존하고 있다는 사실을 보여줄 것이라고 믿었다. 프레더릭 코플스턴 Frederick C. Copleston 이 지적한 바와 같이, 아퀴나스는 "하나님이 존재하는가?"라는 질문에 직접적으로 답하고자 한 것은 아니다. 오히려 그는 하나님의 존재를 일상적인 사물들에 관한 분석 안에 들어 있는 함축적 의미로서 보여주고자 시도한다. 철학적 분석은 신 개념이 필연적인 어떤 것이라는 생각으로 우리를 이끌어 갈 것이다.[16] 철학은 올바로 수행될 때 유신론적인 철학으로 나아갈 수밖에 없다.

이러한 신학은 전통적으로 '자연신학'이라고 불려 왔다. 그러나 아퀴나스에게 있어 그것은 철학의 부분이었다. 신학은 철학과는 다른 것이다. 왜냐하면 신학은 특별계시의 개념에 의존하기 때문이다. 이성을 통한 신 인식은 철학자에게 가능하다. 그러나 이와 같은 방식으로 알려질 수 없는 하나님에 관한 많은 것들이 있다. 예를 들면 삼위일체론이 그렇다. 철학자나 신학자는 모두 세계의 창조는 하나님에게 의존한다는 것을 안다.

---

15 아퀴나스의 다섯 가지 신존재 증명은 다음과 같다. 첫 번째 방법은 운동(motion, change)이라는 사실로부터 제1운동자(prime mover)를 증명해 나가고, 두 번째 방법은 인과법칙으로부터 제1원인(first-cause)을 증명해 나가고, 세 번째 방법은 우연적인 존재들(contingent beings)로부터 필연적인 존재(necessary neing)를 증명해 나가고, 네 번째 방법은 가치의 여러 가지 정도(degree of value)로부터 절대가치(absolute value)를 증명해 나가고, 다섯 번째 방법은 자연 속에 존재하는 목적성(purposiveness)으로부터 신적인 설계자(divine designer)를 증명해 나간다. 아퀴나스의 이 다섯 가지 신 존재 증명은 우주론적 증명이라고 불리며, 특히 다섯 번째 증명은 목적론적 증명이라고 불린다. Thomas Aquinas, *Summa Theologica*, Part I, Question 2, Art.3. 아퀴나스의 논증에 대한 중요한 논의서로서는 Anthony Kenny, *The Five Ways* (Routledge and Kegan Paul Ltd., 1969)가 있다. 또한 이러한 다섯 가지 증명에 대한 간결한 소개는 John H. Hick, *Philosophy of Religion* (Englewood Cliffs, New Jersey: Prentice-Hall, INC., 1983), 20-26에 나와 있다.

16 Frederick C. Copleston, *Aquinas* (Baltimore: Penguin, 1955), 45.

철학자는 이성 즉, 일상적인 사물들에 관한 철학적 분석을 통해서 그것을 안다. 반면 신학자는 그것을 계시 즉, 성서를 통해서 안다. 철학자와 신학자의 차이는 하나님에 관한 그들 사고의 내용에서의 차이라기보다는 오히려 그들이 신 인식을 획득하는 방식에서의 차이이다. 신학자는 하나님과 하나님의 계시로부터 출발한다. 반면 철학자는 경험의 자료 즉 경험적 실재로부터 출발한다.

아퀴나스는 인간들이 하나님에 대한 비전에 이르게 되도록 창조되었다고 믿었다. 이것이 인간들의 초자연적 운명이다. 인간의 구원은 하나님에 관한 진리의 인식에 의존한다. 그러나 이런 진리들이 모두 이성을 통해 얻어질 수는 없다. 그러므로 "하나님의 계시에 의한 가르침"이 필연적이었다. 이것은 하나님을 보기 위한 인간들의 여정에 필요한 빛을 비춰준다. 그러나 하나님을 보는 것은 죽을 때까지 우리에게 주어져 있지 않다. 그것은 하늘에 가서야 우리에게 주어질 것이다.

그러므로 계시는 이성을 완성한다. 그것은 이성을 폐기하지 않는다. 이것이 이성과 계시의 관계에 대한 전통적인 로마 가톨릭의 계시관의 본질이다. 지식과 신앙, 철학과 신학, 자연과 은총 사이의 관계에 대한 이해는 이것과 평행된다. "은총은 자연을 폐기하지 않고 자연을 완성한다." gratia non tollit naturam, sed perficit 동일한 방식으로, 계시는 이성을 통해 얻어진 지식을 폐기하지 않고 그것을 완성한다. 그러므로 철학은 계시에 의해서 쓸모없는 것으로 되지 않는다.

아우구스티누스가 그의 신학에서 신플라톤주의 철학을 사용했던 것처럼, 아퀴나스는 아리스토텔레스 철학을 사용했다. 그렇게 함으로써 그는 당시의 많은 신학자들과 어긋나게 되었다. 철학자로서, 그는 아리스토텔레스의 사상에 대한 많은 주석서들을 썼다. 그는 아리스토텔레스의 이론들 가운데 많은 것들이 참되고 따라서 자신의 철학과 신학에 유용하다고 믿었다. 아퀴나스가 아리스토텔레스로부터 전수했던 중요한 것들 가운데 하나는 현실태와 가능태 사이의 구분이었다. 이것은 모든 유한한 실재에 적용되는 구분이다. 모든 유한한 존재들은 실제로 결정화된 어떤 것이다. 그러나 그것들은 자신의 가능태들을 소진하지 않는다. 실로, 유한한 것들이 자신의 가능태를 발전시키는 것은 당연하다. 그러나 하나님은 순수 현실태^{actus purus}이다. 왜냐하면 하나님 안에서 모든 가능태는 동시에 실현되기 때문이다.

아퀴나스가 아리스토텔레스로부터 전수했던 다른 주요한 교리는 질료와 형상^{matter and form}의 구분, 실체와 우유성^{偶有性, substance and accidents}의 구분, 그리고 인과율^{causality}의 분석이었다. 질료와 형상의 구분은 아퀴나스의 인간론에 있어서 매우 중요하다. 즉 그는 인간의 영혼을 플라톤처럼 몸과 분리되어 독립적으로 존재(불생, 불사, 불멸)하는 이원론적이고 초월적인 실재로 이해하지 않고, 질료인 몸과 불가분리의 관계 속에 있는 형상으로 이해했다. 또한 실체와 우유성의 구분은(즉, 참으로 존재하는 있는 그대로의 실재와 그것의 변형 사이의) 아퀴나스의 성만찬 이론인 화체설^{transub-stantiation}에 있어서 매우 중요하다. 예컨대, 같은 나무가 여름에는 푸른 잎들을 가질 수 있고 가을에는 붉은 잎들을 가질 수 있다. 하지만 설령 그 우유성이 다르다 할지라도 그것의 실체는 여전히 동일할 것이다. 역으로 성찬에서 빵과 포도주는 여전히 빵과 포도주로 보이고 그 맛이 날 것이다. 그러나 그것들의 실체(즉, 그것들의 아래에 놓여 있는 본질)는 미사의 기적 속에 변화했다. 빵과 포도주의 우유성 아래에 놓여 있는 그 '실체'는 그리스도의 몸과 피다. 그 '실체'는 더 이상 빵과 포도주의 실체가 아니다.

여기서는 아퀴나스의 철학적-신학적 체계와 그의 아리스토텔레스의 철학에 대한 의존을 더욱 상세하게 다룰 여유가 없다. 아퀴나스가 철학이 신앙에 중요한 기초를 제공할 수 있다고 생각했던 것은 명백해졌다. 특히, 철학은 하나님을 믿는 데 있어서 중요한 토대를 제공할 수 있다. 왜냐하면 하나님 존재는 자명한 어떤 것이 아니기 때문이다. 경험의 자료들을 숙고함으로써, 초월적 존재에 관한 인식을 얻는 것이 가능하다. 그후에 계시는 이 지식을 보다 완전한 지식으로 완성한다. 그러나 그것은 철학이나 혹은 이성을 통해 얻어지는 지식을 무시하지 않는다. 은총은 지식을 완성한다. 그것은 지식을 폐기하지 않는다. 계시는 이성을 완전하게 한다. 그것은 이성을 무효화시키지 않는다. 신학은 철학 곁에 존재한다. 그것은 철학을 바깥으로 밀어내지 않는다.

V. 중세 이후 현대에 이르기까지의 신학과 철학

아퀴나스 이후의 신학과 철학의 관계성을 보다 상세하게 살펴보는 것은 매우 흥미로울 것이다. 하지만 이것은 지면상 어려운 일이다. 그러나 우리는 적어도 개혁자들의 사상 안에서 그것들의 관계를 잠시 숙고해 보아야 할 것이다. 르네상스 인문주의의 영향을 받은 휴머니스트로서 칼뱅은 고대의 작가들을 매우 존중했다. 그러나 그는 "유익한 것 이상으로는 철학자들을 따르지 않으려고" 매우 신중을 기했다.[17] 성서와 비교하면, 철학자들의 저술들은 연기에 불과하다.[18] 우리는 성서 즉, 계시에 의해 가르침 받을 필요가 있다. 철학자들이 우리에게 가르치는 것은 기껏해야 하나님에 관한 추상적인 지식이다.

마르틴 루터 Martin Luther 는 철학자들에 대하여 아마도 훨씬 덜 경의를 표했던 것 같다. 한때 루터는 철학을 가르쳐야 했다. 그러나 그는 철학자들에 관해 매우 가혹한 진술을 했다. 그는 그들을 "구더기들" 즉 벌레들이라고 불렀다. 철학은 "찌꺼기" 즉 쓰레기 같은 생각이다.[19] 특히, 그는 스콜라주의 신학과 철학의 미묘한 사변들에 시간을 소모하지 않았다. 그는 서로에게 대항하는 그들의 논쟁을 경멸했다. 대신에 그가 소중히 여겼던 것은 "그리스도의 철학"이었다. 그것은 물론 전혀 철학이 아니고, 오히려 단순한 복음이다. 아마도 루터의 태도는 "매춘부"로 이성을 묘사한데서 가장 잘 나타날 것이다. 이것에 대항하여, 우리에게 지식을 주는 것은 신앙이다.

그러나 종교개혁의 추종자들은 그들 자신의 스콜라주의를 산출해 내었다. 이 신학에서 토대는 이성을 통해 확립된 자연신학에 의해 제공되었다. 신학의 상부 구조는 계시를 통해 세워졌다. 17세기 개신교 스콜라주의는 자연신학과 계시신학이라는 두 가지 층 또는 차원으로 구성된 신학의 구도를 수립하였다. 그 이후의 기독교 역사는 이 두 층의 신학의 관계에서의 다양한 변이를 보여준다. 어떤 때에는 아래층이 위층에 대항하여 반역했으며, 다른 때는 위층이 아래층을 정복하고자 하였다. 또 다른 때에는 두 층으로 이루어진 신학의 '집'의 통일성이 조심스럽게 유지되었다.

---

17 Francois Wendel and Philip Mairet, *Calvin: Origins and development of His Religious Thought* (Durham: Labyrinth, 1963), 45.

18 위의 책, 34.

19 Gordon Rupp, *The Righteousness of God: Luther Studies* (London: Hodder and Stoughton, 1953), 92 이하.

예컨대, 계몽주의 시대에는 철학과 이성이 신학과 계시에 대항하여 반역했다. 만약 종교가 도대체 어떤 자리를 가질 수 있다면, 그것은 역사적 종교가 아니라 자연 종교 즉 이성적 종교이어야 한다. 이성적 종교에 대한 신뢰와 역사적 종교에 대한 비하는 레싱의 저 유명한 문구에 잘 나타나 있다. "역사의 우연적 진리는 결코 이성의 필연적 진리에 대한 증거가 될 수 없다."[20] 계몽주의의 합리주의는 칸트에게서 절정에 도달함과 동시에 한계점에 이르렀다. 한편으로 칸트는 이성의 자유를 강조하고 이성에 대한 신뢰를 표현했다. "담대하게 사유하라!"Sapere aude!. 그러나 다른 한편으로 그는 이성의 작용에 한계를 두었다. 그에 따르면 순수이성은 초경험적 세계를 파악할 수 없다. 초경험적인 종교의 세계는 순수이성이 아니라 오직 실천이성 즉 도덕성의 영역 안에서만 이해될 수 있다.

프리드리히 슐라이에르마허 Friedrich Schleiermacher 는 신 인식을 얻는 데 있어서 이성의 능력에 대한 칸트적인 제한을 보다 일찍 수용했다. 하나님의 존재를 확신시키는 어떤 철학적 방법도 없다. 종교는 우선적으로 과학 또는 철학의 문제가 아니다. 그러나 또한 종교는(칸트에 반대하여) 우선적으로 도덕성의 문제도 아니다. 종교는 "형이상학적인 또는 윤리적인 부스러기를 열망하는 본능이 아니다."[21] 종교는 독특한 어떤 것이다. 종교는 우리가 음악에 의해 감동받는 것처럼 우주에 의해 직접적으로 우리의 존재가 감동하는 것이다. 종교는 무한자와 영원자 안에서 그리고 그것을 통하여 우리의 유한하고 일시적인 존재를 직접적으로 의식하는 것이다. 종교는 인지적 인식 이전, 교리와 이론 이전의 것, 즉 무한자 하나

---

20   G. E. Lessing, *Theological Writings* (A. and C. Black, 1956), 53.

21   Friedrich Schleiermacher, *On Religion: Speeches to its Cultured Despisers* (New York: Harper and Row, 1958), II. 31.

님에 대한 유한자 인간의 절대의존의 감정이다.

그러나 아주 흥미롭게도, 슐라이에르마허는 신학이 철학적 신학으로서 시작해야 한다고 믿었다. 왜냐하면 신학은 먼저 종교현상의 한 형식으로서 기독교 종교를 세워야만 하기 때문이다. 철학적 신학은 어떻게 종교적 공동체가 발생하였는지를 반드시 보여주어야 한다. 왜냐하면 신학은 항상 특수한 공동체와의 관련성 안에서 행해져야 하기 때문이다. 신학은 더 나아가 기독교 신앙의 본질이 무엇인지를 규정해야만 한다. 슐라이에르마허는 이것이 본질적으로 철학적 과제라고 생각했다.

신학에서 철학으로 전향한 헤겔은 실제로 매우 신학적인 철학자였다. 그는 철학과 신학의 이층적 구조를 매우 긴밀하게 유지하려고 노력했다. 물론, 최종적으로 헤겔은 계시보다는 철학을 절대정신의 진리에 대한 보다 순수하고 보다 완전한 표현으로 간주했다. 철학은 절대자에 관한 가장 높은 인식이다. 왜냐하면 철학의 개념들은 종교의 신화나 상징보다 더 우위에 있기 때문이다. 그러나 철학은 종교를 불필요한 것으로 만들지 않는다. 우리는 헤겔의 입장이 아퀴나스 입장의 역전임을 주목할 필요가 있다. 헤겔은 역사상 가장 광범위하고 체계적인 형이상학을 수립하고자 하였다.

그러나 19세기 동안에는 대체로 여러 가지 입장의 반형이상학적인 흐름들이 신학계를 지배했다. 슐라이에르마허의 의식-심리주의 외에도, 스트라우스의 역사주의, 그리고 칸트와 신칸트주의의 영향을 받은 리츨과 그의 자유주의 신학의 추종자들(예를 들면 헤르만, 하르낙, 트뢸치, 라우센부쉬)의 역사주의와 도덕신학 안에서 기독교 사상의 반형이상학적 흐름은 19세기 전반全般에 걸쳐서 지속되었다.

리츨에게 신학은 기본적으로 실천적인 어떤 것이었다. 그러므로 강조점이 윤리학에 주어진다. 하나님 나라의 개념은 윤리적 용어들로 이해되었다. 리츨은 하나님 나라를 "사랑에 의해 영감받은 행위를 통한 인류의 공동체"로 이해했다. 따라서 사변적인 유신론은 거부된다. 하나님은 신비적인 경험이나 형이상학적인 추론을 통해 알려지지 않는다. 하나님은 인간을 자연의 속박으로부터 해방하고 인간에게 도덕적 자유의 경험을 가능하게 하는 힘으로 인식된다. 리츨과 그 뒤를 이었던 개신교 자유주의 시대의 대부분의 시기에 있어서, 신학은 철학을 대화의 상대자로 여기지 않았다. 하르낙은 교리사에 관한 탁월한 학자였으나, 서구의 전통적인 교회의 교의를 기독교 본질과는 낯선 것으로 간주했다. 교의는 복음의 지성화이며 헬레니즘화이다. 그러나 기독교의 본질은 예수의 가르침 안에서 발견되는데, 그것은 백성들의 마음 안에 있는 하나님나라에 대한 예수의 가르침, 하나님의 아버지 되심과 인간의 영혼의 고귀함에 관한 예수의 가르침, 그리고 지고한 의와 사랑에 대한 예수의 가르침이다.[22] 기독교는 형이상학적 체계가 아니다. 그것은 "단순하고 숭고한 어떤 것이며 … 하나님의 힘에 의해 그리고 하나님의 눈 아래에서 이루어지는 시간 한가운데에서의 영원한 삶이다."[23]

신학의 아래층이성, 인간으로부터 위층계시, 하나님의 독립성을 유지하려고 했던 철학자들 가운데의 대표적인 사람은 키에르케고르이다. 그에게는 기독교와 철학 사이에 어떠한 화해의 가능성도 없었다. 기독교의 신앙은 가장 위대한 역설, 하나님이 인간이 되었다고 하는 절대적 역설의 문제이다. 주지하는 바와 같이 저 유명한 "시간과 영원의 무한한 질적 차이"

---

22   Adolf Harnack, *What is Christianity?* (Williams and Norgate, 1901), 51.

23   위의 책, 8.

란 경구가 키에르케고르에게서 나왔다. 그러나 기독교의 절대적인 역설은 무한한 질적 차이를 지닌 영원과 시간이 예수 그리스도 안에서 연합되었다는 것이다. 이 역설은 이성이 아닌 오직 신앙 안에서만 받아들여질 수 있다. 따라서 증명은 신앙의 적이다. 실로, 이해는 십자가에 매달려야 한다. 이성은 따로 제쳐 두어야 한다. 하나님이 그런 조건을 주지 않는 한, 어떤 철학 교수도 그가 어떤 것을 간파하기에 충분히 현명하다고 생각해서는 안 된다.[24] 신앙은 사람의 이해와 함께 하는 계산적인 가능성의 문제가 아니다. 이해와 더불어 믿는 것은 불가능하다. 우리는 오직 이해에 대항하여 믿을 수 있다. 여기서 우리는 터툴리아누스가 실존주의의 옷을 입고 부활한 것을 보게 되는데, 이러한 터툴리아누스의 영은 키에르케고르를 통하여 바르트에게 전해진다.

20세기 초의 이른바 변증법적 신학 또는 신정통주의 신학에 관해 일반화하여 말하는 것은 어렵다. 브루너와 루돌프 불트만Rudolf Bultmann과 고가르텐은 모두 신학에 도움이 되는 것으로 철학을 기꺼이 사용하려고 했다. 브루너는 철학적 사변의 신과 예수 그리스도 안에 계시된 하나님 사이에는 어떠한 관련성이 있다는 것을 믿지 않았다. 그러나 그는 복음을 제시하기 위한 '접촉점'으로서 철학적 사상을 기꺼이 사용하고자 했다. 불트만은 브루너보다 더욱 복음을 진술하기 위한 방식으로서 철학을 사용할 준비가 되어 있었다. 불트만 자신의 표현에 의하면, 그는 "신학을 위해 철학을 효과적으로 사용하려고" 했는데, 그는 하이데거의 실존주의를 전유하여 자신의 실존론적 성서해석학을 전개하였다. 이것은 점점 더 그를 바르트와 상반된 입장으로 인도했다.[25]

---

24 Søren Kierkegaard, *Philosophical Fragments* (Princeton: Princeton University Press, 1936), 52.

바르트는 전적으로 철학과 비타협적이었다. 신학과 철학은 완전하게 반대의 방향으로 움직인다. 다시 말하면 신학은 위계시에서 아래로, 철학은 아래이성에서 위로 움직인다. 아퀴나스 또한 이렇게 생각했지만, 그는 계시를 이성을 완성하는 것으로 보았고 그래서 철학 위에 신학을 세웠다. 바르트는 정반대의 결론을 끌어내었다. 계시는 이성을 초월하며 심지어 이성의 최고의 업적조차 파괴한다. 바르트는 항상 하나님이 예수 그리스도와 분리되어 이해될 수 있음을 허용했던 그런 종류의 신학에 반대하여 싸웠다. 신학자가 '하늘로부터 아래로'down from heaven 말할 수 없다고 할지라도, 신학자는 '위로부터신으로부터 아래로인간으로' 생각해야만 한다. 이것은 오직 예수 그리스도를 통해서만 가능하다. 왜냐하면 그리스도는 신학자가 어떻게 생각하고 말해야 하는지를 보여주기 때문이다.[26] 철학이 실존 안에 있는 인간을 이해하려고 시도하든지 또는 전체로서의 존재를 생각하려고 시도하든지 간에, 철학은 우리에게 참된 지식을 주지 못한다. 왜냐하면 예수 그리스도와 분리되어있는 한, 인간의 사고는 항상 엉뚱하게 과녁을 빗나가는 것이 될 것이기 때문이다.

다른 한편 틸리히는 철학과 신학의 관계를 아주 다르게 이해한다. 그는 자신의 『조직신학』 첫 부분에서 "철학과의 연속적인 상관관계 안에서" 조직신학을 쓰고자 노력했다고 말했다.[27] 철학과 신학은 수렴하고 동시에 발산하며, 만나며 또한 헤어진다. 거기에는 불연속성뿐 아니라 연속성이 있다. 그러나 틸리히의 견해에 의하면 그것들이 서로에게서 분리될

---

25 Rudolf Bultmann, *Existence and Faith: Shorter Writings of Rudolf Bultmann*, trans. Schubert Ogden (New York: Meridian, 1960), 341.

26 Karl Barth, "Philosophie und Theologie," in *Philosophie und Christlicher Existenz Festschrift für Heinrich Barth* (1960), 93 이하.

27 Paul Tillich, *Systematic Theology*, vol. I (Chicago: The University of Chicago Press, 1951), X.

때 그것들은 각기 빈곤해지고 왜곡된다.[28] 오늘날 이러한 틸리히의 견해에 공감하는 대표적인 철학적 신학자들로는 존 매쿼리, 볼프하르트 판넨베르크, 한스 큉, 그리고 존 캅을 위시한 다수의 과정신학자들이 있다.

VI. 결론

이미 언급한 바와 같이 기독교 교회의 삶의 자리가 히브리적인 세계에서 헬레니즘적인 세계로 바뀜에 따라 역사적 이야기 패러다임으로부터 형이상학적 존재론의 패러다임으로의 전환이 일어나게 되었으며, 그 이후로 기독교 신학을 위한 헬레니즘의 철학의 역할은 긍정적으로든지 부정적으로든지 불가피하게 되었다.

기독교 신학의 역사를 살펴볼 때, 철학적 전이해를 가지고 신학을 수행했던 주목할 만한 대표적인 신학자들과 신학들의 예를 들자면 다음과 같다. 오리게네스와 아우구스티누스의 신학은 신플라톤주의에 의해, 토마스 아퀴나스의 신학은 아리스토텔레스에 의해, 슐라이어마허의 신학은 스피노자에 의해, 리츨의 신학은 칸트에 의해, 바르트의 신학(철학과의 단절을 강조했던)은 키에르케고르에 의해, 불트만(그리고 매쿼리)의 신학은 하이데거에 의해, 틸리히의 신학은 셸링과 하이데거에 의해, 판넨베르크의 신학은 헤겔에 의해, 몰트만의 신학은 불로흐에 의해, 그리고 과정신

---

28   Paul Tillich, *The Protestant Era* (Chicago: The University of Chicago Press, 1957), 89.

학은 화이트헤드에 의해 영향을 받았다. 철학적 전이해와 사고의 지평은 명시적으로 철학적 신학을 추구하는 신학자들뿐만 아니라, 철학적 신학을 거부하는 배타적인 계시 신학자들에게 있어서도 어느 정도 불가피하다. 더욱이 오늘의 과학시대에 있어서 신학은 과학과의 대화를 회피할 수 없게 되었다. 오늘의 과학적 세계관 안에 살아가는 신학자들에게 있어서 양자물리학이나 카오스 이론과 같은 과학의 이론들과의 대화는 신학의 필수적 과제가 되었다.

철학적^{또는 과학적} 전이해를 갖고 신학을 하는 것은 가능 여부의 문제라기보다는 정도와 방법의 문제이다. 복음과 계시가 필연적으로 문화와 역사 속에서 체화體化되는 것이라면, 철학적 전이해는 모든 신학에서 불가피하다. 명시적으로 철학과의 단절을 선언한 신학자도 결코 자기 신학을 진공이나 백지상태에서 수행할 수 없다. 인간의 존재와 이해의 역사성은 인간의 존재와 이해의 가능성이며 동시에 한계성이다. 신학자가 자신의 실존과 이해의 시간성, 역사성, 유한성을 무시하고 무시간적이고 초역사적이고 무한하고 절대적인 계시만을 강조하면 그의 신학은 그 자신도 모르는 사이에 인간성을 상실한 형이상학적인 독단론에 빠지게 된다. 따라서 신학을 하는 사람은 겸손해야 한다. 신학자는 절대적이고 초월적인 계시에 대하여 신앙 안에서 열려 있어야 하되, 자신의 역사적 유한성과 이해와 사고의 지평의 한계성을 겸손하게 인정해야 한다.

역사적으로 신학은 철학을 유용하게 사용할 수 있다는 사고와 철학은 쓸모없는 것이거나 오도적이라는 사고 사이에서 진퇴를 거듭해 왔다. 그러나 만약 신학과 철학이 전체로서의 실재에 관심이 있다면, 그것들은 분명히 서로에 대한 어떤 종류의 관계 안으로 들어가야 한다. 이것은 철학적 신학에 공감하는 모든 사람들이 동의하는 점이다. 원칙적으로 철학은 신의 문제, 다시 말하면 모든 사물을 규정하고 결정하는 통일적 실재의 문제를 다룬다. 그러나 판넨베르크에 의하면, 철학에 있어 하나님의 문제는 유보되거나 심지어 회피될 수 있는 "궁극적인 문제"이다. 철학에 있어 이 문제는 배경 속에 놓여 있으며, 다른 문제들이 전면에 놓여 있다. 그러나 신학에서는 연구되는 모든 것이 오직 하나님의 실재와의 관계 속에서 고려된다.[29] 그러므로 단기적으로는 철학과 신학이 서로 외면할 수 있을지 모르지만, 장기적으로는 그것들은 서로 회피할 수 없다. 각각은 서로 상대방에게 어느 정도의 개방성을 가져야 한다.

많은 신학자들은 신학이 기독교 신앙의 진리를 증명할 수도 없고, 증명하려고 해서도 안 된다고 주장해 왔다.(이러한 신학자들 중에는 슐라이에르마허와 바르트 같은 아주 판이한 신학적 입장을 가진 사람들도 포함되어 있다.) 왜냐하면 신학은 신앙이 그 자체에 관해 가지는 확실성 배후로 들어가려고 해서는 안 되기 때문이다. 그러나 다른 사람들은 신앙은 단지 이해와 지식을 추구할 뿐만 아니라 일반적으로 받아들여지는 철학적 기준에 의해 판단되는 가능한 한 가장 강력한 기초를 추구한다고 믿는다. 이런 관점에서, 적어도 신학은 가능한 한 주장하는 바가 참되다는 것을 '증명'하려고 노력해야 한다. 판넨베르크는 그런 과제가 필요할 뿐 아니라 가능하다고 생각하는 신학자들 가운데 하나다. 또한 한스 퀑 Hans Küng 도 다음과 같이 말했다.

비록 하나님은 "증명될" 수 없다고 하더라도, 하나님을 믿는 신앙
은 단지 주장되어서는 안 되고 참되다고 입증되어야 한다. 올바른

---

29   Wolfhart Pannenberg, *Theology and the Philosophy of Science*, 303-5.

길은 변증법적 신학에서 의미하는 순전히 권위적인 하나님 주장
과 자연신학에서 의미하는 순전히 합리적인 신 증명 사이에, 칼 바
르트와 제1차 바티칸 공의회 사이에 놓여 있다.[30]

오늘날 점점 더 많은 신학자들이 이성은 신앙의 진리를 완전히 증명
해 낼 수는 없다고 할지라도 신앙의 진리를 변증하기 위한 신학은 합리
적으로 설득력 있는 설명과 해석을 추구해야 한다는 사실에 공감하고 있
다. 따라서 철학적 신학은 지배적인 역사적 현실성, 또는 현실적 불가피
성일 뿐만 아니라, 신학적 필요성과 정당성을 갖고 있다는 인식이 오늘
날의 기독교 신학 안에서 폭넓게 확산되고 있다. 철학적 신학의 정당한
신학적 자리는 변증법적 신학과 전통적 자연신학 사이에 있다.[31]

---

30 Hans Küng, *Existiert Gott?* (München: R. Piper and Co. Verlag, 1978), 590.
31 그리고 오늘의 과학 시대에 있어서 이와 같은 결론은 신학과 과학의 관계에도 동일하게 적용할
수 있다.

제3장

신학의 학문성과
포스트 토대주의 신학

I. 서론

이 글은 다음과 같은 물음들과 연관된 신학의 주제를 다루고자 한다. 신학이란 무엇인가? 하나님의 계시에 기초한 기독교적 신앙 경험에 대한 훈련된 성찰로서의 신학은 과연 하나의 학문인가? 신학이 학문이라면 어떠한 학문인가? 신학은 일반학문과는 비교될 수 없는 질적으로 다른 차원의 초월적인 또는 전혀 별개의 범주의 특수한 학문인가? 아니면 신학은 일반학문들과 불연속성과 더불어 적어도 최소한의 연속성과 공통된 합리성의 구조를 지닌 학문인가? 신학은 일반학문들을 그 안에 포괄하는 보편적 학문일 수 있는가? 특히 오늘날의 포스트 근대적인 문화적, 종교적 다원주의 상황 속에서 기독교 신학의 자리는 어디인가? 주관적인 신앙적 헌신과 객관적 합리성과 이해 가능성을 동시에 추구할 수 있는 신학의 비전은 어떤 것인가? 신학은 전통 안에서의 자신의 신앙적 정체성을 지키면서 어떻게 다른 전통들^{공동체}과 학문 분야들과 열린 대화로 나아갈 수 있는가? 오늘날의 상황 속에서 다른 전통들과 학문 분야들과의 대화에 참여하면서 보편적 학문성을 추구할 수 있는 신학의 모델은 무엇인가?

이러한 물음들과 더불어, 이 글에서는 조직신학 또는 철학적^{과학적} 신학의 관점에서 신학의 학문성과 포스트 토대주의 신학에 관해 논증하고자 한다. 그러나 이러한 논증의 주요 논지는 조직신학이나 철학적^{과학적} 신학뿐만 아니라 일반적으로 모든 기독교 신학의 분야들에도 동일하게 해당될 것이다. 본 논증은 다음 일곱 가지의 상호 연관된 주제들을 중심으로 전개될 것이다. ① 이해를 추구하는 신앙으로서의 신학, ② 지식^{지혜}으로서의 신학과 학문으로서의 신학, ③ 전통에 대한 해석학으로서의 신학, ④ 비판적 학문으로서의 신학, ⑤ 보편적 학문으로서의 신학, ⑥ 포스트 토대주의 신학, ⑦ 포스트 토대주의 신학과 다원적 대화. 이러한 주제들에 대한 논의를 통하여 신학에 대한 고전적 이해들과 아울러 특히 오늘날의 상황에서 요구되는 신학의 학문성과 포스트 토대주의 신학의 모델에 대한 기초적인 전망이 제시될 것이다.

II. 이해를 추구하는 신앙으로서의 신학

일찍이 캔터베리의 주교 안셀무스^{Anselmus}는 신학을 "이해를 추구하는 신앙"^{fides quaerens intellectum}으로 정의하였다. 이 정의는 신학에 대한 고전적인 명제가 되었다. 이 명제는 신학의 학문성의 독특성을 잘 드러낸다. 즉 신학이란 학문은 신앙을 전제로 한다는 것이다. 우리는 믿지 않으면 알 수 없다. 신앙이란 하나님의 선행적인 구원의 은총과 계시에 대한 순종적 응답을 의미한다. 그러므로 신학의 근본적인 토대는 우리 인간에게 있지 않고 하나님에게 있다. 이런 의미에서 바르트는 신학이 인간의 주체성과 가능성이 아닌 하나님의 주체성과 가능성에 근거함을 강조하였다. 인간의 가능성의 관점에서 볼 때 신학은 궁극적으로 불가능하다. 왜냐하면 신학은 대상화될 수 없는 하나님을 대상화하는 학문이기 때문이다. 하나님은 인간이 다른 세상의 사물들처럼 대상 정립하고 사유하고 파악하기에는 너무 무한하고 너무 내재적이고 동시에 너무 초월적인 불가해한 존재이다. 그러므로 신학은 하나님의 선행적 계시에 의존한다. 하나님께서 우리에게 빛을 비추지 않으면 우리는 볼 수 없다. "주의 광명 중에 우리가 광명을 보리이다."시 36:9 칼빈은 이런 의미에서 성령의 내적 증거inner testimony 또는 조명illumination을 강조하였다. 이점이 신학이 다른 일반학문과 근본적으로 다른 점이다. 신앙이 이해를 추구하지 그 반대가 아니다. 우리는 알기 위해 믿는 것이지 믿기 위해 아는 것이 아니다. 그리고 이 신앙은 하나님의 선행적인 은총과 계시에 의존하는 것이다. 이것이 신학의 근본 토대이다.

그러나 우리는 신앙이 '이해를 추구한다'는 사실을 좀 더 깊이 들여다 볼 필요가 있다. 만일 이해를 추구하지 않는 신앙이라면, 그러한 신앙은 맹목적인 신앙일 것이며 그러한 신앙에 기초한 신학은 초월적 계시실증주의나 신비적 신앙주의fideism에 빠지게 될 것이다. 고대교회의 교부인 터툴리아누스는 계시의 도성인 예루살렘과 철학의 도시인 아테네는 아무런 관계가 없다고 말하면서, "나는 불합리하기 때문에 믿는다"credo, quia absurdum고 주장했는데, 이는 이러한 극단적인 입장을 잘 보여준다. 우리는 불합리함에도 '불구하고' 믿는 것이지, 불합리하기 '때문에' 믿는 것은 결코 아니다. 그리고 그 불합리성이라는 것도 사실상 불합리성이라기보다는 우리의 협소하고 유한한 합리성의 범주를 넘어서는 초합리성, 또는 신적 합리성이라고 하는 것이 더 옳을 것이다. 16-17세기의 개신교 정통주의에서는 세 단계의 신앙에 대하여 말했는데, 그것은 지식notitia, 인정assensus, 신뢰fiducia이다. 지식과 인정은 사실과 관련된 신앙의 객관적 측면이라면, 신뢰는 인격과 관련된 신앙의 주관적 측면이다. 물론 본래적인 의미에서의 신앙은 주관적인 신뢰로서의 신앙이다. 그러나 신앙은 신뢰만은 아니며, 지식과 인정의 요소를 포함하고 있다. 이것은 신앙 안에 실존적인 요소와 더불어 인지적이고 의지적인 요소가 들어있다는 사실을 의미한다. 그러므로 이해를 추구하는 것은 바로 신앙의 구성요소의 하나이다. 신앙은 자체 안에 이해하고자 하는 본성을 포함하고 있다. 그러므로 신앙은 '이해를 추구한다'.

그러나 신앙이 '이해를 추구하는' 이유는 신앙 자체 안에 포함되어있는 인지적인 요소에 의해 다 설명되는 것은 아니다. 이해의 과업은 좀 더 독립적일 필요가 있다. 다시 말하면 기독교 신앙의 증언과 기독교 신학은 구별될 필요가 있다. 왜냐하면 때때로 기독교인들의 신앙이 참된 믿음인지 욕망의 투사인지, 그리고 그들의 증언이 올바른 것인지 그릇된 것인지 분명치 않은 경우가 있기 때문이다. 우리의 다양한 행위, 사고, 진술을 통하여 진리를 주장하는 것과 그 진리 주장이 참으로 타당한 것인지를 비판적으로 반성하는 것은 별개의 것이다. 더욱이 서로 다르거나 대조적인 신앙의 형태를 가진 사람들이 서로 자신들의 증언이 참된 것이라고 주장하는 상황에서, 과연 그들의 주장이 타당한 것인가 하는 물음이 자연스럽게 제기된다. 그러므로 기독교적 증언의 행위 자체가 그 증언이 포함하고 있는 진리 주장의 타당성을 검증하는 비판적 반성의 가능성과 필요성을 수립한다. 이 점에 대하여 슈베르트 옥덴Schubert M. Ogden은 이렇게 말한다. "기독교 신학이 마땅히 이해되고 수행되어야 하는 바에 따른다면, 기독교 신학은 단지 또 다른 형태의 기독교 증언이 아니라...오히려 다른 모든 학문의 영역들과 분야들에서 이러 저러한 방식으로 수행되는 비판적 반성과 본질적으로 동일한 형태의 탁월한 과정이다."[1]

이것은 교회와 교회의 신앙과 증언을 위한 신학의 봉사가 직접적인 것이 아니라 간접적인 것이어야 한다는 사실을 함축한다. 교회의 신앙과 증언을 위한 신학의 봉사가 간접적이어야 한다는 것은 교회의 어떤 신앙과 증언이 교회의 공식적인 가르침 안에 포함되는 것들이라고 할지라도 신학적 반성이 그것들의 정당성과 부당성을 비판적으로 검증할 수 있는 자유가 있어야 한다는 것을 의미한다. 신학이 이러한 역할을 수행하기 위해서는 다른 일반학문의 분야에 적용되는 것과 같은 학문적 자유와 자율성의 원리가 신학에도 충분하게 적용되어야 한다. 다시 말하면 신학의 학문성을 위해서는 충분히 자유롭고 자율적인 학문의 분위기가 제도적으로 수립되어야 한다. 신학은 교권의 시녀가 되어서는 안 되며, 교회의 교권적 권위가 신학을 지배하거나 신학의 자유를 억압해서는 안 된다. 기독교 신앙과 증거의 진리는 철저하게 자유로운 신학적 논증을 통하여 수립되어야 하며, 중세교회적인 종교재판을 통해서 결정되어서는 안 된다. 만일 진리가 종교재판을 통해서 결정된다면, 유대 종교지도자들의 종교재판을 통해서 십자가의 형을 선고받은 예수 그리스도는 비진리일 것이다.

그러나 또한 이와 동시에 우리는 기독교 신학의 과제가 우리 자신이 속해있는 성서와 교회 전통의 신앙과 증언에 대한 근본적인 확신과 신뢰 안에서 비판적 기능을 수행하는 것이라는 사실을 잊어서는 안 된다. 그러므로 학문적 자유와 자율성에 대한 제한은 외부의 정치적 권력이나 교권적 권위로부터 주어지는 것이 아니라, 바로 성서적 신앙과 사도적 증언에 기초하고 있는 신학의 전통 자체와 성령의 조명과 인도를 따라가는 신학적 논증 과정 자체로부터 주어진다. 그러므로 이 제한은 타율에 의

---

1   Schubert M. Ogden, "Theology in the University: The Question of Integrity," in *Theology and the University: Essays in Honor of John B. Cobb, Jr.*, eds. David Ray Griffin and Joseph C. Hough, Jr. (Albany: State University of New York Press, 1991), 78.

한 것이 아니라 진정한 의미에서의 신학의 자유를 가능케 하는 자율적인 자기 제한이다.

신앙이 '이해를 추구해야' 하는 또 다른 좀 더 적극적인, 해석학적 이유가 있다. 즉 신학은 새로운 상황 속에서 동일한 신앙의 내용을 항상 새로운 방식으로 이해하고 해석하고 표현해야 한다. 이것은 초기 교회 이후 오늘날에 이르기까지의 교회의 역사 속에 나타난 기독교 신학의 운명이었다. 특히 초기 교회의 삶의 자리가 유대적 세계로부터 헬레니즘 세계로 옮겨진 이후, 이 새로운 세계 속에서 기독교의 신앙과 신학은 자신의 고유한 신앙의 본질을 지키고 변증하면서 동시에 자신의 정체성을 새롭게 형성해 나아감에 있어서, 헬레니즘 세계에 보다 설득력있는 방식으로 '이해를 추구해야만' 했다. 따라서 기독교의 복음은 새로운 개념과 언어와 사고의 틀 안에서 재해석되고 새롭게 표현되었다. 이것이 왜 그 당시의 변증가들이 로고스 기독론을 전개했는가 하는 이유이다. 고대교회의 삼위일체 교리는 이 로고스 기독론의 형성과정에서 수립되었다. 신학의 변증적, 해석학적 과제는 신앙이 '이해를 추구하도록' 요청한다. 그러므로 기독교 신학은 한편으로는 성서적 신앙과 증언에 충실하면서 다른 한편으로 동시대적인 상황에 적합한 방식으로 신앙의 진리를 새롭게 이해하고 표현해야 하는 변증적이고 해석학적인 과제를 끊임없이 성실하게 수행하여야 한다. 그러므로 매 시대의 다양한 신학들이 존재하며 각각의 상황적 현실 속에서의 다원적인 신학들이 존재하는 것은 이상한 일이 아니다.

Ⅲ. 지식(지혜)으로서의 신학과 학문으로서의 신학

에드워드 팔리 Edward Farley 에 따르면 신학에는 하나님에 대한 실제적인 지식으로서의 신학^{지혜}과 가르치는 기관에서 적절한 방법과 주제를 사용하는 학문 또는 과학으로서의 신학이라는 두 가지 의미가 존재해왔다. 이 두 가지 의미는 본래 밀접하게 연관된 것이었으나 근대에 들어와 분리되었으며, 이러한 분리는 통일적 과업으로서의 신학이 일군 一群의 특수한 학문 분야들로 분화되고, 지혜를 제공하는 신학의 측면이 실천적인 방법과 목회적 기술로 대체됨에 따라 초래되었다고 한다. 그는 이러한 분리와 대체의 결과 신학 theologia 자체가 상실되었다고 주장한다.[2]

팔리가 말하는 신학의 두 가지 의미와 그 개념의 역사를 좀 더 자세히 소개하면 다음과 같다. 첫 번째 의미에 있어서 신학은 하나님, 그리고 하나님과 연관된 사물들에 대한 실제적이고 개별적인 인식을 위한 용어로서, 이 인식은 신앙을 동반하며 영원한 행복을 최종적인 목표로 갖는다. 두 번째 의미에 있어서 신학은 자기 의식적인 학문적 이해의 과업을 위한 용어이다. 첫 번째 의미의 신학이 인간 영혼의 성향 habitus 을 의미한다면, 두 번째 의미의 신학은 교육의 장에서 통상적으로 발생하는 학문을 의미한다. 그런데, 팔리에 의하면 신학이란 개념의 이러한 모호성과 이중성은 근대 이전의 서구 철학에서의 학문 또는 과학 science 이란 언어 안에 발생한 모호성과 이중적 지시 관계로부터 유래한 것이다.

---

2   Edward Farley, *Theologia: The Fragmentation and Unity of Theological Education* (Philadelphia: Fortress Press, 1983). 31-44, 162, 165-69. Peter C. Hodgson and Robert H. King, *Readings in Christian Theology* (Philadelphia: Fortress Press, 1985), 1-15에 발췌 수록되어 있음.

아리스토텔레스에 있어서 지식을 의미하는 'episteme'란 단어는 이중적인 의미, 즉 참된 지식^{억견, doxa}과 대조되는과 조직화된 지식의 체계 또는 그러한 지식 체계를 산출하기 위한 계획적인 탐구를 의미한다. 따라서 'episteme'는 지식과 과학 또는 학문 둘 다로 번역될 수 있다. 물론 이 두 가지 의미는 서로 연관되어 있다. 지식으로서의 'episteme'는 어떤 것의 원인에 대한 파악을 의미하며, 이것에 의하여 그 원인에 관한 탐구^{학문}가 가능하게 된다. 이러한 이중적인 의미는 'episteme'에 대한 라틴어 번역인 'scientia'에서도 그대로 유지된다. 'scientia'는 참과 거짓을 구별하는 지식, 또는 영혼의 성향을 의미하는 동시에, 그러한 지식을 산출하는 탐구나 반성적 과업을 지시한다. 그리고 이 과업이 다양한 사물들과 연결됨에 따라 다양한 학문들 또는 과학들^{sciences}이 생겨난다.[3]

중세의 기독교는 이러한 언어의 전통을 신학^{theologia}에 적용하였다. 따라서 신학의 학문성을 이해하기 위해서는 먼저 언어의 이중적 용법을 이해할 필요가 있다. 바로 이러한 이중적이고 모호한 용법 때문에 신학이란 개념의 역사도 이중적이고 모호하다. 다시 말하면, 한편으로는 신앙이 개별적인 인지적 행위를 촉진한다 주장하는 교회의 역사가 있으며, 다른 한편으로는 교회에서의 해석^{탐구, 논증, 학문성}의 역사가 있다.

팔리에 따르면 계몽주의 이후 신학의 이 두 가지 장르는 심각한 변화를 겪게 되고 지식^{지혜}과 학문으로서의 신학의 본래 의미는 사실상 사라졌다. 지식으로서의 신학, 즉 하나님을 향한 영혼의 성향으로서의 신학은 목회적 사역에 필요한 실천적 방법으로 변질되었다. 그리고 통일적인 학문으로서의 신학은 다수의 전문화된 학문 분야로 분화되었으며, 신학은

---

3   Hodgson and King, *Readings in Christian Theology*, 2.

조직신학을 의미하게 되었다.[4]

　이와 같은 신학 개념의 역사는 우리에게 신학의 본래 의미에 있어서 지식^{지혜}과 학문이 서로 구별되지만 분리되어서는 안 되며 연합되지만 혼동되어서는 안 된다는 사실을 상기시켜 준다. 기독교 신학^{theologia}의 지식은 무엇보다도 인격적인 본성을 갖는다. 기독교 신학은 근본적으로 예수 그리스도 안에서 우리에게 계시된 살아계신 하나님과의 성령 안에서의 인격적인 만남의 체험에 기초한다. 기독교의 진리는 단지 사변적이고 추상적인 진리가 아니라 인격적인 진리이다. 다시 말하면 기독교의 진리는 진리 자체이신 예수 그리스도와의 성령 안에서의 만남의 경험으로부터 나온다. 따라서 기독교의 지식은 논증적이고^{discursive} 방법론적인 학문적 탐구를 통하여 획득된 지식의 차원보다 더욱 근본적인 차원에서의 직관적인 깨달음과 지혜를 의미한다. 이 지식을 바로 신앙의 지식이다. 그러므로 기독교 신학에 있어서 본래적으로 신앙과 지식과 지혜는 동의어이다.

　이러한 지식^{지혜, 신앙}으로서의 신학은 논증적이고 방법론적인 차원에서의 학문적 탐구를 배제하지 않고 오히려 그것을 필요로 한다. 왜냐하면 참된 지식은 어느 개인이나 공동체에 의해 직접적으로 경험되고 수용될 뿐만 아니라 모종의 모델 안에서 이해되고 해석되고 표현되고 전달되어야 하기 때문이다. 사실상 직접적이라고 여겨지는 경험과 수용 자체도 실제로는 암묵적인 모델이나 해석학적 틀의 매개를 통하여 일어나는 것이다. 하나님의 계시는 백지상태^{tabula rasa}의 인간의 순수의식 속에서 경험되는 것이 아니라 인식 주체가 속한 삶의 세계^{Lebenswelt}로부터 주어지는

4　위의 책, 7-11.

모종의 이해의 선구조先構造 안에서 경험된다. 그렇기 때문에 현실적으로 동일한 계시에 대한 다양한 형태의 경험과 지식이 병존하고 있으며, 나아가서는 참된 지식과 억견, 또는 거짓된 지식이 혼재한다. 그러므로 공적인 영역에서 어떤 지식의 타당성과 적절성을 검증하고 설명하기 위한 학문적인 논증의 과정은 필수적으로 요청된다. 물론 이 학문적인 논증이 하나님에 관한 참된 지식지혜, 신앙의 기초를 세우는 것은 아니며, 또한 학문적인 논증의 과정을 통해 하나님의 신비와 불가해성이 온전히 다 설명되거나 검증될 수 있는 것도 아니다. 그럼에도 불구하고 학문적 탐구라는 방편은 우리 인간에게 허락된 또 하나의 하나님의 은총의 통로이다. 즉 그것은 진리를 위한 최소한의또는 최대한의 척도와 울타리로서의 비판적 교정제의 기능을 수행할 수 있다.

오늘날의 신학의 다양한 학문적 분화는 시대적 상황의 변화와 복잡화에 따른 불가피한 현상이라고 할 수 있다. 한편으로, 팔리가 지적한 바와 같이 이러한 분화는 부정적인 결과를 초래한 것이 사실이다. 즉 이 분화는 신학의 구획화와 단편화를 초래함으로 말미암아 신학의 제 학문 분야들 사이에 통일성의 상실과 상호 소외를 가져왔다. 그러나 다른 한편으로 이러한 분화는 보다 더욱 발전된 공적이고 보편적인 학문으로서의 신학의 수립을 위한 진보의 기회일 수도 있다. 신학 안의 다양한 학문 분야들은 학제간 대화와 유기적인 협조를 통하여 이전보다 더욱 정합적이고 설득력 있으며 통전적인 기독교의 진리체계를 구성해 나아갈 수 있다. 따라서 전문화된 다양한 신학의 학문 분야들은 서로 분리되어 독자적으로 존재할 수 없으며, 끊임없는 학제간 대화와 연대를 통한 신학의 통일성과 일치를 추구해 나아가야 한다. 나아가서 이러한 학제간 대화는 신학 내의 범주 안에만 한정되지 않으며, 일반학문들과의 학제간 대화까지고 포함하는 것이어야 한다. 여기에 신학의 보편적 학문성을 위한 가능성이 존재한다. 이에 대하여는 뒤에서 다시 언급할 것이다.

IV. 전통에 대한 해석학으로서의 신학

헬레니즘 문화 속에서 교회가 하나님과 예수 그리스도에 대한 자신의 신앙을 정당화하면서 자신의 정체성을 새롭게 구축해야 했던 고대의 시기 이래로, 신학은 하나님과 세계와 인간에 대하여 포괄적이고 정합적인 설명을 제공하고자 시도해 왔다. 오리겐, 어거스틴, 토마스 아퀴나스 등의 신학이 그 대표적인 예이다. 하지만 고대와 중세 시기의 신학은 대체로 교회적 합의를 통하여 형성된 신조와 교도권^{magisterium}의 권위 아래에서 수행되어왔다. 성서를 포함하는 교회의 전통은 진리를 판단하는 척도와 기준으로 기능하여 왔다.

16세기의 종교개혁은 이러한 교회의 전통적인 권위에 대한 탈중세적인 저항을 의미했다. 루터의 이신칭의 교리는 교회의 외적인 제도적 권위가 아닌 개인의 내적인 신앙의 중요성을 표현한다. 그러나 그럼에도 불구하고 이 시대의 신앙과 신학은 아직도 대체로 권위에 의존하는 전근대적인 교의학 패러다임 안에 머물러 있었다. 교회의 권위의 자리를 성서의 권위가 대체하였다. 종교개혁자들의 성서에 대한 정당한 강조는 시간이 흐르면서 점차 경직되었으며, 17세기의 개신교 정통주의에 이르러 성서의 축자적 무오설이 교황의 절대 무오설을 대신하였다. 신학의 기능은 성서에 대한 역사적 해석이 아닌 문자적, 또는 영적 해석에 기초하여 단지 성서의 내용을 체계적으로 조직화하는 일로 한정되었다. 그리고 신학은 자신을 새롭게 발전되는 자연과학을 비롯한 세속적인 일반학문들과는 무관하거나 심지어는 대립되는 것으로 간주하였다.

그러나 근대 시기에 들어서서 과학이 더욱 발전되고 비판적 이성과 자율적 주체성의 중요성이 강조된 이래로 전통적인 권위에 의존하는 신학적 논증의 유형에 대한 비판과 도전이 강하게 대두하였다. 자율적인 이성의 빛에서 볼 때, 타율적인 권위는 단지 관습적이고 인간적인 편견에 불과한 것으로 간주되었다. 따라서 근대의 문화에서 권위와 이성은 더 이상 조화될 수 없는 것으로 여겨졌으며, 권위의 편견이 아닌 이성의 빛을 따라야 할 것이 강조되었다. 근대의 역사비평적 주석의 출현과 성행은 신학이 더 이상 계시된 신적 진리를 신학의 보증된 전제로 받아들일 수 없게 되었다는 것을 의미했다. 전통적인 개신교 교의학은 신학의 과업을 시작하기도 전에 기독교 교리의 신적 진리를 전제하고 있었다는 점에서 중세의 스콜라주의 신학과 크게 다르지 않았다. 말하자면 개신교 정통주의 신학에 있어서, "신학적 논증은 전통적인 가르침들의 진리 주장을 판단하는 영역으로서가 아니라 단지 영감된 성서 안에 권위 있게 제시된 진리에 대한 해명으로서 이해되었다."[5] 근대 이후의 오늘날에 있어서 이제 이러한 신학은 더 이상 불가능하게 되었다. 물론 성서와 기독교 교회의 전통으로부터 발산되는 영적인 권위가 존재한다. 그러나 판넨베르크는 그러한 영적인 권위가 논증의 기초로 오해되어서는 안 된다는

---

5 Wolfhart Pannenberg, "The Task of Systematic Theology in the Contemporary University," in *Theology and the University*, 90.

점을 강조한다. 그에 의하면 그 권위는 오히려 자체의 진리 주장에 관한 탐구와 검증을 촉진하는 것이어야 한다. 이러한 탐구와 검증의 과정에 있어서 그 권위는 논증으로 기능할 수 없다.[6]

그러므로 기독교 신학은 교회의 전통을 통해 전승되는 모든 기독교 신앙의 진리 주장을 반성적 차원에서 검증하고 판단해야 한다. 신학자는 자신이 처하여 있는 각각의 특수한 역사적 상황 속에서, 복음의 핵심적 진리와 그 핵심적 진리를 표현하는 상대적인 언어와 사고 형식을 구별하여야 한다. 기독교의 복음의 영속적인 핵심과 전통적인 가르침 속에 있는 역사적으로 상대적인 것 사이를 구별함으로써 신학은 비판적인 해석학적 과제를 수행해야 한다. 이 과제는 성서 주석에 있어서도 마찬가지이다. 왜냐하면 성서 문헌들도 역시 역사적 문서이기 때문이다. 성서는 인간의 구체적인 역사적 상황에서 경험되고 표현된 인간의 말을 통해 들려지는 하나님의 말씀이다. 그러므로 성서적 증언의 실질적 내용은 거듭 오늘의 상황에 적합한 방식으로 새롭게 해석되고 표현되어야 한다.

그러나 신학자는 성서를 포함한 전통과의 관계 안에서 비판적인 해석학적 과제를 수행함에 있어서, 소격화distanciation의 계기가 귀속성belonging의 계기보다 선행하거나 더욱 근본적이라고 오해해서는 안 된다. 계몽주의적인 이상, 즉 모든 편견과 전제로부터 자유로운 이성의 자율성과 독립성의 이상은 그 자체가 환상적인 편견임이 이미 드러났다. 이성은 그 자체가 비역사적이고 보편적인 실재가 아니라, 전통의 영향사Wirkungsgeschichte 구조와 삶의 세계로부터 주어지는 지평 안에서 형성되고 작용하는 역사적인 실재이다. 그러므로 학문의 합리성이 모든 전통의 영향으로부

6   위의 책, 91.

터 해방되어야 가능하다고 주장하는 근대주의적인 학문성의 개념은 오늘날 더 이상 가능하지 않다.

또한 권위와 이성의 단순한 대립도 잘못 설정된 전제임이 오늘날 더욱 분명히 인식되고 있다. 물론 왜곡되고 억압적인 권위도 현실적으로 존재한다. 그러나 진정한 권위는 본래 이성적인 것이다. 왜냐하면 권위란 근본적으로 이성적인 합의에 의해 역사적 판단의 과정을 거쳐서 형성되는 것이기 때문이다. 이것은 신학에 있어서도 마찬가지이다. 따라서 성서와 전통과의 관계에 있어서 귀속성이 소격화보다 더욱 근본적이며, 신뢰와 동의의 해석학이 비판과 의혹의 해석학을 선행한다. 그리고 비판과 의혹의 해석학이란 근본적으로 권위의 해체를 위한 것이 아니라 진정한 권위의 회복과 재구성을 위한 것이다. 그러므로 신학은 전통과의 관계에 있어서 비판적일 뿐만 아니라 구성적인 과제를 갖는다. 정합성은 진리의 본성에 속하는 것이기 때문에 진리 자체가 구성적인 체계를 갖는다. 따라서 전통에 대한 해석학으로서의 신학은 단순히 비판적이고 해체적인 과업이 아니라 건설적이고 구성적인 과업이어야 한다.

물론 이것은 오늘날의 신학이 전근대적인 교의학의 패러다임으로 회귀하여야 한다는 것을 결코 의미하지 않는다. 21세기의 포스트 근대적인 신학의 패러다임은 근대의 비판과 의혹의 해석학의 과정을 통과하여 그것을 넘어서야 한다. 퇴로나 우회로는 불가능하다. 이런 의미에서 우리는 다음과 같은 리쾨르의 말을 이해해야 한다. "우리는 비평주의의 사막을 넘어서 다시금 부름을 받기를 원한다."[7] 이스라엘 백성이 광야에서 다시 이집트로 돌아가려고 해서는 안 되었던 것처럼, 우리는 비평주의 사막을 '넘어서' 앞으로 나아가야 한다.

V. 비판적 학문으로서의 신학

한국사회는 서구사회가 계몽주의 이후 경험한 근대적인 합리주의적 사고방식과 정신을 충분히 경험하지 못하고 21세기라고 하는 포스트 근대적 시기를 맞고 있다. 아직도 우리의 종교, 사회, 문화적인 삶 속에는 전근대적인 특징을 지닌 권위주의적인 요소들이 곳곳에 남아있다. 이러한 전근대적인 상황 속에서 포스트 근대성에 관하여 논하는 담론들은 종종 공허하게 들리기도 한다. 이것은 우리의 신학적 현실에서도 예외가 아니다. 우리의 신학적 현실은 근대적 학문성의 '비평주의의 사막'을 제대로 '넘어서지' 못했다. 이런 의미에서 우리는 근대성의 특징이라고 할 수 있는 신학의 비판적인 기능에 대하여 좀 더 관심을 기울일 필요가 있다.

신학이 신앙적 확신에 기초하여 이해를 추구하는 과업이라는 사실은 이미 수차례 강조되었다. 하지만 그렇다고 해서 신학이 전통적인 교의학의 경우처럼 자신의 종교적 신념들을 의심의 여지가 없는 것으로 간주하고 그것들에 대하여 의도적으로 무비판적인 태도를 취하는 한, 신학은 자신이 하나의 학문 분야로서 수행하여야 할 비판적 반성의 과제를 제대로 수행할 수 없을 것이다. 신학은 충분한 비판적 의식을 가지고 자체의 내부와 외부의 관점으로부터의 비판에 대하여 열려있어야 하며, 신학적 판단은 모든 적절한 증거와 논증에 의한 비판적 판단을 통하여 형성되어

---

7   Paul Ricoeur, *The Symbolism of Evil*, trans. Emerson Buchanan (Boston: Beacon Press, 1969), 349.

야 한다.

신학이 안셀무스가 말한 바와 같이 "이해를 추구하는 신앙"으로 이해되어왔다는 점은 이미 언급된 바 있다. 이 명제는 신학자의 과제가 신앙의 내용을 어떻게 이해해야 하며, 그 신앙의 내용을 신앙 공동체와 그 외의 사람들을 위해 어떻게 해석해야 하는가 하는 데 있다는 사실을 표현한다. 그런데 고든 카우프만은 이 명제를 다른 방식으로도 해석할 수 있음을 보여준다. 즉 "이해를 추구하는 신앙"으로서의 신학이란 인간 실존 안에서의 신앙적 헌신faith-commitments의 역할과 인간의 삶 속에서의 신앙의 의미를 탐구하는 것을 의미한다는 것이다. 여기서 신앙은 보다 더욱 총칭적인 의미로서 인간 실존의 근본적인 특징을 가리킨다. 즉 인간은 자신이 가장 의미 있고 가치 있고 중요하다고 간주하는 것에 대한 신뢰와 충성에 기초하여 살아간다. 인간의 삶에 있어서 이러한 신앙의 역할과 의미를 탐구하는 것이 "이해를 추구하는 신앙"으로서의 신학의 또 하나의 과제라는 것이다.[8]

신학의 비판적 과제는 바로 이러한 의미에서의 "이해를 추구하는 신앙"으로부터 말미암는다고 할 수 있다. 비판적 신학은 전통적인 "교의학적" 신학과는 대조적으로 자신의 헌신에 대한 가장 철저한 물음을 추구한다. 즉 비판적 신학은 자신의 신앙의 주요한 차원들을 가능한 한 개방적이고 비판적으로 검증하고 평가한다. 뿐만 아니라 비판적 신학은 기독교의 내부와 외부에 서로 다르고 대조적인 다양한 신앙과 증언의 진리 주장들이 갈등 관계 속에 현존하고 있음을 인식하며, 이 진리 주장들에 대한 반성과 검증이 공적인 논의와 토론의 장에서 이루어져야 할 것을

---

8   Gordon D. Kaufman, "Critical Theology as a University Discipline," *Theology and the University*, 40.

주장한다. 신학은 이러한 공적인 논의의 장에서 비판적 학문성이 요구하는 타당성을 가능한 최선을 다하여 제시해 보일 수 있어야 한다. 여기에 비판적 신학의 공공성이 존재한다.[9]

전통적으로 이러한 신학의 과제는 변증적 신학, 또는 철학적 신학의 과제로 인식되어 왔다. 그러나 오늘날에는 그 어떤 유형과 분야의 신학도 공적인 학문적 논증의 장과 동떨어진 게토화된 영역에서 홀로 수행되는 것이 더 이상 가능하지 않다. 물론 이것은 신학이 근대적인 의미의 학문성 또는 과학성의 기준을 무비판적으로 따라가야 하며 그것을 충족시켜야 한다는 것을 의미하는 것은 아니다. 실제로 오늘날에는 근대적인 과학성의 개념 자체가 심대하게 수정되었다. 예를 들면 오늘날 학계에 있어서 초월적 주체성(선험적 자아)의 개념을 전제하는 논리실증주의나 역사실증주의, 또는 결정론적인 인과론은 더 이상 '과학적인' 개념으로 받아들여지지 않는다. 그러나 이러한 개념들에 대한 비판과 수정도 열린 학문적인 논증과 과학적인 실험과 사유를 통하여 획득되어진 것이다. 신학이 이러한 일반학문과의 상호 비판적 대화를 통하여 자체의 고유한 학문성을 수립하여야 한다는 것은 신학이 문자 그대로 유일하고 보편적인 하나님에 관한 학문이 되기 위한 최소한의 기본적인 조건이다.

이러한 신학의 비판적 과업이 특수한 신앙적 헌신이나 충성을 배제하거나 저해한다고 생각되어야 할 이유는 없다. 오히려 반대로 진정으로 비판적인 신학은 특수한 신앙적 헌신이 의미하는 바를 체험적으로 이해

---

9   신학의 공적인 성격에 관한 보다 자세한 논의는 또 다른 기회를 필요로 한다. 이에 관해서는 David Tracy, *The Analogical Imagination: Christian Theology and the Culture of Pluralism* (New York: Crossroad, 1981)의 제1부 "조직신학의 공공성"을 참고하라. 여기서 트레이시는 교회, 학계, 사회라는 세 가지 신학의 공적인 영역들에서의 조직, 기초, 실천신학은 구별되지만 분리된 것이 아니라 상호 연관된 것이며, 궁극적으로는 하나님, 세계, 자아에 대한 형이상학적 차원에서의 공적인 신학적 담론을 지향한다는 점을 논증한다.

하는 사람에 의해서만 효과적으로 수행될 수 있다. 진리와 구원에 대한 궁극적인 관심의 문제, 즉 신앙의 문제에 관한 연구는 자신이 비판적으로 고찰하고 평가하고 재구성하는 바로 그 입장에 대한 구체적이고 실존적인 헌신을 실천하면서 자기 입장을 절대화하지 않고 다른 입장들에 대하여 열려있는 영성을 지닌 사람에 의해서만 올바로 수행될 수 있다. 따라서 비판적 신학은 모든 특수한 헌신과 관점들을 초월하려고 시도하는 학문이 아니라, 바로 자신이 실존적으로 참여하고 있는 실제적인 신앙적 헌신을 가능한 한 객관적으로 평가하고 재구성하는 길을 찾고자 하는 학문이다. 이와 같은 비판적 학문으로서의 신학은 공적인 영역에서의 대화와 논증을 통하여 보편적 학문을 지향한다.

VI. 보편적 학문으로서의 신학

우리 기독교인들은 하나님께서 온 우주와 만물을 창조하신 창조자이시며, 예수 그리스도 안에서 인간의 회복과 화해를 이루시고 또한 이를 통해 온 창조세계의 회복과 화해를 이루시기 위하여 행동하신다고 고백한다. 우리는 예수가 선포한 하나님이 이스라엘의 하나님이며, 유일하신 참된 하나님이라고 고백한다. 또한 우리는 이 하나님이 유일하실 뿐만 아니라 모든 실재를 포괄하는 보편적 실재이며, 따라서 하나님과 동떨어져서 독립적으로 존재하는 다른 (참된) 실재는 없다고 고백한다. 우리는 예수 그리스도 안에 계시된 이 유일하고 보편적인 실재이신 하나님이 바로 진리 자체라고 고백한다. 그러므로 이 세상의 모든 진리는 궁극적으로 유일한 하나의 진리인 하나님 안에 포괄되며, 이 하나의 진리 안에서 다른 모든 진리와 조화되고 일치하여야 한다. 판넨베르크가 말한 바와 같이, "참된 것은 무엇이든지 최종적으로 다른 모든 진리와 조화되어야 한다. 진리는 하나일 뿐만 아니라 전체 포괄적이다. 그러므로 진리는 한 하나님 개념과 밀접하게 연관되어 있다."[10] 그러므로 신학의 과제는 단순히 전통적인 교리를 오늘날의 관점에서 재진술하는 데 국한되지 않으며, 성서의 하나님이 모든 실재의 창조자와 주님으로서 어떻게 이해되어야 하는지를 설명하려고 시도하는 데 있다.

따라서 유일하고 보편적인 실재인 하나님에 관한 정합성 있는 설명을 추구하는 학문으로서의 기독교 신학은 모든 실재들과의 관계 속에서 참된 진리를 추구하는 모든 일반학문을 포괄하는 보편학문을 지향하여야 한다. 신학은 진리를 추구하는 모든 학문들을 포괄하며 종합하며 완성한다는 의미에서 그 모든 학문들의 왕관이다. 모든 진리의 길은 궁극적으로 신학을 통하여 하나의 유일한 보편적 진리인 하나님께로 인도된다. 신학이 일반학문들을 포괄한다는 것은 신학이 일방적으로 그것들을 지배하거나 그것들로부터 배울 것이 없다는 것을 의미하는 것은 아니다. 그것은 오히려 신학이 일반학문들과의 대화에 열려있다는 것을 의미한다. 왜냐하면 우리의 구원이 아직 종말론적인 완성에 이르지 못한 것처럼, 우리의 신학도 아직 종말론적인 전체성에 이르지 못했기 때문이다. 신학은 예기와 선취의 구조 안에서 수행된다. 즉 신학은 예수 그리스도

10　Wolfhart Pannenberg, "The Task of Systematic Theology in the Contemporary University," in *Theology and the University*, 83.

의 인격과 사역 안에 예기적으로 선취된 종말론적 하나님 나라의 구원에 기초하며 그 종말론적 미래에서의 구원의 완성을 향하여 나아간다. 그러므로 신학은 우리가 경험하는 구원의 실재처럼 '이미'와 '아직 아니' 사이의 변증법적 긴장 관계 안에 존재한다. 즉 신학은 한편으로는 이미 계시된 유일하고 보편적인 진리에 대한 신앙적 확신에 깊이 뿌리를 내리고 있으면서 다른 한편으로는 아직 완성되지 않은 종말론적 진리의 보편성과 전체성을 향하여 나아간다. 이러한 기독교의 변증법은 다음과 같은 바울의 실존적인 고백에 잘 나타나 있다. "내가 이미 얻었다 함도 아니요 온전히 이루었다 함도 아니라. 오직 내가 그리스도 예수께 잡힌 바 된 그것을 잡으려고 좇아가노라."빌 3:12 이러한 변증법적 과정 속에서 신학은 모든 세속적인 학문들의 풍부한 통찰들을 비판적으로 수용하고 통합해 나아가야 한다. 신학은 이러한 세속적인 통찰들을 통합함으로써만 전통적인 교리들의 진리 주장을 오늘날의 현실과 세계관에 적합한 방식으로 재진술할 수 있다. 이러한 통합은 상호 비판적인 대화와 성찰을 통하여 이루어진다. 다시 말하면 신학은 일반학문들과의 대화를 통하여 한편으로는 그 학문들의 성취를 비판적으로 변형시켜 전유하면서, 다른 한편으로는 그 학문성의 기준에 책임 있게 응답할 수 있어야 한다.

그러므로 21세기 신학은 인문과학과 사회과학, 그리고 자연과학 등의 학문들과 끊임없는 대화를 수행하여야 한다. 예를 들면, 오늘날의 성서학은 일반 문헌학에서의 고고학, 역사비평학, 사회학, 구조주의 문학비평, 포스트 구조주의 해석학 등으로부터 많은 것을 배울 수 있다. 조직신학은 현상학, 분석철학, 정신분석학, 심리학, 이데올로기 비판이론, 철학적 해석학 등의 인문·사회과학의 담론들 이외에도 오늘날의 양자물리학, 천체물리학, 생명과학 등에 의해서 새롭게 전개되는 자연과학 세계관으로부터 배울 것을 많이 가지고 있다. 한편 실천신학은 일반 교육학 이론들, 일반 수사학과 커뮤니케이션 이론들, 일반 윤리학 이론들, 심리학과 일반 상담이론들 등으로부터 많은 것을 배울 수 있다.

이러한 일반학문들과의 대화는 상호 비판적인 토론과 논쟁의 과정 없이는 가능하지 않다. 신학은 일반학문들과의 대화에 있어서 그것들에 방향성을 제시해 주고 그것들의 학문성을 위한 패러다임을 제공해 줄 수 있어야 한다. 그러나 또한 다른 한편, 만일 신학과 다른 일반학문의 입장이 불일치할 때, 그것은 언제나 신학의 입장이 옳고 일반학문의 입장이 잘못되었기 때문이라고 전제한다면, 그들 사이의 진정한 토론과 논쟁은 불가능할 것이다. 신학은 학제간 토론과 논쟁이 신학에 새로운 가능성과 지평을 열어줄 수 있다는 사실을 인정하여야 한다. 또한 이 학제간 대화는 언제나 불완전하고 불만족스러운 것으로 경험될 것이다. 그러나 이러한 대화는 그 자체가 우리가 오직 하나의 진리를 향하여 나아가고 있다는 사실에 대한 증거가 될 것이다.

그러나 신학이 보편적 신학을 지향한다는 것은 근대적인 토대주의적 신학을 지향한다는 것을 의미하지 않는다. 오늘날의 탈근대적 상황 속에서, 학제간 대화를 통해 보편적 신학을 지향하는 기독교 신학은 포스트 토대주의postfoundationalism 신학이 되어야 한다.

VII. 포스트 토대주의 신학, 그리고 신학과 과학의 인식론적 중첩

신앙은 이해를 추구한다는 안셀무스의 고전적 경구는 오늘의 탈근대적 상황 속에서 포스트 토대주의적 관점에서 새롭게 이해될 수 있다. 콜린 군톤Colin Gunton은 오늘날의 딜레마에 관하여 다음과 같이 말한다.[11] 한편으로는 토대주의를 향한 근대성의 갈망이 있다. 토대주의는 보편적이고 명증적인 지식에 대한 타이탄적 탐구를 시도한다(일자를 향한 탐구). 다른 한편으로, 포스트 근대주의 형태의 반토대주의적 주장이 있다. 반토대주의는 지식을 신앙주의적 주장을 통해 표현되는 사적이고 특수한 관점으로 용해시키거나 특이한 언어게임의 놀이로 환원시킨다(다자의 역할). 그는 폴라니Polanyi의 입장을 따라 중도를 지향한다. "그러므로 탐구는 비토대주의적 토대주의가 되어야 한다. 다시 말하면, 우리는 양쪽 논증 모두에서 진리의 계기를 발견해야 한다. 즉 진리에의 합리적 접근에 있어서 개별성과 보편성은 각기 자신의 자리를 갖는다."[12] 군톤이 말하는 비토대적 토대주의는 포스트 토대주의의 다른 이름이라고 할 수 있다.

한편으로, 포스트 토대주의 신학은 토대주의 신학을 거부한다. 토대주의란 우리의 모든 신앙이 자명하거나 의심의 여지가 없는 모종의 지식에 호소함으로써 정당화될 수 있다는 명제이다. 이러한 토대주의적 인식론은 지식의 주장을 정당화하는 과정에서 다양한 확신과 믿음을 명증적

---

11   Colin Gunton, *The One, the Three and the Many* (Cambridge University Press, 1993), 특히 제5장.
12   위의 책, 14.

으로 지지해주는 체계의 수립을 가능하게 하는 궁극적 토대에 호소할 수 있다고 믿기 때문에 언제나 확고하고 무오한 입장을 견지한다. 이와는 달리 포스트 토대주의 신학은 믿음, 종교적 헌신, 신학적 성찰에 있어서 우리는 오직 해석된 경험을 통해 우리의 세계와 관련된다는 인식을 가지고 우리의 믿음의 경험적이고 해석적인 뿌리를 자유롭고 비판적으로 탐구하고자 한다.

다른 한편, 포스트 토대주의는 포스트 근대성의 한 중요한 원천이 되는 비토대주의도 거부한다. 비토대주의는 우리의 신념체계를 위한 견고한 기초가 있다는 것을 부인하고, 우리의 신념들 모두가 함께 토대 없는 상호연관된 신념의 그물망의 부분들을 형성한다고 주장한다. 비토대주의는 근대주의적이고 총칭적인 합리성의 개념에 강하게 반발하면서, 공동체가 결정적인 인식론적 중요성을 갖고 있음을 강조한다. 즉 모든 공동체와 상황이 그 자체의 고유한 합리성을 가지고 있으며, 모든 사회적 활동이 인간의 합리성에 관한 검증사례로 기능한다. 극단적 형태에 있어서, 비토대주의는 전적으로 상대주의적인 합리주의 개념을 포함하며, 서로 다른 형태의 반성들이 각기 자체의 내적 규칙을 가지고 있다고 주장한다. 이러한 극단적 형태의 상대주의적 다원주의에 있어서 학제간 대화는 불가능하게 된다.

벤첼 반 호이스틴 J. Wentzel van Huyssteen 에 따르면, 포스트 토대주의는 다음의 두 가지 특징과 더불어 객관주의적 토대주의와 상대주의적 비토대주의 둘 다를 비판적으로 넘어서고자 한다.[13] 첫째, 포스트 토대주의 신학은 상황성, 해석된 경험의 매우 중요한 인식론적 역할, 우리의 신앙과 신학의 형성에 있어서의 전통의 인식론적, 비인식론적 영향 등을 충분히 인식한다. 둘째, 그러나 또한 포스트 토대주의 신학의 합리성은 지역적인 공동체, 집단, 문화의 테두리를 넘어서 창조적인 학제간 대화로 나아간다. 우리는 언제나 믿음과 심지어는 편견을 가지고 학제간 대화에 임하게 되는데, 인식론적 포스트 토대주의는 우리로 하여금 우리의 믿음과 헌신을 인정할 수 있게 해주며, 상이한 반성의 형태들 안에서 발견되는 인간의 합리성의 공통된 자원들을 규명할 수 있게 해주며, 우리 자신의 인식론적 공동체의 벽을 넘어서 교차 상황적, 교차 문화적, 교차 학문적 대화로 나아갈 수 있게 해준다.

포스트 토대주의 신학은 이해 가능성을 위한 신학과 과학의 탐구 사이에 주목할 만한 중첩이 있음을 발견한다. 신학과 과학의 합리성은 중요한 인지적, 가치평가적, 실용적 자원들을 공유하며, 책임적이고 비판적인 판단을 위한 매우 중요한 인식 기술을 포함하며, 진보적인 문제 해결의 지속적 과정을 보여준다. 이러한 신학과 과학 사이의 인식론적 중첩은 과학적 합리성과 비과학적 합리성 사이의 전통적인 실증주의적 구별을 무너뜨린다. 신학과 다양한 과학들은 모두, 우리가 상이하게 인식하지만 매우 실제적인 우리 경험의 측면들과 씨름한다.[14]

그러므로 포스트 토대주의적 합리성의 모델은 지식의 경험, 합리성 자체의 경험적 차원에 초점을 두며, (신학과 과학 모두에 있어서) 특별히 인간의 경험에 대한 책임성을 함축한다. 매우 중요한 차이점들에도 불구하고, 경험적 책임성을 추구하는 이러한 인식적 목표는 과학을 위한 경험적 적절성과 신학적 이해를 위한 경험적 적절성에 각각 유사하게 작용한

---

13 J. Wentzel van Huyssteen, *Essays in Postfoundationalist Theology* (Grand Rapids: William B. Eerdmans Publishing Co., 1997), 4.

14 위의 책, 13-14.

다. 극단적인 객관주의적 토대주의와 상대주의적이거나 주관주의적인 비토대주의는 인격적 경험과 인격적 확신을 합리적 정당화와 결합시키지 못하는 반면, 포스트 토대주의는 인격적, 책임적 판단의 경험적 차원을 회복시켜, 인격적 확신을 공동으로 소유하고 있는 전문가에 의한 합리적 판단 또는 정당화와 결합시키고자 한다.

신학과 과학에서의 경험적 책임성은 우리가 오직 해석된 경험의 매개를 통해서 인식론적으로 우리의 세계와 관련된다는 사실을 보여준다. 신학과 다양한 과학들은 우리의 경험에 대한 대안적이고 상호보완적인 해석들을 제공한다. 이안 바버 Ian G. Barbour 는 이러한 포스트 토대주의의 관점을 잘 표현하였다. "만일 우리가 모든 경험에 대한 정합성 있는 해석을 추구한다면, 우리는 통일된 세계관을 탐구하지 않을 수 없다."[15]

신학과 과학 사이에는 공유된 이해가능성에 대한 탐구, 인격적 판단의 형성적 역할, 진보적인 문제 해결의 과정, 경험적 책임성 같은 인식론적 중첩만 존재하는 것이 아니라, 윌리암 스테거 William R. Stoeger 가 상이한 학문분야들의 "초점", "경험적 기초", "자기 발견적 구조"heuristic structures 라고 부른 것에 있어서 중요한 상이성들도 존재한다.[16] 학제간 토론에서는, 다양한 방법론과 기술들을 사용하며 또한 매우 다른 경험적 기초들과 자기 발견적 구조들에 호소하면서 매우 다른 초점들 가지고 있는 사람들이 서로의 관점과 헌신을 이해하려고 시도한다.

---

15   Ian G. Barbour, *Religion in an Age of Science* (San Francisco: Harper and Row, 1990), 16.

16   스테거에 따르면 어떤 학문분야의 초점은 그 학문분야가 주의를 기울이는, 그리고 그 학문분야의 주된 지시점을 제공해주는 주된 경험된 실재의 측면을 가리킨다. 어떤 학문분야의 경험적 초점이란 그 학문분야가 자신의 결론에 도달하고 그 결론을 정당화함에 있어서, 그리고 자신의 모델을 검증하고 변경함에 있어서, 호소하며 분석하며 성찰하는 자료, 현상, 경험의 유형을 말한다. William R. Stoeger, "Contemporary Cosmology and Its Implications for the Science-Religion Dialogue," in *Physics, Philosophy and Theology: A Common Quest for Understanding*, eds. Robert J. Russell et al. (Vatican State: Vatican Observatory, 1988), 233-34.

신학과 다른 학문들 사이의 초점, 경험 영역, 자기 발견적 구조의 상이성 속에서도 포스트 토대주의적 합리성 모델은 공유된 인간의 합리성의 자원들로 인한 주목할 만한 인식론적 중첩을 발견한다. 따라서 초점과 경험 영역의 중요한 차이에도 불구하고 우리는 신학과 과학 모두의 합리성을 형성하는 가치에 있어서의 주목할 만한 유사성을 인식할 수 있다. 호이스틴은 우리가 오직 해석된 경험의 매개를 통해서 우리의 세계와 관계를 갖는다는 사실에 대한 포스트 토대주의적 인식은, 자료의 이론 지워짐theory-ladenness of data에 드러나는 과학의 인식 구조와 이와 동일한 해석된 경험의 형태로서의 종교적 인식의 구조 사이에 주목할 만한 유사성이 있음을 분명하게 보여준다고 말한다. 즉 모든 과학적 관찰이 언제나 이론 지워진 것인 것과 마찬가지로, 모든 종교적 경험도 언제나 해석된 것이다.[17]

우리의 경험의 종교적 차원은 다른 차원들을 통합하는 "중심점"을 제공함으로써, 그리고 더 깊은 의미를 부여받은 궁극적 헌신을 통하여 다른 차원들을 초월한다. 우리의 종교적 경험의 차원은 매개된 구조를 가지고 있기 때문에, 다른 경험들은 우리의 종교적 인식을 위한 맥락을 제공한다. 따라서 종교적 경험은 실재의 물리적, 사회적, 도덕적, 심미적 차원으로부터 생겨나며 또한 그것을 초월한다. 여기서 인간의 일반적 인

---

17 과학적인 인식 양태에 있어서, 자료의 이론 지워짐은 단지 이론이 우리의 관찰에 영향을 준다는 것을 의미하지 않고, 어떤 학문 분야의 초점과 특수한 경험 영역 때문에 관찰 대상이 관찰 자체의 과정에 의해 변할 수 있다는 것까지도 의미한다. 특히 미시적인 양자물리학과 복잡한 생태계에서, 관찰자는 관찰 대상과 분리되지 않으며, 상호 작용하는 체계의 일부로 참여한다. 그러므로 참여자로서의 관찰자의 역할은 본질적으로 중요하다. 양자 현상은 결코 그 자체로 주어지지 않으며, 오직 관찰자에 의해 만들어진 측정법의 관점에서만 주어진다. 따라서 주어지는 것은 결코 그 자체로서의 대상이 아니라, 관찰자와 상호 작용하는 관계성 안에 있는 대상이다. 우리가 우리의 세계와 오직 해석된 경험의 매개를 통해서만 인식적으로 관계할 수 있기 때문에, 관찰자 또는 인식주체는 언제나 인식되는 것과의 관계성 안에 있으며, 따라서 언제나 관점과 초점과 경험 영역에 있어서 제한된다. Huyssteen, *Essays in Postfoundationalist Theology*, 20.

식과 종교적인 특수한 인식 사이의 연속성이 (불연속성과 더불어) 드러나며, 또한 포스트 토대주의적인 인식론적 중첩을 위한 경험적 기초가 드러난다.

VIII. 포스트 토대주의 신학과 다원적인 학제간 대화

오늘날에는 종교적 믿음은 정당화될 수 없는 헌신이라는 신앙주의가 포스트 근대주의와 포스트 자유주의 신학의 형태로 유행하고 있는데, 종교철학과 철학적 신학에서의 오늘날의 신앙주의는 어느 정도 루트비히 비트겐슈타인 Ludwig Wittgenstein의 언어게임과 관련이 있다. 그에 의하면 언어는 삶의 형식으로서 결코 정당화될 수도 정당화될 필요도 없다. 하나님에 대한 우리의 신뢰와 인격적 신앙과 그러한 신뢰를 표현하는 신앙 명제들 사이의 경계가 모호해지고 신앙주의가 기본적인 신앙 명제들에 대한 무비판적이고 거의 맹목적인 헌신이 될 때, 신앙주의와 토대주의는 상통한다. 여기서 믿어지는 것은 하나님이 아니라 하나님에 관한 우리의 신앙 명제들이다. 신앙 명제들에 대한 맹목적, 무비판적 헌신과 신앙주의는 토대주의와 비토대주의 둘 다의 합리성의 모델의 심장부에 자리 잡고 있다. 신앙주의에 있어서 기독교의 하나님에 대한 궁극적인 신앙적 헌신은 단호한 방어적 전략에 의해 고립되며, 매우 특수한 토대주의적 신앙 명제들에 대한 헌신과 동일시된다. 그러나 종교, 도덕, 과학이 각각 오직 그 자신에게만 독특한 내적인 이해 기준을 가지고 있다고 주장할 때, 또한 종종 신앙주의와 비토대주의는 서로 합치한다. 이 경우 역시 신앙주의는 토대주의의 경우와 같은 방어적 전략을 수행한다. 즉 주체 자신의 경험과 설명이 결코 검증되지 않으며, 간 공동체적, 간주관적 가치평가의 필요성은 진지하게 고려되지 않는다.

이미 언급된 바와 같이 우리는 언제나 해석된 경험의 매개를 통해 우리의 세계와 인식적으로 관계를 맺으며, 따라서 우리의 경험은 언제나 (전통 안에서) 이론 지워진다. 모든 종교적 경험은 언제나 우리 자신이 이미 헌신되어 있는 기존의 믿음체계 유형의 관점에서 해석된다. 종교적 믿음과 실천은 우리의 경험에 대한 해석일뿐만 아니라 또한 설명적 기능을 수행한다. 포스트 토대주의적 합리성의 모델에 있어서, 인식론과 해석학은 매우 밀접한 관계에 있다. 해석되지 않은 경험이란 없다고 말하는 것은 모든 관찰이 이론 지워진 것이라고 말하는 것이며, 또한 포스트 토대주의 인식론의 실용적, 인지적, 가치 평가적 차원들과 깊이 연관된 해석 개념을 받아들이는 것이다.

호이스틴이 지적한 바와 같이, 만일 신학과 과학 모두에서 우리가 해석된 경험의 매개를 통해서 세계와 인식적으로 관계를 갖는다면, 그리고 만일 상이한 지식 탐구의 양태들이 모두 동일한 합리적 자원들을 공유하며, 따라서 상이한 인식 양태들 사이의 인식론적 중첩을 촉진시킨다면, 신앙주의에 있어서와 같이 종교의 합리성을 과학의 합리성과 대립시키는 것은 불가능하게 된다.[18] 물론 신학의 경험적 영역과 초점의 독특한 신비적, 초월적 요소는 신학을 특히 자연과학의 초점인 경험적인 영역으로부터 분리시킨다. 그러나 인격적 확신이 과학적 지식의 형태와 근본적

---

18   위의 책, 25.

으로 대립되거나 신학과 과학의 합리성이 근본적으로 다른 것은 아니다. 우리는 우리의 인격적 확신을 가지고 다원적인 학제간 대화로 들어갈 수 있으며, 우리 자신의 상황이나 삶의 형태의 한계와 경계를 넘어서 나아갈 수 있다.

우리가 해석된 경험의 매개를 통해서만 우리의 세계와 인식적으로 관계를 가짐에 있어서, 우리의 해석된 경험은 언제나 상황적이며 전통에 의해 결정된다. 즉 해석된 경험은 언제나 살아있고 진화하는 전통의 포괄적인 맥락 안에서 일어난다. 그리고 이 전통은 인식적으로, 더 광범위한 패러다임 또는 연구전통에 의해서 구성된다.[19] 하지만 우리는 신앙주의에서처럼 우리의 연구전통과 헌신 안에 갇혀있는 포로가 아니다. 우리는 우리의 온전한 인격적 확신을 가짐과 아울러 우리 자신의 지적인 맥락의 엄격한 경계를 넘어서 연구전통들 간의 대화에 임할 수 있어야 하며, 또한 전통들 간의 대화에 있어서 어떤 특수한 연구전통을 선택하거나 거부하는 우리의 결정을 정당화할 수 있다.

진보적 또는 성공적인 연구전통이 점증하는 영역의 경험적, 개념적 문제들을 적절하게 해결하도록 인도하면, 그 전통 자체가 고도의 이론적, 경험적 적절성을 가지고 있다고 할 수 있다. 포스트 토대주의적인 합리성 개념에 있어서, 이 적절성의 정도는 전통 자체의 참과 거짓에 관하여

---

19 호이스틴은 연구전통의 특징들을 다음과 같이 기술한다. ① 우리는 역사에 속해있기 때문에, 전통은 현재의 구성적 요소이며 왜 우리가 오직 해석된 경험의 매개를 통해서만 인식적으로 우리의 세계와 관계를 갖는지를 설명해준다. ② 연구전통은 모든 전통들처럼 그 안의 개인과 집단의 활동으로 환원되지 않는다. 그러나 또한 연구전통은 특수한 전통의 인식 공동체(전문가들)에 의해 사례화(事例化)되지 않으면 아무런 실재를 갖지 못한다. ③ 연구전통은 연속성과 변화의 변증법 안에 생존하는 역동적, 진화적 현상이다. ④ 연구전통은 결코 고립되어 있지 않다. 왜냐하면 전통과 환경을 분리하는 경계는 (언제나는 아니더라도) 통상 몹시 투과적이기 때문이다. ⑤ 모든 전통들은 신성불가침적인 요소들을 갖는다. 이 요소들은 비록 시간을 따라 변화하지만 전통의 경전을 형성한다. 이 경전은 전통의 정체성의 원리이며 아울러 창조성의 원천으로 기능한다. 위의 책, 32-33.

말해주는 것이 아니라, 종종 매우 다양한 사고의 틀들 가운데에서의 책임적 판단에 의한 선택을 위한 실용적인 기준을 지시해 준다. 나아가서 모든 인간의 인식 형태에 있어서 판단의 역할은 명백히 실용적인 선택을 가리킬 뿐 아니라, (전문지식을 공유한 인식 공동체의 비판적 역할을 통해) 간주관적 합리적 평가와 진보적 이론 선택의 문을 열어준다.

포스트 근대주의의 핵심 논지는 우리가 다른 믿음이나 연구전통들을 측정할 수 있는 보편적인 합리성의 기준은 없다는 것이다. 그러나 우리가 어떤 전통의 경험적 적절성과 문제 해결 능력을 다른 전통들과 비교하여 판단할 수 있는 명백하고 객관적인 기준을 가지고 있지 않다는 사실이 우리를 철저한 상대주의나 손쉬운 다원주의에 빠지게 하지는 않는다. 우리가 합리적인 판단을 하고 그것을 다른 다양한 인식 공동체와 나눌 수 있다는 것은 또한 우리가 대화, 숙고, 가치평가를 통하여 서로 의미 있게 의사소통할 수 있다는 것을 의미한다. 따라서 우리의 견해와 판단을 우리의 인식 공동체 안팎에 있는 사람들과 나누는 것은 진정한 포스트 토대주의적 대화로 우리를 인도한다. 오늘날의 다원적이고 종종 파편화된 포스트 근대적 문화 속에서 적절한 기독교 변증학은 단지 자신의 문화의 언어와 전제들을 채택하고 동화하는 것에 머물러 있을 수 없다. 반대로 오늘날의 좋은 변증학은 다원적인 대화 속에서 진정한 헌신된 목소리를 발견하는 것이어야 한다.

궁극적으로, 하나님과 하나님의 행동에 의해 결정되는 세계에 대한 정합성 있는 모델을 신학적 논증의 과정을 통하여 구성함에 있어서 완전하고 보편적인 진리는 종말론적 미래에 드러나고 완성될 것이다. 성서는 하나님의 영광에 대한 완전하고 보편적인 인식은 마지막 날에 이루어질 것이라고 가르치고 있다. 바울이 말한 바와 같이 ^{고전 13:9} 우리의 지식은 부분적이며 불완전하다. 우리는 우리 자신의 이러한 상황을 겸허하게 인정하여야 하며, 신학적 논의를 시작하기도 전에 최종적으로 보증된 진리를 주장하거나 요구해서는 안 된다. 그러나 우리는 또한 하나의 보편적이고 최종적인 진리의 전체성이 종말론적 미래에 온전하게 드러나게 될 것을 믿음 가운데 소망한다. "우리가 이제는 거울로 보는 것 같이 희미하나 그때에는 얼굴과 얼굴을 대하여 볼 것이요. 이제는 내가 부분적으로 아나 그때에는 주께서 나를 아신 것 같이 내가 온전히 알리라."^{고전 13:12} 그러므로 신학은 기독교 전통과 교회 공동체 안에서의 신앙적 확신과 헌신과 더불어 출발하되, 겸손하게 열린 자세로 이해를 추구하여야 하며, 간주체적, 간학문적, 간전통적, 간공동체적 대화의 장으로 나아가야 하며, 소망 중에 기도하면서 자신의 과세를 수행하여야 한다. 이 세상 속에서의 하나님의 구속사 자체의 미완결성으로 인하여, 하나님과 세상에 관한 신학적 논의의 결론은 이 역사의 도상에서 언제나 잠정적이고 불완전한 것으로 남아있을 것이다. 이 종말 이전의 중간기적 시간 속에서, 우리는 하나님의 진리의 무한한 전체성을 단지 구리거울을 보는 것처럼 어렴풋이 그러나 어느 정도 이해 가능한 방식으로 인식하고 표현할 수 있을 뿐이다.

제4장

/

포스트 토대주의 신학에서의 합리성

― 호이스틴과 슐츠를 중심으로

• 이 글은 윤철호, "포스트토대주의 신학에서의 합리성: 호이스틴과 슐츠를 중심으로," 『한국조직신학논총』 16 (2006)을 수정·보완한 것임.

Ⅰ. 서론

기독교 신학의 중심적인 주제들 가운데 하나는 신학의 변증적 과제에 관한 것이다. 신학의 변증적 과제는 전통적으로 신학과 철학의 관계에 관한 문제에 집중되어왔다. 고대의 터툴리아누스나 현대의 바르트처럼 신학과 철학의 관계를 배타적인 관계로 인식하고, 예루살렘과 아테네는 아무런 관계도 없다고 주장한 신학자들도 없지는 않지만, 기독교의 역사는 고대의 아우구스티누스, 중세의 토마스 아퀴나스를 비롯하여 현대에 이르기까지 대부분의 위대한 기독교의 신학자들이 그 시대의 철학과의 대화적인 관계 속에서 자신들의 신학의 과업을 수행했다는 사실을 잘 보여준다. 이러한 신학의 변증적 과제에 대한 자의식을 보다 명시적으로 천명하는 신학을 우리는 철학적 신학이라고 불러왔다.

그런데 오늘날 21세기의 포스트 근대적 시대에는 신학의 변증적 과제에 대한 논의가 새로운 차원에서 전개되고 있다. 첫째, 오늘날에는 신학과 철학의 관계뿐만 아니라 신학과 다른 모든 인문사회과학과 자연과학들과의 관계에서의 신학의 변증적 과제가 논의의 주제가 된다. 특히 신학과 자연과학의 관계에서의 상이성, 상호보완성, 공명에 대한 관심은 이 글에서 다루는 포스트 토대주의 모델에 대한 논의의 직·간접적인 동기를 제공하였다. 둘째, 오늘날에는 신학의 변증적 문제를 포함하지만 동시에 그보다 더욱 근본적인 신학의 합리성 자체에 관한 문제가 포스트 근대적인 인식론적, 해석학적 담론의 맥락 속에서 신학적 논의의 중심 주제가 되고 있다. 오늘날에는 신학의 합리성에 대한 근대주의의 인식론적 모델(토대주의)과 이 모델에 대한 비판적 대안으로서의 포스트 근대주의의 해석학적 모델의 부정적 측면(비토대주의)을 비판적으로 지양하는 변증법적 종합 또는 중도로서의 포스트 토대주의 신학이 이상적인 신학의 합리성의 모델로서 각광을 받고 있다.

포스트 토대주의는 토대주의적 도그마 주의와 비토대주의적 상대주의 사이의 길을 추구하는 신학의 합리성 모델을 발전시키고자 한다. 다시 말하면, 포스트 토대주의적 신학의 합리성 모델은 지식의 절대적 토대와 진리의 상대성, 개인의 보편적 이성과 각 공동체의 고유한 형태의 합리성, 보편적 차원의 설명과 특정한 상황context 안에서의 이해 사이의 딜레마를 극복하기 위한 '중도'middle way의 가능성을 탐구한다. 이 글에서는 호이스틴과 레론 슐츠F. LeRon Shults를 중심으로 이러한 중도를 추구하는 포스트 토대주의 신학 모델에서의 신학의 합리성의 문제를 고찰하고자 한다. 신학의 합리성을 어떻게 이해하느냐 하는 것은 신학의 본성 자체에 관한 이해와 직결되며, 나아가 신학의 변증적 과제의 올바른 수행 여부와도 연관된다.

호이스틴에 따르면, 토대주의적 객관주의와 비토대주의적 상대주의에 대항하여 포스트 토대주의 신학은 한편으로는 컨텍스트contextuality, 해석된 경험의 중요한 인식론적 역할, 전통이 인식론적, 비인식론적 가치들을 형성하는 방식을 충분히 인정하면서, 다른 한편으로는 지역 공동체, 집단, 문화의 한계를 넘어서 학제간 대화로 나아가고자 한다.[1] 포스트 토대주의자는 포스트 근대주의의 도전을 받아들이지만, 진리, 진보, 이성이

---

1   J. Wentzel van Huyssteen, *Essays in Postfoundationalist Theology* (Grand Rapids: Eerdmans, 1997), 4.

라는 이상을 폐기하기보다는 재형상화하려고 한다. 이런 의미에서 포스트 토대주의는 해체적 deconstructive 이지 않고 재구성적 reconstructive 이다. 다시 말하면, 포스트 토대주의자는 근대성과 포스트 근대성 사이의 관계를 서로 대립적인 양극이나, 양자택일적인 것이나, 후자에 의해 전자가 폐기되는 것으로 이해하지 않고, 보다 변증법적으로 이해한다. 포스트 토대주의는 계몽주의와 근대의 토대주의적 전제를 철저하게 심문하는 포스트 근대주의를 받아들이지만, 포스트 근대주의의 한 흐름인 비토대주의적 상대주의는 거부한다.

포스트 토대주의적 신학의 합리성 모델에 관한 논의를 시작함에 있어서, 먼저 두 가지 논의의 차원인 인식론과 해석학을 구별할 필요가 있다. 문제의 인식론적 측면은 토대주의자들의 관심의 초점인데, 이들은 지식 자체의 개념이 논의에서 위태롭게 되는 것을 두려워한다. 인식론과 해석학의 관계를 개념화함에 있어서, 이들은 인식론에 특권적 위치를 부여하며 최근의 해석학의 발전을 무시하는 경향이 있다. 반대로, 비토대주의자들은 주제의 해석학적 측면에 초점을 맞추고 이론 정당화에 대한 근대적 접근이 유지될 수 없는 것임을 강조한다. 논의의 해석학적 차원은 어떻게 우리가 우리의 해석 또는 믿음을 합리적인 것으로 정당화하는가에 관한 것이다. 비토대주의에 따르면, 우리는 우리의 믿음을 정당화하기 위해서 그 믿음의 "배후" 또는 "밑"으로 들어갈 수 없다. 우리가 가진 유일한 기준은 그 믿음이 문화적으로 조건 지워진 우리의 그물망 안에서 다른 믿음들과 얼마나 정합성 coherence 을 갖는가 하는 것이다. 호이스틴과 슐츠의 포스트 토대주의 모델에 있어서 주목할 만한 특징의 하나는 인식론과 해석학을 상호적인 관계적 통일성 안에서 연결하는 것이다.

Ⅱ. 토대주의와 비토대주의 사이의 중도로서의 포스트 토대주의

포스트 토대주의는 근대적인 토대주의 인식론과 해석학을 극복하고자 하지만, "토대"라는 은유를 포기하지는 않는다. 합리적이 된다는 것은 우리의 믿음의 기초로서 좋은 이유를 갖는다는 것은 포함한다. 이것은 오늘의 포스트 근대 시기에 있어서 아직도 신학에서의 "토대"의 문제에 관해 말할 수 있으며 또한 말해야 한다는 것을 의미한다. 다시 말하면, 포스트 토대주의는 토대주의의 붕괴 이후에 비토대주의의 오류에 빠지지 않고 합리적으로 신학적 주장을 정당화할 수 있는 길을 제시해야 할 과제를 가지고 있다.

토대주의는 계몽주의 기획의 일부였다. 즉 인간의 이성은 자명한 토대적 경험이나 선험적 명제에 기초한 절대적이고 확실한 지식을 획득할 수 있으며, 이로부터 필연적이고 보편적인 결론에 도달할 수 있다는 것이다. 따라서 이성은 절대적인 것으로 여겨졌다. 필증성apodicticity에 대한 토대주의의 주장과, 전제에 대한 지속적인 비판이 중지될 수 있다는 토대주의의 신념은 그 자체의 붕괴를 초래했다. 비토대주의는 이러한 접근과 정면으로 대립된다. 비토대주의는 우리는 다른 믿음해석에 의해 지지되지 않는 독립된 토대적 믿음해석을 가지고 있지 않다고 주장한다. 우리는 토대 없는 그물망 안에 존재하면서, 단지 우리의 지역상황적 실천에 있어서의 정합성을 유지하고자 한다. 따라서 이 견해에 있어서 이성이란 종종 상대적인 것으로 보인다.

슐츠는 "토대" 문제의 기원을 억견doxa, opinion과 대조되는 지식episteme,

knowledge을 추구했던 플라톤에게서 발견하면서, 확실성을 보증해주는 절대적으로 안전한 지식의 토대를 발견하고자 했던 고대와 근대의 사상가들, 특히 계몽주의 이후의 데카르트의 합리주의, 로크의 경험론, 독일 관념론의 인식 모델 등을 다음과 같이 소개하면서 비판한다.[2]

플라톤의 목표는 영원한 형태의 지식에 있었다. 그러나 그러한 지식에 도달했음을 어떻게 아는가? 여기서 플라톤은 직관에 호소하는데, 직관에서 마음은 빛으로 가득 찬다. 이 조명이론은 아우구스티누스와 다른 고대의 신학자들에게 큰 영향을 주었다. 아리스토텔레스는 『후기後記 분석』Posterior Analytics에서 첫 번째 원리는 단순히 마음에 의해서 직관적으로 파악되어야 한다고 주장했다. 그러나 여기에는 딜레마가 있다. 만일 우리가 직관에서 멈춘다면, 그리고 왜 이것이 정확한 직관인지에 관한 이유를 제시하지 않는다면, 우리는 다른 여러 비전들 가운데에서 판단할 기초를 갖지 못하게 된다. 그러나 또한 만일 우리가 어떤 직관을 선택한 이유를 제시한다면, 우리는 직관이 아닌 이 이유에 의존하게 된다. 그러나 우리는 이 이유를 어떻게 정당화할 수 있는가? 여기서, 지식의 토대를 찾기 위한 무한한 소급regress을 중지시키고자 하는 고전적 토대주의의 목표가 실현될 수 없는 것임이 분명해진다. 즉 사고는 언제나 사고의 기초를 캐어묻는다.

계몽주의 시대에 르네 데카르트René Descartes는 『명상록』Meditations, 1641에서 지식의 토대로서 "명증적이고 판명한 관념"을 제시했다. 데카르트의 목표는 확실성(수학적 이념을 따르는), 즉 어떤 것이 "그러하며, 그렇지

---

2   F. LeRon Shults, *The Postfoundationalist Task of Theology: Wolfhart Pannenberg and the New Theological Rationality* (Grand Rapids: William B. Eerdmans Publishing Co, 1999), 32-35 참조.

않을 수 없음"을 아는 것이었다. 이를 위하여 그는 "cogito ergo sum"이라는 유명한 명제를 주창했는데, 이는 의심하는 사유자로서 내가 존재한다는 사실을 나는 의심할 수 없다는 것이다. 따라서 모든 지식의 토대는 자아 존재의 확실성이다. (그런데 그에게 있어서 이 확실성은 사유자의 유한한 존재를 위한 조건인 하나님(무한자)의 존재의 확실성과 결부되어 있다.) 그의 유명한 정신과 물질, 사유적 실재^{res cogitans}와 연장적 실재^{res extensa} 사이의 이원론은 경험적 증거가 아닌 정신의 본유적 관념에 기초하는 인식론적 토대주의를 구축하기 위한 것이었다.

근대 경험주의의 아버지인 존 로크^{John Locke}는 데카르트와 크게 다르지만, 확실성이라는 이성의 목표에 대하여 같은 이해를 가지고 있었다. 하지만 그는 확실성이 오직 감각 경험을 통해서만 획득된다고 생각했다. 『인간 오성론』^{An Essay Concerning Human Understanding, 1689}에서 로크는 우리가 지식을 가지게 될 때 신앙은 끝난다고 주장했다. 그는 신앙이란 이성이 못 미칠 때 동의를 이끌어내는 것이라고 말했다.[IV. 18] 다시 말하면, 이성은 어느 정도의 증거를 제공하는 반면, 신앙의 역할은 이성의 증거가 제공되지 않는 곳에서 계시에 대한 동의를 위한 도약을 하는 것이다. 그러나 로크는 어떤 신앙 명제가 사실상 계시인지를 판단하는 권리를 이성에게 부여하였다. 명제는 확실성이 아닌 개연성의 차원에 존재한다. 확실성은 감각에 대하여 자명한 믿음만이 갖는다. 그리고 이 믿음이 모든 참된 지식의 토대를 형성한다. 여기서 순환은 되풀이된다. 우리는 어떤 믿음이 감각에 대하여 자명하다고 주장할 수 있는 그 어떤 이유를 갖고 있는가?

『순수이성비판』^{Critique of Pure Reason, 1787} 제2판 서문에서 임마누엘 칸트는 자신의 목표가 신앙을 위한 자리를 마련하기 위해 이성을 제한하는 것이라고 말했다. 그가 현상과 물자체를 구별한 목적은 인식의 경계를 설정하기 위해서였다. 비록 우리가 어떤 대상을 물자체로서 인식^{know}할 수는 없지만, 그 대상을 물자체로서 사유^{think}할 수는 있다. 칸트에게 있어서 어떤 대상을 "인식한다는 것"은 그 대상을 실제적으로 감각적으로 경험하거나 (순수한 이론이성의 선험적 방법을 통해) 그 대상의 선험적인 필연성을 입증함으로써 그 대상의 가능성을 증명했다는 것을 의미한다. 그러나 칸트는 우리의 사유가 모순적이지 않는 한 우리는 원하는 무엇이든지 "사유"할 수 있다고 주장한다. 물론 단지 어떤 것을 사유하는 것은 그것의 진정한 가능성을 보여주기에는 불충분하다. 이 문제를 해결하기 위해서 칸트는 실천이성의 영역으로 나아간다. 순수한 실천이성은 자유, 하나님, 불멸성이라는 "실천적 공리"를 우리에게 제공해 준다. 우리의 논의에 있어서 중요한 점은 칸트에게 있어서 모든 인식은 지각과 이해의 선험적 형식 또는 실천적 이성의 공리 위에 기초해야 한다는 것이다. 어느 경우에서나 합리적 인식의 가능성은 견고한 토대에 의존한다. 따라서 비록 칸트가 합리주의와 경험론을 통합하고자 했음에도 불구하고, 그의 관념론도 역시 확실성을 추구하는 토대주의의 범주에 속한다.

논리실증주의자들의 "증명 원리"도 토대주의를 대변한다. 이 원리에 따르면 분석적이거나 또는 경험적으로 증명 가능한 진술만이 인지적으로 의미가 있다고 간주된다. 1920년대와 1930년대의 비엔나 서클은 오직 과학적 진술만이 의미가 있다고 논증한다. 종합명제적 주장은 오직 경험적으로 증명될 수 있을 때만 의미가 있다. 그러나 이 토대주의 모델도 실패했다. 왜냐하면 그것은 과학의 성공과 진보를 설명할 수 없기 때문이다. 더욱이 이 모델의 증명 원리 자체가 경험적으로 증명될 수 없기 때문에 이 모델은 자기모순에 빠진다.

포스트 근대주의는 이러한 토대주의의 한계점과 모순에 대한 비판으로부터 생겨났다. 포스트 근대주의는 부정적인 현상과 긍정적인 현상의 두 얼굴로 나타나는데, 전자는 비토대주의이고 후자는 포스트 토대주의 이다. 비토대주의는 우리의 담론의 문법을 정당화하는 일을 포기하는 것을 의미한다. 이 입장은 확실한 토대를 추구하는 일을 포기할 뿐만 아니라, 우리의 믿음을 합리적인 것으로 간주체적으로 정당화하는 일도 포기한다. 포스트 토대주의는 근대주의적인 확실성을 추구하지 않지만, 합리성의 간공동체적 기준에 대한 추구를 포기하지는 않는다.

비토대주의자인 존 틸John Thiel은 비토대주의의 선구자들로서 피어스Peirce와 제임스James 등의 실용주의와 비트겐슈타인의 언어학적 전환을 든다. 이들은 믿음의 그물망과 지역화된localized 실천을 지닌 공동체의 역할을 강조함과 아울러 "언어게임"을 허용하는 합의의 중요성을 강조한다. 틸은 기독교의 실천이 특수한 종교적 틀로부터 의미를 이끌어낸다고 말하면서, "믿음을 정당화하기 위한 보편적 논증을 추구하는 토대주의적 환상 외에는 이러한 실천에 대한 대안이 없다"[3]고 주장한다.

슐츠는 비토대주의자들이 자신들의 신학 방법이 철학에 의해 조건 지워진다는 사실에 대한 인식을 결여하고 있다고 비판한다.[4] 틸은 린드벡Lindbeck, 티만Thiemann, 하워와스Hauerwas와 같은 비토대주의 신학자들이 "토대라는 은유를 성서외적 이론이나 이른바 보편적 인간 경험이라는 것을 명명하기 위해서 사용한다"[5]고 말한다. 그러나 이론과는 달리 실제로 비토대주의자들도 "성서 외적 이론이나 이른바 보편적 인간 경험"의 영향으로부터 결코 자유롭지 않다. 뿐만 아니라 토대주의에 대한 이러한

---

3   John Thiel, *Nonfoundationalism* (Minneapolis: Fortress, 1994), 102.
4   F. LeRon Shults, *The Postfoundationalist Task of Theology*, 37.
5   John Thiel, *Nonfoundationalism*, 86.

이상한 정의 자체가 매우 의심스럽다. 이 정의는 이론으로서의 비토대주의 자체는 성서 외적이 아니라고 전제하는데, 그러나 어떻게 우리는 비토대주의적 관점에서의 성서 이해가 기독교 신앙에 대한 참된 해석임을 알 수 있는가? 토대주의와 비토대주의 사이의 중도를 추구하는 포스트 토대주의에 대하여 호이스틴은 이렇게 말한다. "전통 안에서의 경험, 개인적 헌신, 그리고 해석의 역할과 우리의 모든 지식 주장의 잠정적 성격을 정직하게 포용하는 오류 가능한 fallibilist 인식론으로의 포스트 토대주의적 전환은 토대주의냐 반토대주의냐 하는 선택의 필연성을 거절한다."[6] 그는 도그마적 토대주의와 상대주의적 비토대주의 양자의 극단적 입장을 거부한다.[7]

슐츠는 토대주의와 비토대주의의 차이점이 네 가지 대구, 즉 경험과 믿음, 진리와 지식, 개인과 공동체, 설명과 이해의 관계를 각각 어떻게 보느냐에 의해 분명히 드러난다고 주장한다. 토대주의는 믿음의 기초로서의 경험, 진리의 통일성, 개인의 이성, 설명의 보편성을 강조하는 반면, 비토대주의는 경험을 조건 지우는 믿음의 그물망, 지식의 다원성, 공동체의 합리성, 그리고 이해의 특수성을 강조한다. 포스트 토대주의는 어느 한쪽의 극단에 빠지지 않고 이러한 강조들의 정당한 통찰력을 받아들이고자 한다.

---

6   J. Wentzel van Huyssteen, *Essays in Postfoundationalist Theology*, 17.

7   한편, 필립 클레이턴(Philip Clayton)은 자신이 "형식적-의미론적"(formal-semantic) 이론이라고 부르는 새로운 모델을 통해서 형식적 요소(포퍼)와 상황적 요소(쿤)를 종합할 것을 제안한다. Clayton, *Explanation from Physics to Theology* (New Haven: Yale University Press, 1989), 66. 참조. 그리고 그는 다가치적인(multivalent) 포스트 근대주의에 대항하여 포스트 토대주의를 옹호한다. Clayton, *God and Contemporary Science* (Grand Rapids: Eerdmans, 1997), 4. 참조.

III. 포스트 토대주의의 네 가지 대구(對句)

슐츠는 다음과 같은 네 개의 대구에 대한 설명을 통해 포스트 토대주의의 이상적인 유형을 제시한다.[8] ① 해석된 경험은 모든 믿음을 낳고 성장시킨다. 그리고 믿음의 그물망은 경험에 대한 해석을 형성한다. ② 진리의 객관적 통일성은 지식에 대한 이해 가능한intelligible 추구를 위한 필수적인 조건이다. 그리고 지식의 주관적 다수성은 진리 주장의 오류 가능성을 지시한다. ③ 합리적 판단은 사회적으로 자리매김 된 개인의 행동이다. 그리고 문화 공동체는 결정적이지는 않은 방식으로 합리성의 기준을 매개한다. ④ 설명은 보편적, 초상황적 이해를 목표로 한다. 그리고 이해는 특수한 상황화된 설명으로부터 생겨난다.

1. 경험과 믿음

토대주의자는 경험의 기초를 강조하고 비토대주의자는 믿음의 그물망을 강조하지만, 슐츠에게 있어서 "해석된 경험은 모든 믿음을 낳고 성장시키며, 믿음의 그물망은 경험에 대한 해석을 형성한다."[9] 이 대구의 앞부분에서 중요한 개념은 "해석된 경험"이란 구절로서, 이 개념은 믿음이 경험을 우회하거나 또는 해석되지 않고 "중립적으로" 그물망 안으로 들어간다는 토대주의의 주장을 반박한다. 이것은 또한 호이스틴의 중심

---

8   F. LeRon Shults, *The Postfoundationalist Task of Theology*, 43.
9   위의 책, 44.

개념이다. 호이스틴에 따르면, "우리는 오직 해석된 경험의 매개를 통해서만 우리의 세계와 인식론적으로 관계하기 때문에, 관찰자나 인식자는 언제나 알려지는 것과의 관계성 안에 있으며, 따라서 언제나 관점과 초점과 경험의 범위에 있어서 제한된다. 이런 의미에서 믿음은 경험에 주어지는 것이기도 하면서 동시에 경험으로부터 파생되는 것이기도 하며, 따라서 우리의 해석된 경험은 의미와 지식을 산출하는 모태가 된다."[10]

모든 믿음은 이미 해석된 경험으로부터 생겨나고 성장한다. 호이스틴은 "우리의 믿음이 해석된 경험 안에 닻을 내리는 방식"과 "우리의 합리적으로 강력한 경험이 이미 그 속에 새겨져 있는 더 넓은 믿음의 그물망" 둘 다를 확증하는 균형을 제안한다.[11] 이것은 오직 경험에서 믿음으로 움직이는 일직선적인 합리성의 정당화에 대한 비토대주의적 우려를 극복하며, 또한 어떤 것을 믿는 이유를 세계에 대한 경험으로부터 분리하려는 시도에 대한 토대주의적 불안에 응답한다.

슐츠에게 있어서, "낳고"engender "성장시킨다"nourishing 는 것은 경험이 믿음을 불러일으키지만 일방적으로 결정하는 것은 아님을 표현한다. 포스트 토대주의 모델은 전통적인 경험론적, 또는 합리주의적 견해나, 비토대주의의 고립되고 소통 불가능한 언어의 그물망보다 더 넓은 경험 이론을 요청한다.[12] 호이스틴은 이러한 경험 이론을 위한 자원을 "상호작용적 실재론"transactional realism 을 말하는 제롬 스톤Jerome Stone 과 같은 사상가에게서 발견하는데, 이 이론은 토대주의 인식론에서 종종 발견되는 소박한 실재론이나 허무주의적 반反 실재론의 회의주의를 극복하고, 그 대신 "모

---

10   J. Wentzel van Huyssteen, *Essays in Postfoundationalist Theology*, 20.
11   J. Wentzel van Huyssteen, *The Shaping of Rationality* (Grand Rapids: Eerdmans, 1999), 37.
12   F. LeRon Shults, *The Postfoundationalist Task of Theology*, 46.

든 합리성의 신뢰적 fiduciary 뿌리"를 주장한다.[13]

경험과 믿음의 관계에 관한 슐츠의 대구의 뒷부분은 믿음의 그물망이 경험되는 그 어떤 것을 한정하고 결정한다는 비토대주의적 가정에 도전한다. 그러나 포스트 토대주의자는 믿음의 그물망이 경험의 해석을 "형성한다"inform 는 것을 인정한다. 포스트 토대주의를 토대주의나 비토대주의와 구분 짓는 것은 바로 믿음과 경험의 상호적 관계이다. 포스트 토대주의자인 호이스틴은 "비판적 실재론"의 관점에서 인간의 지식과 존재가 서로 귀속되어 있음을 논증한다. 그는 믿음의 그물망을 판단하기 위한 기준을 탐구하면서, 경험이 우리의 해석을 지속적으로 형성하고 우리의 믿음의 정당화에 기여한다고 주장한다.[14]

2. 진리와 지식

고전적 토대주의자는 진리에 대한 확실하고 객관적인 지식의 추구를 강조했다. 이 견해에 따르면, 진리 주장의 다수성은 단지 불명료한 사고ᵉᵏ 견, doxa 때문이다. 반면에 비토대주의자는 지식 주장의 명백한 다원성을 지적하면서, 모든 지식은 인식 주체에 주관적으로 결부되어 있다고 주장한다. 해체주의적이고 상대주의적인 형태의 비토대주의자는 주체로부터 독립된 "진리"의 존재를 부인한다. 슐츠는 포스트 토대주의의 입장에서 이러한 이분법을 거부하고, "진리의 객관적 통일성은 지식에 대한 이해 가능한intelligible 추구를 위한 필수적인 조건이며, 지식의 주관적 다수성은

---

13 J. Wentzel van Huyssteen, *Essays in Postfoundationalist Theology*, 44.
14 위의 책.

진리 주장의 오류 가능성을 지시한다"[15]고 말한다.

포스트 토대주의의 목표는 우리의 탐구를 추동하는 이상으로서의 진리에 대한 토대주의적 비전을 유지하면서, 비토대주의자들이 경고하는 바와 같이 현재의 지식을 전체적이고 최종적인 메타 네러티브로 여기기를 거절하는 것이다. 여기서 객관성과 주관성, 통일성과 다수성, 진리와 지식을 연결시키는 용어는 "이해 가능성"intelligibility과 "오류 가능성"fallibility이다. 호이스틴의 "비판적 실재론"은 이 두 개념을 잘 연결시킨다.[16] "이해 가능성"의 강조는 이상으로서의 진리에 관한 토대주의의 직관을 받아들이는 것이며, "오류 가능성"은 절대주의와 패권적 전체주의에 대한 비토대주의의 우려를 받아들이는 것이다. 호이스틴은 자신이 주장하는 약한 형태의 비판적 실재론을 다음과 같이 설명한다.

> 비판적, 실재적 입장은 실재적이다. 왜냐하면 신학적 이론화의 과정에서 이 개념은 우리로 하여금 간접적인 말의 형태로서의 유비적 언어의 인지적이고 지시적인 본성을 인식할 수 있게 해주기 때문이다. 그러나 그것은 또한 비판적이다. 왜냐하면 신학에서의 은유적 언어의 역할은 모델은 결코 절대화되거나 이데올로기화되어서는 안 되며 이론화의 전 과정을 통하여 개방성과 잠정성을 유지해야 한다는 것을 우리에게 가르쳐 주기 때문이다.[17]

---

15   F. LeRon Shults, *The Postfoundationalist Task of Theology*, 50.

16   호이스틴에 따르면, "더 넓고 통전적인 접근으로서 포스트 토대주의의 비판적 실재론의 오류 가능적, 경험적 프로그램은 … 신학, 종교철학, 과학을 이해 가능성에 대한 공동의 탐구 안에서 연결시킬 수 있다." J. Wentzel van Huyssteen, *Essays in Postfoundationalist Theology*, 52.

17   J. Wentzel Huyssteen, *Theology and the Justification of Faith: Constructing Theories in Systematic Theology*, trans. H. F. Snijders (Grand Rapids: Eerdmans, 1989), 142.

슐츠는 최근의 토대주의 신학의 두 가지 예를 슐라이에르마허와 바르트에서 발견한다.[18] 슐라이에르마허에게 있어서는 자의식 안에 있는 "절대의존의 감정"이 자신의 『신앙론』을 위한 토대이다. 바르트에게 있어서, 스스로 권위를 입증하는 하나님의 말씀을 받아들이는 모험을 감행하는 "신앙의 행위"는 이 말씀을 인식론적 토대로 설정한다. 이 말씀의 진리는 그것을 믿음으로 받아들이는 사람에게는 자명한self-evident 것이다. 이 확고한 기초 위에 바르트는 자신의 『교회 교의학』을 구축하였다. 여기서 제기되는 문제는 다른 종교나 다른 기독교 교파의 지지자들이 자신들의 신앙을 위한 동일한 자명성을 주장할 수 있다는 것이다.

바르트는 조지 린드벡George Lindbeck을 통해 비토대주의 신학자들, 특히 예일 학파에 많은 영향을 주었다. 린드벡의 신앙주의는 사실상 내밀한 토대주의라고 할 수 있다. 그는 비토대주의적인 "문화적-언어적" 신학 모델을 제안하였는데, 이 모델에 따르면 교리는 언어 공동체교회 안에서의 말과 행위를 인도하는 규칙으로 기능한다. 그는 명제적 진리, 상징적 진리효력, 그리고 범주적 진리적절성의 세 종류의 진리를 구별하는데, 교리는 후자의 차원에서 기능한다. 교리는 새로운 구성원을 기독교 공동체의 지속적인 이야기 안으로 사회화시키는데 적합한 한 참되다. 그는 규제적 regulative 기능이 "교회의 가르침으로서의 교리의 유일한 역할"[19]이라고 주장한다. 그의 규칙 이론에 따르면, 교리는 오직 이러한 발화發話, utterance를 "수행함"에 있어서 참된 것이 되는made 한도 내에서만 명제적, 또는 존재론적 지시체를 획득한다. 종교적 발화는 "오직 그러한 존재론적 상응의

---

18   F. LeRon Shults, *The Postfoundationalist Task of Theology*, 52-53 참조.

19   George Lindbeck, *The Nature of Doctrine* (Philadelphia: Westminster, 1984), 19.

창조를 돕는 수행과 행위일 때에만 존재론적 상응에 관한 명제적 진리를 획득한다."[20]

포스트 토대주의 모델의 목표는 비토대주의적 사고의 숨겨진 신앙주의를 넘어서는 것이다. 만일 모든 논증이 특수한 사회적 실천으로 환원된다면 우리는 사회적 실천에 관한 논증을 할 수 없게 된다. 그렇게 되면 모든 논증은 사회적 실천이라는 진술도 사회적 실천으로 환원되며, 그것이 사회적 실천으로 환원되지 않는다는 진술보다 더 나은 신뢰성을 부여받을 수 없다. 호이스틴에 따르면, 만일 이러한 비토대주의가 참되다면, "어떠한 사회적 또는 인간적 행위도 원리적으로 합리성을 위한 검증 사례로 기능할 수 있다."[21] 이렇게 되면 우리는 포스트 근대적 세계의 많은 합리성들 사이를 판단할 수 없게 된다.

포스트 토대주의는 객관성이란 이상을 인정하지만 객관주의를 초래하지는 않는다. 신앙주의를 피하려면 진리, 객관성, 합리성이라는 관념들을 붙들어야 하며, 전체주의적 메타 내러티브를 피하려면 인간 이성의 잠정적, 상황적, 오류 가능적 본성을 인정해야 한다. 호이스틴은 토대주의의 객관주의와 비토대주의의 극단적 상대주의에 대항하여, 포스트 토

---

20 위의 책, 65. 슐츠는 린드벡의 "중립성" 주장이 포스트 근대주의적 인식론의 입장에서 볼 때 유지될 수 없는 주장이며, 또한 그가 이 책에서 주장하는 반토대주의 입장과도 조화되지 않는다고 비판한다. 린드벡의 실제적인 논증에 있어서, 교리의 본성에 관한 그의 정의는 공동체의 차원에서 상대화될 수 없는 하나의 "명제"로서 그의 모델을 위한 직접적으로 정당화되는 기본적인 토대이다. 그는 텍스트가 세계를 흡수한다고 주장하지만 그가 의지하는 비트겐슈타인의 법칙 이론은 반대로 텍스트를 흡수한다. 즉 린드벡은 철학적 이론을 교리의 본성보다 특권적 위치에 놓았다. 또한 슐츠는 린드벡이 교리의 "기능"을 기술함으로써 교리의 "본성"을 기술했다고 주장하지만, 그는 자신의 이론이 "범주적"이 아니라 "명제적"으로 참이라고 주장한다고 지적한다. 즉 린드벡은 자신의 문화적-언어적 이론이 단지 구성원들을 포스트 자유주의적 탐구 공동체 안으로 사회화시키는 데 적합한 언어 게임일 뿐 아니라 실제로 어떤 사태를 기술하고 지시한다고 생각한다는 것이다. 이것은 자신의 제안의 혁신적 측면이 규제적 기능이 교리의 "유일한 기능"이라는 데 있다는 린드벡의 주장과 모순된다. Shults, *The Postfoundationalist Task of Theology*, 54.

21 J. Wentzel van Huyssteen, *Essays in Postfoundationalist Theology*, 245.

대주의적 합리성의 모델을 발전시키고자 한다. 그가 발전시키고자 하는 포스트 토대주의적 모델은 "철저하게 상황적이면서도 동시에 학제간 토론을 통해서 자신의 고유한 집단이나 문화의 한계를 넘어서 나아가고자 한다."[22]

3. 개인과 공동체

앞의 두 대구가 보다 인식론적 문제에 관한 것이라면 뒤의 두 대구는 보다 해석학적 문제에 관한 것이다. 포스트 토대주의적 사고의 특징은 인식론과 해석학을 특수한 방식으로 연결시키는데 있다. 토대주의는 이성을 논함에 있어서 개인을 중요시하는 경향이 있다. 플라톤주의자들은 개인적인 인간의 이성[nous]이 신적 로고스에 참여한다고 믿었다. 계몽주의 사상가들은 개인들이 그들을 진리로 인도하는 일종의 중립적인 법정인 "이성"[Reason]에 접근한다고 가정했다. 이것은 상황, 전통, 언어에 상관없이 모든 개인이 동일한 결론에 이를 수 있으며 그래야 한다는 것을 의미한다. 개인이 전통으로부터 완전히 독립된 중립적인 아르키메데스의 점에 서는 것이 이상이 되었다.

반면, 비토대주의는 개인주의에 대한 포스트 근대주의 비판을 받아들였다. 역사주의적 해석학은 합리성이 역사적 상황에 의존한다는 사실을 보여주었다. 비트겐슈타인 이후, 우리는 언어게임 안에 살고 있으며 이 언어게임이 우리의 해석에 심대한 영향을 미친다는 사실이 분명해졌다. 우리는 우리의 문화 체계와 전통에 의해 형성된다. 비토대주의는 이

---

22   위의 책.

를 더 극단으로 이끌고 가서, 언어게임은 소통 불가능하고 각기의 공동체는 그 자신의 고유한 합리성을 결정한다고 주장했다. 합리성의 정당화를 위한 간공동체적 기준을 발견하는 것은 불가능하다는 것이다.

슐츠의 포스트 토대주의는 개인적 절대주의나 공동체적 상대주의에 빠지지 않고 양쪽의 통찰을 수용하고자 한다. "합리적 판단은 사회적으로 자리매김 된 개인의 행동이며, 문화 공동체는 결정적이지는 않은 방식으로 합리성의 기준을 매개한다."[23] 포스트 토대주의자는 합리적 선택의 자리가 개인적 주체임을 주장한다. 하지만 그는 아울러 개인이 합리적이라고 판단하는 것이 그 개인이 속한 문화적, 역사적 집단에 의해 영향을 받는다는 사실을 확증한다. 포스트 토대주의자는 공동체 안에 위치함으로써 초래되는 해석학적 조건에 대한 비토대주의자의 민감성을 인정하지만, 실제로 합리적 판단을 하는 주체는 개인이라는 토대주의자의 통찰을 포기하지 않는다.

호이스틴에 따르면 움직임의 방향은 "개인적 판단으로부터 공동체적 가치평가와 간주체적 대화로"[24] 나아간다. 그러나 본래적인 판단은 공동체의 전통에 의해 형성된다. 우리는 전통을 신뢰하고 의지하지만, 전통을 무비판적으로 받아들이지는 않는다. 앤디 샌더스 Andy F. Sanders 는 "전통의 지지자들의 온전한 헌신을 허용하면서도 모든 방면으로부터의 제안과 비판에 열려있는"[25] 방식으로 전통을 생각할 수 있다고 주장한다.

---

23   F. LeRon Shults, *The Postfoundationalist Task of Theology*, 60.

24   J. Wentzel van Huyssteen, "Tradition and the Task of Theology," *Theology Today* 55, no. 2 (July 1998), 224.

25   Andy F. Sanders, "Traditionalism, Fallibilism and Theological Relativism," *Nederlands Theologisch Tijdschrift* 49 (1995), 214. 네덜란드 신학자인 샌더스는 상대주의와 토대주의 사이의 중도로서 "전통주의적 오류 가능주의"를 제안한다.

포스트 토대주의는 기독교 신앙의 합리성을 전적으로 전통 내적인 기준을 가지고 정의하려는 비토대주의자들의(예를 들면, 린드벡) 신학의 게토화를 극복하고자 한다. 그러나 그것은 비상황적 acontextual 보편적 규범으로 회귀함으로써가 아니라, 보다 더욱 적절한 설명을 추구하는 가운데 상황들을 가로지르는 학제간 대화에 참여함으로써 신학의 게토화를 극복하고자 한다. 호이스틴에 의하면, 우리는 첫째, 온전한 개인적 확신을 가짐과 동시에 우리 자신의 지적인 상황의 엄격한 경계선을 넘어서 탐구 전통들 사이의 다원적, 학제간 대화로 나아갈 수 있어야 하며, 둘째, 학제간 대화 속에서 특수한 탐구 전통에 대한 우리의 선택을 정당화할 수 있어야 한다.[26] 전통에 대한 정당화는 직접적인 검증이나 중립적인 분석을 통해서가 아니라, 자신의 헌신을 다른 전통들과의 지속적인 대화에 개방함으로써 이루어진다. 자신의 공동체에 호소하고 오직 체제 내적인 판단 기준에만 의존하는 비토대주의 신학자들은 실제로 내밀한 토대주의에 빠진 것이다. 다시 말하면, 그들은 단지 자신의 전통을 지식의 토대로 설정하고 있는 것이다.[27]

신학적 비토대주의에 제기되는 물음은 그 모델이 상대주의와 상황주의로부터 어떻게 보호될 수 있는가 하는 것이다. 기독교적 형태의 삶의

---

26 J. Wentzel van Huyssteen, "Tradition and the Task of Theology," 221-22.

27 예를 들면 비토대주의를 표방하는 낸시 머피(Nancy Murphy)는 라카토스(Lakatos)를 따라 혁명을 통해 서로를 대체하는 쿤의 "패러다임" 대신 서로 함께 작용하는 과학의 "연구 프로그램 (research programs)"에 관하여 말하면서, 각 프로그램은 보조적 가설들로 둘러싸인 "핵심(hard core)적" 믿음을 가지고 있다고 주장한다. Nancy Murphy, *Theology in the Age of Scientific Reasoning* (Ithaca: Cornell University Press, 1990). 64 그녀는 하나님의 존재를 이 핵심에 위치시킨다. 린드벡과 유사하게 그녀는 이 핵심에 관한 기준은 기독교 인식적 실천의 맥락에 의해서 결정된다고 주장한다. 이것이 바로 호이스틴이 내밀한 토대주의라고 비판하는 부분이다. 우리는 어떻게 기독교의 믿음을 "핵심"에 위치시키는 것을 정당화할 수 있는가? 슐츠는 이러한 입장을 토대를 "바닥"에 두지 않고 "중심"에 두는 "구심적" 토대주의라고 부른다. F. LeRon Shults, *The Postfoundationalist Task of Theology*, 63.

특수성이나 기독교 신앙의 핵심으로부터 출발함으로써 상대주의를 극복하고자 하는 린드벡의 포스트 자유주의와 머피의 라카토스 모델은 토대주의적 시도처럼 보인다. 역설적으로, 비토대주의는 토대주의와 마찬가지로 우리의 가장 기본적인 인식론적, 해석학적 전제들에 면역성을 부여하려는 전략으로 귀착된다. 포스트 토대주의는 바로 그 전제들을 지속적으로 검증함으로써 양자를 극복하고자 한다. 비토대주의와는 달리 포스트 토대주의는 간공동체적이고 간주체적인 설명을 발전시키고자 한다. 그것은 "핵심적" 믿음에 면역성을 부여하지 않고 더 넓은 학제간 대화에 참여한다. 슐츠의 포스트 토대주의 모델에 있어서 개인과 공동체는 합리성을 형성하는 상호 제약적인 요소이다. 특수한 전통을 지닌 공동체는 무엇이 합리적인 것으로 여겨질 수 있는지에 대한 기준을 그 집단의 삶의 세계에 참여하는 개인에게 매개해준다. 하지만 개인은 합리적 판단행위의 자리이며, 공동체로부터의 자기 분화self-differentiation에 포함된 소격화 distanciation에 의해 판단할 수 있다. 이것은 개인이 자신의 헌신을 다른 전통들과 학문들에 개방함을 의미한다. 이 개방은 간공동체적이고 간주체적인 대화에서 불가피하게 초래되는 비판으로부터 개인의 헌신을 면제시키지 않는다.[28]

4. 설명과 이해

포스트 토대주의 신학은 보편적 법칙에 따라 사물을 설명하려는 자연과학과 특수성 안에 있는 사태를 이해하려는 인문과학 사이의 분리를

---

28 F. LeRon Shults, *The Postfoundationalist Task of Theology*, 68.

학제간 대화를 통해 극복하고자 한다. 빌헬름 딜타이^{Wilhelm Dilthey}는 "설명"^{Erklärung}과 "이해"^{Verstehen}를 구별했는데, 설명은 일반적 법칙 아래 있는 특수한 현상들을 해명하는 것이며, 이해는 전체적 상황의 빛 안에서 부분을 보는 것이다. 딜타이는 전자는 자연과학의 과업이고 후자는 인문과학의 과업으로 간주하였다.

토대주의자는 신학의 모델을 수립함에 있어서 자연과학의 모델을 따라 전통이나 상황으로부터 독립된 절대적인 "설명"을 제공하려는 경향이 있다.[29] 토대주의자는 어떤 사건이나 텍스트를 해석함에 있어서 개인이 가지고 들어가는 전이해를 넘어서서 중립적인 입장에서 객관적으로 텍스트를 "설명"하고자 한다. 반면, 비토대주의자들은 신학을 "이해"의 과업으로 간주한다. 모든 이해는 역사적 상황에 의해 조건 지워진다. 해석과 언어는 항상 함께 간다. 그들은 이해를 자체의 고유한 논리적 정합성을 가지고 있는 특수한 전통^{상황}에 뿌리박고 있는 것으로 보며, 자체의 상황을 벗어나서 다른 전통들과 접촉할 수 있는 설명이라는 목표를 수용하지 않는다. 그들은 신학의 역할을 언어게임의 분석으로 한정시키거나, 특수한 신앙 공동체의 삶의 형태에 대한 심층적 기술로 제한한다.

슐츠는 포스트 토대주의가 인문과학과 자연과학 사이의 엄격한 방법론적 이분법을 거부하고 인간의 합리성에 있어서 이해와 설명을 상호 제약적인 것으로 이해한다는 사실을 강조한다. "설명은 보편적, 초상황적 이해를 목표로 하며, 이해는 특수한 상황화된 설명으로부터 생겨난다."[30]

---

29 "성서와 신학자의 관계는 자연과 과학자의 관계와 같다"는 찰스 하지(Charles Hodge)의 유명한 말은 19세기의 실증주의적 자연과학 방법을 전제하고 있다. Charles Hodge, *Systematic Theology*, vol. 1 (Grand Rapids: Eerdmans, 1981), 10.

30 F. LeRon Shults, *The Postfoundationalist Task of Theology*, 70.

포스트 토대주의는 상황적, 전통적 이해의 모델에 안주하는 비토대주의나 비상황적, 비전통적인 확실하고 절대적인 설명을 주장하는 토대주의 모두를 비판하고 중도의 입장에서 신학의 간학문적 과제에 대한 설득력 있는 비전을 제시하고자 한다.

포스트 토대주의 모델이 출현하게 된 모태는 신학과 자연과학 사이의 학제간 대화이다. 신학과 과학은 비록 영역, 초점, 내용은 다르지만, 이해 가능성의 추구를 포함하는 공동의 합리성의 자원을 공유한다. 과학철학^{토마스 쿤}에서의 상황주의적 전환 이후, "엄격한"^{hard} 과학의 설명조차도 역사적 상황 속의 해석적 전통^{이해}에 의해 형성된다는 사실이 분명해졌다. 호이스틴은 모든 과학에 있어서 "해석하는 자의 주체성이 바로 설명적 과제의 중심에 속한다"고 주장한다.[31] 그는 신학의 과제가 이해와 설명 둘 다라고 강조하면서, 이야기 신학자들의 일부가 설명의 과제를 거부하는 것을 비판한다. 비토대주의자들은 설명이 "의도"에 있어서 보편적이라는 인식을 무시한다. 설명은 비록 그 가로지름이 결코 최종적일 수 없다고 하더라도 더욱 더 넓은 경계들과 상황들을 가로질러 가는 것을 "목표"로 한다. 설명을 포기함으로써, 비토대주의(적어도 이야기 모델들의 일부)는 "성서 텍스트에 의해 창조된(조명되기보다) 세계의 게토 안으로 퇴각한다."[32] 반면에, 토대주의자는 모든 "이해"의 상황성에 대한 인정이 불가피하게 상대주의를 초래할 것이라는 두려움 때문에 슐츠의 대구의 뒷부분을 놓치거나 부인한다.

포스트 토대주의는 전통 안에서의 이해와 보편적으로 의도된 설명

---

31 J. Wentzel van Huyssteen, "Theology and Science: The Quest for a New Apologetics," *Essays in Postfoundationalist Theology*, 232.

32 J. Wentzel van Huyssteen, "Narrative Theology," *Essays in Postfoundationalist Theology*, 189.

사이의 왕복운동 강조함으로써, 절대주의에 빠짐없이 상대주의를 극복하고자 한다. 신학적 합리성은 이해 가능성을 향한 오류 가능한 탐구를 포함하며, 지속적인 학제간 대화에 개방되어 있다. 이해하려는 시도는 최상의 설명에 대한 추구를 포함하며, 설명은 새로운 해석적 이해로부터 출현하고 또 새로운 해석적 이해로 나아간다. 이 두 과제는 상호 배타적인 것이 아니라 최대한의 이해 가능성의 추구에 있어서 본유적이다.[33]

IV. 포스트 토대주의 합리성 모델에서의 인식론과 해석학

인식 ^{episteme} 에 대한 포스트 근대적 비판을 수용하되, 상대주의 해석학에 빠지지 않는 것이 가능한가? 그리고 역으로, 인식론적 정당화에 대한 근대주의적인 추구를 수용하되, 토대주의적 절대주의로 회귀하지 않

---

[33] 포스트 토대주의자인 클레이턴은 의미의 상황적 맥락이 갖는 형성적 영향력을 인식하면서 동시에 사회과학에서의 설명을 위한 일반적 표준이나 기준을 인정한다. 그는 자신의 "형식적-의미론적(formal-semantic)" 접근을 통해, 이해와 설명 모두가 필수불가결하다고 주장한다. 자연과학과 사회과학이 모두 현상의 영역을 이해 가능하게 만들기 위해 해석하려고 한다. 이런 의미에서 둘 다 해석학적이다. 그러나 설명도 폐기되거나 상이한 학문분야에서 서로 다른 의미로 사용될 수 없다. 이를 위하여 그는 "이해"는 폭넓게 의미의 패턴에 대한 직관적 파악으로, 그리고 "설명"은 주로 이론적인 맥락에서의 이 상호 연관된 구조들의 합리적 재구성으로 정의할 것을 제안한다. 설명과 이해는 상호 의존적이다. 그에 따르면, 신학은 "설명"을 포함한다. 왜냐하면 신학적 주장은 본성상 술정적(述定的)이기 때문이다. 즉 신학은 자체의 외부에 있는 그 무엇에 관한 주장을 하기 때문이다. 물론 신학이 "표현 불가능성"의 영역을 지시한다는 사실은 신학과 다른 학문분야들 사이의 손쉬운 비교를 경고한다. 클레이턴은 토대주의와 반토대주의 사이의 논쟁이 구시대적인 인식론적 딜레마의 거짓된 이분법에 기초하고 있다고 비판하면서, 오류 가능적 인식론으로의 전환이 그 두 모델 사이의 양자택일의 필연성으로부터 벗어나는 길임을 강조한다. Clayton, *Explanation*, 66, 152.

는 것이 가능한가? 여기에 포스트 토대주의 신학의 과제가 있다. 슐츠에 의하면, 이 과제는 "기독교 신앙의 진리를 위한 간주체적, 간공동체적 신학적 논쟁에 지속적으로 동참하면서, 그리고 기독교 전통과 종교적 경험에 대한 우리의 이해(역사적으로 형성된)와 설명(문화적으로 조건 지워진)의 잠정성을 인식하면서, 우리의 포스트 근대적 문화 안에서 학제간 대화에 참여하는 것"이다.[34]

이러한 과제를 위하여 포스트 토대주의는 인식론과 해석학이 상호 배타적이 아니라 본유적으로 연결되어 있으며, 서로를 조건 지운다는 것을 보여주고자 한다. 토대주의자들은 진리에 대한 필증적 지식을 추구하면서 인식론을 철학의 주된 과업으로 삼는 반면에, 비토대주의자들은 인식론을 평가절하하고 해석학을 철학의 주된 과업으로 삼고자 한다. 근대성이 토대주의를 형성했다면, (부정적 형태의) 포스트 근대성은 인간의 탐구의 합리성을 형성하는 것에 대한 비토대주의 모델을 형성했다. 그러나 포스트 토대주의는 포스트 근대주의를 단지 근대주의의 종말이나 부정으로 보지 않고, 그 둘의 관심 사이를 왕복하면서 역사주의적 해석학의 관점에서 끊임없이 근대주의적 토대를 검증한다. 포스트 근대주의는 인식론적으로 적절하고 이해 가능한 설명에 대한 정당한 추구를 해석학적 이해로 대체하기를 거절함과 동시에 정당화된 참된 믿음에 대한 근대적 관심을 통합하는 포스트 근대적 비판에 철저하게 참여할 것을 요구한다.

호이스틴은 포스트 토대주의의 주된 유익은 "해석학과 인식론의 창조적 융합"을 가능케 하는 데 있다고 말한다.[35] 슐츠는 그 둘 사이의 차이

---

34   F. LeRon Shults, *The Postfoundationalist Task of Theology*, 18, 77-78.
35   J. Wentzel van Huyssteen, *Essays in Postfoundationalist Theology*, 4.

를 불투명하게 할 수 있는 "융합"이란 말보다 "연결"이란 말을 선호하는 데, 그에게 있어서 이 연결은 정적인 관계가 아니라 역동적인 관계를 의미한다. 포스트 토대주의적 접근은 단지 두 극 사이의 중간 길이 아니라 어느 한 극에서 머물거나 어느 한 극을 고착화하지 않고 그 둘 사이를 왕복하는 역동적 통합이다.[36] 포스트 토대주의는 각기 인식론과 해석학을 강조하는 근대주의와 포스트 근대주의를—단지 연속이나 단순한 양극성으로가 아니라—서로 구별되지만 상호 제약적이며 상호 연관된 두 운동으로 개념화하고자 한다. 이와 같이 인식론과 해석학을 연결하는 포스트 토대주의의 합리성 모델은 경험과 믿음, 진리와 지식, 개인과 공동체, 설명과 이해의 네 가지 대구 각각에 있어서의 상호적인 관계성 안에서 구체화된다.

V. 결론

호이스틴과 슐츠의 포스트 토대주의는 신학의 합리성을 추구함에 있어서 토대주의적 절대주의 또는 보편주의와 비토대주의적 상대주의 또는 특수주의 사이의 양자택일이 거짓된 것임을 잘 드러낸다. 그들의 포스트 토대주의 신학의 합리성 모델은 이 둘 사이의 중도가 가능할 뿐만 아니라 온당한 길임을 제시한다. 경험과 믿음, 진리와 지식, 개인과 공동

---

36   F. LeRon Shults, *The Postfoundationalist Task of Theology*, 79.

체, 설명과 이해 사이의 상호적 관계성 안에서 구체화되는 인식론과 해석학의 융합 또는 연결을 추구하는 그들의 포스트 토대주의적 합리성 모델은 오늘의 포스트 근대적 시기에서의 신학의 본성에 대한 통전적 이해와 아울러 변증적 신학을 위한 대안을 보여준다.

근대의 토대주의와 포스트 근대의 비토대주의 사이의 변증법적 대안으로 제시되는 포스트 토대주의적 담론은 신학과 과학 사이의 학제간 대화의 맥락에서 출현하였지만, 신학적 서클 안에서는 보다 직접적으로 포스트 자유주의적인 신학적 비토대주의에 대한 비판으로부터 비롯되었다. 오늘날의 비토대주의의 선구자는 한스 프라이 Hans Wilhelm Frei, 1922-1988 라고 할 수 있다. 프라이는 포괄적인 이론을 지향하는 근대적인 보편적, 토대주의적 주장들을 비판하고 신학적 실천의 구체적이고 특수한 성격을 강조하면서, 이야기 중심적이고 공동체 의존적인 신학을 위한 개념적 틀을 수립하고자 했다. 그는 근대의 역사 비평적 성서해석학으로의 '불행한 전환'을 다시금 전환시키기 위해서 비트겐슈타인적인 문화적-언어학적 접근[37]에 기초하여 텍스트 내재적 intratextual 해석학을 제안하였다. 그는 전근대적인 비평 이전의 성서 읽기에 있어서 "성서 외부의 사고, 경험, 실재가 성경의 이야기를 통해 접근 가능하게 되었지, 그 반대가 아니었다."고 말하면서, "텍스트 내적인 해석학의 방향은 텍스트 외적인 우주를 텍스트 속으로 흡수하는 것이지 그 반대가 아니다"[38]고 주장하였다. 그는 이러한 텍스트 내적 해석학을 통하여 신학의 과제가 변증적 설명에 있는

---

37 비트겐슈타인처럼, 프라이에게 있어서 성서의 이야기는 세계를 보이는 그대로 그리는 언어그림과 같다. 언어는 문화적-언어학적 세계 안에서 기능하지만 그 언어의 세계를 넘어서 다른 그 어떤 것을 가리키지는 않는다. 그리고 교회는 성서 텍스트에 대한 해석을 위한 컨텍스트로서 공동의 기호학적 규칙들과 관습들을 담지하고 있는 문화적-언어학적 공동체이다.

것이 아니라 기독교 신앙의 내적인 논리를 기술記述하는 데 있음을 강조하였다. 신학은 기독교 공동체의 문법적 규칙으로서, 기독교적인 신앙과 삶에 있어서 성서적 이야기의 세계를 개념적으로 재기술하는 것을 과제로 삼는다.[39] 다시 말하면, 그는 바르트처럼 신학을 기독교 공동체 안에 주된 공간을 지닌 기독교적 자기 기술로 이해하였다.

비트겐슈타인과 린드벡의 문화적-언어학적 모델에 기초한 프라이의 성서의 이야기에 대한 텍스트 내적 해석학은 의미sense와 지시체reference를 동일시함으로써 텍스트가 지시하는 텍스트 외적인 역사적 실재와 세계와의 관계성의 상실을 초래했다고 비판을 받는다. 또한 그의 포스트 자유주의 신학은 기독교 공동체 외부의 사람들을 향한 신학의 공적이고 변증적 과제를 도외시하고 신학을 교회 안에 게토화시킴으로써 비토대주의적 신앙주의에 빠졌다고 비판된다. 다시 말하면 포스트 근대적인 철학적 비토대주의가 해체주의에 빠졌다면 포스트 자유주의적인 신학적 비토대주의는 신앙주의에 빠졌다고 할 수 있다. 그러나 포스트 자유주의는 성서 외적인 어떤 토대도 거부한다고 표방함에도 불구하고, 실제로는 문화적-언어학적 모델에 기초한 성서에 대한 텍스트 내적 해석학을 절대적인 신학의 토대로 삼는다[40]는 의미에서 사실상 전근대적 토대주의와 크게 다르지 않은 것처럼 보인다. 즉, 하나의 이론으로 '명제화된' 포스트

---

38 Hans W. Frei, *The Eclipse of Biblical Narrative: A Study in Eighteenth and Nineteenth Century Hermeneutics* (New Haven: Yale University Press, 1974), 3; Hans Frei, "The 'Literal Reading' of Biblical Narrative in the Christian Tradition: Does It Stretch or Will It Break?" *Theology and Narrative: Selected Essays*, eds. G. Hunsinger and W. Placher (New York/Oxford: Oxford University Press, 1993), 147.

39 Hans W. Frei, "Theology and the Interpretation of Narrative," *Types of Christian Theology*, eds. G. Hunsinger and W. Placher (New Haven/London: Yale University Press, 1992), 13.

40 프라이는 성서의 이야기와 다른 종교들과 전통들의 이야기들 사이의 관계에 관한 대화에 참여하지 않았지만, 그는 성서의 이야기가 다른 모든 이야기들보다 절대적인 권위를 가지고 있다는 암묵적인 전제를 가지고 있는 것처럼 보인다.

자유주의적 신앙주의는 전근대적인 계시토대주의의 재연이라고 불릴 수 있다. 여기에서는 신앙 공동체의 신앙주의적 규칙이 토대를 형성한다. 그러나 만일 신앙 공동체의 신앙주의적 규칙이 복음서의 내적 읽기를 결정한다면, 어떤 공동체가 참된 신앙 공동체인지를 결정하는 것은 무엇인가?

데이비드 트레이시 David Tracy 는 이러한 비토대주의적 신앙주의를 비판하면서, 신학자는 모든 합리적인 사람들에게 열려진 공적인 장 속에서 설득력 있게 논증해야 한다고 강조하였다.[41] 신앙주의에 대한 이러한 포스트 토대주의적 비판은 원칙적으로 타당하고 적절하다. 다른 텍스트나 전통이나 언어에 대한 관심이 결여된 채, 간주체적, 간공동체적, 간학문적 차원에서 소통 불가능한 신앙주의나 언어게임 이론은 오늘의 다원적이고 다가치적인 포스트 근대적 상황에서는 결국 고립화된 절대주의(토대주의)나 해체주의적 다원주의(비토대주의)를 초래할 뿐이다. 게토화된 절대주의와 해체주의적 다원주의는 결국 한 동전의 양면이다.

예루살렘과 아테네는 21세기의 인식론적, 해석학적 담론의 장 안에서, 신학과 인문사회과학과 자연과학과의 간학문적 범주 안에서, 그리고 기독교 공동체와 전통을 넘어서는 다른 공동체와 전통들과의 간공동체적 간전통적 지평 안에서, 상호변혁적인 대화를 통해 새로운 관계를 형성해 나아가야 한다. 자신의 경전과 전통과 신앙 공동체 안에 견고하게 신앙의 뿌리를 내리되, 이와 동시에 폐쇄적이지 않은 열린 영성을 가지고 추구되는 간전통적, 간공동체적, 간학문적 대화는 서로에 대한 깊은

---

41   David Tracy, *The Analogical Imagination: Christian Theology and the Culture of Pluralism* (New York: Crossroad, 1991), 84.

이해로 이끌 뿐만 아니라 서로를 더욱 풍성하게 변화시킬 것이다. 오늘날 이러한 상호변혁적 대화를 위한 시도는 신학과 자연과학 사이의 상이성과 아울러 상호보완성과 공명적인 관계를 찾아보고자 하는 일군의 신학자들과 자연과학자들에 의해서 많은 진전과 결실을 맺고 있다.[42]

우리의 마지막 질문은 이것이다. 경험과 믿음, 진리와 지식, 개인과 공동체, 설명과 이해 사이의 상호적 관계성 안에서 형성되는 포스트 토대주의 신학의 합리성은 간주체적, 간학문적, 간전통적 대화를 통해서 과연 어느 한도까지 잠정성과 오류 가능성을 극복하고 보편적 이해 가능성에 도달할 수 있는가? 이에 대한 미리 주어진 답은 없다. 포스트 토대주의 합리성의 모델은 이 물음에 대한 대답을 지니고 있지 않다. 신학의 대상인 실재의 전체성으로서의 하나님(그리고 하나님의 세계)은 궁극적으로 불가해한 신비이다. 기독교 신학은 이러한 신비[계시된]에 대한 신앙 경험에 관한 반성이기 때문에 다양한 전통 속에서 다양한 형태로 나타나며, 또한 바로 그러한 이유로 다른 학문들과 근본적으로 구별된다. 우리는 무한한 신비로서의 초월적 하나님을 유한한 세계내적 경험을 통해 인식한다. 그러나 우리는 이 불가해하고 무한한 신비의 어떤 부분적인 측면만을 경험할 뿐이며, 또한 그것을 우리 자신의 특수한 전통과 상황과 공동체 안에서 해석된 경험만을 통해 인식할 뿐이다. 그러므로 불가해하고 무한한 하나님의 신비 앞에서 인간의 합리성이란 불가피하게 매우 부분적이고, 잠정적이며, 다원적이고, 모호할 수밖에 없다.

이것이 왜 신학을 하는 자가 갖추어야 할 가장 기본적인 덕목이 겸손

---

42 Peters, Ted, *Science and theology: the new consonance*. 김흡영·배국원·윤원철·윤철호·신재식·김윤성 역, 『과학과 종교: 새로운 공명』(서울: 동연, 1998). 을 참고하라.

인지를 설명해 주며, 또한 전통적인 기독교 신학에서—신앙주의의 위험성에도 불구하고—왜 그처럼 하나님의 신비와 계시^{말씀}와 성령의 조명을 강조해 왔는지를 설명해 준다. 신앙주의는 극복되어야 하지만, 신앙의 궁극적 진리가 간주체적, 간학문적, 간전통적 대화를 통해 완전히 파악될 것이라는 낙관적 기대는 겸손한 기독교 영성의 범주를 넘어서는 것이다. 다원성과 모호성으로 가득 찬 역사의 도상에서 우리의 대화 안에는 언제나 공명 또는 중첩과 더불어 갈등과 불일치가 존재할 것이다. 그리고 우리가 하나님에 관한 (비판적) 실재론적 접근을 위한 이상적 모델로서 추구하는 포스트 토대주의 신학의 합리성 모델 안에도 언제나 이해 가능성과 더불어 오류 가능성이 병존할 것이다. 그럼에도 불구하고 포스트 토대주의 신학이 포기하지 않고 희망하고 추구하는 합리성의 궁극적 토대는 종말론적 미래에 드러날 것이다. 오늘 우리는 단지 하나님의 계시^{말씀}와 성령의 조명에 의지하고 기도하면서 서로 대화함으로써 신실하게 종말론적인 미래의 온전한 지식을 향해 한 걸음씩 나아갈 뿐이다. "내가 이미 얻었다 함도 아니요 온전히 이루었다 함도 아니라 오직 내가 그리스도 예수께 잡힌 바 된 그것을 잡으려고 좇아가노라."^{빌 3:12}

제5장

비판적 실재론의 관점에서의
성서 이해와 해석학

• 이 글은 제4회 한국조직신학자 전국대회(2009. 4. 25)에서 발표된 필자의 논문 "비판적 실재론의 관점에서의 성서이해"를 수정·보완한 것임.

I. 서론

비판적 실재론은 근대적인 객관주의적 토대주의와 탈근대적인 신앙주의적, 또는 해체주의적인 반(비)토대주의 양자를 비판적으로 넘어서는 중도中道로서의 포스트 토대주의 신학을 위한 인식론적 모델이다. 이 이론은 본래 탈근대적인 과학철학의 담론 속에서 발전된 이론이다. 과학에서 비판적 실재론이란 과학적 지식의 목표와 이론적 모델의 함의에 관한 인식론적 명제, 즉 과학적 합리성을 형성하는 인식적 가치에 관한 이론을 의미한다. 비판적 실재론은 인식과 실재 사이의 관계에 관한 입장으로서 인식이 문자적으로 대상적 실재를 지시하며 그 실재와 일대일의 대응 관계를 갖는다고 보는 순수이성적 객관주의 실재론과 이와 반대로 인식이 외적인 실재를 지시하지 않으며 단지 인식 공동체나 주체의 실천적, 실용적 가치를 형성한다고 주장하는 실천이성적 주관주의(또는 신앙주의, 공동체주의) 비실재론을 모두 극복하고 포스트 토대주의적인 중도를 추구하고자 한다.

과학과 신학의 합리성과 이해 가능성이 서로 차이점과 아울러 기본적인 유사성 또는 공명을 보여주고 있다는 인식 안에서 포스트 토대주의 신학을 추구하는 과학적 신학자들은 제한된 형태의 비판적 실재론을 신학을 위한 인식론적 모델로서 채택한다. 호이스틴은 신학에서의 비판적 실재론을 "종교적/신학적 성찰의 목적과 구조에 관하여, 그리고 이러한 종류의 성찰이 전제하는 인식적 태도에 관하여 어떤 종류의 철학적 설명이 가능한가?"[1]라는 물음에 대한 응답으로 정의한다. 이 물음에 대답함에 있어서 비판적 실재론은 종교적 헌신의 설명적 역할을 평가하고자 하며, 또한 종교적/신학적 성찰의 합리성이 단지 실용적 또는 경험적 기준에 의해서 뿐만 아니라 지식^{인식}의 인지적이고 가치평가적인 차원에 의해서도 형성된다는 사실을 밝히고자 한다. 또한 이 과정에서 비판적 실재론은 간학문적 맥락 속에서 과학의 합리성에 비교될 수 있는 신학의 합리성이 가능함을 보여주고자 한다. 따라서 비판적 실재론은 과학과 신학 사이의 간학문적 대화를 위한 양자의 공통된 인식론적 모델로서 기능한다.[2] 과학에서와 아울러 신학에서도 비판적 실재론은 토대주의와 반토대주의의 딜레마를 극복하기 위한 중요한 인식론적 모델이 된다.

이 글에서는 비판적 실재론이 과학뿐만 아니라 신학의 합리성을 위한 적절한 탈근대적, 포스트 토대주의적 인식론적 모델이 될 수 있다는 사실을 논증함과 아울러, 이 비판적 실재론을 성서 텍스트에 대한 이해에 적용함으로써 비판적 실재론의 관점에서의 성서의 권위와 지위, 그리고 성서 해석학에 대한 이해를 제시하고자 한다. 성서에 대한 비판적 실

1　J. Wentzel van Huyssteen, "Critical Realism and God: Can There Be Faith after Foundationalism?" *Essays in Postfoundationalist Theology* (Grand Rapids: William B. Eerdmans Publishing Co., 1997), 41.

2　오늘날의 과학과 신학 사이의 간학문적 대화를 시도하는 과학적 신학자, 또는 신학적 과학자들 가운데 비판적 실재론의 입장을 공유하는 대표적인 사람들로는 아서 피코크(Arthur Peacocke), 맥뮬린(McMullin), 해롤드 쉴링(Harold K. Schilling), 이안 바버(Ian G. Barbour) 폴킹혼(John Polkinghorne), 호이스틴(J. Wentzel van Huyssteen) 등이 있다. 피코크에 따르면, 과학과 신학은 공통적으로 전승된 단어, 개념, 상과 같은 인간의 탐색 도구를 공유하는데, 우리는 이것들을 오늘날의 경험의 빛 안에서 우리 자신의 시대를 위해서 우리 자신의 방식으로 재형성한다. 따라서 과학과 신학은 실재에 대한 상호작용적이고 상호조명적인 접근으로 이해되어야 한다. A. Peacocke, *Intimations of Reality: Critical Realism in Science and Religion* (Notre Dame: University of Notre Dame Press, 1984), 51. 한편 맥뮬린에 따르면, 과학과 신학은 동일한 실재를 다룬다고 말할 수 없지만 우리는 실재의 상이한 "차원들"이 있다고 말하기보다는, 대부분의 경우 과학과 신학은 동일한 실재의 상이한 영역(domains)을 다룬다고 말해야 한다. E. McMullin, "Realism in Theology and Science: A Response to Peacocke," *Religion and Intellectual Life* 2 (1985): 39, 40. 그러나 이 논문에서는 과학과 신학의 간학문적 대화를 통한 공명이나 상호 보완성의 규명에 초점을 맞추지 않고 각각에서의 비판적 실재론적 인식론의 모델과 특히 신학에서의 이 모델 안에서 우리는 성서 텍스트의 권위와 지위에 대하여 어떤 이해를 가질 수 있는지를 고찰하고자 한다.

재론적 접근은 성서의 권위를 비권위주의적인 방식으로 이해 가능하게 설명할 수 있는 길을 제공해줌으로써 오늘의 탈근대적 상황에서의 간학문적 대화를 통한 신학의 변증적 과제를 수행할 수 있는 길을 제공해준다. 즉, 만일 성서가 권위를 가지고 있다면 성서는 우리에게 하나님과 세상과 하나님의 관계에 관한 타당한 주장을 할 수 있는 권위를 부여해 주어야 한다. 다시 말하면, 성서의 권위는 우리가 신학적 성찰의 과정에서 하나님과 세상과 하나님의 관계를 이해하기 위한 고전적인 모델을 제공해주는 데 있다. 그러므로 성서의 권위에 대한 문제는 인식론적인 문제가 된다. 즉 성서의 권위에 대한 물음은, "신학적 성찰에 있어서 성서의 인식론적 지위는 무엇인가?"[3]라는 물음으로 변용變容될 수 있다.

20세기 전반기에 부활했던 신학적(또는 계시적) 실증주의는 신학을 비교적秘敎的인 신앙으로 후퇴시켰으며, 비판적 평가에 면제된 이론에 대한 지적 헌신을 강요했다. 그리고 오늘날에서조차도 이러한 실증주의적 견해가 이른바 "성서적" 기초를 가졌다고 주장하는 여러 신학 형태들을 지배하고 있다. 그러나 토마스 쿤 이후 과학적, 신학적 주장이 사회적으로 성립된다는 사실이 분명해짐으로써 이러한 실증주의적 토대는 붕괴되었다.[4] 오히려 오늘날의 탈근대적 담론에서는 과학과 신학에 있어서 실재로의 길은 차단되는 것처럼 보인다. 그러나 만일 모든 과학적, 신학적 지식이 순수하게 사회적 구성물이라면, 과학과 신학의 이론은 실재에 대한 지시가 없는 단지 사회적 이데올로기에 불과할 수도 있을 것이다. 실증

---

3 J. Wentzel van Huyssteen, "The Realism of the Text: A Perspective on Biblical Authority," *Essays in Postfoundationalist Theology*, 125.

4 Thomas, S. Kuhn, *The Structure of Scientific Revolutions*, 김명자 · 홍성욱 역, 『과학혁명의 구조』 (서울: 까치글방, 2013).

주의와 상대주의의 딜레마를 극복하기 위한 탈근대적이고 포스트 토대주의적인 대안으로서 제시되는 비판적 실재론은 신학적 성찰을 위한 성서 텍스트의 권위와 인식론적 지위, 그리고 성서의 해석학적 본성과 과제에 대하여 어떤 통찰을 제공해주는가? 이 글은 이 물음에 대한 대답을 찾아보고자 한다.

II. 과학철학에서의 비판적 실재론

근대의 서구의 인식론은 철학적 순수 관념론이든지 과학적 순수 실재론이든지 모두 실증주의적이었다. 철학적 관념론은 실재가 정신에 있으며 정신이 실재를 편견 없이 정확히 알 수 있다고 주장해 왔다. 그러나 근대 과학의 발전과 더불어 과학적 실재론이 등장했다. 이 과학적 인식론에 따르면 실재는 (정신을 포함하는) 세계이다. 과학적 실증주의는 우리의 외부에 우리의 지식과 분리된 실재 세계가 있다는 객관적 실재론을 전제한다. 과학은 실재의 사진이며, (과학적) 지식은 전적으로 객관적이라고 주장된다. 인식은 이 객관적 실재에 대한 수동적인 복사나 사진과 같다. 여기서 경험이나 인식 또는 지식은 실재와 동일시된다. 과학 이론은 관찰과 실험을 통해서 획득된 경험적 사실에서 엄격한 방법을 통해 귀납적으로 도출된다. 과학적 지식은 귀납적으로 추론되고 객관적으로 증명된 지식이기 때문에 믿을 수 있는 지식이다.[5] 또한 과학적 지식은 객관적이고 정확하기 때문에 다양한 이론들을 하나로 묶는 하나의 통일된 이론

(거대담론)이 가능하다고 주장된다.

그러나 20세기에 들어서 이러한 소박한 귀납주의에 기초한 과학적 순수 실재론은 과학 내부에서부터 붕괴했다. 양자역학닐스 보어을 통해 과학 지식에는 과학자의 인격적 요소가 개입되기 때문에 전적으로 객관적인 지식은 없다는 사실이 밝혀졌으며, 이뿐만 아니라 과학적 탐구에는 심리학적, 사회적, 문화적 요소들이 작용하기 때문에 편견이 없는 이론은 존재하지 않는다는 사실이 드러났다. 칼 포퍼 Karl Popper 의 반증주의 falsification 는 이러한 상황에서 등장하였다. 그는 관찰에 의한 증거에 의해 이론의 참과 거짓이 확증될 수 있다는 생각을 거부하였다. 그에 따르면 이론이란 인간 지성이 자유롭게 창조해낸 사변적이고 가설적인 추측으로서, 관찰과 실험에 의한 엄격한 테스트를 통과한 것만이 (잠정적인) 참으로 인정된다. 과학은 시행착오, 추측, 반박을 통해 진보하며, 오직 반박을 잘 견디어내는 이론만이 살아남는다. 그리고 어떤 이론도 절대적인 참이라기보다는 가장 유효하거나 이전의 이론보다 더 나은 이론이라고 할 수 있을 뿐이다.[6] 그러나 반증주의도 어떤 이론의 반증을 위해서는 그 이론을 위한 정확하고 확실한 관찰 언명이 있어야 한다는 자기모순을 벗어나지 못했다.

반증주의 이후 과학철학의 논쟁은 포퍼의 사상을 발전적으로 계승한 임레 라카토스 Imre Lakatos 의 비판적 합리주의와 토마스 쿤의 상대주의 또는 역사주의 사이에서 일어나고 있다.[7] 라카토스는 과학철학의 중심 문

5   Alan Francis Chalmers, *What Is This Thing Called Science?: An Assessment of the Nature and Status of Science and Its Method*, 신일철 · 신중섭 역, 『현대의 과학철학』(서울: 서광사, 1985), 27.

6   위의 책, 76.

7   위의 책, 178-179.

제는 이론이 과학적이 되기 위해서 갖추어야 할 보편적인 조건을 밝히는 문제라고 주장하면서, 과학 이론의 합리성을 위한 보편적 기준을 추구한다. 반면, 쿤의 역사주의적 모델은 과학 공동체에 있어서 이론의 수용이나 실존적 헌신에 대한 설명을 위해서는 사회적 요인이 필수적으로 고려되어야 함을 보여주었다. 쿤은 과학의 지식은 본질적으로 어느 한 집단의 공통된 속성 이상의 것이 아니며, 따라서 과학의 이론은 공동체의 문화적 역사적 맥락에 따라 형성되고 변화된다고 주장했다.

쿤의 상대주의는 오늘날의 탈근대적인 상황 속에서 도구주의 또는 실용주의적 인식론으로까지 발전된다. 이 입장에 따르면 실재에 대한 우리의 지식은 철저히 주관적이며 따라서 우리는 그 지식이 진리인지 객관적으로 판단할 수 없고 단지 그 지식이 작용할 때에 그 지식을 사용할 수 있을 뿐이다. 이러한 인식론에서는 이론들이나 모델들에 대한 진리주장을 하지 않으며 어떤 이론이나 모델이 다른 것들보다 더 우월하다고 주장할 수도 없다. 서로 모순적인 이론들과 모델들이라도 그것들이 작용하는 한 서로 다른 상황에서 사용할 수 있다고 간주될 뿐이다. 다시 말하면 어떤 이론이나 모델이 유용하게 기능한다면 그것은 선한 것으로 받아들여진다. 이 도구주의 인식론은 진리주장을 포기한 채 극단적인 반실재론과 상대주의, 또는 해체주의에 빠질 수 있다.

비판적 실재론은 합리주의과 상대주의, 실재론과 반실재론의 대립의 구도 속에서의 중도中道로서 등장한 인식론적 모델이다. 비판적 실재론은 인간의 지식이 함축하는 독립된 실재 세계가 있다는 사실을 인정한다는 점에서 "실재적"이며, 이 지식이 실재와 일대일로 대응하지는 않고 비판적으로 열려 있다는 점에서 "비판적"이다. 달리 말하면, 비판적 실재론은 실재를 지시하며 하나의 유일한 진리를 말한다는 점에서 "실재적"이며,

동시에 실재와 진리에 대한 우리의 인식과 이해가 부분적이라는 점에서 "비판적"이다. 비판적 실재론은 실재와 실재에 대한 지식을 구별하는 점에서 도구주의와 입장을 같이 하지만, 지식이 실재를 지시하는 참된 지식, 즉 진리가 될 수 있다는 점에서 순수 실재론과 입장을 같이 한다. 즉 외부 세계의 실재에 대한 우리의 지식은 부분적이지만 진리일 수 있다. 여기서 이론은 실재의 사진이라기보다는 지도나 설계도와 같다. 과학의 여러 서로 다른 분야들의 이론들은 실재에 대한 서로 다른 지도나 모델을 제시한다. 한 건물을 알아보기 위해 여러 설계도가 있어야 하는 것처럼, 실재를 이해하기 위해서는 많은 이론이 필요하다.[8] 그러므로 비판적 실재론은 이론과 모델들 간의 상호 보완성을 인식한다. 실재에 대한 서로 다른 이론과 모델은 중복되는 곳에서 서로 모순되지 않는 한 상호 보완적인 것으로 인정될 수 있다.[9] 서로 다른 지도나 모델들은 서로 다른 관점, 또는 상황에서 각기 동일한 실재에 근사치로 접근하며, 따라서 상호 관련적이면서 동시에 상호 보완적이다.

존 폴킹혼John Polkinghorne은 과학에서의 비판적 실재론에 대한 자신의 견해를 이렇게 표현한다.

나는 과학의 진보가 단순히 물리적 세계를 조작하는 능력에만 관심을 기울이지 않고, 그 세계의 실제적 본성을 이해할 수 있는 능

---

8   Paul Hiebert, *Anthropological Reflections on Missiological Issues*, 김영동 · 안영권 옮김, 『문화 속의 선교』(서울: 죠이선교회출판부, 1997), 71.

9   상호 보완성 이론의 지지자들로서는 닐스 보어(양자역학), 하이젠베르그(불확정성 원리), 매케이 (D. M. Mackay) 등이 있다. 물리학은 빛이 어떤 상황에서는 파장으로 나타나며, 다른 상황에서는 에너지로 나타나며, 또 다른 상황에서는 장(field)으로 나타난다는 사실을 밝혀내었다. 파장과 에너지와 장으로서의 빛에 대한 이해는 상호 모순적이지 않고 상호 보완적이다.

력에 관심을 기울인다고 믿는다. 한 마디로, 나는 실재론자이다.
물론 그러한 지식은 어느 정도 부분적이고 수정 가능하다. 우리가
성취하는 것은 절대적 진리가 아니라 근사치이다. 우리의 방법은
경험으로부터의 완고한 추론이 아니라 경험에 대한 창조적인 해
석이다. 따라서 나는 비판적 실재론자이다.[10]

폴킹혼은 과학에서의 비판적 실재론의 인식론적 특징들은 다음과 같
이 설명한다.[11]

① 우리는 "총체적 설명"total account 지식이론을 거부하고 그 대신 보다
단편적인 성취들을 귀하게 여겨야 한다. 우리는 그 무엇에 관하여 옳기
(동의하기) 위하여 모든 것에 관하여 옳을(동의할) 필요는 없다.

② 과학 방법의 본질을 추출해내는 것은 불가능하다. 과학 방법들은
각기 과학의 복합적인 실천의 어느 측면들을 보여주지만, 과학적 탐구를
위한 보편적인 약정서를 작성하는 것은 가능하지 않다.[12]

③ 과학적 사고에 있어서 이론과 실험은 불가분리하게 뒤얽혀 있다.
과학 도구의 작동은 오직 과학 이론 자체의 관점에서만 이해될 수 있다.
이미 해석된 사실이 아닌 의미 있는 과학적 사실이란 없다. 이론과 실험
의 상호 관계성에는 불가피한 순환성이 존재한다.

④ 보편적 인식론이란 없으며, 어떤 사실체는 그 사실체의 독특한 본

---

10 John Polkinghorne, *Belief in God in an Age of Science* (New York: Yale University Press, 1998),
104.

11 위의 책, 105-110.

12 마이클 폴라니(Michael Polanyi)에 따르면, 과학은 공동체 안에서의 도제(徒弟)를 통해 습득된 암
묵적 기술에 의지하여 이루어지는 인간의 활동인데, 이 공동체는 물리적 세계에 관한 진리를 추
구하는 보편적 목적을 가진 공동체로서, 또한 현재의 결론이 수정 가능성에 열려 있어야 한다는
사실을 인정한다. Michael Polanyi, *Personal Knowledge* (Routledge and Kegan Paul, 1958).

성에 순응하는 방식을 통해서만 알려질 수 있다.

⑤ 비록 사회적 요인들이 과학적 지식의 성장을 촉진하거나 저해할 수 있음에도 불구하고, 그 요인들이 과학적 지식의 성격을 결정하지는 않는다. 물리적 세계는 우리가 그것을 우리의 공상을 충족시켜주는 형태로 왜곡할 수 있을 만큼 유연하지는 않다.

⑥ 과학적 실재론은 우리의 실제적인 과학함의 경험을 이해하기 위한 가장 최선의 방식이다. 이 이론은 원자와 분자로부터 쿼크와 글루온에 이르는 일련의 연구 과정을 이해하기 위한 가장 자연스런 방식을 제공해준다. 과학적 실재론은 우리의 인식론적 힘과 우리의 세계 존재론 사이의 관계에 대한 우연적 사실이지, 모든 가능한 세계에 관한 형이상학석 필연성이 아니다. 유한한 경험에 기초하여 신뢰할 만하고 결실 있는 추론을 수행할 수 있는 일반적 필연성이란 존재하지 않는다. 사려 깊은 과학철학은 보편적으로 필연적인 진리의 수립이 아니라 특수한 우연적인 경험의 분석 위에 기초한다. 하지만 과학적 실재론의 가장 중요한 확신은 이해 가능성intelligibility이 존재론에 대한 신뢰할 만한 안내가 된다는 것이며, 또한 경험에 기초한 개념과 사실체들을 실제적인 실재에 대한 기술로서 극히 진지하게 받아들여야 한다는 것이다.

과학적 지식의 신뢰성의 문제를 성찰하는 과학 철학자들에게 있어서, 실재론은 과학적 진보에 관한 쿤의 비판에 대한 대안이 된다. 비판적 실재론자는 모든 인간의 지식이 사회적으로 형성된다는 사실의 타당성을 부인하지 않으면서 자신들의 제안이 인지적인 지시체를 갖는다고 주장한다.

Ⅲ. 신학에서의 비판적 실재론

모든 지식의 궁극적인 통전성과 일치를 신봉하는 폴킹혼은 과학적 실재론으로부터 신학적 실재론으로 나아간다. 그는 다음과 같은 버나드 로너간^{Bernard Lonergan}에 말을 자신의 모토로 삼는다. "하나님은 모든 아르키메데스적인 유레카의 외침 안에서 어렴풋이 드러나는 비제약적 unrestricted 이해의 행위이며, 영원한 황홀이다."[13] 진리에 대한 추구는 궁극적으로 하나님에 대한 추구이다. 폴킹혼은 신학적 실재론의 성격을 과학적 실재론의 여섯 가지 특징에 상응시켜서 다음과 같이 설명한다.[14]

① 우리는 지시체의 관용 charity of reference 을 고려해야 한다. 즉 우리는 상호적인 담화가 이루어지기 이전에 전적인 동의의 기술記述이 요구되지 않는다는 사실과, 지식과 통찰의 나눔이 처음에는 전체적이라기보다는 부분적이라는 사실을 인식하여야 한다. 신학적으로 이것은 내적으로는 정통주의와 이단의 문제를, 그리고 외적으로는 세계의 종교 전통들이 서로 어떻게 관계되는지의 문제를 제기한다. 특히 신학적 실재론에 대한 가장 심각한 도전은 상충되는 다양한 세계 종교 전통들로부터 온다. 폴킹혼은 비록 자신은 그것들의 실재관들 사이에 양립 가능성이나 종합이 쉽사리 이루어진다고는 믿지 않지만 그럼에도 불구하고 세계 종교들이 적어도 영적 실재와의 공유된 만남에 대하여 말하려고 한다고 가정할 만한 확실한 이유들이 있다고 주장한다. "나의 기독교적 이해가 사물의 존

---

13   Bernard. Lonergan, *Insight* (Longman, 1958), 684.

14   John Polkinghorne, *Belief in God in an Age of Science*, 110-123

재 방식과 하나님의 존재에 대한 접근을 가능하게 한다는 나의 확신은 … 내가 비판적 신학적 실재론의 입장을 포기할 수 없음을 의미한다."[15]

② 과학적 지식을 획득함에 있어서 판단은 인격적 특성을 갖는데, 이 판단의 인격적 특성으로 인하여, 단일한 방법론적 공식 안에 정형화된 과학을 수행하는 것은 불가능하다. 과학적 지식을 보증해주는 확실한 토대란 없다는 사실에 대한 인식은 과학의 진리주장을 평가절하하는 것이 아니라 오히려 다른 형태의 합리적 탐구들 특히 신학이 이와 비교되는 지적인 모험을 수행하도록 고무한다. 세계의 종교 전통들 안에 각기 가장 심원하고 권위 있는 영적 경험의 역사가 있다는 사실은 그 전통들이 (그들의 경쟁적인 인지적 주장의 불일치에도 불구하고) 서로를 향해 말할 수 있는 중요한 것들을 가지고 있다는 추측할 수 있는 근거가 된다.

③ 과학에서의 이론과 실험, 해석과 사건 사이의 순환성은 다른 합리적 학문분야들과의 또 다른 친족성을 구성한다. 신학에서 우리는 이해하기 위하여 믿어야 한다고 말해 왔다. 전통에의 헌신이 필수적이다. 왜냐하면 판단을 위한 중립적이고 분리적인 아르키메데스의 점은 존재하지 않기 때문이다. 그러나 또한 우리는 믿기 위해서 이해해야 한다. 신앙은 문자적으로 받아 적은 명제를 무비판적으로 수용하는 것이 아니다. 모든 영은 검증되어야 한다. 살전 5:21

④ 보편적 인식론은 없다는 인식과, 사실체에 대한 우리의 지식은 그 사실체의 독특한 본성에 순응하여야 한다는 사실에 대한 인식은 올바른 신학을 수립하기 위한 본질적 깨달음이다. 다른 피조물이 알려지는 방식과는 달리, 하나님은 신적 본성에 순응하는 방식으로 알려진다. 토마스

---

15   위의 책, 113.

토런스Thomas F. Torrance가 말한 바와 같이 "하나님이 어떻게 알려질 수 있는가 하는 것은 시종일관 하나님이 실제적으로 알려지는 방식에 의해 결정되어야 한다."[16]

⑤ 사회적, 문화적 요인은 과학에서보다 종교에서 더 크고 중요한 영향력을 발휘하는 것은 인정되어야 한다. 종교는 특수한 전통에 의해 형성된 특수한 공동체 안에서 수행된다는 사실이 이를 확증한다. 그러나 이것은 신학이 순수하게 사회적 구성물이라는 것을 의미하지는 않는다. 자연신학은 우주의 이해 가능성과 풍부한 결실에 의지하여 논증을 전개하며, 따라서 실존적인 인간 경험의 영역 밖을 바라본다. 자연신학이 문화로부터 상대적으로 독립적이라고 하는 사실은 과학의 결론이 문화로부터 상대적으로 독립적이라고 하는 사실에 대한 변호와 유사한 방식으로 변호될 수 있다.

⑥ 우리는 지적인 능력을 지닌 인간으로서 합리적으로 명료한 우주 안에 살고 있으며, 우리가 살고 있는 이 세계의 패턴과 과정에 대하여 매우 많은 것을 이해할 수 있다. 신학적으로, 이것은 우주가 창조되었기 때문이며 우리가 창조자의 형상으로 만들어진 피조물이기 때문이라고 이해되어야 한다. 그렇다면 과학의 가능성은 인간 안에 주어진 하나님 형상의 결과이다. 따라서 비판적 실재론은 하나님의 신실성에 대한 신학적 믿음에 의해 보증된다. 그리고 지식의 통일성은 한 분이신 참된 하나님의 통일성에 의해 보증되며, 올바른 동기를 가진 믿음의 진실성은 하나님의 신뢰성에 의해 보증된다.

폴킹혼은 핵물질이 쿼크로 구성되어 있다고 믿는다. 이 쿼크는 보이

---

16   Thomas F. Torrance, *Theological Science* (Oxford University Press, 1969), 9.

지 않을 뿐 아니라 원칙적으로 비가시적인 것이다. 그러나 이해 가능성이 존재론적 믿음을 위한 근거를 제공해준다는 비판적 실재론에 기초하여, 폴킹혼은 물질이 쿼크 구조의 실재임을 확신한다. 그리고 이와 유사한 확신에 기초하여 그는 보이지 않는 하나님의 실재에 대한 믿음을 논증한다.

호이스틴에 의하면 신학에서의 비판적 실재론은 전통적인 의미의 자연신학의 목적과는 구별된다. 비판적 실재론은 결코 유신론에 대한 강력한 변호나 증명을 제공하고자 하는 것이 아니라, 종교적 언어와 신학적 성찰에서의 인지적 주장을 보다 강한 개연성이 있는plausible 것으로 만들고자 하는 시도이다.[17] 비판적 실재론은 종교적 언어가 신적 실재를 묘사함이 없이 단지 신자들의 행동을 인도하는 의미 있고 유용한 상징체계만을 제공해준다는 주장이나, 고립된 안전을 고수하려는 토대주의나, 자의적恣意的인 반토대주의를 모두 거부한다. 비판적 실재론은 신학적 지식이 잠정적이지만 신뢰할만하다고 주장한다. 비판적 실재론자는 우리의 모든 지식은 언제나 사회적인 맥락 속에서 생겨난다는 사실을 인식하면서, 강력한 근거에 기초하지는 않지만 좋은 이유를 가지고 자신의 잠정적인 제안을 위한 지시체를 주장한다. 호이스틴에 있어서 비판적 실재론자의 관점이 "실재적"인 까닭은 그것이 신학적 이론화의 과정에서 우리로 하여금 간접적인 말의 형태로서의 유비적 언어의 인지적이고 지시적인 본성을 인식할 수 있게 해주기 때문이며, 그것이 또한 "비판적"인 까닭은 신학적 언어가 신학적 이론화의 지속적인 과정을 통하여 그 개방성과 잠

---

17   J. Wentzel van Huyssteen, "Critical Realism and God," in *Essays in Postfoundationalist Theology*, 43; "Experience and Explanation: The Justification of Cognitive Claims in Theology," in *Essays in Postfoundationalist Theology*, 167.

정성을 유지하여야 하기 때문이다.[18]

비판적 실재론은 과학의 대상과 종교적 믿음의 대상 모두가 종종 문자적 기술의 영역 너머에 놓여있음을 인식한다. 과학과 신학은 이해 가능성을 탐구함에 있어서, 단어, 관념, 이미지와 같은 모색적이고 잠정적인 도구들을 함께 공유하는데, 우리는 물려받은 이 도구들을 오늘날의 경험의 빛 안에서 우리의 상황을 위해 재구성하고 재해석한다. 따라서 "비판적 실재론"의 "실재론"은, 우리의 경험 너머에 놓여 있지만 우리가 오직 "해석된 경험"을 통해서 인식적으로 접근할 수 있는 실재의 영역에 대한 믿을 만한 인지적 주장을 위한 시도를 가리킨다.

비판적 실재론은 경험론적 명제이다. 왜냐하면 신념 체계로서 비판적 실재론의 신뢰성은 경험적 근거 위에서 결정되기 때문이다. 신학에서 이해 가능성을 향한 우리의 합리적 탐구는 언제나 우리가 경험하는 것에 대한 응답을 포함하기 때문에, 경험적 적절성은 신학적 성찰의 합리성을 형성하는 가장 중요한 인식적 가치의 하나이다. 신학적 이론화에서의 고도의 인격적 참여와 종교적 헌신은 결코 비합리적 퇴보가 아니라 모든 합리성의 헌신적 본성과 신뢰적 fiduciary 뿌리를 드러낸다. 이러한 의미에서, 종교적 경험과 그 경험에 대한 우리의 정의는 의미와 지식의 출현을 위한 모태이며, 이 의미와 지식에 기초하여 신학적 이론화가 이루어진다.[19]

과학에서 모든 자료가 이미 이론 지워진 자료인 것처럼, 모든 종교적 경험은 이미 언제나 해석된 경험이다.[20] 더욱이, 신앙 공동체는 (과학에서

18 J. Wentzel van Huyssteen, "Critical Realism and God," in *Essays in Postfoundationalist Theology*, 43.

19 위의 책, 44.

처럼) 신적 실재에 대한 해석된 경험을 언어적으로 표현하기 위하여 모델과 은유를 사용하는데, 종교적 인식에 있어서 은유와 모델의 사용은 종교적 인식의 구조가 해석된 경험의 구조라는 주장을 입증한다. 이러한 비판적 실재론의 접근은 종교와 과학의 간학문적 대화를 위한 공동의 토대로서의 오류 가능적[fallibilist], 경험적 인식론을 함축한다.

오늘날의 신학은 보편적, 전체주의적 담론에 대한 탈근대적인 강한 불신과 파편화, 비결정화 경향에 의해 상당히 큰 영향을 받아 왔다. 신학뿐만 아니라 포스트 근대주의적 과학철학도 이미 선형적線形的 진보, 절대적 진리, 지식의 표준화 등의 개념으로부터 떠났다. 그러나 신학에서 토대주의를 거부하는 것은, 신학의 합리성을 구성하는 인식적 가치를 무시하는 비토대주의나 반토대주의를 받아들이는 것을 의미하지 않는다. 호이스틴에 따르면, 우리는 우리의 믿음과 가치평가와 도덕적 선택과 행동에 대한 적절한 이유를 가져야 한다. 포스트 토대주의적인 통전적 인식론에 있어서, 이 셋은 밀접하게 연결된 하나의 전체를 이루며, 믿음, 선택, 행동을 위한 "최상의 이유"를 통합하는 공동의 과제 안에서 결합된다. 이 과제를 위하여 비판적 실재론은 토대주의의 "객관성"이 아닌 간주관성에 의해 부여되는 합리성과 진리를 추구한다.[21] 보편적 메타담론에 대한 탈근대적 불신은 대화 가능성의 종말을 가져오는 것이 아니라, 오히려 지적인 자만과 무비판적 도그마주의에 대한 가차 없는 비판을 통해 모든 대화의 지속을 가져온다.

기본적인 실재론적 전제에 대한 인식적 근거를 추구함에 있어서, 비

---

20 그러나 다른 한편, 이것은 또한 다른 과학에서와 마찬가지로 신학에서도 이론이 인식론적으로 자료에 의해 완전히 결정되지 아니함(underdetermination)을 의미한다.

21 위의 책, 47.

판적 실재론은 우리가 세계를 주관적으로 만나는 것은 우리가 우리의 해석된 경험의 언어를 통해 세계를 재창조하는 것과 동일한 질서를 갖는다고 주장한다. 우리의 "말"words은 "객관적" 세계의 파생물이 아니며, 따라서 세계와의 상응 안에서 진리를 찾지 않는다. 이것은 언어 외적 세계의 존재를 부인하는 것이 아니라, 언어 안에서 만나지는 세계의 실재를 긍정하는 것이며, 이 세계에 대한 우리의 유일한 인식적 접근이 "해석된 경험의 언어"를 통해 이루어짐을 긍정하는 것이다. "저 밖에 있는 실재의 세계"가 어떤 것이든지 간에, 이 실재는 언제나 "해석된 경험의 언어" 안에서 만나진다.[22] 물론 이와 같이 해석된 경험의 언어 안에서 만나지는 과학과 종교적 믿음의 대상 실재는 문자적 기술의 영역 너머에 놓여있다는 사실이 간과되지 않는다. 지시대상의 실재와의 이러한 관계를 가장 잘 드러내 주는 언어는 바로 은유이다.

IV. 비판적 실재론의 관점에서의 성서 이해

이제 우리는 비판적 실재론의 관점에서 성서의 권위와 인식론적 지위, 해석학적 본성과 과제 등을 살펴보고자 한다. 호이스틴은 성서 텍스트에 대한 자신의 실재론적 입장을 다음과 같이 진술한다.

따라서 신학은 기본적으로 종교적 경험과 그에 따르는 종교적 언

---

22 위의 책, 48, 51.

어를 하나님 실재로의 길로서 성찰한다. 그러나 이러한 경험과 그 경험에 수반되는 은유적 언어는 오직 기독교 신앙의 고전적 텍스트의 기초 위에서만 신뢰성 있게 해석될 수 있다. 이런 의미에서 성서 텍스트는 하나님 실재에 이르는 궁극적인 "길"로서, 그리고 따라서 기독교의 필요불가결한 신앙의 책으로서, 그 자체가 하나님 실재에로의 독보적인 접근의 길로서 인식론적으로 기능하는 실재가 된다. 이것이 내가 텍스트 실재론에 관하여 말할 때 의미하는 바이다.[23]

호이스틴은 다음의 세 가지 물음을 제기함으로써 비판적 실재론적 관점에서 성서 텍스트의 인식론적 지위와 권위의 문제를 다룬다. ① 궁극적으로 무엇이 진정한 신앙 경험을 불러일으키며, 이러한 경험이 신학적 명제를 위해 얼마나 중요한가? ② 신앙의 언어는 사회적, 맥락적으로 효과적인 방식으로 구조화되며, 아울러 인식론적으로 신뢰할 만한 방식으로 하나님을 지시하도록 구조화되는가? ③ 신학적 사고와 신학적 진술이 주장하는 실재 사이의 관계에 있어서 모델과 은유의 역할은 무엇인가?[24] 이 세 가지 주제, 즉 신앙경험, 신앙언어, 신학적 성찰의 이론적 언어는 모두 성서 텍스트의 본질적 역할과 이 성서 텍스트를 오늘 우리에게 제시하는 해석 전통을 전제한다. 다시 말하면, 성서는 기독교 신앙경험, 신앙언어의 구조화, 신학적 진술의 이론적 구조의 성격에 있어서 결정적으로 중요한 역할을 한다. 성서가 신앙을 경험하고, 신앙에 관해 말하고, 신

---

23 J. Wentzel van Huyssteen, "The Realsim of the Text: A Perspective on Biblical Authority," in *Essays in Postfoundationalist Theology*, 138.
24 위의 책, 133.

앙에 관해 이론적으로 성찰함에 있어서 권위를 갖는가 하는 물음은 신학적 성찰에 있어서의 성서의 인식론적 지위를 결정하며 또한 신학에서의 비판적 실재론을 위한 최종적 검증이 된다.

1. 성서 텍스트의 권위와 인식론적 지위

성서의 권위의 문제는 "신학적 성찰에 있어서 성서의 인식론적 지위는 무엇인가?"라는 질문으로 재구성될 수 있다. 기독교 신학은 기독교 전통의 중심적인 은유적 개념들을 통해서만 하나님께 인식적으로 접근할 수 있다. 이 은유적 개념들은 지시 또는 실재 묘사에 의해 우리의 지적 이해 너머에 있는 실재에 대한 잠정적이지만 신뢰할 만한 지식을 제공해준다. 즉 신학의 은유적 개념과 모델은 잠정적, 부적절, 부분적인 것이지만 또한 하나님의 실재와 하나님과 인간의 관계성을 지시하는 유일한 길로서 필수적인 것이다. 이것들은 문자적 상도 아니지만 단지 유용한 허구도 아니다.

바로 성서는 우리에게 이 은유적 개념과 모델을 제공해준다. 이것들은 매우 근본적이며 필수적이기 때문에, 종교적 경험을 불러일으키고, 신앙의 언어를 구조화하고, 신학적 성찰의 이론적 언어를 형성함에 있어서 중심적인 역할을 한다. 이런 의미에서 성서 텍스트는 하나님의 실재에 접근하기 위한 매우 독보적인 인식론적 길로서 기능하는 실재이다. 호이스틴은 이것을 텍스트 실재론이라고 부른다. 즉 성서 텍스트 실재론은 성서가 하나님에 대한 "매우 독보적인 접근"의 길이란 사실에 있다. 그는 텍스트 실재론의 함의를 다음과 같이 설명한다.[25] ① 하나의 역사적 사실로서, 성서는 지속적인 신앙 맥락faith-context의 오랜 주목할 만한 해석 전통 안에서 종교적 텍스트와 신앙의 책으로서 존속해 왔다. ② 성서 텍스트는 지난 수 세기 동안에 걸쳐 하나님에 대한 지속적인 신앙 경험을 불러일으켜 왔으며, 오늘날에도 여전히 기독교적 경험을 불러일으킨다. 신학적 성찰은 성서 텍스트에 기초하여, (하나님이 그 원인이라고 믿어지는) 이 경험에 대한 해석과 재해석을 제공한다. 이것은 하나님에 대한 (기술이 아닌) 지시를 가능하게 해준다. ③ 성서 언어의 은유적 구조는 기나긴 세월 동안 지시관계의 연속성을 신앙적, 신학적 언어에 제공해 왔다. 성서는 많은 은유들을 포함하고 있을 뿐만 아니라, 성서 자체가 "계시된" "하나님의 말씀"으로 그리고 매우 특수한 "영감된" 책으로 간주되어 왔다. 성서의 은유들 가운데 일부는 지배적 모델들이 되었으며, 이 모델들은 신학 이론들을 낳았다. 이처럼 성서가 신앙과 신학에 매우 근본적이고 필수적인 은유를 기독교 전통에 제공해 왔다는 사실은 신학의 비판적 실재론의 가능성을 평가하기 위해서 뿐만 아니라 신학에서의 성서의 인식론적 지위를 결정하는 데 있어서도 매우 중요하다.

하나님의 실재를 가리키면서 동시에 신앙의 헌신을 함축하는 성서 텍스트 실재론은 궁극적으로 그리고 은유적으로 그리스도 안의 구속의 실재를 지시한다. 그리고 오직 우리 신앙의 이 뿌리 모델과의 관계 속에서만, 신앙을 위한 성서의 권위의 문제와 신학적 성찰에서의 성서의 지위의 문제가 마침내 (비록 잠정적으로나마) 해결될 수 있다. 만일 성서 텍스트가 하나님을 지시하고, 그리고 만일 이 지시연관이 궁극적으로 그리스도 안의 구속을 지시한다면, 예수 그리스도만이 성서의 권위의 원천이 된다. 이러한 의미에서 성서는 권위가 부여된 권위를 가지며, 종교적 응

25　위의 책, 138.

답과 신앙적 헌신을 불러일으키는 주된 텍스트로서, 신앙의 삶과 교회 안의 삶을 위한 구속적, 또는 기독론적 권위를 갖는다.

계시와 영감 개념은 성서의 권위의 문제와 어떻게 연관되는가? 이 개념들의 의도는 성서와 다른 일반적인 인간의 문서를 구별하는 데 있다. 비판적 실재론적 논증에 있어서 계시와 영감 개념은 성서가 형성되는 과정과 성서 텍스트 안에서의 신앙 경험을 묘사하는 은유이다. 이 은유는 토대주의적 또는 근본주의적 신학을 위한 "선입견 없는" 권위적 출발점을 형성하는 것으로 문자적으로 이해되어서는 안 된다. 우리는 이러한 유형의 소박한 인식론적 실재론을 피해야 한다. 이 실재론은 계시 또는 영감을 예언자적 모델의 관점에서 설명하며, 따라서 성서 텍스트 안에서 해석되지 않은 하나님의 "직접적인" 말씀을 매개하는 것으로 간주한다. 호이스틴에 따르면 영감 은유를 오직 텍스트의 저자나 테스트의 산출 과정에만 관련시키는 모든 텍스트에 대한 설명은 이 개념들을 오직 텍스트의 기원의 관점에서만 해석한다. 그러나 이러한 신학 입장은 소박하게 실재론적이거나 근본주의적인 영감 이론—"축자적" 또는 "기계적" 영감설과 같은 가장 원시적인 형태든지, 보다 더욱 정교한 "유기적"organic 영감설이든지—에 빠질 뿐이다.[26]

---

26 위의 책, 158. 리쾨르는 성서 안에서 다섯 가지의 담화형식 또는 장르를 구별한다. 예언자 담화, 이야기 담화, 율법 담화, 지혜 담화, 찬송 담화가 그것이다. 이 다양한 담화들은 각기의 고유한 문학적 특성을 지니고 있으며 그에 따른 다양한 이해와 해석의 모델을 필요로 한다. 영감의 모델은 오직 예언자 담화에만 적절하다. 리쾨르에 따르면 성서의 담화를 예언자 담화로 획일화시키고, 따라서 계시 개념을 예언자적 신탁이나 영감으로 환원시킬 때, 다음과 같은 문제가 초래된다. 첫째, 이 계시관념을 성서의 다른 담화형식에 연장시킬 때, 성서는 저자의 귀에 불러주는 대로 받아쓴 것으로 여겨지게 되며, 따라서 계시는 주관주의적으로 이해된다. 둘째, 영감 개념이 다른 형식의 담화로부터 얻을 수 있는 풍부한 이해를 상실하고 빈곤하게 된다. 셋째, 고대에서처럼 신탁이 직관(divination)과 결합되면, 예언은 미래에 대한 예측이나 점같이 된다. Paul Ricoeur, "Toward a Hermeneutic of the Idea of Revelation," *Essays on Biblical Interpretation*, ed. Lewis S. Mudge (Philadelphia: Fortress, 1980), 75-76.

비판적 실재론의 관점에서, 영감은 성서 텍스트의 특성을 표현한다. 이 특성은 단지 텍스트 쓰기의 결과만이 아니라, 텍스트의 실재와 해석에 본질적으로 똑같이 중요한 두 창조적 행위, 즉 성서 텍스트 쓰기와 읽기와 연관되어 있다. 텍스트 실재론에 있어서, 텍스트는 모든 다양한 형태들(이야기, 예언, 전설, 비유 등)을 통하여 하나님, 하나님과 인간, 그리고 하나님과 창조세계와 구원의 관계의 실재를 지시한다. 비판적 실재론은 중심적인 성서 은유들 안에서 나타나는 지시대상의 연속성을 입증하고자 한다.

모든 성서적 은유들이 간접적으로 그리고 잠정적으로 탐색하는 실재는 우리 안에 현존하는 살아계신 하나님이다. 이 현존의 실재를 위해서, 성서는 가장 근원적이고 기본적인 뿌리 은유의 하나인 성령을 우리에게 제시한다. 하나님의 현존을 지시하는 성령은 생명의 근원과 수여자로 묘사된다. 하나님의 창조적이고 생명 수여적인 현존으로서의 성령의 영감은 최종적 작품으로서의 텍스트에만 국한될 수는 없지만, 씌어진 텍스트의 존재론적 지시관계의 기초와 텍스트의 구속적 권위의 기초를 형성한다. 하나님은 성령을 통하여 파라도시스의 형성, 전승, 기록, 그리고 성서로서의 최종적인 고정화의 전 과정에 현존한다. 이러한 역사 과정 속에서의 은유적 지시대상의 연속성 때문에, 우리는 성서를 하나님의 말씀이라고 표현한다.

또한 성서의 기원과정과는 별도로, 하나님의 현존 안에서 또는 "성령의 인도 아래" 텍스트의 지시적 힘에 반응할 수 있는 독자 공동체가 있어왔으며 지금도 있기 때문에 성서 텍스트는 계시와 영감의 특성을 갖는다. 이 공동체는 신앙 공동체로서, 텍스트는 이 공동체를 위해 은유적으로 실재를 지시한다. 영감을 하나님의 현존으로 인한 텍스트의 특성으로 본다는 것은 텍스트를 만든 공동체 안에서 일하신 그 성령이 또한 그 텍스트를 오늘 읽고 해석함으로써 재창조하는 공동체 안에 현존한다는 것을 의미한다.[27] 리쾨르가 말하는 텍스트 안의 의미의 여정을 상기하자면, 오직 영감된 공동체만이 영감된 텍스트의 내적 한계, 즉 텍스트가 거부하는 의미와 텍스트가 우리로 하여금 오늘을 위해 창조적으로 발전시키도록 허용하는 의미를 발견할 수 있다.

성서는 비판적 실재론의 의미에서 하나님으로의 길이다. 왜냐하면 영감된 공동체에 의해 산출된 텍스트가 아직도 하나님에 대한 신앙의 영감을 불러일으키기 때문이다. 읽기의 과정은 텍스트 자체의 영감에 본질적인 것이다. 따라서 오직 특수한 신앙 공동체만이 성서 텍스트를 영감된 것으로 인식할 수 있다. 만일 하나님이 본래적인 텍스트 형성의 다양한 단계에 걸쳐 현존하였다면, 이 동일한 하나님이 다양한 성서의 번역[해석]을 통해 지시되고 계시되어야 한다. 또한 해석자를 통해서 텍스트 이전의, 텍스트를 쓴, 그리고 텍스트를 읽는 신앙 공동체들이 해석학적으로 서로 만난다. 따라서 성서와 성서 텍스트 실재론은 인간과 하나님 사이의 가교일 뿐만 아니라, 동일한 성령이 역사하는 공동체들인 텍스트를 만든 공동체와 텍스트를 읽는 공동체 사이의 가교이다. 이러한 가교를 수립하는 것이 바로 성서의 해석학적 본성과 과제이다.

2. 성서의 해석학적 본성과 과제

성서가 하나님의 실재로의 접근을 위한 독보적인 인식론적 지위를

---

[27] 위의 책.

가지고 있으며, 신앙경험을 불러일으키고 신앙의 언어와 신학적 이론을 위한 은유와 모델을 제공해준다는 사실이 성서가 신학을 위한 토대주의적 기초가 된다는 것을 의미하는 것은 아니다. 모든 신학자는 성서 해석의 과정에 모종의 선이해를 가지고 들어간다. 이 선이해는 우리의 언어를 형성하는 전통의 영향사 안에서 형성된다. 언제나 다양한 형태의 고도로 이론화되고 맥락화된 성서관이 존재한다는 사실은 성서 자체가 결코 신학적 논증을 위한 이른바 객관적이고 토대주의적이고 순수한 기초가 될 수 없다는 사실을 함축한다. 바르트적 또는 전통적인 개혁교적 의미에서 "순수한 하나님의 말씀"의 텍스트에 직접적으로 호소하는 것은 불가능하다. 우리는 이러한 소박한 실재론에서 벗어나 성서가 모든 우리의 신학적 논증의 순수한 토대가 아니라 적어도 인식론적으로 우리의 신학적 논증의 핵심적 부분이 된다는 사실을 인식하여야 한다.

이러한 사실은 새로운 복잡한 문제를 불러일으킨다. 만일 우리가 언제나 성서에 대한 어떤 선이론적인 배경적 관점을 가지고 성서에 접근한다면, 따라서 성서가 우리의 신학적 논증의 일부가 된다면, 성서로 하여금 우리의 신학적 논증의 핵심적인 부분으로 올바로 기능할 수 있도록 해주는 어떤 판단기준이 있는가? 호이스틴은 텍스트 실재론을 책임적으로 다루는 해석학적 논증을 통해 이 기준을 제공함과 아울러 성서의 권위를 재정의하고자 한다. 그는 옥덴이 제시하는 개신교 신학의 "오직 성서"sola scriptura 원리의 두 가지 불명료성에 다음 두 가지를 추가한다.[28] ① 모든 형태의 근본주의의 인식론적 원시주의primitivism —이 사고 모델의 소

---

28 옥덴이 제시하는 두 가지는 개신교와 로마 가톨릭 신학의 대화의 증대와, 성서에 대한 역사비평적 이해의 지속적인 발전이다. 위의 책, 143.

박한 실재론적 구조에도 불구하고 종종 "성서적" 신학으로 제시되는—에 대한 개신교 신학의 격심한 반동, ② 현대의 문학비평, 특히 독자반응 이론과 탈근대적 해체주의 철학에서의 복합적이고 도전적인 발전들.

성서 원리는 오늘날 과연 유지될 수 있는지 의문시될 뿐만 아니라, 성서 원리 자체가 불가피하게 성서에 대한 상대주의적 해석을 초래한다는 사실이 오늘날의 해석학과 문학비평을 통해 분명해졌다. 제임스 바 James Barr에 따르면, "교리는 성서와 일치하여야 한다는 개신교의 주장은 단지, 성서가 실제로 말한 바를 받아들일 때, 성서가 놀라울 만큼 다양한 신학적, 교회적 입장들을 지지할 수 있다는 사실을 입증했을 뿐이다."[29] 이것은 신학에서의 "자료에 의한 이론의 미결정성 문제"를 잘 표현한다. 데이비드 켈시 David H. Kelsey는 신학자가 사실상 자신이 "성서"라고 부르는 것을 구성한다고 말한다.[30] 신학자는 자신이 성서에 기초해서 이론을 세운다고 생각하지만, 사실상 보다 포괄적인 논증의 맥락 안에서 성서를 사용하고 있는 것이다. 즉 신학자는 어떤 이론, 의견, 교리를 지지하기 위하여, 보다 넓은 맥락 안에서 성서 또는 발췌된 성서 본문을 사용한다. 따라서 중요한 물음은, 논증에 있어서 성서를 사용할 때, 성서 안의 어떤 측면 또는 유형이 권위 있는 것으로 받아들여지는가? 하는 것이다.

호이스틴에 의하면, 성서라는 "권위"에 의해 만들어지는 주장 자체가 성서 텍스트에 대한 직접적이고 문자적인 호소 이외의 다른 어떤 방법에 의해 이미 타당하고 의미 있고 설득력 있는 것으로 인식론적으로 권위를 부여받지 않는 한, 성서 자체로부터 파생되는 어떤 진술도 (그 진술이 성서

---

29 James Barr, *Holy Scripture: Canon, Authority, Criticism* (Oxford: Clarendon, 1983), 32 이하.
30 David H. Kelsey, *The Uses of Scripture in Recent Theology* (London: SCM, 1975), 2 이하.

로부터 파생되었다는 이유만으로) 권위 있는 진술이 될 수 없다.[31] 그에 따르면, 성서 텍스트 실재론은 신학에 있어서의 비판적 실재론적 논증의 핵심 부분으로 이 논증에 신뢰성을 줄 뿐만 아니라, 특히 텍스트 자체의 중심적인 은유적 개념에 적절하다. 성서는 결코 그 자체로서 신학적 명제의 의미와 진리를 위한 충분한 권위가 될 수 없다. 신학적 명제의 적절성과 잠정적 진리는 보다 더욱 포괄적인 논증, 보다 더욱 넓은 기준의 틀에 의존한다. 신학의 해석학적 문제로 인하여, 성서 텍스트와 종교적 경험은 이론 지워진 "자료"일 수밖에 없다. 이러한 사실은 상이한 신학들이 각기 자신의 주장을 정당화하기 위한 자신의 고유한 기준을 가지고 있다는 사실로부터 명백해진다. 신학자들은 자신들이 잠정적으로 도달하고자 하는 특수한 종교적인 실재의 영역을 설명하기 위하여 상이한 모델들을 사용한다. 그러나 이 모든 모델들은 기본적으로 성서 텍스트와의 연관 속에서 해석적으로 사용된다. 성서는 비록 상이한 집단에 의해 상이하게 해석됨에도 불구하고, 자신의 고유한 내적인 해석학적 한계를 가지고 있다. 성서의 실재와 오늘날의 독자가 이 텍스트를 받아들이는 과정은 결과적으로 비록 잠정적인 방식으로나마 우리로 하여금 신학에서의 '자료에 의한 이론의 미결정성 문제'를 해결하도록 도와줄 것이다.

성서 해석학에 있어서, 최근까지도 텍스트 해석 이론에 대한 탐구의 초점은 텍스트의 생산과 전승, 즉 텍스트의 원천과 메시지에 있었다. 이러한 역사적 접근은 주로 텍스트의 기원과 원천에—이것들이 텍스트 이해의 열쇠가 된다고 믿으면서—관심을 기울였다. 한편 구조주의자는 텍

---

31 J. Wentzel van Huyssteen, "The Realsim of the Text: A Perspective on Biblical Authority," in *Essays in Postfoundationalist Theology*, 144-145.

스트 자체, 즉 "작품"으로서의 텍스트에 집중하면서, 다양한 차원들에서 그 구조를 분석하였다. 그러나 텍스트가 무엇인가에 관한 오늘날의 탐구는 신학자들로 하여금 해석의 전 과정에 대한 접근을 다시 생각하게 만들었다. 그 결과 우리는 텍스트는 저자와 독자 사이의 "대화"를 매개할 뿐만 아니라 그 자신의 고유성을 지닌 한 실재가 된다는 사실을 인식하게 되었다. 텍스트는 일단 씌어지면, 본래적인 저자의 "정확한" 의도가 무엇이었든지 간에, 그 자체가 하나의 실재가 된다.

이것은 텍스트가 이제 오직 독자와의 관계 속에서만 살아있게 된다는 것을 의미한다. 독자는 텍스트를 소생시키고 텍스트에 새로운 의미를 준다. 그러므로 성서 텍스트라는 실재는 그 의미가 역사적 저자가 단번에 영원히 부여한 의미 안에 "닫혀 있는" 실재가 아니다. 따라서 상호작용적이고 관계적인 방식으로 성서 텍스트를 읽고 해석하는 것은 창조적이고 상상적인 경험으로서, 이 경험 속에서 텍스트는 한편으로는 다양한 해석을 허용하면서 다른 한편으로는 그 자체의 내적 패턴이나 한계로 인하여 다른 해석들은 거부한다.

여기서 우리는 신학에서의 '자료에 의한 이론의 미결정성'의 문제가 해석학의 문제로 옮겨질 때 어떻게 바뀌는지를 알 수 있다. 즉 성서 텍스트에 대한 독자의 반응에 주된 초점을 맞출 때, 해석 이론은 트레이시가 말한 바와 같이 텍스트와 독자의 관계성에 기초한 책임적인 읽기의 다원성을 허용할 뿐만 아니라 고무한다. 트레이시는 비판적이고 책임적인 읽기의 다원성을 주장하면서 독자에 의한 성서 텍스트의 수용을 강조한다.[32]

---

32   D. Tracy, *The Analogical Imagination: Christian Theology and the Culture of Pluralism* (New York: Crossroad, 1981), 118, 124.

다양한 해석의 모델들은 각기 자신들의 고유한 방식으로 "내적 한계" 또는는 폴 리쾨르Paul Ricoeur의 은유를 빌면 텍스트 자체 안에 담겨져 있는 "의미의 여정旅程, itineraries"을 탐사한다.[33] 리쾨르 역시 텍스트를 정적인 반복을 요구하는 고정된 의미 안에 "닫혀져 있는" 실재가 아니라 역동적이고 창조적인 읽기에 개방된 실재로 이해한다. 읽기는 리쾨르가 "의미의 여정"이라고 부르는 것, 즉 해석의 창조적 과정에 의해 개방되는 텍스트의 내적 패턴 또는 한계, 또는 텍스트 자체 안에서 작용하는 생산적인 상상력에 의해 인도된다.

리쾨르는 읽기 행위를 의미의 여정의 합류점meeting point으로, 또는 텍스트와 실재를 재기술하는 독자의 상상력의 만남으로 보았는데, 이러한 설명은 비판적 실재론의 논증에서의 지시연관의 문제에 대하여, 그리고 해석학적 형태의 미결정성 문제의 해결을 위해 매우 중요하다. 이처럼 성서 내적인 사고의 패턴을 삶에 적용하는 일은 은유화 과정을 통하여 일어나는데, 이 과정은 텍스트의 문학적 형식 안에 내포되어 있다. 텍스트 안에 내포된 의미의 여정은 창조적, 상상적 해석의 행위를 통해 은유화 되는데, 이 은유화는 특정한 텍스트를 넘어서 전체 해석과정을 지배하는 기본적이고 포괄적 주제를 지향한다. 이 기본적이고 포괄적인 주제는 성서로부터 창조적으로 재구성되는 중심적 관점으로서, 그리스도 안의 구속이나 하나님 나라와 같은 것들이 그것들이다. 이러한 중심적인 은유들은 성서 텍스트 안에서 작용하는 은유화 과정의 결과이다. 텍스트

---

33 성서 텍스트의 의미는 센스와 지시체의 변증법적 관계 안에서 산출되며, 따라서 성서 텍스트의 의미에 대한 이해는 이에 대한 설명을 요구한다. 따라서 성서해석은 이해(최초의 이해)-설명-이해(전유)의 변증법적 과정 안에서 이루어진다. Paul Ricoeur, "The Bible and the Imagination," in *The Bible as a Document of the University*, ed. Hans Dieter Betz (Chico. Calif.: Scholars Press, 1981), 50.

안에서 작용하는 이러한 은유화 과정은 독자의 상상적 해석을 직접적으로 포함함에도 불구하고 때때로 또한 해석의 여정을 텍스트 자체 안에서 발견되는 의미에 제한시킨다. 비판적 실재론자에게 있어서 이 점은 매우 중요하다. 성서의 은유는 실재적인 지시체를 갖기 때문에, 성서는 단지 종교적 경험을 불러일으키는 중요한 은유의 창고가 아니다. 은유가 산출하는 은유화의 역동적 과정은 성서 텍스트에 대한 다양한 해석들에도 불구하고 은유 자체 안에서 지시대상의 연속성을 제공해준다.[34]

최근에는 독자반응비평에 의해서 독자의 텍스트 수용에 새로운 강조점이 주어진다. 독자반응비평은 텍스트에 대한 독자의 상상적이고 창조적인 해석에 관심을 기울인다. 독자반응비평에 있어서 텍스트에 대한 조사는 읽기의 과정, 따라서 독자와 텍스트 사이의 상호작용에 대한 논의로 대체된다. 여기에서 의미는 텍스트와 독자 사이의 상호작용의 산물이지만, 결국 그 의미는 언제나 텍스트의 의도를 재현한다. 특정한 텍스트에 대한 여러 가지의 현실화가 있을 수 있음에도 불구하고, 그것들은 언제나 텍스트 자체에 의해서 함축되고, 한계 지워지고 제한된다.

호이스틴에게 있어서 텍스트 실재론은 해석학적으로 어떤 의미에서 독자가 텍스트 안에 새겨져 있고 약호화되어 있으며, 따라서 텍스트의 의미의 일부를 형성한다는 사실을 함축한다. 따라서 비판적 실재론에 있어서의 성서의 지위는 독자반응 이론과 조화되며 사실상 독자반응 이론을 위한 기본적인 인식론적 전제를 형성한다. 그에 의하면, 성서 텍스트를 독자반응 이론의 관점에서 이해하는 것은 신학에서의 "자료에 의한

---

34 J. Wentzel van Huyssteen, "The Realsim of the Text: A Perspective on Biblical Authority," in *Essays in Postfoundationalist Theology*, 150-151.

이론의 미결정성" 문제에 대한 해결의 길을 제시할 뿐만 아니라, 지시관계의 문제 자체를 위한 다음과 같은 중요한 함의를 갖는다.[35] ① 성서 텍스트와의 의사소통은 그 최종적 목적지, 즉 독자에 의한 텍스트의 수용에 이르기까지는 완성되지 않는다. ② 읽기는 단지 재생산적인 활동이 아니라 생산적인 활동이기 때문에, 지시관계는 단순히 텍스트의 세계의 관점에서만 분석될 수 없고 또한 텍스트가 전제하는 독자의 세계의 관점에서도 분석되어야 한다. ③ 저자의 의도가 오직 텍스트의 실재의 관점에서만 결정될 수 있는 것처럼, 텍스트는 예상되는 독자의 수용을 분석하기 위한 기초가 된다. 여기서 우리는 다시 성서 텍스트 실재론으로 인도된다. 즉 성서 텍스트의 저자는 궁극적으로 실재^{하나님}에 헌신되어 있었다. 그리고 이 실재에 대한 그들의 신앙은 사실상 텍스트 자체를 선행했다. 텍스트가 지속적으로 지시하고 있는 궁극적인 대상은 바로 이 실재이다. 그리고 이 지속적 지시 관계가 텍스트 실재론의 본질이다.

V. 결론

보편적이고 명증적인 지식에 대한 타이탄적 탐구를 갈망하는 근대의 토대주의와, 지식을 신앙주의적 주장을 통해 표현되는 사적이고 특수한 관점으로 용해시키거나 특이한 언어게임의 놀이로 환원시키는 탈근대적

---

35   위의 책, 152.

반토대주의 사이의 중도를 지향하는 포스트 토대주의 신학을 위한 인식론적 논거는 (과학에서와 마찬가지로) 비판적 실재론에서 발견된다.

신학에서의 비판적 실재론의 출발점은 경험이다. 즉, 종교적 경험을 신학을 위한 정당한 방법론적 출발점으로 회복시키려는 포스트 토대주의의 시도와 일치되게, 비판적 실재론은 일상적인 인간의 경험과 성찰에서 출발하여 실재의 본성에 대한 종교적 확증으로 나아가는 신학적 접근이 가능하다고 본다.[36] 비판적 실재론은 신앙경험으로부터 출발하여 이해로 나아간다. "신앙은 이해를 추구한다"는 안셀무스의 고전적 명제는 신학에서의 비판적 실재론을 잘 표현해주는 경구라고 할 수 있다. 비판적 실재론의 관점에서 이 경구는 "해석된 신앙경험 또는 신뢰는 실재론적 지시와 합리적 이해 가능성을 추구한다"는 것을 의미한다. 한편, 이 경구는 신앙의 헌신이 이해를 심화시키고 교정하는 길임을 나타낸다. 다시 말하면, 우리가 우리에게 오는 통찰을 신뢰할 때, 실재는 우리에게 알려진다. 모든 합리적 사고와 마찬가지로 종교적, 신학적 합리성의 기초는 (해석된) 신앙경험과 신뢰 fiducia 이다. 그러므로 신학에서의 합리적 판단과 이론화는 인격적 참여의 특징을 갖는다. 다른 한편, 이 경구는 또한 신학이 다른 일반 과학과 같이 실재론적 지시 기능과 합리적 이해 가능성을 가지고 있음을 나타낸다. 과학이 객관적 실재에 대한 실재론적 지시 기능과 합리적 이해 가능성을 가지고 있을 뿐만 아니라 전통과 공동체 안에서의 참여적, 인격적, 신뢰적 뿌리를 가지고 있다면, 신학은 전통과 공동체 안에서의 참여적, 인격적, 신뢰적 뿌리를 갖고 있을 뿐만 아니라 객관

---

36 이러한 관점에서, 비판적 실재론은 종교와 과학의 새로운 공동의 토대를 열어줄 뿐만 아니라 더 넓은 간학문적 대화 안에서 신학과 과학을 통합하기 위한 오늘날의 도전에 응답하는 오류 가능적 (fallibilist), 경험적 인식론을 함축한다.

적 실재에 대한 실재론적 지시 기능과 합리적 이해 가능성을 (비록 오류 가
능적, 잠정적인 형태지만) 가지고 있다. 이러한 의미에서 신학과 과학은 비판
적 실재론을 공유한다.

　　이와 같은 비판적 실재론을 성서 이해와 해석에 적용함으로써, 우리
는 교의학적인 권위나 명제적 정의에 의존하는 전근대적인 성서 이해,
그리고 오직 텍스트 내재성을 주장하는 신앙주의적인 탈근대적 성서 이
해 양자를 극복할 수 있다. 오늘의 탈근대적 해석학의 논의에 있어서, 비
판적 실재론은 "텍스트의 세계가 우주를 흡수할 수 있다"[37]는 린드벡의
신앙주의를 지양하여 텍스트 내의 세계와 텍스트 외의 세계 사이의 변증
법적인 관계를 지향하는 포스트 토대주의적 해석학을 위한 인식론적 모
델이 된다. 이 모델을 통하여 우리는 비권위주의적, 비문자주의적, 비신
앙주의적인 방식으로 가능한 최대한의 과학적 합리성과 이해 가능성을
가지고 성서의 권위와 지위, 그리고 성서 해석학의 본성과 과제를 설명
할 수 있기를 희망한다.

　　호이스틴이 지적한 바와 같이 성서의 권위는 신학적 성찰을 위한 성
서의 인식론적 지위와 직결되어 있다. 즉 성서의 인식론적 지위는 바로
성서가 하나님의 실재에 접근하기 위한 독보적인 길이라는 사실에 있다.
즉 성서는 기독교의 신앙경험을 불러일으키며, 신앙의 언어와 신학 이론
을 위한 은유적 개념과 모델을 제공하며, 기독교의 지시관계를 위한 규
범성과 연속성을 제공한다. 성서의 권위는 어떤 명제적 교리에 의해 규
정되는 것이 아니라 이러한 성서의 인식론적 기능과 지위에 의해 결정된

37　George Lindbeck, *The Nature of Doctrine: Religion and Theology in a Postliberal Age* (Philadelphia: Westminster Press, 1984), 117.

다.

이와 같은 성서의 인식론적 기능과 지위는 성서 텍스트의 해석학적 본성과 과제를 동시에 함축한다. 다시 말하면 비판적 실재론적 관점에서 규명된 과학에서의 자료 또는 실험과 이론의 관계, 즉 이론 지워진 자료, 또는 자료에 의한 이론의 미결정성의 관계는 바로 신학에서의 경험과 신앙적 해석의 관계를 이해하기 위한 해석학적 함의를 지닌다. 기독교의 신앙경험은 언제나 이미 신앙 안에서 해석된 경험이다. 경험이 신앙을 가져오는 것과 마찬가지로 신앙이 경험을 가능하게 한다. 신앙경험은 언제나 이미 특정한 해석학적 공동체와 신학적 전통 안에서 이루어진다. 마찬가지로 성서 텍스트의 권위는 신학적 성찰과 신학에서의 은유적 개념과 모델을 위한 토대주의적인 기초로서 단순히 전제될 수 없다. 왜냐하면 성서가 신앙을 불러일으키고 신앙의 언어와 신학의 은유적 개념과 모델을 제공해줌에도 불구하고, 모든 성서에 대한 접근과 해석들은 각각의 특정한 신학적 논증 안에서, 따라서 다양한 방식으로 이루어지기 때문이다. 다시 말하면, 성서에 대한 호소 자체가 이미 신학적 논증의 일부이다.

그러므로 성서 텍스트의 인식론적인 지위와 해석학적 본성을 인식하는 비판적 실재론에서 제기되는 중요한 질문은 "성서가 기독교 논증의 직접적인 토대로서가 아니라, 구체적인 기독교적 관점을 위한 실제적 기초를 형성하는, 훨씬 더 포괄적인 논증의 부분으로서 기능할 수 있는가?" 그리고 "성서가 우리의 신학적 논증의 일부가 된다면, 성서로 하여금 우리의 신학적 논증의 핵심적인 부분으로 올바로 기능할 수 있도록 해주는 어떤 판단기준이 있는가?" 하는 것이다. 이 질문에 대한 답변은 텍스트에 대한 비판적 실재론을 책임적으로 다루는 해석학적 논증을 통해 그러한 판단의 기준을 제공함과 아울러 성서의 권위를 재정의하는 과제를 포함한다.

비판적 실재론을 반영하는 성서 해석학은 토대주의적인 객관적 실재론에 기초한 문자주의적 또는 역사주의적 해석과 반토대주의적인 비실재론에 기초한 해체주의적 또는 실용주의적 해석 양자를 비판적으로 극복하여, 성서 텍스트 해석에 있어서의 책임적 다원성과 상대적 적절성을 위한 기준을 오늘날의 해석학 이론들을 전유하여 제시하고자 한다. 오늘날의 해석학적 이론들(예를 들면, 리쾨르, 트레이시, 독자반응비평)에 따르면, 씌어진 담화로서의 성서 텍스트는 성서의 본래적 저자와 상황과 청자로부터의 독립성과 자율성을 획득하며, 따라서 텍스트의 의미는 텍스트의 뒤나 안에 갇혀있지 않고 텍스트 앞의 독자의 세계를 향한 다원적 해석에 개방되어 있다. 다시 말하면, 텍스트의 의미는 텍스트의 내적 구조 안에서의 의미의 여정(또는 이념적 의미)과 텍스트 앞에서의 독자의 창조적 상상력과 해석과의 변증법적 관계 속에서 탈은폐된다. 여기서는 저자의 의도보다 텍스트의 의미론적 자율성과 텍스트의 이념적 의미에 대한 독자의 해석과 전유가 텍스트의 의미를 규정하는 더욱 중요한 요소가 된다.

이러한 다원적이고 창조적인 텍스트의 의미 해석과 전유는 성서 텍스트의 언어 자체의 은유적 본성과도 상응한다. 비판적 실재론의 성서 해석학은 다양한 장르의 성서의 언어를 총칭적으로 은유로 이해하며, 또한 성서의 간텍스트적 관계 속에서 은유화가 발생하는 것으로 이해한다. 은유는 문자적 언어의 지시를 넘어서는 방식으로 실재를 지시하며, 따라서 그 의미는 일의성과 다의성, 긍정과 부정의 변증법적 관계 안에서 탈은폐된다. 텍스트의 의미의 여정과 독자의 창조적인 상상력 안에서의 해석의 만남을 통한 독자반응비평은 이러한 텍스트 내적 은유화 과정의 텍스트 외적 확장이라고 할 수 있다.

여기서 중요한 점은 텍스트의 의미가 문자적 일의성에 묶여있지 않으며 은유적 다원성에 열려 있다는 사실이다. 하지만 독자의 창조적 상상력에 의해 탈은폐되는 텍스트의 다원적 의미의 개방성을 허용할 뿐만 아니라 추구하는 비판적 실재론의 성서 해석학은 해석의 책임성과 상대적 적절성을 위한 보완적 기준을 텍스트 여러 비판적, 또는 의혹의 해석학 이론들과 방법들로부터 전유한다. 그 이론들과 방법들은 텍스트의 1차적 지시체로서의 역사적 실재에 접근하기 위한 역사비평 방법, 텍스트의 기호학과 의미론에 관한 문학비평 방법, 텍스트의 내적 구조에 대한 구조주의적 접근, 그리고 여러 유형의 의혹의 해석학과 비판이론들(하버마스, 프로이드, 니체, 마르크스, 페미니스트)을 포함한다.

이와 같은 비판적 방법들은 반드시 성령의 조명과 인도와 대립될 필요가 없다. 그 옛날 텍스트의 저자에게 영감을 불어넣어 주셨던 성령은 비판적 실재론의 관점에서의 해석학적 자의식을 지닌 오늘의 비평적 독자들의 해석과정을 인도하신다. 따라서 오늘의 독자들은 성령의 영감과 인도하심을 간구하면서, 동시에 다양한 비평적 방법과 설명방법과 비판이론을 적절히 사용할 필요가 있다. 상대적으로 적절하고 동시에 비판적이고 책임적인 해석, 텍스트의 의미론적 차원에 충실하며 동시에 오늘날의 현실에 적절한 2차적 지시체 또는 은유적 실재를 탈은폐하는 창조적인 해석은 비판적 실재론적인 성서 이해에 기초한 포스트 토대주의적 성서 해석학이 지향해야 할 길이다.

제2부 현대의 신학 방법론

제6장

프리드리히 슐라이에르마허:
신앙·경험적 신학 방법론

• 이 글은 윤철호, 『현대신학과 현대 개혁신학』(서울: 장로회신학대학교출판부, 2003) 제1부 제1장 "슐라이에르마허의 신학사상"의 내용 가운데 일부를 제외하고 수정·보완한 것임.

Ⅰ. 서론

프리드리히 슐라이에르마허는 현대신학의 아버지, 또는 현대신학 방법론의 패러다임을 수립한 신학자로 불린다. 그는 '성서를 포함하는 전통'이 제공하는 신앙과 신학의 표준과 '시대정신'이 제공하는 방법론을 상호 연관시키려고 시도했던 신학자였다. 그는 루터, 칼뱅과 개신교 정통주의의 개신교 신학을 지탱해주던 신학의 규범적 원리, 즉 성서와 교리의 명제적 진리에서 출발하지 아니하고 일반적인 종교 감정, 그리고 나아가서 기독교 신앙 공동체의 경건한 감정에서 출발하는 새로운 신학 방법론의 원리를 제시했다. 다시 말하면 그는 하나님으로부터 출발하는 계시의 방법 대신에 인간의 의식 주체로부터 출발하는 '신앙의 방법', '아래로부터의 방법', '인간학적 방법', '현상학적 방법'을 시도했다.

'의식/경험'에서 출발하는 슐라이에르마허의 새로운 신학 패러다임은 그의 책 제목 『신앙론』에 나타나듯이 그가 신학을 계시실증주의적 또는 형이상학적 '교의학'Dogmatik 이 아니라 '신앙론'Glaubenslehre 으로 규정했다는 사실에 잘 나타나 있다. 그는 신학의 과제가 초월적, 명제적 진리를 해명하는 것이 아니라, 모든 헌신적인 기독교인들의 신앙을 현상학적으로 기술하는 것으로 생각했다. 신학은 기독교인의 신앙 행위의 사실과 현상에 대한 지성의 반성적이고 체계적인 성찰이다. 따라서 슐라이에르마허는 그 자신 안에 계신 분으로서의 하나님을 신학의 직접적인 주제로 삼지 않고, 하나님과의 관계 안에 있는 인간을 신학의 직접적인 주제로 삼았다. 슐라이에르마허가 현대신학의 아버지라고 불리는 까닭은 그가 이처럼 의식의 매개를 통한 "신앙·경험적 신학 방법론"의 패러다임을 수립했기 때문이다.

이 글에서는 슐라이에르마허의 신앙·경험적 패러다임의 신학을 그의 신학 체계를 중심으로 고찰할 것이다. 이것은 곧 우리가 그의 완숙한 신학사상의 결정체인 『신앙론』 *Glaubenslehre*에 대하여 살펴보아야 함을 의미한다. 따라서 이 글에서는 『신앙론』의 내용과 구조를 분석하는 것을 목적으로 한다. 하지만 『신앙론』에 나타난 슐라이에르마허의 신학 체계를 살펴보기 전에, 먼저 그의 신학 방법론에 영향을 준 사상적 배경을 살펴볼 필요가 있다. 그 까닭은 레데커 M. Redeker가 말한 대로 문화-역사적 분석 접근만이 슐라이에르마허를 순수하게 이해할 수 있는 유일한 길이기 때문이다.[1] 슐라이에르마허는 그 당시의 시대정신의 아들로서 기독교의 신앙의 진리를 시대에 적절하게 재해석하려고 했던 신학자였다. 슐라이에르마허의 신학 체계에 대한 분석적 고찰 후에는 그에 대한 여러 신학자의 평가가 소개될 것이다. 그리고 마지막으로 슐라이에르마허의 신학 방법론에 대한 필자의 견해가 제시될 것이다.

II. 새로운 방법론적 전환을 위한 사상적 배경

전통적인 신학의 방법론적 전환의 필요성은 종교개혁 신학의 원리인 '오직 성서로만' sola scriptura를 뒷받침해주고 있던 영감설이 역사비평의 도전에 의해 규범적인 지위를 상실하기 시작했던 시대적 상황에 의해서 대두했다. 신학의 객관적인 규범인 성서의 문자적 권위를 대신해서 성서를 해석하는 해석자의 위치가 중요한 의미를 갖게 되었다. 이것은 종교개혁 신학의 또 하나의 원리인 '오직 신앙으로만'sola fide이란 표어가 잠재적으로 함축하고 있던 개인적인 신앙체험의 중요성이 발전적으로 꽃 피우게 된 것이라고도 볼 수 있다.[2]

성서에 대한 본문비평으로 인해 성서의 권위로서의 영감설이 위기를 맞게 되고 인간의 모든 판단에 선행하는 초월적 규범으로서의 성서의 신적 권위에 대한 교리가 흔들리면서, 성령의 내적인 증거의 교리가 외적인 말씀을 보완하고 성경의 진리 주장의 내용을 평가하는 주관적인 경험과 확실성을 위한 지렛대가 되었으며, 이에 따라서 주관적인 경험이 신앙과 기독교 교리의 기초임을 확신하는 근대의 신 개신교 신학으로의 이행이 이루어지게 되었다. 이제 성서는 하나님의 영감의 산물로서 기독교의 '기초'라기보다는 기독교 신앙적 경험의 '표현'으로서 이해된다.

1. 데카르트와 칸트

의식을 매개로 하는 신앙·경험에 기초한 슐라이에르마허 신학의 철학적 원천은 데카르트와 칸트에게로 거슬러 올라간다. 계몽주의 이후 계시된 진리로서의 성서 대신에 사유하는 주체로서의 인간 이성이 실재를

---

1   M. Redeker, *Schleiermacher: Life and Thought*, 주재용 역, 『슐라이에르마허: 생애와 사상』(서울: 대한기독교출판사), 42.
2   루터는 "오직 경험만이 신학자를 신학자 되게 한다."라고 말했다. *Martin Luthers Werke (WA): Kritische Gesamtausgabe Tischreden*, I. 16. 13 (no. 46), WA, 5. 163. 28 (operationes in Psalmos, 1519-21); B. A. Gerrish, "The Chief Article: Then and Now," in *Journal of Religion* 63, no. 4 (October 1983), 371. 게리쉬에 따르면 루터와 칼뱅의 신앙은 인간 중심적인 것이 아니었음에도 불구하고, 신앙하는 주체를 사고의 대상으로 삼음으로써 인간 중심적인 신학의 단초를 제공했다고 한다.

이해하고 해석하는 최고의 법정이 되었다. 이러한 특징은 사고하는 주체로서의 인간의 자아의식 cogito을 통한 명증적 관념을 탐구하려 했던 데카르트에게서 분명히 나타났다. 그에게 있어서는 전통이나 기성의 권위보다 사유하는 주체로서의 자기의식이 궁극적인 진리의 척도가 되었다. 데카르트가 사고하는 주체로서의 자아의식을 철학의 중심주제로 부각시킨 이래 자기의식의 문제는 칸트와 독일 관념론에서 현상학과 실존철학에 이르기까지 서구철학의 근본적 주제가 되어왔다.

데카르트에서 칸트로 이어지는 인간 중심적인 자아의식을 주제로 삼는 근대철학의 방법론은 인식론에서의 방법론적 전환을 가져왔다. 대상의 근거를 주체의 인식 구성작용에서 찾음으로써, 실재의 궁극성에 대한 문제는 주체의 자기의식에 대한 물음으로 전환되었다. 칸트는 다양하게 변화하는 대상의 근거를 대상에 대응하는 대상의식에서가 아니라 의식의 다양성을 통일하는 근거인 또 다른 근본의식에서 구했다.

그러나 이와 같은 칸트의 인식론에서의 코페르니쿠스적 전환의 귀결은 계몽주의와는 달리 인간의 주관 '밖에' 초월적으로 존재하는 대상으로서의 하나님은 유한한 인간에게 '직접적으로' 알려질 수 없다는 것이었다. 칸트는 인간은 이성에 의해 구성된 현상 배후에 있는 물 자체나 경험 세계 안에 존재하는 대상들과 상응하지 않는 비대상적인 선험적 관념들, 그리고 하나님에 대해서는 (순수)이성에 근거한 인식이 불가능하다고 했다.[3] 이러한 칸트의 인식론적 제한은 고전적인 형이상학적 신학과 계몽주의의 자연종교의 불가능성을 의미했다. 하나님의 존재가 이성으로 증

---

3   Immanuel Kant, *Critique of Pure Reason*, trans. Norman Kemp Smith (New York: St. Martin's Press, 1965), 528.

명될 수 없으며, 하나님에 대한 진술이 경험적 대상과 관계를 갖지 못한다면, 전통적인 계시론의 패러다임을 지탱해 왔던 형이상학적 독단론이 붕괴될 수밖에 없었다.

개인의 종교적 체험을 중시하고 인간의 '의식/경험'으로부터 출발하는 슐라이에르마허의 새로운 신학의 패러다임은 이러한 시대 사상적 맥락에서 이해될 수 있다. 그에게 있어서 유한한 인간의 유일한 인식론적 가능성은 인간의 의식 주체에 '들어와 있는' 의식의 지향성이 지시하는 존재로서의 하나님 의식을 분석하는 데 있다. 우리는 슐라이에르마허가 개인의 신앙체험을 중시하는 종교개혁의 원리와 인간 주체의 이성적인 능력을 강조하는 근대철학과 만나는 시대 사상적 상황에서 신학을 수행하였음을 이해해야 한다. 다시 말하면 슐라이에르마허는 종교개혁의 주체적 신앙체험에 근거한 이신칭의의 전통을 데카르트와 칸트를 경유하면서 체계화된, 인간 주체의 자아의식에서 출발하는 인식론적 원리 안에서 재해석했다고 할 수 있다.

2. 경건주의와 낭만주의

슐라이에르마허는 아버지의 영향으로 어려서부터 모라비안 형제단에서 경건주의 교육을 받았으며 14세에 회심을 체험했다. 그가 종교를 신앙 또는 경건 piety 으로 이해하고 교회 중심의 신학을 전개한 것은 경건주의의 영향을 반영한다.[4] 그의 신학이 극단적이고 불화하는 견해들 사

---

4   M. Redeker, *Schleiermacher: Life and Thought*, 14; Schleiermacher, *Aus Schleiermacher's Leben: In Briefen*, eds. Ludwig Jonas and Wilhelm Dilthey (Berlin: Georg Reimer, 1858-63), Vil. 1, 284 참고.

이의 중재와 화해, 그리고 종합과 평화를 추구한 것은 모라비안 경건주의에 기초한 그의 기독교 영성을 잘 나타낸다고 할 수 있다.

이와 함께 슐라이에르마허는 계몽주의의 틀 안에서 야기된 근대철학의 이성 중심의 일방적 경향과 데카르트와 칸트의 주객 이원론의 도식으로 인한 신학적 딜레마를 극복하기 위한 대안으로 낭만주의의 원리를 수용한다. 다시 말하면 그는 데카르트와 칸트의 자아의식에 기초한 초월철학이 만들어 놓은 무한자와 유한자 사이의 인식론적 간격을 극복할 수 있는 원리를 낭만주의 운동에서 발견했다. 낭만주의 운동은 계몽주의적 합리주의에 대항해서 18세기 말과 19세기 초에 유럽에서 일어난 운동으로서 당시의 철학, 문학, 음악, 그리고 신학에 큰 영향을 미쳤다.

틸리히는 낭만주의의 본질이 니콜라스 쿠사누스의 "반대의 일치" coincidentia oppositorum 의 원리와 같이 "무한이 유한 안에 존재한다"는 명제로 규정된다고 본다. 낭만주의에서는 모든 유한한 형식을 넘어서는 무한자의 생동력에 의해서 유한과 무한의 균형이 깨어진다.[5] 낭만주의는 유한 속에서 무한을 발견한다. 유한은 무한을 향해서 나아가고, 유한 속에서 무한한 우주가 조망된다. 영원성은 우리 속에 있다. 낭만주의는 인간을 단순히 사고하는 이성적 존재가 아니라 감정으로 느끼고 직관하고 상상하는 존재로 파악한다. 또한 낭만주의는 자연을 하나님과 분리된 물질로서 보는 기계론적, 물리학적 관점에서 이해하지 않았다. 그 대신 자연의 모든 만물 가운데 하나님이 현존하며 자연을 새롭게 한다고 생각했다. 따라서 역사는 만물 가운데 현존하는 신적 정신에 의해 움직여 나아가는

5   Paul Tillich, *Perspectives on 19th and 20th Century Protestant Theology*, 송기득 역, 『19-20세기 프로테스탄트 사상사』(서울: 한국신학연구소, 1980), 97-103.

유기적 과정으로 이해되었다. 슐라이에르마허는 그의 친구 슐레겔을 통해 낭만주의 운동에 참여하게 되었으며, 특히 슐레겔의 권유로 쓰게 된 『종교론』에는 이러한 낭만주의의 정신이 잘 나타나 있다.

3. 스피노자

슐라이에르마허는 칸트의 초월 철학의 한계 안에서의 이원론을 극복하기 위한 교정제로서 스피노자의 유기적 일원론의 인식론적 원리를 수용했다. 쥴리아 램$^{Julia\ A.\ Lamm}$은 슐라이에르마허를 후기 칸트적 스피노자주의자로 이해한다.[6] 슐라이에르마허는 칸트가 현상^{phanomenon}과 물자체^{noumenna}, 욕구와 선험적 자유 사이에 이원론을 설정함으로써 비정합성에 빠졌다고 비판한다. 그는 내재적인 원인으로서 모든 유한의 통일적인 근거인 무한을 확보하는 스피노자에게서 칸트의 오류에 대한 수정의 길을 발견한다.

슐라이에르마허는 스피노자^{Spinoza}의 철학을 유기적인 일원론으로 보았다. 여기서 하나님은 인격적이지는 않지만 'natura naturans'$^{주체적,\ 또는}$ $^{능동적\ 자연}$로서, 'natura naturata'$^{대상적,\ 또는\ 수동적\ 자연}$로서의 자연과는 구별되는 살아 계신 하나님이다. 모든 유한한 것들 안에는 무한자가 존재한다. 스피노자는 선천성의 원리$^{principle\ of\ inherency}$를 주장하는데, 여기서는 한 편으로는 무로부터의 창조라는 유신론의 교리를 거절하고, 다른 한 편으로는 유한한 자연이 스스로 존재한다는 무신론적 입장도 배격한다. 스피노

---

6   Julia A. Lamm, "Schleiermacher's Post-Kantian Spinozism: The Early Essays on Spinoza, 1793-94," *Journal of Religion* 74, no. 4 (October, 1994).

자에 의하면 오직 한 실체인 하나님만이 존재한다. 이 실체는 하나이며 나누어지지 않으며 무한하다. 그 밖의 모든 것들은 바로 이 한 실체의 변형일 뿐이다. 모든 실체와 양태들은 신적 본성 안에 존재하고, 오직 그것을 통해서만 인식될 수 있다. 생멸하는 모든 것은 오직 하나님의 무한한 본성의 법칙을 통하고 또 하나님의 본질의 필연성으로부터 유래한다. 스피노자는 하나님을 자연법칙들을 마음대로 변경시키는 전능한 통치자로서 신인동형론적으로 이해하지 않는다. 'natura naturans'는 내재적이고 비인격적인 힘 vis, virtus 으로서 언제나 자연의 법칙 안에서 그것을 통해서 활동한다.

이러한 스피노자의 신개념은 슐라이에르마허가 자신의 하나님 이해를 발전시키는 데 심대한 영향을 미쳤다. 물론 슐라이에르마허는 스피노자의 합리주의적 형이상학적 경향은 거부한다. 이 점에서 그는 칸트가 설정한 순수이성의 한계를 넘어서지 않는다. 슐라이에르마허는 비판철학과 신 스피노자주의의 입장을 받아들여, 우리는 하나님의 내적인 속성들에 대하여는 말할 수 없고 다만 유한 세계를 통한 하나님의 활동만을 말할 수 있다고 생각했다. 그러나 그는 동시에 칸트의 초월 철학의 이원론을 거부하고 유한한 세계의 총체성 밖에 초월적으로 존재하는 초세계적인 실재로서의 신개념을 수정하고자 했다. 무한은 유한의 총체성 가운데에서만 발견된다는 그의 생각은 바로 후기 칸트적 스피노자주의를 대변한다.

III. 『신앙론』에 나타난 슐라이에르마허의 신학체계

슐라이에르마허는 많은 저서를 출간했지만 그의 대표적인 신학적 저서는 1821년과 1822년에 두 권으로 출판된 『신앙론』[7]이다. 이 책은 일반적으로 칼뱅의 『기독교 강요』[1536]의 출판 이후 칼 바르트의 『교회 교의학』[1932-1967]이 나오기까지의 가장 중요한 조직신학 저서로 여겨진다. 이 책은 매우 포괄적이며 조직적인 체계를 보여준다. 이 책은 기독교 신앙의 전 영역을 다루는데, 각 부분이 전체와 유기적으로 연결되어 자리하고 있다. 여기서 슐라이에르마허는 신학의 방법론적 토대를 종교 또는 경건 개념 위에 수립한다.

1. 슐라이에르마허의 신학적 접근

관념주의 철학자들과 신학자들과는 달리, 슐라이에르마허에게 있어서 신학은 근본적으로 사변적인 것이 아니다. 신학은 자연을 통해 알려질 수 있거나 자명하다고 생각되는 어떤 기본적인 원리들로부터 연역적으로 하나의 이론적인 체계를 끌어내려고 시도하지 않는다. 슐라이에르마허에게 있어서 신학은 역사 안에 주어진 그 무엇으로부터 시작한다.[8] 따라서 신학은 "실증적"positive 성격을 갖는다. 신학은 기독교 신앙의 "소

---

[7] Friedrich Schleiermacher, *The Christian Faith* (New York and Evanston: Harper and Row, 1963).

[8] 신학을 "역사주의화"하려는 슐라이에르마허의 시도는 이미 신학을 "심리주의화하는" 『종교론』보다 12년 늦게 출판된 『신학연구개요』에 나타났다. Schleiermacher, F. D. E., *Brief Outline on the Study of Theology*, 선한용 외 2인 역, 『신학연구개요』(대한기독교출판사, 1982).

여 所與"와 더불어 시작한다. 이것은 신학이 예수 그리스도와 함께 시작함을 의미한다. 그리스도의 인격과 사역은 중심, 아니면 적어도 슐라이에르마허의 체계의 두 개의 중심 중의 하나다.

이것은 왜 슐라이에르마허가 신학은 본래적으로 교회 안에서 그리고 교회를 위해서 행해지는 것이라고 믿었는지를 설명해 준다. 명제 16에서 그는 신학적 진술(교의적 명제)은 학문적이고 동시에 교회적이어야 한다고 말한다. 그리고 명제 19에서 그는 교의학을 "어느 주어진 시기에 있어서 교회 안에서 지배적인 prevalent 교리를 체계화하는 학문"으로 정의한다.[9] 이 말을 설명하면서 그는 교의학은 전적으로 설교를 염두에 두어야 한다고 말한다.[10]

신학은 신앙에 관한 기술이며, 이 신앙은 어느 특정한 시기에 교회 안에서 발견되는 신앙이다. 슐라이에르마허는 자신의 체계를 "신앙론" Glaubenslehre 이라고 명명했는데, 이 말은 신앙에 관한 가르침이라는 의미이다.[11] 이것은 슐라이에르마허가 왜 교의학을 역사신학의 한 부분으로 간주했는지를 설명해 준다. 그에 따르면 신학은 세 가지의 범주로 구성된다. 역사신학, 철학적 신학, 그리고 실천신학이 그것이다. 역사신학은 "신학적 연구의 적절한 몸체"이다.[12] 슐라이에르마허의 견해를 따르면, 역사신학은 단순히 교회사가 아니라 해석학이며, 주석신학이며, 교의학이며, 그리고 기독교 교회의 사회적 조건이다. 교의학은 어느 특정한

---

9 Friedrich Schleiermacher, *The Christian Faith*, 88-93.
10 이 점에 있어서 슐라이에르마허는 바르트와 놀랍도록 유사하다. 이 점을 바르트는 슐라이에르마허로부터 배웠다고 할 수 있다.
11 이것은 교의학에 대한 바르트의 이해와 매우 다르다. 바르트는 교의학을 하나님에 관한 교회의 언설에 대한 체계적인 진술로 이해했다.
12 위의 책, # 28.

시기에 있어서 유행하는 교회의 교리에 대한 지식이다.

루터는 신학은 종교의 딸이라고 말한 적이 있다. 이 말은 신학이 신앙에 대하여 부차적인 것이라는 의미이다. 슐라이에르마허는 바로 이와 동일한 입장을 취한다. 슐라이에르마허에게 있어서도 역시 교의학은 신앙을 전제한다. 이것은 종교적 경험, 또는 경건이 신학 이전에 온다는 것을 뜻한다. 교리는 인간의 마음의 상태를 추상적으로 묘사한 것이다. 기독교의 교리는 경건한 기독교인의 마음의 상태에 대한 문자 형태로의 해석이다.[13] 칸트의 초월철학의 개념을 빌면, 신학은 오직 선험적인 자료만을 다룬다. 교리는 종교적인 의식 자체에서 기원하고 그것의 직접적인 표현이다.[14] 따라서 신학은 기독교적인 경건의식에 대한 기술적인descriptive 학문이라고 할 수 있다. 이것은 슐라이에르마허의 체계에 있어서 그 어떤 전제된 형이상학적 규범과 권위를 인정하지 않는다는 것을 의미한다. 그러나 참으로 종교는 우리를 신학으로 인도한다. 왜냐하면 우리는 우리가 믿는 바를 설명해야 하기 때문이다.

슐라이에르마허에 의하면 신학은 하나님의 존재나 실재를 증명해야 할 필요가 없다. 하나님의 존재와 실재는 전제된다. 신학은 다만 이 신앙의 내용을 설명해야 할 과제를 갖는다. 바로 이러한 이유로 슐라이에르마허는 자신의 체계에는 이른바 "신 존재의 증명"을 위한 자리가 없다고 말한다. 그 대신 신학 체계의 기초는 종교적 자의식이라는 사실이다.[15] 모든 신학적 진술은 우리의 경험으로부터 유래해야 한다.

하나님의 자기 계시의 사실로부터 출발하는 바르트와는 달리 슐라이

---

13 위의 책, # 9. 2, # 15, 76.
14 위의 책, # 9. 4.
15 위의 책, # 29.

에르마허는 인간의 편에서 출발한다. 인간은 절대적으로 의존적인 존재로서의 자신을 아는 경험 안에서 하나님을 알 수 있다. 이것은 하나님이 인간의 종교적 의식으로서 정의되는 것을 의미하는 것이 아니다. 이것이 의미하는 바는 하나님은 오직 자기 자신에 대한 인간의 경험 안에서만 알려질 수 있다는 것이다. 다른 말로 표현하자면, 하나님은 우리의 의식 안에 직접 현존하지만, 이 하나님의 현존은 이러한 관계성 안에 서 있는 우리 자신에 대한 우리의 인식으로부터 분리될 수 없다는 것이다. 하나님에 대한 인식은 무조건적으로 의존적인 존재로서의 우리 자신에 대한 인식과 동일하다. 모든 신학적인 진술은 이러한 하나님에 대한 지식, 즉 우리 자신에 대한 우리의 지식을 통해 오는 하나님 지식으로부터 유래한다.

2. 「신앙론」의 구조

슐라이에르마허에 따르면 우리의 종교적 자의식으로부터 생겨나는 신학적 진술은 세 가지 형태를 취한다. 첫째는 인간의 상태, 즉 인간이 어떻게 자신을 경험하는가에 대한 진술이다. 둘째는 하나님의 속성과 행위에 대한 우리의 관념이다. 셋째는 자아 밖에 있는 세상 안에 있는 것들에 대한 진술이다. 우리의 모든 교리는 이러한 세 가지의 진술들에 따라 형성되어야 한다.

먼저, 자신의 체계의 제1부에서 슐라이에르마허는 절대적으로 의존하고 있는 우리 자신에 대한 우리의 의식으로부터 직접 전개되는 세상과 하나님에 대한 교리를 다룬다. 우리는 세상이 오직 하나님에 대한 전적인 의존 안에서만 존재함을 의식한다. 이것은 창조와 보전의 교리로 우리를 인도한다.

이러한 종교적 의식이 교리적으로 표현되는 두 번째 형태는 하나님에 관한 진술이다. 여기서 슐라이에르마허는 하나님의 영원성, 전재, 전능, 그리고 전지와 같은 속성들을 다룬다. 그는 이러한 속성들이 하나님의 내적인 존재에 관한 사변으로서, 즉 자신 안에 계신 분으로서의 하나님으로 이해되어서는 안 되고, 우리의 절대 의존의 감정이 하나님에게 관련되는 방식으로서 이해되어야 함을 강조한다.

이러한 종교적 의식이 교리적인 관점에서 표현되는 세 번째 형태는 세상에 관한 진술이다. 여기서 슐라이에르마허는 세상의 원래적인 완전성과 인간의 원래적인 완전성에 관한 교리를 소개한다.

『신앙론』의 교리체계의 제2부는 첫 번째 부분보다 훨씬 길다. 이 부분에서 슐라이에르마허는 인간의 종교적 의식을 다루되, 그것이 죄와 은혜의 반명제에 의해 특징 지워지는 범주 안에서 다룬다. 예수 그리스도 안에서의 은혜를 통한 구속을 다루기 이전에 먼저 슐라이에르마허는 '죄', 즉 인간의 죄와 세상의 죄악됨의 의미를 다룬다. 이 논의는 악에 관한 그의 이해를 포함한다. 여기서 그는 하나님의 속성에 대한 진술로 나아가는데, 이 하나님의 속성은 죄인으로서의 자신에 대한 인간의 지식에 상응하는 의식 안에서의 하나님의 속성들이다. 즉 그는 하나님의 거룩, 정의, 자비 등을 다룬다.

'은혜'를 다룸에 있어서 슐라이에르마허는 첫째로 기독론, 즉 예수 그리스도의 인격과 사역을 논한다. 왜냐하면 우리의 은혜 경험은 예수가 자신의 무죄한 완전성을 우리에게 전해주시는 것으로 소급해 가야 하기 때문이다.[16] 이 부분에서 슐라이에르마허는 그리스도와의 친교가 개인적 인간에게 미치는 효력을 진술한다. 여기서 그는 중생, 회심, 칭의, 그리고 성화의 교리 등의 의미를 재해석한다.

죄와 은혜의 반명제의 두 번째 형태는 세상이 그리스도의 구속에 의하여 변화되는 방식에 관한 것이다. 이곳은 교회론의 자리이다. 이 부분에서는 예정 선택, 성서, 목회, 성례전, 기도, 그리고 세상에서의 교회의 삶에 관한 논의가 이루어진다.

죄와 은혜의 반명제의 세 번째 형태는 구속의 의식으로부터 직접적으로 드러나는 하나님의 속성에 관한 비교적 짧은 논의이다. 여기서 슐라이에르마허는 하나님의 사랑과 지혜에 관한 교리를 다룬다.

이러한 식의 교리체계의 구성방식 안에서 드러나는 흥미로운 점은 하나님의 교리가 어느 한 곳에서만 다루어지는 것이 아니라 체계 전체에 걸쳐서 여러 곳에서 다루어진다는 점이다. 예를 들면, 하나님의 완전성과 관련된 속성은 처음에 다루어진다. 거룩, 정의, 자비와 같은 속성들은 우리의 죄의식과의 관계성 안에서 다루어진다. 끝으로, 하나님의 사랑과 지혜의 속성은 우리의 구속의 경험과의 연관성 속에서 다루어진다.

마지막으로, 슐라이에르마허는 『신앙론』의 마지막 부분에 삼위일체 교리에 관한 단락을 설정했다. 그러나 그가 이 교리는 기독교인의 종교적 의식으로부터 말미암는 것이 아니라고 믿기 때문에, 이 교리는 그의 체계 안에서 실제로 중요한 자리를 차지하지 못한다. 삼위일체론은 실제로 그리스도의 신성과 성령의 신성에 대한 기반을 마련하기 위해서 발전된 이차적인 교리이다. 그는 삼위일체의 모든 주제를 다루는 데 불과 14페이지를 할애하고 있다.(책 전체는 751페이지) 그리고 그는 이 교리가 만족스럽지 못하며, 더 나은 결론으로 발전되어야 할 것이라고 주장한다.

16 위의 책, # 88.

이제 슐라이에르마허의 교리체계의 구조를 요약해 보자. 기본적으로 『신앙론』은 서론 이외에 두 개의 주된 부분으로 구성되어 있다. 서론에서 그는 교의학의 정의와 그가 수행하고자 제안하는 방법론을 다루고 있다. 제1부에서 그는 기독교인의 절대의존의 경험에서 직접적으로 생겨나는 교리들을 다룬다. 이곳에서는 창조의 교리와 하나님의 속성의 일부분이 다루어진다. 제2부에서 슐라이에르마허는 죄와 은혜의 반명제, 또는 대조에 대한 기독교인의 경험으로부터 생겨나는 교리들을 다룬다. 여기서 그는 기독론을 다루며, 이어서 교회론과 성령론을 다룬다. 그의 신학적 체계의 이 두 부분은 각기 이 체계의 두 중심을 형성하는 개념들을 지시한다. 첫 번째 부분은 슐라이에르마허의 신학 사상이 종교에 대한 일반적인 이해로부터 출발함을 보여준다. 두 번째 부분은 그가 모든 신학의 내용을 예수 그리스도를 통한 구속의 경험과 연결하려 함을 보여준다.

이러한 두 부분 사이에는 어느 정도의 긴장이 있다. 어느 부분이 슐라이에르마허에게 더욱 중심적인가? 이것은 답하기가 어렵다. 아마도 슐라이에르마허의 신학 체계는 한 개의 중심을 가지고 있는 원이라기보다는 두 개의 중심을 가지고 있는 타원이라고 말하는 것이 더 나을 것이다. 이제 이 두 부분을 좀 더 자세히 살펴보자.

3. 종교, 또는 하나님 의식

슐라이에르마허의 체계 중에서 가장 중요한 부분 중의 하나가 명제 11이다.[17] 여기서 그는 기독교의 본질을 규정짓는 두 가지의 특성을 규명

---

17 위의 책, 52-60.

한다. 첫째로 기독교는 목적론적 유형의 유일신론적 종교이다. 이 말은 기독교는 한 분 하나님을 경배하며, 이 하나님은 모든 것의 근원일 뿐만 아니라 동시에 우리가 향해 나아가는 목표[telos]라는 의미이다. 여기서 "목적론적"이란 개념은 "존재론적"이라고 불릴 수 있는 종교들과 기독교를 구별하기 위한 용어이다. 목적론적인 종교에서는 윤리에 매우 커다란 강조점이 있다.

두 번째로 기독교는 모든 것이 나사렛 예수에 의해 성취된 구속에 관련되는 종교이다. 이것은 슐라이에르마허의 체계의 실증적 측면이라고 불릴 수 있다. 즉 이 말은 그가 일반적이고 관념적인 종교를 다루는 것이 아니라 역사적이고 실제적으로 주어진 종교를 다루고 있음을 보여준다. 슐라이에르마허의 체계에 대하여 제기되는 문제는 이것이다. 『종교론』에서는 그가 기독교 신앙보다 일반적인 종교에 더욱 관심을 가지는 것처럼 보이는 반면, 『신앙론』에서는 그리스도의 인격이 중심적이라는 사실이다. 이러한 두 가지 관심은 잘 조화될 수 있을까?

슐라이에르마허는 『신앙론』의 명제 4와 5에서 종교에 관해 더 많은 이야기를 한다. 종교 또는 경건은 일종의 느낌, 또는 직접적 자기의식 immediate self-consciousness 이다. 그것은 일종의 의식이다. 경건은 앎도 아니고 행함도 아닌 감정, 또는 직접적인 자아의식의 결정이다.[18] 특별히, 이 의식은 절대적으로 의존되어있음에 대한 의식이다.[19] 이것은 하나님과의 관계성 안에 있음에 대한 의식과 동일하다.

틸리히는 우리가 여기서 "느낌"이란 단어를 심리적인 의미로 해석하

18   위의 책, # 12.
19   위의 책, # 4.

지 말아야 할 것을 적절하게 지적했다. 틸리히에 따르면 슐라이에르마허가 의미하고자 했던 것은 우리를 향하여 부딪쳐오는 우주의 영향에 대한 경험이었다는 것이다. 이것은 우리의 존재 깊이 안에서, 다시 말하면 개념 이전의 의식의 차원에서 일어나는 경험이다. 이것은 무조건적 의존의 경험이다. 일상적인 경험에 있어서 우리는 우리 자신이 상대적으로 자유롭고 상대적으로 의존적이라는 사실을 안다. 그러나 이러한 경험 밑바닥에는 절대적인 방식으로 의존되어있음에 대한 경험이 있다.

슐라이에르마허는 우리는 세상의 대상을 아는 것과 동일한 방식으로 하나님을 알 수 없다는 칸트의 인식론적 견해를 받아들인다. 이것은 우리가 하나님에 대한 객관적, 객체적 지식을 가질 수 없다는 것을 의미한다. 우리는 다만 우리 자아를 알 따름이다. 그리고 우리는 절대적인 의존 안에 있는 자아, 즉 절대적인 방식으로 의존되어있는 자아를 알 수 있다.

슐라이에르마허는 칸트와 스피노자에 의존하여 전통적인 초월적 유신론과 과학적 무신론의 대립을 극복해 보고자 했다. 초월적 유신론과 과학이 대립을 극복하기 위해서 그는 '보다 숭고한 실재론'을 추구했다. 그는 하나님은 단순한 초자연적 영역에서가 아니라 전 실체에 스며있는 궁극적인 활동력으로 이해했다. 그리고 계시의 과정은 초자연적인 기적이 아니라 유한 속에서 무한자가 자신을 나타내는 위대한 신비로 보았다. 이 신적인 무한은 하나요 전체이다.

슐라이에르마허는 우리는 하나님 자체에 대한 객관적인 지식을 가질 수 없고 단지 우리 자신 및 세계와의 관계에서만 하나님에 대한 지식을 가질 수 있다고 보았다. 우리는 단지 세계를 통해 나타나는 하나님의 활동을 통해서만 하나님을 만난다. 하나님은 그 자체로서는 그리고 세계와의 관계성과 별도로는 우리에게 나타나지 않으므로 우리는 우리의 의식 속에서 하나님과 관계를 맺을 때만 하나님에 대하여 알 수 있다. 우리의 자아의식은 세계와 하나님이 우리에게 알려지는 자리이다. 이처럼 슐라이에르마허는 자아의식에 직접적으로 나타난 전반성적前反省的인 하나님과 세계의 관계성에 기초한 신인식론을 전개했다. 즉 그는 사변적 이론이 아닌 종교적 자아의식에 근거한 절대적 원인으로서의 신론을 전개했다.

순수자아만을 의식하는 순수 자아의식은 존재할 수 없다. 왜냐하면 자아는 항상 그 자신 밖의 어떤 것과 관련되어 의식되기 때문이다. 여기서 그 '어떤 것'은 자아와는 본질적으로 다른 것으로서 자아의식의 근원 Whence 이다. 이것 없이는 의식이 존재할 수 없다. 자아의 전존재는 자아 자신의 자발적인 활동으로부터 유래한 것이 아니라, 자아 밖에 있는 근원으로부터 유래한다. 절대의존의 감정은 자아의 모든 자발적 행위가 어떤 외적인 근원, 즉 의존적인 요소로부터 나온다는 생각이다.[20] 그러므로 절대의존의 감정은 하나님의 존재에 대한 의식 안에서의 증명이라고 할 수 있다. 판넨베르크는 이것을 가리켜 자아의식 안에서의 경험적 신존재 증명이라고 불렀다.

슐라이에르마허는 하나님을 의식에 자리하고 있는 절대의존의 감정에서 본유적으로 존재하며 항상 살아 계신 분으로 생각했다. 하나님은 형이상학적 사색을 통해 인지되는 대상이 아니라 직접적인 자아의식의 경험 안에서 인식된다. 따라서 슐라이에르마허는 하나님을 우리의 절대의존의 감정의 "근원" 또는 "출처"出處, Whence, Woher 라고 부른다. 그는 하나

---

20   따라서 슐라이에르마허의 신관에는 분명히 '타자성'의 개념이 포함되어있다. 위의 책, # 4. 1, 13, # 4. 3, 16.

님은 우리의 절대의존의 감정을 소급해 들어갈 수 있는 근원이라고 말한다. "우리자신이 절대적으로 의존되어 있음을 느끼는 것과 하나님과의 관계성 안에 있음을 느끼는 것은 하나이며 동일한 것이다."[21]

따라서 우리는 간접적인 방식으로만, 즉 우리 자신에 대한 의식을 통하는 방식으로만 하나님에 대한 지식을 가질 수 있다. 이것은 하나님이 오직 우리와의 관계성 안에서만 알려질 수 있음을 의미한다. 하나님은 이 관계성으로부터 유리되거나 추상화될 수 없다. 하나님은 그 자신 안에 계신 분으로서 알려질 수 없다. 하나님은 자신의 본질적인 면을 계시하시지만 우리는 하나님 자체를 알 수 없다. 하나님에 대한 직접적인 지식은 인간의 인식 한계를 초월해 있다. 단지 우리는 하나님과 우리의 관계 안에서만 하나님을 표현할 수 있다.[22]

윌리엄스R. R. Williams는 이것을 훌륭하게 설명했다. 그는 말하기를 하나님은 종교적 의식의 투사가 아니라고 했다.[23] 우리는 우리의 절대의존의 감정으로부터 하나님의 존재를 논리적으로 추론해내는 것이 아니다. 우리는 부재하는(현존하지 않는) 그 무엇의 존재를 추론해내는 것이 아니다. 반대로 우리는 현존하는 것, 우리에게 절대의존의 감정을 불러일으키는 그 무엇을 발견해내는 것이다. 모든 하나님에 관한 교리가 수립될 수 있는 것은 종교적 경험에 근본적인 바로 이 경험으로부터 생겨난다.

모든 기독교 교리의 기초에 대한 이러한 이해가 『종교론』과 『신앙론』을 연결하는 접촉점이다. 자신의 체계 제1부에서 슐라이에르마허는

---

21 위의 책, # 4. 4.
22 위의 책, # 10.
23 하나님이 종교적 의식의 투사라는 말은 후에 포이에르바하가 모든 신학적 진술들을 해석할 때 사용했다.

세상과 하나님의 일반적인 관계성에 대한 교리를 수립한다. 이 부분에서 그는 창조의 교리, 하나님의 영원성, 전재, 전능, 전지, 그리고 세상과 인간의 본래적인 완전성에 관한 교리를 다룬다.

4. 구속과 구속자

이제 슐라이에르마허 체계의 다른 "중심"에 대하여 살펴보자. 제11 명제에서 그는 기독교를 다른 모든 종교와 구별하는 것이 모든 것을 나사렛 예수 안에서 성취된 구속과 관련시킨다는 사실이라고 단정한다. 이 명제와 더불어 그는 예수 그리스도의 인격과 사역, 그리고 그리스도를 통한 기독교인의 구원 경험을 다룬다. 그는 교회의 교리적 전통에 대하여 비판적이다. 그는 때때로 신학이 종교적 헌신과 교리 사이의 중요한 연결점을 잃어버렸다고 여긴다. 그 결과 신학은 매우 사변적이 되었다. 그는 이러한 일이 기독론 교리의 발전과정에서 일어났다고 생각한다. 때때로 교회의 교부들은 지나치게 미묘한 점에 관심을 기울였다. 때때로 그들은 실제적으로 물어야 할 필요가 없는 어려운 물음에 대하여 질문했다. 슐라이에르마허는 그렇기 때문에 우리는 그리스도의 인격에 관한 교리적 형식들에 대하여 지속적인 비판을 가해야 한다고 말한다.[24]

예를 들면, 명제 96에서 예수 그리스도의 신성과 인성에 관해 논함에 있어서 그는 "본성"이라는 개념의 사용을 비판한다. 그는 예수 그리스도의 인격을 표현하기 위해 이 개념을 사용하는 것이 적절치 못하다고 본다. 예수 그리스도의 신성과 인성의 진정한 의미에 대하여 그는 명제

---

24 위의 책, # 95.

94에서 이렇게 진술한다. "구속자는 인간의 본성과의 동일성에 의하여 모든 사람들과 같다. 그러나 그의 변함없는 하나님 의식의 능력에 의해서 다른 사람들과 구별된다. 이 변함없는 하나님 의식의 능력이 그의 안에 있는 하나님의 진정한 존재이다."[25] 다른 모든 인간과 하나 됨 없이, 그리고 동시에 다른 모든 인간보다 우월함 없이 예수는 구속자가 될 수 없다. 슐라이에르마허에 의하면 예수의 구속자라는 사실과 예수가 구속을 다른 사람들에게 나누어준다는 사실이 기독교의 본질이다.

그러나 어떻게 예수 그리스도가 다른 사람들에게 구속을 가져오는가? 이 질문에 대하여 슐라이에르마허는 명제 100에서 답변한다. "구속자는 신자들을 자신의 하나님 의식의 능력 안으로 끌어들인다. 이것이 그의 구속의 행위이다."[26] 우리는 또한 그리스도의 지복至福 안으로 이끌림을 당한다. 이것이 그리스도의 화해 행위이다.[27] 그리스도의 구속 사역은 칼뱅의 도식을 따라 예언자, 제사장, 왕의 삼중적 직분으로 구별된다.[28]

구속의 본질은 매우 미약하고 왜곡된 형태로 우리 안에 존재하는 하나님 의식이 그리스도의 살아 있는 영향력에 의해서 강하게 되고 촉진된다는 사실에 있다.[29] 이 내용은 중생과 성화의 교리 안에서 진술되고 있다. 슐라이에르마허에게 있어서 중생regeneration은 그 자체 안에 회심conversion과 칭의justification를 포함한다. 그리스도는 우리에게 자신의 이상적인 인간성을 주는 한에 있어서 구속자이다. 그는 단지 우리가 모방해야 할 모범

25   위의 책, # 94.
26   위의 책, # 100.
27   위의 책, # 101.
28   위의 책, # 102-105.
29   위의 책, # 106.

또는 모형^{模形, Vorbild}이 아니라, 이상적 인간의 구현으로서의 원형^{原形, Urbild}
이다. 그리고 그는 우리의 모든 삶의 국면들을 형성하고 규정하기에 충
분한 강력한 하나님 의식을 소유할 수 있는 힘을 우리에게 준다.

이러한 슐라이에르마허의 기독론은 비록 정통적 도식을 사용하고 있
기는 하지만 우리가 보통 정통적 기독론이라고 부르는 것과는 다르다.
슐라이에르마허는 한 친구에게 편지를 썼는데 이 편지에서 그는 『신앙
론』의 독자들이 이 책에 나타난 체계의 기초가 모든 점에 있어서 요한복
음 1장 14절이라는 사실을 볼 수 있기를 바란다고 말했다. "말씀이 육신
이 되어 우리 가운데 거하시니 은혜와 진리가 충만한지라. 우리가 그의
영광을 보니 하나님 아버지의 독생자의 영광이더라." 이상적 인간^{the Urbild}
이 역사 안으로 들어왔다. 그리고 우리에게 보이고 알려졌다. 이것이 요
점이다. 그리고 이것이 우리가 증언해야 할 바이다.

슐라이에르마허는 예수의 동정녀 탄생의 교리를 받아들이기가 어려
웠다.[30] 그는 이 교리를 성서적, 신학적 근거에서 거부했다. 그는 동정녀
탄생을 믿는 것이 필수적인 것이 아니라고 믿었다. 예수 안에서의 하나
님과 인간의 연합은 이 교리에 달려있지 않다. "한 존재의 생에서의 하나
님의 존재는 성관계가 없는 처녀로부터의 탄생에 의해 설명될 수 있는
것이 아니다."[31]

뿐만 아니라 슐라이에르마허는 부활과 승천을 받아들이는 데에도 어
려움을 느꼈다. 그는 이 문제들을 명제 99에서 다룬다. 여기서 그는 그리
스도의 부활, 승천, 그리고 재림은 참으로 그리스도의 인격의 교리에 속

---

30   위의 책, # 97.
31   위의 책, 405.

하는 것이 아니라고 말한다. 그에게 있어서 중요한 것은 예수 안에의 하나님의 현존에 대한 인식이다. 이것은 이미 부활 이전에 인식되었다. 그에 의하면 죽음으로부터 예수의 부활 교리와 구속의 사실 사이에는 아무런 연결점이 없다. 그리스도의 재림에 관해서도 슐라이에르마허는 그것을 단지 그리스도와의 연합에 대한 우리의 갈망을 만족시키는 한 방식으로만 이해했다. 그러나 이 모든 사실에도 불구하고, 슐라이에르마허는 자신이 제안하는 기독론이 기독교 교회 안에서 오랫동안 받아들여져 왔던 바로 그 교리라고 믿는다. 그는 자신의 견해가 "일반적인 기독교인들의 신앙"과 다른 것이라고 보지 않는다.

물론 슐라이에르마허의 교리체계를 더욱 충분히 다루기 위해서는 언급되어야 할 훨씬 많은 내용이 있다. 이 책의 분량은 매우 많고 그 내용은 매우 방대하다. 그러나 이미 우리가 살펴본 대로 그의 신학의 두 중심의 관점에서 그의 신학체계의 기본적인 구조를 들여다보는 것은 가능하다. 슐라이에르마허의 체계에 있어서 가장 흥미 있는 특징은 그가 신학에 있어서 무엇이 참이고 무엇이 거짓인가를 규정할 수 있는 어떤 규준規準을 (성서의 교리 밖에서) 찾으려고 했다는 사실이다. 이것이 바로 기독교의 본질의 문제인데, 이 문제는 19세기와 20세기의 모든 개신교 자유주의 신학의 저류를 흐르는 주제였다. 이러한 사실은 그가 "현대신학의 아버지"라고 불리는 하나의 이유가 된다. 그러나 우리가 살펴본 대로 슐라이에르마허에게 있어서 본질적인 사실은 모든 기독교 교리가 예수가 가져온 구속과 관련되어야 한다는 것이다.[32] 구속은 모든 사람을 위한 가능성인, 그러나 예수 안에서 완전한 형태로 존재하는 하나님 의식의 관점에서 이

32　위의 책, # 11.

해된다.

신앙 경험에 기초한 슐라이에르마허의 신학 방법론은 단지 19세기
뿐만 아니라 20세기를 경유하여 오늘날에도 여전히 개신교와 기독교 신
학 전반에 큰 영향을 미치고 있다. 이제 그의 신학이 현대의 신학자들에
의해서 어떻게 평가받고 있는지를 살펴보자.

IV. 슐라이에르마허에 대한 신학적 평가

슐라이에르마허는 하나님을 이성적으로 알기 위한 인간 이성의 능력
에 한계점을 설정한 칸트의 입장을 받아들였지만, 종교를 도덕성으로 한
정 짓는 칸트의 입장에는 동조하지 않았다. 그는 그 당시의 사람들에게
신앙과 종교, 특히 기독교 신앙에 관해 말하기를 원했다. 그러나 그 자신
도 역시 그 시대의 사람이었다. 그는 종교에 관해 학문적이기를 원했다.
그는 종교에 관해 가능한 한 가장 최선의 설명을 하려고 했다. 그러나 그
는 결코 자신의 과학적이고 학문적인 관심으로 인하여 종교를 소홀히 하
지는 않았다. 그는 설교단說敎壇의 사람이었다. 그는 실제로 설교하는 것을
사랑했고 설교하기를 원했다.

그럼에도 불구하고 또한 슐라이에르마허는 19세기의 신학을 잘못된
궤도에 올려놓았다고 비판을 받아왔다. 그는 올바로 평가되고 있는 것인
가, 아니면 잘못 평가되고 있는 것인가? 분명히 슐라이에르마허는 신학
을 새로운 궤도 위에 올려놓았다. 오늘날 우리에게 더욱 중요한 질문은

이 궤도가 오늘날의 신학을 위해서도 열려있는 길인가 하는 것이다. 슐라이에르마허의 가르침과 저술은 처음부터 많은 사람의 비판 대상이 되었다. 그러나 그에 대한 가장 강력한 비판은 20세기 초에 일어났다. 이제 이 비판에 대하여 살펴보고자 한다.

1. 브루너의 비판

1924년에 브루너는 『신비주의와 말씀』[33]이라는 제목의 슐라이에르마허에 관한 책을 출판했다. 이 책에서 그는 슐라이에르마허의 신학이 자신이 신학의 가장 적합한 형태라고 생각하는 말씀의 신학과는 매우 거리가 먼 일종의 신비주의라고 비판했다. 브루너는 인간의 종교적 경험에 호소하는 그 어떤 신학에 대해서도 비판적이었다. 그는 이러한 신학은 단지 "심리주의"일 뿐이라고 보았다. 인간 자신의 종교적 경험에 신앙이 의존되어있는 것이 바로 브루너가 신비주의라고 부른 것의 의미이다. 브루너가 보기에 슐라이에르마허에게 종교는 단순히 주관적 감정이었다. 브루너는 슐라이에르마허가 무엇이 종교에서 참된 것인가를 묻지 않고 무엇이 종교에서 경험되는가를 묻고 있다고 보았다. 종교의 본질로서 절대의존의 감정은 슐라이에르마허 신학의 본질이다. 그러나 기독교 신앙이 일반적인 하나님 의식의 수정이라면, 그 독특성은 하나님 의식이 특별한 내용을 가진다는 것이 아니라, 철저하게 그것이 그리스도에게서 유래한다는 점에서 기독교의 독특성이 유지된다. 브루너는 슐라이에르마허를 "주적"主敵으로 간주했다.

---

[33]   Emil Brunner, *Die Mystik und das Wort* (Tübingen: J. C. B. Mohr, 1928).

브루너는 신앙은 진리의 객관적인 선포로부터 성장하며, 신적인 계시를 통해 전달된 새로운 사상이나 지식 속에 존재한다고 주장했다. 이 계시는 인간 경험에 대립적이다. 신앙의 내용은 말씀이다. 인간은 오직 이 말씀에 의해 하나님의 형상에 따라 자유롭고 인격적인 영혼으로 지음을 받는다.[34] 이처럼 브루너는 하나님의 말씀과 인간의 경험, 또는 신비주의를 대립적인 것으로 설정했다.

자신의 책 『중보자』 The Mediator, 1927년 초판에서 브루너는 계속하여 슐라이에르마허를 공격했다. 그는 슐라이에르마허가 특별계시에는 관심이 없고 오직 자연종교, 즉 신비주의나 신플라톤주의적인 사변을 통해 획득되는 하나님 지식에만 관심이 있다고 비판했다.[35] 그는 슐라이에르마허의 신학에는 역사적 계시 사건에 대한 강조가 없다고 말한다.[36] 그는 슐라이에르마허가 단지 종교의 본질을 논의하는 일에만 관심이 있으며, 모든 종교들은 하나의 기본적인 종교의 특정한 형태라고 단언한다고 비난한다.[37] 브루너는 또한 슐라이에르마허가 예수의 인격으로 향할 때조차도 예수가 가장 지고한 종교적 인간 유형 이상이라고 말하지 않는다고 주장한다. 따라서 슐라이에르마허는 계몽주의와 관념주의의 전형적인 예수 이해를 넘어서지 못한다는 것이다.

브루너가 훌륭한 신학자임에는 틀림이 없지만, 그가 슐라이에르마허를 정당하게 평가한 것 같지는 않다. 그는 슐라이에르마허의 체계의 중심점을 구성하는 두 개의 주제 가운데 두 번째 것, 즉 기독교의 모든 신학

---

34 위의 책, 88-97, 302, 329; Gerrish, 『19세기 개신교 신학』, 36.

35 Emil Brunner, *The Mediator: A Study of the Central Doctrine of the Christian Faith*, trans. Olive Wyon (London: Lutterworth Press, 1934), 48.

36 위의 책, 49.

37 위의 책, 51.

적 진술은 예수에 의해 성취된 구속과 관련된다는 슐라이에르마허의 주장을 충분히 고려하지 못한 것처럼 보인다. 슐라이에르마허에게 있어서 기독교 신앙은 일반적인 하나님 의식의 단순한 수정이 아니라, 근본적으로 예수 그리스도로부터 유래한다. 또한 브루너는 슐라이에르마허가 예수를 종교적 인간의 위대한 모범 훨씬 이상의 존재로 여기고 있다는 사실도 간과했다. 슐라이에르마허는 예수 그리스도가 우리를 자신의 하나님 의식, 또는 하나님과의 관계성의 능력 안으로 이끌어 들임으로써 구속을 가져다준다고 주장한 사실을 우리는 기억할 필요가 있다. 슐라이에르마허가 브루너나 바르트가 사용한 것과 같은 의미의 계시 개념을 사용하지는 않았다는 것은 분명하다. 그러나 구속 개념은 슐라이에르마허에게 매우 본질적인 개념이다.

바르트는 브루너의 『신비주의와 말씀』으로 인해 당혹스러워했다. 왜냐하면 브루너가 자신이 슐라이에르마허를 완전히 통달했으며, 슐라이에르마허로부터 아무것도 배울 것이 없다고 생각하는 인상을 주고 있기 때문이다. 바르트는 "궁극적으로 슐라이에르마허는 기독교 신학자로서 루터와 칼뱅과 공통적인 무엇을 가지고 있다"고 보았다.[38] 그에 따르면 슐라이에르마허는 기독교를 신비주의와 연합시키려고 한 것이 아니라, 그 당시의 문명의 발전적 흐름과 연결하려고 한 것이다. 바르트는 또한 슐라이에르마허가 신비주의자가 아니라, 부단한 윤리적 관심을 가지고 사회적 참여를 통해 18세기 말의 문화적 영역의 지적, 도덕적 기초를 세우려고 했던 문화적, 윤리적, 실천적 신학자였다고 보았다.[39] 그럼에도 불

---

38   Karl Barth, op. cit., 432.
39   위의 책, 433-439.

구하고 바르트는 슐라이에르마허의 신학에 관해 물어져야 할 심각한 질문들이 있다고 보았다.

2. 바르트의 평가

바르트는 슐라이에르마허에 관한 많은 논문을 썼다. 슐라이에르마허에 관한 바르트의 흥미로운 언급이 하인즈 볼리 Heinz Bolli 에 의해 편집된 『슐라이에르마허 작품 선집』Schleiermacher-Auswahl, 1968 의 끝부분에서 발견된다. 이 논문에서 바르트는 자신이 생의 초기부터 슐라이에르마허로부터 많은 영향을 받았음을 말한다. 그러나 자펜빌에서 목회하는 동안 그의 신학적인 노선은 변했다. 그는 하나님에 관해 새로운 방식으로 말해야 할 필요를 느꼈다. 그는 또한 하나님 나라 개념이 더 이상 리츨이(그리고 아마도 슐라이에르마허도) 사용했던 방식으로 이해되어서는 안 된다고 느꼈다. 제1차 세계대전이 발발하고 93명의 독일의 지성인들이 카이저 Kaiser 독일황제의 전쟁 정책을 지지했을 때, 바르트는 자신의 대부분의 신학 스승들 역시 이 정책을 지지했음을 알았다. 이것은 그가 배웠던 신학의 전 체계가 붕괴됨을 의미했다. 비록 그는 슐라이에르마허가 그러한 정책을 지지하지는 않았을 것이라고 생각했지만, 자기 스승들의 신학의 기초는 슐라이에르마허로부터 왔다고 믿었다. 따라서 슐라이에르마허도 역시 의심스럽게 되었다.

바르트는 친구인 트루나이젠 Thurneysen 으로부터 많은 영향을 받았다. 신학과 설교와 목회적 돌봄을 위한 전적으로 새로운 기초가 필요하다는 사실을 바르트가 인식하게 한 사람이 바로 트루나이젠이다. 그들은 더이상 슐라이에르마허와 함께 시작할 수가 없었다. 그래서 그들은 성서와 종교개혁자들을 새롭게 연구하기 시작했다. 그들은 더이상 슐라이에르마허를 읽지 않았다. "그의 안경은 내 코에 맞지 않았다." 슐라이에르마허는 더이상 바르트에게 "교부"가 아니었다. 실제로 바르트는 슐라이에르마허를 공격했다.

바르트가 1921년에 교수가 되었을 때, 슐라이에르마허에 관해 강의했다. 그의 강의를 통해 볼 때 그가 슐라이에르마허에게 만족하지 못했음이 분명하다. 그러나 그는 슐라이에르마허를 좀 더 잘 이해하게 되었으며, 인간으로서 그에 대한 일종의 사랑을 느꼈다. 그러나 동시에 그들 사이에는 커다란 신학적 간격이 있었다. 바르트는 슐라이에르마허의 신학을 지속적으로 비판했는데, 특별히 고가르텐, 틸리히, 그리고 특히 불트만의 작품 안에서 슐라이에르마허의 신학이 계속되고 있음을 보았을 때, 비판의 수위를 높였다. 바르트는 인간실존에 대한 분석이나 이해를 통해 하나님에 대하여 말한다는 것은 정당하지 않다고 믿었다. 바르트는 불트만을 슐라이에르마허의 실제적인 추종자라고 믿었다.[40]

바르트는 슐라이에르마허에 대한 존경심을 유지했지만, 슐라이에르마허의 신학의 출발점을 따르는 추종자들에 대해서는 그렇지 않았다. 바르트는 슐라이에르마허가 그의 추종자들보다는 훨씬 위대하다고 생각했다. 바르트는 슐라이에르마허와 근본적으로 동의하지 않았지만, 그는 위대한 사람이었으며 그의 신학은 위대한 업적이라고 말할 수 있었다. 그는 슐라이에르마허를 한 학파의 창시자 정도가 아닌 한 시대를 연 인물로 보았다. 그는 슐라이에르마허를 두 세기 동안의 신학이 여지없이 이

---

40 아마도 이것은 사실일 것이다. 그러나 불트만도 바르트처럼 인간을 향한 하나님의 계시 사건의 객관적 현실에 대한 관념을 강력히 옹호했다.

끌려 들어가는 "큰 나이아가라 폭포"로 비유했다. "19세기가 슐라이에르마허로부터 해방을 체험하는 목소리를 듣고, 어떤 방식으로든 해답을 들었다는 사실은 확실하다."[41]

바르트에 의하면 슐라이에르마허 신학의 중심주제는 경건한 자아의식에 의해 규정되는 인간과 인간의 자아의식이었다. 종교개혁자들이 하나님에 의거해서 생각했듯이, 슐라이에르마허는 인간에 의거해서 생각한다. 그는 종교개혁의 전통을 사유질서를 뒤집고 하나님과 관련된 인간의 행위의 문제에 관심을 기울인다. 바르트는 슐라이에르마허가 근본적으로 코페르니쿠스적인 세계관, 계몽주의, 칸트, 낭만주의, 헤겔 등에 의해 이루어진 시대적 흐름에 신학을 적응시킨 것에 대하여 회의적이다. 그는 오히려 시대의 조류에 반대해서 종교개혁적 말씀의 신학을 관철하는 것이 더 현명하고 영적이지 않는가 하고 반문한다. 시대정신을 좇아가는 것은 일체의 세계관에 저항하는 신학의 고유한 주제를 위반한 것이 아닌가 하는 것이다. 슐라이에르마허에게는 기독교의 위대한 전통에 이르는 길이 없었다. 바르트는 슐라이에르마허의 방법론이 하나님의 말씀을 세상의 지혜에 적응시켰으며, 신학을 인간학으로, 즉 계시의 연구가 아닌 인간의 종교성 연구로 전락시켰다고 비판했다.

그러나 바르트의 생의 말기에 씌어진 『슐라이에르마허 작품선집』의 끝부분의 논문에서 바르트는 현대신학의 아버지에 대한 자신의 평가를 수정한 가능성을 열어놓고 있다. 그는 구체적인 경험의 신학이 성령의 신학으로서 기독교적일 수 있는 가능성을 보았다.[42] 이 논문에서 바르트

---

41 Karl Barth, *Protestant Theology in the Nineteenth Century*, 425-428.
42 Gerrish, B. A. *A Prince of the Church: Schleiermacher and the Beginnings of Modern Theology*, 목창균 역, 『현대신학의 태동』(대한기독교서회, 1988), 23-24.

240   예루살렘과 아테네: 신학 방법론

는 상당히 누그러진 어조로 말한다. "오늘날까지 나는 단순히 슐라이에르마허와의 관계를 끝장낸 것이 아니다. 나는 그의 길과는 매우 다른 길을 가야 한다고 느낀다. 나는 나의 길과 나의 명분에 대하여 확신한다. 그러나 나는 나에 대한 나의 '예'가 슐라이에르마허에 대한 '아니오'를 내포하고 있는가에 관해서는 확신하지 못한다."

바르트의 이 말은 우리가 슐라이에르마허와 바르트 사이에서 양자택일하지 않아도 되는 그런 신학함의 길이 있을 수 있다고 그가 생각했다는 것을 의미한다. 우리가 진정으로 얼마나 깊이 슐라이에르마허를 이해하고 있는가 하는 것이 참으로 중요한 문제이다. 슐라이에르마허를 바르트의 신학적인 적으로 만드는 방식으로 그를 해석할 수도 있다. 그러나 또한 그러한 방식보다는 훨씬 나은 방식으로 슐라이에르마허를 이해할 수도 있다.

바르트는 슐라이에르마허의 신학에 관해 몇 가지 중요한 질문들을 제기한다. 바르트는 자신의 커다란 위로는 하늘에서 슐라이에르마허와 더불어 이러한 질문들에 관해 토론하게 될 것을 기대하는 것이라고 말한다. 그는 이것이 매우 진지한 토론이 될 것이지만 동시에 매우 우정어린 토론이 될 것이라고 말한다. 바르트가 제기하는 질문들은 다음 네 가지이다.

첫째, 슐라이에르마허의 신학은 근본적으로 설교, 가르침, 그리고 목회적 돌봄을 위한 기독교 신학인가? 그의 신학은 단지 철학의 외형만을 가지고 있는가? 아니면 그는 실제로 신학의 외투 안에 싸여 있는 철학자인가? 슐라이에르마허의 작품은 신학인가 철학인가?

둘째, 슐라이에르마허의 신학에서, 참으로 인간은 "타자," 즉 자신보다 우월한 파트너와의 관계성 안에서 살아가는가? 그의 신학에 "타자,"

즉 관계성 안에서 인간이 경배하고 찬양하고 감사하고 참회해야 하는 그런 분이 있는가? 아니면 그의 철학은 실제로 인간, 즉 자신의 외부에 존재하는 모든 것과 자신이 연합되어 있음을 의식하는 인간을 다루고 있는가? 만일 후자가 참이라면, 슐라이에르마허와 바르트 사이의 문은 닫혀 있는 것이다.

셋째, 슐라이에르마허의 신학에서, 그는 참으로 매우 구체적이고 특별하고 특정적인 그 무엇에 관해 생각하고 말하고 있는가?[43] 아니면 그는 매우 일반적이고 추상적인 무엇, 즉 전체성으로서의 실재에 관해 생각하고 말하는가? 바르트에게 있어서 신학은 전자의 길을 택해야 한다.

넷째, 슐라이에르마허는 인간의 영과 성령을 구별하는가? 아니면 그에게 새로운 생명의 성령, 교회의 성령은 단지 세상 안에 내재하여 있는 세계정신world-spirit의 표현인가? 그는 실제로 성령론을 가지고 있는가, 아니며 궁극적으로 인간론뿐인가?

바르트는 매우 진지하게 이러한 질문들을 묻는다. 이것들을 묻는다는 사실은 그가 슐라이에르마허와 완전히 결별하지 않았다는 것을 의미한다. 바르트는 참으로 슐라이에르마허와 화평하기를 원했다. 생의 마지막 시기에 바르트는 자신과 슐라이에르마허 사이의 문을 열어놓을 수 있는 방식으로 스스로 이러한 물음들에 답할 수 있는지에 대해 확신하지 못했다. 그러나 또한 그는 그 문을 스스로 닫아야 한다는 확신도 갖지 못했다.

---

[43] 필자는 바르트가 여기서 예수 그리스도를 생각하고 있다고 믿는다.

3. 틸리히의 평가

틸리히는 슐라이에르마허를 매우 위대한 신학자라고 여긴다. 슐라이에르마허에 대한 틸리히의 평가는 몇 가지 관점에서 이해될 수 있다. 첫째 틸리히는 동일성의 원리에 입각한 슐라이에르마허의 종합 지향적인 신학적 접근을 높이 평가한다. 틸리히는 슐라이에르마허도 헤겔도 그들이 시도하려고 했던 바를 실제로 성공적으로 수행하지 못했다고 본다. 하지만 그는 그들이 시도했던 것이 다시 시도되어야 한다고 믿는다. 틸리히는 신학이 단순히 정통주의 전통으로 다시 돌아가서는 안 되며, 종종 상반된 것으로 여겨지는 다양한 요소들로부터 종합을 구축하기 위해 노력해야 한다고 주장한다. 따라서 신학과 종교를 서로 대립시키지 말고 연관시켜야 한다. 우리는 하나님과 인간, 무한자와 유한자를 궁극적으로 분리시키는 것보다 이들을 관계성 안에 있는 것으로 생각해야 한다.

그러므로 틸리히는 슐라이에르마허의 신학이 한계점을 가지고 있으며 어떤 의미에서는 실패라고 여기면서도 그것에 경의를 표한다. 슐라이에르마허의 신학은 어떤 종류의 성공보다 더욱 생명이 충만하고 우리를 흥분시키는 그런 종류의 실패이다. 신학은 이 길을 택해야 한다. 슐라이에르마허는 하나님과 세상, 기독교와 문화를 종합하는 길을 가고 있다. 틸리히는 범신론이라는 비판으로부터 슐라이에르마허를 변호한다. 범신론은 하나님이 모든 만물이라고 말한다. 그러나 틸리히는 하나님은 모든 것들의 깊이에, 또는 모든 것들의 가슴에 있다고 말한다. 하나님은 모든 것들 안에 현존하는 능력이며, 모든 것들의 근거와 일치이다. 아마도 이것은 바로 슐라이에르마허가 말하고 있는 바와 동일한 것일 것이다.

두 번째 틸리히는 슐라이에르마허의 심리주의적인 종교이해와 이 종교이해를 표현하는 심리주의적 언어를 평가한다. 틸리히는 종교는 신적 대상에 대한 객관적인 지식을 갖는 문제가 아니고 모든 것들 안에 있는 신적 존재와 직접적인 관계성을 갖는 문제라는 슐라이에르마허의 종교 이해에 기본적으로 공감한다. 틸리히 역시 초자연주의, 즉 자연적인 세계의 외부에 초자연적인 하나님이 존재한다고 믿는 신앙을 거부한다. 그리고 또한 그는 슐라이에르마허의 경험적 방법의 필요성에 공감한다.

그러나 틸리히는 슐라이에르마허의 심리주의적 종교해석은 오류이며 부당하기까지 하다고 비판한다. 슐라이에르마허가 종교를 "절대의존의 감정"이라고 정의할 때, "감정"은 어거스틴-프란시스칸 전통의 의미에서 그 무엇에 대한 직접적인 깨달음을 의미했다. 이 전통 속에서 "감정"은 심리학적인 기능을 지시하는 것이 아니라 지성과 의지, 주체와 객체를 초월하는 것에 대한 깨달음을 지시한다. 슐라이에르마허에게 있어서 "의존"은 자유를 포함하고 무조건적인 것의 체험에 대한 범신론적이고 결정주의적인 해석을 배제하고, 도덕적 성격을 지닌 의존, 즉 기독교적인 차원에서의 목적론적인 의존이다.[44]

슐라이에르마허가 심리주의적 의미의 "감정"_{절대의존의 감정}이라는 말을 사용한 것은 잘못이다. 이 말은 즉각 오해되었다. 우주에 대한 "직관"이란 말을 사용하는 것이 더 좋았을 것이다. 후에 슐라이에르마허는 자신이 일상적인 의미의 감정에 대하여 말하는 것이 아니라, 무조건적인 그 무엇에 대한 감정을 말하는 것이라는 사실을 분명히 했다. 그러나 "감정"이라는 단어는 오해를 불러일으키기 때문에 잘못된 단어이다. 따라서 틸리히는 슐라이에르마허와는 다른 언어를 사용한다. 예를 들면, "절대의

---

44   Paul Tillich, *Systematic Theology*, vol. 1 (The University of Chicago Press, 1951), 41-42.

존의 감정"이라는 표현 대신 틸리히는 "궁극적 관심"이라는 표현을 사용한다. 이 표현 역시 전체적 경험, 거룩자에 대한 경험을 가리킨다. 틸리히는 슐라이에르마허의 절대의존의 감정은 "우리의 존재의 터전과 의미에 대한 궁극적 관심"이라고 불리는 것에 가깝다"고 말한다.[45] 그렇지만 틸리히는 슐라이에르마허의 신학적 접근은 올바르다고 보았으며, 비록 슐라이에르마허와는 다른 언어를 사용하고 있지만 틸리히는 슐라이에르마허가 말하려고 했던 것과 동일한 종류의 내용을 말하고 있다고 할 수 있다.

세 번째는 변증적 신학으로서의 신학에 대한 기본적인 이해와 기독교의 정체성에 대한 이해의 문제이다. 틸리히가 슐라이에르마허에게서 본 또 다른 위대한 점은 그의 변증적 신학에 있다. 틸리히는 슐라이에르마허의 『종교론』을 최상의 변증적 신학이라고 보았다. 틸리히 자신이 선호하는 표현을 따르면 그것은 "답변하는 신학"이다. 이 신학에서는 어느 주어진 역사의 시기 안에서 물어진 질문들이 받아들여지고 거기에 대한 신학적 답변이 주어진다. 슐라이에르마허가 계몽주의 자녀들을 향하여 기독교를 변증한 19세기의 가장 위대한 변증적 신학자라면, 틸리히는 실존적 불안과 절망 가운데 있는 20세기의 가장 위대한 변증적 신학자라고 할 수 있다.

이러한 맥락에서 흥미 있는 문제 중 하나는 기독교와 다른 종교들의 관계에 대한 문제이다. 슐라이에르마허는 기독교를 종교로 정의했다. 그리고 기독교가 최선의 또는 가장 고상한 종교라는 사실을 변증하려고 했다. 반면 바르트에게 기독교는 종교가 아니다. 다른 종교들처럼 인간으로

---

45 위의 책, 42.

부터 하나님에게로 이르는 길이 아니라, 기독교는 하나님 자신으로부터 인간으로의 길이라는 것이다. 기독교는 계시에 근거한다. 틸리히는 두 사람이 모두 잘못됐다고 보았다. 우리는 기독교를 종교와 대립시켜서는 안 되며, 그리스도를 모든 종교(기독교를 포함하여)와 대립시켜야 한다. 이것은 기독교를 포함한 모든 종교가 십자가에 달린 그리스도에 의해 심판받아야 함을 의미한다. 이러한 틸리히의 견해는 슐라이에르마허와 바르트 사이의 입장이다. 그러나 틸리히는 종교의 보편적 본질에 관한 그의 사고가 슐라이에르마허의 기독론에 의해 새롭게 열렸다는 의미에서 슐라이에르마허의 노선을 따르고 있다고 할 수 있다.

마지막으로, 틸리히는 슐라이에르마허의 방법론, 즉 아래에서부터 출발하는 방법론을 가장 높게 평가한다. 신학은 인간의 종교적 경험과 의식에 기초하여 구성되어야 한다. 신학은 하나님에 대한 특별한 지식에 의존해서는 안 된다. 신학은 종교적 경험, (틸리히가 선호하는 표현을 따르면) "궁극자에 대한 인간의 실존적인 참여"와 더불어 출발해야 한다. 다른 말로 표현하면, 우리가 하나님에 대하여 말하는 바는 우리가 이미 서 있는 하나님과의 관계성에 관한 표현이어야 한다. 아마도 다른 그 어떤 점보다도 이 점에 있어서 슐라이에르마허와 틸리히는 확고하게 공통된 입장을 지니고 있을 것이다.[46]

---

46   틸리히는 이 사실을 슐라이에르마허에 관한 자신의 글에서 확증한다. 그러나 틸리히의 삼위일체론은 슐라이에르마허의 그것보다 훨씬 깊다. Paul Tillich, *Perspectives on 19th and 20th Century Protestant Theology*, ed. Carl E. Braaten (New York: Harper and Row, 1967), 112.

V. 결론: 성서말씀과 의식/경험, 계시와 종교

슐라이에르마허 신학의 가장 특징적인 성격은 프로테스탄트 전통의 신학적 규범과 방법론에 획기적인 변화를 가져온 데 있다. 그는 신학의 규범과 방법론에 있어서 근본적인 패러다임의 전환을 가져왔다. 그것은 이미 언급한 바와 같이 그가 그 시대의 코페르니쿠스적인 인식론적 전환에 상응하여, 교회의 교의학적 전통이나 성서 안의 명제적 진리로부터가 아니라, 인간의 주체적 의식 안에서의 신앙 경험에 출발하는 현상학적인 접근방식을 발전시켰기 때문이다. 이러한 그의 새로운 접근방식은 그가 신학의 출발점을 인간 중심적 관점으로 전환시키고 인간에 대한 하나님의 계시보다는 하나님에 대한 인간의 의식에 집중함으로써 자유주의 신학에 의해 계획된 인간의 신성화를 비밀리에 시작했다는 비난을 받았다.[47] 이러한 관점에서 휴 로스 매킨토쉬 Hugh Ross Mackintosh 는 "슐라이에르마허는 계시를 (인간의) 발견으로, 하나님의 말씀을 경건 의식으로, 죄를 미완성의 '아직 아님'not yet 으로 대체했다."고 비판했다.[48] 이러한 비판은 타당한가? 이제 슐라이에르마허의 신학 방법론을 성서 말씀과 의식/경험, 그리고 계시와 종교의 관점에서 고찰해 봄으로써 이러한 물음에 대한 답을 찾아보자.

---

47 Karl Barth, "An Introductory Essay" to L. Feuerbach, *The Essence of Christianity* (New York: Harper, 1957), xxii.

48 Hugh Ross Mackintosh, *Types of Modern Theology: Schleiermacher to Barth* (New York, Scribner's, 1937), 100.

1. 성서 말씀과 의식/경험

종교개혁 신학의 독특성은 가톨릭교회에 대항하여 성서 말씀의 권위를 교회의 전통 위에 세운 것이다. '오직 성서'가 기독교 신앙의 규범이요 법정이다. 바르트에 따르면 신학은 하나님의 계시로서의 말씀에 대한 봉사이다. 이 계시 말씀은 예수 그리스도이며, 동시에 성서와 설교를 통해 증언된다. 그러나 19세기의 신개신교 개혁자들에게는 더 이상 '성서와 전통'의 관계가 문제가 아니라 '성서를 포함한 전통과 현대성'의 관계가 문제였다.[49] 계몽주의 이후의 성서비평과 인간의 주체성에 대한 인식의 대두로 인하여 교회의 전통적 교리와 성서는 더 이상 신앙공동체의 신앙과 신학을 위한 문자적으로 절대적인 유일한 규범으로 기능할 수 없게 되었다. 슐라이에르마허를 비롯한 19세기의 신개신교 신학은 전통 속의 옳은 것은 계속 계승하되 동시에 이 전통이 전통적인 규범 밖에 있는 외적인 규범들, 즉 시대의 사상들에 의해서 비판적으로 검증받아야 한다고 생각했다. 이런 의미에서 이들은 계몽주의적 비판 정신의 계승자들이었다.

슐라이에르마허는 전통적인 규범을 시대사상과의 상관성 속에서 재해석하고 변경할 수 있으며 그것이 신학의 과제라고 믿었다. 물론 그는 철학이 복음주의 의식의 실제적인 내용을 대신하려는 것을 단호히 거부했으며, 그의 『신앙론』은 철학으로부터 신학의 독립을 확보하려는 노력을 보여주고 있다. 하지만 슐라이에르마허와 19세기 신학자들의 문제는

---

49 Gerrish, B. A. *Tradition and the Modern World-Reformed Theology in the Nineteen Century*, 목창균 역, 『19세기 개신교신학』(대한기독교서회, 1990), 18.

전통과 현대세계의 문제였다. 그들은 신앙과 신학의 상수로서 '전통'과 '현대성'을 동등하게 취급하려고 했다는 점에서 '자유주의'적인 정신을 지니고 있었다.

따라서 슐라이에르마허는 루터의 종교개혁 이후의 프로테스탄트 전통의 지배적 원리였던 '오직 성서'의 규범을 수용하지 않는다. 그가 『신앙론』에서 성서의 권위의 문제를 체계 전체의 서두에서 다루지 않고 교회의 교리를 해명하는 부분의 서론적 명제들로 이월시켜서 다룬 것은 성서의 권위에 관한 그의 입장을 함축적으로 보여준다.[50] 프로테스탄트 전통의 유일한 규범으로서의 성서의 권위는 분명히 부정된다.[51] 성서는 모든 규범적 원리들 위에서 그것들을 규정하는 '규범적 규범'norma normans이 아니라 신학을 위한 핵심적 원천자료로서 다른 원리들 가운데서 역사적으로 독특한 지위를 가질 뿐이다. 슐라이에르마허에게 있어서 교회와 성서는 신앙의 기초나 원천이라기보다는 신앙의 산물이요 진술이다. 그것들은 살아 있는 경건 의식이라기보다는 그것들에 대한 객관적이고 교리적인 표현이다. 더욱이 최종적이며 영원히 구속력 있는 교리적 형식들은 존재하지 않는다. 따라서 공동체의 내적 신앙생활에 대한 교리들의 적절성을 항상 검토하는 것이 교회의 과제이다. 신학은 신앙공동체의 신조, 고백, 설교 및 교훈이 일찍이 그것들을 산출한 신앙에 대한 현재의 전달 수단으로 아직도 적합한가를 검증해야 한다. 그러므로 그는 전통적으로 '피규범적 규범'norma normata으로서의 신조와 신앙고백을 성서 못지않은 신학의 규준으로 삼았다. 결코 '성서만'으로가 아니다. 교리의 발전은 성서

---

50 Friedrich Schleiermacher, *Christian Faith*, # 128.
51 위의 책, # 14, # 128.

에 관한 비판적 연구와 다른 분야의 최신 지식에 대한 끊임없는 숙고를 통해서 이루어진다는 것이다.[52]

슐라이에르마허는 성서의 절대적 권위의 근거인 문자적 영감설을 받아들이지 않고 자아의식을 매개로 하는 절대의존의 감정, 즉 경건을 신학의 출발점으로 삼았다. 이것은 이미 언급한 바와 같이 전통적인 '교의학'에서 '신앙론'으로의 전환을 의미한다. 그는 성서의 영감설을 "도덕과 자료의 감정에 대한 일반적 명칭"으로 재해석하였으며,[53] 따라서 성서만을 위한 특수한 해석학의 필요성을 인정하지 아니하고 일반적 해석학의 방법론들을 발전시켰다. 그에게 있어서 성서 해석학의 특수성은 일반 해석학의 토대 위에서 수립된 특수성이다. 그에게 있어서 경건 또는 신앙 경험이 신학의 규범적 원천자료이며, 신학은 신앙의식의 표현이다. 이것이 그가 『신앙론』의 체계를 시종일관 "종교적 자아의식"의 관점에서 구성한 이유이다. 그는 '성서의 원리'를 세우려고 하기보다는 '신앙의 원리'에 따라 성서와 교회전통과 신학을 재구축해보려고 시도한 신학자라고 할 수 있다.

그러나 슐라이에르마허는 성서를 포함한 전통의 영향사影響史와 현재 경험 사이의 관계에 대한 충분한 해석학적 이해를 보여주고 있지 못하다. 그는 전통의 영향사로부터 자유로운 절대적 종교경험 주체를 상정하고 있다는 점에서 여전히 계몽주의적인 주객 사고의 한계를 벗어나지 못하고 있다고 할 수 있다. 역사와 주체성, 전통과 이성, 성서 말씀과 오늘

---

52 위의 책, # 24, # 27. 그러면서도 그는 다른 한 편으로 모든 교의적인 명제들이 신조나 성서에 대한 호소에 의해 입증되어야 한다고 말함으로써 성서의 권위를 인정하고 있는 것도 사실이다. 위의 책, 112.

53 위의 책, 112.

의 신앙 경험을 대립이나 양자택일의 관계가 아니라 상호 비판적인 변증법적 관계 안에서 이해하는 해석학적 사고가 요구된다.

2. 계시와 종교

신학은 예수 그리스도 안에서의 하나님의 계시에 근거한 하나님에 관한 객관적 지식체계인가, 아니면 인간의 종교적 경험 안에 주어진 바에 대한 개념적 표현인가? 좀 더 단순하게, 신학은 근본적으로 하나님과 하나님의 계시에 관한 것인가, 아니면 인간의 종교적 경험에 관한 것인가? 그러나 이렇게 양자택일 식으로 물음을 설정하는 것은 잘못이다. 바르트는 슐라이에르마허에 관한 그의 글에서 실제로 신학적 주제에 관한 물음을 이러한 단순한 형태로 제기했다. 그러나 슐라이에르마허는 사실상 하나님에 관해 말했다! 따라서 문제는 단순히 하나님이냐 종교냐의 문제에 관한 것이 아니다. 문제의 초점은 참으로 신학의 한계, 또는 그 안에서 신학이 수행되는 한계와 모호성에 관한 것이다.

슐라이에르마허는 신학의 한계를 올바로 지적했다. 우리는 그 자신 안에 계신 하나님을 알 수 없다. 신학은 언제나 신앙의 신학이다. 우리는 더 이상 전통적인 신학의 방식, 즉 계시란 이름으로 정당화되는 형이상학적 독단론의 길을 따를 수 없다. 신학이 하나님의 말씀이나 계시를 주장하지 아니하고 인간의 신앙 경험에 주목한다는 것은 어떤 의미에서 교만한 것이 아니라 오히려 겸손한 것이다. 실제로 많은 경우에 하나님의 절대적인 말씀과 계시를 주장하는 사람들이 다른 사람들을 가차 없이 정죄하는 중세의 종교재판관과 같은 독선과 배타성을 보이는 것은 이상한 일이 아니다. 신학은 신앙을 뒤따르는 것이지 신앙을 뒤로 할 수 없다. 그러나 또한 슐라이에르마허는 종교적 의식은 "어떤 타자", "우리 밖의 타자"extra nos에 대한 의식이라는 사실을 부인하지 않았다. 문제는 우리가 어떻게 하나님을 알 수 있는가 하는 것이다. 슐라이에르마허는 우리는 하나님과 인간의 관계성으로부터 하나님에 관한 교리를 세울 수 있다고 논증했다. 형이상학적 교의학으로부터 인식론적 신앙론으로의 이러한 전환은 교만의 자세가 아니라 겸손의 자세일 수 있다. 아마도 불트만은 20세기에 이러한 노선을 일관되게 지속한 신학자일 것이다.

바르트와 슐라이에르마허의 차이점은 바르트가 모든 신학의 기초가 되는 하나님-인간관계의 사실, 즉 예수 그리스도 안에 나타난 하나님의 계시를 강조했다는 점에 있다. 슐라이에르마허는 모든 인간은 하나님에 대한 감각, 즉 모든 유한한 것 안에 현존하는 무한자에 대한 감각을 지니고 있다는 것을 믿었다. 이러한 논의의 맥락에서 불트만은 주목할 만하다. 왜냐하면 그는 슐라이에르마허와 바르트 양자로부터 중요한 점들을 취하였기 때문이다. 그는 교리의 진술을 신앙 관계에 기초하는 것으로, 즉 신앙 경험에 대한 표현으로 보았다. 여기서 신앙 경험은 곧 예수 그리스도에 대한 것이다. 이 기본적인 관점은 불트만이 바르트와는 달리 슐라이에르마허로부터 받아들인 점이다. 반면에 불트만은 하나님은 계시의 객관적인 사건 안에서 인간과 만나신다는 입장을 견지했다. 그는 이 입장을 바르트와 공유하고 있다. 그러나 불트만은 이 계시가 하나님의 존재와 본성에 대한 인지적인 지식의 기초가 될 수 있다고 생각하지는 않았다. 이 점에 있어서 그는 바르트와 대립된다. 바르트에 따르면 우리는 하나님의 말씀을 통해 하나님을 알 수 있다. 우리는 인간실존의 어떤 질質에 의하여 하나님의 말씀을 알 수 있는 것이 아니다. 우리는 오직 인간 예수 그리스도 안에서 하나님이 말씀하시고 행하신 바를 알 수 있기 때문에 하나님의 말씀을 알 수 있다. 바르트에게 있어서 인간이 하나님의 말씀을 아는 경험을 할 수 있는 가능성은 인간이 아니라 오직 하나님에게 근거한다. 하나님의 말씀에 대한 인간의 지식을 가능케 하는 것은 인간 너머에 있다.[54] "하나님의 말씀에 대한 지식의 가능성은 하나님의 말씀에 있으며 다른 곳에는 없다."[55]

바르트와 슐라이에르마허의 중요한 차이점은 죄에 대한 이해에 있다. 슐라이에르마허는 죄란 단순히 인간 안에 있는 하나님 의식이 충분히 발달되지 못한 것이라고 본다.[56] 슐라이에르마허의 죄론에 대한 틸리히의 묘사를 따르면, "죄란 결핍이다. 그것은 '아니오'가 아니라 '아직 아님'이다."[57] 바르트에게 있어서 죄는 인간으로 하여금 하나님과 전적으로 불회하고 하나님에 대한 무지에 이르도록 하는 바로 그것이다. 인간이 하나님에 관해 알 수 없는 것은 바로 죄 때문이다. 하나님 자신이 우리의 하나님 지식의 가능성을 창조해야 하는 것은 바로 죄 때문이다. 이제 우리는 슐라이에르마허와 바르트의 신학의 근본적인 차이점에 이르렀다. 슐라이에르마허(그리고 틸리히)에게 있어서 무한자는 유한자 안에 언제나 현존한다. 이것은 "동일성의 원리"라고 불린다. 바르트에게 있어서 결정적인 원리는 "유한자는 무한자를 포함할 수 없다"finitum non capax infiniti는 것이다. 그러나 바르트에게는 이 원리조차도 주된 관심사가 아니다. 그가 진정으로 말하려고 하는 바는 "죄인은 주님의 말씀을 들을 수 없다"homo peccator non capax verbi Domini는 것이다.

54 Karl Barth, *Church Dogmatics* I/1 (Edinburgh: T. and T. Clark, 1975), 221.

55 위의 책, 222.

56 Friedrich Schleiermacher, *The Christian Faith*, # 67.

57 Paul Tillich, *Perspectives on 19th and 20th Century Protestant Theology*, 113.

만일 신학적 물음이 "계시냐 종교냐"하는 것이라면, 우리는 계시의 편에 서야 하는 것이 분명하다. 그러나 종교를 말함에 있어서 슐라이에르마허는 결코 종교를 계시와 대립된 것으로 여기지 않았다. 사실상 이런 종류의 양자택일 요구는 잘못된 것이다. 왜냐하면 어떤 계시도 인간의 종교적 체험과 해석을 통하지 않고는 불가능하며, 어떤 인간의 종교적 경험도 초월적 하나님의 계시 현실을 떠나서는 기만적인 것이기 때문이다. 하나님의 객관적 계시 현실과 인간의 주관적 경험은 반드시 서로 배타적일 필요가 없다. 한편, 인간의 신앙 경험과 해석의 과정에 대한 충분한 인식론적 이해가 없는 계시의 신학은 맹목적인 독단과 극단적인 계시실증주의에 빠지기 쉽다. 다른 한편, 신학이 객관적 실재에 대한 형이상학적 주장을 포기하거나, 존재론적인 계시의 객관적 현실을 인정하지 아니하고 단순히 인간의 의식/경험에 대한 인식론적 해석에만 매어 달릴 때, 그것은 공허한 주관적인 심리주의나 신비주의에 빠진다.

물론 슐라이에르마허의 사상에 대하여 쉽사리 동의하기는 힘든 사람들이 많을 것이다. 그러나 우리는 슐라이에르마허가 처해 있던 역사적 맥락과 아울러 19세기 이후의 현대신학이 그에게 진 빚을 충분히 고려해야 한다. 오늘날 슐라이에르마허의 신학 방법론의 영향은 다양한 경험에서 출발하는 다양한 현대신학들(정치신학, 해방신학, 여성신학, 생태신학, 토착화신학, 해석학)에서 분명하게 나타난다. 슐라이에르마허는 현대신학을 위한 새로운 신학 방법론의 패러다임을 제시했을 뿐만 아니라, 신학의 자리로서의 교회를 강조하고, 그리스도 중심적 신학을 전개한 점에 있어서도 오늘날의 신학에 지대한 영향을 미치고 있다. 바르트 자신도 오늘날 우리는 모두 슐라이에르마허의 영향권 안에 있다고 말한 바 있다. 슐라이에르마허는 이미 오늘과 내일의 신학을 위한 고전적 힘과 의미를 지닌 영향사가 되어있다. 우리는 그의 영향사 안에 있으면서 동시에 그를 비판하고 극복해야 하는 것이다.

제7장

칼 바르트:
계시 실재론적 신학 방법론

I. 서론

칼 바르트는 신학이 어떤 방법론에 기초해서 전개되어야 한다(또는 될 수 있다)는 생각을 받아들이지 않으며, 자신의 신학이 특정한 방법론에 따라 전개되었다고 생각하지도 않는다. 왜냐하면, 그에 따르면 신학의 대상은 하나님이며 하나님은 살아계신 하나님이기 때문이다. 하나님은 살아계셔서 지금도 말씀하시는 하나님이기 때문에 신학은 오직 하나님의 말씀에 귀를 기울여야 한다. 하나님은 언제나 지금 이곳에서 새롭게 말씀하신다. 그러므로 신학은 어떤 고정화된 이론 체계를 세우려고 하지 말고 언제나 다시 새롭게 시작하는 자세로 오직 지금 이곳에서 말씀하시는 하나님께 관심을 집중해야 한다. 무엇보다 하나님은 예수 그리스도를 통해 말씀하신다. 그러므로 신학은 예수 그리스도께 모든 관심을 집중해야 한다.

바르트의 신학은 그리스도 중심적이다. 그러나 바르트는 자신이 기독론적 원리나 방법을 가지고 있지 않다고 주장한다. "나는 기독론적 원리나 방법을 가지고 있지 않다. 매 개별적인 신학적 질문에 있어서 나는 기독론 교리가 아니라 예수 그리스도 자신에게 언제나 새롭게 나 자신을 정향시키고자 한다."[1] 바르트에 의하면, 예수 그리스도는 그로부터 어떤 명제들을 도출해낼 수 있는 원리가 아니다. 그분은 살아계신 분으로서,

---

[1]   Eberhard Busch, *Karl Barth: His Life from Letters and Autobiographical Texts* (London: SCM, 1976), 380.

우리의 인식은 오직 그분을 뒤따를 수 있을 뿐이다. 실제로 바르트는 자신의 신학 여정 동안 끊임없이 새로운 변화와 전환을 보여주었다. "지금의 이 바르트가 과연 예전의 그 바르트와 같은 바르트인가?" 하는 물음이 전혀 이상하지 않을 정도로 그의 신학은 놀라운 변화 과정을 보여준다.

바르트가 자신의 신학을 특정한 방법론에 따라서가 아니라 오직 살아계신 하나님의 말씀에 따라서 전개하고자 노력한 것이 사실이라고 해도 두 가지 의미에서 그의 신학은 여전히 방법론의 틀 안에 있다고 할 수 있다. 첫째, 하나님의 말씀에 따라 전개되는 신학도 넓은 의미에서 신학 방법론 안에 포함될 수 있다. 왜냐하면 방법론은 언제나 고정화된 이론 체계만을 의미하는 것이 아니라 끊임없는 역동적 변화의 과정을 자체 안에 포함할 수 있기 때문이다. 둘째, 바르트가 아무리 하나님의 말씀에만 집중하고자 해도 인간의 이론 체계로부터 완전히 자유로울 수 없기 때문이다. 이 사실은 이 글을 통해 확인될 것이다.

이 글에서는 먼저 바르트의 신학 방법론이 그의 신학 여정 속에서 어떻게 변화해 갔는지를 살펴본 후에, 그의 신학 방법론이 가장 잘 드러나는 몇 가지 주제들에 관해 고찰할 것이다. 첫 번째로는 바르트의 계시신학과 자연신학 그리고 종교비판에 대해 살펴볼 것이다. 두 번째로는 하나님의 말씀 즉 예수 그리스도로서 하나님의 인격적 현존에 대한 증언으로서의 성서에 대한 바르트의 충실성을 살펴본 후에, 그가 성서의 증언에 기초해서 전개하는 예정선택, 창조, 악에 대한 그의 사고에 관해 고찰할 것이다. 그리고 결론으로서, 이상 고찰한 신학적 주제들에 나타난 바르트 신학의 특징을 방법론의 관점에서 평가하고 필자의 의견을 개진할 것이다.

II. 바르트의 신학 여정에 나타나는 신학 방법론의 변화

바르트의 신학은 그의 신학 여정 속에서 몇 차례의 전환을 보여준다. 따라서 그의 신학은 그의 신학 여정의 각 시기에 매우 다른 모습으로 나타난다. 바르트의 신학 여정은 세 시기로 나누어 구별해 볼 수 있다.[2]

1. 제1기

바르트의 신학 여정은 그의 스승들의 영향으로 자유주의 신학과 더불어 시작되었다. 그는 헤르만으로부터 칸트의 철학과 슐라이에르마허의 종교를 조합하는 방법을 배웠다. 성서를 포함한 모든 권위적 교리는 거부되어야 했으며, 신앙은 개인의 내적 체험을 의미했다.[3] 그러나 바르트는 1911년 이후 자펜빌에서 목회하는 가운데 인간의 현실적인 삶의 문제들과 대면하면서 자유주의 신학에 대한 회의를 갖게 되었다. 즉 그는 인간 개인의 내적 삶으로서의 "종교"에 호소하는 자유주의 신학이 현실적인 삶의 문제들로부터 인간을 격리시키고 악한 현실을 승인한다고 보았다. 그리하여 그는 자유주의 신학과 결별하고 독일 종교사회주의에 참여했다. 그러나 그는 1914년 자신의 자유주의 스승들과 독일의 사회

---

2   이에 대해서는 Thomas F. Torrance, "Karl Barth," in *Ten Makers of Modern Protestant Thought*, ed. George L. Hunt (Reflection Book, Association Press, 1958); 김명용, 『칼 바르트의 신학』(서울: 이레서원, 2007), 13-35를 참고하라.

3   Karl Barth, "Der christliche Glaube und die Geschichte," *Schweizerische Theologische Zwitschrift* 29 (1912), 17, 59, 63; Eberhard Busch, *The Great Passion: An Introduction to Karl Barth's Theology*, eds. Darrell L. Guder and Judith J. Guder (Grand Rapids: William B. Eerdmans, 2004), 17에서 재인용.

주의자들이 제1차 세계대전을 지지하는 것에 충격을 받고 자유주의뿐만 아니라 종교사회주의와도 결별하였다.

바르트는 사회주의자들이 잘못된 윤리적 결정을 했던 것은 그들이 스스로 만든 전제 위에 서 있었기 때문이라고 보았다. 그는 인간의 근본적 문제가, 인간의 주체성이 주어진 현실의 산물이기 때문에 주어진 현실에 도전할 수 없다는 사실에 있다고 보았다. 바르트는 크리스토프 블룸하르트 Christoph Friedrich Blumhardt 에게서 새로운 현실, 새로운 세계는 이 세계로부터가 아니라 오직 하나님으로부터만 주어진다는 사실을 배웠다. 그리고 그는 바로 성서가 하나님이 이 세계 안으로 전적으로 새로운 세계, 즉 하나님의 세계를 가져오심을 증언한다는 사실을 새롭게 발견했다.

자유주의와 사회주의와 결별한 이후 바르트의 신학 여정의 제1기는 1920년대 초에 시작된다. 1920년대의 바르트의 신학은 "변증법적 신학"이라고 불린다. 이 시기에 바르트는 제1차 세계대전 당시 독일의 빌헬름 2세의 정책에 찬동했던 자신의 자유주의 스승들의 신학을 격렬하게 비판했다. 이 비판은 그의 『로마서 강해』 1919, 1922 에 잘 드러난다. 특히 『로마서 강해』 제2판, 1922 은 바르트의 사고에 대한 키에르케고르의 실존주의의 영향을 잘 보여준다. 1920년대의 키에르케고르의 실존주의 원리 "하나님과 인간 사이의 무한한 질적 차이"가 이 시기의 바르트의 신학 원리가 되었다.[4] 바르트는 『로마서 강해』 제2판 에서 하나님을 하나님에 대한 인간의 사고로부터 날카롭게 구별했다. 그는 인간의 종교는 우리 모두가 하나님 앞에서 단지 죄인인 인간일 뿐이라는 사실을 망각하게 만들기 때문에 환상에 불과하다고 보았다. 종교는 인간이 자신 안에 하나님을 소유

---

4   Karl Barth, *The Epistle to the Romans* (London: Oxford University, 1965), 10.

또는 설정할 수 있다고 주장함으로써 죄의 극단을 보여준다. 바르트에 따르면, 하나님은 우리에게 낯선 "전적 타자"[5]로서, "절대적 역설" 또는 "불가능한 가능성"[6] 안에서 "위로부터 수직적으로"[7] 우리와 관계 안으로 들어오신다. 이때 하나님은 우리가 우리 자신 안에 하나님을 향한 아무런 성향도 갖지 못하는 죄인임을 드러내시며 동시에 우리를 의롭게 하신다. 만일 오직 하나님만이 우리를 향해 자신을 전제하실 수 있고 우리는 하나님을 전제할 수 없다면, 우리는 오직 역설적 또는 변증법적으로만 하나님에 관해 말할 수 있다. "우리는 우리가 하나님에 관해 말해야 함과 말할 수 없음을 동시에 인식해야 한다. 그리고 바로 그러한 인식에 의해 하나님께 영광을 돌려야 한다."[8]

2. 제2기

바르트의 신학 여정의 제2기는 1924년경부터 1942년 『교회교의학』 II/2의 예정론이 쓰여지기 이전까지의 기간으로 규정될 수 있다. 이 시기의 신학은 교회의 신학, 말씀의 신학이라고 할 수 있다. 바르트는 신학이 교회를 위한 신학이 되어야 한다고 생각했다. 그의 『교회교의학』에서 "교회"는 신학 작업이 단지 한 개별적 개인이 아니라 교회 공동체의 구성원에 의해서만 책임적으로 이루어질 수 있음을 지시한다. 또한 "교회"는 신학이 자신의 대상을 자신에게 부여할 수 없으며, 신학의 대상은 신학

---

5   위의 책, 115.
6   위의 책, 94, 105, 195, 205, 216, 332
7   위의 책, 50, 102.
8   Karl Barth, *The Word of God and the Word of Man* (New York: Harper, 1956), 186, 198, 212.

을 선행하는 것으로서 신학에 주어져야 함을 함축한다. 신학은 교회의
기능으로서, 교회의 증언이 신앙의 대상과 일치하는지 검증하고 그 증언
을 올바른 방향으로 인도해야 한다. 즉 신학은 교회의 실천을 전제하고
또한 목표한다.

교회의 실천의 핵심은 하나님 말씀의 선포에 있다. 이 선포의 목적은
"하나님이 말씀하신다"Deus dixit를 진술하는 것이다. 하나님은 인간의 사
변의 대상이 아니라 자유로운 주체로서 말씀하신다. 하나님의 말씀은 인
간에게 역설적으로, 즉 인간의 기대를 거슬러 주어진다. 처음에 바르트는
하나님의 말씀이 불합리성에 빠지지 않고 유의미하게 전달되기 위해서
는 이 기대가 기술되어야 한다고 보았다. 즉 그는 틸리히처럼 하나님의
계시는 인간의 물음에 대한 답변으로 주어진다고 생각했다. 그러나 곧
그는 이와 같은 생각을 철회했다.[9]

1930년대 초에 바르트는 안셀무스Anselm에 관한 책 『이해를 추구하
는 신앙』[10] 1931을 출판했다. 안셀무스에 관한 연구를 계기로 그의 신학 방
법론은 "변증법"dialectics에서 "유비"analogy로 전환했다. 『이해를 추구하는
신앙』에서 바르트는 사유에 기초해서 하나님을 증명하는 것은 불가능하
며, 이해는 신앙을 뒤따라야 함을 보여주고자 했다. "이해는 이미 말해지
고 긍정된 신앙Credo에 대한 성찰에 의해",[11] "신앙의 유비"analogy of faith[12]
안에서 생겨난다. 이해가 신앙을 뒤따른다는 사실은 신앙이 하나님의 말

---

9   이에 대해서는 E. Busch, *The Great Passion*, 25-26을 참고하라.

10 Karl Barth, *Anselm: Fides Quaerens Intellectum: Faith in Search of Understanding* (London: SCM, 1960).

11 위의 책, 27.

12 Karl Barth, *Church Dogmatics* I/1, trans. G. W. Bromiley and T. F. Torrance (London: T and T Clark, 2004), 12, 23.

씀을 들음으로부터 온다는 사실과 상응한다. 이 시기에 바르트는 브루너와의 논쟁에서 잘 드러나듯이 자연신학의 가능성을 철저히 거부했으며, 또한 그 어떤 철학과의 제휴도 거부했다.

하나님의 말씀의 영적 권위에 의거해서, 바르트는 자신을 절대화하고자 하는 모든 인간의 시도를 거부했다. 1933년에 그는 당시의 나치 정권을 자신을 절대화하고자 하는 인간의 산물로 간주했다. 그는 히틀러를 지지했던 독일 기독교 연맹에 반대하여 "계시가 권력에 따라 해석되어서는 안 되고 권력이 계시의 기준에 따라 해석되어야 한다"고 주장하면서, 전자를 "자연신학"으로 명명했다.[13] 바르트는 1934년 바르멘 신학 선언의 초안을 작성했는데, 이 선언은 예수 그리스도를 교회가 듣고 신뢰하고 순종해야 할 "유일한 하나님의 말씀"으로 고백했다.[14] 자연신학의 가능성에 대한 바르트의 거부는 이와 같은 당시의 정치적 상황 속에서 더욱 철저화되었다.

4. 제3기

바르트의 신학은 1942년 『교회교의학』 II/2의 예정론을 기점으로 제3기 또는 후기 신학으로 전환된다. 바르트는 신학의 대상, 즉 하나님의 말씀 또는 계시를 예수 그리스도의 인격과 동일시했다. 그는 요한복음 1장 14절의 성육신 사상을 자신의 신학의 핵심 주제로 삼았다. 이 시기의

---

13 Karl Barth, *Theologische Fragen und Antworten* (Zollikon, 1957), 136, 139, 143; E. Busch, *The Great Passion*, 32에서 재인용.

14 Alfred Burgsmüller and Rudolf Weth, eds., *Die Barmer Theologische Erklärung: Einführung und Dokumentation* (Neukirchen, 1983); E. Busch, *The Great Passion*, 33에서 재인용.

그의 신학은 그리스도 중심적 은혜의 신학으로 규정될 수 있다. 『로마서 강해』제2판에서 하나님의 심판이 강조되었다면, 『교회교의학』 II/2 이후에는 하나님의 은총이 은총 일원론이라고 명명될 정도로 강조되었다. 특히 그의 예정론에는 그리스도 중심적 은혜의 신학이 잘 나타난다. 그는 전통적인 예정론을 예수 그리스도 안에 나타난 하나님의 은혜 즉 복음의 총화로 재해석했다. 다시 말하면, 인간의 죄에 대한 모든 심판을 예수 그리스도께서 대신 짊어지심으로써 하나님은 모든 인류를 오직 구원으로 선택하셨다.

이와 아울러, 전기에는 하나님의 타자성이 강조되었다면, 후기에는 하나님의 인간성이 강조되었다. 바르트는 1956년 아라우에 행한 "하나님의 인간성"[15]이란 제목의 강연에서 하나님의 절대 타자성을 강조하고 하나님과 인간의 질적 차이를 강조했던 34년 전의 『로마서 강해』제2판의 내용을 뒤집는 주장을 했다. 즉 그는 하나님은 오직 예수 그리스도 안에서만 인식되며, 예수 그리스도 안에서 인식되는 하나님은 인간이신 하나님이라는 것이다. 인간 하나님으로서의 예수 그리스도 안에 나타난 하나님은 고난당할 수 없는 무감동의 하나님이 아니라 인간의 고난에 참여하고 그 고난을 대신 담당하심으로써 인간을 구원하시는 하나님이다. 이와 같은 후기의 바르트 신학을 게리트 코르넬리스 베르카우어 Gerrit Cornelis Berkouwer는 "은총의 승리"라는 말로 정의했다.[16]

---

15   Karl Barth, *The humanity of God* (Richmond: John Knox Press, 1960).

16   Gerrit Cornelis Berkouwer, *The Triumph of Grace in the Theology of Karl Barth*, trans. Harry R. Boer (Grand Rapids: Eerdmans, 1956).

III. 계시신학과 자연신학, 그리고 종교비판

바르트의 하나님 인식론은 1914년 자신의 자유주의 스승들이 전쟁을 하나님의 계시로 공언하고, 1933년 독일 기독교 연맹이 "독일의 시간"을 하나님의 계시로 이해했던 정치적 상황 속에서 형성되었다고 할 수 있다. 바르트는 "하나님"이란 단어가 남용되고 있다고 보았다. 신학자들이 하나님에 관해 말을 한다고 하지만 실제로는 단지 인간에 관해, 즉 인간 자신의 개념과 욕망과 필요에 관해 말하고 있기 때문이다.[17] 바르트는 "계시"라고 불리는 것 안에 계시 없이 형성된 인간의 사상과 관심이 반영되어 있다고 보았다. 그는 슐라이르마허에 의해 대표되는 신학이 하나님에 관해 말하는 것이 인간에 관해 말하는 것이 아닌 다른 그 무엇인지를 불분명하게 만들었다고 비판했다.[18]

바르트는 이제 "하나님과 함께 새롭게 시작"[19]해야 한다고 주장했다. 우리는 어떻게 하나님을 알 수 있는가? 우리가 하나님을 알고자 하는 한 우리는 하나님을 알 수 없다. 왜냐하면 우리는 오직 우리 자신의 반영물인 하나님의 상만을 만들 수 있기 때문이다. 오직 하나님이 우리에게 오실 때에만 우리는 하나님을 알 수 있다. "우리의 하나님 인식의 시작은 … 우리가 그분과 함께 만드는 시작이 아니다. 그것은 오직 그분이 우리와 함께 만드신 시작이어야 한다."[20] 인간의 하나님 인식을 가능하게 하고

---

17 이런 의미에서 포이어바흐는 "신학은 오래전에 인간학이 되었다"고 말했다. Ludwig Feuerbach, *The Essence of Christianity* (New York: Harper & Row, 1957), xi.

18 Karl Barth, *The Word of God and the Word of Man* (New York: Harper & Row, 1956), 196.

19 위의 책, 22-24.

20 K. Barth, *Church Dogmatics* II/1, 190.

현실화하는 것은 하나님의 은혜의 행위이다. 우리는 하나님 인식을 위한 어떠한 전제도 가질 수 없다. 우리는 "하나님이 자신을 우리에게 알려지도록 내어주신 결과로서" 하나님을 안다.[21] 모든 참된 하나님 인식은 자신을 알려지도록 내어주시는 하나님의 선행적 행위에 의존하며, 따라서 "하나님의 선물"이다. "하나님은 하나님에 의해 알려진다."[22]

바르트에 따르면, 모든 하나님 인식의 시작이 하나님이 우리와 함께 만드신 시작이라는 사실은 하나님이 우리와 함께 이미 이 시작을 만드신 현실에 근거한 결론이다. 다시 말하면 이 사실은 관념적인 일반적 가능성의 한 사례가 아니라, 이미 발생한 사건에 근거한 결론이다.[23] 하나님은 인간이 들을 수 있도록 말씀하시는데, 이것은 전적으로 하나님의 은혜다. 자신의 힘으로 하나님의 말씀을 들을 수 있는 인간은 존재하지 않는다. 하나님은 예수 그리스도의 죽음 안에서 하나님의 말씀을 들을 수 없는 인간을 끝장내시고, 예수 그리스도의 부활 안에서 하나님의 말씀을 들을 수 있는 인간을 은혜로 일으키셨다.[24]

바르트는 자연신학을 철저히 거부한다. 이것은 그가 하나님이 예수 그리스도의 부활사건에서만 자신을 계시하시고 다른 곳에서는 자신을 계시하지 않으셨다고 주장한다는 것을 의미하지는 않는다. 그는 "하나님

---

21 위의 책, 40-41.
22 위의 책, 180, 181, 196.
23 바르트에게 이 사건은 예수 그리스도의 부활 사건이다. 그에 따르면 부활 사건은 "역사적으로 파악될 수 없는" "전역사적"(prehistorical) 사건으로서, "역사적으로" 이해하고자 할 때 즉시 인식 불가능하게 된다. K. Barth, *Church Dogmatics* IV/1, 336.
24 바르트는 레싱이 제기한 "역사의 우연적 진리"와 오늘날 우리를 위한 보편적 진리 사이의 괴리 문제는 잘못된 제기된 문제라고 보았다. 왜냐하면 성서가 증언하는 "과거의 계시"는 단지 과거의 사건이 아니라 "단번에 최종적으로"(once and for all) 발생한 사건이기 때문이다. 과거의 그 계시 사건은 살아계신 예수 그리스도의 능력 안에서 오늘도 지속적으로 발생할 것이라는 약속을 내포하고 있다. 예수 그리스도가 살아계시고 자신을 현재화하시기 때문에, 그 과거의 계시는 성서의 증언을 따라 교회 안에서 현재 발생하고 있는 계시로 선포될 수 있다. K. Barth, *Church Dogmatics* IV/1, 289 이하.

이 모든 개인, 사건, 권세를 포함하여 전 세계를 자신의 손으로 붙들고 계시며 그것들 안에 자신을 계시하신다는 것"을 인정한다.[25] 바르트가 부인하는 것은 이런 것들 안에서의 하나님 인식이 예수 그리스도 안에서의 하나님 인식에 버금가는 인식이 될 수 있다는 생각이다. 그는 하나님의 계시^{은혜} 밖에서 하나님을 알고자 하는 자연신학이 계시를 이해하기 위한 예비적 단계로서 계시신학을 위한 서문의 역할을 할 수 있다는 생각을 거부한다. "만일 은혜가 자연과 나란히 있다면, 은혜가 아무리 자연보다 높은 자리에 있다고 해도, 그 은혜는 더 이상 하나님의 은혜가 아니라 단지 인간이 스스로 자신에게 부여하는 은혜일뿐이다."[26]

바르트는 계시신학과 자연신학의 하나님 인식을 날카롭게 대조시킨다.[27] 계시신학은 가능성보다 현실성에 절대적 우선성을 부여한다. 우리는 하나님이 자신을 알려지도록 내어주셨기 때문에 하나님을 알 수 있다. 따라서 계시신학은 보편성보다 특수성에 무조건적 우선성을 부여한다. 우리의 하나님 인식은 구체적인 "그때 거기"에서의 하나님의 자기 계시에 의존한다. 계시신학은 오직 하나님의 행동^{계시}의 구체적인 현실 안에서만 하나님을 인식한다. 이와 대조적으로 자연신학은 하나님 인식의 일반적 가능성을 수립하고 인간에게 참과 거짓을 판단할 수 있는 기준을 부여한다. 자연신학은 특수성보다 보편성을 우선시하며 인간이 설정한 보편적 가치의 맥락 안에서 성서를 판단한다. 자연신학에서는 하나님의 행동 없이도 인간이 자신이 만든 상에 의해 하나님을 알 수 있다. 인간은

---

25 Karl Barth, *Texte zur Barmer Theologischen Erklärung* (Zurich, 1984), 19; E. Busch, *The Great Passion*, 67에서 재인용.

26 K. Barth, *Church Dogmatics*, II/1, 139.

27 E. Busch, *The Great Passion*, 68-69.

하나님 인식을 향해 (예감 또는 구체적 이해로) 열려있거나 자신을 열 수 있다. 자연신학은 "심지어 하나님의 은혜 없이" 인간이 하나님을 알 수 있다고 주장한다.[28]

바르트는 가톨릭교회의 존재유비 교리를 거부한다. 존재유비 교리에 따르면 하나님과 인간 사이에 본질적 관계가 존재하기 때문에 인간이 자기 자신과 함께 시작해서 하나님께 나아갈 수 있다. 바르트는 이 교리가 하나님과 인간을 "존재"라는 개념으로 함께 묶고, 인간으로 하여금 자신으로부터 하나님을 향해 나아가도록 고무한다고 본다. 바르트는 존재 유비 대신 "신앙 또는 계시의 유비"를 말한다.[29] 은혜의 계시를 통해서 하나님은 피조물이 자신의 피조물적 본성에 의해 가질 수 없는 것, 즉 창조자 하나님 자신에 대한 유비의 특성을 피조물에게 주신다. 하나님은 자기 계시 안에서 말씀하심으로써 이 말씀에 대한 피조물적 상응을 불러일으키시는데, 이 상응은 신학의 신앙 지식 안에서만 인식될 수 있다.[30]

바르트에 따르면, 하나님의 계시는 하나님의 "은폐성"을 포함한다.[31] 여기서 은폐성이란 하나님이 자유로운 은혜 가운데 계시 안에서 자신을

---

28 K. Barth, *Church Dogmatics* II/1, 135.

29 K. Barth, *Church Dogmatics* III/3, 51.

30 바르트는 계시를 인간 실존의 질문에 대한 대답으로 간주하는 틸리히의 상관관계 신학도 거부한다. 바르트에 따르면 상관관계 신학은 하나님의 말씀이 계시를 수용할 수 있는 긍정적인 가능성을 인간으로부터 제거하지만 부정적인 가능성(질문)은 인간에게 남겨놓는다. 그러나 바르트는 부정적인 가능성까지도 하나님의 말씀에 의해 주어진다고 주장한다. 하나님의 말씀이 인간을 철저히 가난하게 만든다. "이 가난은 … 성령의 선물이며 예수 그리스도의 사역이다." 위의 책, I/2, 264-65. 또한 바르트는 선행하는 "전이해"(preunderstanding)의 배경 안에서 하나님의 말씀에 의해 인간의 새로운 자기 이해가 주어진다는 불트만의 입장도 거부한다. 바르트는 인간에게 전이해가 불가피하다는 사실은 인정하지만 그것이 방법론적 원리는 될 수 없다고 주장한다. 왜냐하면 "우리가 우리 자신의 자기 이해를 텍스트에 강요하기 전에 텍스트가 우리 자신에 대한 신약성서의 이해를 받아들일 것"을 우리에게 요구하기 때문이다. Karl Barth, *Rudolf Bultmann* (Theologische Studien 34);(Zollikon-Zurich, 1952), 49-50; Rudolf Bultmann, *Kerygma and Myth* (New York: Harper, 1961), 124-25.

31 K. Barth, *Church Dogmatics* II/1, 186 이하.

인간의 인식 대상으로 내어주심에 있어서, 인간은 아무런 권리나 능력이 없으며 하나님을 조종하고자 하는 인간의 모든 시도가 거부됨을 의미한다. 바르트에게 인식이란 "전환"을 의미한다.[32] 전환은 자신과 더불어 하는 출발로부터 하나님과 더불어 하는 출발로 돌이키는 것을 의미한다. 여기서 인식은 인식 주체가 대상을 전유하는 것을 의미하지 않고, 인간이 "이 대상에 의해 붙잡히고 이 대상을 향해 돌아서고 이 대상만을 바라보는 것"이다.[33]

바르트의 종교비판은 이와 같은 자연신학 비판의 맥락에서 나타난다. 그에 따르면 종교에서 "계시 안에서 우리에게 제공되고 현시된 하나님의 현실성이 인간이 자의적으로 만든 하나님 개념에 의해 대체된다."[34] 그의 종교비판은 다른 종교들에 대한 기독교의 비판을 의미하지 않는다. 기독교는 종교비판을 수행할 수 없다. 기독교 자체가 종교비판에 종속된다. 종교비판은 특히 "기독교 종교에 속해있는 우리 자신을 향한다."[35] 바르트에게 종교는 계시와 대립하는 개념이다. 근대의 종교 이해에 있어서 종교는 계시의 전제, 기준, 틀로 이해되며, 계시는 종교의 술어로, 그리고 종교 안에 주어진 여러 가능성 가운데 한 가능성으로 이해된다. 여기서 종교는 "우리가 계시 없이 가질 수 있고 실제로 가지고 있는 하나님과의 관계"이다.[36] 이러한 종교 이해에 따르면, 인간 안에는 하나님의 현존이 발견되는 "영역"과 하나님을 향해 자신을 개방하고 하나님과 관계 맺을 수 있는 능력이 있다.

---

32   K. Barth, *Church Dogmatics* IV/3, 198 이하.

33   K. Barth, *Church Dogmatics* IV/3, 220.

34   K. Barth, *Church Dogmatics* I/2, 302, 303.

35   위의 책, 300.

36   위의 책, 289.

바르트에 의하면 하나님은 인간에 의해 표상될 수 없다. 하나님만이 자기 계시 안에서 자신에 대한 유일한 증언을 하신다. 만일 인간이 스스로 진리를 붙잡으려고 한다면 그는 처음부터 빗나간 것이다. 종교는 스스로 진리를 붙잡으려는 시도이기 때문에 계시와 대립한다. 종교는 하나님만이 인간을 위해 만드실 수 있는 것, 즉 하나님과 진리에 대한 지식을 스스로 만들고자 하는 교만하고 희망 없는 시도이다.[37] 바르트에 따르면, 계시가 인간에게 올 때, 계시는 "계시에 상응하는 행위를 하는" 인간이 아니라 "계시에 대적하는" 인간을 만난다.[38] 계시는 인간이 이미 부분적으로 알고 기대하는 것을 드러내는 것이 아니라, 인간이 종교 안에서 부인하고 대적하고 회피하고자 하는 것을 폭로한다.

IV. 하나님의 말씀(예수 그리스도)으로서 하나님의 인격적 현존과 성서에 대한 충실성

1. 하나님의 말씀^{예수 그리스도}으로서 하나님의 인격적 현존

바르트에게 있어서 계시는 하나님의 말씀으로서 하나님의 인격적 현존이다. 하나님의 현존은 인간이 다른 대상들을 만나는 것처럼 그렇게

---

37 위의 책, 302-04.
38 위의 책, 301.

만날 수 있는 것도 아니고, 인간이 전유할 수 있는 것도 아니다. 그것은 전적으로 하나님의 주권적 자유에 따라 일어나는 사건이다.[39] 말씀 안에서의 하나님의 현존을 위한 능력으로 이해될 수 있는 것이 인간 안에는 없다. 하나님의 현존 가능성은 전적으로 하나님께 속한다. 하나님의 현존은 그것이 오직 실제로 발생할 때만 믿어지고 인정될 수 있는 현존이다.[40] 바르트는 초자연적인 하나님의 현존 사건으로서의 하나님의 말씀과 그 말씀이 발생하는 자리로서 세상의 인간적 실재를 날카롭게 구별한다. 물론 하나님의 말씀은 바로 이 세상의 인간적 실재가 된다. 그러나 이 사건은 인간적이고 세상적인 이 실재의 위상에 아무런 변화를 가져오지 않는다.

하나님의 현존에 대한 이와 같은 바르트의 사고는 그의 성서 이해에 잘 드러난다. 바르트에 따르면 성서 안에서의 하나님의 현존은 인간이 조금도 통제하거나 예측할 수 없는 사건이다. 바르트는 교회의 교리^{교도권}를 가지고 성서와 전통을 해석하는 가톨릭교회가 하나님의 자유로운 주권을 부정한다고 비판한다.[41] 그는 또한 성서를 하나님의 말씀과 동일시함으로써 인간의 말을 신성화하고 하나님의 자유를 속박하고자 하는 개신교 정통주의도 동일한 이유로 비판한다.[42] 성서는 하나님이 자유롭게 선택하실 때에만 하나님의 말씀이 된다. 그러나 성서는 이에 의해서 어떤 영속적인 신적 특성을 획득하는 것이 아니다. 성서 자체는 전적으로 오류 가능한 것, 전적으로 인간적이고 세상적인 것으로 남는다.[43]

39 K. Barth, *Church Dogmatics* I/1, 19, 24, 30, 177.

40 위의 책, 234 이하, 280, 282.

41 위의 책, 43.

42 Karl Barth, *Against the Stream: Shorter Post-War Writings*, 1946-52, ed. Ronald Gregor Smith (Milton Keynes: Lightning Source UK Ltd., 1954), 127.

신개신교주의^{자유주의} 신학에 대한 바르트의 비판은 더욱 신랄하다. 바르트에 따르면 이 신학은 계몽주의 이래의 개신교 전반의 경향으로서, 하나님의 객관적 말씀보다 더 넓은 사고의 기초를 인간의 이해 안에서 발견하고자 한다. 신개신교주의 신학에 있어서 기독교는 인간의 일반적 가능성 가운데 한 변형이며 오직 이 가능성의 관점에서만 이해될 수 있다. 이러한 견해는 하나님의 말씀을 그 말씀에 대한 인간의 표현 형태와 잘못 동일시할 뿐만 아니라 자유로운 하나님의 현존 사건으로서의 하나님의 말씀 개념을 부인한다. 그리고 이러한 견해는 하나님의 현존을 인간과 자연의 보편적 성격으로 이해하고 경험적, 심리학적 기준에 의해 그것을 판단한다.[44] 바르트는 가톨릭의 교회주의, 개신교 정통주의의 성서주의, 그리고 신개신교주의가 모두 하나님의 주권의 절대적 자유를 인정하는 데 실패했다 비판한다.[45] 그에 따르면, 하나님의 현존 또는 하나님의 말씀은 오직 인정될 수 있을 뿐이다. 하나님의 말씀에 대한 인정 외부에, 그 인정의 내용이 설명될 수 있는 자리는 존재하지 않는다. 신학은 언제나 말씀의 현실성을 전제하며,[46] 신학의 기능은 신비를 보이도록 만드는 것이다.[47]

2. 성서에 대한 충실성

바르트에 따르면, 하나님은 자신의 절대적 자유에 따라 하나님의 말

---

43   K. Barth, *Church Dogmatics*, I/1, 127.
44   위의 책, 40.
45   K. Barth, *Church Dogmatics* I/2, 661 이하.
46   K. Barth, *Church Dogmatics* I/1, 30-33, 285; I/2, 7, 775.
47   위의 책, 423.

쏨 즉 예수 그리스도에 대한 성서의 증언과 교회의 선포 안에 현존하신다. 무엇보다 성서는 하나님의 말씀에 대한 증언으로서, 하나님의 말씀은 성서의 증언 안에 현존한다. 교의학의 과제는 교회의 선포를 성서의 증언에 의해 검증하는 것이다. 성서는 인간의 말이지만 하나님의 선하신 기쁨에 따라 실제로 하나님의 말씀이 된다. 바르트는 하나님의 말씀에 대한 온전하고 규범적인 증언으로서의 성서 전체에 대한 충실성을 강조한다. 그에 따르면, 신학자는 성서의 증언을 판단하고 비판할 수 있는 위치에 있지 않다. 오직 성서가 증언하는 하나님의 말씀만이 성서의 주님이다. 우리는 성서의 말씀에 귀를 기울이고 이 주님께 충성해야 한다.

이런 의미에서 바르트는 "체계적"systematic 신학을 거부한다.[48] 체계는 하나의 중심 또는 핵심 원리로부터 전체를 전개하는 것을 함축한다. 바르트에 따르면 그러한 핵심 원리는 없다. 모든 교리는 다른 연구 결과로부터의 추론에 의해서가 아니라 성서 전체의 새로운 물음의 관점에서 전개되어야 한다.[49] 따라서 바르트는 예측 불가능성을 강조한다. 우리는 우리 자신의 결론을 예측할 수 없다. 체계적 신학자는 자신의 중심 원리에 따라 일관성 있게 새로운 교리를 전개할 수 있다. 이와 달리 바르트는 단순히 성서를 다시금 탐문해야 한다고 주장한다. 이전 진술의 논리가 아니라 성서에 대한 새로운 연구가 결론을 결정한다. 이런 의미에서 바르트는 해석자가 제시하는 성서해석에 대한 충실성이 아니라 성서 자체에 대한 충실성을 요구한다.

바르트에게 있어서 교의학은 성서에 의해 교회의 선포를 검증한다.

---

48 K. Barth, *Church Dogmatics* I/2, 861.
49 K. Barth, *Church Dogmatics* IV/2, xi.

성서 외에 교의학의 다른 대상이나 규범은 없다. 교의학은 오늘날의 세계관이나 철학에 책임적으로 응답할 필요가 없다.[50] 계시에 종속되지 않은 인간의 모든 사고는 거부된다. 물론 바르트는 교의학이 합리적이어야 한다고 생각한다.[51] 합리성은 인간의 지적 전통의 영향을 받는다. 교의학에서 우리는 우리가 하나님의 말씀에서 발견하는 의미를 표현하기 위해 사용할 수 있는 최상의 개념을 사용해야 한다. 그러나 우리는 이러한 개념에 의미가 주어지는 맥락인 철학적 전통에 우리 자신을 헌신하지는 않는다. 철학에 대한 교의학자의 태도는 적개심이나 두려움이 아니라 완전한 자유다.[52] 우리는 오직 하나님의 말씀에만 우리 자신을 헌신한다.

이제 바르트가 성서에 대한 충실성에 근거해서 전개하는 교리들 가운데 예정선택론과 창조와 악의 교리를 살펴보기로 하자.

V. 예정(선택), 그리고 창조와 악

1. 예정선택

바르트는 예정선택론을 신론의 맥락 안에 위치시킨다. 그의 예정론은 하나님이 자신의 말씀 안에서 현존하시는 방식에 대한 이해로부터 예측

---

50   K. Barth, *Church Dogmatics* I/1, 287 이하.
51   위의 책, 340.
52   위의 책, 93-94, 142, 321; I/2, 774-75, 819.

가능하다. 왜냐하면 이 현존은 전적으로 하나님의 자유에 의한 사건이기 때문이다. 인간의 신앙과 순종의 결정은 하나님의 결정에 조건을 부여하는 것이 아니라 언제나 그 결정에 의존하며 그 뒤를 따른다.[53] 바르트는 예정론에서 칼빈과 결별한다. 칼빈은 예정하시는 하나님과 예수 그리스도를 구별한다. 즉 그는 예수 그리스도 안에 계시되지 않은 영원한 유기遺棄의 경륜을 하나님께 돌린다.[54] 따라서 하나님 안에 계시된 사랑과 유기된 자에 대한 끔찍한 저주의 경륜 사이에 긴장이 발생한다. 바르트는 칼빈의 하나님의 절대 자유 주권 사상은 유지하지만, 예수 그리스도 안에서 계시되지 않은 하나님의 의지와 목적에 대한 관념은 거부한다. 바르트에 따르면, 예수 그리스도는 우리의 하나님 인식을 위한 유일한 근거이며, 우리가 예수 그리스도 안에서 볼 수 없는 것은 그 어떤 것도 하나님에 관해 알 수 없다.[55]

예수 그리스도 안에서 하나님은 인간에 대한 은혜의 선택을 계시하셨다. 선택된 인간은 인간 예수 그리스도이다. 예수 그리스도의 선택 안에서 하나님은 인간 자체를 선택하셨다. 하나님은 자신을 인간 예수 그리스도와 연합시킴으로써 인간 자체와 연합하셨다. 따라서 인간은 예수 그리스도 안에서 하나님과의 연합에로 선택되었다.[56] 우리는 하나님의 은혜의 효력을 제한할 수 없다. 모든 개인이 이미 예수 그리스도 안에서 선택된 존재다.[57] 이러한 바르트의 예정론에 있어서, 인간들 간의 차이는 단지 자신이 선택되었는지를 인식하는 정도의 차이처럼 보이며, 인간의

---

53   위의 책, 65, 184, 235, 237-38.
54   K. Barth, *Church Dogmatics* II/2, 111.
55   위의 책, 25, 103-04, 115, 422.
56   위의 책, 94, 116-17, 120-21, 351.
57   위의 책, 415.

신앙 또는 불신앙이 심각하게 취급될 여지가 없는 것처럼 보인다.[58] 이것은 바르트가 말씀 안에서의 하나님의 현존을 그 현존에 대한 인간의 응답으로부터 날카롭게 구별한 결과이다. 그러나 다른 한편, 또한 바르트는 선택을 예수 그리스도에 대한 믿음과 교회의 멤버십과 동일시한다. 이것은 개인이 스스로 선택의 상태로 들어갈 수 있음을 함축하는 것처럼 보인다. 즉 바르트는 하나님만이 유일한 행위 주체임을 강조함에도 불구하고, 하나님의 은혜에 대한 인간의 인식을 선택의 표지 또는 선택이 발생하는 계기로 간주한다.[59]

하나님은 예수 그리스도 안에서 인간 자체를 선택했다. 그러나 실제로 인간 대부분은 유기상태에 있는 것처럼 보인다. 우리는 이 유기상태를 하나님의 은혜에 대한 인간의 성공적인 저항으로 돌릴 수도 없으며, 그 인간들에 대한 하나님의 저주로 돌릴 수도 없다. 이 딜레마에서 바르트가 찾은 대안은 유기된 인간의 실재적 현실성 real actuality 자체를 부정하는 것이었다.[60] 다른 모든 신학자들은 모든 인간이 공유하는 동등한 실재적 현실성을 전제하고, 구원과 저주를 인간에게 주어지는 동등하게 현실적인 두 상태로 이해한다. 그러나 바르트는 인간을 오직 예수 그리스도 안에서만 본다. 즉 오직 예수 그리스도만 인격이다. 우리는 오직 그분 안에서만 인격성에 참여한다. 예수 그리스도 안에서조차도 인격은 인간성의 술어가 아니라 신성의 술어다. 따라서 인격은 우리가 소유하는 존재의 상태가 아니다.[61] 믿음으로 예수 그리스도 안에 참여하지 않으면, 인

---

58   위의 책, 296, 416.

59   위의 책, 345, 410 이하, 422-23.

60   위의 책, 450-54, 539.

61   K. Barth, Church Dogmatics II/1, 284-86.

격이란 존재하지 않는다. 예수 그리스도의 인간성 밖에는 아무 인간성도 없다.[62] 예수 그리스도는 하나님의 은혜의 현존을 의미한다. 이 은혜만이 참된 실재이다. 악, 유기, 죄는 은혜에 대적하는 현실^{실재}로서 은혜와 나란히 자리매김 될 수 없다. 선택되지 않은 인간은 독립적인 실재성을 갖지 못한다. 인간은 유일한 행위 주체인 하나님의 은혜에 저항할 수 있는 존재와 힘을 가지고 있지 않으며, 따라서 저항하는 것은 실재적인 무, 전적인 부정성이다. 바르트에 따르면, 유기된 자의 제한되고 부정적인 현실성은 선택된 자로부터 파생된다. 유기된 자는 선택된 자에 의해 유기된 자로 알려짐으로써 유기된 자로 존재한다.[63] 그는 은혜로운 선택의 그늘에 있는 인간, 선택을 필요로 하는 인간, 그리고 불신앙의 부정적 조건 안에 있는 인간을 나타낸다.[64]

여기서 제기되는 질문은 이것이다. 하나님의 예정이 예수 그리스도 안에서 인간 자체 즉 모든 인간을 구원하고자 하는 은혜의 선택이며, 인간에겐 절대 주권을 가진 하나님의 자유로운 예정^{선택}을 전유하는 주체성도 없고 반대로 그 선택에 저항하는 힘도 없다면, 도대체 인간의 신앙과 불신앙은 무슨 의미가 있으며, 어떻게 불신앙과 죄로 인해 유기상태에 있는 인간, 즉 바르트가 독립적 실재성과 인격성을 갖지 못한다고 하는 인간에 대해 말할 수 있는가?

62   K. Barth, Church Dogmatics II/2, 541.
63   위의 책, 451.
64   위의 책, 455-58.

2. 창조와 악

바르트는 예정^{선택}이 인간을 위한 하나님의 최종적이고 전체 포괄적인 목적임을 보여주기 위해서 창조론보다 앞서 예정^{선택}론을 전개한다. 성서는 이 선택이 예수 그리스도 안에서 계시되었다고 증언한다. 이것은 창조 이야기가 예수 그리스도 안에서 알려진 하나님의 목적으로부터 분리되어 이해될 수 없음을 의미한다. 창조는 선택 외에 다른 목적을 갖지 않는다. 즉 창조는 예수 그리스도 안에서의 하나님의 선택 외에 다른 하나님에 관한 진리를 가리키지 않는다. 창조를 통해 하나님이 계시하는 것은 예수 그리스도 외에 다름이 아니다.[65] 하나님의 창조 교리는 예수 그리스도 안에서 주어진 하나님 인식이 아닌 다른 인식 가능성을 함축하고 있지 않다.

전통적으로 아담은 하나님에 의해 창조된 인간으로서 본유적으로 인간의 실재와 본성을 가지고 있다고 인식되어왔다. 그러나 바르트는 아담이 본유적으로 그 자신 안에 실재적 현실성을 가지고 있다는 생각을 거부한다. 창조의 목적과 의미와 현실성은 선택 외에 다른 것이 아니다. 선택되지 못한 인간은 창조의 목적과 의미와 실재적 현실성, 그리고 창조된 본성 자체를 결여하며, 따라서 자신의 실재적 현실성에 대한 예기적^{anticipation} 그림자로 이해될 수 있을 뿐이다. 선택된 인간 즉 진정한 피조물로서의 인간은 오직 예수 그리스도 안에서만 나타난다.[66] 우리는 그리스도와 동떨어져서 인간의 조건을 먼저 생각하고 그 다음에 그리스도의 필

---

65 K. Barth, *Church Dogmatics* III/1, 18-19, 31-33.
66 Karl Barth, *Christ and Adam: Man and Humanity in Romans 5*, trans. T. A. Smail (Edinburgh: Oliver and Boyd, 1956), 29, 30, 36, 46, 47, 58, 59.

요성과 그분의 사역의 본성을 배울 수 없다.[67] 우리는 그리스도와 동떨어져 있는 인간의 조건을 오직 그리스도가 극복하고 부정한 것의 빛 안에서만 생각할 수 있다.

이와 같이 창조론과 인간론이 그리스도론에 흡수된다면, 악의 현실은 어떻게 설명되어야 하는가? 악의 기원은 하나님의 창조 행위로 돌려질 수 없다. 왜냐하면 바르트에게 하나님의 창조는 선택 외에 다른 목적을 갖지 않기 때문이다. 또한 악의 기원은 인간의 자유의 오용으로 돌려질 수도 없다. 왜냐하면 바르트에 의하면 인간에게는 하나님의 목적에 대항하거나 그것을 무효화할 수 있는 자유가 없기 때문이다. 이 딜레마에 대한 대안으로 바르트가 택한 길이 악을 비실재적 무das Nichtige 로 규정하고[68] 악의 자율적인 실존이나 실재적 현실성을 부정하는 것이었다. 그러나 그는 동시에 이 무가 단순히 무시할 수 있는 무가 아니라 매우 활동적이고 강력한 무라고 말한다. 바르트에 따르면 이 무는 예수 그리스도 안에서 하나님에 의해 극복된다. 따라서 무로서의 악의 존재는 부정적이며 또한 하나님께 의존한다. 그러나 그럼에도 불구하고 그것은 여전히 현실적이고 강력하다.[69]

바르트는 악 뿐만 아니라 선택받지 못한 자 즉 유기된 자도 무 개념으로 설명한다. 유기된 자는 하나님의 은혜를 거부함으로써 무에 떨어진다. 그러나 이 무는 단지 없음이나 비실존을 의미하는 것은 아니다. 무는 무에 대한 하나님의 거부에 의해서만 존재하며, 무에 대한 하나님의 극복 안에서만 이해된다. 마찬가지로 유기된 자는 선택된 자 안에서(위해서)

---

67   위의 책, 33-35.
68   K. Barth, *Church Dogmatics* III/3, 289.
69   위의 책, 351-53

만 존재한다. 유기된 자의 실재적 현실성은 선택된 자 안에서 이해되며 동시에 부정된다. 바르트에 따르면, 인간의 유기가 예수 그리스도 안에서 극복됨을 통해서만 유기된 인간에 대해 말해질 수 있다. 인간의 거부 행위는 무능하고 비실재적이며, 아무런 효력을 가져오지 못한다. 죄는 비록 인간에게 위험한 현실성임에도 불구하고 존재론적 불가능성이다.

이와 같이 바르트의 무 개념은 매우 역설적이다. 그에 따르면, 무는 하나님이 창조세계에 부여한 실재적 현실성이 없음에도 불구하고 현실적으로 강력한 힘을 가지고 있다. 그리고 이 무는 하나님에 의해 거부되고 부정되고 극복된 것으로서만 실재적 현실성을 갖는다. 이미 언급한 바와 같이, 이런 이상한 무 개념은 한편으로는 예수 그리스도 안에서의 하나님의 절대 주권적 은혜의 계시를 강조하고 다른 한편으로는 이 계시에 책임적으로 응답할 수 있는 자연적 인간의 자율적 주체성을 부정함에 의해 제기되는 악유기된 자를 포함의 아포리아, 즉 하나님이 악을 예정했다고 말할 수도 없고 인간이 하나님의 선택을 거부함으로써 악을 초래했다고 말할 수도 없는 딜레마적 상황에서 바르트가 택한 고육지책으로 여겨진다.[70]

VI. 결론

바르트의 신학은 그의 인생 여정 속에서 끊임없는 그리고 극적인 변화의 과정을 보여준다. 그래서 1951년 브루너는 "새로운 바르트"가 나타났다고 말하기도 했다.[71] 바르트의 신학이 이처럼 변해간 것은 물론 그가 언제나 새롭게 말씀하시는 하나님께 관심을 집중했기 때문일 수도 있지만, 적어도 부분적으로는 나이가 들고 인생의 연륜이 쌓이면서 그리고 시대적 상황이 변화함에 따라 그 자신의 사고가 변했기(필자는 좋은 방향으로 변했다고 생각한다.) 때문이라고 할 수도 있다. 그리고 전자와 후자의 요인은 서로 배타적일 필요가 없다.

바르트는 자신은 성서 안에서 찾고자 하는 메시지에 대한 어떤 개념 없이 단지 각 텍스트에 새롭게 접근한다고 주장한다. 그런데 과연 바르트는 자신의 주장대로 실제로 아무런 개념 없이 성서를 주석하는가? 바르트의 성서주석은 자주 성서학자들의 주석과 충돌을 일으켰다. 그의 성서해석은 성서학에서 일반적 표준으로 받아들여진 해석들과도 종종 충돌한다. 그에게는 매우 명백해 보이는 중심적 문제들에 관해서조차도 성서학자들 사이에는 매우 다양한 이해들이 존재한다.[72] 또한 그의 성서주석은 매우 중요한 점들에 있어서 개혁주의를 포함한 전체 교회 전통과 오늘날의 일반적인 성서주석과 다르다. 바르트가 명목적으로는 체계를 거부하고 새로운 교리들을 위한 새로운 안내를 성서에서 찾기 위해 성서에 호소함에도 불구하고, 그의 실제적인 성서 이해는 종종 그 자신의 체계적 요구에 의해 인도되는 것처럼 보인다. 즉 하나님의 말씀이 계시되는 방식에 대한 바르트 자신의 이해가 그가 텍스트의 증언을 이해하는 방식에 영향을 준다.[73]

---

70 만일 악과 유기된 자가 바르트가 말한 바와 같이 존재론적 불가능성으로서 무라면, 종국적으로 모든 인간은 예수 그리스도의 은혜 안에서 구원을 받을 수밖에 없다는 결론 외에 어떤 다른 결론이 가능할까?

71 G. C. Berkouwer, *The Triumph of Grace in the Theology of Karl Barth*, 15.

72 Hermann Diem, *Dogmatics*, trans. Harold Knight (London: Westminster, 1959), 62-63, 98.

바르트는 성서의 통일성을 전제한다. 그에 따르면 성서 전체가 하나님의 행동에 대한 통일된 증언을 하는데, 이 증언은 예수 그리스도 안에서 화해하시는 하나님의 자기 계시를 지시한다.[74] 바르트의 논증은 다음과 같다. 인간에 대한 하나님의 현존은 언제나 계시다. 모든 성서는 계시를 증언한다. 계시는 예수 그리스도다. 예수 그리스도는 성서의 유일한 주제다. 따라서 예수 그리스도는 성서 안에서 제공되는 유일한 성서 해석 원리이다. 자신은 아무런 체계 없이 성서가 증언하는 하나님의 말씀을 듣고자 한다는 공언과 달리, 실제로 바르트는 성서해석은 "그리스도 중심적 원리"라는 매우 강력한 교의학적 체계에 의해 지배된다. 여기서 그리스도는 공관복음에 나타나는 역사적 예수라기보다는 요한복음의 성육신 기독론에 나타나는 선재적 말씀(로고스)을 의미한다.

그런데 모든 성서를 그리스도 중심적 원리에 의해 해석하는 것이 과연 성서 텍스트 자체를 정당하게 다루는 것인가? 신구약성서의 모든 텍스트에서 하나님의 말씀으로서의 예수 그리스도에 대한 증언을 찾아내려는 바르트의 성서주석은 때때로 견강부회의 성서주석을 초래하고 성서학자들의 성서주석과 충돌을 불러일으킨다. 무엇보다도 계시 즉 인간 안의 하나님의 현존이 결코 인간의 경험적 존재의 한 부분이 되지 않는다는 그의 계시실증주의적인 일원론적 계시 실재론은 자연신학의 가능성을 부정할 뿐만 아니라 그의 성서 이해를 다른 신학자들과 다르게 만든다. 그는 계시 즉 예수 그리스도 안에 나타난 하나님의 은혜가 아닌 모든 현실을 철저히 부정적인 실재로 간주했다. 그러나 과연 창세기나 바

73 Karl Barth, *Church Dogmatics* I/1, 131.
74 Karl Barth, *Church Dogmatics* III/1, 24.

울이 오직 예수 그리스도 안에서 선택된 인간만이 실재적이고, 가시적이며, 신학적으로 적절한 존재이며, 하나님이 창조한 자연적 인간으로서의 아담은 비실재적이고. 비가시적이며, 신학적으로 부적절한 존재라고 말하고 있는가? 과연 모든 성서 구절이 바르트식의 그리스도 중심적 계시^{은혜} 일원론의 관점에서 이해 가능한가? 무에 관한 바르트의 사변적이고 역설적인 논리가 과연 성서 자체에 대한 충실성으로부터 나오는 것인가?[75] 과연 성서 저자들이 하나님의 계시를 증언하는 것과 계시를 거부하는 타락한 인간의 실재를 말하는 것이 서로 모순된다고 보는가? 일부의 성서 텍스트들(특히 구약성서의 시편과 지혜문학)은 (구속사 전통과 관계없이) 세계 자체가 창조자 하나님을 증언한다고 말하고 있지 않은가? 무엇보다도 공관복음서에서 예수 자신이 하나님 나라의 복음을 가르침에 있어서 지혜문학 전통의 자연신학적 방식으로 창조자 하나님의 자연계시에 호소하고 있지 않은가?[76] 바르트가 이러한 성서의 사실들을 외면하는 것이 과연 자신의 판단이 아닌 성서 자체에 대한 충실성에 의한 것일까?

바르트의 가장 큰 문제는[77] 자신이 일원론적 계시 실재론의 관점에서 수행하는 성서주석을 성서에 대한 유일한 충실성으로 제시하고 있다는 점이다. 그리스도 중심적 원리가 신구약성서에 대한 기독교적 성서해석의 핵심인 것은 사실이다. 그러나 성서 전체는 그리스도 중심적 계시^{은혜} 일원론의 관점으로 다 해소되지 않으며, 따라서 바르트와 다른 방식의

---

75 G. C. Berkouwer, *The Triumph of Grace in the Theology of Karl Barth*, 246 참고.

76 예수는 하나님 나라의 복음을 지혜전통을 따라 자연현상이나 일상적인 삶의 경험을 통해 사람들에게 가르칠 때, 그들에게 자신을 하나님의 아들로 믿는 믿음이 선행되어야 할 것을 전제로 하지 않았다.

77 바르트의 계시론(인식론)과 성서해석학과 관련한 신학 방법론의 문제점에 대한 비판은 John B. Cobb Jr., *Living Options in Protestant Theology: A Survey of Methods* (Lanham/London: University Press of America, 1986), 192-97을 참고하라.

성서 해석이 모두 잘못된 것도 아니다. 사실상 성서 안에는 다양한 주제들을 표현하는 다양한 장르들이 존재하며, 따라서 다양한 주제와 장르에 적합한 다양한 성서해석 원리들이 성서로부터 도출될 수 있다.[78] 바르트가 하나님의 말씀으로서의 예수 그리스도를 성서해석의 중심적 원리로 삼은 것은 성서에 대한 충실성으로부터 나온 것이라고 할 수 있지만, 그가 이 원리를 배타적인 원리로 만든 것은 성서에 대한 충실성으로부터 나온 것이 아니다. 그의 문제는 그가 그리스도 중심적 원리를 배타적인 원리로 만듦으로써, 성서가 이 원리에 의해 다 해소된다고 보지 않는 성서학자들과 다른 신학자들의 성서해석을 비기독교적인 것으로 만든다는 데 있다.

바르트가 그리스도 중심적 원리를 성서의 통일성을 위한 배타적 원리로 만든 것은 성서로부터 나온 것이 아니라 그 자신의 교의학적 전제와 전이해로부터 나온 것이다. 바르트는 해석자가 자신의 전제나 전이해(특히 성서 외부의 철학적 전이해)를 가지고 성서를 해석하는 것을 매우 강하게 비판했다. 그러나 그는 그 자신을 포함한 그 어떤 해석자도 자기 자신의 전제나 전이해로부터 완전히 자유로울 수 없다는 사실을 알지 못했다. 성서 전체가 그리스도 중심적 원리 안에서 배타적인 통일성을 가지며, 따라서 성서에 대한 충실성은 성서가 증언하는 계시인 예수 그리스도 밖의 세계를 철저한 부정성 또는 무로 만든다는 바르트의 주장은 성서 자체로부터 나온 것이 아니라 그가 성서에 가지고 들어간 전제와 전이해에 의한 것이다.

---

[78] 구약성서의 다양한 장르와 주제에 나타나는 다양한 계시개념에 대한 리쾨르의 설명에 대해서는 다음을 참고하라. Paul Ricoeur, "Toward a Hermeneutic of the Idea of Revelation," *Essays on Biblical Interpretation*, ed. Lewis S. Mudge (Philadelphia: Fortress Press, 1980), 75-90.

이미 언급한 바와 같이, 바르트의 성서해석은 그의 일원론적 계시 실재론의 연장선상에 잇다. 다시 말하면, 그는 자체의 원리를 오직 계시 즉 예수 그리스도로부터 부여받고 또한 오직 그 계시에만 적용할 수 있는 일원론적 계시 실재론을 성서해석에 적용하고자 했다. 바르트가 옳다면, 성서로부터 예수 그리스도 외의 다른 계시나 다른 실재적 현실성을 말하는 것은 불가능하다. 우리의 유일한 선택 가능성은 닫혀 있는 계시의 원과 하나님에 대한 전적인 무지 또는 무 사이에서 택일하는 것뿐이다. 우리는 닫혀 있는 계시의 원 안에 서든지 밖에 서든지 양자택일해야 한다. 더 넓은 사고의 세계로부터 이 원 안으로 들어갈 수 있는 길도 없고, 이 원으로부터 더 넓은 세계로 나올 수 있는 길도 없다.

성서에 대한 충실성이란 과연 어떤 것인가? 성서가 과연 예수 그리스도 안에 나타난 하나님의 계시은혜 외의 다른 모든 것을 부정성으로 만드는 그런 하나님의 계시은혜를 증언하는가? 만일 우리가 성서 자체가 제공하는 가장 중심적인 원리가 예수 그리스도라는 사실을 인정하면서도 성서가 그리스도 계시 외의 다른 다양한 주제들을 포함하고 있다는 사실을 깨닫는다면, 우리는 성서의 계시를 배타적이 아닌 포괄적 개념으로 이해할 필요가 있다. 이 포괄적 계시개념은 우리로 하여금 다양한 장르의 성서 텍스트들에 나타나는 다양한 주제들과 아울러 성서 텍스트 밖의 사고 세계에서 제기되는 물음들에 대해서 보다 더욱 진지한 관심을 가질 것을 요구한다.

바르트의 신학에서는 예수 그리스도를 떠나서는 창조와 인간에 대한 논의가 이루어질 자리가 없다. 전통적으로 아담은 하나님의 형상으로 창조된 인간으로서 본유적으로 인간의 실재와 본성을 가지고 있다고 인식되어왔다. 그러나 바르트는 아담이 본유적으로 그 자신 안에 실재적 현실성을 가지고 있다는 생각을 거부한다. 창조의 목적과 의미와 현실성은 선택 외에 다른 것이 아니다. 선택된 인간 즉 진정한 피조물로서의 인간은 오직 예수 그리스도 안에만 나타나기 때문에, 선택되지 못한 인간은 창조된 본성, 목적, 의미, 실재적 현실성을 결여한다.

창조론과 인간론을 기독론 안으로 흡수시킴으로써 바르트는 자신만의 독특한 "자연" 개념을 발전시켰다. 그에게 있어서 자연은 계시, 은혜, 예수 그리스도와 대립되는 개념이다. 그는 하나님 말씀의 인식 가능성이 인간의 자연적 본성에 있지 않고 오직 하나님의 말씀 안에 있다는 점을 거듭 강조한다. "만일 우리가 이 말씀을 향한 성향을 인간에게 귀속시킨다면, 즉 이 말씀을 알 수 있는 가능성을 인간에게 본유적이고 독립적인 고유한 본성에 귀속시킨다면, 하나님의 말씀은 더 이상 은혜가 아니게 된다."[79] 그는 자연적 인간을 그리스도와 동떨어져 있는 그리스도 밖의 인간으로 규정하고, 유기된 인간, 무와 동일시한다. 무가 은혜에 의해 부정된 현실로 간주되듯이 자연적 인간은 은혜에 의해 부정된 인간이다.

위르겐 몰트만은 자연신학과 계시신학을 대립시키거나 어느 하나를 평가절하하는 것은 잘못된 것이라고 지적하고, 바르트가 개혁교의 "결의들의 질서"ordo decretorum를 받아들이지 않고 창조의 내적 근거를 (종말론적) "영광"이 아닌 "계약"으로 제시함으로써 창조론을 제대로 이해하지 못했다고 비판한다.[80] 성서가 하나님이 모든 자연과 함께 인간을 창조하실 때 (인간도 자연의 일부다), 특별히 인간을 하나님의 형상으로 창조하셨다고 증언할 때, 이 하나님의 형상으로 창조된 인간이 바로 자연적 인간이다. 만

---

79   Karl Barth, *Systematic Theology*, I/1, 193-94.

80   Jürgen Moltmann, *God in Creation: a new theology of creation and the spirit of God*, trans. Margaret Kohl (Minneapolis: Fortress Press, 1993), 59, 81.

일 하나님이 인간을 하나님의 형상으로 창조하셨으며, 따라서 자연적 인간이란 바로 이 하나님의 형상으로 창조된 피조물을 지시한다면, 이 자연적 인간은 창조된 실재적 현실성과 하나님을 알 수 있는 가능성을 가지고 있으며, 본유적으로 창조자의 존재와 긍정적 관계를 가지고 창조자의 의도와 목적을 반영한다고 생각하는 것이 타당하다. 성서는 모든 자연이 하나님의 영광을 드러낸다고 말씀한다. "하늘이 하나님의 영광을 선포하고 궁창이 그의 손으로 하신 일을 나타내는도다."시 19:1 따라서 하나님의 형상으로 지음을 받은 자연적 인간이 하나님의 영광을 드러내는 자연세계를 통해 하나님을 알 수 있는 객관적 가능성이 있다고 생각하는 것은 매우 자연스러운 일이 아닐 수 없다.

칼 라너 Karl Rahner 는 하나님의 피조물로서의 자연적 인간을 초월적 실존으로 이해했다.[81] 즉 그에 의하면 인간은 본유적으로 하나님을 향한 초월적 개방성을 가지고 있다. 하나님의 초월적 은혜를 향한 개방성 자체가 인간의 자연적 본성이기 때문에 자연과 은혜계시는 이분법적으로 분리되거나 대립되지 않는다. 하나님의 형상으로 창조된 인간의 자연적 본성자체가 하나님의 은혜. 인간의 자연적 본성은 하나님의 초월적 은혜를 향해 열려있는 내재적 은혜의 실재다. 하나님의 초월적 계시는 그 계시를 향해 열려있는 인간의 내재적 본성을 통해 인간에게 주어지고 수용된다. 하나님의 은혜계시를 향한 개방성과 하나님과의 인격적 관계의 능력자체가 하나님의 형상으로 창조된 인간이 은혜로 부여받은 자연적 본성이다. 따라서 은혜계시와 자연은 대립하지 않는다.

---

81 Karl Rahner, *Spirit in the World*, trans. William Dych, S. J. (New York: Herder and Herder, 1968); *Hearer of the Word*, trans. Joseph Donceel (New York: Continuum, 1994).

은혜^{계시}와 자연의 대립은 인간의 죄로 인해 초래된 소외된 실존 안에서 생겨난다. 죄로 인해 초래된 소외된 실존에 있어서 인간의 하나님 형상과 자연적 본성은 왜곡되고 기형화된다. 이로 말미암아 하나님의 초월적 은혜를 향한 개방성은 자기중심적 폐쇄성으로 대체되고, 왜곡되고 폐쇄화된 자연적 본성은 은혜와 대립한다. 그러나 기독교의 복음은 예수 그리스도 안에서 인간의 죄가 용서됨으로 말미암아 왜곡되고 일그러졌던 인간의 하나님 형상과 본래의 자연적 본성이 회복되며, 따라서 본래의 자연적 본성 안에서 하나님을 알 수 있는 객관적 가능성이 회복된다는 것이다. 인간의 자연적 본성이 여전히 죄로부터 완전히 자유롭지 못함에도 불구하고, 이제 인간 안에서 자연적 본성과 계시는 본래적인 일치를 회복하고 종말론적인 통일의 성취를 향해 나아간다. 여기에 계시신학과 대립하지 않는 기독교 자연신학의 가능성과 정당성이 있다.

제8장

루돌프 불트만:
실존론적 신학 방법론

– 하이데거와의 관계를 중심으로 –

• 이 글은 2018년 11월 10일 서울신학대학교에서 열린 한국조직신학회 – 한국하이데거 학회 공동학술발표회의 주제강연으로 발표되고, 『한국조직신학논총』 54 (2019, 3)에 게재된 필자의 논문을 수정·보완한 것임.

I. 서론

이 글은 제목 그대로 루돌프 불트만Rudolf Bultmann의 신학 방법론에 관한 고찰이다. 조직신학자가 아니라 신약성서학자인 불트만의 신학 방법론을 논하는 것은 적절치 않다고 생각하는 이들도 있을 수도 있다. 그러나 불트만에게 있어서 성서신학자냐 조직신학자냐 하는 것은 본질적으로 별 차이가 없다. 왜냐하면 그는 모든 신학의 본유적 과제가 성서 특히 신약성서가 증언하는 케리그마, 즉 예수 그리스도 안에 나타난 하나님의 계시에 대한 신앙의 응답을 통한 인간 실존의 새로운 자기 이해를 가져오는 데 있다고 보기 때문이다. 불트만의 신학은 종종 그와 더불어 20세기의 신학에 커다란 영향을 미친 동시대의 조직신학자인 바르트의 신학과의 비교를 통해 소개되곤 한다. 한편으로, 불트만은 바르트와 같은 계시 또는 하나님 말씀의 신학자로서, 성서가 증언하는 케리그마 즉 하나님의 계시를 통해서만 인간이 하나님을 알 수 있다고 주장했다. 그러나 다른 한편, 바르트와 달리 그는 인간의 하나님 인식은 인간의 실존적 자기 이해라는 양태로서만 가능하다고 주장하면서 인간의 실존 구조에 대한 이해와 설명을 위해서 마르틴 하이데거의 철학을 기꺼이 사용했다.

불트만의 신학에 대해서는 다양한 평가가 내려져 왔다. 특히 그의 신학과 하이데거의 철학 사이의 관계에 대해서 다양한 관점의 평가들이 있다. 무엇보다 먼저, 불트만은 하이데거의 실존주의 존재론을 수용함으로써 신학을 철학에 종속시켰다는 비판이 개신교 신학자들에 의해 제기되어 왔다. 이러한 비판의 원조는 바르트라고 할 수 있다. 바르트는 불트만의 입장을 "신약성서 그리고 인간 실존"으로 묘사하면서, 불트만이 계시에 "그리고"를 첨가함으로써 신학의 첫 번째 계명을 위반했다고 비판했다.[1] 바르트를 따라 많은 개신교 신학자들이 불트만의 신학을 자연신학의 실존주의 버전으로 간주했다. 즉 불트만은 철학적 실존 이해를 자연신학의 성격을 갖는 것으로 보고, 이 실존에 대한 자연적 이해와의 논의를 통해 신앙의 의미를 설명하는 것을 신학의 과제로 여겼다는 것이다.[2]

반면에, 불트만의 신학이 하이데거 철학의 영향을 받았음을 인정하지만, 바르트와 달리 이 사실을 긍정적인 시각에서 평가하는 신학자들도 있다. 존 매쿼리가 대표적인 신학자다. 존 매쿼리는 불트만이 전제하는 인간 실존의 존재론은 하이데거에게서 온 것이며, 따라서 불트만의 신학을 이해하기 위해서는 하이데거의 실존철학을 먼저 이해해야 한다고 말했다. 그는 이러한 철학의 사용이 신학을 위한 예비단계로서 유용한 도움닫기의 기능을 하는 것으로 간주한다.[3]

다른 한편, 불트만의 신약성서 해석학을 위해 하이데거의 철학이 갖는 의미를 긍정적으로 평가하지만, 불트만의 신학이 결코 하이데거의 철학에 의존하거나 종속되지 않는다고 보는 신학자들도 있다. 안토니 티즐톤 Anthony C. Thiselton 이 대표적인 사람이다. 티즐톤은 불트만이 하이데거의 영향을 받았음에도 불구하고 문제를 보는 관점이나 문제를 해결하는 방식은 결코 하이데거에 의해 좌우되지 않는다고 강조했다.[4] 첫 두 관점의 평가들도 나름대로 일리가 있지만, 필자는 마지막 관점이 불트만의 신학

---

1   Karl Barth, "Das erste Gebot als theologisches Axiom [1933]," in Karl Barth, *Vorträge und kleinere Arbeiten* 1930-1933, eds. Michael Beintker, Michael Hüttenhoff and Peter Zocher, *Gesamtausgabe* 3 (Zürich: TVZ, 2013), 231.

2   Eric Voegelin, "History and Gnosis [1965]," in *Published Essays*, 1953-1965, ed. Ellis Sandoz (Columbia: University of Missouri Press, 2000), 160.

3   John Macquarrie, *An Existentialist Theology: A Comparison of Heidegger and Bultmann* (London: SCM Press, 1955).

에 대한 가장 적절한 평가라고 생각한다. 이와 같은 생각의 타당성은 이 글에서 불트만의 신학이 하이데거의 철학으로부터 받은 영향과 아울러 그의 철학과 구별되는 불트만 신학 자체의 고유한 신학적 특징을 신학 방법론에 대한 관심을 가지고 고찰함으로써 드러날 것이다. 먼저 하이데 거 철학의 주요 내용을 개관한 후에, 불트만의 신학과 하이데거의 철학 사이의 관계를 고찰하고, 그다음에 불트만의 신학 방법론에 대한 분석을 제시하고, 마지막으로 그의 신학 방법론에 대한 평가를 시도하고자 한다.

II. 마르틴 하이데거의 철학

하이데거는 실존에 대한 존재론적 분석을 존재의 의미에 대한 물음 을 제기하기 위한 수단으로 간주했다. 즉 그는 존재의 의미를 회복하기 위해 인간 실존을 연구했다. 그의 스승인 후설과 달리 하이데거는 인간 자아가 초월적이라고 생각하지 않았다. 자아는 모든 것을 구성하는 주관 이 아니라 구성된 대상이다. 자아는 현상학적으로 접근 가능한 실존하는 자아로서 세계를 지향하고 구성한다. 이것은 인간 실존 즉 현존재 Dasein 에 대한 존재론이 다른 모든 것들에 대한 존재론의 토대가 되는 기초 존재 론이 됨을 의미한다. 기초 존재론으로서, 인간 실존은 존재의 의미를 회

---

4   Anthony C. Thiselton, *The Two Horizons: New Testament Hermeneutics and Philosophical Descrip-tion with Special Reference to Heidegger, Bultmann, Gadamer, and Wittgenstein* (Grand Rapids: Eerdmans, 1980), 232.

복하기 위한 기초가 된다. 하이데거는 『존재와 시간』 서문에서 현존재 분석이 존재 자체의 물음을 다시 제기하기 위한 수단이라고 밝혔다. 그러나 실제적으로 이 책에서 그의 논의는 시간성과 관련된 현존재의 구조를 분석하는 일에 집중되어 있다. 하이데거는 자신의 잠재적 가능성을 온전히 구현한 인간 실존의 구조를 존재의 구조와 동일시했다.

하이데거에 따르면 현존재는 언제나 "세계-내-존재"being-in-the-world다.[5] 현존재가 세계-내-존재라는 것은 우리가 먼저 현존재를 그 자체로서 자신의 존재를 가진 실재로 정의하고 그 다음에 현존재가 다른 존재들과 맺는 관계에 관한 물음을 제기할 수 없다는 것을 의미한다. 현존재는 이미 세계-내-존재다. 그러나 현존재가 처해 있는 세계는 과학적 우주론에서 생각되는 것과 같은 시공간적 연장이 아니다. 그 세계는 현존재와의 관계 안에서 경험되고 구성되는 세계다. 현존재와 세계는 어느 한쪽이 존재론적 우선성을 갖지 않고 서로 상대방을 포함한다. 세계는 현존재의 세계이며, 현존재는 세계-내-존재이다.

하이데거의 실존론적 분석에 따르면 시간성의 범주 안에서 현존재는 두 가지 중요한 특징을 갖는다. 하나는 "처해 있음"Befindlichkeit이고 다른 하나는 "이해"Verstehen이다. "처해 있음"은 존재함으로써 현존재가 느끼는 일상적인 기분이다.[6] 이것은 어떤 목적을 위해 의도적으로 선택된 것이 아니라 현존재에게 주어진 소여성이다. 이 주어진 소여성을 하이데거는 "내던져져 있음"이라고 부른다.[7]

"이해"는 언제나 자신을 넘어서는 현존재의 존재 양태를 가리킨다.

---

5   Martin Heidegger, *Being and Time* (New York/Evanston: Harper and Row, 1962), 제12절, 78-86.

6   위의 책, 제29절, 172-79.

7   위의 책, 174.

그것은 자기실현 가능성의 관점에서 현존재가 자신을 미래로 투사하는 것이다. 현존재는 언제나 자신을 잠재적으로 실현 가능한 목적의 관점에서 세계-내-존재로 이해한다. 세계 안의 다른 존재자들은 그것들이 현존재의 목적을 위해 어떻게 봉사할 수 있는가 하는 관점에서 규정된다. 그리고 현존재가 처해 있는 세계는 현존재가 추구하는 목적의 최종적 맥락이다. 현존재는 모종의 목적을 실현하기 위한 투사로서 자신을 세계-내-존재로 구성한다.[8]

현존재가 추구하는 목적은 세상 안의 다른 존재자들 안에 나타나는 가능성이거나 또는 현존재가 자신의 독특한 존재 안에서 발견하는 가능성이다. 전자의 경우 현존재는 "비본래적"이라고 기술되며, 후자의 경우 현존재는 "본래적"이라고 기술된다.[9] 세계 안의 사물들을 경험함에 있어서, 우리는 그 사물들을 다른 현존재들과 함께 공유하는 것으로 경험한다. 우리는 세계 안의 사물들과 관계를 가짐에 있어서 다른 현존재들을 이미 우리와 함께 있는 존재들로 발견한다. 따라서 우리의 세계-내-존재의 중요한 특징은 우리가 세계 안에 "타자와-함께 있는-존재"라는 것이다. "타자와-함께 있는-존재"로서 현존재의 본래성은 다른 현존재들의 인격적 개별성을 온전히 이해하는 데 있다. 반면에 현존재의 비본래성은 타자들의 개별성을 무시하고 그들을 평균적으로 이해하는 데 있다. 뒤집어 말하면, 그 자신이 자신을 다른 사람들과 같은 존재로 이해한다. 따라서 다른 사람들이 하는 행동을 하고 다른 사람들이 생각하는 것을 생각한다. 이 경우에 현존재는 타자들과 같은 비인격적 존재로 기능하며, 그

---

8   위의 책, 제31절, 182-88.
9   위의 책, 186.

렇게 함으로써 그 자신의 독특한 가능성을 다른 사람들의 평균성에 종속
시킨다.[10]

하이데거의 시간은 물리적 개념이라기보다 현존재의 실존론적 범주
다. 즉 과거, 현재, 미래는 실존하는 현존재의 세 차원 또는 지평이다. 여
기서 미래는 시간의 주된 양태이다. 왜냐하면 현존재는 미래를 향한 투
사이기 때문이다. 미래는 아직 오지 않은 현재가 아니라 투사된 양태의
현존재이다. 과거는 한때 현존하다가 더 이상 현존하지 않는 것이 아니
라 현존재의 내던져져 있음이다. 미래의 관점에서 과거를 전유하는 것이
세계 안에서 존재들의 현재화를 가져온다. 현존재의 순서에 있어서 현재
는 시간의 세 번째 양태이다.[11] 하이데거는 현재를 주관에 현존하는 대상
의 형태로 현존재에 현존하는 것으로 이해한다. 따라서 현재는 명증적인
사고의 출발점이 아니다.

하이데거는 시간을 현존하는 것의 관점에서 이해하는 것은 세계의
존재자들에 대한 우리 자신의 비본래적인 성향을 나타내는 것이라고 본
다. 현존하는 세상의 관점에서 사태를 파악하려는 이러한 성향은 현존재
의 최종적 가능성이 죽음이라는 사실에 의해 강화된다. 본래적인 삶은
현존하는 것의 관점이 아니나 자신의 고유한 투사의 관점에서 사는 것이
며, 이것은 궁극적으로 죽음을 향한 삶을 사는 것이다.[12] 그러나 이 비존
재의 가능성의 실현은 고뇌를 초래하고 세상의 사물들 안에서 나를 상실
하도록 만든다. 따라서 본래적인 삶을 실현하는 것은 매우 어려운 일이
다. 그러나 하이데거는 현존재가 양심, 죄책, 결단을 통해 본래적인 실존

---

10   위의 책, 제26-27절, 153-68.
11   위의 책, 126.
12   위의 책, 제53절, 304-11.

의 가능성을 실현할 수 있다고 주장한다.[13] 양심은 현존재를 그 자신의 본래적인 가능성으로 부르는 부름이다. 이 부름은 현존재의 죄책, 즉 현존재가 자신의 가장 심층적 가능성에 있어서 그 자신인 그 자신이 되지 못한 것을 드러낸다. 이 죄책과 본래적 가능성의 실현을 향한 목적을 책임성을 가지고 수용하는 것이 결단이다.[14]

『존재와 시간』 이후 하이데거는 현존재에 대한 실존론적 분석으로부터 멀어졌다. 그는 존재의 의미가 보다 더욱 직접적으로 물어져야 한다는 사실을 발견했다. 존재는 인간 존재와 등가적인 것이 아니라 존재하는 모든 것의 존재로 이해되어야 한다. 그러나 그는 모든 형이상학 연구가 존재자의 존재 문제를 그 존재자를 존재자로 구성하는 것이 무엇인가 하는 문제와 동일시해왔음을 지적한다.[15] 이러한 형이상학 연구에서는 또한 모든 유한한 존재자들의 근거로서 지고의 필연적 존재자가 설정되었다. 하이데거에게 이것은 서구철학과 서구 문명에 있어서 존재 자체에 관한 본래적인 물음이 상실된 것을 의미한다. 하이데거는 형이상학을 넘어서 존재에 대한 본래적인 물음을 다시 회복하는 것이 자신의 과제라고 생각했다.

하이데거는 본래적인 존재의 물음을 현상학적 관점에서 이해한다. 즉 본래적인 존재의 물음은 우리가 물려받은 모든 해석에서 벗어나, 지향된 대상을 주어진 그대로의 순수한 소여성 안에서 보는 것이다. 그것은 경험 자체를 우리가 습득한 모든 해석방식으로부터 자유롭게 하는 것

13 위의 책, 제54절, 312-15.

14 위의 책, 제 56, 58, 60절, 317-19, 325-35, 341-48.

15 Martin Heidegger, *What is Philosophy?*, trans. and intro. William Kluback and Jean T. Wilde (Woodbridge: Twayne Publishers, 1958), 58-59; "Postscript" to "What Is Metaphysics?" *Existence and Being*, intro. Werner Brock (Washington, D.C.: Henry Regnery Company, 1949), 381-82.

이다. 하이데거는 우리가 무를 모든 존재자의 가능성으로서 대면할 때에만 존재를 망각으로부터 구출할 수 있다고 본다. 우리는 사물의 무화無化 가능성을 (불안 속에) 경험할 때에야 본래적인 물음을 물을 수 있다. 이 경험만이 존재자들의 존재의 순수한 사실에 대한 진정한 경이감을 가능하게 만든다.[16]

존재자에 대한 모든 새로운 이해는 존재 자체를 새롭게 보게 해준다. 그러나 그것은 존재를 직접 보는 것은 아니다. 따라서 존재가 무엇인지 직접적으로 말할 수 있는 길은 없다. 그러나 하이데거는 존재가 갖는 관계에 대해 말할 수 있으며, 존재에 대해 부정적인 방식으로 말할 수 있다고 본다. 존재에 대한 하이데거의 기술은 두 가지로 요약하는 것이 가능하다. 첫째, 존재 자체는 주관-객관 이분법을 선행하며 이 이분법에 영향을 받지 않는다. 하이데거의 후기 저술에서 세계-내-존재로서 현존재의 의미는 더욱 심화되어 "거기 있음"Da-sein, there-being으로 나타난다. "거기 있음"으로서의 현존재는 특정한 인격의 (주관적) 존재도 아니고 "거기 있음"에 나타나는 모든 사물의 (대상적) 존재도 아니다. 이제 하이데거의 관심은 구별 가능한 특수한 존재자들의 존재로부터 사물들의 현현 안에서 자신을 현실화하는 존재로 전환된다. 인간은 단지 이 현현의 한 필수적인 요소일 뿐이다. 이 존재의 온전한 현현이 존재의 "거기 있음"이다.[17] 이것은 현존재를 포함한 모든 존재자에 대한 존재의 철저한 우선성을 나타낸다. 우리가 현존재를 이해하고자 한다면 이제 우리는 존재의 관점에

---

16 Martin Heidegger, "What is Metaphysics?" *Existence and Being*, 355-80.

17 Heinrich Ott, *Denken und Sein* (Zollikon, Switzerland: Evangelischer Verlag, A.-G., 1959), Ch. 8; John B. Cobb Jr, *Living Options in Protestant Theology: A Survey of Methods* (Lanham/London: University Press of America, 1986), 216에서 재인용.

서 이해해야 한다. 이 순서는 결코 뒤바뀔 수 없다. 인간은 관심의 중심으로부터 옮겨진다.

둘째, 존재는 사건으로 현현한다.[18] 존재는 역사적 현상이다. 인간의 역사는 존재가 현현하는 방식의 한 기능이다. 존재가 역사적인 까닭은 인간에 의존하기 때문이 아니라 현현함에 있어서 끊임없이 새로운 그 무엇이 되기 때문이다. 존재는 현상의 흐름 뒤에 있는 고정된 실재가 아니라 현현의 과정 자체이다. 인간의 역사와 역사성의 토대로서, 존재의 역사성은 인간 실존의 운명을 결정한다. 여기서 본래적인 물음이 물어지고 대답되는 방식은 단지 현상학적 방법을 실천하는 인간의 숙련된 기능이 아니다. 존재가 모종의 구조의 관점에서 인간에게 현존하거나, 또는 인간 안에서 사신을 실현한다. 우리는 존재의 근본적 표상을 자의적으로 결정할 수 없다. 존재의 근본적 표상은 우리에게 주어지며 우리를 위한 결과를 만들어낸다. 존재가 자신을 우리에게 내어줄 때 우리는 단지 우리 자신을 존재에 개방하거나 아니면 존재로부터 은폐하는 선택을 할 수 있을 뿐이다. 전자의 경우 우리는 본래적으로 사고하며 사는 것이며, 후자의 경우 우리는 비본래적으로 사고하며 사는 것이다.[19] 우리의 본래적인 자유와 책임은 존재가 우리에게 현현할 때 존재를 향한 개방성에 참여하는 것이다.

하이데거는 유신론자인가 무신론자인가? 그는 자신이 둘 다 아니라고 말한다. 단지 그의 사고 범위 안에 하나님의 문제가 포함되지 않을 뿐이다. 형이상학은 하나님을 지고의 존재로 표상한다. 그러나 그렇게 함으

---

18 Ott, *Denken und Sein*, 105 이하, 215 이하; Cobb, *Living Options in Protestant Theology*, 216에서 재인용.

19 Ott, *Denken und Sein*, 160 이하; Cobb, *Living Options in Protestant Theology*, 217에서 재인용.

로써 그것은 존재 자체의 물음을 은폐한다. 따라서 형이상학은 극복되어야 한다. 더욱이 하이데거는 존재가 하나님이 아니라고 강조한다. 만일 하나님이 있다면 그 하나님은 존재자이지 존재 자체가 아니다.[20] 그러한 존재자가 있는가 아니면 없는가 하는 문제는 존재론적 문제가 아니라 존재자적 문제다. 그러나 하이데거는 오늘날 하나님의 실존은 인간의 삶을 위해 아무런 효력이 없으며, 존재론적 분석과 존재자적 분석 모두 하나님 없이 가능하다고 주장한다.

Ⅲ. 하이데거의 철학과 불트만의 신학

불트만은 하이데거의 개념들을 광범위하게 전유하여 사용하고 있다. 무엇보다 불트만은 하이데거의 실존 개념과 그의 현존재로서의 인간 실존에 대한 실존론적 분석을 매우 유용하게 사용한다. 그리고 그는 하이데거를 따라 실존론적인 것 existential 과 실존적인 것 existentiell 을 구별한다.[21] 또한 그는 하이데거가 구별하는 인간 실존의 두 가지 유형인 비본래적

---

20 Martin Heidegger, *What is Philosophy?*, 57-59.

21 옥덴(Ogden)은 독일어 'existential'과 'existentiell'을 영어로 그대로 번역하는 반면, 다른 사람들은 전자를 'existentialistic'로, 후자를 'existential'로 번역하기도 한다. 한국어로 전자는 '실존론적'으로, 후자는 '실존적'으로 번역된다. 독일어 'existentiell'(실존적)은 자신의 실존 방향을 선택하는 결단에 의해 형성된 개별적 경험의 특수한 성격을 지시한다. 케리그마의 선포는 이와 같은 실존적 결단을 요구한다. 독일어 'existential'(실존론적)는 하이데거가 현상학적으로 기술된 실존 범주를 가리키기 위해 사용하는 기술적 용어다. 실존론적 해석은 실존적 사건으로서의 신앙에 호소하는 실존적 해석과는 달리 실존주의 개념에 의존하여 신앙에 대한 과학적, 학문적 해석을 시도하는 신학이다. Rudolf Bultmann, "The Problem of Hermeneutics," in *Rudolf Bultmann: Interpreting Faith for the Modern Era*, ed. Roger Johnson (Minneapolis: Fortress Press, 1991), 22-24 참고.

실존과 본래적 실존 개념을 차용한다. 그리고 또한 그는 하이데거가 구별하는 인간 실존의 두 차원인 존재론적 ontological 인 것과 존재자적인 ontic 것의 구별을 전유한다. 그러나 불트만은 하이데거의 개념들을 무비판적으로 사용하지는 않고 자신의 신학적 관점에서 필요에 따라 그것들에 새로운 의미를 부여한다.

불트만과 하이데거의 차이는 불트만이 신학을 그 대상에 의해 정의되는 "실증적 학문"으로 정의하는 데서 분명히 드러난다. 실증적 학문으로서의 신학은 그 대상이 철학에 의해 미리 규정되도록 허용할 수 없다. 신학은 오직 그 대상에 의해서만 정의될 수 있다. 그리고 신학은 이 대상 즉 하나님을 다른 학문이 아닌 바로 자신 안에서만 발견한다. 철학은 이 신학의 대상을 전혀 볼 수 없다. 왜냐하면 철학은 다른 대상을 가지고 있기 때문이다.[22] 철학은 진리를 "인간이 무엇인가?"하는 물음의 관점에서 해석하는 반면, 신학은 진리를 하나님에 대한 물음으로 이해한다. 즉 하나님을 이해함으로써만 우리는 참된 진리를 파악한다.[23]

불트만과 하이데거는 "본래성" Eigentlichkeit 에 대한 동일한 관심을 공유한다. 그러나 이 개념에 대한 그들의 이해는 다르다. 불트만은 말한다. "신앙은 인간이 상황 안에서 죽음을 준비하는 결단을 통해 본래성을 성취할 수 있다는 생각을 거부한다."[24] 본래성은 이와 같은 방식으로 성취될 수 없다. 신앙은 철학적 실존의 선택을 하나님에게 묶이기를 거부하는 인간이 자기를 정당화하는 자유의 행위로 판단할 수 있다.[25] 인간의

---

22 Rudolf Bultmann, *Theologische Enzyklopädie*, eds. Eberhard Jüngel and Klaus W. Müller (Tübingen: Mohr. 1984), 10, 28-29.
23 위의 책, 50.
24 위의 책, 89.
25 위의 책.

결단에 의해 본래성이 성취될 수 있다는 하이데거의 주장은 그리스도 안에서 하나님이 죄인을 의롭게 하심에 의해 본래성이 성취된다고 고백하는 기독교 신앙과 대립된다. 불트만에게 있어서, 하나님의 의롭게 하심을 믿는 신앙만이 진리의 물음에 대한 답변을 얻을 수 있다.

그러나 불트만은 신앙 이전의 자연적 인간이 계시에 대한 전이해(또는 질문)를 갖고 있다고 말한다.[26] 모든 이해는 이해하는 사람과 이해되는 것이 함께 속해 있는 삶-맥락life-context을 전제한다. 여기서 전이해는 어떤 대상하나님을 이해하는 인간이 특수한 역사적 삶과 맥락을 가지고 있는 인간으로서 그 대상을 이해한다는 것을 의미한다.[27] 이미 언급한 바와 같이 불트만은 하이데거를 따라 두 차원의 인간 실존, 즉 존재론적인 것과 존재자적인 것을 구별한다. 존재론적인 것은 인간 실존의 경험적, 현상적 차원을 가리키는 반면, 존재자적인 것은 각 개인의 역사에 특수한 실존적 또는 개인적 차원의 구체적 실존을 가리킨다. 불트만에 따르면, 계시는 인간을 존재자적으로 만난다. 그리고 이 차원에서 신앙 이전의 실존이 신앙의 실존으로 지양된다. 신앙이란 "신앙 이전의 실존에 대한 실존적-존재자적existentiell-ontic 극복이다."[28] 존재자적으로, 신앙 안에서 인간의 옛 자아는 죽고 새로운 자아로 부활한다. 그러나 존재론적으로, 신앙 이후의 인간은 신앙 이전의 인간과 동일한 인간으로 남아있다. 즉 신앙을 가진 인간은 신앙이 없는 다른 사람들과 동일한 능력과 한계를 가지고

26 Rudolf Bultmann, "Das Problem der 'natürlichen Theologie'[1933]," in *Glauben und Verstehen: Gesammelte Aufsätze*, 4 vols (Tübingen: Mohr, 1933-65), vol. 1, 298.

27 위의 책, 296.

28 Rudolf Bultmann, "Die Geschichtlichkeit des Daseins und der Glaube: Antwort an Gerhardt kuhlmann," in *Neues Testament und christliche Existenz: Theologische Aufsätze*, ed. Andreas Lindemann (Tübingen: Mohr Siebeck, 2002), 66.

이전과 동일한 사회역사적 맥락 안에 존재한다. 전이해란 이러한 존재론적 의미에서 계시가 이미 역사를 가진 인간, 이미 특수한 문화적, 역사적 상황에 속해 있는 인간을 만난다는 것을 의미한다.

불트만은 존재론적 차원에서 인간이 계시에 대한 전이해를 가지고 있음을 인정하지만, 존재자적 차원에서 인간의 전이해를 계시를 위한 접촉점으로 이해하는 자연신학을 거부한다. 존재론적 차원에서, 우리는 계시에 의해 만나질 수 있는 피조물이다. 왜냐하면 우리는 세계 안에 존재하며 우리 자신의 고유한 역사를 가지고 있기 때문이다. 계시에 의해 영향을 받는 인간은 특수한 경험, 기억, 욕구, 관계 등을 가진 존재이다. 신앙이 없이도 자연적 인간은 특수한 전이해를 갖는다. 그러나 존재자적 차원에서, 이 전이해는 신앙에 의해 소금기둥과 같은 것으로 심판을 받는다. 신앙은 인간에게 옛 자기 이해를 대체하는 새로운 자기 이해를 가져다준다. 즉 신앙의 실존은 신앙 이전의 실존을 지양한다.[29]

불트만은 계시에 대한 인식이 자연적 인간의 전이해에 의존한다고 말하지도 않으며, 인간의 전이해를 개념화하는 철학이 인간 실존의 문제성을 인식할 수 있다고 주장하지도 않는다. 그는 철학이 질문을 제기하고 신학이 이에 상응하는 답변을 한다는 상관의 방법을 지지하지 않는다. 우리는 오직 우리의 자연적 자기 이해의 문제성을 신앙의 관점에서만 따라서 신학 안에서만 인식할 수 있다. 신앙만이 답변(하나님의 칭의)과 물음(인간의 죄성)을 안다.

인간 실존을 분석함에 있어서 불트만이 하이데거의 실존철학에 진 빚은 결코 작다고 할 수 없다. 그러나 불트만은 이러한 개념들을 그가 신

---

29 Rudolf Bultmann, "Das Problem der 'natürlichen Theologie'," 296.

학자로서 신약성서가 증언하는 예수 그리스도 안에 나타난 하나님의 계시를 이해하기 위한 전제조건으로서가 아니라 그 계시가 주어지는 인간 실존을 분석하기 위한 도구로 사용하고자 한다. 이런 의미에서 불트만이 "『존재와 시간』의 현존재 분석을 (기초 존재론이 아닌) 기초 인간론으로 이해하고 하이데거의 기초 존재론적 의도를 근본적으로 무시했다."[30]는 에버하르트 용엘 Eberhard Jüngel 의 지적은 적절한 지적이라고 할 수 있다. 불트만은 계시가 주어지는 자리인 인간 실존의 분석을 위한 도구로서 하이데거의 철학적 개념들을 가져다가 사용했다. 그러나 그럼에도 불구하고 그는 자연신학의 가능성을 거부하고 철저한 계시신학을 수립하고자 했다. 그렇다면 그의 이러한 방법론적 시도는 성공했는가?

IV. 불트만의 신학 방법론

불트만의 신학 방법론을 이해하기 위해서는 먼저 그의 세계관 즉 하나님과 세계의 관계에 대한 그의 사고에 대한 이해가 선행되어야 한다. 불트만은 세계를 시공간 현상 전체, 인간의 인식 대상 전체로 이해한다. 그에게 이 세계는 닫혀 있는 인과적 체계이다. 즉 이 세계 안의 현상의 원인은 세계내적이다.[31] 이것은 하나님이 이 세계의 사건을 설명하기 위한

---

30 Eberhard Jüngel, "Glauben und Verstehen: Zum Theologiebegriff Rudolf Bultmanns," in *Wertlose Wahrheit: Zur Identität und Relevanz des christlichen Glaubens-Theologische Erörterungen* III (Munich: Chr. Kaiser, 1990), 27, n. 44.

요인으로 도입될 수 없다는 것을 의미한다. 하나님은 철저하게 초월적이기 때문에, 우리는 이 세계에서 발생하는 사건들을 설명하기 위해 하나님의 행동을 다른 인과적 요인들과 나란히 놓을 수 없다. 하나님은 신앙의 눈을 갖지 않은 모든 사람에게 숨겨져 있다. 신앙의 눈은 모든 자연과 실존이 전적으로 세계를 초월하는 하나님께 철저히 의존되어 있다고 본다.[32] 신앙이 없다면 세계내적 원인들의 관점에서 충분히 설명될 수 있는 사건이 신앙의 눈에는 하나님의 행동으로 인식될 수 있다. 이 신앙의 인식은 이 세계적 인식을 지지하지도 않고 그것과 충돌하지도 않는다. 한 사건은 하나님의 행동이 아니며 동시에 하나님의 행동이다. 이것이 기독교 신학의 역설이다.

불트만에 의하면 기독교의 복음은 전적으로 초월적인 하나님이 예수 그리스도의 죽음과 부활 안에서 인간의 구원을 위해 결정적으로 행동하셨다는 것이다. 하나님의 행동을 선포하는 것이 케리그마다.[33] 설교의 과제는 하나님이 이 케리그마를 효력 있게 만드시는 계기를 마련하는 것이다. 케리그마는 검증 가능한 이론이나 가설도 아니고 지적인 동의가 필요한 어떤 사실에 대한 확언도 아니다. 하나님이 예수 그리스도 안에서 행동하셨다는 확언은 신앙 즉 하나님에 대한 전적인 자기 위임의 결단에로의 부름으로 이해되어야 한다. 우리가 케리그마를 믿는다는 것은 하나님이 우리의 옛 자아의 죽음과 사랑 안의 자유의 삶으로의 부활 안에서 현재 행동하신다는 것을 의미한다. 신앙은 하나님의 행위가 현존하는 케

---

31 Rudolf Bultmann, *Jesus Christ and Mythology* (New York: Charles Scribner's Sons, 1958), 15-16.
32 위의 책, 62-63.
33 Rudolf Bultmann, et al., *Kerygma and Myth: A Theological Debate*, ed. Hans Werner Bartsch, trans. Reginald H. Fuller (New York: Harper Torchbooks, 1961), 13; Rudolf Bultmann, *Theology of the New Testament* II, trans. Kendrick Grovel (New York: Charles Scribner's, 1955), 239.

리그마에 대한 본래적인 응답이다. 신학은 신앙과 더불어 생겨나는 자기 이해에 대한 방법론적 설명이다.[34] 새로운 자기이해에 대한 설명으로서, 신학은 오직 인간 실존과 관계되며 심지어 인간론과 동일시될 수 있다.[35] 그러나 인간의 실존은 하나님과 세계와 결부되어 있기 때문에 인간의 자기 이해는 하나님과 세계에 대한 이해를 포함한다.[36]

불트만의 신학 방법론은 그의 성서 해석학에 분명히 드러난다. 그는 신약성서를 케리그마에 대한 원천적 표현으로 이해한다. 우리는 오직 신약성서를 통해서만 예수 그리스도 안에서의 하나님의 행동에 관한 메시지를 들을 수 있다. 그런데 성서의 증언은 이미 저자의 신앙에 의해 영향을 받은 인간의 언어로 신화적, 신학적 형태 안에 표현된 것이다.[37] 불트만은 케리그마를 표현하는 신약성서의 언어에 문제가 있다고 본다. 왜냐하면 신약성서는 하나님의 행동에 대한 잘못된 이해를 불러일으킬 수 있기 때문이다, 즉 신약성서는 하나님이 예수 그리스도 안에서 행동하셨다는 케리그마적 증언을 하나님의 행동을 이 세계 안의 사건들과 나란히 놓는 언어로 표현했다.[38] 신약성서조차도 초월적인 저 세계에 속한 것을 이 세계적인 차원 안에서 객관화한다. 다시 말하면, 신약성서는 케리그마를 신화화했다.

불트만에 따르면 신약성서의 신화는 우주론적 형태와 종말론적 형태로 표현된다. 우주론적으로, 신약성서는 3층적 우주관을 보여주는데, 여기서 천상의 세계와 지하의 세계는 우리 세계와 나란히 객관적으로 실재

---

34 Rudolf Bultmann, *Theology of the New Testament* II, 237-39.
35 Rudolf Bultmann, *Kerygma and Myth*, 107.
36 위의 책, 203; *Theology of the New Testament* II, 239.
37 Rudolf Bultmann, *Theology of the New Testament* II, 240.
38 Rudolf Bultmann, *Kerygma and Myth*, 11-12.

하는 세계로 나타난다. 종말론적으로, 신약성서는 연대기적으로 임박한 미래에 이 세계를 대체할 새로운 종류의 세계를 묘사한다. 이 두 형태의 신화는 모두 이 세계내적 원인과 나란히 이 세계에 영향을 주는 사건을 일으키는 세계 초월적 존재의 활동에 대해 말한다.[39] 불트만은 오늘날 현대인들에게 이와 같은 신약성서의 신화는 폐기되었다고 주장한다.[40] 그가 비신화화의 필요성을 강조하는 이유는 성서의 신화가 과학적 세계관을 지닌 현대인이 하나님의 말씀과 올바로 만나는 것을 방해하기 때문이다. 즉 비신화화 작업은 하나님의 말씀과의 실존적 만남을 가능하게 만들기 위해 요청된다. 따라서 교회의 과제는 하나님의 행동에 대한 선포가 구시대적 신화가 아니라 하나님의 말씀으로 이해될 수 있도록 비신화화하는 데 있다.[41] 신화는 이 세계석인 것들 전체가 초월자로부터 존재와 한계를 부여받는다는 인식을 표현한다. 교회는 신화의 의도를 파악하고 그 의도를 비신화적 범주 안에서 재확증해야 한다.[42] 케리그마적 선포에 대한 비신화화는 하나님이 예수 그리스도 안에서 인간을 위해 결정적으로 행동하셨다는 사실을 우주론적, 종말론적 신화의 범주를 떠나서 새롭게 진술하는 것이다.

불트만은 고대의 (신화적) 텍스트와 현대의 (과학적) 세계 사이의 격차는 적절한 질문 또는 전이해를 가지고 성서를 해석할 때 비로소 극복될 수 있다고 주장한다. 그에게 있어서 이 질문 또는 전이해는 실존적 관심을 의미한다.[43] 이미 언급한 바와 같이 불트만에게 신학이란 신자의 실존

---

39   Rudolf Bultmann, *Jesus Christ and Mythology*, 11-15; *Kerygma and Myth*, 1-2.

40   Rudolf Bultmann, *Kerygma and Myth*, 4.

41   위의 책, 10-11, 34, 210.

42   위의 책, 9-16.

43   Rudolf Bultmann, *Jesus Christ and Mythology*, 53.

적 자기 이해를 설명하는 것이다. 다시 말하면, 신약성서학의 목표는 신화적 사고패턴에 담겨있는 실존적 의도를 이해하는 것이다. 따라서 우리가 바울의 신학을 이해하기 위해서는 실존적 질문 또는 전이해를 가지고 성서에 들어가 신화적인 언어로 표현된 그의 자기 이해를 비신화화해 내야 한다.

그런데 불트만에 따르면 우리의 질문은 어떤 사고와 이해의 맥락 즉 전제를 지니고 있다. 그리고 우리의 전제 즉 사고의 관점과 이해의 범주는 언제나 철학에 심대하게 의존한다.[44] 이것은 우리가 사용하는 철학이 우리의 질문의 결과를 미리 결정한다는 것을 의미하지는 않는다. 철학은 질문 제기에 도움을 준다. 그러나 답변은 성서로부터 주어진다.[45] 그런데 편협하고 부적절한 전제는 성서 안에 있는 것을 볼 수 있는 우리의 능력을 제한시킨다. 그렇기 때문에 우리가 어떤 개념을 가지고 성서에 접근하느냐 하는 것이 매우 중요하다. 다시 말하면, 우리의 현재 자기 이해에 적절하며 동시에 성서의 신학을 표현하는데 적절한 개념을 제공하는 철학적 인간학이 필요하다.

불트만은 이러한 철학적 인간학을 실존주의 철학, 보다 구체적으로 말하면 하이데거에 의해 수립된 '인간 실존에 대한 현상학적 존재론'에서 발견한다. 그는 실존주의가 "인간의 실존을 이해하기에 가장 적합한 시각과 개념"을 제공해주며, 따라서 성서에 접근하는데 필요한 적절한 전이해를 제공한다고 주장한다.[46] 인간 실존에 관한 결정적인 질문을 가지

---

44 Rudolf Bultmann, "Is Exegesis Without Presuppositions Possible?" *Existence and Faith: Shorter Writings of Rudolf Bultmann*, trans. and intro. Schubert M. Ogden (London/New York: Meridian Books, 1960), 289-90, 295

45 이러한 불트만의 생각은 일견 그가 비판한 틸리히의 상관관계 방법론과 유사해 보인다.

46 Rudolf Bultmann, *Jesus Christ and Mythology*, 55.

고 성서에 접근할 때, 우리는 성서를 통해 들려지는 하나님의 말씀을 들을 수 있게 된다. 매쿼리에 따르면 불트만은 실존주의 철학이 성서의 메시지만이 답할 수 있는 질문을 제기하는 기본적인 방법을 제공할 뿐 아니라, 그 답이 주어지는 틀인 기본적인 개념 체계, 즉 인간 실존의 영역을 제시한다고 보았기 때문에 이 철학을 자신의 신학 작업을 위한 유용한 도구로 편입시켰다.[47]

불트만은 하이데거의 실존론적 개념이 기독교의 실존에 대한 바울의 사상을 (바울 자신보다도 더) 분명하게 밝히는 데 도움이 된다고 믿는다. 예를 들면, 바울이 육과 영을 대조시킬 때, 그는 몸과 영혼, 물질과 비물질을 구별하고자 한 것이 아니다. 그는 한 인간 안에서의 두 가지 실존 양태를 표현하고자 했다. 그러나 바울 사신의 용어는 때때로 혼란을 초래하며, 따라서 영과 육이 한 인간 인격 안에 두 가지 실체적 구성요소를 가리키는 것으로 오해되기도 한다. 인간 실존에 대한 하이데거의 현상학적 존재론은 인간을 비본래적 실존과 본래적 실존으로 구별한다. 그에 따르면 비본래적 실존은 자신을 사물의 세상으로부터 이해하며 그 자신이 되지 못하게 방해하는 세상을 위한 염려에 사로잡히는 실존 양태이다. 그리고 본래적 실존은 실존하는 개인의 참된 잠재적 가능성의 관점에서 살아가는 실존 양태이다. 바울이 말하는 육은 비본래적 실존을 의미하고, 영은 본래적 실존을 의미한다.

그러나 불트만이 이처럼 바울의 사상을 하이데거의 철학적 인간학의 관점에서 이해하는 것은 결코 바울의 사상을 하이데거의 사상과 동일시하는 것을 의미하지 않는다. 다음 두 가지 이유에서 그러하다. 첫째, 하이

---

47 John Macquarrie, *An Existentialist Theology*, 47.

데거는 실제로 본래적 실존을 구성하는 것이 무엇인지에 대해서는 설명하지 않는다.[48] 그는 인간 실존 안에 내재한 본유적 가능성, 즉 사물적 현존의 관점이 아니라 자신의 미래의 관점에서 살아가는 실존의 가능성을 올바로 보았다. 그러나 불트만에게 있어서 하이데거가 제시하는 본래적 실존 개념은 하나님의 행동이 없다면 절망일 뿐이다. 하이데거가 말하는 본래적 실존이 기독교에 적합한 것이라고 가정하더라도, 하이데거는 어떻게 그것이 실현될 수 있는지를 말해주지 못한다.[49] 성서와 신학은 그것이 (하이데거가 수용하지 않는 개념인) 하나님의 행동에 의해 실현 가능하다고 말한다.

둘째, 하이데거는 "죽음을 향한 존재"에 결정적인 실존적 의미를 부여한다. 그러나 기독교 신앙에서 결정적인 실존적 의미는 죽음이 아니라 하나님을 만나는 데 있다. 물론 기독교적 실존에 있어서 새로운 자아와 옛 자아는 단순히 연대기적인 의미에서 분리되는 것이 아니기 때문에 자연적 인간 실존에 대한 하이데거의 분석은 여전히 유의미하다. 기독교적 실존은 존재자적으로는 새롭지만 존재론적으로는 여전히 자연적 실존과 동일한 구조 안에 있다. 즉 존재론적 범주는 자연적 실존과 신앙적 실존 모두에 공통적으로 적용된다.[50] 그러나 성서는 다른 역사적 기록이 제공하는 방식과 같이 단지 인간이 자신의 실존을 이해하기 위한 한 지적인 방식을 제공하는 것이 아니다.[51] 성서 안에서 인간은 유일무이하게 하나

---

48 불트만에 따르면 실존철학은 우리가 존재해야 한다는 사실만을 말하지 우리가 어떻게 존재해야 하는가는 말하지 않는다. Bultmann, *Kerygma and Myth*, 29, 193-94; *Jesus Christ and Mythology*, 55-58.

49 Rudolf Bultmann, *Kerygma and Myth*, 26-29, 205; *Jesus Christ and Mythology*, 77-78.

50 Rudolf Bultmann, "The Historicity of Man and Faith," *Existence and Faith*, 94-95, 109-10.

51 Rudolf Bultmann, *Kerygma and Myth*, 192.

님의 말씀과 인격적으로 만난다. 성서의 케리그마는 인간에게 사랑의 삶 안에서의 자유를 가져다주시는 하나님의 행동이 된다.

불트만의 신학 방법론의 핵심은 실존론적 비신화화로서 그의 성서 해석학에 있다. 그는 신약성서의 모든 신화적 표현을 실존적 관점에서 비신화화해야 한다고 주장한다. 그에게 있어서 비신화화는 성서 안의 신화를 실존적 의미의 관점에서 해석하는 것을 의미한다. 그러나 성서의 내용이 다 신화인 것은 아니다. 성서 안에는 신화가 아니면서 실존적으로 중요한 의미를 갖는 내용도 있다. 불트만은 하나님이 예수 그리스도 안에서 결정적으로 행동하셨다는 케리그마가 통상적으로 신화적 관념들과 연관되어 있음에도 불구하고 그 자체는 신화적 진술이 아니라고 주장한다.[52] 그에게 있어서 케리그마는 하나님의 과거 행동을 지시하면서 동시에 그 케리그마를 듣는 자들을 위한 오늘의 실존적 의미를 지향한다.[53] 그러므로 불트만은 예수 그리스도 안에서의 하나님의 유일무이한 행동을 선포하는 케리그마는 신화로 간주하지 않으며, 따라서 그것을 비신화화시키지 않고 문자적으로 이해한다.

---

52 위의 책, 34.
53 위의 책, 22, 27, 110-11, 207-09.

V. 불트만의 신학 방법론에 대한 평가

불트만의 신학 방법론에 대해서는 여러 입장에서 다양한 비판과 물음이 제기된다. 첫째, 보수주의자들은 불트만이 성서의 기적 이야기를 신화로 간주하고 기독교 신앙의 초자연적 성격을 파괴했다고 비판한다. 물론 불트만은 오늘의 과학 시대에 자연법칙을 초자연적인 힘으로 정지시키는 기적과 같은 개념이 더 이상 유지될 수 없다고 생각한다. 그러나 이보다 더 근본적인 그의 신학 방법론의 특징은 그가 예수 그리스도 안에서의 하나님의 행동을 모든 자연적, 역사적 인과성으로부터 철저히 분리한다는 데 있다. 그는 초월적, 초자연적인 것(예수 그리스도 안에서의 하나님의 행동)이 이 세계 안에 나타났다는 것을 부인하는 것이 아니라, 그것이 신앙의 눈을 갖지 않은 모든 사람에게 인식될 수 있다는 것을 부인하는 것이다. 즉 불트만은 하나님의 계시 행동이 신앙의 눈에만 보이고 신앙의 눈을 갖지 않은 다른 모든 사람에게는 숨겨져 있다고 주장한다.

불트만에게 제기되는 두 번째 비판은 그가 예수 안에서의 하나님의 행동에 대한 신앙을 실존하는 한 개인으로서의 예수로부터 분리했다는 것이다. 다시 말하면, 불트만이 기독교 신앙을 역사적 예수로부터 분리했다는 것이다. 그러나 불트만에게 있어서 신앙이 역사적 예수와 무관한 까닭은 하나님의 행동이 언제나 신앙의 눈을 제외한 모든 눈에 숨겨져 있기 때문이다. 역사적 예수란 신앙과 관계없이 역사가의 연구에 의해 접근될 수 있는 예수를 의미한다. 그러나 신앙의 눈에는 역사가가 연구하는 역사적 예수가 곧 하나님의 행동이다. 신앙은 역사적 증거에 기초해서 하나님의 행동을 역사적 사건과 연결하는 것이 아니라, 객관적 이유가 없음에도 불구하고 신앙에 의해서 그렇게 하는 것이다. 여기서 우리는 불트만 신학 방법론의 근본적인 문제가 하나님과 세계, 초월적인 것과 이 세계적인 것의 관계에 대한 그 자신의 이해에 있다는 사실을 발견하게 된다.

불트만에게 제기되는 세 번째 물음은 왜 하나님의 행동과 그리스도 안에서의 하나님의 행동 사이에 필연적인 관계가 있어야 하는가 하는 것이다. 한편, 불트만은 유대-기독교의 역사를 재구성함으로써 역사적 현상으로서의 기독교적 자기 이해의 출현을 설명하고자 한다.[54] 그는 예수 안에서의 하나님의 행동에 관한 교회의 선포가 하나님에 대한 신앙을 불러일으키는 것과 유사한 방식으로, 어떻게 예수와 초기교회의 종말론적 메시지가 신앙의 결단을 촉발했는지 보여주고자 한다. 그러나 다른 한편, 불트만은 신앙은 본질적으로 역사적 설명과 무관함을 강조한다. 신앙을 위한 결단은 오직 선포 안에서 능력이 나타나는 예수 그리스도 안에서의 하나님의 행동에 의해서만 가능하다. 우리는 하나님의 선물을 받아들이든지 거부하든지 결단해야 한다. 우리는 하나님의 선물을 받아들여야 하는 이유를 물을 수 없다.

물론 불트만에게 있어서 이 신앙의 도약은 단지 자의적恣意的인 것이 아니다. 철학적 분석은 본래적 실존의 이상적 가능성을 지시할 수 있다. 그러나 이 이상적 가능성을 자신의 힘으로 실현하려는 인간의 노력은 자신을 절망으로 이끌 뿐이다. 여기에서 케리그마가 요청된다. 케리그마는 인간 실존의 유일한 이해 가능성을 인간에게 제공하며, 또한 인간이 이

---

54 Rudolf Butlmann, *The Presence of Eternity: History and Eschatology* (New York: Harper and Brothers, 1957), 149.

미 원하고 있는 것의 실현을 가져온다.[55] 그러나 케리그마는 단지 인간의 요청에 대한 하나님의 응답이 아니다. 불트만에게 있어서 하나님은 절대적 자유 안에서 행동하신다. 하나님이 주시는 것은 자연적 인간이 추구하는 것과 다르며, 인간은 단지 자신의 자연적 욕구에 의해 하나님의 선물을 받아들이고자 결단할 수 없다. 결단은 신앙의 도약이다. 불트만이 정의하는 기독교 실존은 하이데거가 정의하는 본래적 실존과 같은 것이 아니다. 하이데거에게 있어서 본래적 실존은 모든 사람이 선택할 수 있는 가능성인 반면, 불트만에게 있어서 그리스도를 떠난 본래적 실존의 선택은 절망의 선택이며, 심지어는 신앙이 죄로 규정하는 자기주장의 표현이다. 신앙의 눈으로 볼 때, 자신을 하나님께 의탁하지 않고 스스로 자신을 구원하고자 하는 인간의 노력은 죄다.[56]

불트만의 신학에서 신앙의 결단을 위한 근거나 신앙의 타당성을 위한 논증은 엄격히 배제된다. 성서와 선포를 통해 인간에게 주어지는 케리그마는 인간의 응답을 통해 현실화된다. 케리그마의 내적 현실화를 위한 결단은 인간 자신의 몫이다. 이 결단을 위한 객관적 근거나 타당성의 요구는 불가능하다. 인간의 결단은 언제나 그 자신의 과거의 영향을 받기 때문에 완전히 자유롭지 못하다. 그러나 케리그마와 부딪히게 될 때, 인간은 과거로부터 자유롭게 된다. 그는 과거로부터 해방되어 절대적 현재 안에서 결단한다. 그리고 그는 모든 자기 안정성을 포기하고 하나님만을 전적으로 신뢰한다.[57]

불트만은 신앙의 결단이 역사와 분리되어 케리그마로부터 주어지는

---

55 Rudolf Bultmann, *Kerygma and Myth*, 1, 192.
56 위의 책, 29-30; "The Historicity of Man and Faith," *Existence and Faith*, 96-97.
57 Rudolf Bultmann, *Kerygma and Myth*, 19-20.

절대 자유 안에서 일어난다고 주장한다. 그러나 우리는 케리그마 자체가 예수 그리스도에 대한 초기 기독교 공동체의 신앙적 응답을 통해서 형성되었으며, 이 신앙적 응답은 이스라엘 민족의 역사 속에서 형성된 메시아사상의 영향사 안에서 형성된 기대 또는 전이해 안에서, 그리고 그것에 대한 창조적 재해석을 통해 일어난 것임을 기억할 필요가 있다. 예수 그리스도에 대한 초기 기독교의 신앙적 응답이 백지상태에서가 아니라 이스라엘의 역사적 전통의 영향사 안에서 형성된 전이해와의 연속성과 불연속성 안에서 일어났으며, 이 신앙적 응답이 케리그마를 형성했다면, 이 케리그마의 선포 앞에서의 우리의 신앙의 결단도 개인적, 공동체적인 역사적 전통과 지평 안에서 형성된 전이해로부터 완전히 자유롭지는 못할 것이다.

물론 불트만은 우리가 신약성서를 연구할 때 적절한 철학적 전이해 즉 실존론적 자기 이해에 대한 물음을 가지고 들어가야 한다는 점을 강조한다.[58] 그는 하이데거로부터 인간 실존의 철저한 역사성에 대한 이해를 배웠다. 그러나 불트만은 인간 실존의 역사성에서 비롯되는 전이해를 신앙을 수립하기 위한 토대로 만들고자 하지는 않는다. 그는 전이해를 인간 실존의 보편적 구조에 대한 현상학적 설명, 즉 존재론적 차원에 제한시킨다.

불트만은 모든 종교와 신화가 초월적 세계와 관계를 갖는다고 본다. 실존의 근거와 한계로서의 초월적 존재에 대한 의식이 모든 신화가 의도하는 것이다.[59] 그리고 모든 종교 안에 하나님을 향한 갈망이 표현된다.

---

[58] 불트만의 성서해석학에 대해서는 윤철호, "제7장 불트만의 실존론적 성서해석학," 『신뢰와 의혹: 통전적인 탈근대적 기독교 해석학』(서울: 대한기독교서회, 2007), 205-37을 참고하라.

[59] Rudolf Bultmann, *Kerygma and Myth*, 10-11.

모든 인간은 의식적 또는 무의식적으로 하나님을 추구한다.[60] 불트만에 따르면 기독교 신앙은 실존의 의미에 대한 물음이 사실상 하나님에 관한 물음이라는 사실을 밝혀 준다.[61] 신앙의 관점에서 모든 종교는 초월적 존재와 연관되어 있고 모든 신화는 초월적 존재에 대한 이해를 표현한다. 이러한 의미에서 불트만은 신약성서의 신화를 그 의도의 관점에서 해석한다.

그러나 불트만은 인간 실존에 대한 현상학적 분석을 인간과 하나님과의 관계성을 위한 토대로 간주하지 않는다. 즉 그는 일반적인 현상학적 토대 위에서 하나님의 존재를 확증하고자 하지 않는다. 그는 오직 신앙 사건만을 하나님에 대한 확증의 근거로 간주한다. 신앙은 하나님에 의해 주어진다. 더욱이, 하나님에 관한 유일하게 가능한 주장은 하나님과 인간 사이의 실존적 관계를 표현하는 주장이기 때문에, 하나님에 대한 신앙으로부터 아무 철학적 결론도 도출되지 않는다.[62] 불트만에게 있어서 하나님에 대한 인식은 오직 하나님의 행동 안에서 선물로 주어지는 신앙 안에서만 가능하며, 인간의 선행적 준비나 결단으로부터 그리고 철학적 전이해로부터 철저히 독립적이다. 이런 의미에서 불트만의 신학은 인간 실존에 대한 분석을 위해 하이데거의 현상학적 존재론을 전유함에도 불구하고 자연신학적 접근과 정면으로 대립된다고 할 수 있다.

불트만의 신학 방법론의 가장 근본적인 문제는 하나님과 세계의 관계에 대한 그의 이원론적 사고에 있다.[63] 그에 따르면 객관적 세계는 하

---

60 Rudolf Bultmann, "The Question of Natural Revelation," *Essays: Philosophical and Theological*, tr. by J. C. G. Grieg (London: Student Christian Movement Press, Ltd., 1955), 90-118; Jesus Christ and Mythology, 52-53.

61 Rudolf Bultmann, *Kerygma and Myth*, 195-96.

62 Rudolf Bultmann, *Jesus Christ and Mythology*, 69.

나님의 인과성에 대하여 닫혀 있다. 그가 이렇게 말할 수 있는 근거는 무엇인가? 그것은 계시와 신앙에 대한 그의 이해에 있다. 불트만은 신앙을 철저히 하나님의 은혜의 행위 즉 계시에 근거한 것으로 본다. 하나님의 은혜의 계시 행위는 자연 세계와 아무 관계가 없으며, 따라서 이에 대한 신앙은 객관적 증거나 계산된 가능성에 기초하지 않는다. 그렇기 때문에 하나님이 세계 안에 기적적인 행동을 통해 개입하신다는 생각은 신앙에 낯선 것이다. 신앙은 이 세계의 사건들에 하나님이 인과적 효력을 일으키심에 의해 지지되지 않는다. 이와 같은 불트만의 이원론적, 탈세계적 신앙 이해에서는 신앙이 역사적, 우주적 지평을 상실하고 개인적인 인간 내면의 실존성 Geschichtlichkeit 으로 환원된다는 비판을 받는다.

불트만의 이원론적 사고에 대해서 제기되는 또 하나의 물음은 과연 신앙에 근거해서 하나님이 그러한 인과적 효력을 일으키시지 않는다^{또는} ^{못한다}고 단언할 수 있는가 하는 것이다. 신앙이 기적에 의해 지지되기를 거부한다고 주장하는 것은 (그러한 주장에 찬성하든지 반대하든지) 가능하다. 그러나 그러한 신앙 개념이 기적의 발생 가능성 자체를 부정하는 근거가 되는 것은 아니다. 만약 신앙에 근거해서 기적의 발생 가능성 자체를 부정한다면 그것은 신앙 개념을 이원론적 세계관을 위한 토대 또는 전이해로 만드는 것이다. 불트만의 주장처럼 신앙은 하나님의 은혜의 선물이자 동시에 그 선물로 주어지는 인간의 자유로운 결단으로서, 객관적인 세계의 사건들의 인과성에 의해 전혀 영향을 받지 않는다고 가정하더라도, 신앙이 세계의 사건들에 하나님이 인과적 효력을 미치는 행동을 하시지 않는다고 단정할 수 있는 근거가 될 수는 없다. 따라서 객관적 인과성에

---

63 이에 대해서는 Cobb, *Living Options in Protestant Theology*, 252-56을 참고하라.

기초한 세계관이 신앙에 부적절하다는 불트만의 견해가 받아들여질 수 있다고 가정해도, 이로부터 이 세계가 초월적 세계에 대해 닫혀 있다는 이원론적 세계관이 도출되는 것은 아니다.

VI. 결론

불트만에게 있어서 오늘의 과학적 세계에서 신약성서에 대한 비신화화 즉 실존론적 해석이 요청되는 까닭은 객관적 세계관이 신앙과 본질적 관계를 가지고 있기 때문이 아니라, 신약성서의 신화적 언어가 객관적인 언어로 이해되어서는 안 되기 때문이다. 그에게 비신화화는 객관적 세계관과 조화시키기 위해서가 아니라 신앙을 정당하게 다루기 위해 요구된다. 결론적으로, 불트만의 신학 방법론의 문제점은 두 가지로 요약될 수 있다. 첫째는 불트만이 한편으로는 신앙으로부터 유래하지 않는 특정한 철학적 이원론적 세계관을 전제하고 있으면서, 다른 한편으로는 어떤 개념적 전제의 불가피성을 인정하는 자연신학을 거부하고 순수한 계시신학을 표방한다는 점이다. 불트만은 이 세계가 초월적 세계에 대해 닫혀 있다는 오늘날의 과학적 세계관이 신앙의 초월적 근거를 강조하는 신학에도 적합하다고 생각한다. 즉, 세계가 하나님에 대해 닫혀 있으며 신앙은 객관적 세계관과 아무런 관련이 없다는 철학적 사고가 불트만 신학의 전제를 구성한다. 이것은 불트만의 신학 방법론에 있어서 철학적 전이해가 매우 중요한 기능을 하며, 따라서 불트만이 바로 자신이 거부하는 자연신학의 방법론에 의존하고 있다는 사실을 드러낸다.

불트만의 신학 방법론의 두 번째 문제점은 그가 단지 이 세계가 초월적 세계에 대해 닫혀 있다고 주장할 뿐만 아니라 이러한 이원론적인 사고를 모두가 동의하는 자명한 공리처럼 전제한다는 점이다. 객관적 세계가 초월적 하나님의 행동에 대해 닫혀 있다는 그의 사고에 대해서는 보다 더욱 진지한 과학적, 철학적, 신학적 논의가 요청된다. 자연법칙의 결정성, 확실성, 폐쇄성을 강조하는 근대 과학과 달리, 보어의 상보성 원리와 하이젠베르크의 불확정성 원리를 바탕으로 한 코펜하겐 해석과 같은 양자역학에서는 자연 질서의 비결정성 indeterminacy 과 우연성 contingency 이 강조된다. 이와 같은 오늘날의 탈근대적인 세계관에서는 이 세계의 과정에 참여하고 그 과정과 상호작용하는 우주적 성신 또는 초월자 개념이 이해 가능한 철학적 개념이 될 수 있다. 그리고 이러한 우주적 정신 또는 초월자 개념은 인간과 세계의 역사 안에 역동적으로 참여하시고 상호적 관계성 안에서 인간과 세계의 역사를 이끌어 가시는 성서에 나타나는 하나님 개념과의 공명이 가능하다.

제9장

칼 라너:
초월론적 신학 방법론

Ⅰ. 서론

근대의 "주체성으로의 전환" 이후 현대 철학은 인간 주체에 관심을 집중한다. 이와 같은 오늘날의 문화적 상황에서 신학은 계시를 경험하는 인간 주체에 보다 더욱 충분한 관심을 기울일 필요가 있다. 칼 라너^{Karl} ^{Rahner, 1904-1984}는 철학적 신학자로서, 그의 관심은 자신의 가톨릭 신학 전통을 "주체성으로의 전환" 이후의 오늘날의 문화적 상황 속에서 새롭게 이해하는 데 있다. 그는 존재의 의미를 질문하는 인간 존재에 관심을 기울인다. 그는 존재의 의미를 질문하는 인식 주체로서의 인간 존재를 형이상학으로 나아가기 위한 인식론적 출발점으로 간주하고, 칸트와 하이데거의 철학을 전유하여 아퀴나스의 인식 형이상학을 재해석한다.

라너의 신학 방법론은 계시와 신학의 가능성을 위한 인간 주체 안에서의 선험적, 초월론적 조건을 분석하는 것이다. 다시 말하면, 라너는 기독교 계시의 사실에 의해 전제되는 의식적인 (그러나 언제나 주제화되지는 않는) 인간의 경험을 분석한다. 그는 이러한 자신의 방법을 "신학적 인간학"이라고 부른다. 왜냐하면 신학의 자료들이 계시의 수용자인 인간의 경험을 위한 토대로서의 존재론적 구조와 밀접한 관계 안에서 탐구되기 때문이다. 라너는 자신의 "신학적 인간학"을 통해, 기독교의 계시가 오늘날의 주체성의 철학 안에 나타나는 문화적 경험을 포용하고 넘어섬을 보여주고자 한다.

라너의 신학 방법론은 초기의 두 저서인 『세계 내 정신』[1]과 『말씀의 청자』[2], 그리고 그 외의 몇몇 글들에 잘 나타난다. 이 저서와 글들에서 라너는 신학을 위한 철학적 기초를 수립하고자 한다. 그러나 그의 철학적 기초는 단지 철학자로서라기보다 신학자로서의 철학적 기초이다. 라너의 신학은 "초월론적 신학"이라고 불린다. 이 개념은 진정한 인식 가능성을 위한 인간 주체의 선험적 조건을 탐구하는 초월론적 철학을 신학이 수용함을 지시한다. 라너의 초월론적 신학은 한편으로는 근대 독일 철학 전통의 칸트와 하이데거의 초월론적, 실존론적 철학에 의해 영향을 받았으며, 다른 한편으로는 가톨릭 신학 전통의 아퀴나스와 아퀴나스를 근대 독일 철학 즉 칸트와 대면시킴으로써 "초월론적 토미즘"을 수립한 조셉 마레샬^{Joseph Maréchal}에 의해 영향을 받았다.

이 글에서는 먼저 라너의 사상적 배경을 근대 독일 철학(칸트와 하이데거)과 가톨릭 신학 전통(아퀴나스)과의 관계에서 살펴보고, 그의 신학 방법론을 세 가지 주제 즉 "토미즘적 인식 형이상학: 감각상으로의 전환", "계시의 가능성을 위한 조건: 인간 역사성의 존재론", "초자연적 실존: 자연과 은혜, 익명의 그리스도인, 철학과 신학"을 중심으로 고찰한 후에, 마지막으로 그의 "초월론적 토미즘"에 대하여 숙고하고자 한다.

II. 라너의 사상적 배경: 근대 독일 철학과 가톨릭 신학 전통

1. 라너와 근대 독일 철학: 칸트와 하이데거

라너는 『세계 내 정신』에서 형이상학의 가능성 또는 인간 인식의 한계에 관한 칸트의 물음에 응답한다. 칸트는 인간의 타당한 인식 가능성의 조건에 대한 초월론적 물음을 제기하였다. 그리고 그는 감각 자료를 종합하는 판단의 선험적 성격을 논증하였다. 이 판단에서 정신은 감각 직관으로부터의 귀납적 추론에 의해 알려지지 않는, 그러나 통일된 경험에 필수적인 원리에 의존한다. 칸트에 의하면, 정신의 필수적인 종합 원리가 감각 자료로부터 생겨나는 것이 아니라면 그것은 선험적이거나 경험을 초월하는 것이어야 한다. 그의 순수이성비판의 주제는 "어떻게 선험적 종합판단이 가능한가?" 하는 것이다.[3] 판단에 있어서, 감성의 범주 안에 주어지는 감각 자료가 이성적 개념과 연합한다. 타당한 인식은 감각 직관과 개념의 통일 안에서 일어난다. "내용이 없는 사고는 공허하고, 개념이 없는 직관은 맹목적이나."[4] 하지만 칸트는 감성과 이성의 범주가 경험의 영역 넘어 하나님, 자유, 영혼의 불멸성과 같은 초월적 대상과 관념을 정초하는 데에는 타당하지 않다고 보았다. 이와 같은 인식론적 토대에서 그는 사변적 이성의 원리에 기초한 모든 신학을 비판하였다.[5] 그는 이성이 신학을 자체 안에 정초하고자 하는 시도는 이성의 적절한 사용을 넘어서는 것이라고 보고, 사변적 이성에 기초하여 하나님의 존재를 증명하고자 하는 자연신학을 거부했다.

라너는 인식 가능성의 조건에 대한 칸트의 초월론적 반성의 방법을 전유하지만, 칸트가 이성에 의한 형이상학의 가능성을 부인하고 실천이

---

1   Karl Rahner, *Spirit in the World*, trans. William Dych, S. J. (New York: Herder and Herder, 1968). 『세계 내 정신』은 아퀴나스의 『신학대전』 I, 84, 7에 대한 확장된 주석이다.

2   Karl Rahner, *Hearer of the Word*, trans. Joseph Donceel (New York: Continuum, 1994).

3   Immanuel Kant, *Critique of Pure Reason*, trans. Norman Kemp Smith (New York: St. Martin's Press, 1965), 90-91.

4   위의 책, 93.

5   위의 책, 25.

성으로 전환한 것과 달리 이성이 절대자를 향해 개방될 수 있음을 믿는다. 칸트와 같이 라너도 모든 타당한 인식이 경험적, 시공간적 토대를 가지고 있으며 동시에 인간의 이해 안에 선험적인 주관적 형식이 작용하고 있음을 인정한다. 그러나 라너는 인식이 경험의 영역에 국한되지 않는다고 본다. 칸트를 넘어서 그는 인간의 존재와 인식의 변증법적 통일성을 강조하고, 존재가 과정적 성격을 가지며 유한한 인식의 역동성 안에 절대자가 현존한다는 헤겔의 견해를 전유한다. 인간의 인식은 감각경험의 세계를 초월하여 희미하지만 진정한 절대적 존재 자체에 대한 인식에 열려있다. 라너는 선험적 종합판단이 자료의 종합만이 아니라 현상을 넘어 물 자체에 이르는 확언을 포함한다고 주장한다.[6] 이것은 초월적 대상에 대한 형이상학적 직관이 가능하다는 것을 의미하지는 않는다. 인간은 하나님을 대상으로 알 수도 없으며 하나님에 대한 적절한 개념을 형성할 수도 없다.[7] 그러나 하나님은 알려지지 않은 분으로 남아있으면서 인간의 인식 행위의 근거로서 알려진다. 인간은 인식 행위와 존재 안에서 그 근거에 참여한다. 존재에 대하여 질문하는 인간에게 존재가 인식되고 현존한다. 이것이 존재 자체 또는 하나님에 대한 "초월론적 이해"의 길이다. 라너는 하이데거와 같이 철학의 문제를 형이상학 즉 존재론의 문제로 이해한다. 철학이란 존재의 부름에 철학자가 사로잡힘을 의미한다. 라너는 하이데거의 『존재와 시간』의 핵심 주제를 세 가지로 요약한다.[8] 첫째, 존재론은 "존재 자체 또는 존재의 전체성에 관한 탐구"이다. 존재Sein

---

6   Karl Rahner, *Spirit in the World*, 126, 132. 여기서 라너는 마레샬의 아퀴나스 해석을 따른다.
7   위의 책, 180-83.
8   Karl Rahner, "The Concept of Existential Philosophy in Heidegger," *Philosophy Today*, XIII (Summer 1969), 126-39.

는 모든 존재들^{Seinde}을 통일시키는 실재로서, 모든 존재들의 근저에 있으면서 그것들 안에 나타난다. 둘째, 하이데거의 존재론은 초월론적이다. 즉 칸트처럼 하이데거는 인간의 인식 가능성을 위한 선험적 조건을 묻는다. 그는 물음의 대상을 숙고하기보다는 물음을 묻는 인간의 대상 인식에 대하여 숙고한다. 초월론적 방법에 있어서, "탐구의 주체는 탐구의 주제가 된다."[9] 셋째, 하이데거의 존재론은 존재와 현존재 ^{Dasein}의 관계의 구조를 분석한다. 현존재는 존재에 대한 질문을 제기하며, 그렇게 함으로써 자신을 초월하여 모든 존재를 향한다.[10]

하이데거처럼 라너는 존재에 대한 물음을 제기하는 현존재 즉 인간과 더불어 시작한다. 존재에 관한 인간의 물음이 형이상학의 출발점이다. 인간은 존재 자체에 근거하며, 존재가 드러나고 질문되는 자리이다. 라너는 존재자적^{ontic} 차원에서 존재론적^{ontological} 차원으로 나아간다. 인간학적 차원은 (존재 자체에 대한 본유적 지시와 함께) 존재론적 차원을 구성한다. 하이데거에게 존재 자체는 현존재에게 숨겨져 있지만, 세계의 존재들 특히 인간 안에 그 자신을 현시한다. 라너도 존재의 광휘와 숨겨짐을 말한다. 이 이중성은 현존재가 존재 자체에 대하여 질문한다는 사실에 나타난다. 질문은 존재에 대한 예기적 인식과 존재의 숨겨짐 둘 다를 내포한다. 하이데거는 질문이 존재를 향한 인간의 초월과 존재에 대한 암시적 인식을 드러낸다고 말한다. 그러나 이 초월은 매우 유한하며, 무의 지평 안에서만 나타난다.[11] 라너에게 있어서도 존재 자체에 대한 인간의 질문

---

9   위의 책, 130.

10   하이데거에 있어서 현존재는 "세계 내 존재"이며 "시간 내 존재"이다. "세계 내 존재"로서 현존재의 일반적 특성은 근심(Sorge)이며, 이해(Verstehen), 던져져 있음(Geworfenheit), 전락(Verfall-enheit)의 세 차원으로 구성된다. "시간 안의 존재"로서 현존재는 시간성(과거, 현재, 미래) 안에서 죽음을 향해 나아가는 유한한 존재이다.

은 인간의 초월성을 의미한다. 그러나 하이데거와 달리, 라너에게 인간의 초월은 단지 무의 지평 안에서만 나타나는 유한한 것이 아니라 존재 자체의 무한성을 향한 것이다.[12] 다시 말하면, 모든 인식 행위 안에서 무한한 존재 자체 즉 하나님이 예기적 인식의 선취적 이해^{Vorgriff}에 의해 희미하게 파악된다.

라너는 하나님의 존재를 증명하고자 하는 것이 아니라 인간에 대한 설명이 필연적으로 하나님과의 관계를 포함한다는 사실을 보여주고자 한다. 인간의 물음 안에 하나님과의 관계가 이미 내포되어 있으며 암시적으로 알려진다. 하이데거에게 존재의 광휘는 존재가 현존재의 실존론적-존재론적 구조로서 탈은폐됨을 의미한다.[13] 라너에게 존재의 광휘는 존재에 대한 질문 가능성 안에 내포되어 있다. 전적으로 알려지지 않은 것에 대해서는 아무것도 질문될 수 없기 때문에, 형이상학적 질문 안에서 탐구되는 존재는 알려진 존재이다. 존재하는 모든 것은 본유적으로 인식 가능성에 열려있다. 존재와 인식은 본래 통일적이다. 라너에게 존재의 광휘는 (낮은 차원의 존재에는 결여되고 높은 자원의 존재인 인간에게만 나타나는) 존재의 이성적 주관성, 자기 자신으로의 현존^{being-present-to-self}, 자기 자신에게로의 귀환^{reditio subjecti in seipsum}의 가능성을 가리킨다.

책 제목이 암시하듯이, 『존재와 시간』에서 하이데거는 존재의 시간성을 강조한다. 하이데거는 칸트의 "초월론적 상상력"을 재해석하여 시간성 안에 존재론의 토대를 놓고자 한다.[14] 하이데거는 칸트의 『순수이성

---

11 Martin Heidegger, *Being and Time*, trans. John Macquarrie and Edward Robinson (New York and Evanston: Harper Row, 1962), 329-34.

12 Karl Rahner, *Spirit in the World*, 174-86.

13 Martin Heidegger, *Being and Time*, 171.

비판』이 단지 인식론이 아니라 유한성의 형이상학이며 존재에 대한 전조적 또는 전개념적 이해의 가능성을 포함하고 있다고 주장하면서, 기초존재론으로서의 현존재 분석을 통해 존재에 대한 형이상학적 이해의 가능성을 추구한다. 라너도 유한한 인간 정신의 근본적 특성을 역사성에서 발견한다. 라너는 인간의 초월은 철저히 역사 안에서 실현되며 역사성으로서의 초월에 기초해서 계시를 찾아야 한다고 주장한다.[15] 인간은 "세계 내 정신"으로서, 자아와 세계를 초월한다. 시공간 안에서 대상을 인식함으로써 인간은 세계를 초월하여 비주제적으로 존재 자체를 인식한다. 라너는 인간이 물리적 현상에 대한 인식 안에서 이미 존재 자체를 암시적으로 인식한다는 사실에 근거하여 절대자에 대한 지식으로서의 형이상학 즉 사변적 신학의 가능성을 논증한다.

라너는 존재의 세계성과 역사성 등에 관한 하이데거의 사상을 수용하지만, 그의 "세계 내 정신"과 하이데거의 "세계 내 존재" 사이에는 유사점 못지않게 차이점도 있다. 하이데거가 존재를 현존재의 초월의 지평으로서의 무와 동일시하는 반면, 라너는 이 초월의 지평을 절대적, 무조건적 존재 즉 하나님과 동일시한다. 또한 라너는 하이데거의 현존재 존재론 즉 인간 존재와 초월의 원초적 세상성에서 아퀴나스의 인식 형이상학의 현대적 표현을 발견하지만, 인간이 무한한 존재 즉 하나님에 대한 선취적 이해를 갖는다고 봄으로써 하이데거를 넘어선다.

---

14 하이데거에 의하면, 시간은 순수 사고 안에 표상된 것에 직관적 형식을 부여하며, 선험적으로 초월의 지평에 "전조적 포괄성"(precursory inclusiveness)을 제공한다. Martin Heidegger, *Kant and the Problem of Metaphysics*, trans. and intro. James S. Churchill (Bloomington: Indian University Press, 1962), 113.

15 Karl Rahner, *Hearer of the Word*, 132-33..

2. 라너와 가톨릭 신학 전통: 토마스 아퀴나스

라너는 칸트와 하이데거 같은 현대 독일 사상가들과의 대화를 통해
아퀴나스의 인식론을 해석한다. 그는 아퀴나스의 인식론에 대한 해석을
통해 형이상학의 가능성과 인간이 하나님의 계시를 들을 수 있는 가능성
을 보여주고자 한다. 라너는 인간 인식이 감각 경험에 근거한다는 "감각
상感覺像 으로의 전환"conversion to the phantasm 개념에 기초하여, 만일 모든 인간
인식이 필연적으로 감각 직관을 지시한다면 어떻게 형이상학 즉 절대자
에 대한 인식이 가능한가 하는 칸트의 물음에 답하고자 한다. 그는 이성
이 인식을 위해 상상력을 필요로 함을 보여주는 이 개념이 하이데거의
세계성과 시간성의 존재론을 열어준다고 본다. 그러나 그의 주된 관심은
단지 경험적인 것에 관한 아퀴나스의 강조에 있지 않고, 인식의 선험적
측면, 특히 "능동 이성의 빛"에 있다. 그는 아퀴나스의 인식론의 경험적
측면과 선험적 측면의 통일적 관계를 설명하고 그 둘을 조화시키기 위하
여, 감성과 이성의 선험적 범주에 대한 칸트의 추론과 세계 내 존재로서
의 인간 실존 안에서의 존재의 현존과 은폐에 대한 하이데거의 설명을
전유한다.

라너는 아퀴나스의 인식론을 진리의 본성의 관점에서 세 단계로 고
찰한다. 이 고찰은 우연적 경험 대상들 안에서의 존재에 관한 판단의 진
리로부터 시작해서, 인간 이성의 빛에 관한 숙고를 거쳐, 순수존재와 순
수사고로서의 하나님으로 나아간다.[16] 먼저, 라너에 따르면 아퀴나스에게
진리는 사고 또는 인식과 대상의 적실화適實化, adequation 에 있다. 이 적실화

---

16 Karl Rahner, "Aquinas; The Nature of Truth," *Continuum* II (Spring 1964), 62.

는 판단 안에서 행해진다. 이 판단에 진리가 자리한다. 아퀴나스에게(칸트에게처럼) 판단과 개념은 감성과 사고 두 요소를 포함한다. 라너는 내용과 사고, 그리고 개념과 직관에 대한 칸트의 사상이 아퀴나스의 감각상으로의 능동 이성의 전환에서 발견된다고 본다. 감각 직관은 "구체적 존재 즉 그 자체의 실재 안에 있는 존재에 이른다." 그리고 "의식의 수용성 안에 새겨진 인상은 감각 대상 자체이며 동시에 감성 자체이다."[17] 감성 안의 표상이 감각 대상이기 때문에, 수용적 인식은 그 자체로서 참도 거짓도 될 수 없다. 따라서 진정한 인식 또는 진리를 위해서는 그 이상의 그 무엇이 요구된다. 인식 주체가 대상으로부터 거리를 두고 대상에 관한 판단을 내리기 위해서는 능동적이고 자발적인 힘이 감성에 연결되어야 한다. 감성은 판단의 근거로서 중요하지만 단지 판단을 위한 질료적 내용일 뿐이다.

　판단의 형식, 특히 보편적이고 형이상학적인 판단의 형식은 "감각 인상을 선행하는 진리의 원리"[18]에 있다. 아퀴나스에게 이 원리의 기초는 "감각 인식으로부터 주어진 자료를 알려주고, 객관화하고, 개념화하고, 판단하는 이성의 빛 자체다."[19] 보편적인 형식적 원리인 "인간 이성의 빛"을 통해서 감각 인상이 능동적 정신 안으로 받아들여지며 이 둘의 종합이 이루어진다. 구체적이고 특수한 것이 인식 가능한 것의 전체성을 향한 이성의 역동적 움직임 안에서 파악된다. 따라서 보편적인 것이 구체적인 것 안에서, 그리고 존재가 존재자들과의 관계에서 알려진다.[20] 이점

17　위의 책, 64.
18　위의 책, 65.
19　위의 책.
20　위의 책, 67-68.

에서 아퀴나스는 정신의 선험적 지평을 감각 직관에 한정시키는 칸트와 결정적으로 다르다. 아퀴나스에게 이성의 초월성은 감각 경험의 한계를 넘어 존재 자체를 향해 나아가며, 그렇게 함으로써 타당한 인식으로서의 형이상학을 위한 근거를 제공한다. 아퀴나스의 인식 형이상학의 전통에서, 라너는 세계에 대한 일상적인 판단적 인식이 함축적으로 형이상학적 존재와 이 존재의 원초적, 초월적 구조에 대한 긍정을 암시적으로 포함한다고 주장한다.[21]

라너의 진리 분석의 마지막 단계에서, 존재와 인식은 순수 존재 안에서 그리고 유비적으로 다른 존재들 안에서 통일된다. 한 존재가 더욱더 존재가 될수록 더욱더 인식 또는 자기 현존self-presence, Bei-sich-sein이 완전해진다. "순수 존재와 순수 인식은 동일하다. 우리는 이를 하나님이라고 부른다."[22] 인식은 유비적으로 인식 주체인(그리고 인식 자체인) 인간의 광휘의 정도이며, 자신에 대한 존재의 자기 현존이다. 인간의 인식은 궁극적으로 자신을 취득하는 것을 의미한다. 아퀴나스에게 존재론적 진리의 의미는 논리적 진리의 대상을 통해 그리고 그것이 존재인 정도에 따라 발생하는 인식 주체의 내적 자기 조명이다. 정신의 존재됨의 정도에 따라 "진리는 오직 자기의식 안에서 가능하다."[23] 따라서 모든 진리의 원천인 절대정신 즉 하나님에 있어서 순수 존재와 순수 사고는 동일하다.

아퀴나스의 인식론을 형이상학에 접근하기 위한 길로 해석함에 있어서, 그리고 판단과 유비 그리고 존재와 인식의 통일성에 대한 분석에 있어서, 라너는 마레샬의 아퀴나스 해석으로부터 큰 영향을 받았다. 라너의

---

21 위의 책, 69.
22 위의 책, 71.
23 위의 책, 72.

"인식 형이상학" 개념은 마레샬의 아퀴나스 해석에서 나온 것이다. 라너는 마레샬의 개념 "인식 주체와 인식 대상의 동일성"을 확장시켜 "존재와 인식의 원초적 통일성", "자기 현존으로서의 존재"[24] 개념을 발전시켰다. 또한 그는 모든 판단 안에 무한한 존재를 향한 지향성이 있다는 마레샬의 이론을 받아들여 그것을 추상과 인간 이성에 대한 자신의 분석의 중심으로 삼았다.[25]

III. 라너의 신학 방법론

라너의 신학 방법론은 세 단계로 이해가 가능하다. 첫째, 라너는 세계 인식과 형이상학적 인식 사이의 변증법적 통일성과 상호 의존성을 "감각상으로의 전환" 개념을 중심으로 논증함으로써 "토미즘적 인식 형이상학"을 수립하고자 한다. 즉 그는 인간의 경험 안에서, 모든 형이상학적 인식이 "세계 내적" 근거와 목적을 가지며, 모든 감각 인식이 "세계 초월적" 근거와 목적을 가짐을 보여주고자 한다. 두 번째, 라너는 시공간 연속체를 인간 정신이 세계를 초월하기 위한 근거로, 그리고 역사를 인간

---

24 Karl Rahner, *Spirit in the World*, 67 이하.
25 그러나 마레샬이 판단을 존재에 대한 인간의 이해의 자리로, 따라서 형이상학을 위한 출발점으로 여기는 반면, 라너는 판단 개념을 포함하지만 자체의 시공간적 토대를 분명히 하는 "감각상으로의 전환"이 형이상학의 길을 여는 것으로 이해하였다. 또한 마레샬의 초월론적 반성은 아퀴나스의 "하나님을 향한 자연적 갈망"의 방향으로 나아가는 반면, 라너는 (하이데거의 영향으로) 절대적 존재에 대한 인간 인식의 세계 내적 차원을 강조한다. 즉 유한한 정신인 인간은 이미 희미하게 알려진 하나님의 계시의 말씀을 듣기 위해 역사에 주의를 기울여야 한다.

의 초월성의 원천 즉 "세계 너머"에 대한 인식의 원천, 따라서 계시가 일어날 수 있는 장소로 간주하는 "인간 역사성의 존재론"을 발전시킨다. 세번째, 라너는 계시의 전제 아래 "초자연적 실존"을 통해 인간의 경험을 분석한다. "초자연적 실존" 개념 안에서의 자연과 은혜, 철학과 신학의 관계에 대한 라너의 이해는 그의 신학 방법론의 특징을 분명히 드러내준다.

1. 토미즘적 인식 형이상학: "감각상으로의 전환"

인간의 인식 행위가 근본적으로 자신을 존재 자체에 개방함을 보여주는 것이 라너의 『세계 내 정신』의 목적이다. 오직 세계 인식 안에서만 초월의 지평이 열리고 존재에 대한 인식이 가능하다. 인간은 구체적인 존재를 인식함에 있어서 동시에 그 존재와 자신의 존재의 근거 즉 하나님을 선취적 또는 전조적으로 이해한다. 라너에 따르면 아퀴나스의 "감각상으로의 전환"은 직접적 감각 경험 대상을 향해 구조화된 인간의 인식이 물질적 세계를 초월하여 존재 자체를 향해 나아감을 보여주는 개념이다. 비록 감성이 정신으로부터 발산되지만, 정신은 언제나 "물질의 조건, 시공간의 법칙에 종속된다. 왜냐하면 정신은 '감각상으로의 전환'을 통해 물질적 타자 안으로 자신을 구체화할 때에만 자유의 목표에 이르기 때문이다."[26] "세계 내 정신"으로서의 인간 안에서 인식 형이상학이 수립된다. 수용적 육체성과 연합되어 있는 인간의 이성이 감각상으로 돌아가지 않고 그 무엇을 인식하는 것은 불가능하다. 육체 안에 존재하는 인간

---

26   Karl Rahner, *Spirit in the World*, 383.

은 인식 대상을 물질적 대상의 본성 안에서 발견한다. 하지만 인간은 또한 감각 대상의 본성을 통해 비감각적인 대상에 대한 인식으로 나아간다. 이 나아감에 형이상학 즉 절대자에 대한 인식의 가능성이 있다. "우리는 비물질적인(피안적인) 것(그것에 대한 감각상이 없는 것)을 감각적, 물질적 세계(그것에 대한 감각상이 있는 것)와의 비교를 통해서 안다. … 그러므로 우리가 이 피안적인 것에 대해 그 무엇을 알기를 원할 때, 우리는 물질적 세계의 감각상(비록 물 자체에 대한 감각상은 없지만)으로 돌아가야 한다."[27]

아퀴나스에게 감성과 이성의 인식론적 통일은 곧 몸과 영혼의 존재론적 통일을 의미한다. "감각상으로의 전환"은 곧 인간의 인식과 존재의 하나 됨을 표현한다.[28] 라너의 인식 형이상학에서도 "감각상으로의 전환"에 인식과 존재의 통일성이 달려있다. 라너에 의하면, 감각이 대상에 대한 지시를 함축한다면, 이성은 대상에 대한 지시를 성취한다. 즉 감각은 대상과 더불어 있음을 의미하며, 이성은 대상에 대한 객관화된 표상을 성취한다.[29] 이성은 먼저 보편적 본질을 인식하고 이 인식을 정초하기 위해 감성으로 돌아서는 것이 아니다. 먼저 인식되는 것은 구체적인 개별자이다. 인식 주체는 먼저 세계를 가져야 하며 그 다음에 자신을 세계로부터 구별함으로써 세계를 대상화해야 한다.[30]

라너에 따르면, 아퀴나스의 "감각상으로의 전환"은 두 가지 원리를 포함한다. 그것은 곧 인식의 통일과 인식과 존재의 통일이다. 한편, "감각상으로의 전환"은 인식의 통일에 관한 물음이다. 이 개념은 형이상학적

27 위의 책, 11.
28 위의 책, 32-33.
29 위의 책, 45-46.
30 위의 책, 48.

인식을 포함한 모든 인간의 인식이 오직 감성에 기초해서 가능함을 표현한다. 감성이 세계를 표상하고 이성이 세계의 전체성으로서의 존재를 표상한다면, 감성과 이성은 통일성 안에 있다.[31] 다른 한편, "감각상으로의 전환"은 자체 안에 형이상학적 인식을 포함한다. 즉 이 개념은 존재의 근본적인 인식 가능성을 함축한다. 인식과 존재는 원초적 통일성을 갖는다. "인식은 존재가 자신에게 현존하는 것이며 이 자기 현존이 실존적 인간의 존재이다."[32] 이 자기 현존 즉 자기반성 아퀴나스의 reditio super seipsum 의 능력은 존재의 정도 또는 강도를 결정한다. "인식은 존재 자체의 주관성이다. 존재 자체는 존재의 인식됨 안에서 존재와 인식을 본래적으로 연합하는 통일체이다."[33] 타자를 향한 현존의 능력은 이 자기 현존 또는 주관성으로부터 말미암는다.

라너는 인식의 계기를 세 단계로 설명한다. 첫 번째 단계는 물질적 실재로서의 대상을 수용적으로 인식하는 감성이다. 아퀴나스의 실재론적 인식론에서, 인식 주체는 감각 인식 안에서 물자체를 인식한다. 즉 본래적으로 감각은 물체와, 인간은 세상과 연합한다. 감성은 대상에 대한 직관이기 때문에 본질적으로 수동적이다. 대상에 의해 감성의 내용이 결정된다. 상像, species 은 감성의 수동적 수용으로서, 대상 자신의 산물이자 자기실현이다.[34] 아퀴나스에게 감각 직관의 선험적 형식은 공간과 시간으로서 상상력 안에 기원을 갖는다. 상상력은 모든 감각의 토대로서 양, 비제약적 공간성, 움직이는 존재, 시간성에 대한 순수한 직관이다. "상상

---

[31] 위의 책, 65-67.
[32] 위의 책, 69.
[33] 위의 책.
[34] 위의 책, 92.

334   예루살렘과 아테네: 신학 방법론

력은 시공간^{연속체}을 초월하지 않는다." 우리가 존재의 물음을 물을 때, 우리는 언제나 우리의 모든 인식의 원천인 시공간의 세계 안에 있다.[35]

인식의 두 번째 계기는 감각으로부터 인식 주체의 해방을 가져오는 이성의 추상이다. 라너에 따르면 추상은 세 가지 성격을 갖는다. 첫째, 추상은 보편적 개념을 획득함으로써 주체 자신으로의 귀환을 실현한다.[36] 둘째, 추상은 보편적 개념을 실존하는 대상에 연결하는 확언적 종합(아퀴나스) 또는 판단(라너)을 가져온다. 셋째, 추상은 진리를 실현한다. 진리는 인식과 존재 사이의 관계로서, 확언적 종합을 통한 주체 자신으로의 귀환을 가리킨다. 감성 안에서 인식된 대상의 형식에 대한 추상 안에서 드러나는 지평 안에서 완전한 귀환 즉 인식 주체의 자기 현존이 일어난다. 아퀴나스는 완전한 귀환의 힘, 즉 보편적으로 인식된 것을 특수한 존재에 귀착시키는 힘을 "능동 이성"이라고 부른다. 능동 이성 안에서 질료로부터 형상의 해방이 일어난다. 라너에 따르면 능동 이성은 초월론적 성격을 갖는다. 즉 능동 이성은 특수한 존재에서의 형식의 한계를 무한한 존재^{본질, esse}에 대한 "선취적 이해" 안에서 선험적으로 인식한다.[37]

이 선취적 이해가 인식의 세 번째 단계이다. 선취적 이해는 객관적 인식을 가능케 하는 암묵적, 비반성적 의식이다. 라너에 따르면, 선험적 이해의 범위는 상상력의 시공간의 무한한 지평 그 이상이다. 모든 판단에서, 선취적으로 이해되는 것은 동일한 보편적 존재^{본질}다. 만일 존재^{본질}가 비객관적인 방식으로 의식 안에 현존하지 않는다면, 객관적인 판단은

---

35 위의 책, 116.
36 위의 책, 123.
37 선취적 이해는 아퀴나스가 "초월"(excessus)이라고 부르는 것, 즉 유한한 대상에 대한 구체적 인식과 더불어 주어지는 선험적 지평을 의미한다. 위의 책, 142-45.

불가능할 것이다. 제약적인 것에 대한 모든 판단 안에 비제약적인 지평에 대한 지시가 함축되어 있다. 정신은 대상을 인식함에 있어서, 비제약적인 존재의 지평 안에서 그 대상을 제약된 것으로 그리고 완전한 존재에 대한 불완전하고 유비적인 표현으로 인식한다.[38] 아퀴나스에게 선취적 이해의 지시체가 되면서 동시에 이에 의해 도달되는 존재는 절대적 존재 또는 하나님이다. 그러나 라너는 이것이 하나님의 존재에 대한 선험적 증명을 의미한다고 보지 않는다. 선취적 이해에 의해 하나님에게 도달하는 것은 "객관적, 주제적 인식"이 아니라 "비객관적, 비주제적 인식"으로서,[39] 이 인식은 하나님의 존재에 대한 반성적 증명 가능성을 위한 선험적 조건이다. 선취적 이해 또는 "존재로의 초월"excessus ad esse 개념은 인간이 세계에 얽매여 있으면서 동시에 세계를 넘어 존재에 대한 형이상학적 인식으로 나아갈 수 있음을 표현한다. 절대자에 대한 인식의 본유적 필연성은 인간의 모든 인식 가능성을 위한 조건이 된다.

"감각상으로의 전환"을 통해서 라너는 감성과 이성, 세계와 정신이 "자신을 자신의 통일성 안으로 일치시키는 (단일한) 인간의 본질"[40]임을 보여주고자 한다. 이성은 감성이 됨으로써만 정신이 될 수 있는 자신의 잠재성을 실현할 수 있다. 이성은 감성을 방출하고 또한 감성을 자신 안에 수용함으로써 완전한 자기 구성을 향해 나아간다. 감성의 원천은 정신 또는 이성이며, 또한 역으로 "감성은 이성의 수용적 원천"[41]이다. "감각상으로의 전환"에서 감성적 원천이 근본적으로 중요하다. 한편, 추상

---

38 위의 책, 179.
39 위의 책, 182.
40 위의 책, 239.
41 위의 책, 261.

이 이성의 빛이 감각 대상 안으로 침투해 들어오는 것인 한, 감성이 우선적이다. 다른 한편, 감성이 이미 의식적이고 자기 반성적인 한, 이성의 추상이 우선적이다. 따라서 인간의 인식 과정 안에서 이성과 감성은 "상호적 우선성" 안에 있다.[42] 정신과 감성이 이 상호적 방출과 수용 안에서 현실적이 된다는 사실이 "정신의 선험적 형상과 감성의 후험적 질료의 종합"[43]의 근거가 된다. 이 둘은 언제나 완전한 "감각상으로의 전환" 안에 포함된다.

"감각상으로의 전환" 개념을 핵심으로 하는 라너의 토미즘적 인식 형이상학에 있어서, 일상의 경험 안에서 하나님에 대한 선취적 이해가 가능하다. 세상의 대상들에 대한 인간의 인식은 동시에 인간을 존재의 근거 또는 하나님에 대한 인식에 개방한다. 그러나 이 인식은 존재 자체처럼 초범주적이며 하나님이 어떤 분이신지를 계시하지 못하기 때문에 "알지 못함"으로 남아있다. 라너에 따르면, 인간은 이미 하나님을 알고 있기 때문에 하나님의 말씀을 들을 수 있다. 그러나 동시에 하나님은 알수 없는 분으로 남아있기 때문에 계시와 신학의 가능성이 있다.

2. 계시의 가능성을 위한 조건: 인간 역사성의 존재론

라너는 『말씀의 청자』에서 계시의 가능성을 위한 조건, 즉 계시에 대

---

42 위의 책, 266.

43 위의 책, 286. 라너에게 정신의 선험성은 여전히 유지된다. "자신이 되고자 하는 욕구 안에서, 정신은 자신을 물질로 형상화 함에 있어서 자신으로부터 감성을 방출시킨다. 정신은 감성의 자유로운 원천으로서 감성 자체를 자신의 능력으로 유지하는 한, 그리고 감성을 통해서 감성의 수용된 결정체로서의 감각상을 산출하는 한, 이미 추상된 것이다. 그러나 정신은 또한 이미 그리고 언제나 자신을 물질의 조건과 시공간의 법칙에 종속시킨다. 왜냐하면 정신은 오직 "감각상으로의 전환" 안에서 자신을 물질적 타자로 형상화할 때에만 자신의 목표인 자유에 이를 수 있기 때문이다." 위의 책, 383.

한 인간의 수용 가능성을 논한다. 그에게 역사성은 인간의 존재론적 구조로서 하나님의 말씀이 들려지는 자리이다. 라너는 하나님이 자신을 역사와 인간의 말 속에서 계시하신다는 사실을 초월론적 종교철학의 관점에서 제시한다. 그에게 종교철학은 신학을 위한 과학적, 이론적 토대로서, 이 두 학문은 형이상학적 질문 안에서 공통의 근거를 갖는다. 본래적 의미에서 신학은 인간의 체계화된 명제가 아니라 하나님의 계시에 대한 근원적 들음으로서, 이 들음은 인간의 이해 안에 원초적으로 통합된 것이다. 이 본래적 의미의 신학이 탐구적 정신에 의해 숙고되고 체계화됨에 따라 통상적 의미의 신학이 수립된다.[44] 종교철학은 하나님의 계시의 내용을 직접 다룸으로써가 아니라, 인간에게 하나님의 말씀을 들을 수 있는 가능성이 있다는 사실을 증명함으로써 신학의 토대를 세우고자 한다.

라너는 신학의 토대와 관련하여 세 가지 주제를 다룬다. 첫째, 라너는 하나님의 말씀을 듣는 것이 인간의 본성^{자연}에 속하면서 동시에 초자연적인 계시 사건임을 보여주고자 한다. 그는 역사적 사건이 인간의 근본적인 존재됨에 속함을 보여주는 "형이상학적 인간론"을 통해 인간이 오직 역사 안에서 주어지는 계시를 들어야 함을 보여주고자 한다. 그는 이것을 역사적 경험과 인간의 개념과 말의 범위 안에서 일어나야 하는 하나님의 자유로운 계시를 위한 "순종적 잠재력"obediential potency이라고 부른다.[45] 둘째, 라너에게 철학은 인간이 계시에 주의를 기울여야 함을 보여줌으로써 그 자체 너머를 지시하는 한 기독교 철학이 된다. 따라서 철

---

44 Karl Rahner, *Hearer of the Word*, 5.
45 위의 책, 16.

학은 복음의 준비과정이 된다. 인간의 들을 수 있는 능력이 계시가 실제적으로 들려질 때에도 유지되기 때문에 철학은 보존되며 또한 그때에만 완전히 실현된다.[46] 셋째, 이와 같은 라너의 철학 이해는 두 가지 유형의 개신교적 입장과 대립된다. 하나는 하나님이 세계와 인간의 내적 의미로서 이해된다는 입장(슐라이에르마허)이고, 다른 하나는 하나님이 인간과 세계의 절대적인 모순으로 이해된다는 입장(바르트)이다. 라너의 과제는 자연적 인간이 하나님의 계시에, 따라서 신학의 가능성에 긍정적으로 열려 있음을 보여주는 것이다. 물론 이 말은 계시의 내용이 인간의 개방성에 의해 결정될 수 있는 대상적 상관물이 됨을 의미하지 않는다. 인간이 자신의 능력으로 절대적 진리를 이해할 수도 있는 것도 아니며, 반대로 계시가 단지 인간에 대한 일방적인 "예" 또는 "아니오"가 되는 것도 아니다.[47]

라너의 신학 방법론은 하나님의 존재나 계시의 가능성에 대한 선험적 증명이 아니라(그것들은 단지 전제된다), 계시 가능성의 조건에 대한 초월론적 반성을 제시하는 것이다. 이 초월론적 반성이 종교철학의 과제이다. 라너는 종교철학을 기초신학의 한 부분으로 간주한다. 종교철학에 관한 그의 논증은 세 단계로 전개된다. 첫 번째 단계는 존재와 인간의 개방성에 관한 종교철학의 두 가지 명제로 구성된다.[48] 첫 번째 명제는 일반 존재론으로서, 존재의 본성이 존재와 인식의 본래적 통일성, 존재들의 존재의 원초적 광휘 또는 자기 현존에 있다는 것이다. 존재와 인식의 통일성은 전혀 알지 못하는 것은 질문될 수 없으며 존재에 대한 질문은 그 질문

46 위의 책, 16-17.
47 위의 책, 18-19.
48 위의 책, 23 이하.

자에게 존재에 대한 근본적인 인식 가능성이 있음을 지시한다.[49] 인식과 존재는 본래 하나다. 존재가 있는 곳에 자기 현존도 있다. 이 자기 현존은 바로 "주체의 자기 자신으로의 귀환" 즉 존재자의 직접적인 자기반성의 능력이다. 두 번째 명제는 형이상학적 인간론으로서, 인간 본성이 존재에 대한 개방성을 갖는 정신(이성)이라는 것이다. 인간은 절대적 존재의 계시를 향한 개방성을 지닌 정신이다. 정신은 추상 또는 "존재로의 초월" 안에서 존재 일반을 향해 나아가고자 하기 때문에 언제나 세계의 특수한 대상을 넘어선다. 정신은 자기 자신으로의 귀환을 통해서 세계를 객관화하고 절대적 인식 대상 즉 절대적 존재에 대한 선취적 이해로 나아간다. 이 선취적 이해는 하나님 인식을 위한 선험적 조건이다.[50]

두 번째 단계는 존재의 은폐성이다.[51] 인간의 인식 구조는 절대적 지평에 대한 선취적 이해가 언제나 유한한 대상에 의해 매개되어야 함을 요구한다. 따라서 하나님은 알려지지 않은 분으로 남아있다. 하나님의 본질적 은폐성과 신비는 하나님의 자유로운 자기 계시의 가능성을 드러낸다. 자신의 우연적 실존을 긍정함에 있어서 인간은 하나님을 자유로운 분으로, 질문으로, 알려지지 않은 분으로 인식한다.

세 번째 단계는 가능한 계시의 구조이다.[52] 하나님의 계시는 직접적인 인격적 현존 또는 말씀의 매개를 통해서 일어난다. 인간은 하나님을 직접 뵙기 전까지는 하나님의 말씀을 들어야 한다. 하나님의 계시가 인간에게 실제로 일어나기 위해서는 인간이 이해할 수 있는 방식으로 일어

---

49 위의 책, 26.
50 위의 책, 51-53.
51 위의 책, 55 이하.
52 위의 책, 91 이하.

나야 한다. 따라서 라너는 가능한 계시의 자리를 규명하기 위하여 인간의 초월론적 특징을 설명한다. 즉 인간은 감각 대상에 대한 인식을 통해서 존재에 대한 선취적 이해로 나아간다. 문제는 초세계적 존재이며 존재 자체인 하나님이 현상의 매개를 통해서 구체적으로 계시될 수 있는가하는 것이다.[53] 하나님은 비물질적 존재로서 수용적 인식의 대상이 되지 않는다. 하나님은 오직 부정否定의 말에 의해서만 알려질 수 있다. 라너는 존재Sein와 존재자들Seinde 간의 역동적 관계로 인해서 한 존재자Seinde에 대한 개념이 부정의 말에 의해 확장될 수 있으며, 따라서 초세계적 존재인 하나님이 현상의 범주 안에서 인간의 말에 의해 정의되고 인간의 정신 안에 현존하는 것이 가능하다고 주장한다.[54] 말은 세계 안의 역사적 대상과 초월론적 부정을 종합할 수 있는 역사적 현상이기 때문에 인간은 인간의 말 안에서 가능한 계시를 들어야 한다.[55] 자유로운 하나님의 예측할 수 없는 행위로서, 인간의 말은 역사적이고 독특하고 자유롭다. 인간의 말은 자체의 신적 "역사성"으로 인해 역사화 되며 오직 역사 속에서만 나타날 수 있다. 인간정신은 하나님의 말씀을 발견하기 위한 영역으로서 인간의 말의 역사전통를 대면해야 한다.

라너에게 종교철학은 계시를 위한 순종적 잠재력의 존재론 또는 계시를 들어야 하는 인간에 관한 분석적 연구이다.[56] 이 종교철학은 신학의 가능성의 조건으로서 신학과 밀접하게 연결되어있다. 다시 말하면, 종교철학은 기초신학적 인간론으로서 인간이 하나님의 말씀을 들어야 하는

---

53 위의 책, 129.
54 위의 책, 130-33.
55 위의 책, 132.
56 위의 책, 138.

당위성을 제시한다. 종교철학은 계시의 특수한 내용을 분석하지 않기 때문에 신학이 아닌 철학이지만, "신학을 위한 준비된 개방성이며 개방된 준비성"이다.[57]

3. 초자연적 실존: 자연과 은혜, 익명의 그리스도인, 철학과 신학

라너에게 인간은 "초자연적 실존"이다. "초자연적 실존"은 인간 본성^{자연} 안에 하나님의 은혜를 향한 개방성과 수용적 능력이 있음을 함축한다. 은혜에 의해 의롭게 되지 않은 인간은 단지 "순수한 본성^{자연}" 상태에 있는 것이 아니다. 은혜를 향한 초자연적 질서가 이미 구체적인 역사적 질서 안에 현존한다. 인간의 역사적 질서는 단지 하나님의 외적, 율법적 질서가 아니라 "인간을 실제적이고 본유적으로 규정짓는 인간의 진정한 존재론적 실존"이다.[58]

라너는 은혜를 자체로서 완결적인 인간 본성^{자연} 위에 주어지는 외부적 상위구조로 이해하는 가톨릭교회의 외부주의를 비판한다. 외부주의에 따르면, 은혜는 인간의 본성^{자연} 위에 초월적 구조로 수립된다. 인간의 본성^{자연}은 자체의 내적 구조와 최종성을 가지고 있다. 초자연적인 계시와 독립적으로 알려진 것은 인간의 본성^{자연}에 속한다. 본성^{자연}은 은혜로부터 구별되고 은혜에 의해 완성된다. 따라서 초자연적 은혜는 인간의 본성과 경험 너머에 있다. 하나님의 칭의와 성화의 은혜는 전적으로 인간의 "순수한 본성^{자연}"의 외부로부터 주어진다. 이와 같은 견해와 달리,

---

57 위의 책, 150.
58 Karl Rahner, "The Theological Concept of Concupiscentia," *Theological Investigations* (이하 *TI*), I. (New York: Seabury Press, 1974-197), 376.

라너는 현재의 역사적 질서 안에서 인간이 은혜 즉 "하나님과의 초자연적 친교"로 부르심을 받으며, 인간이 자신에 관해 묻는 바로 그 물음 속에 "순수한 인간 본성^{자연}" 개념을 방지하는 초자연적인 요소가 있다고 주장한다.[59] 하나님이 의도하신 인간의 초자연적 목표 즉 은혜와 영광의 미래는 인간의 심층적 존재의 외부에 남아있을 수 없다. 왜냐하면 인간의 본성^{자연} 자체가 초자연적 목표를 지향하기 때문이다. 모든 창조물과 인간에게 주어진 초자연적 목표가 바로 하나님의 창조 의도이다.

라너는 초자연적인 것 즉 은혜를 향한 인간의 본성적^{자연적} 개방성과 은혜의 "비예측성"을 함께 보존한다. 하나님은 인간을 진정한 파트너로서 하나님의 사랑을 받아들일 수 있는 존재로 만드셨다. 인간은 하나님의 사랑을 "기대될 수 없는 사건으로 그리고 인간으로부터 말미암지 않는 놀라움으로" 경험한다. 그럼에도 불구하고 하나님의 사랑의 인격적 자기전달을 위한 수용성은 "인간의 중심적이고 영속적인 실존"[60]이다. 라너는 순종적 잠재력을 은혜로부터의 그리고 은혜를 향한 "초자연적 실존"을 위한 개방성으로 이해한다. "초자연적 실존"에 있어서 자연은 은혜의 내적 계기다. 반드시 은혜에 의해 의롭게 되지 않았다고 하더라도 인간은 "순수한 자연^{본성}"이 아닌, 오직 은혜를 수용하라는 부르심만 있는 질서, 즉 "초자연적 실존" 안에 존재한다.[61] 인간의 본성^{자연}과 은혜 사이에는 그리스도 안에서 인간에게 자신을 전달하고자 하시는 하나님의 선

---

59   Karl Rahner, "Concerning the Relationship between Nature and Grace," *TI*, I. 300. 라너에 따르면, 엄격한 의미의 "순수한 본성(자연)"이란 개념은, 은혜를 인간의 경험으로부터 추상할 수 있도록 허용함으로써 "자연" 개념을 "나머지 개념"(remainder concept)으로 만드는 계시 자료들의 도움에 의해서만 유지될 수 있다. 위의 책, 302.

60   위의 책, 308, 311, 312.

61   Karl Rahner, "Nature and Grace," *TI*, IV, 165-88.

행적 의도에 기초한 일치가 있다. 자연은 보편적인 기독교 은혜의 전제이다.

라너는 가톨릭 전통을 따라 "창조되지 않은 은혜"와 "창조된 은혜"를 구별한다. "창조되지 않은 은혜"는 인간을 향한 하나님의 자기전달로서 인간 안의 하나님^{성령}의 인격적 현존을 의미한다. 이 하나님의 현존은 선행적 선물로서, 이로부터 인간의 내적 변화로서 "창조된 은혜"가 생겨난다. 라너는 "창조되지 않은 은혜"가 하나님이 예정한 인간의 운명으로서, 인간을 하나님을 향한 역동성으로 이해하는 존재론에 있어서 순수하게 외적이거나 법정적일 수 없다고 주장한다.[62] 인간은 하나님의 사랑을 위해 창조되었다. 하나님의 사랑은 하나님의 자기 선물을 경험할 수 있는 (그리고 받아들이거나 거절할 수 있는) 인간에게 주어진다. 이 인간 실존이 "초자연적 실존"이다. 인간 실존은 은혜 자체는 아니지만, 은혜로부터 말미암고 은혜를 향한다.

라너에 따르면 "초자연적 실존"은 "자연적" 인간의 역동성 안에 (인간이 구체적으로 경험하는 자연과 혼동될 없이) 이미 현존한다. "순수한 자연"이란 개념은 인간 본성^{자연}에 하나님을 향한 초자연적 방향성이 없는 경우에만 가능하다. 인간의 경험과 자기 이해 안에는 "익명의" 초자연적 요소들이 존재한다.[63] 인간의 경험은 "자연-그리고-은혜"^{nature-and-grace} 또는 은혜의 거절로서의 죄의 경험이다. 초자연적 질서는 인간의 자연적 의식 경험을 넘어서 있는 것이 아니다. 물론 "초자연적 실존"을 위한 영적 본성^{자연}을 인간이 자신 안에서 실제로 경험하는 본성^{자연}과 동일시하는 것은 경계해야

---

62 위의 책, 169-70.
63 Karl Rahner, "Concerning the Relationship between Nature and Grace," *TI*, I. 313; "Philosophy and Theology," *TI*, VI, 72-73.

한다.[64] 은혜는 오직 구체적인 인간의 영적 결단으로만 존재할 수 있다. 은혜는 인간으로부터 말미암지 않으며 인간과 형식적으로 구별된다. 그럼에도 불구하고 인간의 정신은 이미 "하나님의 심연"을 향해 열려있기 때문에, 인간의 정신적 실존에서 자연과 은혜는 엄격하게 구별될 수 없다. 은혜는 자연적 인간 존재 전체를 자체의 가능성의 조건과 내적 계기로 전제한다.[65]

라너의 "초자연적 실존" 개념은 그의 "익명의 그리스도인" 개념의 토대가 된다. "초자연적 실존"은 은혜 안의 삶이 단지 의롭게 된 그리스도인의 특징만이 아님을 함축한다. 은혜는 칭의 이전으로 그리고 역사적 교회와 성만찬 밖으로 확장된다. 은혜는 실존적 결단보다 우선하며 그것을 향해 나아간다. 인간이 이성을 의식적으로 사용하는 곳 어디에서나 초자연적 초월이 작용한다. "초자연적 실존"은 그것이 숙고되지 않거나 "익명적"일 때조차도 인간의 실존 안으로 침투해 들어와 종교들의 역사 속에서 현시된다. 인류의 종교적 열망은 은혜에 의해 에워싸인 자연을 상징한다. 따라서 교회의 선포는 전적으로 들어보지 못한 새로운 소식을 가져오는 것이 아니라, 익명의 그리스도인, 그리스도인으로 부름을 받은 사람, 그리고 죄인임에도 불구하고 피할 수 없는 은혜의 영역 안에 있는 인간의 실제 모습을 깨우치고 분명하게 만든다.[66] 자신의 실존의 근거인 무한한 신비에 열려있는 사람이 있는 곳에는 어디나 익명의 유신론자가 존재한다. 인간이 심층적 경험 안에서 자신의 궁극적 신비를 받아들이는

---

64   Karl Rahner, "Concerning the Relationship between Nature and Grace," *TI*, I. 315.

65   Karl Rahner, "Philosophy and Theology," *TI*, VI, 73, 78.

66   Karl Rahner, "Nature and Grace," *TI*, IV, 180-81; "Christianity and the Non-Christian Religions," *TI*, V, 115-34.

곳에서 인간의 본성이 그리스도 안에서 자신을 내어주시는 하나님에 의해 만나지고 변화되기 때문에, 비록 그가 공식적 기독교의 개념적 표현을 부인할 때조차도 익명의 그리스도인이 될 수 있다.[67]

라너에게 자연과 은혜계시의 관계는 철학과 신학의 관계와 동일하다. 즉 철학은 은혜와 계시에 의해 창조된 "초자연적 실존"이라는 더 큰 맥락 안에 존재한다. 만일 철학이 인간의 본성자연을 규명함에 있어서, 본성자연 이상의 은혜로부터 오는 (그리고 은혜를 향하는) 신학적 요소들의 가능한 현존을 다룬다면, 철학은 신학이 적절하게 다룰 수 있는 요소들을 다루는 것이다. 라너에 따르면 계시에는 언제 어디서나 주어지는 초월적 계시와 계시의 완전한 현현으로서의 공식적인 기독교 계시가 있다. 공식적인 기독교 계시에 의존하는 신학은 이성을 사용하는 철학을 자체의 가능성을 위한 조건으로 전제한다. 따라서 "철학은 신학의 내적 계기"[68]다. 라너에게 철학은 순수한 철학이 아니라 불가피하게 기독교의 영향을 받은 철학이다. 또한 그에게 철학자는 기독교 철학자만이 아니라 "익명의 그리스도인" 즉 하나님의 은혜에 의해 자신도 모르는 사이에 깨우침을 받은 사람도 가리킨다. 계시로부터 말미암는 신학은 계시를 받아들이는 인간의 선행적 자기이해 안에서 철학을 포함한다. 그러나 철학에 대한 신학의 의존에도 불구하고, 계시는 인간의 모든 인식의 "최상의 생명력과 규범"으로 남아있다.[69]

---

67 Karl Rahner, "Anonymous Christians," *TI*, VI, 391-93.
68 Karl Rahner, "Philosophy and Theology," *TI*, VI, 72.
69 위의 책, 74.

IV. 결론: 초월론적 토미즘

하나님의 은혜가 인간의 본성^{자연}에 주어진다는 라너의 신학적 인간학은 그의 신학 방법론을 잘 보여준다. 그의 신학적 인간학의 과제는 은혜를 향한 인간 실존의 개방성을 구성하는 인간의 선험적 특성을 규명함으로써 인간 본성^{자연}과 은혜 사이의 상호 적합성을 명료화하는 것이다. 인간의 본성^{자연}이 하나님의 계시 안에서의 인간 실존의 완성을 목표로 하는 것일진대, 어떻게 그 둘이 상호 적합성을 갖지 않을 수 있겠는가? 따라서 라너는 계시 경험을 가능하게 하는 인간 주체의 선험적 조건을 밝히는 초월론적 분석을 통해 계시가 하나님을 향한 인간 정신의 보편적 역동성과 상관됨을 보여주고자 한다. 이와 같은 그의 신학 방법론은 "초월론적 토미즘"으로 정의된다. 그는 칸트와 하이데거의 초월론적 인간 이해를 전유하여 아퀴나스의 인식 형이상학을 재조명한다. 그의 "초월론적 토미즘"의 목표는 인간의 인식 가능성의 선험적 조건에 대한 초월론적 분석을 통해 인간 자아가 본래적으로 자신 안에 갇혀있는 존재가 아니라 하나님의 존재와 계시를 향해 열려 있는 존재임을 보여주는 데 있다.

라너의 "초월론적 토미즘"에서, 인식과 존재의 본래적 통일성의 원리가 형이상학적 질문의 가능성을 위한 조건이며, 인간 존재 안에서의 형이상학적 질문이 인식 형이상학을 위한 출발점이다. 선험적 형이상학의 내용은 오직 후험적 존재자의 인식 안에서만 실현된다. 형이상학적 선험성은 후험적인 것 즉 내용을 지닌 세계를 단지 "더불어" 또는 "후에" 갖지 않고 자체 "안에" 갖는다. 참된 인식에 있어서 개념과 직관이 결합되는 것처럼, 인식과 존재의 선험적 요소는 후험적 요소와 결합되어야 한다. 경험, 인식되는 것은 존재하는 것과 관계가 있으며, 그 역도 마찬가지라는 것이 세상성과 역사성 안에서의 인식과 존재의 통일성의 원리이다.

라너는 『세계 내 정신』에서 세계에서의 인간의 경험 안에 하나님에 대한 비주제적 인식이 함축되어 있음을 초월론적 분석을 통해 보여줌으로써 신학의 가능성을 정초하고자 한다. 다시 말하면, 그는 감성의 지평 즉 감각상에 근거한 이성의 판단을 통해 이루어지는 인간의 정신작용이 어떻게 하나님에 대한 암시적인 선취적 이해를 포함하는지를 초월론적 분석을 통해 보여주고자 한다. 『말씀의 청자』에서 그는 계시의 수용자로서 인간 역사적 주체성의 선험적 진실을 밝히고자 한다. 이 책의 요점은 세 가지로 요약하는 것이 가능하다.[70] 첫째, 본성적으로 인간은 하나님으로부터의 가능한 계시에 개방된 존재로 구성되었다. 인간의 유한한 역사성은 존재에 대한 질문의 자리이며 동시에 초월의 원천이다. 둘째, 기독교 철학은 자체의 내적 역동성에 의해 본유적으로 신학 자체에로 고양된다. 하나님을 향한 개방성을 인간의 본유적 본성으로 이해하는 그에게 종교철학은 곧 기초신학이다. 셋째, 개신교의 자유주의 신학과 위기신학은 비판적으로 종합되어야 한다. 즉 계시는 인간의 종교적 감수성의 내재적 성취 이상의 것이며, 이와 동시에 인간에게는 계시를 위한 긍정적 수용성 즉 순종적 잠재력을 가지고 있다.

라너의 신학 방법론은 구체적인 신학적 상황 속에서 지속적으로 발전한다. 초기의 두 저서 이후 신학적 상황의 변화에 따라, 그의 종교철학 안에 암시적으로 들어있던 것들이 명시적으로 드러나고 새롭게 명료화

---

[70]   Karl Rahner, *Hearer of the Word*, 152-54.

된다. 그의 "초자연적 실존" 개념은 인간 경험에 함축된 신학적 차원을 계시의 관점에서 밝혀준다. 이 개념은 계시와 은혜의 현실을 보다 분명하게 드러낸다. 계시와 은혜의 현실은 이미 모든 인간 실존 안에 침투해 있다. 세계^{자연}는 이미 은혜로 말미암은 것이다. 은혜의 "새로운" 지평은 오직 은혜의 기독교적 현현이 기독교 계시 안에서 역사적으로 분명히 나타났다는 의미에서 "새로운" 것이다. 인간 또는 자연과 하나님의 자기전달로서의 "은혜"는 변증법적 통일성 또는 통일성 안의 이원적 관계 안에 있다.

물론 라너에게 은혜와 자연은 단지 동일한 것은 아니다. 은혜가 자연이 있는 곳에 반드시 있어야 하는 것도 아니며, 모든 것이 하나님에 의해 값없이 주어졌다고 해서 모든 것이 다 은혜도 아니다. 성서적 은혜는 자연이 은혜 없이 존재할 수 있음을 인식할 때에만 보존될 수 있다. "초자연적 실존"이 역사적 상황 속에 보편적으로 현존하는 하나님의 은혜를 가리킨다면, 자연은 청자로서의 인간 안에 있는 계시의 가능성을 위한 조건, 즉 성서적 은혜에 대한 순종적 잠재력을 가리킨다고 할 수 있다. 리차드 르노는 라너가 자연과 은혜를 구별하기 때문에 형식적으로는 외부주의자이며, 인간의 열망과 은혜 사이의 상호 적합성을 강조하기 때문에 내용적으로는 내부주의자라고 평가한다.[71]

선취적 이해를 향한 인간의 역동성에 대한 라너의 분석의 결론은 인간은 근본적으로 정신이라는 것이다. "인간이 되는 것은 정신이 되는 것, 하나님을 향한 개방성 안에서 절대자를 향해 끊임없이 나아가는 삶을 사

---

[71] Richard Reno, *The Ordinary Transformed: Karl Rahner and the Christian Vision of Transcendence* (Grand Rapids: Wm. B. Eerdmans Publishing Co., 1995), 109-33.

는 것이다."[72] 하나님을 향해 무한하게 개방된 유한자로서, 인간은 계시 즉 하나님의 말씀에 열려있는 청자이다. 라너는 인간중심주의와 신중심주의, 자연과 은혜계시, 철학과 신학을 상호 배타적인 것으로 이해하는데 익숙한 개신교 신학자들과 달리, 그 둘을 종합하고 조화시키고자 한다. 조셉 디노이아의 표현을 빌면, 라너에게 "계시의 메시지, 즉 신적 자기전달은, 말하자면, 이미 준비되어있는 방송전파 채널을 따라 주어진다. 계시는 전적으로 낯선 그 무엇으로서가 아니라 그것에 인간이 이미 조율되어있는 그 무엇으로서 인간 현실 안으로 침투해 들어온다."[73]

그러나 라너의 초월론적 토미즘에 반대하여 비초월론적 토미즘주의자들은 인간의 의식 안에서 이루어지는 존재에 대한 반성이 결코 실제 존재에 이를 수 없다고 주장한다. 또한 자연과 은혜철학과 신학를 종합하고 조화시키고자 하는 라너의 신학 방법론은 자연신학을 하나님을 이해하기 위한 예비적 서문으로서 하나님의 계시의 은혜 밖에서 하나님에 대한 인식 가능성을 추구하는 시도로 간주하고 거부했던 바르트의 그것과 날카롭게 대조된다.[74] 바르트는 하나님의 형식적 형상으로서의 인간의 본성자연 안에 은혜를 위한 접촉점이 있다는 에밀 브루너의 주장을 "아니오"라고 단호하게 거부하고[75] 자연과 은혜(그리고 철학과 신학)을 철저히 분리하고자 했다.[76] 그러나 바르트와 대조적으로 몰트만은 창조신학으로서의 자연신학을 기독교 신학 또는 계시신학의 전제, 목표, 과제로 이해한다.[77]

72   Karl Rahner, *Hearer of the Word*, 53.
73   Joseph A. DiNoia, "Karl Rahner," in *The Modern Theologians*, 2nd ed., ed. David Ford (Cambridge: Blackwell, 1997), 124.
74   Karl Barth, *Church Dogmatics*, ed. and trans. G. W. Bromiley and T. F. Torrance (London: T and T clark, 2004), II/1, 152 이하.
75   Emil Brunner and Karl Barth, *Natural Theology: Comprising Nature and Grace* (Eugene, Oregon: Wipf and Stock Publishers, 2002).

몰트만은 다음과 같이 말한다. "만일 이 종말론적 신학이 참된 자연신학이라면, 자연과 인간의 양심 안에 전제된 '자연종교'는 영광의 나라의 선취적 빛과 약속으로 이해될 수 있다. 그러나 이것은 '전제된' 자연신학이 계시신학의 앞마당이 아니라 계시신학의 종말론적 지평 즉 영광의 신학의 미리 비추임 fore-shining 이라는 것을 의미한다."[78]

계시를 향해 개방된 인간 본성^{자연}의 "초자연적 실존"을 강조함으로써 자연과 은혜의 이분법을 극복하고자 하는 라너의 "유비적-종합적"^{ana-logical-synthetic} 원리는 인간 본성^{자연}의 유한성과 죄성에 대한 철저한 인식 아래 "오직 은혜만"을 강조하는 개신교 신학의 "변증법적-비판적"^{dialecti-cal-critical} 원리에 의해 보완될 필요가 있다. 그러나 이와 동시에 오늘날 자연과학과의 대화 가운데 새롭게 부상하는 "자연의 신학"^{theology of nature} 시대에, 개신교 신학은 라너의 유비적-종합적 방법론을 통해서 자체의 약점인 창조신학^{자연}과 구속신학^{은혜}의 이분법적 분리를 극복해야 할 필요성을 어느 때보다 분명히 인식할 필요가 있다.

---

76 바르트에 따르면 "만일 은혜가 자연과 나란히 있다면, 은혜가 아무리 높이 놓여 있다고 해도, 그것은 더 이상 하나님의 은혜가 아니라 인간이 자신에게 돌리는 은혜일뿐이다." Karl Barth, *Church Dogmatics*, II/1, 154. 그러나 바르트는 후에 "The Christian Community and The Civil Community"(1947)에서 그리스도를 중심으로 하는 교회와 사회의 동심원 구조를 말하면서 문화와 정치 속에 하나님 나라의 비유(parable)가 발견된다고 주장했다.

77 Jürgen Moltmann, *Experience in Theology: Ways and Forms of Christian Theology*, trans. Margaret Kohl (Minneapolis: Fortress Press, 2000), 65-83.

78 위의 책, 82.

제10장

볼프하르트 판넨베르크: 종말론적 신학 방법론

• 이 글은 Chul Ho Youn, "Wolfhart Pannenberg's Eschatological Theology: In Memoriam." *Neue Zeitschrift für Systematische Theologie und Religionsphilosophie* 57-3 (Sep. 2015)를 수정·보완한 것임.

I. 서론

20세기 후반기의 가장 위대한 신학자라고 불리는 볼프하르트 판넨베르크^{Wolfhart Pannenberg, 1928-2014}는 성서의 증언에 충실하면서도 동시에 철학, 종교, 과학과의 지속적인 대화를 통해 공적 학문으로서의 신학의 합리적 이해 가능성을 수립하기 위해 끊임없이 노력한 신학자로서, 그의 신학의 깊이와 엄밀성과 포괄성은 타인의 추종을 불허한다. 일반적으로 판넨베르크는 신학의 학문성을 추구하는 이성의 신학자로 잘 알려져 있다. 그는 진리의 문제에 시종일관 관심을 기울이며 기독교 진리의 정합성을 가능한 한 합리적 논증을 통해 수립하고자 한다. 그는 바르트가 기독교 신앙의 진리를 자신의 교의학의 출발점으로 삼음으로써 자신의 신학 체계를 인간의 신앙에 의존하게 만들었다고 비판한다. 그는 (인간의 신앙이 아니라) 하나님에 관한 진리를 신학의 주제로 만들기 위해서는 출발점에서 그 어떤 것을 전제함 없이 기독교 교리의 진리를 신학의 주제로 삼고 논증을 통해 결론을 도출해야 한다고 주장한다. 그러나 판넨베르크에게 인간의 이성에 대한 강조는 인간이 하나님의 계시 없이 하나님을 발견하고 하나님께 나아갈 수 있다는 것을 의미하지 않는다. "하나님은 오직 하나님이 자신이 알려지도록 자신을 주실 때만 알려질 수 있다. … 따라서 하나님에 대한 지식은 오직 계시에 의해서만 가능하다."[1]

---

[1] Wolfhart Pannenberg, *Systematic Theology*, vol. 1-3, trans. Goeffrey W. Bromiley (Grand Rapids: Eerdmans; Edinburgh: T&T Clark, 1991, 1994, 1998), vol. 1, 189.

그런데 판넨베르크에게 있어서 하나님은 무엇보다도 (말씀에 의해서가 아니라) 역사의 사건 안에서 자신을 계시하신다. 예언자의 말이 계시로 간주될 수 있는 것은 오직 그 말이 "사물과 사건의 의미를 올바로 명명하고, 따라서 그 사물과 사건의 진리를 드러낼 때"[2]이다. 판넨베르크는 역사로서의 계시 개념을 주창하고 보편사로서의 역사를 신학의 본유적 지평으로 회복함으로써 20세기 초의 말씀의 신학과 실존론적 신학에 대한 대안으로서 역사의 신학 패러다임을 수립했다.[3] 역사가 계시의 범주라면, 계시는 역사의 종말에 완성된다. 오직 역사의 종말에서만 하나님의 진리가 완전하게 계시된다. 오직 미래의 하나님 나라의 완성만이 하나님의 신성이 예수의 역사 안에서 이미 결정적으로 계시되었음을 최종적으로 증명할 수 있다. 따라서 판넨베르크의 역사의 신학은 곧 종말론적 신학이다.

이 글에서는 판넨베르크의 신학이 어떻게 종말론적 관점에서 구성되어 있는지를 종말론적, 미래 존재론, 미래의 존재론적 우선성, 선취[예기], 미래의 하나님, 미래로부터의 창조, 하나님의 영원성과 시간성, 종말과 삼위일체 등과 같은 핵심 주제들을 중심으로 분석하고, 그의 종말론적 신학에 관한 몇 가지 주요 논점들에 대하여 반성적인 고찰을 수행할 것이다. 그 후에 결론적으로 역사의 우연성과 종말론적 미래의 완성, 하나님의 시간성과 영원성, 하나님의 세계 의존성과 영원한 자기 동일성, 경세적 삼위일체와 내재적 삼위일체의 일치가 사랑의 하나님, 하나님의 사

---

2 위의 책, 191.

3 판넨베르크의 역사 개념은 인류의 범주를 넘어 자연과 온 우주로 확장된다. 따라서 그의 역사 개념은 신학과 자연과학의 대화를 위한 토대가 된다. 그는 자연과학과의 대화를 통해 새로운 기독교 자연신학(theology of nature)의 전망을 제시했다.

랑의 힘에 의해 가능함을 논증하고자 한다.

II. 판넨베르크의 종말론적 신학의 핵심 주제들

판넨베르크의 종말론적 신학의 출발점은 예수가 선포한 하나님 나라
이다. 이 하나님 나라는 "하나님 자신에 의해 도래하는 종말론적 미래"이
다.[4] 판넨베르크는 예수가 선포한 임박한 하나님 나라를 기독교 신학 전
체의 열쇠로 간주한다. 예수는 하나님 나라가 하나님 자신에 의해 임박
하게 도래하고 있다고 믿었다. "예수는 사람들에게 회개를 요구했을 뿐
만 아니라 미래에 기대되는 구원을 가져다주었다."[5] 예수는 미래의 실재
인 하나님 나라가 자신의 사역 안에 현존하고 있다고 믿었다. 하나님의
나라는 미래의 나라이다. 그러나 예수가 선포하는 하나님의 가까우심을
열망하는 사람들에게 구원은 이미 현재적이다.[6] 판넨베르크의 종말론적
신학의 토대를 형성하는 또 하나의 중요한 요소는 예수의 부활이다.[7] 판

---

4   Wolfhart Pannenberg, *Theology and the Kingdom of God*, ed. Richard J. Neuhaus (Philadelphia:
    Westminster Press, 1969), 53.
5   Wolfhart Pannenberg, *Jesus-God and Man*, trans. Lewis L. Wilkins and Duane A. Priebe (Lon-
    don: SCM Press, 1968), 217.
6   위의 책, 228.
7   예수가 선포했던 임박한 하나님 나라의 도래는 그가 기대했던 대로 성취되지는 않았다. 그러나
    초기 기독교인들은 예수의 부활을 예수가 기대했던 하나님 나라의 도래의 성취로 받아들였다.
    Wolfhart Pannenberg, "The Revelation of God in Jesus of Nazareth," in *Theology as History, New
    Frontiers in Theology*, vol. 3, eds. James M. Robinson and John B. Cobb (New York: Harper and
    Row, 1967), 114.

넨베르크는 예수의 부활을 하나님 나라의 임박한 도래에 대한 예수의 기대의 성취로, 즉 시·공간 안에 선취적으로 나타난 종말론적 현실로 이해한다.[8]

1. 종말론적, 미래 존재론

판넨베르크는 예수가 선포한 종말론적인 미래의 하나님 나라에 기초하여 "종말론적 존재론" 또는 "미래 존재론"을 발전시킨다. 그는 신학이 "실재의 전체성"에 대한 형이상학과 동떨어져서 발전될 수 없다고 생각한다. 왜냐하면 모든 유한하고 개별적인 존재를 포괄하는 무한하고 보편적인 하나님은 "모든 것을 결정하는 실재"the all-determining reality[9]이기 때문이다. 모든 것을 결정하는 힘으로서 하나님은 실재 전체의 본성에 대한 가장 일관된 설명을 제공한다. 하나님은 실재 전체의 의미의 문제에 대한 대답이다.[10] 다시 말하면, 하나님은 "의미론적 전체성"으로서, 우주 만물의 의미에 대한 결정자이다. 판넨베르크에 따르면, 실재의 전체성은 단지 존재하는 모든 것의 총합일 뿐만 아니라 창조세계 또는 역사의 과거, 현재, 미래의 의미를 결정하는 광범위한 의미론적 전체성이다.[11]

---

8 "부활은 가까운 종말에 대한 예수의 기대를 정당화했다. 그 자신 안에서 그 기대가 성취되었다." Pannenberg, "The Revelation of God in Jesus of Nazareth," in *Theology as History*, 116; *Jesus-God and Man*, 74-88.

9 Wolfhart Pannenberg, *Theology and the Philosophy of Science*, trans. Francis McDonagh (Philadelphia: Westminster Press, 1976), 305, 309.

10 Wolfhart Pannenberg, *Metaphysics and the Idea of God*, trans. Philip Clayton (Edinburgh: T&T Clark, 1990, Grand Rapids: Eerdmans, 1991), 170. 따라서 판넨베르크는 신학의 사사화(privatisation)와 진리의 주관화를 거부하고, 신학과 과학, 성서적 사고와 철학 사이의 이분법을 극복하고자 한다.

11 Wolfhart Pannenberg, *Theology and the Philosophy of Science*, 68.

그러나 실재의 전체성은 완결되고 고정된 구조가 아니라 과정 속에 있다. 판넨베르크에 의하면 존재와 시간은 분리할 수 없는 관계에 있으며, 과정은 완결되지 않았다.[12] 모든 실재는 완결되지 않은 역사적 과정 속에 있다. 따라서 실재의 역사성에 대한 이해는 실재의 전체성에 대한 형이상학의 필수요소이다. 인간의 본질은 선험적으로 주어진 것이 아니라 구체적인 역사적 과정을 통해 획득되어야하는 운명이다.[13] 모든 사건은 다른 사건들과의 관계 속에서, 그리고 궁극적으로 전체 사건들과의 관계 속에서 의미를 갖는다. 시간의 흐름은 언제나 새로운 의미를 가져다주며, 따라서 역사적 실재의 의미는 언제나 잠정적이며 미래 개방적이다.

모든 존재는 역사적 과정 속에 있기 때문에, 실재의 전체성은 역사의 전체성 또는 보편적 역사를 의미한다. 하나님의 보편성에 상응하는 실재의 전체성은 곧 보편적인 역사적 지평, 즉 역사의 전체성 또는 통일성을 의미한다.[14] 역사의 의미는 어느 제한된 의미의 지평 안에서 결정적으로 다 표현될 수 없다. 보편적인 역사적 지평만이 개별적 사건들의 의미에 대한 평가를 가능하게 만든다. 다시 말하면, 가능한 가장 광범위한 맥락 즉 보편적 역사가 개별적인 역사적 사건들의 의미를 결정하는 의미론적 전체성이다.[15] 그러나 실재의 전체성이 미완결된 역사적 과정 속에 있고

---

12 Wolfhart Pannenberg, *Basic Questions in Theology*, vol. 3, trans. R. A. Wilson (London: SCM Press, 1973), 131.

13 Wolfhart Pannenberg, *Anthropology in Theological Perspective*, trans. Matthew J. O'Connell (Philadelphia: Westminster, 1985), 499.

14 판넨베르크에게 역사의 의미는 역사에 부가되는 것이 아니라 역사 자체 안에 내재한다.

15 Wolfhart Pannenberg, *Basic Questions in Theology*, vol. 1, trans. George H. Kehm (Philadelphia: Westminster Press; London: SCM Press, 1970), 67-68, 140, 162. 판넨베르크는 이와 같은 보편사 역사 해석학을 딜타이로부터 배웠다. 딜타이에게 있어서 개별자 자체의 의미는 오직 전체의 관점으로부터만 결정된다.

미래가 열려있기 때문에, 의미의 전체성은 오직 예기로서만 알려진다.[16] 하나님 나라는 현재의 현실이 미래로 연장되어 완성되는 것이 아니라 미래가 현재 안에 현존하는 것이다. 미래는 미래로 남아있으면서 이미 현재 예기적으로 현존하는 것을 확증한다. 이 확증에 의해 예기의 참됨이 드러난다.[17]

판넨베르크에게 역사는 단순히 인간의 유한성의 총합이 아니다. 역사는 역사를 통해 자신의 신성을 계시하는 하나님의 현존에 의해 전개된다. 그러나 판넨베르크는 하나님을 단순히 역사적 과정과 동일시하지 않는다. 무한자인 하나님과 유한자인 역사는 긍정과 부정의 변증법적 관계 안에 있다.[18] 하나님은 역사에 대한 긍정과 부정의 변증법을 통해 유한한 창조세계에 자신의 통치 즉 하나님 나라를 수립함으로써 역사를 통해 자신을 계시한다.[19] 세계를 최종적으로 완성하는 하나님의 경륜의 전체 과정이 신정론의 문제에 대한 궁극적 해결과 하나님의 실존의 자기 증명을 가져온다.

2. 미래의 존재론적 우선성

판넨베르크는 종말론적 미래가 현재와의 관계에서 존재론적 우선성을 갖는다고 주장한다. 즉 그는 "우리의 현재를 결정하는 종말론적 미래의 우선성"을 말한다.[20] 예수의 미래의 하나님 나라 선포가 이미 현재를

---

16 Wolfhart Pannenberg, *Theology and the Philosophy of Science*, 310.
17 Wolfhart Pannenberg, *Metaphysics and the Idea of God*, 96.
18 Wolfhart Pannenberg, "Response to the Discussion," in *Theology as History*, 251.
19 위의 책, 253 이하.
20 Wolfhart Pannenberg, *Theology and the Kingdom of God*, 54.

결정하는 것처럼 미래가 존재론적으로 현재를 선행하며 현재(그리고 과거)를 결정한다. 하나님은 바로 미래이다. 왜냐하면 종말론적 미래에 하나님의 통치가 완성되기 때문이다. 이런 의미에서 "하나님의 신성은 바로 하나님의 통치이다."[21] 그러면 어떤 의미에서 미래가 존재한다고 말할 수 있는가? 미래의 존재론적 우선성에 대한 주장이 타당성을 갖기 위해서는 미래의 존재론적 위상에 대한 이해 가능한 설명이 있어야 한다.

판넨베르크는 현상과 존재를 구별한다. 현상 속에 자신을 나타내는 존재는 그 현상으로 다 소진되지 않는다. 하나님 나라^{존재}는 현재적 임재^{현상}에 의해 다 소진되지 않는다. 하나님 나라의 현재적 임재는 미래로부터 유래하며, 그 미래에 대한 예기적인 명멸^{明滅}로서의 미래의 도래일 뿐이다.[22] 즉 현상은 미래^{존재}의 예기적 도래이다. 판넨베르크는 이와 같은 미래 존재론이 우연성과 자유에 대한 설명을 제공한다고 주장한다. 그에 따르면, 새로운 사건의 발생이 진정으로 우연적인 것이 되기 위해서는 이전의 원인에 의해 설명될 수 있는 것 이상이 되어야 한다. 만일 새로운 사건이 단지 과거 사건의 결과로 설명될 수 있다면 진정한 자유와 우연성은 없을 것이다. 만일 새로운 사건이 단지 과거의 원인의 결과로 적절히 설명될 수 없다면, 유일한 대안은 그것을 미래로부터 오는 것으로 보는 것이다.

테드 피터스는 판넨베르크의 신학체계가 "소급적 존재론"retroactive ontology이라고 부르는 것에 의존한다고 말한다. 소급적 존재론은 "개방된 역사적 과정으로서의 역동적 실재관"으로서, 여기서는 "현재와 과거가

---

21 위의 책, 55.
22 위의 책, 133.

아직 결정되어야 하는yet-to-be-determined 신적 미래로부터 최종적인 형태와 의미를 취한다."[23] 하나님은 미래의 힘으로서 모든 역사적 현실은 미래의 하나님에 의해 결정된다. 현재가 미래를 결정한다는 일반적인 상식을 뒤집고 미래를 존재의 원천과 힘으로 이해하는 소급적 존재론이 판넨베르크의 전 신학체계를 구성한다. 여기서 미래는 종말을 가리킨다. 따라서 소급적 존재론은 종말론적 존재론이라고 할 수 있다. 스탠리 그랜츠와 로저 올슨도 판넨베르크의 신학체계에서 미래 즉 종말이 기독교 계시 전체의 의미에 관해 절대적 우선성을 가지고 있다고 말한다. 오직 역사의 종말에서만 우리는 역사의 의미를 발견하며 또한 그 의미와 각 사건들의 연관성을 발견한다. 종말은 그곳을 향해 모든 역사가 나아가는 영광스러운 실재로서, 모든 각 순간들 초월한다. 이러한 방식으로 시간과 영원은 서로 연관되어 있다. 판넨베르크에 있어서 "미래종말를 통해 영원이 시간 속으로 들어온다."[24] 그러나 과연 어떤 사건이 미래로부터 온다고 말할 수 있는가? 미래는 아직 결정된 것이 아니다. 미래는 열려있으며, 아직 존재하지 않는다. 가능성으로서의 미래가 어떻게 현재에 힘을 발휘할 수 있는가?[25]

판넨베르크는 오직 현재를 형성하는 힘에 의해 미래의 가능성이 "실재적"real일 수 있다고 주장한다. 미래의 가능성은 아직 존재하지 않지만

---

23 Donald W. Musser and Toseph L. Price, eds. *A New Handbook of Christian Theologians* (Nashville: Abingdon Press, 1996), 368.

24 Stanley J. Grenz and Roger E. Olson, *20th Century Theology: God and the World in a Transitional Age* (Downers Grove: InterVarsity Press, 1992), 194-95; Wolfhart Pannenberg, *Introduction to Systematic Theology* (Grand Rapids: Eerdmans, 1991), 49.

25 이 물음은 Lewis Ford가 제기한 물음이다. Lewis S. Ford, "The Nature of the Power of the Future," in *The Theology of Wolfhart Pannenberg*, eds. Carl E. Braaten and Philip Clayton (Minneapolis: Augsburg, 1988), 75.

실재적이다. 과거^{현실태}와 미래^{가능태}는 둘 다 실재적이다. 왜냐하면 그것들은 모두 현재의 순간에 영향을 주기 때문이다. "그러므로 미래는 비록 아직 존재하지 않음에도 불구하고 실재적이다."[26] 미래는 가능성과 자유의 영역으로서 현재에 영향을 미치기 때문에 실재적이다.

이러한 미래를 판넨베르크는 장^{field}과 성령의 관점에서 설명한다. 미래는 "가능성의 장"으로서 "매순간의 새로운 우연적 사건의 원천이다."[27] 창조세계 안에서의 성령의 사역은 역동적인 역장^{力場}의 성격을 갖는다. 다시 말하면, 가능성의 장으로의 미래의 힘은 성령이 창조세계 안에서 자신을 표현하는 역동성의 영역이다.[28] 창조세계 안에서의 성령의 활동은 종말론적 완성의 선취이다. 이 성령의 활동이 미래의 힘의 표현이다. 하나님은 미래의 힘이다. 이스라엘의 역사 속에서 예측할 수 없는 새로운 사건은 언제나 하나님에 의해 발생한다. 그러면 사건들의 연속성은 어디서 오는가? 판넨베르크에 의하면, 사건들의 연속성은 불변하는 실재의 구조로부터 오는 것이 아니라 하나님의 신실성으로부터 온다. 따라서 하나님은 역사적 사건들의 우연성과 연속성 둘 다의 근거이다. 하나님의 자유는 역사의 우연성의 근거이다. 그러나 이 하나님의 자유는 신실성 안에서 행하여진다. 하나님의 신실성이 과학이 법칙의 관점에서 기술하는 일관성의 근거이다.[29]

판넨베르크는 때때로 미래^{종말}를 영원의 의미로 사용한다. 그에게 영

---

26 Wolfhart Pannenberg, *Basic Questions in Theology*, 110.

27 Wolfhart Pannenberg, *Systematic Theology*, vol. 2, 97 이하.

28 위의 책, 83-98.

29 Wolfhart Pannenberg, *Toward a Theology of Nature: Essays on Science and Faith*, ed. Ted Peters (Louisville: Westminster/John Knox Press, 1993), 37. 오직 모든 것을 결정하는 미래의 힘인 하나님에 의해서만 우주는 통일성과 일관성을 부여받는다. Pannenberg, *Theology and the Kingdom of God*, 59 이하.

원은 모든 시간적 구별을 포괄하는 "나누어지지 않은 시간의 전체성"을 의미한다. 즉 영원은 무시간성이 아니라 무한한 삶의 통일성이다. 이 영원이 미래^{종말}를 매개로 시간과 만난다. 이런 의미에서 그는 미래가 현재에 의미를 제공해주며 현재 안에서 예기된다고 말한다. "영원은 전체성으로서의 삶의 현존을 의미한다. 이 전체성이 부분(현재의 시간) 안에 이미 현존한다."[30] 모든 역사적 순간들이 의미론적 맥락인 역사의 전체성 안에서만 이해될 수 있는 것처럼, 시간은 시간의 대립이 아니라 시간의 충만함으로서의 영원 안에서만 이해될 수 있다. 영원은 모든 시간의 동시성, 전체성, 통일성이다. 시간이 이와 같은 영원을 향해 나아갈 때 미래는 우선성을 갖는다. 즉 미래는 현재의 모든 실존^{현상}의 본질^{존재}을 결정한다.

3. 선취^{예기}

판넨베르크의 종말론적 신학에서 "선취"prolepsis 또는 "예기"anticipation 개념이 매우 중요하다. 판넨베르크는 파루시아 즉 재림으로 표현되는 종말의 관점에서 기독론의 의미를 설명한다. "아직 오지 않은 세계의 종말과의 연관성 안에서만 죽음으로부터의 부활을 통해 예수 안에 발생한 것이 또한 우리를 위한 계시의 성격을 소유하고 유지한다."[31] 예수에 대한 하나님의 궁극적인 확증은 그의 재림에서 이루어질 것이다. 오직 그때에 예수 안에서의 하나님의 계시가 궁극적인 영광 가운데 나타날 것이다.[32] 오직 종말^{재림}에서만 과거에 예수에게 발생한 사건 즉 부활의 의미가 완

---

30 Wolfhart Pannenberg, *Systematic Theology*, vol. 1, 403; vol. 2, 92.
31 Wolfhart Pannenberg, *Jesus-God and Man*, 107
32 위의 책, 108.

전하게 계시된다. 이런 의미에서 판넨베르크는 예수의 부활을 종말론적 미래의 선취적 proleptic 사건이라고 부른다. 종말론적 미래에 완성될 하나님 나라가 예수의 사역과 부활 안에 선취적으로 이미 도래하였다. 그리스도 사건은 선취적으로 종말론적 사건이다. 종말은 아직 미래임도 불구하고 그리스도 안에서 선취적으로 도래했다.[33] 세계의 화해는 선취에 의해 이미 성취되었다. 구원은 이미 현재 경험된다. 그러나 그것은 단지 아직 완전히 체화되지 않은 미래의 선취의 형태로 경험된다.

선취예기 개념은 인간론에도 적용된다. 인간은 시간과 더불어 변한다. 오직 죽음에 이르러서야 인간의 정체성은 최종적으로 완전히 수립된다. 시간의 과정 속에서는 우리의 정체성 자체가 아직 완전하게 현존하지 않는다.[34] 우리의 본질은 오직 마지막에 나타난다. 마지막이 달라지면 우리의 본질도 달라질 것이다. 그러나 선취에 의해서 우리는 이미 우리의 본질을 소유한다. 판넨베르크는 이것을 사물의 본질이 미래로부터 소급적으로 구성되는 것으로 표현한다. 사물은 "한편으로 생성의 결과로부터 소급적으로 … 그 자신이 되며, 다른 한편으로 자신의 생성과정 즉 역사의 완성에 대한 예기의 의미에서 그 자신이 된다."[35]

판넨베르크에게 선취 개념은 현재와 미래뿐만 아니라, 특수성과 보편성, 부분과 전체, 역사와 종말 사이의 해석학적 순환을 가능하게 한다. 선취 개념에 의해 특수성의 스캔들의 문제, 즉 어떻게 특수성과 보편성이 일치하는가 하는 문제가 해결된다. 즉 선취 개념은 역사적 특수성(예수

---

33 Wolfhart Pannenberg, Rolf Rendtorff, Trutz Rendtorff, and Ulrich Wilkens, *Revelation as History*, with trans. David Granskou (New York: Macmillan, 1968), 144.

34 Wolfhart Pannenberg, *Metaphysics and the Idea of God*, 104.

35 위의 책, 107.

의 부활)과 종말론적 보편성(우주적 부활) 사이의 본질적 연관성을 수립한다. 의미에 대한 해석은 부분에서 전체로 그리고 동시에 전체에서 부분으로 움직이는 해석학적 순환관계 안에서 이루어진다. 즉 새로운 경험은 의미론적 전체성에 대한 수정을 야기하는 반면, 의미의 포괄적인 체계는 개별적인 경험에 대한 이해의 수정을 초래한다. 우리는 역사의 최종적 의미를 종말에 이를 때까지 알 수 없다. 그러나 이 의미는 역사의 과정 안에서 예기될 수 있다. 실재의 전체성은 의미론적 전체성으로서 선취의 형태로 이미 현재에 현존한다.

4. 미래의 하나님, 미래로부터의 창조

판넨베르크는 미래의 하나님 나라에 대한 예수의 선포에 기초하여 하나님을 미래의 하나님으로 정의한다. 하나님은 역사를 약속된 새로운 미래 즉 하나님 나라로 인도한다. 모든 실재는 종말론적으로 정향되어 있다. "성서적 관점에서 하나님의 존재와 하나님 나라는 동일하다. 왜냐하면 하나님은 존재는 하나님의 주권이기 때문이다. 하나님은 이 주권을 행사함에 있어서만 하나님이다. 그리고 하나님의 주권의 완전한 실현은 미래에 달성된다."[36] 하나님의 존재는 하나님의 주권이며 하나님의 주권은 미래에 완전히 실현될 것이기 때문에 하나님의 하나님 되심도 미래에 밝히 드러날 것이다.

만일 하나님의 존재와 불가분리적인 하나님의 통치가 오직 종말론적

---

36   Wolfhart Pannenberg, *Basic Questions in Theology*, vol. 2, trans. George H. Kehm (Philadelphia: Westminster Press; London: SCM Press, 1971), 240.

인 미래에 완성된다면, 하나님의 존재는 생성 과정 속에 있어야 한다. 판넨베르크는 종말에 이르기까지 하나님의 통치가 완성되지 않는다면, 하나님의 존재도 아직 완성되지 않았으며 심지어 하나님이 아직 존재하지 않는다고까지 말한다. "하나님은 아직 존재하지 않는다고 말할 필요가 있다. 하나님의 통치와 존재가 불가분리적이기 때문에, 하나님의 존재는 아직도 생성의 과정 속에 있다. … 만일 하나님의 존재가 하나님의 통치의 도래와 결부되어 있다면 … 하나님은 현재의 현실 속의 어느 곳에서 '발견될' 수 없다."[37] 물론 하나님이 아직 존재하지 않는다는 말은 하나님의 실재를 부인한다는 말이 아니다. 이 말은 아직 완성되지 않은 역사 속에서 하나님의 완전한 실재를 말하는 것이 가능하지 않다는 말이다.

판넨베르크의 신학의 종말론적 특성은 미래로부터의 창조 개념에 잘 나타난다. "오직 종말의 관점에서만 모든 것이 참된 자기 자신이 되는 한, 모든 것(심지어 과거에 속하는 것들까지도)에 대한 창조는 궁극적 미래, 종말로부터 발생한다."[38] 그는 하나님의 미래의 힘이 결정론적으로 작용하는 것이 아니라 오히려 인간과 세계의 자유를 허용하며 보호한다고 주장한다. 미래의 힘은 "인간을 현재의 속박으로부터 해방시켜 하나님의 미래를 위해 자유롭게 한다."[39] 그는 인간의 자유와 세계의 사건들의 우연성이 바로 미래로서의 하나님 이해를 요청한다고 주장한다. 그렇다면 전체 결정적인 실재로서의 미래의 하나님이 어떻게 결정론적이지 않은 방식으로 미래로부터 창조를 수행할 수 있는가? 새로움은 단지 이미 존재하

---

37 Wolfhart Pannenberg, *Theology and the Kingdom of God*, 56.
38 Wolfhart Pannenberg, *Jesus - God and Man*, 230.
39 판넨베르크에게 자유란 현재를 변혁시키고 현재를 초월하는 힘이다. 미래를 갖는다는 것은 이러한 자유를 위한 자리를 만드는 것이다. Pannenberg, *Basic Questions in Theology*, vol. 2, 243.

는 것의 결과가 아니라 이미 존재하는 것과의 관계 안으로 들어온다. 만일 발생하는 그 어떤 것이 새롭고 (필연적인 것이 아니라) 우연적인 것이라면, 그것은 선행하는 원인에 의해서만 설명될 수 없다. 그것은 열린 미래로부터 생겨나는 것으로 이해되어야 한다. 현재와 과거의 연결은 오직 소급적으로만 가능하다. 역사적 연결은 하나님에 의해 제공된다. 하나님은 새로운 사건을 이전의 사건과의 연관성 안으로 가져오며 새로운 사건이 이전의 사건에 빛을 비추도록 한다.[40]

판넨베르크는 오늘날 자연과학이 밝혀내는 사건의 우연성을 세계 안에서의 하나님의 창조적 행동을 말할 수 있는 단초로 간주한다.[41] 이른바 관성의 법칙이란 일반적으로 생각하는 것처럼 그렇게 자명한 것이 아니다. 왜냐하면 우주의 고형固形물체들은 실제로 '사건들'로 생각될 수 있으며, 그것들의 규칙성관성의 법칙은 우연적 성격을 가지고 있기 때문이다. 현대물리학은 물체를 힘 또는 에너지의 관점에서 본다. 패러데이는 물체를 "공간을 채우고 있는 장"으로서의 힘의 형태로 보았다. 만일 물리적 현상이 우연한 조건의 조합에 의존한다면, 관성 자체는 "그러한 현상이 존재하도록 해주는 조건을 제공해주는 틀인 역장을 암시한다"[42]고 할 수 있다. 우연성 개념은 결정론적 법칙에 도전한다. 미시적 사건들에 대해서는 단지 개연성만 말할 수 있다. 이것은 단지 우리의 지식의 한계 때문이 아니라 우주의 본성 때문이다.

특히 판넨베르크의 (미래로부터의) 창조론에 있어서 성령의 역할이 중요하다. 그는 성령을 표현하는 헬라어 '프뉴마'가 본래 스토아 철학의 개

---

40 Wolfhart Pannenberg, *Toward a Theology of Nature*, 112.
41 위의 책, 115.
42 위의 책, 21.

념으로서 오늘날의 역장 개념과 유사하다고 본다. 물질 또는 물체는 역장으로부터 출현하며, 궁극적으로는 한 우주적 역장이 존재한다. 이 우주적 역장은 성령과 유비적이다.[43] 미래는 가능성의 영역이며 새로움의 원천으로서, 성령의 활동의 영역이다. 미래의 새로움은 가능성의 영역인 역장으로부터 생겨난다. 따라서 창조세계 안에서의 성령의 활동은 미래의 힘의 표현이다.[44] 즉 성령은 새로움을 가져오는 미래의 힘으로서 창조세계 안에서 행동한다. 자연의 과정은 엔트로피에 의한 피조물의 해체와 소멸을 향해 나아가는 경향을 갖지만, "미래의 가능성의 역장"인 성령 안에서 분화와 복잡성이 증대되는 자연의 진화의 역사가 가능해진다.[45] 그러나 성령은 단지 새로움의 원천만은 아니다. 성령은 또한 통합하고 화해하고 연합하는 통일의 영으로서 우주를 완성으로 이끈다.[46] 또한 판넨베르크는 이 미래의 힘이 사랑의 힘이라고 말한다. 하나님은 추상화된 절대적인 힘이 아니라 사랑에 의해 우주를 다스린다.[47] 미래로부터 오는 하나님의 힘은 이미 현재 사랑의 힘으로 역사하고 있다.[48] 도래하는 하나님 나라의 힘은 인간의 죄를 용서하고 구원하는 사랑의 힘으로 나타났다. 종말론적 완성은 궁극적으로 하나님의 사랑을 계시한다.

43 하나님은 삼위일체적인 방식으로 구조화된 역장 즉 영이며, 동시에 성령은 역장으로서의 하나님의 본질의 한 위격적 구체화이다. Wolfhart Pannenberg, *Systematic Theology*, vol. 2, 83 이하.

44 위의 책, 98.

45 위의 책, 100 이하.

46 위의 책, 102.

47 Wolfhart Pannenberg, *Systematic Theology*, vol. 1, 447.

48 Wolfhart Pannenberg, "A Response to My American Friends," in *The Theology of Wolfhart Pannenberg*, 323.

5. 하나님의 영원성과 시간성

판넨베르크의 전기 저술들이 하나님의 미래의 힘에 집중한다면, 후기 저술들(특히 『조직신학』)은 하나님의 영원성에 관심을 기울인다. 전기에 그는 하나님을 미래에 계시면서 현재에 하나님의 미래를 가져오는 분으로 그린다. 여기서 하나님의 영원은 미래의 빛에서 이해된다. 즉 하나님의 영원은 하나님의 미래 안에 함축적으로 포함된다.[49] 그러나 후기의 저술에서 미래는 단지 현재의 앞에 있지 않고 모든 시간에 걸쳐있다. 이 전체적 시간으로서의 미래가 바로 하나님의 영원이다. 이제 판넨베르크의 관심은 미래의 힘으로서의 하나님보다 하나님의 영원성에 있다. 그는 무시간성으로서의 영원 개념을 거부한다. 영원은 하나님의 무한성의 한 형태로서 과거, 현재, 미래의 모든 시간을 포괄한다(편재).[50] 하나님의 존재는 모든 시간의 양태를 포괄하기 때문에 하나님의 영원성은 하나님의 미래성보다 우선성을 갖는다. 하나님의 영원성 안에서는 과거, 현재, 미래의 모든 것이 동시적으로 현존한다. 미래가 우선성을 갖는 것은 오직 시간적 과정 안에서이다. 역사의 종말과 완성으로서의 하나님 나라의 도래는 영원이 시간 속으로 들어오는 것을 의미한다. 영원이 시간 속으로 들어옴으로써 피조물은 하나님의 영원성에 참여하며 자신의 참된 본질을 획득한다.

판넨베르크는 하나님의 영원성을 강조함으로써 하나님의 시간성을 희생하는 고전적 신론과 하나님의 시간성을 강조함으로써 하나님의 영

---

49   Wolfhart Pannenberg, *Basic Questions in Theology*, vol. 2, 242-244.
50   Wolfhart Pannenberg, *Systematic Theology*, vol. 1, 403.

원성을 희생하는 최근의 유신론^{과정사상} 사이의 중도의 길을 찾고자 한다. 그에게 시간에 대한 하나님의 관계는 초월적이며 동시에 내재적이다. 한편, 하나님은 시간의 창조자로서 변화하는 시간을 초월한다. 하나님의 현재는 과거와 미래를 모두 포함한다.[51] 다른 한편, 하나님은 시간과 실제적인 관계를 갖는다. 시공간의 세계와의 관계는 하나님의 존재의 구성적인 부분이다. 하나님은 세계와의 관계에서 영향을 받으며, 시간 안에서 변화를 경험한다.[52]

판넨베르크는 하나님의 본질을 관계적인 것으로 이해한다. 하나님의 본질과 세계 안에서의 하나님의 실존은 상호 연관되어 있다.[53] 영원한 하나님은 시간 안에서 발생한 것에 의해 구성된다. 일단 유한한 시간적 우주가 창조된 이상, 영원한 하나님은 이 유한한 시간적 우주와의 관계를 떠나 생각될 수 없다. 하나님은 "세계를 창조함으로써 자신을 이 창조세계와 그 역사에 철저히 의존하도록 만들었다."[54] 하나님의 영원한 본질은 시간에 의해 영향을 받으며, 나아가 시간 속에서 일어난 것에 의해 구성된다. 하나님의 신성은 세계 안에서의 하나님의 역사적 활동의 종말론적 완성에 의존한다. 하나님은 삼위일체적으로 즉 아버지, 아들, 성령으로 세계역사에 참여하며, 세 위격의 사역을 통해 일어난 것(창조, 화해, 완성)에 의해 구성된다.[55]

판넨베르크는 "경세적 삼위일체의 차원에서, 분명히 하나님 자신 안

---

51 위의 책.

52 Wolfhart Pannenberg, *Systematic Theology*, vol. 2, 85.

53 Wolfhart Pannenberg, *Systematic Theology*, vol. 1, 356.

54 Wolfhart Pannenberg, "Problems of a Trinitarian Doctrine of God," trans. Philip Clayton, *Dialog* 26, no. 4 (Fall 1987), 255.

55 위의 책, 252.

에 발전과 역사의 요소가 있다."고 인정한다.[56] 그러나 그는 "소급적 영속성"retroactive permanence 의 원리를 통해 발전 또는 생성의 원리를 극복하고자 한다.[57] "소급적 영속성"이란 시간의 운동이 사물의 진리(하나님의 본질을 포함)를 결정하는데 기여하지만 종말론적 미래에 진리인 것으로 드러나는 것이 언제나 진리였던 것으로 드러난다는 것이다.[58] 창조세계에 대한 하나님의 통치가 완성되는 종말에 하나님의 영원한 본질이 결정되고 구성된다. 즉 이 종말에 시간과 영원, 경세적 삼위일체와 내재적 삼위일체가 일치된다.

6. 종말과 삼위일체

판넨베르크의 전기의 신학이 예수가 선포한 하나님 나라에 기초한 종말론적 미래 존재론에 집중되어 있다면, 그의 후기의 신학은 삼위일체론에 보다 큰 관심을 기울인다. 그는 일찍이 삼위일체론이 "하나님의 순수한 미래성에 대한 인장"이라고 말했다.[59] 즉 종말론적 미래의 완성은 하나님의 삼위일체적 역사 안에서 성취된다. 판넨베르크의 삼위일체론의 특징은 세 위격 간의 상호 의존적 관계성에 있다. 삼위일체의 위격들은 오직 다른 위격들과의 관계 안에서만 자신의 신성을 갖는다.[60] 이 세 위격들 간의 상호적 관계가 하나님과 세계의 관계를 이해하기 위한 기초가 된다.

---

56 Wolfhart Pannenberg, "A Response to my American Friends," in *The Theology of Wolfhart Pannenberg*, 323.

57 위의 책.

58 Wolfhart Pannenberg, *Theology and the Kingdom of God*, 63.

59 Wolfhart Pannenberg, "The God of Hope," *Basic Questions in Theology*, vol. 2, 249

판넨베르크는 삼위일체론을 통해 어떻게 하나님이 절대적인 존재로서 세계에 의해 제한받지 않으면서 동시에 세계와의 관계를 통해 실현되는지를 이해할 수 있는 길을 보여주고자 한다. 즉 그는 하나님의 영원한 자기 동일성을 시간 속에서의 생성과 결합하는 것이 어떻게 가능한지를 삼위일체론적으로 보여주고자 한다.[61] 여기서 삼위일체의 위격들의 상호적 관계성이 매우 중요하다. 왜냐하면 위격들의 상호적 관계성으로 인해 세계역사에서 일어나는 사건들 특히 중심적인 구속사적 사건들이 하나님의 존재에 구성적인 의미를 갖기 때문이다. 아버지의 신성과 통치는 아들의 성육신적 실존과 세계 안에서의 사역, 그리고 세계를 완성으로 이끄는 성령의 사역 없이는 성취되지 않는다.

창조 이후에 하나님은 세계와 진정한 관계를 갖는다. 세계와의 관계는 신적 존재의 본질의 일부이다. 영원한 하나님은 세 위격으로 세계 안에서 활동하는 하나님 외에 다른 하나님이 아니다. 영원한 하나님으로서의 하나님의 본질과 속성은 하나님이 세계 안에 현존하고 활동하는 방식으로부터 도출되어야 한다.[62] 즉 내재적 삼위일체는 경세적 삼위일체로부터 도출되어야 한다. 만일 경세적 삼위일체가 하나님의 존재에 영향을 주는 우연적인 역사적 사건들 안에 참여한다면, 그 사건들은 하나님의 영원한 존재 즉 내재적 삼위일체에 영향을 줄 것이다. 이것은 하나님의 본질이 오직 종말론적으로만 최종적으로 결정됨을 함축한다. 하나님은

---

60 예수는 아버지에게 순종하고 아버지를 영화롭게 함으로써 자신이 하나님의 아들임을 증명한다. 아들과 성령의 신성이 아버지에게 의존하는 것과 마찬가지로 아버지의 신성(통치)도 아들과 성령에 의존한다. 아버지의 왕권은 아들이 자신에게 위임된 아버지의 주권을 성취하고 아버지를 영화롭게 함에 의존한다." 세 위격들의 공통된 신적 본질이자 세 번째 위격인 성령은 아들을 영화롭게 함으로써 아버지를 영화롭게 한다. Wolfhart Pannenberg, *Systematic Theology*, vol. 1, 310-317, 313.

61 Wolfhart Pannenberg, "Problems of a Trinitarian Doctrine of God," 251.

62 위의 책, 254.

자신을 창조세계에 철저히 의존하도록 만들었기 때문에 세계의 최종적인 결말이 하나님의 존재에 매우 중요하다. 오직 종말만이 창조세계에서 활동하는 하나님과 영원한 하나님, 즉 경세적 하나님과 내재적 하나님 사이의 통일성을 수립할 수 있다. 내재적 삼위일체와 경세적 삼위일체는 오직 종말에 일치한다. 판넨베르크에 있어서 하나님은 역사의 과정 속에서 삼위일체적으로 즉 아버지, 아들, 성령으로 계시된다. 그러나 이 구별된 삼위일체 하나님의 통일성은 숨겨져 있다. 역사적 과정 속에 숨겨져 있던 삼위일체 하나님의 통일성은 오직 종말에 계시된다.[63]

한편, 판넨베르크에게 하나님의 본질이 종말에 결정된다는 것은 시간의 영역 속에서 하나님의 본질이 열려있다는 것을 의미한다. 그러나 다른 한편, 그에게 하나님은 단지 역사의 과정에서 발전되고 생성되는 하나님이 아니다. 그는 하나님은 역사의 영향을 받고 역사에 의존하면서 동시에 영원한 자기 동일성을 지닌다고 주장한다. 그는 하나님의 이 두 측면이 종말론적으로 일치한다고 말한다.

> 우리의 역사적 경험에 있어서, 예수가 선포한 하나님의 신성이 오직 종말론적 완성과 더불어 결정적으로 입증되는 것처럼 보인다. … 그러나 종말론적 완성은 삼위일체 하나님이 영원부터 영원까지 언제나 참된 하나님임을 결정하는 장소일 뿐이다. 이점에 있어서, 하나님의 실존이 하나님 나라의 종말론적 완성에 의존한다는 사실은 아무 것도 변화시키지 못한다. 단지 이 완성이 하나님의 영원성을 위해 갖는 구성적 의미를 설명해야 할 필요가 있을 따름이다.[64]

63　Wolfhart Pannenberg, *Systematic Theology*, vol. 1, 340-41.

역사에서 발생하는 사건들에 의해 "구성되는" 하나님은 바로 영원히 그렇게 구성된 하나님이다. 이러한 의미에서 판넨베르크는 "소급적 영속성"의 원리를 말한다. 즉 하나님 나라의 종말론적 완성에 의해 수립되는 하나님의 본질은 단지 그 순간부터가 아니라 영원한 하나님의 본질이다. 판넨베르크는 종말이 단지 구속사의 하나님이 영원한 삼위일체 하나님이라는 것을 분명히 드러낼 뿐만 아니라 이 동일성을 소급적으로 구성한다고 주장한다. 따라서 소급적 영속성의 원리는 역사의 과정에 의존하는 경세적 삼위일체와 영원히 동일한 내재적 삼위일체의 통일성을 위한 존재론적 기초이다.

III. 판넨베르크의 종말론적 신학의 핵심 주제들에 대한 반성적 고찰

1. 미래의 힘으로서의 하나님의 현재성

판넨베르크는 하나님을 미래 또는 미래의 힘으로 표현한다. 이 표현은 하나님을 현재에는 부재한 것처럼 보이게 만들 우려가 있다. 그는 과거의 인과적 힘에 의하지 않은 영향력을 현재에 행사하는 하나님의 힘을 미래의 힘이라고 부른다. 그에게 미래는 철저히 하나님의 영역이다. 그는

---

64 위의 책, 331.

공간적 '위'에 의해 상징되는 하나님의 초월성을 시간적 '앞'미래으로 전위시켜 표현한다. 그러나 하나님이 종말론적 미래로부터 현재를 향해 행동하신다는 말은 하나님이 이미 역사가 완성된 종말론적 미래에 서 계시면서 현재의 역사를 향해 행동하신다고 하는 결정론적 세계관을 표현하는 말로 오해될 가능성이 있다. 그랜츠와 올슨은 판넨베르크의 종말론적 존재론에 기초한 소급적 인과율이 결정론적인 것처럼 보인다고 비판한다. "미래(어떤 의미에서 참으로 열려있는)가 어떻게 현재에 영향을 줄 수 있는가?"[65]

미래의 힘으로서의 하나님 개념은 세계를 하나님이 목표하는 종말론적 미래를 향해 이끌고 간다는 사실신앙을 표현하는 것으로 이해되어야 한다. 하나님은 종말론적 미래를 반드시 완성하는 분이라는 의미에서 미래 또는 미래의 힘이라고 불릴 수 있다. 우리가 하나님을 미래의 힘으로 표현한다면, 그것은 현재의 세계 안에 동참하면서 종말론적 미래의 하나님 나라를 현재의 역사 속에 실현하는 힘이라는 의미로 이해하는 것이 옳다. 하나님이 미래의 하나님인 까닭은 하나님이 세계에 끊임없이 새로운 창조적 가능성을 제공함으로써 세계를 혼란으로부터 구출하며, 우리에게 약속한 미래의 구원을 종말론적으로 성취하기 때문이다. 하나님의 미래는 하나님이 약속하고 완성하는 미래이다. 미래의 존재론적 우선성이란 하나님이 인간의 자유와 역사의 우연성을 허용하면서도 그것들을 품고 포월包越하여 마침내 미래에 하나님 나라를 완성한다는 사실에 대한 확고한 믿음을 표현하는 것이어야 한다. 그러나 하나님은 단지 미래의 종말에 서 계시는 분이 아니라, 현재 우리와 함께 계시면서 우리에게 하

---

[65] Grenz and Olson, *20th Century Theology*, 199.

나님의 미래를 약속하고, 끊임없이 새로운 창조적 가능성을 제공하고 유인함으로써 마침내 우리를 그 미래로 인도하는 분이다.

판넨베르크의 말처럼 하나님의 존재와 하나님의 통치는 불가분리의 관계에 있다. 창조세계가 존재하는 한, 하나님의 통치 없는 하나님의 존재는 생각하기 어렵다. 그러나 하나님 나라가 완성되어야 하나님의 존재가 완성되고 그 전까지는 하나님의 존재도 완성되지 않는다고 말하는 것은 문제가 있다. 왜냐하면 하나님의 존재가 하나님 나라와 하나님의 통치의 완성에 의해 완성되는 것이 아니라 하나님의 존재에 의해 하나님 나라와 하나님의 통치가 완성되는 것이기 때문이다. 이것은 하나님의 존재가 미래의 하나님 나라의 완성과 하나님의 통치의 실현 이전에 이미 완전함을 의미한다. 따라서 하나님은 단지 미래의 하나님만이 아니라 현재의 하나님이기도 하다. 하나님은 현재의 역사적 과정 속에서 우리와 함께 동행하면서 이 역사를 종말론적인 미래의 하나님 나라로 이끌고 가신다.

하나님의 완전성과 변화는 양립될 수 없다는 헬레니즘적 사고는 극복되어야 한다. 하나님의 존재가 생성의 과정 속에 존재한다는 것은 하나님이 아직 존재하지 않거나 불완전하다는 의미가 아니라, 이미 완전한 하나님이 현재 변화하는 역사의 과정 속에 참여하면서 그 변화를 수용한다는 의미이다. 따라서 미래의 힘으로서의 하나님은 아직 존재하지 않거나 완성되지 않은 분이 아니라 우리를 약속한 미래로 부르고 현재 우리와 함께 동행하는 분이다.[66] 영원히 완전한 존재로서 하나님은 세계의 시간적 과정에 참여하며, 따라서 자신의 존재 안에 변화를 수용한다.[67] 하나님은 단지 미래에 하나님의 나라의 완성과 함께 완성되는 분이 아니라, 임마누엘의 하나님으로서 변화하는 현재의 역사적 과정에 참여하고 동행하면서 이 세계를 종말론적 미래의 하나님 나라의 완성으로 이끄는 분이다.

2. 선취와 예기

우리는 판넨베르크가 미래 존재론에서 '선취' 또는 '예기' 개념을 통해 설명하는 부분^{현재}와 전체^{미래} 사이의 관계가 논리적으로 타당한지를 질문할 필요가 있다. 부분은 현재의 현실성을, 전체는 미래의 가능성을 지시한다. 전체가 부분에, 즉 미래의 가능성이 현재의 현실성 안에 이미 결정적인 방식으로 선취적으로 현존한다면 그 미래는 더 이상 열려있는 가능성으로서의 미래가 아닐 것이다. 이와 반대로, 현재의 부분들이 우연적인 역사적 과정 속에서 끊임없이 새로운 미래의 전체성을 형성해 나간다면, 그 미래는 열려진 미래로서, 현재에 선취적으로 도래 또는 현존할 수 없을 것이다.

판넨베르크에게 선취^{예기}는 본래 기독론적 개념이다. 즉 예수 그리스도의 역사와 부활 안에 미래의 종말론적 하나님 나라가 선취적으로 현존한다. 현재와 과거에 우선하는 미래의 실재가 (아직 존재하지 않고 여전히 미래로 남아 있음에도 불구하고) 이미 현재에 선취적으로 나타난다. 그리고 또한 미래는 그 선취적 사건(예수의 부활)에 의해 결정된다. 한편으로는 미래

---

66 판넨베르크 자신도 하나님이 "모든 현재 안에서 힘을 행사하는 미래로서" 존재한다고 말했는데, 이 말은 바로 하나님의 현재적 현존을 의미하는 말로 이해해도 좋을 것이다. Pannenberg, *Basic Questions in Theology*, vol. 2, 244. 또한 실제로 후기의 판넨베르크의 삼위일체론은 아들과 성령을 통해서 이 세계의 역사 속에서 하나님 나라를 완성해가는 삼위일체 하나님의 모습을 잘 보여준다.

67 화이트헤드의 표현을 빌면, 하나님은 "이해하면서 함께 고통당하는 친구, 위대한 동반자"이다. Alfred North Whitehead, *Process and Reality*, eds. David Ray Griffin and Donald W. Sherburne (New York: Macmillan, the Free Press, 1978), 351.

가 현재 안에 선취적으로 나타나며, 다른 한편으로는 선취적으로 나타난 현재의 사건이 종말론적 미래를 결정한다. 미래의 전체성 즉 하나님이 "모든 것을 결정하는 힘"으로서 현재에 선취적으로 도래한다고 하는 판넨베르크의 "전체성의 존재론"은 전체 또는 미래에 의해 부분 또는 현재가 일방적으로 결정된다는 오해를 불러일으킬 수 있다. 이러한 결정론적 오해를 피하려면 보다 이해 가능한 설명이 필요하다. 클레이턴은 선취의 의미를 이렇게 설명했다. "최종적 결말의 요지gist가 (존재론적으로) 예수의 부활 안에서 결정되었다."[68] "요지"가 결정되었다는 것은 윤곽 또는 골자가 결정되었으며, 구체적인 세부내용은 아직 결정되지 않았음을 함축한다. 따라서 구체적인 미래는 열려있으며, 우리는 아직 미래의 최종적 결말의 구체적인 내용을 확실히 알지 못한다. 미래의 구체적인 내용은 오직 종말파루시아에 밝히 드러날 것이다.

결정론적 오해를 피하기 위해서 우리는 '선취'와 '예기' 개념을 구별할 필요가 있다. 즉 선취는 미래가 소급적으로 현재에 현존하는 것으로, 예기는 현재에서의 미래에 대한 예상으로 각각 구별할 필요가 있다. '선취'가 예수 그리스도 안에서 미래의 전체성의 핵심적 본질요지이 결정적으로 도래한 것을 의미하는 기독론적 개념이라면, '예기'는 이 선취에 근거한 믿음 즉 열려진 미래를 향한 매우 확고한 믿음을 의미하는 인간론적, 우주론적 개념이다. 종말론적인 미래의 하나님 나라의 완성(보편적 부활)을 확증하는 사건이 예수 그리스도부활 안에서 '선취적'으로 일어났으며, 이러한 선취에 기초하여 예수 그리스도 안에 참여하는 인간과 세계

---

68   Philip Clayton, "Anticipation and Theological Method," in *The Theology of Wolfhart Pannenberg*, 131.

의 종말론적인 미래의 운명이 '예기적'으로 투사된다.

미래^{전체}에서 현재^{부분}로 향하는 선취와 현재^{부분}에서 미래^{전체}로 향하는 예기 사이에는 '존재-의미론적'^{onto-semantic} 해석학적 순환이 일어난다. 미래의 본질이 현재에 선취적으로 현존하며. 이 선취에 의해 미래의 본질이 현재 안에서 예기된다. 예수 그리스도의 역사 안에 종말론적 미래가 선취적으로 현존하고, 이 선취적 현존에 의해 인간과 세계의 미래가 예기된다. 이 순환에 있어서 판넨베르크가 말하는 미래의 존재론적 우위가 기독론적 선취에 의해 정당화될 수 있다. 왜냐하면 예수 그리스도의 역사 안에 인간과 세계의 전 역사가 포괄되며, 따라서 인간과 세계의 미래의 운명은 궁극적으로 기독론적 선취의 존재론적 힘 안에(그리고 삼위일체적 경륜에) 있기 때문이다. 미래는 단순히 인간적인 가능성의 영역이 아니라 하나님이 약속하신 신적 가능성의 영역이다. 예수 그리스도 안에서의 종말론적 미래의 선취는 이 약속의 성취에 대한 결정적인 보증이다. 이 선취에 기초한 하나님의 약속의 성취에 대한 믿음이 미래에 대한 예기를 가능하게 한다. 그러나 이 예기는 인간의 자유, 역사의 우연성, 미래의 개방성을 간과하지 않는다. 이 예기 안에서 인간과 세계의 미래는 여전히 개방적이고 비결정론적인 것으로 남아있으며, 따라서 인간의 윤리적 결단과 실천적 책임의 중요성은 조금도 약화되지 않는다.

3. 모든 것을 결정하는 실재인 하나님의 비결정론적 통치

판넨베르크는 "모든 것을 결정하는 실재"로서의 하나님이 결정론과 아무런 관계가 없음을 보여주고자 노력한다. 즉 그는 하나님의 통치를 자연의 우연성과 인간의 자유와 조화시키고자 한다. 헤프너에 따르면, 판넨베르크에게 있어서 "모든 것을 결정하는 실재"로서의 하나님은 만물의 원천이자 모든 우연적인 자연과 역사의 원천인 장을 구성한다. 하나님의 모든 것을 결정하는 사역은 역사에 의해 매개되며 역사의 종말론적 완성을 가져온다.[69] 하나님의 결정은 피조물의 우연성과 자유, 그리고 가능성의 영역을 포함한다. 따라서 판넨베르크의 "모든 것을 결정하는 실재"는 역설적으로 "모든 것을 결정하지 않는 실재"로서 "모든 것을 결정한다."

판넨베르크가 "모든 것을 결정하는 실재"란 말로 표현하고자 했던 본래적 의미는 하나님의 통치가 세계 역사의 어느 한 특수한 영역에 국한되지 않고 전 우주적이고 보편적인 차원에서 이루어지며, 또한 하나님은 자신이 약속하는 미래의 통치를 종말론적으로 반드시 완성할 것이라는 확고한 신앙(예수 그리스도의 선취에 기초한)이라고 할 수 있다. 문제는 그가 이러한 종말론적 미래를 인간의 자유, 역사의 개방성, 자연의 우연성과 얼마나 잘 조화시키고 있는가 하는 것이다. 초기의 그의 종말론적 미래의 신학에 있어서 종말론적 미래는 가능성의 영역이지만 불확실한 가능성 might be 이 아니라 예정된 가능성 will be 의 영역인 것처럼 보인다. 만일 이 가능성이 단지 불확실한 가능성이라면 미래의 종말론적 하나님 나라의 선취적 도래란 개념은 불가능할 것이다.

그러나 후기에 판넨베르크는 미래의 힘으로서의 하나님의 실재가 인간의 자유와 역사의 개방성과 양립 가능함을 보여주기 위해 여러 가지로 노력한다. 그는 성령을 역장과 동일시한다. 미래의 힘인 성령은 역장으로서 모든 사건들 안에서 창조적으로 일한다. 현재의 사건은 "미래 사건의

---

69 Philip Hefner, "The Role of Science in Pannenberg's Theological Thinking," in *The Theology of Wolfhart Pannenberg*, 281-286.

가능성의 장"으로부터 일어난다. 미래의 힘은 현재 사건의 우연성과 조화된다.[70] 따라서 하나님의 미래는 우연성 안에 있는 모든 사물과 사건들의 창조적인 원천이다.[71] 판넨베르크는 종말론적 미래가 현재를 결정하지만 인간의 자유가 이 결정에 의해 침해되지 않는다고 주장한다. 역사적 과정의 개방성은 심지어 예수의 인격 안에서의 약속된 하나님 나라의 선취적 도래에 의해서도 파괴되지 않는다.[72] 이와 같은 판넨베르크의 주장은 미래의 존재론적 우위를 주장하면서 하나님의 종말론적 미래가 현재를 결정하며 선취적으로 도래한다는 그의 초기의 미래의 존재론적 우선성의 원리가 상당히 완화되거나 재해석되었음을 시사한다.

4. 전기의 종말론적 미래의 신학과 후기의 삼위일체 신학의 연속성과 비연속성

판넨베르크에게 제기되는 물음들 가운데 하나는 그의 초기의 종말론적 미래의 신학과 후기의 삼위일체 신학의 관계이다. 판넨베르크는 세계 역사 속에서의 하나님 나라 즉 종말론적 미래의 실현 과정을 삼위일체적^{경세적} 관점에서 기술한다. 종말론적 미래에 완성되는 아버지의 통치는 아들과 성령을 통해 성취된다. 즉 아들은 아버지로부터 부여받은 주권을 아버지에 대한 순종과 섬김을 통해 아버지에게 돌려드림으로써, 그리고 성령은 세계의 완성과 하나님과의 화해를 실현함으로써 아버지를 영화

---

70 Wolfhart Pannenberg, *Systematic Theology*, vol. 2, 100-102.

71 Wolfhart Pannenberg, *Systematic Theology*, vol. 3, 531.

72 Wolfhart Pannenberg, "A Response to My American Friends," in *The Theology of Wolfhart Pannenberg*, 322.

롭게 한다. 따라서 초기의 하나님 나라의 신학과 후기의 삼위일체 신학 사이에는 기본적으로 괴리가 없다고 할 수 있다.[73]

그러나 판넨베르크의 전기와 후기의 신학 사이에는 간과할 수 없는 차이점도 발견된다. 전기의 종말론적 미래의 신학에서는 미래가 존재론적 우위를 가지고 현재를 결정하며 현재 안에 선취적으로 도래한다. 이와 같은 미래 존재론에 기초한 미래로부터의 하나님의 창조 개념이 결정론적이라는 비판에 대하여, 그는 우연성(확률적 우연성)의 영역인 장이론을 전유하여 하나님의 미래로부터의 창조가 결코 결정론적인 것이 아님을 논증한다. 전기의 종말론적 미래의 신학이 미래로부터 현재로 움직인다면, 후기의 삼위일체 신학은 현재에서 미래로 그리고 시간에서 영원으로 향한다. 즉 그의 삼위일체 신학에서는 종말론적 미래의 하나님이 세계의 역사에 의존하며, 변화하는 시간 속에서 함께 변화를 경험한다. 하나님의 존재 또는 본질은 종말론적 미래에 완성되며, 종말에 경세적 삼위일체와 내재적 삼위일체가 일치된다. 이것은 경세적 삼위일체 안에서의 창조세계의 시간이 내재적 삼위일체 안에서의 하나님의 영원을 구성하는 구성요소가 됨을 의미한다. 이와 같은 하나님 이해에서는 하나님이 지나치게 변화하는 시간에 의존함으로써 하나님의 자기 동일적인 영원성을 약화된다는 비판(이 비판은 전기의 그의 미래 존재론이 결정론적이라는 비판과 대조적이다)에 대하여, 판넨베르크는 소급적 영원성이란 개념으로 응답한다.

이와 같은 판넨베르크의 전기의 종말론적 미래의 신학과 후기의 삼위일체 신학 사이의 차이점은 단지 그의 신학적 관심의 변화뿐만 아니라

---

[73] 모스테트는 이 두 신학이 근본적으로 일치하며, 따라서 삼위일체론이 하나님의 미래성의 인장(seal)이라는 초기의 판넨베르크의 말이 사실이라고 주장한다. Christiaan Mostert, *God and the Future* (Edinburgh/New York: T&T Clark Ltd, 2002), 230-236 참고.

그의 신학적 관점과 사고의 변화를 드러내준다. 전기의 신학이 프로그램적이라면, 후기의 신학은 보다 체계적인 그의 성숙한 신학을 보여준다고 할 수 있다.

Ⅳ. 결론: 사랑의 하나님, 하나님의 사랑

기독교 신앙은 "종말론적 미래의 완성"이란 개념이 결정론을 함축하고 있는 것으로 오해될 수 있음에도 불구하고 이 개념을 포기할 수 없다. 이 개념을 포기하는 것은 기독교의 종말론 자체를 포기하는 것이다. 그러나 우리는 이 개념을 하나님의 통치의 힘에 대한 새로운 이해를 통해 비결정론적인 방식으로 이해할 필요가 있다. 하나님의 통치는 본질적으로 사랑의 힘에 의한 통치이다. 판넨베르크도 하나님의 통치가 사랑의 힘에 의한 것임을 말한다. 사랑으로서의 하나님의 본질이 "모든 것을 결정하는 실재"로서의 하나님의 본성을 결정한다. 하나님이 세계를 창조하기로 한 결정 자체가 사랑의 결정이다. 모든 것을 결정하는 하나님의 힘은 자체의 자유와 독립성을 가진 세계를 창조하기로 한 하나님의 사랑의 결정에 의해 조건지어진다.[74]

사랑은 타자에게 자유를 부여하며 역사적 과정에서의 미래 개방성을 허용한다. 사랑의 하나님은 결정론적이 아닌 비결정론적인 방식으로, 강

---

[74] Wolfhart Pannenberg, *Systematic Theology*, vol. 1, 420 이하.

제적이 아닌 설득적 힘으로 통치한다. 그러나 "모든 것을 결정하는" 하나님의 가장 강력한 힘은 바로 이 하나님의 사랑이다. 하나님은 사랑의 힘으로 세계를 통치하며 종말론적으로 완성한다. 사랑의 하나님이 미래의 힘이라고 불릴 수 있는 까닭은 하나님의 사랑이 종말론적인 하나님 나라의 완성을 비결정론적으로 그러나 반드시 가져오는 하나님의 능력이기 때문이다. 이 하나님의 사랑이 예수 그리스도 안에 결정적으로 나타났다. 예수 그리스도 사건이 종말론적 미래의 하나님 나라의 역사적 선취인 까닭은 그의 인격과 사역 안에 하나님의 사랑이 결정적으로 현시되었기 때문이다. 예수 그리스도의 십자가에 나타난 하나님의 자기희생적인 사랑이 (비결정론적인 방식으로) 세계를 통치하고 인간의 구원과 세계의 완성을 가져오는 하나님의 능력이다^{고전 1:18}.

하나님의 사랑의 힘이 마침내 "종말론적 미래의 완성"을 가져올 것을 믿는 것이 기독교의 신앙의 본질이다. 왜냐하면 하나님의 사랑의 힘을 믿는 것은 바로 사랑이신 하나님을 믿는 것이기 때문이다. 예수 그리스도 안에서의 선취가 종말론적인 미래의 하나님 나라의 완성에 대한 예기를 가능하게 한다. 미래의 하나님의 나라가 선취적으로 도래했다는 것은 하나님의 사랑의 힘이 이미 현재 역사하고 있다는 것을 의미한다. 그리고 이 선취는 우리를 믿음의 예기 안에서 미래의 하나님 나라를 위한 실천에 참여하도록 부른다.

종말은 세계의 역사가 최종적으로 완성되는 지점일 뿐이지, 종말 자체가 경세적 하나님과 내재적 하나님의 일치를 가져오는 것은 아니다. 세계의 역사를 최종적으로 완성함으로써 경세적 삼위일체와 내재적 삼위일체의 종말론적 일치를 가져오는 것은 바로 하나님의 사랑이다. 하나님의 사랑이 세계의 창조, 화해, 종말론적 완성을 가져오는 하나님의 힘이며, 따라서 경세적 삼위일체와 내재적 삼위일체의 일치를 가져오는 통일성의 원리이다. 다시 말하면, 하나님의 사랑은 시간의 변화와 세계로부터의 영향에 열려있으면서 동시에 비결정론적인 방식으로 종말론적 완성을 성취함으로써 시간 속의 경세적 삼위일체와 영원 속의 내재적 삼위일체의 일치를 가져오는 하나님의 능력이다.

판넨베르크의 "소급적 영속성" 개념은 하나님의 존재가 세계의 시간성 안에 참여하며 변화와 생성을 경험하면서 동시에 영원한 동일성을 유지한다는 점을 함께 강조하기 위해서 고안해낸 개념이라고 할 수 있다. 그의 의도는 기본적으로 정당하지만, 하나님의 영원한 본질이 종말에 소급적으로 결정되고 구성된다는 표현은 오해의 여지가 있다. 하나님의 본질은 세계의 역사가 완성되는 미래의 종말에 가서야 영원히 결정되고 구성된다기보다는 세계와의 상호적인 관계성 안에서 변화와 생성을 경험하면서 세계와 함께 동행하며 세계를 종말론적인 하나님 나라로 이끄는 현재의 하나님의 역동적인 실재 자체에 있다고 보아야 하다. 이 역동적인 실재로서의 하나님의 본질은 바로 사랑이다. 사랑으로서의 하나님의 본질은 단순히 자기 동일적인 사실성이 아니다. 그것은 생성과 변화와 대립관계에 있지 않다. 하나님의 본질 자체가 바로 생성과 변화이다. 이 생성과 변화 안에서 하나님은 다른 본질이 되는 것이 아니라 이미 영원 전부터 가지고 있는 자신의 본질 즉 변함없이 신실한 사랑이 된다. 영원한 하나님의 본질인 사랑은 비결정론적이지만 전능한 하나님의 힘으로서 세계와의 상호적인 관계성 안에서 함께 고통당하며 이 세계를 종말론적인 하나님 나라의 완성으로 이끈다.

제11장

데이비드 트레이시:
공적 신학으로서의 조직신학을
위한 해석학적 신학 방법론

I. 서론

오늘날 신학의 공공성 또는 공적 위상에 대한 관심과 논의가 세계적으로 활발하게 일어나고 있다. 이러한 관심과 논의는 오늘날의 다원화된 사회 속에서 공공성을 상실하고 주변화, 사사화私事化되어가는 기독교의 위기를 반영한다. 오늘날의 다원화된 문화 속에서, 그 어느 때보다도 신학적 확언을 위한 공적 기준을 발전시킴으로써 신학의 사사화를 피할 수 있는 신학 방법론의 수립이 요구된다. 신학의 공공성에 대한 오늘날의 논의에 지속적으로 큰 영향력을 미치는 신학자가 데이비드 트레이시^{David Tracy}이다. 이 글에서는 공적 신학으로서의 조직신학의 위상을 트레이시의 해석학적 신학 방법론을 중심으로 재조명하고자 한다. 트레이시는 오늘날의 문화의 가장 두드러진 특징인 다원성을 인간의 조건을 근본적으로 풍요하게 만드는 것으로 간주한다. 그러나 그는 "다원성을 책임 있게 긍정하는 것은 진리에 대한 긍정과 그 긍정을 위한 공적 기준을 포함해야 한다."[1]고 강조한다. 신학의 공공성을 위한 트레이시의 논증은 다음 네 단계로 진행된다.

첫째, 트레이시는 신학의 근본적인 실존적 질문의 본성과 하나님 실재의 본성 때문에 신학은 공적 기준과 담론을 발전시켜야 한다고 주장한다. 그는 신학이 공공성을 구현해야 할 세 공적 영역 즉 사회, 학교, 교회를 구별하고, 또한 이 영역들에 상응하는 기초신학, 조직신학, 실천신학

---

1   David Tracy, *The Analogical Imagination: Christian Theology and the Culture of Pluralism* (New York: The Crossroad Publishing Company, 1987), xi.

을 구별한다. 둘째, 그는 특히 조직신학의 공공성의 문제에 관심을 집중한다. 그는 조직신학을 근본적으로 해석학적 과업으로 이해한다. 그는 종교적 경험의 의미와 진리는 고전적 예술 경험의 그것과 유사하다는 전제 아래 고전 및 종교적 고전에 대한 이론을 전개한다. 셋째, 그는 이와 같은 고전과 종교적 고전에 대한 이론에 기초하여 조직신학적 작업, 즉 기독교 전통의 고전적 텍스트인 신약성서 안에 증언된 예수 그리스도 사건에 대한 해석을 수행함과 아울러 이 해석을 오늘날의 상황에 적용하기 위해 오늘날의 상황에 대한 해석을 수행한다. 넷째, 그는 의미와 진리의 공적 기준의 필요성을 인식하는 책임적 다원주의의 전략으로, "유비적 상상력"을 진정한 대화를 위한 지평으로 제시한다.

이 글에서는 트레이시의 『유비적 상상력』을 중심으로 그가 제시하는 공적 신학으로서의 조직신학의 해석학적 방법론을 고찰하고 몇 가지 주요 논점에 대한 필자의 생각을 개진하고자 한다.[2]

II. 신학의 세 공적 영역과 신학의 세 분야

트레이시에 의하면 모든 신학은 공적 담론이다. 그런데 신학의 공적 위상은 신학자가 내면화하는 다원적인 사회적 현실, 준거집단, 공적 영역과 연관되어 있다. "신학적 결론의 다원성의 배후에는 신학적 담론을 위한 준거집단으로서의 공적 역할과 공적 영역의 다원성이 놓여있다."[3] 서로 다른 공적 영역들(교회, 학교, 사회)과 신학자들의 타당성 구조들(조직신학, 기초신학, 실천신학) 사이에는 선택적 친화력 elective affinities 이 존재한다.

트레이시는 자신의 특정한 사회적 자리가 무엇이든지 모든 신학자는 진정한 공적 담론에 헌신해야 하며 세 공적 영역 모두를 향해 말할 수 있어야 한다고 강조한다. 사실상 각 신학자는 세 공적 영역을 다양한 정도로 내면화하며 암묵적으로 그것들 모두를 향해 말한다. 이러한 현실을 명시적으로 드러내는 것은 세 공적 영역의 경계를 가로지르는 공공성을 위한 적절성의 기준을 요청한다. 신학의 세 분야, 즉 기초, 조직, 실천신학은 각기 명시적인 적절성의 기준을 필요로 하며 세 공적 영역 모두를 향한 진정한 공공성을 추구한다.[4]

트레이시는 신학의 본유적 공공성이 공적인 "교회"와 "세상"에 대한 긍정을 수반하는 하나님의 보편성에 대한 긍정에 근거한다고 주장한다. 보편적 하나님에 대한 긍정과 이에 수반되는 교회와 세상에 대한 긍정에 의해 요청되는 공공성에 의해 기초, 조직, 실천신학이 서로 내적으로 연관되어 있다.[5] 준거집단의 관점에서, 기초신학은 학교, 조직신학은 교회, 실천신학은 사회와 관련된다. 논증 형태의 관점에서, 기초신학은 모든 이성적 인간이 합리적이라고 인식할 수 있는 공적 논증을 통해 신학의 의미와 진리를 탈은폐하고자 하며, 조직신학은 신학자 자신이 속해 있는

---

2   『유비적 상상력』 외에, 트레이시의 신학 방법론에 관한 다음과 같은 글들이 있다. David Tracy, "Theological Method," in *Christian Theology: An Introduction to Its Traditions and Task* (Philadelphia; Fortress Press, 1982); 윤철호 옮김, "신학적 방법론," 『현대 기독교 조직신학』(서울: 한국장로교출판사, 1999), 69-103; 윤철호, "제6장 데이비드 트레이시의 신학방법론과 해석학적 대화로서의 기독교신학," 『현대 신학과 현대 개혁신학』(서울: 장로회신학대학교출판부, 2003), 171-196; 윤철호, "기독교 텍스트(전통)에 대한 해석학으로서의 조직신학," 『신뢰와 의혹』(서울: 대한기독교서회, 2007), 473-98.

3   David Tracy, *The Analogical Imagination*, 5.

4   위의 책, 31.

5   트레이시에 따르면 공공성의 핵심적 표지는 인지적 탈은폐와 인격적, 공동체적, 역사적 변혁에 있다. 위의 책, 55.

종교전통의 탈은폐적이고 변혁적인 힘에 대한 재현과 재해석에 관심을 기울이며, 실천신학은 탈은폐적 이론보다는 변혁적 실천을 신학의 의미와 진리의 적절한 기준으로 간주한다.[6]

트레이시는 신학을 "기독교 전통에 대한 해석과 오늘날의 상황에 대한 해석 사이의 상호비판적 상관관계를 수립하려는 시도"로 정의한다.[7] 한편으로, 신학자는 전통에 대한 해석을 위한 "적절성의 기준"을 발전시켜야 한다. 다른 한편으로, 신학자는 오늘날의 상황이 진정한 "종교적" 물음 즉 인간 실존의 의미에 대한 근본적 물음을 표현하는 한 그 상황에 대한 분석을 제공해야 한다. 모든 신학자는 종교전통의 의미와 진리를 현재의 상황을 위하여 해석한다. 그런데 신학 분야들의 진리의 모델이 상이하며, 이 상이성은 신학 분야들의 차이와 유사성을 드러낸다. 기초신학에서, "공적"公的이란 말은 "모든 주의 깊고, 지적이고, 이성적이고, 책임적인 인간이 충분히 공적인 논증 기준에 부합되게 이해하고 판단할 수 있는, 근본적인 질문과 답변에 대한 명료화를 지시한다."[8] 여기서는 상황으로부터의 근본적 질문의 공적 성격과 전통으로부터의 응답의 공적 성격이 상황과 전통 양자에서의 질문과 응답을 상호비판적 상관성을 통해 탐구하고 상호 관련시킨다. 또한 여기서는 개인적 신앙보다는 철학적 논증이 진리 주장을 위한 주된 보증으로 기능한다.

조직신학의 주된 과제는 오늘의 상황을 위해 전통을 재해석하는 것

---

6   위의 책, 57. 트레이시에게 있어서, 기초신학은 *Blessed Rage for Order: The New Pluralism in Theology* (New York: The Seabury Press, 1975), 조직신학은 *The Analogical Imagination: Christian Theology and the Culture of Pluralism* (New York: Crossroad, 1981), 실천신학은 *Pluralism and Ambiguity: Hermeneutics, Religion, and Hope* (San Francisco, Harper and Row, 1987)에서 각각 전개된다.

7   David Tracy, "신학적 방법론," 71.

8   David Tracy, *The Analogical Imagination*, 63.

이다. 기초신학자가 하나님을 실존에 대한 우리의 근본적 신뢰와 관련시키다면, 조직신학자는 기독교 특유의 신앙 즉 아브라함, 이삭, 야곱, 예수 그리스도의 하나님에 대한 신앙에 집중한다. 기독교의 계시적 전통과 오늘날의 경험을 상호비판적으로 관련시키는 조직신학의 과업은 역사적 의식 안에서 수행된다. 여기서 보편성에 대한 모든 형이상학적인 철학적 주장은 "우상숭배"로 의심되며, 공공성은 주로 교회라는 "공적 영역"과 관련된 기독교의 고백적 조직신학에 의해 성취된다. 조직신학자는 전통에 속해 있으면서 그리고 전통에 헌신하면서 전통을 재해석한다. 종교도 예술처럼 새로운 의미와 진리의 탈은폐가 "발생하도록" 허용하는 모험을 감수하는 사람에게 그 새로운 의미와 진리를 탈은폐한다. 오늘날의 상황을 위해서 전통을 해석하는 조직신학자의 해석학적 과제는 그 전통에 대한 믿음과 그 전통에 의해서 자신이 형성되고자 하는 모험을 전제한다. 트레이시는 문화적 고전의 공공성이 탈은폐 모델 안에 있기 때문에, 문화적 고전으로서의 종교적 고전 개념에 의해, 진리의 탈은폐 모델에 의존하는 조직신학의 해석학적 과업의 공공성이 보증될 수 있다고 주장한다.[9]

실천신학에서 실천은 단지 이론의 적용이나 목표가 아니라 이론 자체의 원천적 토대이다. 이론이 실천을 지양止揚, sublate 하는 것이 아니라 실천이 이론을 지양한다. "규범은 궁극적으로 이론들의 자명한 공리에 근거하지 않고 특수한 사회적, 역사적 상황 속에서의 구체적인 인간의 구체적인 지적, 도덕적, 종교적 실천에 근거한다."[10] 실천신학은 변혁으로

---

9   위의 책, 66-68
10 위의 책, 70.

서의 진리 모델을 수용한다. 즉 신학적 진리는 변화된 인간의 변혁적 실천에 근거한다. 진리가 기본적으로 형이상학적이거나 탈은폐적인 것이 아니라 변혁적인 것인 한, 실천신학은 기초신학과 조직신학의 진리 주장을 지양한다. 따라서 모든 신학의 진리 주장은 변혁적 실천의 기준에 의해 결정되며 판단된다.[11] 그러나 트레이시는 또한 탈은폐적 진리와 변혁적 진리, 이론과 실천이 구별될 수는 있어도 분리될 수 없음을 강조한다. 변혁적이지 않은 진정한 탈은폐는 없으며, 탈은폐가 없는 진정한 변혁적 실천은 없다. 실천신학의 변혁적 진리는 조직신학의 탈은폐적 진리와 기초신학의 경험에 대한 형이상학적, 실존적 적절성에 대한 보완적 진리이다.

이미 언급한 바와 같이, 신학의 과제는 전통에 대한 해석과 상황(교회와 세상)에 대한 해석 사이의 상호비판적인 상관관계를 수립하는 것이다. 그런데 서로 다른 성격을 지닌 신학 분야들(기초, 조직, 실천신학)로 인해 전통에 대한 해석의 다원성과 갈등, 그리고 오늘날의 상황에 대한 해석의 다원성과 갈등이 초래된다. 보편적 하나님의 실재에 대한 긍정과 이에 수반되는 교회와 세상에 대한 긍정에 기초하여 신학의 공공성과 상대적 적절성의 기준을 수립함으로써 이 이중적인 해석의 다원성과 갈등을 극복하는 것이 기독교 신학의 공적 과제이다.

---

11 트레이시는 변혁적 진리 모델로서의 실천신학의 공공성을 위해 이데올로기 비판이론을 포함한 사회과학적 분석이 필요함을 강조한다. 그리고 무엇보다 그는 실천신학의 공공성을 위한 성서적 근거로서, 억눌린 자를 위한 역사 속에서의 하나님의 행동을 증언하는 예언자적, 묵시적 전통을 제시한다. 75-76.

III. 고전적 종교 텍스트 해석학으로서의 조직신학의 공공성

조직신학은 본유적으로 해석학이다. 즉 조직신학의 일차적인 과제는 성서 텍스트를 오늘의 상황을 위해 해석하는 것이다. 조직신학의 과제는 "해석된 상황을 위해서 그(예수 그리스도) 사건(그리고 그 사건을 매개하는 전통들과 형식들)에 대한 참여적이면서 동시에 비판적인 창조적 해석을 감행하는 것"이다.[12] 트레이시는 이와 같은 조직신학의 해석학적 과제를 고전 해석학의 관점에서 설명함으로써 조직신학의 공공성을 입증하고자 한다. 그에 따르면 고전적 텍스트의 "의미의 잉여"는 일종의 무시간성을 지니고 지속적인 해석을 요구한다. 그런데 이 고전의 무시간성은 단지 반복을 요구하는 것이 아니라 근본적으로 자체의 역사성에 뿌리를 내리고 있으면서 우리 자신의 역사성을 향해 말한다. 고전적 텍스트는 유한한 역사적 인간의 이해 사건의 표현으로서 역사적으로 유한한 우리의 주목을 영속적으로 요구한다. "고전적 텍스트의 운명은 후대의 유한하고 역사적이고 시간적인 존재들에 의한 지속적인 재해석만이 … 그 텍스트 안에 현재 고정화된 이해 사건을 넘어 그 이해 사건을 현실화시킬 수 있다는 것이다."[13] 고전에서 우리는 진리라고 부를 수밖에 없는 실재의 탈은폐를 인식한다. 고전은 기원과 표현에 있어서 근본적으로 특수적이지만 또한 공적이다. 즉 고전이 "주목을 요구하는 실현된 경험에 근거하고, 인

---

12 위의 책, 406.
13 위의 책, 102. 트레이시의 고전 개념은 고전주의적 기준에 갇혀있지 않다. 고전적인 경험은 그 어떤 인간의 문화적 경험 안에서도 가능하다. 인간 정신의 어떤 표현들은 우리의 삶에 대한 강렬한 진리를 탈은폐하기 때문에 우리는 그것들의 규범적 지위를 부인할 수 없으며, 따라서 그것들은 고전이라고 명명된다. 108.

지적으로 의미 진리를 탈은폐하며, 윤리적으로 개인적, 사회적, 역사적 삶을 변혁시키는"[14] 한, 고전은 진정한 패러다임적이고 공적인 위상을 지닌다.

트레이시는 고전에 대한 경험을 예술작품에 대한 경험의 예를 들어 설명한다. 예술작품을 경험할 때, 우리는 개인적인 취향에 따라 맛을 보는 것도 아니고 예술작품 배후에 있는 예술가를 경험하는 것도 아니다. 예술작품의 경험에 있어서, 우리는 예술작품의 세계에 사로잡히고, 예술작품의 아름다움과 진리에 의해 놀라고 도전을 받으며, 예술작품이 탈은폐하는 세계의 아름다움과 진리에 의해 우리 자신이 변화된다. 트레이시는 이와 같은 진리 사건에 대한 실현된 경험, 고전적 예술작품의 탈은폐에 사로잡힘의 영역을 "오직 패러다임적인 것만이 현실적인" 진정한 공공성의 영역이라고 주장한다.[15]

고전적 작품에서 탈은폐되는 진리 사건에 대한 경험은 이해와 설명 안에서 일어난다.[16] 이해는 해석의 전 과정을 "포괄하며"envelop 설명은 시초적 이해를 "전개하고"develop 최종적 이해로서의 전유appropriation를 조명한다.[17] 모든 방법들(형식주의, 구조주의, 기호학, 해체주의 등)은 해석학적 과정을 풍요하게 만든다. 그것들은 텍스트 내재적인 센스sense의 부호와 구조에 대한 다양하고 때로는 상충되는 설명을 제공함으로써 "센스와 (센스

---

14 위의 책, 132.

15 위의 책, 112. "우리가 심지어 실제로 어느 하나의 고전적 예술작품을 경험할 때마다 우리는 사사성(privateness)으로부터 진리-탈은폐의 진정한 공공성으로 해방된다." 115.

16 트레이시는 이해와 설명방법의 네 가지 유형들을 소개한다. 이 유형들은 각기 다음 네 요소 가운데 하나에 초점을 맞춘다. ① 작품을 창조한 예술가(낭만주의), ② 작품자체(형식주의), ③ 작품이 탈은폐하는 세계(가다머 리쾨르의 해석학), ④ 작품이 영향을 주는 청자(실용주의). 위의 책, 113.

17 Paul Ricoeur, *Interpretation Theory: Discourse and the Surplus of Meaning* (Fort Worth: Texas Christian University Press, 1976), 71-89.

를 통해) 텍스트 앞의 해석학적 지시체 referent에 대한 독자의 이해를 전개, 도전, 교정, 정제, 복잡화, 대치 對峙한다."[18]

트레이시에 의하면, 고전적 텍스트에 대한 해석과정은 네 계기 또는 단계로 이루어진다.[19] 첫째, 해석자는 주제에 대한 모종의 전이해, 역사와 문화의 영향에 의해 형성된 전이해를 가지고 텍스트에 접근한다. 둘째 계기에서 해석자는 주목을 요구하는 텍스트에 의해 자극을 받는다. 셋째 단계는 주제를 중심으로 한 텍스트와 해석자 사이의 대화이다. 여기서 주제는 텍스트의 형식을 통해 텍스트 앞에 탈은폐되는 세계를 의미한다. 네 번째 단계는 전체 공동체의 다른 해석 전통들과의 대화로서, 이에 의해 해석자의 전이해와 해석이 도전을 받는다. 다원적이고 갈등적인 해석 전통들이 공존하는 현실에서, 이 네 번째 단계는 해석의 상대적 적절성과 책임적 다원성을 위해 중요한 윤리적 과제다.

조직신학자는 이와 동일한 기본적인 계기들을 통해 기독교 고전 즉 성서를 해석한다. 조직신학자는 기독교 전통에 대한 신뢰를 가지고 성서 안에 표현된 궁극적인 종교적 질문들에 대한 고전적 이해 사건을 해석하고자 한다. "오직 패러다임적인 것이 참되다."는 엘리아데의 명제[20]는 패러다임적인 성격을 지닌 종교적 고전에 있어서 참되다. 고전적인 종교적 표현에 대한 해석자로서 조직신학자는 고전의 패러다임적인 증언에 사로잡히며 사건과 같은 진리에 대한 실현된 경험에 참여한다. "해석으로서의 조직신학은 구체적 종교의 진리 주장을 모든 고전에 표현된 탈은폐

---

18 David Tracy, *The Analogical Imagination*, 118.

19 위의 책, 118-22.

20 Mercea Eliade, *The Sacred and the Profane: The Nature of Religion* (New York: Harper, 1961), 95-113, 20-29; *The Myth of the Eternal Return* (Princeton: Princeton University Press, 1954), 17-21, 21-34.

적 공공성의 유형에 적절한 진정한 공적 토대의 유형 위에서 보증한다."[21] 따라서 종교적 고전인 성서를 위한 해석학적 과제를 잘 수행하는한, 조직신학자는 공공선과 진정한 공공성의 영역에 기여한다. 즉 조직신학자가 특수한 고전적 종교 전통인 기독교 전통에 대한 고전적인 해석을창출할 때, 이 새로운 해석은 일반 고전에 대한 고전적 해석과 마찬가지로 단지 개인이나 특수한 전통을 위한 사적인 것이 아니라 문화 속에서진정한 공적 위상을 부여받아야 한다.

리쾨르를 따라[22] 트레이시는 종교적 표현의 두 가지 고전적 형태를구별한다. "철저한 참여의 의미를 드러내는 특수성의 강화(종교적 표현)의변증법이 지배할 때, 그 종교적 표현은 '현현'이라고 명명된다. 철저한 비참여의 의미를 드러내는 특수성의 강화의 변증법이 지배할 때, 그 종교적 표현은 '선포'라고 명명된다."[23] "현현"은 성례전적, 신비적, 제사장적,형이상학적, 심미적 특징을 보여주는 반면, "선포"는 말씀 중심적, 예언자적, 윤리적, 역사적 특징을 보여준다. 현현으로서의 종교적 표현에 있어서, 우리는 예전, 상징, 신화를 통해 분리된 성聖의 영역에 들어감으로써, 속俗의 진부함과 환상으로부터 그리고 일상적 시간과 공간으로부터자유롭게 될 수 있으며, 일상을 속된 것으로 드러내는 성聖의 힘의 현현안으로 들어갈 수 있다. 선포의 종교전통에 있어서, 속俗의 현실은 순종,행동, 자유로 부르는 말씀의 부름 안에서 선포되는 종교적 의미와 진리에 의해 삼투된다. 현현 종교의 성과 속profane의 변증법은 케리그마적 말

---

21   David Tracy, *The Analogical Imagination*, 198.

22   Paul Ricoeur, "Manifestation and Proclamation," *The Journal of the Blaisdell Institute* 12 (Winter 1978), 13-35.

23   David Tracy, *The Analogical Imagination*, 203.

씀과 속secular의 변증법이 된다. 여기서 속secular은 비종교적 영역이 아니라 말씀의 힘이 정의와 철저한 이웃 사랑을 위한 새로운 행동 안에서 지속적으로 표현되어야 하는 영역이다. "시간과 역사를 긍정하고 일상적 시간과 역사 안에서 그것들을 위한 표현을 요구하는 선포는 유대인과 기독교인을 세상 안에서 세상을 위해 자유롭게 한다."[24]

트레이시는 현현이 선포 말씀을 포괄하는 근거라고 주장한다. 즉 신비적, 형이상학적, 심미적, 우주적 현현은 예언적, 윤리적, 역사적 선포의 전제이며, 변혁적 말씀은 우주 안에서의 성聖의 현현에 뿌리를 내리고 있다. 예수 그리스도는 말씀과 현현 안에서 하나님과 인간을 결정적으로 표상re-presentation하는 패러다임적, 고전적 사건이다. 이 패러다임적, 고전적 사건에 대한 경험에 기초하여 그리스도인은 언제나 포괄적("언제나 이미") 현현이 비판적("아직 아니") 선포에 의해 변혁됨을 경험한다.

IV. 상대적 적절성을 지닌 신약성서의 다양한 표현(장르)들: 문학비평적 접근

트레이시는 신약성서에 나타나는 가장 이른 시기의 공동체의 표현들을 그리스도 사건에 대한 원천적이고 규범적인 응답들로 본다. 이 성서의 표현들은 그 자체가 그리스도 사건에 대한 상대적으로 적절한 표현들

---

24 위의 책, 211.

이지만, 사도적 증언의 표현으로서 매우 근본적인 것들이기 때문에 기독교인의 자기 이해를 위한 규범으로 기능한다. 신약성서 안에는 실제로 다양성이 존재하며 이 다양성은 기독교인의 다양한 존재 방식의 근거가 된다. 트레이시는 이 다양성이 그것을 허용하는 모두를 풍요하게 한다고 주장한다. "신약성서에서, 기독교 전통 전체에서, 오늘날의 기독교 공동체에서, 오늘날의 상황에서의 다양한 삶의 여정과 분별에서, 다원성의 현실은 사실로 긍정되어야 한다. 다원성의 현실은 하나의 가치, 즉 새로운 특수성과 에큐메니시티로의 새로운 여정을 추동함으로써 각자를 풍요하게 만드는 가치이다."[25]

일반 해석학에서와 마찬가지로 성서 해석학도 세 변증법적 계기, 즉 전이해-설명-이해[전유]로 이루어진다. 텍스트에 대한 이해를 전개, 교정, 도전하기 위한 적절한 설명방법은 필요하다. 신약성서의 다양한 표현들을 분석함에 있어서, 트레이시는 주로 문학비평방법에 의존한다. 문학비평은 역사비평에 의해 재구성된 성서 텍스트의 의미가 텍스트의 안과 앞에서 산출되는 과정을 센스[sense]와 지시체의 변증법 안에서 설명함으로써 상대적 적절성의 기준을 충족시키는 해석의 길을 제시한다. 성서 텍스트는 각기 자신의 고유한 주제를 표현하는 다양한 문학 장르들로 구성되어 있다. 그리고 이 다양한 문학 장르들은 각기 그에 적합한 다양한 "작업경전"을 허용한다. 사실상, 신학자들은 각각 메시지와 상황을 해석하기 위한 모종의 작업경전을 가지고 있다. 따라서 해석의 절대적 적절성은 불가능하며 상대적 적절성만 가능하다. 그러면 해석의 상대적 적절성을 위한 기준은 무엇인가? 트레이시에게 그것은 본래적인 사도적 증언

---

25 위의 책, 254.

즉 예수 케리그마과 아울러 성서의 문학 장르의 전체 영역이다.[26]

트레이시는 신약성서의 주요 장르를 묵시, 선포-고백, 복음[이야기], 상징-이미지, 반성적 신학, 교리로 구별한다. 이 가운데 묵시와 교리는 다른 장르들에 대한 교정적 장르로 기능한다. 묵시는 신약성서 전체에 스며들어 있으면서, 폭발적 강화와 부정성을 가지고 다른 장르들에 도전함으로써, 다른 장르들에서 종말론적 강렬성, 부정성, '아직 아니"의 힘이 약해지는 것을 교정한다. 교리는 여유 있는 유비적 언어를 가지고 비일상적인 예수 그리스도 사건을 개념적 명료성을 포함하는 일상적인 것으로 연결시킨다.[27]

선포 즉 케리그마적 증언은 원천적인 예수 그리스도 사건에 대한 고백적 응답과 증언의 언어로서, 사건에 대한 인정이자 내용에 대한 진술이다. 트레이시는 신약성서에 나타나는 케리그마적 증언을 본래적 증언인 예수 케리그마, 공관복음서의 예수 케리그마와 그리스도 케리그마의 혼합, 그리고 바울, 요한, 초기 가톨릭주의의 그리스도 케리그마로 분류한다. 선포 사건에 대한 오늘날의 경험은 신약성서 안의 이 기준들에 의해 점검되고, 전개되고, 교정되어야 한다. 선포 사건은 복음서에서 이야기로 표현된다. 복음서의 여러 이야기들(예수에 관한 작은 복음들, 비유, 예수의 행위 이야기, 이상하고 관습 파괴적인 이야기, 수난 이야기) 가운데 가장 핵심적인 이야기는 수난 이야기이다. 상징과 이미지(십자가, 부활, 성육신)는 선포되고 이야기된 사건과 내용의 충만한 현현과 힘을 드러낸다. 상징은

---

26 "역사적으로 재구성된 예수 케리그마의 본래적인 사도적 증언의 기준과 이 본래적 예수 케리그마와 기본적인 연속성을 유지하는 후대의 성서적 증언들의 내용적 통일성의 기준." 위의 책, 259, 273, 306.

27 위의 책, 265-68.

또한 사고, 즉 비판적인 반성적 사고와 신학을 불러일으킨다. 신약성서에는 두 가지 주요한 신학이 나타나는데, 바울의 강렬한 변증법적 신학과 요한의 명상적 사고가 그것이다. 하나는 "십자가에 달리고 부활하신 분에 대한 바울의 선포 신학 안에 나타나는 십자가와 부활의 변증법적 병존"이며, 다른 하나는 "요한의 로고스 신학 안에 나타나는 승귀-영화glorification로서의 십자가 자체의 변혁적 현현과 궁극적으로 근본적인 성육신 즉 순전한 현현"이다.[28] 바울에게 있어서는 은혜가 모든 사람의 근본적인 부정성을 직면하고 폭로하는 선포된 십자가의 말씀의 힘으로 계시되는 반면, 요한에게 있어서는 풀어놓음과 놓아줌으로서의 명상적 사고 안에서 은혜가 사랑이신 말씀의 현현, 영광의 선물로 계시된다.

V. 오늘날의 기독론을 위한 해석학적 가이드

이미 언급한 바와 같이, 트레이시에게 본래적 사도적 증언과 이에 근거한 신약성서의 표현들의 전체 스펙트럼은 후대의 증언들을 위한 상대적 적절성의 기준이다. 따라서 오늘날의 기독론은 서로 연관된 장르들인 선포, 이야기, 이미지와 상징, 반성적 사고, 그리고 이것들에 대한 교정적 장르인 묵시와 교리의 상대적 적절성 안에서 수립되어야 한다. 신약성서에서 상대적 적절성을 지닌 다양한 장르들의 기독론들이 발견되는 까닭

---

28   위의 책, 283.

은 그것들이 예수 그리스도 사건에 대한 각기 다양한 상황에서의 응답들이기 때문이다. 그러므로 트레이시는 오늘날의 기독론은 예수 그리스도 사건에 대한 신약성서의 응답에 충실한 것이어야 할 뿐만 아니라 또한 그 사건에 대한 우리 자신의 상황에서 적합한 충실한 응답이어야 한다고 강조한다. 신약성서의 기독론에 나타나는 것과 동일한 '상황-사건-응답'의 형식적 패턴이 오늘날의 기독론에도 요구된다. "각각의 신약성서의 고전적 표현들이 보여주는 그 자신의 특수한 상황에 대한 충실성은 후대의 기독교인들이 자신의 상황에 집중할 것을 단지 허용할 뿐만 아니라 요구한다."[29] 모든 응답은 자신의 상황에 구체적으로 뿌리를 내려야 하며, 따라서 "모든 응답은 이 성서적 토대에 대한 새로운 해석이 될 것이다."[30] 그런데 오늘의 해석자의 상황은 성서의 다양한 표현들을 산출한 당시의 상황만큼 또는 그 이상으로 다양하기 때문에 오늘날의 기독론적 응답도 다양할 수밖에 없다.[31] 트레이시는 오직 오늘날의 상황 속에서 신약성서의 표현 전체를 추구하는 것만이 예수 그리스도 사건과 우리의 상황 둘 다의 전체적인 변증법적 의미("언제나 이미"와 "아직 아니")를 상대적 적절성 안에서 탈은폐할 수 있다고 주장한다.

트레이시는 오늘날의 기독론을 위한 상대적 적절성의 기준으로서, 본래적 사도적 증언과 신약성서의 다양한 표현들의 전체 스펙트럼 외에 교회 전통을 추가적으로 제시한다. 우리가 현재 경험하는 예수는 전통^{교회}

---

29 위의 책, 310.
30 위의 책.
31 예를 들면, 로고스 기독론은 인간과 역사와 우주에 대한 경이와 근본적 신뢰가 넘치는 상황, 하나님의 은혜로운 사랑이 "언제나 이미" 현존하는 상황을 탈은폐한다. 이와 대조적으로 십자가 기독론은 우리가 지금 살고 있는 상황의 부정성과 "아직 아니," 즉 개인적 삶의 강박, 거짓, 왜곡, 공포, 불안, 사회 역사적 삶의 갈등, 테러, 충돌, 구조적 죄, 자연의 위협과 공포를 탈은폐한다. 위의 책, 311-12.

에 의해 기억된 예수이다.[32] 비록 교회가 모호하고 죄악된 사회적 실재임에도 불구하고, 그리스도로 경험되고 고백된 예수에 대한 사도적 증언을 우리에게 전해주는 것은 살아있는 전통으로서의 교회이다. 예수에 대한 자신의 사도적인 전복적이고 위험한 기억 덕분에 교회는 본유적인 변혁의 힘을 가지고 있다. "교회의 무오류성"을 믿는다는 것은 "교회의 공동체적 의식의 상대적 적절성, 사도적 증언에 대한 교회의 근본적인 충실성, 그리고 항상 새로운 해석의 필요성"을 신뢰 또는 인식하는 것이다.[33]

그러나 또한 전통은 모호하며 왜곡될 수 있다. 따라서 트레이시는 전통이 제공해 주는 포괄적인 이해에 대한 근본적인 신뢰의 토대 위에서 그 이해를 오늘날의 상황을 위해 재해석하고 발전시키고 왜곡된 전통을 교정하기 위해 비평방법, 즉 역사비평방법, 사회과학적 이데올로기 비평방법, 그리고 문학비평적, 해석학적 방법이 필요하다고 주장한다. 이 방법들은 예수 그리스도 사건에 대한 전통적인 또는 현재적인 응답에 도전하고 그것을 교정함으로써 상대적 적절성이 있는 기독론의 형성에 기여한다.

VI. 오늘날의 상황에서의 기독교인의 응답

트레이시에 의하면 전통(전통에 의해 매개되는 예수 그리스도 사건)에 대한 해석과 현재 상황에 대한 해석 사이에는 상호비판적 상관관계가 있다. 즉 전통에 대한 신학자의 해석은 특수한 상황 안에서 이루어지며, 상황에 대한 해석은 전통의 영향사 안에서 이루어진다.[34] 상황 속에서의 질문을 위한 전이해의 지평은 개인적인 삶의 역사와 전통의 역사에 영향에 의해 형성되며, 사회의 현실에 의해 조절된다.

오늘의 상황에서 우리는 어떻게 전통에 의해 매개되는 예수 그리스도 사건에 응답하고 또한 우리의 상황에 응답해야할 것인가? 트레이시는 오늘날의 상황의 특징이 궁극적 질문들의 갈등적 다원성에 있다고 본다. "만일 조직신학자가 기독교에 대한 해석을 상황에 대한 해석과 상관시켜야 한다면, 그 해석들은 상황 자체만큼이나 갈등적이고 기독교 전통만큼이나 다양한 것임이 증명될 것이다."[35] 해석의 다원성과 갈등은 성서를 포함한 기독교 전통의 복잡성과 상황의 복잡성으로부터 말미암는다. 상황 속에서의 단 하나의 근본적인 질문이란 존재하지 않는 것처럼, 상황에 대한 단 하나의 유일한 조직신학적 응답이란 존재하지 않는다.

트레이시에 의하면 다원성은 오늘날의 발명품이 아니라 모든 전통과 상황의 현실이다. 상황에 대한 특정한 해석과 기독교 전통에 대한 특정한 해석 사이에는 모종의 선택적 친화성이 존재한다. 즉 기독교 전통 안의 서로 다른 응답들에 의한 서로 다른 해석들이 오늘날의 상황 안의 서로 다른 근본적인 물음과 응답과 비판적으로 상호 관련된다.[36] 신학자는 특정한 기독교 전통과 특정한 상황 안에서 형성된 특정한 의미 초점을 가지고 성서를 포함한 기독교 전통 전체를 해석하고자 한다. 이 의미 초

---

32 "그는 말씀, 성례전, 행동을 통해 현재 그 사건을 매개해주는 전통에 의해 기억된 예수이다. 그는 그리스도로서, 우리 가운데 오신 하나님 자신의 현존으로서 기억된 예수이다." 위의 책, 234.

33 위의 책, 324, 329.

34 위의 책, 344.

35 위의 책, 372.

36 위의 책, 374.

점들 가운데 중심적인 세 가지가 현현, 선포, 행동이다.

현현 신학에서는 세 가지의 매개적 실재, 즉 비판적 또는 사변적 이성의 힘, 또는 구체적인 모든 형태의 일상성, 또는 비일상적, 패러다임적, 성례전적인 것에 대한 표상적 re-presentative 매개를 통해 현현 사건이 경험된다. 이 현현의 매개들은 기이한 신비의 실재를 계시하는 부정의 힘으로 은혜로운 우주에 대한 근본적인 긍정으로 인도한다.[37] 이와 대조적으로, 종교개혁자, 신정통주의 개신교의 선포 신학에 따르면 그 어떤 심층적 경험이나 궁극자에 대한 탐구나 신비주의도 우리를 구원할 수 없다. 오직 하나님이 종말론적 말씀사건으로서 우리의 절망과 해방을 계시하실 때에만 우리는 구원 받을 수 있다. "말씀은 폭발적인 심판과 치유하는 은혜의 변증법에 의해 강박적인 자기 정당화의 시도로부터 우리를 해방한다."[38] 다른 한편, 정치 및 해방신학자들은 과거의 개인적, 실존적, 초월적 신학을 비판한다. 그들은 실천의 우선성을 강조하며 정치적, 역사적, 종말론적, "아직 아니"를 회복한다. 이 신학은 "예언자적 전통, 가난한 자와 버림받은 자를 향한 예수의 하나님 통치 선포, 그리고 무엇보다도 십자가의 모순과 예수 그리스도의 선취적 부활 안에 계시된 모든 역사를 위한 희망" 안에 근거한다.[39] 기독교의 구원은 단지 죽음과 개인의 죄와 불안으로부터의 구속만이 아니라 역사, 사회, 교회 안의 비인간적이고 억압적인 구조로부터의 해방을 의미하며, 따라서 이를 위한 행동과 투쟁을 요구한다.[40]

---

[37] "부정성이 하나님의 근본적인 초월성에 대한 의식을 강화함에 따라, 각자 안에서의 그리고 만물에 대한 하나님의 근본적인 가까움에 대한 더욱 강화된 긍정이 이 부정신학(apophatic) 전통들 안에 나타난다." 위의 책, 386.

[38] 위의 책, 389.

[39] 위의 책, 391.

Ⅶ. 유비적 상상력

예수 그리스도 사건(성서에서 다양한 형식으로 표현되고 다양한 전통에 의해 매개되는)에 대한 조직신학자의 응답은 그 사건을 표현하는 주된 형식 또는 의미 초점(현현, 선포, 행동) 중 하나로부터 출발한다. 신학자는 현현, 선포, 행동 가운데 어느 한 의미 초점에 대한 특수한 경험을 가질 수 있다. 그러나 그가 상대적으로 적절한 조직신학을 원한다면, 기독교 전통의 전체 영역의 의미 초점 또는 상징체계를 해명할 책임을 받아들여야 한다.

트레이시는 상대적 적절성을 지닌 조직신학을 위해서 두 가지 개념적 언어, 즉 유비적 언어와 변증법적 언어를 구별한다. 유비는 "상이성 안의 유사성을 표현하는 질서화 된 관계성의 언어"이다.[41] 예수 그리스도 사건은 실재 전체(하나님, 자아, 세계)에 대한 해석을 위한 중심적 유비이다. 유비적 언어는 반성적 언어이다. 현현 전통의 언어는 대체로 유비적이다. 신플라톤, 아퀴나스, 그리고 후대의 관념론 전통의 사변신학은 실재 전체에 대한 유비적 조망을 수립하였다. 즉 여기서는 일상적인 세계 전체가 하나님의 패러다임적인 성례전인 예수 그리스도로부터 발산되는 성례전으로 조망되며, 근본적으로 편만한 은혜를 탈은폐한다. 이와 달리, 선포된 말씀과 예언자적 행동에 초점을 맞추는 신학에서는 부정적인 변증법적 언어가 지배적이다. 변증법적 말씀의 신학자들과 정치, 해방신학자들

---

40 트레이시에 따르면 오늘날 해방신학에 있어서 예언자적 선포와 행동의 힘과 아울러 현현의 힘이 표면화되기 시작했다. 따라서 해방운동은 특수한 공동체로부터 전 인류에로, 그리고 자연에까지 확장된다. 현현 전통의 해방적 회복을 통해 예언자적 선포와 행동 신학은 서구의 선포와 행동 전통의 인간중심주의를 넘어 전 창조세계의 해방을 향해 나아간다. 위의 책, 397.

41 위의 책, 408.

은 하나님과 자아와 세상 사이의 유사성, 연속성, 질서화된 관계에 대한 모든 주장을 철저히 부정한다. 그러나 트레이시는 심지어 이와 같은 신학자들의 부정적 변증법의 근저에서 긍정적 유비가 발견된다고 주장한다.[42]

트레이시는 신약성서의 다양한 장르들의 스펙트럼 전체에 표현된 예수 그리스도 사건에 대한 오늘날의 구체적이고 다양한 상황에서의 기독론적 응답들의 상대적 적절성을 위해 '유비적 상상력'을 사용할 것을 제안한다. 그에 따르면 유비적 상상력이란 "전체의 구체성에 대한 의도적 자기 노출에 의해 수반되는 특수성 안으로의 강화된 여정을 통해서만 가장 참된 보편성의 탈은폐와 심지어는 자신의 고유한 특수성을 발견하는 상상력"이다.[43]

모든 조직신학을 위한 패러다임적 중심 초점은 예수 그리스도 사건이다. 기독교의 역사 속에서 예수 그리스도 사건은 현현, 선포, 역사적 행동의 세 가지 의미 초점 안에서 해석되어왔다. 그러나 오늘날의 전 지구적 에큐메니칼 시대에는 이 세 가지 의미 초점 모두가 필요하다. 따라서 자기 정체성을 위한 자기 존중과 더불어 "기독교 상징체계의 전체 범위, 모든 에큐메니칼적 교회의 신학과 영성의 전체 범위, 그리고 상황 안에서 근본적 질문의 전체 범위를 향한 자기 노출"이 요구된다.[44] 의미 초점

---

[42] 트레이시에 의하면, 칼 바르트의 『교회교의학』에서 부정적 변증법이 지속되지만 지배적이지는 않다. 오히려 철저한 긍정(yes)의 역할, 은혜의 승리가 지배적이다. 틸리히는 자신의 메시지와 상황의 상관관계 방법론 안에서 "개신교 원리"와 "가톨릭 실체"를 조화시킴으로써 선포와 현현 둘 다에 충실하고자 한다. 그에게 있어서 유비는 언제나 본유적으로 변증법적이며, 부정은 언제나 긍정 안에 현존한다. 몰트만의 『십자가에 달리신 하나님』에서의 부정적 변증법은 십자가 신학을 오직 『희망의 신학』에서의 부활 희망과 약속과의 관계 안에서만 제시한다. 따라서 트레이시는 "강렬한 부정"을 포괄하면서 "새로운 상이성 안의 유사성, 불연속성 안의 연속성, 그리고 무질서 안의 질서화된 관계성"을 재수립할 수 있는 "새로운 보다 더 상대적으로 적절한 유비적 언어"의 출현을 확신한다. 위의 책, 417-21.

[43] 위의 책, 312.

의 선택과 더불어 실재의 전체성, 즉 하나님과 자아와 세상 안에서의 상이성 안의 유사성과 질서화된 관계성을 찾기 위한 조직신학의 유비적 상상력의 여정이 시작된다. 상대적 적절성을 추구하는 모든 기독론은 세 가지 상징(십자가, 부활, 성육신) 전체, 선포, 이야기, 사고, 상징, 교리, 묵시 전체, 그리고 세 가지 의미 초점(선포, 행동, 현현) 전체를 통과하는 자기 노출의 여정을 경유해야 한다. 처음의 의미 초점에 의해 제공된 하나님, 자아, 세상에 대한 이해는 기독교 상징의 전체 영역과 상황 안에서의 질문의 전체 영역에 노출됨에 의해 불가피하게 변화된다.

기독교의 패러다임적 의미 초점 즉 예수 그리스도 사건에 대한 트레이시의 관심의 최종적 목적은 실재 전체에 대한 질서화 된 관계성을 수립하는 데 있다. 현현에 초점을 맞춘 신학에서, 하나님은 "언제나 이미"의 사랑, 은혜, 신비의 실재로 이해된다. 여기에서 자아는 모든 실재 안에서의 하나님의 근본적인 현존을 신뢰하는, "언제나 이미" 은혜를 받은 자기 초월적 자아이다. 그리고 여기에서 신학자는 세계를 하나님이 "언제나 이미" 현존하는 근본적으로 은혜와 선물을 받은 성례전적 실재로 이해한다. 선포에 초점을 맞춘 신학에서, 하나님의 "아직 아니"의 심판과 진노가 손쉽고 안일한 하나님의 은혜의 "언제나 이미"의 현존에 도전한다. 여기에서 자아는 심판하고 해방하는 하나님의 말씀에 의해 "죄인이면서 동시에 의인"으로 탈은폐된다. 그리고 여기에서 세상은 자아가 본유적으로 관련되어있는 간인격적interpersonal이며 동시에 역사적인 실재이다. 역사적 행동에 초점을 맞춘 신학에서, 하나님은 현재의 "아직 아니"의 현실에서 "심지어 지금" 미래의 부활을 약속하시는 분으로 이해된다.

<hr />

44 위의 책, 425.

여기에서 하나님의 미래 통치에 대한 종말론적 이상은 자아로 하여금 지금 정의를 위한 투쟁에 참여하도록 명령한다. "자아가 되는 것은 죄악된 사회적 구조 안에 사로잡힘으로써 인간의 권리를 강탈당한 모든 사람들을 위해 사는 것을 의미한다."[45] 그리고 여기에서 신학자는 미래적, 종말론적 관점에서 세상을 갈등적 역사의 세계로 이해한다.

트레이시는 각 신학자는 자신의 의미 초점에 대한 충실성을 유지함과 동시에 하나님, 자아, 세계의 실재 전체성을 볼 수 있어야 한다고 주장한다. 기독교의 상징체계 전체 영역을 통과하는 여정은 각 신학자로 하여금 하나님, 자아, 세계에 대한 자신의 해석을 교정하고 확장하도록 만든다. "더 큰 에큐메니칼적인 자기 노출이 기독교 신학을 사로잡음에 따라, 현재의 해석의 갈등은 진정한 대화가 될 수 있을 것이다."[46]

VIII. 결론

트레이시에게 조직신학의 과제는 오늘의 상황을 위해 성서를 해석하는 것이며, 이 과제는 성서 해석과 상황 해석 사이의 상호비판적 상관관계 안에서 수행된다.[47] 여기서 "상호비판적 상관관계"란 조직신학적 응답

---

45 위의 책, 434.
46 위의 책, 437. 트레이시는 『유비적 상상력』의 마지막 장인 11장에서 자기 노출과 대화를 기독교의 범주를 넘어 다른 종교에까지 확장시킨다. 그리고 그는 타종교와 대화의 문제를 *Dialogue with The Other: The Inter-Religious Dialogue* (Grand Rapid: Wm B. Eerdmans Publishing Co., 1990)에서 집중적으로 다룬다.

이 리차드 니버에 의해 분석된 고전적 기독교의 응답의 전체 영역[48] 안의 어느 형태도 취할 수 있음을 함축한다. 어떤 특정한 형태의 응답을 취할 것인가는 특정한 주제에 달려있다.

조직신학의 해석학적 과제의 복잡성은 성서와 상황 양자에 대한 해석이 모두 다원적이라는 사실에 있다. 성서 해석의 다원성은 성서의 표현^{장르}의 다원성에서 기인하며, 상황 해석의 다원성은 상황의 다원성에 의해 초래된다. 그리고 이 두 해석 모두에 있어서 전통의 영향사 안에서의 해석자의 전이해의 다원성이 작용한다. 트레이시는 본래적 증언에 충실하고 다양한 표현의 필요성에 충실한 다원성은 원칙적으로 기독교인의 의식을 풍요하게 한다고 본다. 그러나 그는 이 다원성이 혼란스러운 다원성이 아닌 풍요롭게 하는 "책임적인 다원성"이 되도록 하기 위해서는 성서와 상황에 대한 다양한 해석들의 상대적 적절성의 기준이 필요하다고 강조한다. 그는 다원적 해석들을 위한 상대적 적절성의 기준을 제시함으로써 공적 신학으로서 조직신학의 위상을 수립하고자 한다.

트레이시가 조직신학의 공공성과 이를 위한 상대적 적절성의 기준을 수립하기 위해 제시하는 전략들은 다음과 같다. 첫째, 하나님의 보편성에 근거하여 신학의 세 공적 영역(교회, 학교, 사회) 안에서의 신학(조직, 기초, 실천신학)의 공공성을 강조한다. 둘째, 종교적 고전으로서의 성서에 대한 해석으로서 조직신학의 공적 위상을 고전 해석학의 관점에서 수립한다. 셋

---

47 "기독교 조직신학은 그 사건(그 사건을 매개하는 전통과 상징들을 포함한)에 대한 해석과 상황에 대한 해석을 감행하는 것이다. … 좀 더 정확하게, 조직신학자는 상황에 대한 해석과 그 사건에 대한 해석 사이의 상호비판적 상관관계를 명료화한다." David Tracy, *The Analogical Imagination*, 375.

48 문화에 대항하는(against) 그리스도(Tertullian), 문화의(of) 그리스도(Ritschl), 문화 위(above)의 그리스도(Aquinas), 문화와 역설관계(paradox) 안에 있는 그리스도(Luther), 문화의 변혁자(transformer) 그리스도(Maurice). H. Richard Niebuhr, *Christ and Culture* (New York: Harper, 1951).

째, 나사렛 예수에 대한 위험한 전복적 기억을 지닌 본래적인 사도적 증언의 회복을 위해 역사비평방법이 필요하다. 넷째, 신약성서의 다양한 표현들 즉 선포-이야기-상징과 이미지-반성적 사고-묵시-교리 전체, 십자가, 부활, 성육신의 상징 전체, 그리고 현현, 선포, 역사적 행동의 의미 초점 전체에 대한 문학비평적 접근을 통해 상대적 적절성의 기준을 세운다. 다섯째, 성서와 기독교 전통 전체에 대한 기본적인 신뢰와 포괄적 이해에 기초하여 비평방법들(역사비평, 문학비평, 사회과학비평)을 통해 전통을 교정하고 발전시킨다. 여섯째, 오늘날의 상황 속에서의 다양한 질문들을 이해하기 위해 탈근대적인 사회과학적 고전들의 상황 해석의 도움을 받는다. 일곱째, 현현, 선포, 행동 가운데 한 의미 초점으로부터 출발하는 조직신학자가 자기 존중과 자기 노출의 변증법 안에서, 실재 전체(하나님, 자아, 세계)에 대한 질서화된 관계를 수립하기 위해, 유비적 상상력 안에서 다른 전통과의 대화로 나아간다.

　　이중적 다원성 안에 있는 성서전통와 상황에 대한 해석을 위한 여러 상대적 적절성의 기준들을 제시함으로써 상황을 위한 성서전통 해석학으로서의 조직신학의 공공성을 수립하고자 하는 트레이시의 시도는 매우 설득력이 있다. 이제 네 가지 점을 언급함으로써 결론을 대신하고자 한다. 첫째, 트레이시는 신학의 세 공적 영역을 교회, 학계, 사회로 구별하였다. 그런데 오늘날 사회는 보다 더욱 다양한 하부체계의 공적 영역들로 구성된 복잡한 실재이다. 사회 안의 하부체계로서의 공적 영역들에 대한 구별은 학자들마다 조금씩 다르다. 맥스 스택하우스Max L. Stackhouse는 종교, 정치, 학계, 경제의 네 가지 공적 영역을 구별한다.[49] 그리고 세바스찬 김Sebastian C. H. Kim은 공적 영역을 국가, 시장, 미디어, 학계, 시민사회, 그리고 종교 공동체로 구별한다.[50] 트레이시는 신학의 세 공적 영역에 상응하는 신학의 세 분야 즉 조직신학, 기초신학, 실천신학을 구별한다. 그러나 조직신학은 교회에 속해 있으면서 동시에 교회 밖의 모든 사회의 공적 영역들과 관계를 갖기 때문에, 공적 신학의 관점에서 기초신학과 실천신학을 포괄할 수 있다. 조직신학은 교회와 긴밀한 관계를 유지하면서 다른 공적 영역들과의 관계를 맺음에 있어서 한 가지 방법이 아닌 다양한 방법을 필요로 한다. 그러나 또한 다양한 공적 영역들이 서로 고립되어 있지 않고 유기적인 관계 속에 있기 때문에, 다양한 신학 방법들이 서로 고립되지 않도록 하기 위해서는 차이성 안의 유사성을 추구하는 대화가 요구된다. 아울러, 다원적인 공적 영역들로 구성되는 오늘의 사회를 향한 그리스도인의 태도는 전적인 거부나 전면적인 변혁일 수 없으며, 사회의 다양한 영역들의 다양한 요소들에 대한 선별적인 수용, 거부, 배움, 변혁, 전복, 선용 등의 태도가 요구된다.

둘째, 트레이시는 예수 그리스도 안의 하나님의 자기 현시 사건에 근거한 고전적 기독교 전통을 오늘의 상황을 위해 해석하고 적용하는 과제를 지닌 조직신학의 공공성을 "고전" 개념을 통해 입증하고자 한다. 그는 교회의 신학으로서 조직신학이 모든 고전의 독특한 공적 성격과 같은 종류의 공공성을 가질 수 있다고 주장한다. 즉, 문화적 고전의 공공성이 탈은폐 모델 안에 있기 때문에, 종교적 고전의 탈은폐 모델에 의존하는 조직신학의 해석학적 과업의 공공성이 보증될 수 있다는 것이다. 종교전통의 타율적 권위와 근대적인 자율적 이성이 대립하고 종교가 문화 속에서 사사화, 주변화되고 있는 오늘날의 상황 속에서, 탈근대적 고전^{예술} 해석

---

49 Max L. Stackhouse, "Public Theology and Ethical Judgement," *Theology Today* 54-2 (1997), 165-79.
50 Sebastian C. H. Kim, *Theology in the Public Sphere* (SCM Press: London, 2011), 11-14.

학에 기초한 트레이시의 공공성 논증은 기본적으로 설득력이 있다. 또한 그는 이해와 설명을 대립적인 관계로 파악하지 않는다. 그는 텍스트^{전통}에 대한 기본적인 신뢰를 가지고 "포괄적" 이해를 추구하는 신뢰의 해석학과, 이 포괄적 이해 과정 안의 "발전적," 도전적, 교정적 계기로서 비평방법(역사비평, 문학비평, 사회과학비평)을 사용하는 의혹의 해석학을 통합함으로써, 상대적 적절성의 기준을 충족시키는 통전적인 탈근대적 해석학으로서의 조직신학의 공적 위상을 수립하고 있다고 할 수 있다.

셋째, 트레이시는 해석의 상대적 적절성의 한 기준으로서 역사비평방법의 필요성을 인정한다. 그러나 그는 전통을 위한 내적 규범 또는 표준이 "역사적 예수"라기보다 "예수에 대한 사도적 증언, 즉 공동체에 의해 기억되고 그리스도로 선포된 실제적 예수"라고 주장한다. "역사적 예수"는 기껏해야 예수에 대한 그 증언에 필요한 전제를 위한 상대적이고 외적이며 이차적인 적절성의 기준이다.[51] 그는 대부분의 신학자들이 "예수에 대한 심리학"에 대한 탐구를 포함한 이전의 자유주의적 역사적 예수 연구를 포기했으며, 그 대신 역사비평가들은 예수에 대한 본래적인 사도적 증언의 기본적인 윤곽을 발견한다고 주장한다.[52] 따라서 역사비평방법은 전체 증언, 특별히 가장 초기의 사도적 증언을 위해 채용된다. 트레이시는 사도에 의해 증언된 예수와 구별된, 역사비평방법에 의해 복원될 수 있는 "역사적 예수"가 전통을 위한 적절한 규범이 될 수 있다고 생각하지 않는다. 그에 따르면, "역사적 예수"의 신학적 의미는 "오늘날의 공동체를 위한 '위험한' 또는 '전복적인' 예수에 대한 기억을 성서 공동

---

51 David Tracy, *The Analogical Imagination*, 238.
52 위의 책, 326.

체의 본래적인 예수-케리그마와 그리스도-케리그마에 충실하게 생생하게 유지하고 재구성하는 것"이며, 신학을 위해 적합한 예수는 예수 그리스도 사건 안의 실제적 예수, 즉 본래적 사도적 증언과의 일치 속에서 공동체와 전통에 의해 기억되고 매개된 예수이다.[53]

이와 같은 트레이시의 역사적 예수 이해는 역사적 예수와 신앙의 그리스도 사이의 본질적 연속성 또는 일치성을 강조하며 전자를 후자를 위한 역사적 근거나 토대로서가 아니라 보완적인 교정제로 간주하는 포스트 불트만 학파의 입장과 기본적으로 일맥상통한다. 그의 기독론은 객관적이고 가치 중립적인 순수한 사실로서의 역사적 예수를 찾고자 하는 근대의 역사실증주의적 관점에 대한 대안으로서의 현상학적, 해석학적 관점을 보여준다. 그러나 역사적 예수의 객관적 '역사성'은 보다 더 충분히 강조될 필요가 있다. 위험하고 전복적인 예수에 대한 기억이 '참으로'totus 본래적인 사도적 증언 안에 포함되어 있다고 해도 예수의 현실 '모두'totum 가 사도적 증언 안에 포함되어 있다고 할 수는 없다. 그리고 "예수에 관한 심리학"이 역사적으로 전혀 불가능하거나 신학적으로 전적으로 부적절한 것도 아니다. 예수의 내면적 자의식에 관한 하나의 통일된 결론이 없음에도 불구하고, 지금까지 여러 단계에 걸쳐 전개되고 있는 역사적 예수 연구는 이에 관해서 여러 주목할 만한 성과들을 이루어낸 것이 사실이다. 무엇보다 역사적 연구의 주요 관심사의 하나인 '예수의 신앙'은 '예수에 대한 신앙'에 대한 교정제로서, 통전적 기독론을 위한 상대적 적절성의 기준으로 기능한다. 그러므로 역사적 예수 연구가 기본적으로 사도적 증언과 동떨어질 것이 될 수 없음에도 불구하고, 그것이 전적으로

53　위의 책, 239.

사도적 증언으로 환원될 수 있는 것은 아니다.

넷째, 트레이시는 성서의 다양한 고전적 표현들의 상대적 적절성을 문학비평적으로 보여주고자 한다. 즉 그는 예수 그리스도를 증언하는 신약성서의 다양한 장르들을 분석하고 설명함으로써, 각기 상대적 적절성을 지닌 이 장르들 전체 영역이 오늘날의 표현을 위한 상대적 적절성의 기준을 제공해 준다고 주장한다. 그에 의하면, 신약성서의 다양한 표현들은 오늘의 기독론의 다원성을 허용하며 심지어 요구한다. 왜냐하면 그것들은 예수 그리스도 사건에 대한 다양한 구체적인 상황 속에서의 응답으로서 오늘의 다양한 구체적인 상황 속에서의 응답을 위한 규범이 되기 때문이다.

성서와 오늘의 상황의 이중적인 다원성 속에서 트레이시는 책임적 다원성을 위한 전략으로서 유비적 상상력을 제안한다. 조직신학자가 자신의 특수한 상황 안에서 특수한 의미 초점을 중심으로 신학을 전개해 나갈 때, 자신의 신학 전통에 충실한 자기 존중과 자기 심화와 더불어 다른 의미 초점을 지닌 다른 신학 전통을 향한 자기 노출과 대화가 요구된다. 트레이시는 유비적 상상력 안에서 자기 심화와 대화의 변증법적 과정을 통해 궁극적으로 하나님, 자아, 세계에 대한 질서화 된 관계성의 전망을 수립하는 것이 바로 조직신학의 궁극적 목표라고 주장한다. 이와 같은 그의 신학은 에큐메니칼적이다. 즉 그는 단지 전통적인 가톨릭 신학을 고수하지 않고, 긍정과 부정, 유비적 언어와 변증법적 언어, '언제나 이미'와 '아직 아니'를 모두 포괄하는 신학을 추구한다.

그러나 실재에 대한 근본적 신뢰를 가지고 명상 또는 형이상학적 사변을 추구하는 사람들과 현실의 고통 속에서 변혁과 해방을 요구하는 사람들의 주된 관심은 다를 수 있다. 유비적 상상력의 여정을 통해 실재 전체, 즉 하나님, 자아, 세상의 질서화된 관계성에 대한 전망을 수립하고자 하는 그의 형이상학적 기획은 실천적, 예언자적, 변혁적 의미 초점에 보다 더욱 깊은 관심을 가진 신학자들로부터 사변적 체계를 추구하는 것으로 비판받을 수 있다. 즉 그의 유비적 신학은 그 안에 변증법적, 부정적, 실천적 계기를 포함하고 있음에도 불구하고 선포 또는 역사적 실천 전통의 신학자들의 관점에서 볼 때 부정적 현실에 대한 예언자적, 변혁적 영성이 충분하지 못한 것으로 비추어질 수도 있다. 샐리 맥패그Sallie MaFague는 트레이시의 유비적 상상력이 즉 근본적인 조화 상태 안에 고난, 악, 불연속성이 가득할 때조차도 신뢰, 경이감, 은총을 앞세우는 현현 전통에 자리 잡고 있다고 보면서, 저변의 은총보다 인간과 하나님 사이의 거리감과 존재의 부정성을 더 잘 포착하는 선포와 예언적 행동의 전통이 우리 시대의 많은 사람들에게 반드시 요청되는 진정한 기독교적 관점이라고 주장한다.[54] "전통의 모호성과 왜곡, 오늘날의 현실적 상황에서의 분열, 불의, 고통, 비극적 경험은 이상주의적인 유비적 상상력을 통해 실재 전체에 대한 질서화 된 관계성의 비전을 향해 비상하기 이전에 보다 더욱 철저한 현실주의적인 죄책, 회개, 투쟁, 고난에의 동참을 요구한다."[55]

진정한 공적신학으로서의 조직신학은 유비적, 탈은폐적 언어와 변증법적, 변혁적 언어를 통전적으로 포괄해야 하며, 유비적-변증법적, 탈은폐적-변혁적 상상력 안에서 자신의 의미 초점과 전통을 존중하면서 동시에 폐쇄적인 당파성을 넘어서 다른 의미 초점을 가진 다른 전통들과의

---

54 Sallie MaFague, *Metaphorical Theology: Models of God in Religious Language* (Philadelphia: Fortress Press, 1982), 14 각주 16, 198-99; 정애성 옮김, 『은유신학: 종교언어와 하느님 모델』(서울: 다산글방, 2001), 37-38; 윤철호, 『신뢰와 의혹』, 497.

55 윤철호, 『신뢰와 의혹』, 498.

상호비판적이고 건설적인 대화를 통한 에큐메니칼 신학을 지향하여야 한다. 이것이 조직신학이 절대주의적 일원론와 상대주의적 다원주의 양자를 극복하고 자신의 구체적인 특수성에 대한 충실성으로부터 구체적인 미래의 전체성으로 나아가는 길이다.

제3부 통전적(은) 신학 방법론

제12장

기독교 자연신학에 대한
방법론적 고찰

• 이 글은 Chul Ho Youn, "A Methodological Investigation on Christian Natural Theology," *Neue Zeitschrift für Systematische Theologie und Religionsphilosophie*, 63-4 (Dec. 2019)를 수정·보완한 것임.

I. 서론

　이 글에서는 기독교 자연신학에 대한 바람직한 이해를 신학 방법론의 관점에서 제시하고자 한다. 자연신학의 기원은 고대 그리스 철학으로 소급된다. 소크라테스 이전의 그리스 철학에서는 자연신학이 아르케^{archē} 즉 우주의 기원 또는 첫 번째 원리에 대한 이성적 탐구의 형태로 수행되었다. 고대 그리스 철학자들은 세계를 인간의 지성에 의해 인식될 수 있는 질서 정연한 우주 즉 코스모스로 이해했다. 따라서 코스모스는 질서와 이해 가능성을 함축했다. 우주는 우리가 비록 부분적이고 불완전하지만 이해할 수 있는 그 어떤 것이다. 알리스터 맥그래스^{Alister E. McGrath}에 따르면, '자연신학'이란 라틴어 용어 'theologia naturalis'는 기독교 이전의 고전적 시기에 자연세계로부터 신들의 세계로 상승하는 합리적 논증을 기술하기 위해 생겨났다. 그리고 이 용어는 16세기 말에는 자연에 대한 숙고에 초점을 맞추는 신학을 의미하는 개념으로 받아들여졌다.[1]

　계몽주의 시대에는 어떠한 종교적 믿음도 포함하지 않는 전제로부터 출발함으로써 종교적 믿음에 대한 지지를 제공하는 것이 지배적인 자연신학 개념이 되었다.[2] 계몽주의는 모든 문화적 특수성과 선입견으로부터 자유로운, 그리고 이성을 가진 사람이라면 누구나 동의할 수밖에 없는

1　맥그래스에 따르면, 몽테뉴(Montaigne)가 세봉드의 작품(La théologie naturelle de Raymond Sebon, 1569)을 불어로 번역함으로써 자연세계에 대한 신학적 탐구를 의미하는 개념으로서 자연신학이란 용어를 후기 르네상스 시대에 대중화시켰다. Alister E. McGrath, *Re-imagining Nature: The Promise of a Christian Natural Theology* (Hoboken: Wiley Blackwell, 2016), 12-14.

2　William Alston, *Perceiving God: The Epistemology of Religious Experience* (Ithaca: Cornell University Press, 1991), 289.

합리적 판단이 가능하다고 믿었다. 따라서 계몽주의 시대의 자연신학은 모든 시대와 장소의 모든 인간이 공통으로 보편적 이성을 가지고 있다는 전제 아래 수행되었다.

그러나 인간이 하나님의 계시 없이도 보편적 이성에 의해 하나님의 존재를 증명하고 모든 사람이 이성적으로 그 증명에 동의할 수 있다는 전제 아래 수행되었던 계몽주의 자연신학과 달리, 오늘날엔 (수학과 논리학 같은 일부 영역을 제외하곤) 모든 시대와 장소의 인간이 공통으로 가지고 있는 보편적 이성이란 개념 자체가 의문시되고 있다. 오늘날엔 인간의 이성이 특수한 문화와 전통과 공동체 안에서 형성된 모종의 관점에 의해 조건 지워지며, 따라서 매우 다양한 방식으로 작동한다는 사실이 분명해졌다. 가다머에 따르면, 절대적 이성이란 개념은 역사적 인간에게는 가능한 개념이 아니다. 이성은 오직 구체적인 역사적 이성으로서만 존재한다. 즉 이성은 주어진 상황에 의존한다.[3] 따라서 객관적이고 보편적인 이성 개념을 전제하고 그러한 이성의 토대 위에서 명증적인 진리의 확증이 가능하다고 주장했던 근대의 토대주의적 인식론은 인간 이성의 역사성과 다원성에 대한 탈근대적 이해의 부상과 더불어 붕괴되었다.

이 글에서는 이와 같은 오늘날의 상황에서 요구되는 바람직한 자연신학 방법론을 포스트 토대주의적 기독교 자연신학의 관점에서 제시하고자 한다. 먼저 구약성서의 창조신학에 대하여 살펴보고(II), 기독교 역사에 나타난 자연신학 전통에 대해 개관한 후에(III), 기독교 자연신학에 대한 정의를 수립하고(IV), 오늘날의 새로운 기독교 자연신학의 특징을

---

3   Hans-Georg Gadamer, *Truth and Method* (New York: The Continuum Publishing Company, 1994), 276.

창조신학^{자연의 신학}과 과학신학의 관점에서 조명한 다음(V), 이와 같은 기독교 자연신학 방법론의 특징을 가장 잘 보여주는 신학자인 위르겐 몰트만의 기독교 자연신학을 소개하고(VI), 오늘날의 요구되는 탈근대적 기독교 자연신학의 모델로서 포스트 토대주의적 기독교 자연신학을 제시한 다음(VII), 결론을 맺고자 한다(VIII).

II. 구약성서의 창조신학

신약성서에 창조신앙이 나타나지 않는 것은 아니다.[4] 그러나 기독교의 창조신학은 기본적으로 창조자 하나님의 세계와 인간 창조에 대한 여러 구약성서의 본문들에 기초한다. 따라서 기독교 자연신학의 일차적인 성서적 근거를 구약성서에서 발견하고자 하는 것은 잘못이 아니다. 그러나 20세기 초 신정통주의적 구원신학의 영향으로 20세기 중반까지 구약성서학계 안에서 창조신학은 주변화되거나 평가절하되었다. 게르하르트 폰 라트 Gerhard von Rad 는 구약성서의 창조 개념을 이스라엘 민족의 역사적 경험의 관점에서 이해한다. 그는 1936년 논문 "구약성서 창조론의 신학적 문제"[5]에서 이스라엘 민족의 원초적인 신앙고백^{신 27:5-9} 안에는 세계

---

4   신약성서의 창조신앙은 행 4:24; 14:15; 17:24; 엡 3:9; 계 4:11; 10:6 등에 나타난다.

5   Gerhard von Rad, "The Theological Problem of the Old Testament Doctrine of Creation," in *The Problem of the Hexateuch and Other Essays* (New York: McGraw-Hill, 1966), 131-42; *Old Testament Theology: The Theology of Israel's Historical Traditions* I (New York: Harper and Row, 1967), 136-53.

창조의 내용이 없다고 주장했다. 그에 따르면 창세기 창조 본문은 이스라엘 민족의 역사 속에서 형성된, 출애굽의 하나님에 대한 신앙고백의 산물이다. 그는 창조를 독자적인 주제로 다루고 있는 지혜서(예를 들면, 욥기 28장)조차도 단지 하나님의 구원 행동에 대한 믿음이 확고해진 시기에 의미를 갖는다고 주장했다.

그러나 구약성서의 창조신학이 구원신학으로 환원되던 시기에 구약신학계 안에서 창조신학의 정당한 자리를 회복시키고자 하는 시도들이 생겨났다. 이러한 시도를 했던 대표적인 구약학자들 가운데 한 사람이 클라우스 베스터만Claus Westermann이다. 폰 라트와 달리, 베스터만은 구약성서의 창조 본문이 이스라엘 민족이 경험한 특수한 역사적 차원을 넘어서는 보편적, 우주적 차원을 함축하고 있다고 보았다. 그는 창세기 1-11장이 출애굽기에 나타나는 이스라엘의 역사적 구원 경험과 구별되는 원역사Urgeschicht를 보여주고 있으며, 이 원역사 안에는 이스라엘의 구원자 하나님에 대한 고백에 앞선 그 무엇 즉 창조신앙이 전승되고 있다고 주장했다. 즉 그는 구약성서의 창조 본문이 인류의 공동 기원에 속하는 원초적 자연 경험을 보여주는 신화원역사를 반영하며, 따라서 이스라엘 민족의 역사 경험으로 환원될 수 없다고 보았다.

베스터만은 구약성서의 창조 본문P문서에 대한 주석에서 두 가지 점을 지적했다. 하나는 순수한 현존으로서의 자연은 하나님을 증명할 수 없고 오히려 신앙경험이 하나님의 현실성을 유발시킨다는 것이며, 다른 하나는 그러나 구약성서의 창조 본문에서 자연적 인식과 신학신앙적 인식은 갈등 관계에 있지 않다는 것이다.[6] 이스라엘에 있어서 창조자에 대한 신앙과 구원자에 대한 신앙은 양자택일의 관계에 있지 않고 함께 결합되어 있다. "구약성서에서 창조에서의 하나님의 행동과 역사에서의 하나님의 행동은 불가분의 관계에 있다. … 창조와 역사는 동일한 근원에서 나와서 동일한 목표를 향해 나아간다."[7] 베스터만은 여러 종교의 창조 본문들에 나타나는 (차이점과 아울러) 유사점에 주목하면서, 창조 사건은 모든 민족에 공통된 보편적이고 우주적인 근본사건 또는 원사건이라고 주장했다.

베스터만이 구약성서의 창조신학을 새롭게 조명하던 시기 1960-70년대에 구약성서 학계에서는 자연세계에 대한 신앙적 성찰을 보여주는 지혜문학에 대한 관심이 증대되었다. 창조세계자연 안에서의 하나님의 계시를 말함에 있어서, 지혜신학은 구원신학을 전제함 없이 자연신학의 문을 열어놓는다. 한스 하인리히 슈미트는 구약성서에서 창조신앙은 독립적인 위상을 갖지 못하며 구원신앙에 대하여 이차적이라는 폰 라트의 견해를 비판한다. 그는 하나님이 세계의 질서를 창조하고 지탱하신다는 창조신앙은 구약성서의 주변적 주제가 아니라 근본적인 주제라고 주장한다. 그에 따르면, 이스라엘의 특수한 역사적 경험에 기초한 구원신앙이 상당부분 고대 근동과 공유하는 창조신앙의 포괄적 지평 안에서 형성되었다.[8] 이스라엘의 특수한 사고와 경험을 반영하는 구약성서의 구원신앙은 창조질서에 대한 근동의 사고와 많은 유사성을 보여준다. 즉 역사적 경험도 창조 유형론의 도움을 받아 표현된다. 이스라엘의 특수한 역사적 경험에 기초한 구원신앙의 상당 부분이 고대 근동과 공유하는 창조신앙

---

6 Claus Westermann, *Genesis* I-II (*BK* I/1) (Neukirchen-Vluyn: Neukirchener Verl., 1999), 59, 90, 241-42.

7 Claus Westermann, "Creation and History in the Old Testament," in *The Gospel and Human Destiny*, ed. Vilmos Vajta (Minneapolis: Augsburg, 1971), 24, 34.

8 Hans Heinrich Schmid, "Creation, Righteousness, and Salvation: 'Creation Theology' as the Broad Horizon of Biblical Theology," in *Creation in the Old Testament*, ed. Bernhard W. Anderson (London: SPCK, 1984), 102-17.

의 포괄적 지평 안에서 형성되었다.[9] 슈미트의 논점은 폰 라트가 주장하는 것처럼 이스라엘이 먼저 순수하게 역사적 신앙과 더불어 출발하고 후에 그것을 창조신앙과 같은 고대 근동의 전통들과 결합한 것이 아니라, 이스라엘이 주변 세계와 공유하는 광범위한 세계관과 창조신앙의 지평 안에서 자신의 특수한 하나님과 역사의 경험을 이해했다는 것이다. "애초부터 이스라엘의 경험은 이미 주어진 공동의 고대 근동의 사고방식 특히 창조사상의 맥락 안에서 그리고 그것에 대한 역동적 참여 안에서 발생했다."[10]

제임스 바[James Barr]는 1991년 기포드 강연에서[11] 계시신학과 자연신학 사이의 바르트적 대립이 잘못되었다고 주장했다. 바는 계시신학과 저항 사이에, 그리고 자연종교와 결탁 사이에 아무런 상관성이 존재하지 않는다고 주장했다. 계시신학과 자연신학의 상호 배타적인 대립은 성서적 근거에서 유지될 수 없다. 월터 브루기만은 창조세계를 성서적 신앙의 지평으로 삼는 신학 패러다임의 유익을 다음 세 가지로 제시했다.[12] 첫째, 창조세계[자연]를 성서적 신앙의 지평으로 삼는(따라서 하나님을 창조자로 보는) 신학 패러다임은 신학과 과학의 새로운 만남을 가능하게 한다. 자연신학을 거부하는 것은 신학이 세계의 신비를 숙고하는 일을 멈추도록 만든다. 둘째, 창조세계[자연]를 성서적 신학의 지평으로 회복하는 것은 생태학적 위기의 해결에 기여할 수 있다. 셋째, 창조신학은 우리로 하여

---

9   예를 들면, 시편과 제2이사야에서 출애굽이 혼돈에 대한 투쟁의 관점에서 묘사되거나 임박한 역
     사적 사건이 창조 주제의 관점에서 선포된다. 위의 책, 110.

10   위의 책, 111.

11   James Barr, *Biblical Faith and Natural Theology* (Oxford: Clarendon, 1993), 113.

12   Walter Brueggemann, "The Loss and Recovery of Creation in Old Testament Theology," *Theology Today* 53-2 (1996), 187-88.

금 발생과 쇠퇴, 출생과 죽음, 소외와 포용, 일과 휴식, 흥함과 쇠함의 지속적인 일상적 과정전 3:1-8으로 점철되는 인간의 삶을 인식하고 받아들이도록 해준다. 이 반복되는 일상적 현실은 우리의 대부분의 힘과 관심을 요구하며, 이 일상적 현실 안에서 피조물로서 우리의 존재 의미의 구조와 관계가 형성된다. 브루기만이 말한 바와 같이, 성서적 창조신학의 회복은 오늘날의 생태계 위기의 극복과 자연과학과의 대화와 일상적 삶 속에서의 존재 의미의 회복을 위한 근본적인 토대가 된다.

III. 기독교 역사 속의 자연신학

고대교회 이래 전통적으로 동방정교회와 가톨릭교회는 자연신학의 가능성을 인정해 왔다. 다시 말하면, 전통적으로 동·서방 교회는 인간이 자연 속에 나타난 하나님의 일반적 계시에 근거해서 이성에 의해 하나님을 인식할 수 있음을 인정했다. 동·서방 교회의 신학에서 자연과 은총은 대립적인 관계가 아니라 보완적인 관계로 이해되었다. 고대교회 이래 신학자들은 인간의 하나님 형상이 죄로 인해 심하게 일그러졌으며, 따라서 하나님과의 관계성, 즉 하나님을 향한 개방성과 지향성이 심하게 왜곡되었다고 믿었다. 그러나 대부분의 신학자들은 인간의 하나님 형상이 죄로 인해 완전히 파괴되거나 상실되었다고 생각하지는 않았다. 왜냐하면 그러한 생각은 하나님의 창조 자체가 인간의 죄로 인해 무효화되고 실패로 돌아감을 의미하기 때문이다. 인간의 죄로 인해 하나님에 대한 인간의 자연적 인식 가능성이 완전히 상실되었다는 주장은 하나님의 창조를 믿는 기독교 창조신앙과 조화되기 어렵다. 따라서 교부시대 이래 교회에서, 인간 안의 하나님 형상에는 하나님과 관계를 맺을 수 있는 초자연적 형상과 아울러 이성과 같은 자연적 형상이 있으며, 죄로 인해 전자는 상실되었지만 후자는 여전히 남아있다는 견해가 일반적이었다.

중세의 토마스 아퀴나스에 따르면, 은총은 자연을, 계시는 이성을 폐하지 않고 완성한다. 중세 신학자들에게 있어서 자연신학은 하나님의 계시에 직접 호소하지 않고 자연세계의 질서를 통해 이성에 의해 하나님의 존재를 증명하고자 하는 시도였다.[13] 자연신학은 하나님을 향해 나아가고자 하는 인간 지성 안에 있는 자연적 경향을 반영한다. 아퀴나스에 따르면 인간 안에는 "하나님을 보고자 하는 자연적 욕구"[14]가 있다. 가톨릭 교회의 제1차 바티칸 공의회는 창조된 사물들을 인간 이성의 자연적 빛 안에서 숙고함에 의해서 하나님이 분명하게 알려질 수 있다고 선언했다.[15]

개신교 신학자들도 일반적으로 자연신학의 가능성을 인정했다. 개혁교 신학자 헤르만 바빙크Herman Bavinck는 인간이 하나님의 형상으로 창조되었다는 사실은 인간이 종교적인 본성 안에서 하나님을 알 수 있는 가능성을 부여받았다는 것을 의미한다고 보았다. 따라서 종교는 근본적으로 인간의 피조된 본성과 연관된다. 인간의 전 인격 안에 내재한 종교적

---

13 이러한 신 존재 증명 방법들 가운데 존재론적 증명과 다섯 가지 유형의 우주론적(다섯 번째는 목적론적) 증명이 대표적이다.

14 Lawrence Feingold, *The Natural Desire to See God According to St. Thomas and His Interpreters* (Rome: Apollinare Studi, 2001); Fergus Kerr, *Immortal Longing: Versions of Transcending Humanity* (London: SPCK, 1997), 159-84.

15 Heinrich Denzinger, *Enchiridion Symbolorum Definitionum et Declarationum de Rebus Fidei et Morum*, 39th ed (Freiburg-im-Breisgau: Herder, 2001), #3043.

본성은 가장 본질적인 인간의 특성이다. 이런 의미에서 바빙크는 종교를 "인간의 본질적 속성"으로, 그리고 인간을 "종교적 존재", "하나님의 참된 종교적 형상"으로 표현한다.[16] 인간 본성 안의 "종교의 씨앗"semen religionis 또는 "신성의 감각"sensus divinitatis 으로서의 종교적 성향이 있다고 본 칼빈의 자연신학적 사고를 발전시켜, 바빙크는 종교를 "하나님을 인식하는 인간 본성의 기능 또는 능력"[17]으로 명명했다. 종교가 없는 인간은 없다. 만일 인간이 종교를 상실하면 그것은 그 자신을 상실하는 것이다.[18] 바빙크는 하나님으로부터, 그리고 하나님의 형상으로 지음을 받은 인간의 전 인격으로부터 기원하지 않는 종교 개념을 거부했다. 종교는 인간이 만든 것이 아니라 하나님의 계시와 권위에 근거한 것이다. 종교의 씨앗이 인간 본성의 가장 깊은 곳에 있으며, 전 인간성이 종교에 의해서만 통일성을 이룬다. 인간의 삶의 전 영역 가운데 인간 본성에 본유적인 종교의 씨앗이 싹이 트고 성장하지 않는 곳은 없다.[19] 종교는 모든 문명을 선행하며, "모든 문화의 원리이자 가족, 국가, 사회 안의 모든 인간 조직의 토대"로서 그것들을 생동케 하는 요소가 되어왔다.[20] 이러한 개혁교 전통의 맥락에서 바르트와 자연신학 논쟁을 벌였던 에밀 브루너는 하나님의 형상을 내용적 형상과 형식적 형상으로 구별하고, 죄로 인해 전자는 상실되었지만 후자는 여전히 남아있어서 하나님의 계시은혜를 받아들일 수 있는 (또는 거절할 수 있는) 인간의 책임적 주체성을 구성한다고 주장했다.[21]

16   Herman Bavinck, *Reformed Dogmatics* (Grand Rapids: Baker Academic, 2003-8), 1:278.
17   위의 책.
18   위의 책, 4:276.
19   위의 책, 2:73.
20   위의 책, 3:327.
21   Emil Brunner and Karl Barth, *Natural Theology: Comprising Nature and Grace* (Eugene, Oregon: Wipf and Stock Publishers, 2002)를 참고하라.

그러나 기독교 전통 특히 죄로 인해 하나님과 소외된 인간 실존에 있어서 하나님에 대한 자연적 인식 가능성과 인격적 관계능력이 상실되었음을 강조하는 개신교 전통 안에는 계시신학과 자연신학을 날카롭게 대립시키고 자연신학의 가능성을 부정하는 신학자들도 있다. 자연신학을 복음과 대립되는 율법적인 하나님 인식으로 이해했던 16세기의 루터와 20세기 초의 독일의 정치적 상황에서 자연신학의 가능성을 철저히 거부했던 바르트가 대표적인 인물이다. 계시신학과 자연신학의 대립과 자연신학에 대한 부정의 근저에는 개신교의 전적 타락 교리가 있다. 즉 아담이 죄를 짓고 전적으로 타락함으로써 인간 안의 하나님 형상이 상실되었다는 것이다. 전적 타락 교리는 인간의 실존이 하나님의 창조로서의 인간의 본질로부터 완전히 분리되었음을 지시한다. 즉 하나님의 형상으로 지음을 받은 인간의 자연적 본성이 죄로 인해 부패되어 하나님을 향한 개방성과 인격적 관계의 능력이 완전히 상실되었다는 것이다.

여기서 서로 연관된 두 가지 질문이 제기된다. 첫째는 "하나님의 형상은 인간에게 처음부터 완전한 형태로 주어졌는가?" 하는 것이고, 둘째는 "인간 안의 하나님 형상이 죄로 인해 완전히 상실되었는가?" 하는 것이다. 먼저, 두 가지 이유에서 하나님 형상이 처음부터 인간의 본성 안에 완전한 형태로 주어졌다고 보기 어렵다. 하나는 논리적 이유이고 다른 하나는 역사적 이유이다. 논리적으로, 인간이 완전한 하나님의 형상을 지니고 있었다면 죄를 짓고 타락할 수 없을 것이다. 따라서 인간이 죄를 지었다는 것은 인간의 하나님 형상이 아직 완전하지 않음을 반증한다. 즉 인간이 죄를 지었다는 것은 인간 안에 불완전성이 있었음을 지시한다. 인간은 하나님이 보시기에 "심히 좋은"창 1:31 존재로 지음을 받았지만, 처음부터 완전한 존재로 지음을 받은 것은 아니다.

역사적으로, 인간 안에 하나님의 형상이 완전한 형태로 주어진 시기가 있었다고 주장하는 것은 20만 년 전 호모 사피엔스가 지구상에 등장한 이후의 인류 역사를 연구하는 오늘날의 고인류학적 지식과 조화되기 어렵다. 창세기의 아담과 하와의 이야기를 문자적으로 역사화하는 것은 그 이야기를 쓴 J문서^{BC 1000년 경} 저자의 신학적 통찰력을 올바로 읽어내지 못하는 것이다.²² 하나님의 영감은 바로 이 신학적 통찰력 안에 주어진 것이다. 하나님의 형상은 처음부터 완전한 형태로 인간에게 주어진 것이 아니라 미래의 종말론적 운명으로 주어진 것이다. 판넨베르크가 말한 바와 같이 인간의 하나님 형상은 종말론적인 미래의 운명으로서, 인간은 미래 개방성을 본유적 특성으로 갖는 역사적 존재다. 즉 아담으로 대표되는 최초의 인간에게 주어진 하나님의 형상은 그 형상이 완성되는 종말론적 미래의 운명을 향해 나아가 그 운명을 성취할 수 있는 잠재적 능력으로 주어졌다.

두 번째 질문에 대한 대답은 첫 번째 질문에 대한 대답 안에 부분적으로 내포되어 있다. 즉 하나님의 형상은 완전한 형태로 주어진 적도 없지만, 완전히 파괴될 수도 없다. 하나님의 형상이 인간의 죄로 인해 완전히 상실된다면 그것은 하나님의 창조가 인간에 의해 무효화 됨을 의미한다. 이것은 창조자 하나님을 믿는 창조신앙과 조화되기 어렵다. 완전하게 주어진 하나님의 형상이 완전히 파괴된 것이 아니라, 불완전하게 주어진 하나님의 형상이 언제나 불완전한 상태로, 그러나 그 형상이 완성되는 종말론적 미래의 운명을 성취할 수 있는 잠재적 능력으로 현존한다. 따

---

22 우리는 이 이야기에서 인간 실존 안에 나타나는 죄와 고통의 비극적 보편성과 기원에 대한 저자의 신학적 통찰력을 읽어내야 한다. 저자는 인간의 죄와 고통의 기원이 하나님에 대한 불순종에 있다고 본다.

라서 하나님의 형상으로 지음을 받은 인간의 자연적 본성은 하나님을 온전히 인식할 수 있을 정도로 완전하지도 않지만, 하나님을 전혀 인식할 수 없을 정도로 완전히 상실된 것도 아니다.

IV. 기독교 자연신학

위에서 이미 언급한 바와 같이, 객관적이고 보편적인 이성의 토대 위에서 명증적인 진리의 확증이 가능하다고 생각했던 근대의 토대주의적 인식론은 인간 이성의 역사성과 다원성에 대한 탈근대적 이해의 부상과 더불어 붕괴되었다. 이러한 탈근대적 이해의 맥락에서 존 캅은 모든 자연신학이 선행적先行的인 헌신을 전제한다고 지적한다. "모든 자연신학은 세계에 대한 모종의 근본적인 관점을 반영한다. 어떤 자연신학도 중립적이고 객관적인 이성의 순수한 결과가 아니다. 모든 논증은 전제와 함께 시작된다. 그리고 최종적 전제 자체는 증명될 수 없다."[23] 자연신학도 그 자연신학을 수행하는 사람이 기독교인이라면 기독교적 전통의 영향사를 벗어날 수 없으며, 따라서 기독교 신앙의 관점으로부터 완전히 자유로울 수 없다. 캅은 기독교 신학은 자연신학을 위한 사변적 신학을 전제한다는 것과 중립적인 자연신학은 없다는 것을 결합하여 "기독교 자연신학"

---

23 John Cobb, *A Christian Natural Theology, Based on the Thought of Alfred North Whitehead.* 2nd ed. (Louisville: Westminster John Knox Press, 2007), 175.

의 필요성을 논증한다. 그는 "기독교"라는 한정어로써 가장 추상적인 사변이라고 하더라도 역사적으로 조건 지어진 신앙 공동체로부터 유래하는 실재의 비전 또는 관점에서 수행된다는 사실을 지시하고자 한다.[24] 이러한 의미에서 캅은 자신의 자연신학을 "기독교 자연신학"이라고 명명했다. 이성적 논증에 의한 신존재 증명방법을 제시했던 중세의 안셀름과 아퀴나스의 자연신학도 사실은 기독교적 관점을 전제하고 있었다(그들은 주교이고 수사였다). 말하자면 그들의 자연신학은 본인들이 의식했었든지 그렇지 않았든지 사실상 "기독교 자연신학"이었다고 할 수 있다.

자연신학뿐만 아니라 자연과학도 순수하게 중립적이고 객관적인 이성에 토대를 두고 있는 것은 아니다. 자연과학의 방법도 관찰에 대한 선先이론적 해석에 의존한다. 토마스 쿤은 자연신학이 보편적 이성이 아니라 어떤 패러다임 즉 일련의 가정이나 폭넓게 인정되는 모형 안에서 수행됨을 역설했다.[25] 정상과학은 한 패러다임 안에서 수립된다. 그러나 그 패러다임이 더 이상 통용될 수 없을 때 패러다임 전환을 통한 과학의 혁명적 변화와 발전이 일어난다. 마이클 폴라니는 과학지식이 인격적, 신앙적 요소를 포함한다고 말한다. 모든 지식의 원천에는 암묵적인 믿음이 있다. "아무리 비판적 또는 독창적인 지성이라고 하더라도 신뢰의 틀 밖에서 작동할 수 없다."[26]

기독교인으로서 우리가 추구하는 자연신학은 불가피하게 "기독교 자연신학"이다. 다시 말하면, 우리의 자연신학은 기독교의 창조신앙을 전

---

24 윤철호, 『세계와의 관계성 안에 계신 하나님』(서울: 한국장로교출판사, 2012), 56-57.

25 Thomas S. Kuhn, *The Structure of Scientific Revolutions* (Chicago: University of Chicago Press, 2012).

26 Michael Polanyi, *Personal Knowledge: Towards a Post-Critical Philosophy* (Chicago: University of Chicago Press, 1962), 266.

제하는 기독교적 관점에서 시도되는 자연신학이다.[27] 기독교 자연신학은 기독교 창조신앙의 두 가지 내용에 기초한다. 하나는 창조자로서의 하나님과 피조물로서의 자연세계에 대한 이해이며, 다른 하나는 하나님의 형상으로 지음받은 인간에 대한 이해이다. 먼저, 기독교 자연신학은 자연세계를 하나님의 창조세계로 이해하며, 따라서 창조자 하나님에 대한 신앙을 전제한다. 우리의 자연신학은 하나님의 존재를 의심하거나 모르는 사람이 자연세계를 통해 이성으로 하나님의 존재 유무를 밝혀보고자 하는 자연신학이 아니다. 기독교 자연신학은 하나님이 자연세계를 창조하셨으며 자연세계는 하나님의 피조물이라는 창조신앙을 적어도 암묵적으로 전제하고 창조자 하나님이 자연세계를 통해 계시되었다는 사실을 확증하고자 한다.

둘째, 기독교 자연신학은 인간이 하나님의 형상으로 지음을 받았다는 사실에 근거한다. 하나님이 자연세계를 통해 자신을 계시해도 인간에게 자연세계를 통해 하나님을 발견할 수 있는 능력이 없다면 자연계시는 아무런 의미가 없을 것이다. 그러나 인간은 본성적으로 하나님의 형상으로 지음을 받았기 때문에 본유적으로 하나님을 알 수 있는 잠재적 가능성을 지니고 있다.[28] 물론 기독교는 이 잠재적 능력이 인간의 죄로 인해 파손되었으며, 따라서 특별계시가 요청된다고 강조한다. 그러나 이미 언급한 바와 같이, 인간의 죄로 인해 인간의 하나님 형상이 완전히 파괴된다면 그것은 창조자 하나님의 창조 자체가 인간에 의해 완전히 파괴되는

---

[27] Ian G. Barbour, *Issues in Science and Religion* (London: SCM Press, 1996), 452-63; Georgina Morley, *John Macquarrie's Natural Theology: The Grace of Being* (Aldershot: Ashgate, 2003), 97-120.

[28] 아타나시우스에 따르면, 하나님은 창조의 작품을 통해 하나님이 알려지도록 하기 위해 하나님의 형상을 지닌 인간을 창조하셨다. Athanasius, *de Incarnatione*, 3.12.

것을 의미하기 때문에, 본성적으로 하나님을 알 수 있는 하나님의 형상으로서의 인간의 본유적 가능성이 인간의 죄로 인해 완전히 파괴되었다고는 말할 수 없다.

이와 같이 기독교 자연신학은 창조신앙을 전제한다. 기독교의 창조신앙은 무엇보다 구약성서의 창조신앙에 기초한다. 구약성서의 창조신앙은 그 자체로서 자연세계로부터 창조자 하나님으로 나아가고자 하는 자연신학을 위한 토대가 될 수 있다. 그러나 신약성서에 나타나는 구속신앙의 관점에서 볼 때 구약성서의 창조신앙은 최종적인 것은 아니다. 예수 그리스도와 성령을 통한 구원 경험을 표현하는 신약성서의 구속신앙은 구약성서의 창조신앙을 삼위일체론적으로 재구성할 수 있는 새로운 형이상학적 틀을 위한 성서적 근거를 제공한다.

V. 창조신학과 과학신학으로서 기독교 자연신학

고전적 자연신학이 자연세계를 통해 하나님을 알 수 있는 인간의 가능성에 초점을 맞추는 인식론의 범주 안에서 시도되었다면, 오늘날의 자연신학은 하나님의 피조물로서의 자연세계 자체에 관심을 기울이는 창조론의 범주 안에서 수행되고 있다고 할 수 있다. 오늘날 기독교 자연신학은 두 가지 새로운 형태로 전개되고 있다. 하나는 창조신학으로서의 자연신학이며, 다른 하나는 과학신학으로서의 자연신학이다.

1. 창조신학으로서의 기독교 자연신학

오늘날에는 자연의 파괴와 생태계의 위기의 상황 속에서 창조신학으로서의 기독교 자연신학의 중요성이 새롭게 인식되고 있다. 이 새로운 자연신학은 '자연의 신학'theology of nature이라고 불리기도 한다. 자연의 신학으로서의 기독교 자연신학 즉 창조신학은 하나님의 창조세계 안의 현존을 강조한다. 특히 인간을 포함한 자연세계의 모든 생명과 에너지의 근원으로서의 성령의 세계내적 현존과 활동에 초점이 맞추어진다. 따라서 자연의 신학으로서의 기독교 자연신학 즉 창조신학은 성령론의 범주 안에서 전개된다. 성령은 단지 교회 안에 갇혀있는 영이 아니라 우주적 영이다. 성령은 우주적 생명과 에너지의 원천으로서, 인간의 역사와 자연세계의 진화 과정 안에서 활동함으로써 세계의 역사를 종말론적인 미래의 하나님 나라로 인도한다.

자연의 신학으로서의 기독교 자연신학은 창조신학과 구속신학의 관계를 오늘날의 과학적 세계관 안에서 새롭게 이해하고자 한다. 이른바 특별계시에 근거한 전통적인 구속신학은 지나치게 인간 중심적이었다. 전통적 구속신학에 있어서, 인간의 역사는 하나님의 구속사가 펼쳐지는 장으로 이해된 반면, 자연세계는 하나님의 구속사와 별 관계가 없거나 단지 구속사가 펼쳐지는 배경이나 무대로 이해되었다. 변화와 우연성과 개방성을 특징으로 하는 "역사"는 인간의 역사와 동일시되었으며, 자연은 언제나 변함없이 같은 자리에 정지해 있거나 순환적으로 반복되는 폐쇄적이고 비역사적인 체계로 이해되었다. 그러나 오늘날 자연과학은 자연 자체가 변화와 우연성과 개방성을 특징으로 하는 역사적 실재임을 보여준다. 우주는 137억 년 전에 대폭발과 더불어 시작되어 오늘에 이르기까지 팽창을 계속해 오고 있으며, 지금도 빛의 속도로 팽창하고 있다. 우주는 시간적, 공간적으로 비가역적이다. 흐르는 강물에서 똑같은 물에 두 번 발을 담그는 것이 불가능한 것처럼, 개방된 미래를 향해 나아가는 우주에 있어서 과거와 똑같은 상태나 사건의 재현은 불가능하다. 우주는 과거로부터 미래로 비대칭적으로, 즉 단순성으로부터 복잡성을 향해 진화해 나아간다. 하나님은 성령을 통하여 이 진화의 우연성 안에서 행동하심으로써 창조세계를 종말론적 미래의 하나님 나라로 이끄신다.

따라서 새로운 기독교 자연신학으로서의 창조신학은 구속신학과 대립적이거나 종속적인 관계에 있지도 않으며, 계시신학에 덧붙여 고려되는 나머지 부분도 아니다. 이와 반대로 창조신학으로서의 기독교 자연신학의 지평은 전통적인 구속신학의 지평보다 더 포괄적이다. 인간의 역사가 우주의 역사를 포괄하는 것이 아니라 우주의 역사가 인간의 역사를 포괄하듯이, 구속신학이 자연신학을 포괄하는 것이 아니라 자연신학이 구속신학을 포괄한다. 인간의 구원은 태초에 하나님께서 의도하셨던 창조 기획의 종말론적 완성과 더불어 완성된다. 다시 말하면, 종말론적 미래에 창조세계가 최종적으로 완성될 때, 창조세계의 다른 모든 피조물과 더불어 인간의 구원도 최종적으로 완성된다.

2. 과학신학으로서의 기독교 자연신학

오늘의 과학시대에 기독교 자연신학은 자연과학과 대화하는 과학신학의 형태로 전개되고 있다. 과학신학으로서의 기독교 자연신학은 자연세계의 질서를 통해 하나님의 존재를 증명하고 자 하는 고전적 자연신학보다는 좀 더 겸허한 형태의 자연신학이라고 할 수 있다. 즉 과학신학으로서의 기독교 자연신학은 자연과학과의 대화를 통해 신앙을 위한 지적 틀을 제공하고 가능한 한도 내에서 신앙의 합리성과 이해 가능성intelligibility 을 보여줌으로써 자연세계에 대한 과학적 경험과 기독교 신앙 사이의 공명이나 유비 또는 일치의 가능성을 제시하고자 한다.

과학신학으로서의 기독교 자연신학에 있어서 신학과 자연과학의 대화는 상호적이어야 한다. 한편으로, 신학은 자연세계에 대한 자연과학적 설명의 한계를 지적하고 자연세계에 대한 보다 포괄적이고 궁극적인 설명을 제시해야 한다. 물론 자연과학의 방법론적 자연주의는 존중될 필요가 있다. 왜냐하면 방법론적 자연주의는 관찰과 실험으로 검증 가능한 실증적 사실에 근거해서 이론을 수립하는 자연과학의 본래적 과제를 지시하는 원리이기 때문이다. 그러나 방법론적 자연주의는 형이상학적 자연주의와 구별되어야 한다. 방법론적 자연주의는 자연과학의 실증적 원리인 반면, 환원론적 자연주의는 자연과학의 실증적 원리와 관계없는 환원론적, 실증주의적 원리이다. 만일 과학자가 자연세계를 넘어선 초월적 영역이나 실재가 존재하지 않는다고 주장한다면 그는 자연현상을 대상으로 연구하는 과학자로서 실증적 주장을 하는 것이 아니라 철학자로서 환원론적, 실증주의적, 형이상학적 주장을 하는 것이다. 신학자는 자연과학의 방법론적 자연주의를 존중하되 이 원리로 환원될 수 없는 초월적 실재에 대한 신앙의 빛에서 이 원리의 한계를 지적하고 자연세계의 의미와 목적에 대한 보다 더욱 포괄적인 형이상학적 설명을 제공해 주어야 한다.

다른 한편, 신학자는 자연과학의 한계를 지적하고 과학자의 실증주의적 환원주의를 비판할 뿐 아니라 열린 마음을 가지고 자연과학으로부터 겸손히 배울 자세를 가져야 한다. 창조신학을 포함한 전통적인 신학은 오늘날처럼 과학이 발달되기 이전의 고대와 중세 시대의 세계관과 언어 안에서 형성되었다. 과학신학으로서의 기독교 자연신학은 이와 같은 전통적 신학의 내용을 자연과학과의 대화를 통해 기꺼이 수정하거나 재구성할 준비가 되어 있어야 한다. 우리는 종교재판을 통해 갈릴레이의 지동설을 정죄했던 17세기 가톨릭교회의 오류를 반복해서는 안 된다. 과학적 진리는 결코 종교재판을 통해 판단될 수 있는 것이 아니다. 오늘날 우리는 자연과학에 의해 우주와 생명의 비밀이 밝혀지는 '빅 히스토리' 시대에 살고 있다.[29] 오늘의 빅 히스토리의 시대에 신학자는 열린 자세로 자연과학자들과 대화함으로써 전통적인 창조신학을 새롭게 재형성하지 않으면 안 된다.

오늘날의 신학자들 가운데 창조신학 또는 자연의 신학과 과학신학으로서의 기독교 자연신학 모델을 잘 보여주는 신학자들 가운데 한 사람이 위르겐 몰트만이다. 그의 자연신학 이해는 오늘날의 기독교 자연신학의 수립을 위한 포스트 토대주의적인 방법론적 틀을 제공해 준다.

---

[29] '빅 히스토리'란 137억 년 전 빅뱅과 더불어 시작된 우주의 기원에서부터 문명을 이루고 살아가는 인간의 현재까지의 역사, 그리고 앞으로 다가올 인간과 지구와 우주의 미래를 하나의 통합적 전망 안에서 이해하려는 융합 학문적 개념이다. Christian David, *Big History*, 윤신영 외 역, 『빅 히스토리: 138억 년 거대사 대백과사전』(서울: 사이언스북스, 2017), Christian David, and Bob Bain, *Big History*, 조지형 역, 『빅 히스토리: 한 권으로 읽는 모든 것의 역사』(서울: 해나무, 2013).

VI. 몰트만의 기독교 자연신학

몰트만은 자연을 하나님의 창조세계로 이해하는 창조신학의 관점에서 기독교 자연신학을 전개한다. 그는 1964년 당시의 정치적 상황 속에서 저술한 『희망의 신학』에서 제기한 메시아적 종말론을 20년 뒤인 1985년 당시의 변화된 상황, 즉 생태계 위기의 상황과 과학적 세계관의 지평에서 저술된 『창조 안에 계신 하나님』[30]에서 기독교 자연신학의 관점에서 발전시킨다. 이 책에서 몰트만은 역사와 자연, 계시신학과 자연신학에 대한 전통적인 이분법적 도식을 거부하고 창조신학의 관점에서 기독교 자연신학을 전개한다. 그는 자연을 계시의 외연으로 간주하는 신학과 달리, 오늘날의 신학은 자연의 전 과정을 창조신학 안으로 통합시키는 자연신학이 되어야 한다고 주장한다. 그는 메시아적 종말론의 관점에서 창조세계를 계약 또는 은총의 역사를 위한 전체 포괄적 지평으로 이해함으로써 자연과 은혜, 창조와 계약의 이분법을 극복하고 자연신학과 계시신학을 화해시키고자 한다. 그에 따르면 계시신학은 역사의 조건 안에 있는 자연신학이다.[31] "은혜계시, 계약는 자연을 완성하는 것이 아니라 영원한 영광을 향해 준비시킨다."[32]

몰트만의 통전적인 기독교 자연신학 방법론이 가장 잘 나타나는 곳

---

30   Jürgen Moltmann, *God in Creation: A New Theology of Creation and the Spirit of God* (San Francisco, Harper and Row, 1985).

31   위의 책, 60.

32   "gratia non perfecit, sed praeparat naturam ad gloriam aeternam." 위의 책, 8. 몰트만은 『과학과 지혜』에서 본래 계시신학과 자연신학 사이에 아무런 대립이 있을 수 없다는 사실을 다시금 강조한다. Jürgen Moltmann, *Science and Wisdom*, trans. Margaret Kohl (Minneapolis: Fortress Press, 2003), 27-28.

은 그의 『신학의 방법과 형식: 나의 신학여정』[33]이다. 이 책에서 그는 종말론적 관점에서 기독교적 자연신학에 대한 자신의 견해를 기술한다. 그는 자연신학을 인간의 타고난 이성의 도움으로 자연의 책에서 얻을 수 있는 하나님 지식으로 정의하고, 신학이 교회 안의 이론을 넘어서 공적 신학으로서 공공성을 확립하기 위해서 자연신학이 요청된다고 주장한다.[34] 그는 자연신학의 세 가지 가능성을 제시하고, 자연신학이 기독교 신학의 공적 과제임을 강조한다.

첫째, 자연신학은 기독교 신학의 전제이다. 이 관점은 토마스 아퀴나스에 의해 대변된다. 아퀴나스에 따르면 계시의 신학은 은혜가 자연을 전제하는 방식으로 자연신학을 전제하며, 따라서 자연신학을 파괴하지 않고 완성한다. 자연신학은 계시신학의 앞뜰에 속하며, 신앙의 항목들에 대한 전제이다. 하나님에 대한 인식을 초자연적 인식과 자연적 인식으로 구분했던 개신교 정통주의 신학도 이 견해를 보여준다. 몰트만은 "자연" 개념을 "창조" 개념으로 대체함으로써 자연신학의 전제를 적극적으로 이해할 수 있다고 본다. 이 세계가 하나님의 창조라는 것은 단지 인간의 선입견 없는 이성의 인식이 아니라 신앙에 의해 밝혀진 이성의 통찰이다. 창조신앙은 이스라엘의 구원신앙 가운데 생성되었으며, 기독교의 칭의에 대한 신앙을 통하여 확대되었다. 자연신학은 단지 "자연"신학이 아니라 "창조"신학이기 때문에 계시신학의 적극적 전제가 된다.[35] 몰트만은 특히 오늘날 자연신학의 특징이 단순히 신앙의 이성이 아니라 개방된 질

---

33 Jürgen Moltmann, *Erfahrungen theologischen Denkens*, 김균진 역, 『신학의 방법과 형식: 나의 신학여정』(서울: 대한기독교서회, 2001).

34 위의 책, 81-82.

35 위의 책, 84.

문의 형태를 지니는 데 있다고 본다. 서로 다른 주장을 하는 공동체들과의 관계 속에서, 자연신학은 질문하는 자들의 보편적 공동체 안에서 수행되어야 한다. 기독교 자연신학은 하나님과 인간에 관한 질문과 함께 우주를 지탱하고 유지하는 것에 관한 우주적 질문을 던진다.[36]

둘째, 자연신학은 기독교 신학의 목적이다. 몰트만은 자연신학을 기독교 신학의 전제로부터 종말론적인 하나님의 영광의 나라에서 성취될 목적으로 전도시킨다. 하나님이 새로운 현존 가운데서 나타나시고 내주하시는 영광의 나라에서 모든 사람은 하나님을 있는 그대로 인식할 것이며, 이 인식이 너무도 "자연적"이어서 아무런 신학적 이론도 더 이상 필요하지 않을 것이다. 이 종말론적 신학이 참된 자연신학이라면, 자연과 인간의 양심 속에 전제되어있는 자연종교는 영광의 나라의 미리 나타남과 약속으로 이해될 수 있다. 이런 의미에서 자연신학은 단지 계시신학의 앞마당이 아니라, 계시신학의 종말론적 지평 곧 영광의 신학의 미리 나타남이다. 자연신학은 세계를 성례전적으로 장차 올 하나님 나라의 약속과 미리 나타남으로 이해한다.[37] 따라서 자연신학은 창조의 회상인 동시에 종말론적 창조의 희망이다.

셋째, 자연신학은 기독교 신학 자체다. 몰트만은 자연신학 개념이 바르트의 화해론의 제3부의 "빛의 이론"에서 발견될 수 있다고 본다. 바르트의 빛의 이론에 따르면 단 한 가지 말씀과 단 한 가지 생명의 빛 외에 우리가 볼 수 있는 다른 말씀들과 빛들이 있다. 그러나 다른 말씀들을 참되게 만드는 것은 하나님의 말씀이요 다른 빛들을 밝게 빛나게 하는 것

---

36 위의 책, 86.
37 위의 책, 89, 91.

은 생명의 빛이다.[38]

몰트만은 바르트의 빛의 이론이 다른 기독교 자연신학과 비교하여 엄격한 신앙의 유비와 하나님의 말씀과 생명의 빛 외에 새로운 것이 없다고 본다. 바르트가 "위로부터"의 신앙의 유비와 "아래로부터"의 존재 유비의 인식 차이를 강조함으로써 자연신학의 불충분성을 주장하는 데 반하여, 몰트만은 이 둘에 관한 논쟁이 야곱의 하늘 사다리 위에서 천사가 오르내리는 것처럼, 두 인식의 변증법적 상호작용으로, 곧 신앙의 유비 안에 있는 존재 유비로 해결될 수 있다고 주장한다. 우리는 세계의 비유를 통해 하늘나라에 대하여 배우며, 세계의 비유 능력은 하늘나라로부터 투명해지고 하나님의 미래에 대한 의미를 얻는다.[39]

넷째, 자연신학은 기독교 신학의 공적 과제다. 몰트만에 의하면 그리스도께서 하나님 나라를 위하여 오셨고 또 교회가 하나님 나라를 위하여 존재하며, 신학이 하나님 나라의 기능으로 이해된다면, 신학은 사회의 공적 영역 안에서 공적 신학으로 수행될 수밖에 없다. 따라서 정치적, 생태학적, 그리고 윤리적으로 규정될 수 있는 하나의 "보편적 신학"이 추구되어야 한다.[40] 생태학적 위기와 우리 시대의 요구에 응답하기 위해, 그리고 다른 종교 공동체와 세계관, 그리고 자연과학과 과학기술과 공동으로 일하기 위해 창조신학으로서의 기독교 자연신학이 요구된다.

---

38 피조세계는 "계약의 외적 근거"로서 "그 자체의 빛과 진리를 가지며, 그러한 한에서 자체의 언어와 말"을 갖는다. 그러나 그것은 "피조된 빛"이요 단 한 가지 참된 생명의 빛의 광채를 통하여, 예수 그리스도 안에 있는 하나님의 자기 계시를 통하여 발견되고 그 특성이 나타나며, 그 진리 가운데 빛을 비추게 된다. 하나님의 진리가 역사 속에 비침으로써, 피조된 세계의 빛들과 진리들도 비치게 된다. Barth, *Kirchliche Dogmatik*, IV/2, 305, IV/3, 157; Jürgen Moltmann, 『신학의 방법과 형식』, 94, 95에서 재인용.

39 Jürgen Moltmann, 『신학의 방법과 형식』, 96.

40 위의 책, 98-99.

VII. 포스트 토대주의적 기독교 자연신학

신학과 과학의 대화를 통해 자연신학의 전망을 수립하고자 하는 오늘날의 신학자들 가운데 한 사람인 맥그래스는 자연신학이 "기독교 자연신학"이 될 수밖에 없다고 주장한다. 그는 계몽주의적인 보편적 이성 개념은 오늘날 더 이상 유지 불가능하다고 강조한다. 그는 기독교 자연신학을 일반적인 자연신학과 대립시킨다. 즉 특별계시와 독립적으로 인간의 공통된 경험의 종교적 차원을 명료화하고 이 경험을 기독교 전통과 연결하고자 하는 자연신학과 대조적으로, 그는 기독교 전통의 빛에서 자연세계에 대한 인간의 공통된 경험을 해석하고 평가하는 자연신학을 추구한다.[41] 한 걸음 더 나아가서 그는 탈근대적인 관점에 있어서 신앙주의 fideism란 단지 모든 사고와 가치체계의 여건을 기술하는 것이며 인간의 인식론적 상황을 인정하는 것이라고 주장한다. "'기독교 자연신학'이란 개념 안에는 더 이상 '특수성의 스캔들'이나 반대할 만한 '신앙주의'가 함축되어 있지 않다."[42] 그에 따르면, '기독교 자연신학'을 말하는 것은 자연신학이 문화적으로 뿌리를 내리고 있으며, 특수한 관점 안에서 수행됨을 말하는 것이다. 즉 기독교 자연신학은 기독교의 이야기 안으로부터 생겨난다.

그러나 오늘날의 탈근대적 상황에서 기독교 자연신학은 신앙주의와 동일시될 수 없다. 왜냐하면 근대의 보편적 합리성 개념이 토대주의적

---

[41] McGrath, *Re-imagining Nature*, 40.
[42] 위의 책, 34.

절대주의에 빠질 수 있다면, 탈근대주의적 신앙주의는 비토대주의적 상대주의에 빠질 수 있기 때문이다. 보편적 이성이 없다는 말은 서로 다른 역사적 이성들만이 존재한다는 것을 의미한다. 다시 말하면, 우리의 문화와 전통 안에서 형성된 합리성의 체계와 구별되는 다른 문화와 전통 안에서 형성된 다른 합리성 체계들이 존재한다. 이러한 다원적인 합리성 체계들과의 관계를 외면하고 기독교 자연신학이 단지 자신의 관점과 이야기에만 집중하는 신앙주의로 후퇴한다면 스스로 상대주의의 덫에 빠지는 것이다. 기독교 자연신학이 상대주의에 빠지지 않으려면, 다른 문화와 전통 안의 자연신학, 다른 종교 공동체의 세계관, 그리고 자연과학과의 대화를 통해 하나님과 세계에 대한 자신의 전통적인 이해를 재해석하고 재형성함으로써 보다 더욱 보편적인 합리성 체계를 형성해 나가지 않으면 안 된다.

보편적 이성이 없다는 말은 결코 보편적 진리가 없음을 의미하지 않는다. 온 우주 만물을 창조하신 보편적 창조자이신 하나님 안에서 모든 진리는 종말론적으로 궁극적으로 통일된다. 보편적 이성이 없다는 말은 두 가지 의미를 포함한다. 첫째, 이 말은 인간 이성의 유한성을 지시한다. 인간의 이성이 유한하기 때문에, 보편적 이성이 아닌 특수한 문화와 전통과 공동체에 의해 심대하게 영향을 받고 그 안에서 형성된 역사적 이성만이 존재한다. 그러나 이것은 인간이 자신이 속해있는 역사적 지평 안에 갇혀서 전혀 그 지평을 넘어설 수 없다는 것을 의미하지는 않는다. 인간의 이성은 자기비판을 통해서 보다 더욱 보편적 지평을 향해 나아갈 수 있는 자기초월적 본성을 가지고 있다. 따라서 자신의 특수한 역사적 지평을 넘어 보다 더 보편적인 지평으로 나아가기 위한, 서로 다른 역사적 이성들 간의 상호 비판적인 대화가 요청된다. 기독교 자연신학은 다른 역사적 지평 안의 다른 합리적 체계들과의 열린 대화를 통해, 실증주의에 기초한 토대주의적 절대주의와 신앙주의에 기초한 비토대주의적 상대주의를 함께 극복하는 포스트 토대주의적 보편학문을 지향해 나아가야 한다.

둘째, 보편적 이성이 없다는 말은 인간 이성의 왜곡을 함축한다. 인간의 이성은 죄로 인해 왜곡되었으며, 따라서 인간의 본유적인 하나님 인식 가능성이 왜곡되었다. 이것이 특히 오직 은혜 sola gratia 와 신앙 sola fidei 을 강조하는 개신교 전통 안에서 인간의 이성에 의존하는 자연신학이 부정적으로 인식되어온 이유이다. 그러나 우리는 하나님으로부터 부여받은 이성으로 자연세계를 통해 하나님을 (불완전하게나마) 인식할 수 있는 가능성이 인간에게 본래적으로(자연적으로) 주어졌으며 이 가능성이 결코 완전히 상실될 수 없다는 사실을 기억해야 한다. 성서는 보이는 자연세계 안에 보이지 않는 창조자 하나님의 능력과 신성이 반영되어 있으며롬 1:20, 인간은 하나님의 형상으로 지음을 받은 존재로서 하나님에 대한 인식 가능성을 본래적 즉 자연적으로 부여받은 존재창 1:26-27임을 증언한다. 위에서 논술한 바와 같이, 우리는 전적 타락 교리에 의한 이성의 왜곡을 지나치게 일반화하거나 과장해서는 안 된다.

구약성서의 시편시 104:24과 지혜문학은 자연을 하나님의 현현, 즉 창조주의 계시욥 40:15, 42:5-6로 보았다. 지혜문학을 기록한 저자들은 오늘날 자연신학자라고 부를만하다. 이들은 특수한 계시적 사건에 호소하지 않고 일상의 경험과 자연현상에서 하나님을 발견하는 지혜를 가르쳤다. 예수는 하나님 나라의 복음을 전함에 있어서, 일상의 경험과 자연현상을 소재로 하는 격언과 비유를 사용했다. 다시 말하면, 예수는 모세 오경으로 대표되는 당시의 주류 종교전통인 구원신학 전통이 아니라 지혜문학의 자연신학 전통을 사용했다. 말하자면, 예수는 갈릴리의 일반 대중에게 하나님 나라 복음을 전하기 위해 자연계시에 호소했다.[43] 교회는 예수가 가르친 자연신학^{자연계시}을 그리스도^{특별계시}의 이름으로 거부하거나 폄하하는 어리석음을 범하지 말아야 한다.

Ⅷ. 결론

인간이 하나님의 형상으로 창조되었다는 사실은 인간이 다른 피조물과 달리 하나님을 알 수 있는 자연적 본성을 부여받았다는 사실을 함축한다. 과학신학자인 존 폴킹혼도 하나님의 형상을 "모든 개인이 하나님의 현존을 알 수 있는 내재적 능력을 지니고 있음"을 가리키는 것으로 생각한다.[44] 하나님의 형상으로서 인간의 자연적 본성의 특성은 하나님의 향한 개방성과 하나님과 인격적 교제의 가능성 부여받았다는 사실에 있다. 이 가능성을 부여받은 것 자체가 하나님의 특별한 은혜이다. 하나님을 향한 자기 초월적 개방성과 하나님과의 인격적 관계능력 자체가 인간이 은혜로 부여받은 자연적 본성이기 때문에, 하나님의 초월적 은혜^{계시}와 인간의 자연적 본성은 구별될 수 있지만 대립될 수는 없다.

---

43 지혜문학 전통을 반영하는, 일상적인 삶의 경험과 자연현상을 주된 소재로 하는 예수의 하나님 나라 가르침에 대해서는 윤철호, 『너희는 나를 누구라 하느냐』(서울: 대한기독교서회, 2013), 212-19를 참고하라.

44 John Polkinghorne, *Encountering Scripture: A Scientist Explores the Bible* (London: Society for Promoting Christian Knowledge, 2010), 25.

칼 라너는 하나님의 초월적 은혜를 향해 열려있는 인간의 자연적 본성을 "초자연적 실존"이라고 불렀다. 그에 따르면 하나님의 은혜에 대한 수용성은 "인간의 중심적이고 영속적인 실존"[45]이다. "초자연적 실존"에 있어서 자연은 은혜의 내적 계기이며 전제이다. 반드시 은혜에 의해 의롭게 되지 않았다고 하더라도 인간은 오직 은혜를 수용하라는 부르심만 있는 질서, 즉 "초자연적 실존" 안에 존재한다.[46] 인간의 본성과 은혜 사이에는 그리스도 안에서 인간에게 자신을 전달하고자 하시는 하나님의 의도에 기초한 일치가 있다. 하나님의 초월적 은혜 즉 계시를 향해 열려있는 것이 "초자연적 실존"으로서의 인간의 자연적 본성이라면 은혜와 자연, 계시신학과 자연신학은 대립해야 할 이유가 없다.

창조자 하나님(그리고 예수 그리스도)에 대한 신앙을 전제하는 기독교 자연신학은 자연과학과의 대화를 통해 성서적 하나님에 대한 믿음과 현대 과학 사이의 양립 또는 공명 가능성을 모색해야 한다. 우주의 창조자인 하나님에 대한 진술 없이는 자연에 대한 과학의 설명은 불충분할 수밖에 없다. 과학은 주어진 조건 안에서 자연을 연구하는 반면, 신학은 예측 불가능한 종말론적 미래를 향한 개방성을 전제한다. 종말론적 미래에 대한 개방성은 자연의 역사적 과정에서의 우연성을 함축한다. 자연의 역사적 과정의 우연성을 하나님의 영의 활동공간으로 이해될 수 있다. 이와 같은 공명적 관계의 가능성은 곧 포스트 토대주의적 기독교 자연신학의 가능성을 함축한다.

결론적으로, 우리는 인간 이성의 역사성에 대한 탈근대적인 인식을

---

45 Karl Rahner, "Concerning the Relationship between Nature and Grace," *Theological Investigations*, vol. I (New York: Seabury Press, 1974-197), 308, 311, 312.

46 Karl Rahner, "Nature and Grace," *Theological Investigations*, vol. IV, 165-88.

공유함과 동시에 포스트 토대주의적 기독교 자연신학을 추구해야 한다. 포스트 토대주의적 기독교 자연신학을 추구함에 있어서 강조되어야 할 두 가지는 상호 비판적 대화와 종말론적 비전이다. 특수한 역사적 지평 안에서 형성된 합리성 구조는 다른 역사적 지평 안에서 형성된 합리성 구조와의 상호 비판적 대화를 통해서 보다 더욱 포괄적이고 보편적인 합리성 구조를 지향해 나아가야 한다. 상호 비판적 대화에서 특히 중요한 것은 자기 비판적 태도와 타자에 대한 존중과 개방성이다. 신앙과 이성이 분리되지 않는 보편적인 합리성의 구조는 종말론적 미래의 하나님 나라에서 드러날 것이다. 그 나라를 향해 나아가는 역사적 도상에서 기독교 자연신학은 다른 자연신학, 다른 종교 공동체와 세계관, 그리고 자연과학과의 상호 비판적인 대화를 통해 자신의 합리성 구조의 지평을 넓혀 나아가야 한다. 종말론적 미래의 하나님 나라에서의 인간의 하나님 형상의 완성은 자연적 본성의 회복과 완성을 의미하며, 따라서 인간의 본유적인 하나님 인식 가능성과 인격적 관계능력의 회복과 완성을 의미한다. 이것은 자연신학이 계시신학 안에서 회복될 뿐만 아니라 계시신학이 자연신학 안에서 완성됨을 함축한다. 왜냐하면 종말론적 미래의 하나님 나라에서의 인간의 구원과 하나님 형상의 완성은 새 하늘과 새 땅 즉 새 창조 안에서 이루어질 것이기 때문이다. 이러한 의미에서 자연신학은 (몰트만이 말한 바와 같이) 계시신학의 전제일 뿐만 아니라 계시신학의 포괄적인 지평이자 궁극적인 목표라고 할 수 있다.

제13장

통전적 신학 방법론

– 춘계 이종성의 신학 방법론을 중심으로 –

• 이 글은 윤철호, "통전적 신학 방법론: 춘계 이종성의 신학 방법론을 중심으로."
『장신논단』 47-1 (2015, 3)을 수정·보완한 것임.

I. 서론

새로운 시대적 상황 속에서 기존의 신학의 문제점과 한계를 경험하고 새로운 신학적 패러다임의 필요성을 절감하게 될 때, 그리고 다양한 신학의 유형들이 서로 갈등하며 충돌을 일으킴으로써 다원성과 모호성으로 인한 혼란에 빠질 때, 무엇보다 먼저 직면하게 되는 것이 방법론의 문제이다. 데이비드 트레이시가 말한 바와 같이, 방법론에 관한 성찰은 신학의 새로운 패러다임을 향한 공동의 탐구를 명료화해 줄 수 있는 원리들에 대하여 더욱 명백히 초점을 맞춤으로써 구체적인 신학적 해석을 위한 공통의 근거를 제공해 준다.[1] 기독교 역사 속에서 형성된 신학 방법론에는 다양한 유형들이 있다. 이 다양한 유형의 신학 방법론은 세 가지의 유형으로 나누어 볼 수 있다. 즉 ① 교회적, 고백적 신학, ② 변증적, 철학적 신학, 그리고 ③ 실천적, 변혁적 신학이 그것이다. 이러한 세 가지 신학 방법론들은 서로 다른 신학의 공적 자리(트레이시에 따르면, 교회, 학교, 사회)[2]를 반영한다. 이 세 가지 신학 방법론들은 서로 배타적이거나 양자택일적인 관계에 있는 것이 아니라 유비적이고 상호보완적인 관계에 있다. 통전적 신학은 이러한 세 가지 유형의 신학 방법론 전체를 요구한다.

---

[1] David Tracy, "Theological Method," in *Christian Theology: An Introduction to Its Traditions and Task*, eds. Hodgson, C. Peter. and Robert, H. King (Philadelphia: Fortress Press, 1982); 윤철호 역, 『현대 기독교 조직신학: 기독교 신학의 전통과 과제에 대한 개론』(서울: 한국장로교출판사, 1999), 69.

[2] David Tracy, *The Analogical Imagination: Christian Theology and the Culture of Pluralism* (New York: The Crossroad Publishing Company, 1987), 3-31 참고.

그러므로 신학자는 어느 특정한 한 가지 유형의 방법론만을 절대화하지 말고 다양한 방법론들을 함께 아우르는 통전적인 방법론을 지향해야 한다. 통전적인 신학 방법론은 근본적으로 신학의 주제와 내용 자체의 통전적 전체성에 근거한다. 기독교 신학의 통전성은 궁극적으로 하나님의 보편적 실재성에 근거한다. 즉 신학의 대상인 하나님은 보편적 하나님으로서 모든 실재와 진리와 의미와 관점을 자신 안에 포괄한다. 그리고 무엇보다 성서가 증언하는 예수 그리스도가 선포한 하나님 나라의 복음 자체가 통전적인 인간의 구원과 창조세계의 완성을 지향한다. 즉 기독교의 복음은 영혼과 육체, 개인과 공동체와 역사, 인간과 자연과 우주 전체의 통전적인 구원과 화해와 완성을 목표로 한다.

'통전'統全은 전체를 아우르고 조화시키고 통합한다는 뜻이다. '통전'은 좌와 우, 아래와 위, 긍정과 부정, 개별자와 보편자, 특수성과 일반성, 그리고 믿음과 지식과 실천을 아우르고 조화시키고 통합하고자 한다. 통전적 신학은 이것들을 아우르고 조화시키고 통합함으로써 단지 절충주의나 혼합주의에 빠지는 것이 아니라 온전성wholeness을 지향한다.[3] 여기서 온전성은 정적이고 고정화된 실재라기보다는 언제나 끊임없이 좌와 우, 아래와 위, 긍정과 부정, 개별자와 보편자, 부분과 전체, 특수성과 일반성, 그리고 믿음과 지식과 실천의 해석학적 순환과 변증법적 통합 안에서 구현되는 과정적, 관계적, 역동적 실재이다.

한국 신학계에서 '통전적 신학'이란 표현을 가장 먼저 사용하고 통전

---

3   따라서 통전적 신학은 영어로 'integral theology' 또는 'holistic theology'로 표현된다. 통전의 의미에 대하여 김명용, "통전적 신학이란 무엇인가?" 이종성 · 김명용 · 윤철호 · 현요한, 『통전적 신학』 (서울: 장로회신학대학교 출판부, 2004), 53-54 참고.
4   이종성, 『신학서론』 조직신학대계 제1권 (서울: 한국기독교학술원, 2001).
5   이종성 외, 『통전적 신학』, 23-52.

적 신학의 수립을 위한 초석을 놓은 신학자가 이종성이다. 따라서 통전 적 신학에 관해 논할 때 무엇보다 먼저 그의 통전적 신학에 대하여 고찰 해 보는 것은 매우 중요한 의미가 있다. 그의 통전적 신학은 아직 완성된 것이라고 보기는 어려우며 미흡한 점들이 많이 있는 것이 사실이다. 통 전적 신학은 아직 미완적 개념으로서 형성의 과정 가운데 있다. 이 글에 서는 이종성의 통전적 신학 방법론에 대하여 고찰하고 그것에 대하여 평 가한 후에 필자가 생각하는 통전적 신학 방법론의 전망을 제시하고자 한 다. 이종성의 통전적 신학 방법론은 그가 쓴 『조직신학대계』 제1권 『신 학서론』[4] 제1부 서론과 『통전적 신학』 제1장 "통전적 신학 서설,"[5] 그리 고 김명용이 쓴 『통전적 신학』 제3장 "이종성의 통전적 신학"에 잘 나타 나 있다. 이종성의 신학 방법론에 대한 고찰은 이러한 글들에 나타난 내 용을 중심으로 이루어질 것이다. 이와 같은 고찰 후에 필자는 오늘날의 탈근대적 상황 속에서 모든 신학 방법론들을 아우르면서 동시에 그것들 사이에 상호비판적이고 건설적인 대화를 추구함으로써 책임적인 다원주 의를 추구하는 탈근대적인 통전적 방법론을 제안할 것이다.

II. 『신학서론』에 나타난 통전적 신학 방법론

1. 신학의 방법들과 상관적 방법

이종성은 『신학서론』 제1부 제3장 "신학하는 방법"에서 네 가지 신학 방법론을 소개한다. 첫째는 어떤 보편적 전제로부터 시작하여 개별적인 결론을 얻어내는 연역적 방법이다. 이 방법 안에는 교회의 권위를 교리와 진리의 판단 기준으로 간주하는 교회론적 방법, 성서의 권위를 절대화하고 모든 교회의 신조와 교리를 버리고 성서로 돌아가야 한다고 주장하는 성서론적 방법, 그리고 바르트적인 신언적 방법이 포함된다. 이 가운데 세 번째 신언적 방법에 대해서는 좀 더 자세한 소개가 필요하다. 이종성에 따르면 바르트는 성서를 세 가지 종류의 신언 즉 기록된 말씀^{성서}과 선포된 말씀^{설교}과 계시된 말씀^{예수 그리스도}의 하나로 본다. 여기서 "성서는 글 자체가 계시의 원천적 형식은 아니나 하나님의 계시에 대한 1차적 증언을 포함하고 있다."[6] 성서를 통해 증언된 예수 그리스도가 모든 신학의 표준이다. 이종성은 바르트의 성서관이 프로테스탄트 정통주의나 성서문자주의와는 다르다고 본다. 바르트에 의하면 "성서는 하나님이 그것을 그의 말씀으로 만들고 그것을 통하여 말씀할 때 그것이 하나님의 말씀이다."[7] 이종성은 바르트가 "성서 기록자들에게 성령으로 영감을 준 그 하나님이 다시 성령을 통하여 기록된 말씀 안에서 말씀하실 때 그것이 하나님의 말씀이 된다고 함으로써, 기록된 성서의 신언성을 '영감되어 기록된 성서'^{정통주의}에 두지 않고 기록된 말씀을 통하여 과거에도, 현재에도, 미래에도 말씀하시는 하나님과 성령에 두고 있다"[8]고 말한다. 성서 이해에 관한 한 이종성은 이러한 바르트의 성서관을 따르고 있는 것으로 보인다.

두 번째 방법은 관찰된 개개의 사물에 대한 이해를 체계적으로 종합

---

6   K. Barth, *Church Dogmatics* I/1 (London: T and T clark, 2004), 124 이하; 이종성, 『신학서론』, 51.

7   위의 책, 123; 이종성, 『신학서론』, 52.

8   이종성, 『신학서론』, 52

하여 결론을 내리는 귀납적 방법이다. 이 방법은 아리스토텔레스에 의해 적극적으로 사용되었으며, 슐라이에르마허 등 근대의 프로테스탄트 자유주의 신학자들에 의해 널리 사용되었다. 세 번째 방법은 계시적 방법이다. 이 방법은 하나님의 계시인 예수 그리스도의 성육신 사건으로부터 출발하는 신학방법으로서, 바르트와 브룬너에 의해 대표된다. 이 방법은 사실상 첫 번째 방법과 별로 다르지 않다.

네 번째 방법은 틸리히의 상관적 방법이다. 틸리히는 하나님의 절대 타자성과 절대적 자유를 강조하고 하나님과 인간의 관계성에 대하여 말하기를 거부한 바르트에 반대하고 하나님과 인간의 만남과 상호적인 관계를 말하는 브룬너를 지지한다.[9] 틸리히에 의하면 신학은 실존적 상황에서 던져지는 질문과 신적 자아 현시에 담겨있는 답변을 다룬다. 인간의 질문 쪽에는 이성, 존재, 실존, 삶, 역사가 있으며, 하나님의 답변 쪽에는 계시, 하나님, 그리스도, 성령, 하나님 나라가 있다. 이종성은 틸리히의 상관적 방법론이 신학사적인 중요성이 있다고 보면서 매우 긍정적으로 평가한다. 그에 따르면, "신학사적으로 볼 때 그틸리히는 바르트와 불트만을 대표로 하는 초자연주의와 자연주의를 연결하여 더 종합적이고 포괄적인 신학을 형성하는 데 성공했다. 양자가 괴리되고 대립되어 그리스도교 복음의 총체적 이미지를 파괴할 위험성이 있음을 느낀 틸리히는 양자를 그들대로 버려두지 않고 서로 연결함으로써 더 포괄적이고 깊이가 있고 실존적인 신학을 형성했다."[10]

이종성은 자신의 저서 『신학적 인간학』에서 오늘과 같이 성서와 교

9   Paul Tillich, *Systematic Theology*, vol. 1, 61; 이종성, 『신학서론』, 62-63.
10   이종성, 『신학서론』, 65.

회와 신학이 권위를 상실한 시대에는 연역적인 방법보다 귀납법적인 방법이 더 효과적이라고 주장한다.[11] 그는 성서와 교회와 신학의 권위를 인정하지만, 오늘날에는 그러한 권위에 의존하여 출발하는 연역적 방법보다는 인간의 공동 관심사에 관하여 대화하는 귀납법적 방법이 더욱 효과적이라고 믿는다. 이런 이유로 그는 자신의 교의학을 위로부터 from above 즉 신론이나 계시론으로부터 출발하지 않고 아래로부터 from below 즉 인간론으로부터 출발한다. 이종성은 자신이 인간론에 기초하여 존재의 근원의 문제에 대해서는 신론에서 다루고, 실존문제는 기독론에서, 삶의 문제는 성령론에서, 공동체 문제는 교회론에서, 사회문제는 기독교 윤리학에서, 그리고 역사문제는 종말론에서 다룰 것이라고 스스로 밝힌다. 이와 같은 이종성의 신학 방법론은 인간 실존에 대한 철학적 분석과 질문과 이에 대한 신학적 응답 사이의 상관관계 안에서의 대화를 추구하는 틸리히의 방법론과 매우 유사하다.[12]

그러나 이종성은 위에서 열거된 네 가지 신학 방법이 다 각기 문제가 있음을 지적한다. 또한 그는 메시지를 상황에 연결하고자 하는 상관적 방법을 정립한 틸리히가 현대신학에 큰 공헌을 했다고 평가하면서도 이 방법에 대해서도 비판한다. 이에 대해서는 좀 더 자세한 논의가 필요하다. 이종성은 틸리히의 상관적 방법을 다섯 가지로 비판한다.[13] 그런데

---

11   이종성, 『신학적 인간학』(서울: 대한기독교출판사, 1979, 1982), 305. 이종성에게 있어서 신학적 인간학은 그 자신이 구상하는 신학체계 전체를 요약적으로 개괄하는 프롤레고메나의 성격을 갖는다.

12   윤철호, "춘계 이종성 박사의 신학적 인간학에 대한 고찰," 『춘계 이종성 박사의 생애와 사상』(서울: 장로회신학대학교출판부, 2014), 51, 71-72 참고. 3권으로 이루어진 틸리히의 『조직신학』 그의 상관관계 방법론을 따라 "이성과 계시," "존재와 하나님," "실존과 그리스도," "삶과 성령," "역사와 하나님 나라"로 구성되어 있다. Paul Tillich, *Systematic Theology*, 3 vols. (Chicago: University of Chicago Press, 1951-63).

13   이종성, 『신학서론』, 73-74.

이 비판들 가운데 일부는 틸리히의 상관적 방법에 대한 정확하지 않은 이해에 기초한 것이기 때문에 바로 잡을 필요가 있다. 이종성은 메시지와 상황의 관계가 반드시 동일 identity 이나 유사함 similarity 이나 비유 analogy, '유비'를 잘못 쓴 것으로 여겨짐 적이거나 대립 confrontation 적인 것만은 아니라고 비판한다. 이러한 틸리히에 대한 비판은 그에 대한 오해에서 비롯된 것이다. 사실, 메시지와 상황의 관계가 동일성, 유사성, 유비, 대립의 관계로 나타날 수 있다고 말한 사람은 틸리히가 아니라 트레이시이다. 트레이시는 틸리히의 상관적 방법이 메시지와 상황의 관계에 있어서 동일성, 유사성, 유비, 대립의 스펙트럼 가운데 어느 것도 허용한다고 말하였다. 그리고 그는 이것이 틸리히의 상관적 방법의 본래적 의미라고 보았다. 상관적 방법은 메시지와 상황의 구체적인 관계를 미리 결정하는 것이 아니다. 트레이시에 의하면 메시지와 상황의 특정한 상관적 관계의 양태(동일성, 유사성, 유비, 대립)의 결정은 특정한 주제에 달려있다.[14] 따라서 구체적인 주제가 무엇인가에 따라 메시지와 상황 사이 관계는 동일한 것으로 나타날 수도 있으며, 유사한 것으로 나타날 수도 있으며, 유비적인 것으로 나타날 수도 있으며, 대립적인 것으로 나타날 수도 있다. 이 가운데 대립의 경우가 메시지가 상황을 가장 분명하게 변혁시키는 경우라고 할 수 있다.

이것은 리차드 니버 H. Richard Niebuhr 가 그리스도(또는 기독교)와 문화의 관계를 "문화에 대항하는 against 그리스도 Tertullian", "문화의 of 그리스도 Ritschl", "문화 위 above 의 그리스도 Aquinas", "문화와 역설적 관계 paradox 안에 있는 그리스도 Luther", "문화의 변혁자 transformer 그리스도 Maurice"[15]로 구별

---

14 David Tracy, *The Analogical Imagination: Christian Theology and the Culture of Pluralism* (New York: The Crossroad Publishing Company, 1987), 376.

15 H. Richard Niebuhr, *Christ and Culture* (New York: Harper, 1951).

한 것과 유사하다. 니버는 기본적으로 고전적인 기독교와 문화의 관계가 이 전체 영역 안의 어느 형태도 취할 수 있음(그리고 역사적으로 실제 다양하게 취해 왔다)을 인정하면서 동시에 문화의 변혁자로서의 그리스도가 가장 중심적인 것이라고 주장하였다.

또한 이종성은 틸리히의 상관적 방법은 현재의 상황에 대하여 구체적인 응답을 제시하려고 함으로써 신학의 폭을 지나치게 현대 문제에 국한시킨다고 비판한다. 다시 말하면, 틸리히의 상관적 방법이 신학이 취급해야 하는 무한대한 내용을 너무나도 단순화하고 축소하고 있다는 것이다. 이 비판은 적어도 부분적으로 잘못된 것이다. 틸리히의 상관적 방법에 있어서 그 자신의 상황적^{철학적} 질문은 매우 존재론적, 실존적이며 따라서 그의 신학적 답변도 존재론적, 실존적이다. 특히 틸리히는 당시의 실존주의의 영향 아래 인간 실존을 불안, 절망, 무의미성 등으로 이해하였으며, 이에 대한 신학적 답변을 제시하고자 하였다(예를 들면, 존재의 힘과 근거로서의 하나님, 인간 실존의 치유, 화해, 재연합을 가져오는 새 존재로서의 그리스도). 그러나 오늘날에는 이러한 실존적 질문 외에 다양한 질문들이 함께 존재한다. 오늘날에는 단지 고립된 개인적 실존의 문제만 아니라(그것과 더불어) 역사적, 공동체적 현실 속에서의 고통과 억압과 불의, 그리고 자연의 오염과 파괴로 인한 생태계의 위기와 이에 따른 인류의 생존 위기가 더욱 중요한 물음으로 부상하고 있다. 이러한 의미에서 틸리히의 실존주의적 물음은 그 자신의 시대적, 역사적 한계성을 보여주는 것이 사실이다. 그러나 그의 상관적 방법은 바로 각각의 신학자가 자신의 시대적, 역사적 한계성 안에서 제기하는 물음들의 다양성을 허용할 뿐만 아니라 고취한다. 다시 말하면, 매 시대의 신학자는 자신의 역사적 상황 속에서 자신의 물음을 가지고 하나님께 나아갈 수 있으며 나아가야 한다.

따라서 상관적 방법은 신학의 폭을 지나치게 현대 문제에 국한시키거나 신학이 취급해야 하는 무한대한 내용을 단순화하고 축소하는 것이 아니라 오히려 다양한 상황에서의 다양한 질문을 허용함으로써 신학의 폭과 내용을 확장하는 것이라고 할 수 있다.

상관적 신학은 20세기의 틸리히의 발명품이 아니다. 사실상 기독교 역사 속에서의 모든 신학은 예외 없이 각 신학자 자신이 속해 있었던 시대적 상황과의 상관성 안에서 형성되었다. 스스로 계시신학이라고 주장하는 바르트의 (특히 초기의) 신학도 19세기 자유주의의 역사적 낙관주의가 몰락하고 세계 대전이 일어난 20세기 초의 시대적 상황 속에서의 제기된 문제(인간의 죄성, 역사의 비극)를 가지고 시작된 것이다. 또한 후기로 가면서 나타나는 그의 신학의 변천은 새롭게 변화하는 20세기 중반 이후의 시대적 상황과 밀접한 관계가 있다. 메시지와 상황 또는 기독교와 문화 사이의 상관성은 모든 신학의 불가피한 운명이다. 틸리히의 공헌은 이러한 신학의 본유적 상관성을 방법론적으로 명료화한 것일 뿐이다.

2. 이종성의 통전적 방법

이종성은 자신이 생각하는 통전적 방법의 특징을 다섯 가지로 제시한다.[16] 첫째, 신관이 통전적이다. 통전적 신관은 삼위일체론적 신관을 의미한다. 둘째, 인간을 통전적으로 이해한다. 통전적 인간론은 몸과 영혼을 모두 중요하게 여기며, 일반 학문(과학, 정신분석, 철학)의 인간관과 신학적 인간관을 종합하여 인간을 총체적으로 이해한다. 셋째, 세계와 우주를

16　이종성, 『신학서론』, 78-87.

통전적으로 본다. 인간뿐만 아니라 자연세계도 하나님의 섭리와 구원의 대상이다. 인간만이 아니라 모든 피조물이 하나님에 의해 창조되었으므로 운명을 같이 한다. 이종성은 바르트를 중심으로 하는 신정통주의자들이 피조계를 신학적으로 정당화하는 데 실패했다고 보면서, 자연계에 많은 관심을 가진 몰트만의 『창조신학』「창조세계 안에 계신 하나님」을 언급한다. 넷째, 신학을 통전적으로 이해한다. 조직신학은 오늘날 여러 분과로 세분화된 신학들을 종합하여 통일된 신학을 형성해야 한다. 또 오늘날 분열된 한국교회의 상황에서 통전적 신학이 요청된다. "한 분야의 신학, 한 교파의 신학, 한 계급의 신학, 한 민족의 신학, 한 학파의 신학이 아니라, 신학의 분야 전체를 관통하는 신학, 교파의 특수성을 초월한 보편적 신학, 인류전체를 위한 신학, 모든 학파의 편협성을 초월한 그리스도교의 신학을 지향하는 통전적 신학을 해야 한다."[17]

다섯째, 통전적 방법은 역사를 통전적으로 이해한다.[18] 이종성은 그리스도의 역사관의 토대 위에서 종교적, 관념론적, 유물론적 역사관을 종합해 인류 전체의 역사관을 형성해야 한다고 주장한다. 다시 말하면, 그는 세속적인 모든 역사관이 기독교적 역사관 안에 종합될 수 있다고 주장한다.

이 다섯 가지에 덧붙여 다음 두 가지가 추가될 필요가 있다. 여섯째, 이종성의 통전적 방법은 또한 그가 신학이 다른 학문의 도움을 필요로

---

[17] 위의 책, 83,

[18] 통전적인 역사 이해에 따르면 ① 역사는 단지 인간 혼자만의 결정에 의해서가 아니라 하나님과의 인격적 관계에 의해 결정된다. ② 역사에는 목적이 있다. ③ 역사의 주인은 하나님이다. ④ 역사는 그리스도의 성육신 사건을 통해 신적인 성격을 지니게 되었다. ⑤ 역사에는 종말이 있다. ⑥ 역사는 그리스도의 재림에 의해 종결된다. 그리고 영원한 하나님 나라가 시작된다. 위의 책, 84-85.

한다고 주장하는데 잘 나타난다.[19] 즉 그는 철학, 과학, 종교학, 심리학, 문학, 사회과학을 신학의 보조학으로 간주하며, 이러한 일반 학문들이 신학에 도움을 준다고 본다. 일곱째, 이종성의 통전적 방법은 그가 성서와 교회사뿐만 아니라 세속적인 일반 역사도 조직신학의 자료에 포함시키는 데 잘 나타난다.[20]

이종성이 열거하고 또한 그에게서 발견되는 이상의 일곱 가지의 통전적 방법들 가운데 순수하게 방법론적인 것은 네 번째, 여섯 번째, 일곱 번째이며 다른 네 가지는 방법론적인 것이라기보다 신학의 실질적 내용과 구성에 관한 것이다. 그러므로 통전적 방법론에 관한 우리의 논의는 앞의 세 가지에 집중될 필요가 있다. 즉 이종성은 신학의 분야, 교파, 계급, 민족, 학파를 초월하는 보편적, 통전적 신학(넷째), 모든 학문들을 아우르는 보편적, 통전적 신학(여섯째), 그리고 성서와 교회사뿐만 아니라 일반 역사를 신학의 자료로 삼는 통전적 신학(일곱째)을 추구한다. 이와 같은 이종성의 신학 방법론은 신학의 공공성 또는 보편성을 강조하는 오늘날의 공적 신학의 방법론과 일맥상통한다.

오늘날의 공적 신학이 추구하는 공공성은 두 가지 측면에서 이해될 수 있다. 하나는 인지적, 탈은폐적 disclosive 측면이고, 다른 하나는 실천적, 변혁적 transformative 측면이다. 전자는 신학적 논증의 합리성, 이해 가능성을 중요시하면서 일반학문과의 학제간 대화를 통해 신학의 공공성과 보편성을 추구하는 변증적 또는 철학적 신학자들(틸리히, 매쿼리, 판넨베르크, 과정신학자 등)에 의해 대변되며, 후자는 이 세상에서의 기독교의 사회적,

---

19 위의 책, 154-216.
20 위의 책, 94-142.

제13장. 통전적 신학 방법론   **461**

공적 책임을 강조하며 역사적 현실 속에서의 불의, 부정, 억압, 압제, 구조 악에 대항하여 투쟁함으로써 역사적 현실을 변혁시키고자 하는 정치, 해방신학자들(몰트만, 메츠, 죌레, 구티에레즈, 보프 등)과 여성신학자들(류터, 피오렌자. 메리 데일리 등)에 의해 대변된다. 이종성의 통전적 신학은 실천적, 변혁적 공공성에 대한 관심은 비교적 약하며 대체로 인지적, 탈은폐적 공공성에 관심이 집중되어있는 느낌이 있다. 그는 정치신학, 여성신학과 같은 휴머니즘은 신학의 복음적 요소를 약화시켰다고 비판한다.[21] 이것은 이종성의 복음주의 신학의 시대적 한계성을 보여준다.

그럼에도 불구하고, 신학의 분야, 교파, 계급, 민족, 학파를 초월하는 보편적, 통전적 신학, 그리고 또한 모든 학문들을 아우르는 보편적, 통전적 신학을 추구하는 이종성의 신학 방법론은 오늘날의 글로벌 시대에 기독교 신학이 추구해야 할 탈교파적, 탈당파적, 탈종파적, 탈지역적 에큐메니칼적인 통전적 신학을 지향하고 있음이 분명하다.

III. 『통전적 신학』에 나타난 이종성의 통전적 신학 방법론

이종성은 『통전적 신학』 제1장 "통전적 신학 서설"에서 서구신학의 문제점들을 비판하고 통전적 신학의 과제를 제시한다. 그는 구미신학의

---

21   이종성 외, 『통전적 신학』, 22.

여러 문제점들을 지적한다. 그는 구미신학이 신의 통치 범위를 제한했다고 비판한다. 신은 우주와 전 인류를 통치하시는 절대적인 신인데도 불구하고 구미신학은 이스라엘과 중동지역과 유럽지역의 인류와 문명만을 취급하는 데 급급했으며 그렇게 함으로써 아시아와 아프리카와 북남미는 무시되었다는 것이다. 유색인종의 종교와 윤리와 문화가 신학적 탐구의 대상에서 제외되고 그것들의 가치가 경시되었다. 이종성은 자신이 추구하는 통전적 신학이 이러한 서구신학의 문제점을 극복하기 위한 것이라고 밝힌다. "구미신학은 20세기 후반에 이르기까지 기독교 외의 종교와 문화와 문명을 그리스도의 복음을 위한 준비적 위치에 있었음을 부인하고 단지 기독교 문명의 침략과 지배의 대상으로만 이해하므로 의로우시고 사랑이신 야웨 신의 구속적 통치권을 곡해하게 되었으며, 그러한 곡해 위에 기독교 신학을 개발하고 조직하고 확산시켜 왔다. … 필자는 이 시점에 있어서 … 가장 성서적이고 복음적이고 보편타당한 신학을 개발해야 할 사명감을 느끼게 되어 통전적 신학이란 이름으로 그 일을 추진하고 있다."[22]

이러한 맥락에서 이종성은 서구신학의 과실을 네 가지로 제시한다.[23] 첫째는 신학의 그레코-로만화이다. 그는 오리게네스와 아우구스티누스와 아벨라르와 토마스 아퀴나스가 플라톤과 아리스토텔레스와 플로티누스의 철학에 영향을 받았다고 본다. 그에 따르면 희랍철학과 로마인의 종교와 철학은 근본적으로 인본주의이기 때문에 성서의 사상과 양립할 수 없음에도 불구하고, 중세철학과 신학이 신본주의와 인본주의를 병합

---

22   위의 책, 16.
23   위의 책, 20-24.

하였다고 비판한다. 그리고 또한 그는 이러한 병합이 오늘날의 현대신학과 에큐메니칼 신학과 포스트모더니즘에서도 발견된다고 본다. 둘째는 신학의 백인종의 시녀화이다. 지난 2000년 동안 구미 신학자들은 백인들의 철학, 문학, 예술, 종교, 문화를 자료로 신학을 발전시킴으로써 인류 전체를 위한 신학이 아니라 백인을 위한 신학을 하였다. 셋째는 (이것은 첫째와 다르지 않다) 신학과 휴머니즘의 타협이다. 이종성은 희랍사상을 휴머니즘으로 규정하고, 서구신학이 복음을 복음과 근본적으로 이질적인 휴머니즘과 타협시킴으로써 복음을 약화시켰다고 본다. 또한 그는 이러한 현상이 오늘날의 비종교화, 세속주의, 정치신학, 여성신학, 포스트모더니즘에서도 나타난다고 본다. 넷째는 타종교에 대한 몰이해이다. 기독교는 힌두교, 불교, 이슬람교, 유교 같은 종교들이 "기독교 신학이 밝히려고 노력하는 진리를 이해하는 데 큰 도움이 될 것에 대하여"[24] 진지한 연구를 시도하지 않았다.

이종성은 서구신학의 역사에 대한 (매우 또는 지나치게) 간략한 개관을 시도한다. 먼저, 그는 아우구스티누스는 복음주의에 의해 헬레니즘과 헤브라이즘이 융합되도록 함으로써 기독교 신학의 기초를 닦았다고 긍정적으로 평가하는 반면, 아퀴나스는 아리스토텔레스 철학을 수용하여 기독교 신학을 헬라철학과 혼합함으로써 신학이 아테네의 포로가 되게 만들었다고 부정적으로 평가한다. 그에 따르면, 종교개혁자들은 아테네의 포로가 되었던 기독교 신학을 제자리로 돌려놓은 일을 하였다. 종교개혁자들은 성서의 계시성과 신언성, 그리고 믿음의 절대중요성을 강조하였으며. 세례와 성만찬만을 성례전으로 인정하였고, 권력화된 교황제도에

---

24 위의 책, 23.

반대하였으며, 독신제도를 거절하였다. 그러나 그들은 민족적 감정을 극복하지 못하고 분열하였으며, 17세기부터 루터파와 칼빈파는 정통주의 논쟁에 휘말려 프로테스탄트 스콜라주의에 빠졌다.

이종성은 현대신학자들 가운데 특히 바르트의 신학의 공적을 10가지로 요약하여 열거하면서 매우 긍정적으로 높이 평가한다.[25] 그는 서구 신학의 종착점인 오늘날의 포스트모더니즘을 매우 부정적으로 이해한다. 그는 니체, 하이데거, 데리다, 마크 테일러, 린드벡 등을 언급하면서, 포스트모더니즘은 단지 기독교 신학의 전통에 대한 도전이 아니라 기독교 신학 자체를 부인할 뿐만 아니라 신의 존재와 진리를 부인한다고 비판한다.

마지막으로 이종성은 6가지의 교리, 즉 신관, 구원관, 성령론, 교회론, 윤리관, 종말론을 중심으로 통전적 신학의 과제를 제시한다. 첫 번째, 기독교가 믿는 신은 삼위일체 신이다. 이종성은 구미신학이 타종교가 "복음의 준비과정"preparatio evangelica의 의미가 있음을 묵살하고 상대적, 배타적, 독선적이 되었다고 비판한다. 그는 "통전적 신학은 타종교가 믿고 가르치는 모든 신관을 3위1체 신의 영역 안으로 끌어들여 그들이 가지는 보조적 역할을 활용하여 기독교 신학이 말하는 3위1체 신의 절대적 위치를 확립해야 할 것"이라고 주장한다.[26] 또한 이종성은 기독교 외의 다른 종교의 사람들도 구원을 받을 가능성에 대하여 다음과 같이 말한다. "우리의 신은 그 신들(다른 종교의 신들)과 그 신을 믿는 사람들을 처음부터 무조건적으로 심판하고 죽게 하는 것이 아니라 그들이 비록 예수 그리스도

---

25 그는 바르트의 신학의 부정적인 면에 대하여 말한다고 하면서 바르트의 신학의 문제점에 대해서가 아니라 바르트가 현대신학의 부정적인 면을 비판한 내용에 대하여 말한다. 위의 책, 33-40.

26 위의 책, 42-43.

를 직접 만나지 못하고 믿지 못하고 이름도 듣지 못한다 해도 신은 그들의 존재 가치를 인정하고 신의 구속사역의 간접적 대상으로 만들어서 신의 숨어 있는 섭리에 따라 하나님의 나라의 국민이 될 수 있는 가능성을 주실 것이다. 이 생각을 단지 만인구원설이라고 하여 거부할 것이 아니라 신의 우주 통치와 그의 사랑에 의한 우주 선교의 견지에서 이해해야 할 것이다."[27]

그러나 두 번째 교리인 구원관에 관해 말할 때 이종성은 이와 다른 어조로 말한다. 그는 모든 종교적 구원관이 결국 자기의 구원은 자기의 힘으로 얻을 수 있다는 어리석은 휴머니즘에 지나지 않는다고 말한다. 통전적 신학의 임무의 하나는 세상의 종교가 말하는 인본주의적 구원관을 버리고 참 구주이신 예수 그리스도가 현존하는 기독교로 들어올 것을 설득하는 것이다. 그는 말한다. "다른 종교가 말하는 구원은 인간이 생각해 낸 신이나 신적 존재가 주는 것이기 때문에 절대적 가치가 없다. 다만 참 신이신 예수 그리스도가 주는 구원이 참 구원이다. 통전적 신학은 이 점을 밝힐 것이며, 다른 종교에 대하여 이 점을 알려줌으로써 그들이 참 구원이신 예수 그리스도에게 봉사하는 방법을 알게 될 것이다."[28]

세 번째, 이종성은 성령관에 대하여 말한다. 그는 통전적 신학은 성령을 많은 잡령들로부터 해방하여 3위 1체 신의 한 위로서 야웨 신의 우주 지배사역에 참여하고 있음을 밝혀야 한다고 말한다. 특히 21세기는 성령의 시대로서 성령론은 신론과 그리스도론과 같은 중요성을 가진 교리로 발전되어야 한다.

---

27   위의 책, 42.
28   위의 책, 44.

네 번째, 이종성은 교회관에 관해 말하면서, 프로테스탄트 교회의 분열을 매우 심각한 문제로 간주한다. 그는 3개 교파(정교, 가톨릭교, 개신교)가 타교파를 비판하기 전에 자기 교파의 실정을 돌아보고 교회가 예수 그리스도의 몸이요 하나님 나라의 지상형임을 재인식하고 교회의 본질을 확립해야 할 것이라고 말한다.

다섯 번째, 이종성은 기독교 외의 다른 모든 윤리는 자력에 의해 자아에 숨겨져 있는 도덕력을 발견하여 자기가 정한 이상적 삶을 추구한다고 보면서, 이와 구별되는 기독교의 윤리의 핵심을 여섯 가지로 제시한다. 이 여섯 가지 가운데 특히 중요한 핵심은 기독교의 윤리가 예수가 보여준 아가페 사랑 안에서의 (명령법적 윤리가 아닌) 직설법적 윤리라는데 있다.

여섯 번째, 이종성은 종말관이란 제목 아래 역사관에 대하여 말한다. 그는 여러 가지 역사관(윤회, 직선, 상승 등)을 열거하고, 신학적으로 가장 설득력 있는 역사관으로서 나선형 역사관을 제시한다. 그는 이 역사관에 대하여 이렇게 설명한다. "이 역사관의 요점은, 역사의 축은 신의 역사주관 섭리요, 모든 사건은 이 축과 연결되어 있으며, 축에 가까울수록 긍정적인 사건이요 멀수록 부정적인 사건이다. 그러나 어느 사건도 축에서 완전히 단절된 것은 없다. 그리고 역사는 창조사건알파에서 예수 재림오메가을 향하여 전진하되 직선적이거나 후퇴가 아니라 나선형적으로 전진한다. … 가장 중요한 특징은 우주와 인간 사회 안에서 일어나는 어떠한 사건도 역사의 축인 신의 섭리에서 단절된 것은 없다는 점이다."[29]

결론적으로, 이종성은 통전적 신학의 대전제는 "야웨 신이 서양인과

---

29 위의 책, 51.

지구뿐만 아니라 모든 인류와 모든 생물과 우주 전체를 주관하신다"[30]는 것이라고 밝힌다. 이러한 그의 주장은 동서양을 아우르고자 하는 그의 신학의 통전적 특징을 잘 보여준다. 그러나 그는 혼합주의의 위험을 경계한다. 혼합주의가 모든 종교나 문명 안에 인류에게 도움이 되는 요소를 취사선택하여 범종교적이고 범문명적이고 범도덕적인 종교신학을 형성하려고 한다면, "통전적 신학은 천지만물을 지배하는 야웨 하나님을 절대신으로 믿고, 그 신의 통치 하에 여러 종교와 문명과 문화가 있으며, 그것들이 야웨 하나님의 구원사역의 보조 역할을 한다고 믿는다."[31] 통전적 신학은 인류가 개발한 이러한 모든 종교, 학문, 기술, 문명, 철학, 도덕을 야웨 하나님의 통치권 안으로 수용하여 성서를 통하여 계시된 진리의 보조자로서 평가하여 인류 전체를 위한 통전적 메시지를 추구한다. 왜냐하면 그 모든 것이 야웨 하나님의 피조물이요 그의 통치권 안에 있으며, 모든 것이 기독교 신학에 봉사하는 의의preparatio theologia를 갖기 때문이다.

"통전적 신학 서설"에 나타나는 이와 같은 이종성의 논증 또는 주장들은 다음 몇 가지의 관점에서 좀 더 깊은 숙고를 요청한다. 이 글에서 통전적 신학 방법론을 위한 그의 주된 관심사는 기독교와 다른 종교 또는 문화의 관계에 집중된다. 그는 타종교와 타문화에 대한 서구신학의 몰이해와 무관심을 비판한다. 그에 따르면, 서구신학은 배타적, 독선적인 태도를 가지고 타종교와 타문화가 "복음의 준비과정"preparatio evangelica에 있음을 부인하고 그것들을 비판과 정복과 지배의 대상으로만 여김으로써 하나님의 보편적 통치권을 제한하였다. 그는 시종일관 하나님의 통치의

---

30   위의 책, 52.
31   위의 책.

보편성을 강조한다. 여기서 주목할 점은 그가 타종교를 단지 부정적으로 인식하지 않고 긍정적으로 즉 "복음의 준비과정", "성서를 통하여 계시된 진리의 보조자", "기독교 신학이 밝히려고 노력하는 진리를 이해하는 데 큰 도움"이 될 것으로 본다는 것이다. 이러한 이종성의 견해는 타종교를 부정적으로 인식해온 전통적인 서구신학과 타종교에 대한 배타적인 견해를 고수하는 오늘날의 보수적인 신학자들의 견해와 분명히 다른 것이다. 그는 특별계시와 자연계시를 구별하며, 자연계시의 가능성을 인정하며, 이 점에 있어서 그는 바르트 편이 아니라 브룬너 편이다.[32] 그가 성서와 교회사뿐만 아니라 일반역사까지도 신학의 자료로 인정하는 것은 일반은총과 자연계시를 인정하는 그의 계시관과 또한 일반역사 역시 하나님의 보편적 현존과 섭리로부터 제외될 수 없다는 그의 역사관 때문이다.[33] 이런 의미에서 그는 타종교와의 관계에 있어서 그리스도 중심적인 포괄주의inclusivism 입장을 지니고 있다고 할 수 있다.

나아가서, 이미 언급한 바와 같이, 이종성은 기독교 외의 다른 종교 사람들의 구원 가능성도 열어놓는다. 하나님은 그들에게도 "하나님의 숨어 있는 섭리에 따라 하나님의 나라의 국민이 될 수 있는 가능성을 주실 것이다." 그는 이것을 "신의 우주 통치와 그의 사랑에 의한 우주 선교"의 견지에서 이해해야 한다고 주장한다. 말하자면 이종성은 오늘날의 "하나님의 선교"Missio Dei의 관점에서 타종교의 구원문제에 접근한다. 그는 인간의 구원의 문제가 궁극적으로 하나님의 숨어 있는 섭리에 달려있음을 인정한다. 이러한 사고는 다른 종교에 속한 인간의 구원 가능성을 루터

---

32 이종성은 칼빈에 대한 칼빈주의 전통과 오늘날의 개혁신학자들의 일반적 해석이 자연계시의 가능성을 인정하는 것이라고 말한다.

33 이 점에 대해서 김명용이 잘 지적하였다. 김명용, "이종성의 통전적 신학," 『통전적 신학』, 85.

가 말하는 '숨어계신 하나님'Deus absconditus 의 섭리에 근거시키는 것으로서, 높이 평가할 만한 신학적 통찰력이다. 이러한 신학적 사고야말로 진정한 의미에서의 하나님의 절대주권에 대한 온전한 고백에 기초한 것이라고 할 수 있다.

이종성의 이와 같은 포괄주의적 견해의 근거는 하나님의 통치의 보편성에 대한 그의 확신에 있다. 이미 언급한 바와 같이 그의 통전적 신학의 대전제는 "야웨 신이 서양인과 지구뿐만 아니라 모든 인류와 모든 생물과 우주 전체를 주관하신다"는 것이다. 이 세상의 모든 것이 하나님의 피조물이고 그의 통치권 안에 있으며, 따라서 기독교 신학에 봉사할 수 있다. 이러한 이종성의 신관은 판넨베르크의 보편사적 세계의 통치자와 완성자의 보편적 하나님 개념과 유사하다.

그러나 다른 한편, 이종성은 구원관에 관해 말할 때 이와 다른 어조로 말한다. 그는 모든 종교적 구원관이 결국 자기의 구원은 자기의 힘으로 얻을 수 있다는 휴머니즘에 지나지 않는다고 말하면서,[34] 통전적 신학은 세상의 종교가 말하는 인본주의적 구원관을 버리고 참 구주이신 예수 그리스도가 현존하는 기독교로 들어올 것을 설득해야 한다고 주장한다. 그는 "다른 종교가 말하는 구원은 인간이 생각해 낸 신이나 신적 존재가 주는 것이기 때문에 절대적 가치가 없다. 다만 참 신이신 예수 그리스도가 주는 구원이 참 구원이다."라고 주장한다. 다른 종교는 이점을 알아야 참 구원이신 예수 그리스도에게 봉사하는 법을 알게 될 것이다.

---

34 과연 기독교 외의 모든 종교의 구원관이 자력으로 구원을 얻는다고 가르치는 휴머니즘인가 하는 것은 의문이다. 불교(특히 소승불교)에 대해서는 어느 정도 이 말이 사실이다. 그러나 다른 유신론적 종교들이 다 인간이 자신의 힘으로 구원을 얻는다고 가르친다고 단정하기는 어렵다. 무신론적 종교인 대승불교도 단지 자력 구원만을 가르치지는 않는다. 여기서는 타력 구원도 가르치며, 아미타와 같은 중보자도 있음을 기억할 필요가 있다.

한편으로는 하나님의 보편적 통치를 강조하고 다른 종교인의 구원 가능성을 열어놓는 그가 다른 한편으로는 타종교가 말하는 구원을 인정하지 않고 오직 예수 그리스도가 주는 구원만이 참 구원이라고 주장하는 것은 이율배반인 것처럼 보인다. 그러나 반드시 그렇게 생각할 필요는 없다. 왜냐하면 인간에게 구원을 약속하는 어느 종교의 구원론 체계와[35] 참된 구원을 베푸시는 하나님의 숨어 있는 섭리는 결코 동일시 될 수 없기 때문이다. 이종성은 타종교인에 대한 하나님의 숨어 있는 섭리 안에서의 구원의 가능성은 열어놓음에도 불구하고, 타종교가 약속하는 교리적인 구원론 체계는 인정하고 있지 않음이 분명하다. 이런 의미에서 그는 여전히 기독교가 믿는 예수 그리스도 안에서의 구원의 유일무이성 또는 배타성을 유지하고 있다고 할 수 있다. 따라서 그의 포괄주의는 단순히 종교다원주의적인 포괄성이 아니라 한편으로 예수 그리스도 안에 나타난 구원의 유일무이성을 포기하지 않는 포괄성이라고 규정할 수 있다.

마지막으로, 기독교와 희랍사상의 관계, 그리고 포스트모더니즘에 대한 이종성의 이해에 관해 잠시 생각해 볼 필요가 있다. 서구 기독교의 역사에 대한 그의 개관은 매우 단순화된 케리커처caricature식의 묘사이다. 그는 희랍과 로마의 철학은 근본적으로 인본주의이기 때문에 성서의 사상과 양립할 수 없다고 주장하면서 중세신학(특히 아퀴나스)이 신본주의와 인본주의를 병합했다고 비판한다. 이러한 주장은 논란의 여지가 있다. 왜냐하면 고대 교부들의 신학은 고대 희랍철학과의 상호비판적인 관계(또는 애증의 관계) 안에서 형성된 것이기 때문이다. 고대 교회에서는 기독교

---

35 아마도 여기에는 기독교도 포함될 수 있을 것이다. 물론 이것은 기독교가 다른 종교와 같은 차원에 있다는 말은 결코 아니다. 왜냐하면 기독교는 예수 그리스도 안에서 계시된 하나님(Deus revelatus)을 믿으며, 예수 그리스도 안에서 하나님의 유일회적인 구속사건이 일어났음을 믿기 때문이다.

의 헬레니즘화와 헬레니즘의 기독교화가 함께 일어났다. 이것이 바로 (이 종성이 긍정적으로 받아들이는) 틸리히가 말하는 상관성 correlation 의 구체적인 예증 사례이다. 그리고 (그가 존경하는) 아우구스티누스도 이점에 있어서 예외가 아니다. 주지하는 바와 같이 아우구스티누스는 신플라톤주의의 영향을 받았다.[36] 또한 이점에 있어서 아리스토텔레스의 영향 아래서 방대한 신학체계를 수립했던 중세의 아퀴나스도 크게 다르지 않다. 우리는 종교개혁자들이 비판의 대상으로 삼았던 주된 표적이 가톨릭 신학의 근간을 형성했던 아퀴나스의 신학체계 자체라기보다는 중세 말기에 왜곡되고 사변화된 스콜라주의와 부패한 도덕성이었다는 점을 기억해야 한다. 예를 들면, 종교개혁자들이 가톨릭교회의 관행적 공로주의를 비판하면서 "오직 은혜만"이라는 표어를 내걸고 종교개혁운동을 전개한 것은 분명한 사실이지만, 공로주의는 본래 아퀴나스의 가르침과 거리가 멀다. 아퀴나스의 신학에서도 구원은 오직 하나님의 은혜로만 주어진다는 사실은 추호도 의심의 여지가 없다.

탈근대주의에 대한 이종성의 이해는 부분적이고 단편적이다. 이것은 그가 아마도 세대적 간극으로 인하여 최근의 시대적 사상과 신학적 흐름에 대해 깊이 연구를 할 기회가 없었기 때문일 것으로 여겨진다. 탈근대주의 안에도 여러 가지 흐름이 있다. 예를 들면, 다소 복고주의적인 탈자유주의 post-critical 입장도 있으며(이종성이 언급한 린드벡은 여기에 속한다), 해체주의적이고 상대주의적인 다원주의 입장도 있으며(이종성이 언급한 데리다, 그리고 아마도 마크 테일러는 여기에 속한다), 이 둘 사이의 중도적인 재구성적인 reconstructive 책임적 다원주의의 입장도 있다 트레이시는 여기에 속한다). 오

---

[36] 이 사실은 아우구스티누스에 관한 학위논문을 쓴 이종성이 누구보다 잘 알고 있을 것이다.

늘날의 탈근대적 신학의 특징은 다양한 상황 속에서 다양한 신학적 질문과 응답들이 이루어지고 있다는 점이다. 오늘날에는 전통적인 정교, 가톨릭, 개신교 신학 전통들 외에(또는 그것들 안에서) 정치신학, 해방신학, 여성신학(서구, 아시아, 아프리카), 제3세계 신학, 생태신학 등 다양한 삶의 자리에서의 다양한 신학적 질문과 응답들이 허용되며 심지어 요구된다. 오늘날의 탈근대적 신학의 특징은 바로 신학자가 자신을 포함한 인간 실존의 철저한 역사성과 다원성에 대한 분명한 의식을 가지고 신학을 한다는 사실에 있다.

IV. 결론

이종성은 자신의 신학을 성서적 복음주의 신학이라고 부른다. 그는 성서의 축자적 무오성을 신봉하는 성서주의자는 아니다. 그러나 그는 성서의 신언성은 조금도 의심하지 않는다. 그는 성서에 인위적인 오류가 있다고 해도 성서는 하나님의 감동으로 기록된 하나님의 말씀을 담고 있는 책으로서 신학의 표준과 길잡이가 된다고 믿는다.[37] 또한 그의 신학은 복음주의 신학이다. 그의 신학은 칼빈에 뿌리를 두고 바르트, 브룬너, 베르코프, 틸리히, 그리고 몰트만까지도 (적어도 부분적으로) 아우르고자 하는 폭넓은 복음주의적 개혁신학이다. 이와 같은 그의 폭넓은 신학은 그의

---

[37] 이종성, 『신학서론』, 208; 김명용, "이종성의 통전적 신학," 『통전적 신학』, 110.

통전적 신학 방법론에 기초한 것이며, 통전적 신학 방법론은 바로 그의 통전적인 기독교 영성을 반영한다.

이러한 통전적 신학 방법론과 신학을 계승, 발전시켜 나아가는 것은 오늘 우리에게 주어진 시대적 과제이다. 장로회신학대학교는 1985년의 신학성명[38]과 2002년의 신학교육성명[39]을 통해 장신대가 지향하는 통전적 신학을 대내외에 공표한 바 있다. 장로회신학대학교는 1998년 교육이념을 "예수 그리스도의 복음전파와 하나님 나라의 구현"으로 확정했으며, 이러한 교육이념 아래 2002년의 신학교육성명은 "예수 그리스도 안에 온전히 계시된 하나님 나라의 복음은 인간을 살리고, 사회를 살리고, 창조세계 전체를 살리는 온전한 복음이다"라고 천명하였다. 이와 같은 장로회신학대학교의 교육이념은 복음전파를 통한 개인의 영혼 구원을 강조하는 복음주의 입장과 이 땅의 사회 정치적인 모든 삶의 영역에 하나님의 통치를 실현함으로써 하나님 나라를 구현하고자 하는 에큐메니칼적인 입장을 통전적으로 잘 표현한다.

"예수 그리스도의 복음전파와 하나님 나라의 구현"은 통전적 신학이라는 타원의 두 초점을 구성하는 불가분한 두 이념이다.[40] 또한 통전적 신학은 장로회신학대학교의 교육목표인 경건의 훈련, 학문의 연마, 복음의 실천에 잘 나타나 있다. 경건 pietas 과 학문 scinetia 과 실천 praxis 은 통전적 신학의 정립 鼎立 을 위한 세 기둥이다. 통전적 신학은 복음주의적 경건과

---

38 "장로회신학대학 신학성명," 『기독공보』, 1985. 9. 14. 여기서는 우리의 신학이 ① 복음적, 성경적이며, ② 개혁주의적, 에큐메니칼적이며, ③ 교회와 하나님 나라에 봉사하며, ⑤ 선교적 기능과 역사적 사회적 참여의 기능을 수행하며, ⑥ 그 장이 한국, 아시아, 세계이며, ⑦ 기존 사회 문제들에 응답하며, ⑦ 대화적임을 천명하였다.

39 "장로회신학대학교 신학교육성명을 위한 기초문서," 『교회와 신학』 48 (2002 봄), 12-19.

40 윤철호, 『현대신학과 현대개혁신학』(서울: 장로회신학대학교출판부, 2003), 256.

자유주의적 학문성과 진보주의적 실천을 상호비판적 상관성 안에서 통합하되, 근본주의적 보수주의, 급진적 자유주의, 혁명적 진보주의를 동시에 거부한다. 통전적 신학은 좌로나 우로나 치우치지 아니하고, 좌익左翼과 우익右翼의 변증법적 긴장과 상호비판적 상관성 안에서 끊임없이 역동적으로 중심을 잡아가며 좌우의 두 날개로 비행하는 신학이다.[41]

김명용에 의하면 통전적 신학은 "예수 그리스도 계시의 궁극성과 성서의 표준성"의 전제 아래, "에큐메니칼 신학과 복음주의 신학의 통합을 지향하고 개신교 신학과 가톨릭 신학 및 동방정교회의 신학을 종합적으로 검토하고, 기독교 신학뿐만 아니라 모든 종교와 문화 및 자연과학에 이르기까지의 모든 학문과 대화"를 추구하는 신학이다.[42] 김명용은 통전적 신학을 '온 신학'으로 새롭게 표현한다. 그에 따르면 온 신학은 "온 세상을 위한 신학"이며, "궁극적으로 이 땅에 하나님 나라가 임하는데 봉사하고자 하는 신학"이다.[43] 그는 온 신학의 특징이 삼위일체 신학, 하나님의 주권과 은총의 신학, 온전한 복음, 하나님 나라를 위한 신학, 대화적 신학, 기도의 신학, 사랑의 윤리에 있다고 말한다.[44] 우리의 고유한 언어

---

41 신옥수는 통전적 신학으로서 중심에 서는 신학의 특징을 장신대에서 발표된 신학성명과 조직신학 교수들의 저술을 중심으로 다음 여섯 가지 관점에서 제시하였다. ① 성경: 영감설을 인정하되 축자영감설은 거부하고 온건한 성서비평학을 수용한다. ② 복음과 상황 및 문화의 관계성: 기본적으로 문화변혁적 개혁신학 전통을 따르되, 하나님 나라 신학에 기초한 기독교 문화의 토착화 과제도 함께 고려한다. ③ 예수 그리스도의 복음과 구원의 개념: 복음과 구원은 개인의 전인적 차원과 아울러 사회, 정치, 우주적 차원을 포괄한다. ⑤ 복음전도와 교회의 사회적 책임: 복음전도와 교회성장을 중요시하면서도 하나님의 선교의 맥락에서 역사적 책임을 다한다. ⑥ 교회의 일치 운동: 교회일치를 위한 에큐메니칼 운동에 적극적으로 참여한다. ⑦ 종교간의 대화: 예수 그리스도의 유일성과 최종성을 긍정하며 기독교의 정체성을 견지한 채 타종교와의 진지한 대화에 임한다. 신옥수, "중심에 서는 신학, 오늘과 내일: 장신신학의 정체성 형성에 관한 소고," 『화해와 화해자: 화해자로서의 교회와 장신신학의 정체성』(서울: 장로회신학대학교출판부, 2012), 477-496

42 김명용, "통전적 신학이란 무엇인가?" 『통전적 신학』, 68.

43 김명용, 『온 신학(Ohn Theology)』(서울: 장로회신학대학교출판부, 2014), 100.

44 위의 책, 133-156. 김명용, "온 신학," 김도훈·정기묵 편, 『21세기 아시아 태평양 신학과 실천』(서울: 장로회신학대학교, 2014), 33-50.

를 오늘에 되살려 통전적인 신학 방법론의 핵심 개념으로 삼고자 하는 그의 시도는 매우 바람직하다.

또한 이와 같은 맥락에서, 다양한 유형의 신학들이 백가쟁명百家爭鳴으로 난무하고 갈등과 대립이 그 어느 때보다도 심각한 오늘날의 한국의 신학적 상황 속에서, 통전적 신학은 "회통"會通[45]을 통한 "화쟁"和爭을 추구했던 원효의 화쟁사상을 새롭게 조명하고 전유할 필요가 있다. 원효는 다양한 교설들이 난무하던 당시에 자신의 저서 『십문화쟁론』十門和爭論을 통해 화쟁사상을 수립했다. 『십문화쟁론』을 문자적으로 번역하면 "열 가지 유형의 쟁론을 화쟁하는 이론"으로서, 상이한 견해들 사이의 불필요한 대립과 갈등을 지양하고 그 모든 견해들 각각의 부분적 진리를 아우르고 조화시키고 통합하는 통전적인 방법론이라고 할 수 있다. 원효는 『열반경』의 대의를 밝히는 부분에서, "여러 경전의 부분을 통섭하고 만유의 일미一味에 돌아가 불의佛意의 지극히 공변됨至公을 열고 백가百家의 서로 다른 쟁론들을 화해시켜, 드디어 시끄러운 사생四生으로 하여금 무이無二의 실성實性에 돌아가게 하고 꿈꾸는 긴 잠을 대각大覺의 극과에 도달하게 한다"[46]라고 설명하고 있다. 원효의 화쟁사상이 오늘의 시대적 언어로 적절하게 해석되고 새롭게 표현될 수 있다면, 그것은 시대적 제한성과 종교적 특수성의 경계를 넘어 기독교의 통전적 신학 방법론의 수립을 위한 좋은 유산과 자원이 될 수 있다.[47] 이와 같은 동양과 우리민족의 고

---

45 회통(會通)은 배타적 언어 다툼(쟁론)을 치유하려는 화쟁(和爭)의 방식으로서, 불변의 실체나 본질을 설정하면 배타적으로 맞설 수밖에 없고, 실체나 본질이라는 환각을 벗어버리면 서로 열려 통할 수 있다는 통찰이다. 박태원, 『원효』(서울: 한길사, 2012), 355.

46 『涅槃經宗要』(『한국불교전서』 1, 524上); 한국기독자교수협의회·한국교수불자연합회 공저, 『생명과 화쟁』(서울: 동연, 2010), 144에서 인용.

47 통전적 신학 방법론을 원효의 화쟁론의 관점을 전유하여 수립하는 일은 필자의 다음 과제이다.

전과의 시대와 종교의 경계를 뛰어넘는 열린 대화는 서구적인 사고방식과 세계관에 익숙해져 있는 오늘날의 기독교 신학자들에게 동서양의 관점을 아우르는 통전적인 신학을 위한 새로운 지평과 전망을 열어줄 수 있을 것이다.

통전적 신학 방법론은 어느 하나의 방법론을 배타적으로 고수하지 않는다. 그것은 교회와 학교와 사회를 반영하는 방법론을 모두 포괄한다. 즉 그것은 교회 안에서의 실존적이고 공동체적인 신앙고백과 이성적이고 합리적인 학문성과 사회 정치적인 실천을 함께 추구한다. 다시 말하면 통전적 신학 방법론은 '위로부터'from above 방법론 즉 위로부터의 계시에 근거한 연역법적 방법론과 '아래로부터'from below 방법론 즉 아래로부터의 경험에 근거한 귀납법적 방법론, 그리고 '바닥과 미래로부터'from bottom and future 방법론 즉 종말론적 하나님 나라의 비전과 역사 변혁적인 성령의 능력 안에서 가난하고 소외되고 억눌린 사람을 해방하기 위한 실천적 방법론을 모두 필요로 한다. 통전적 신학 방법론 안에서 경건pietas과 학문scientia과 실천exercitatio은 하나로 통합된다. 이런 의미에서 '통전적'統全的 방법론은 또한 '통전적'通全的 방법론이다. 그것은 하나의 특정한 관점에 얽매이지 않고 자유롭게 다른 관점들을 받아들인다. 통전적 신학 방법론 안에서 모든 신학 방법론들은 자신의 관점에 집착하지 않고 극과 극이 통하듯이 서로 막힘없이 상통相通한다.

다원성과 모호성으로 특징지어지는 오늘날의 탈근대적인 시대에, 성서와 기독교 전통에 충실하며 동시에 다양한 시대적 요청에 적절하게 응답하는 신학을 형성해 나아가야 할 책임이 우리에게 있다. 우리는 우리 자신의 개혁교 전통을 소중히 여기되 독선적이고 배타적인 당파성을 넘어서는 범세계적인global 에큐메니칼 신학을 지향하여야 한다. 오늘날의 탈근대적 시기의 특징은 인간 실존의 역사적 특수성에 대한 인식이 그 어느 때보다도 강화됨과 동시에 세계화 또는 지구화globalization의 대세를 거스를 수 없게 되었다는 것이다. 따라서 오늘날 오늘날의 탈근대적 신학은 한편으로는 전근대적인 비역사적 절대주의와 근대적인 역사적 상대주의 양자를 극복하고, 다원주의를 허용또는 고취하되 상대적 적절성의 기준을 포기하지 않는 책임적인 다원주의responsible pluralism를 추구해야 한다. 우리는 자기 절대주의적이고 자기 폐쇄적인 신학이나 무책임하고 혼란스런 다원주의적 신학을 함께 극복하고, 자기 존중과 자기 노출의 변증법 안에서 협의회적 일치conciliar unity와 보편적 공공성universal publicness, 그리고 책임성 있는 다원주의를 지향하는 통전적 신학을 수립해야 한다.

오늘날의 탈근대적 시기에 통전적 신학은 전근대적인 계시적 토대주의와 근대적인 경험적 토대주의 그리고 탈근대적인 반토대주의를 넘어서, 역사적 다원성과 모호성 안에서 종말론적인 하나님 나라의 완성을 바라보며 타자와의 상호비판적인 대화에 참여하는 포스트 토대주의post-foundationalism 신학을 추구해야 한다.[48] 이와 같은 통전적인 포스트 토대주의적 신학은 자신의 정체성을 형성하는 전통의 영향사history of effect에 대한 역사적 의식과 함께, 변증법적이고 동시에 유비적인 상상력 안에서 과거와 오늘의 다양한 유형의 신학들, 인문·사회·자연과학을 포함하는 제 일반학문들, 그리고 다른 문화와 종교 전통들과의 상호비판적이고 건설적인 대화를 요구한다.

---

48 포스트토대주의 신학에 대해서는 윤철호, "포스트토대주의 신학에서의 합리성: 호이스틴과 슐츠를 중심으로," 『한국조직신학논총』 16 (2006), 101-129 참고하라.

제14장

통전적(온) 신학 방법론 수립을 위한 화쟁사상의 의미

- 원효의 『십문화쟁론』(十門和諍論)을 중심으로 -

• 이 글은 윤철호, "온 신학 방법론 수립을 위한 화쟁사상의 의미: 원효의 십문화쟁론을 중심으로," 『온신학』1 (2015. 10)을 수정·보완한 것임.

I. 서론

오늘날 한국교회가 직면하고 있는 위기 현상의 원인 가운데 하나는 교회의 극심한 분열이다. 교회의 분열에는 여러 가지 요인들이 있지만, 그 가운데 중요한 요인이 교리적, 신학적 차이로 인한 갈등과 불화이다. 오늘날 한국교회 안에는 이른바 보수주의, 자유주의, 진보주의가 대립하며, 전근대, 근대, 탈근대가 서로 갈등하며 혼재한다. 한국교회와 신학의 특징은 서로 배타적이라는데 있다. 보수주의는 보수주의대로 배타적이며, 자유주의는 자유주의대로 배타적이며, 진보주의는 진보주의대로 배타적이다. 자신이 전공한 한 신학자의 사상이나 자신이 속해있는 교회 전통에 매몰되어 그것을 절대화하고 그 신학자 또는 전통의 아바타처럼 그것을 앵무새처럼 반복하는 사람들이 한국교회에는 너무도 많이 있다. 이와 같은 상황에서 서로 다른 교파와 교단과 신학 전통들 사이의 진정한 대화는 찾아보기 어렵다. 오늘날의 백가쟁명^{百家爭鳴}식으로 혼란한 한국 교회의 신학적 상황 속에서, 서로 다름을 인정하고 열린 마음으로 대화함으로써 보다 온전한 진리의 전체성을 향해 함께 나아가는 통전적인 영성이 그 무엇보다도 요청된다.

이러한 한국교회의 상황 속에서 이종성은 '통전적'^{統全的} 신학의 필요성을 강조하였다. 통전적 신학은 좌로나 우로나 한쪽으로 치우치지 않으면서 동시에 다양한 입장들을 비판적으로 통전하는 신학을 의미한다.[1] 이종성에 의하면 통전적 신학은 삼위일체 하나님, 인간의 총체적 실존, 창조세계 전체, 신학의 모든 분과, 역사 속에서의 하나님의 통치를 통전적으로 이해한다.[2] 그리고 이러한 이종성의 '통전적 신학'을 계승하여 김명용은 '온신학'을 주창했다. 김명용에 따르면 '온신학'은 한국에서 발전된 한국의 신학으로서 루터와 칼뱅의 종교개혁 전통 위에서 에큐메니칼 신학과 복음주의 신학 및 오순절 신학이 한국에서 합류되면서 만들어진 신학이다.[3] 그는 온신학의 특징을 다음 일곱 가지로 제시한다. ① 삼위일체 신학, ② 하나님의 주권과 은총의 신학, ③ 온전한 복음, ④ 하나님 나라를 위한 신학, ⑤ 대화적 신학, ⑥ 기도의 신학, ⑦ 사랑의 윤리.[4] 그는 또한 온신학의 관점에서 복음을 다음 여덟 가지로 정의한다.[5] ⑧ 복음은 예수 그리스도이다. ⑨ 복음은 그리스도의 대속의 죽음과 죄인의 칭의다. ⑩ 복음은 율법이 아닌 하나님의 은혜로 구원이 주어진다는 것이다. ⑪ 복음은 인간을 향한 하나님의 무한한 긍정이다. ⑫ 복음은 하나님이 우리와 함께 계신다는 것이다. ⑬ 복음은 하나님이 아버지라는 것이다. ⑭ 복음은 하나님의 통치와 사탄의 축출에 있다. ⑮ 복음은 정의와 평화와 생명의 세계를 온 세상에 구현하는 우주적인 구원을 약속한다.

'온신학'은 '통전적 신학'의 순수한 한국어 표현으로서, '통전적 신학'과 동의어이다. 그러나 순수한 우리말인 '온'에는 '통전적'에는 없는 언어적 내용이 함축되어 있다. 즉 '온'은 한국적인 고유한 사유의 틀을 가지고 신학을 한다는 의미를 내포한다. 다시 말하면, 한국적 신학을 위한 토착화가 온신학의 본유적 과제 가운데 하나이다. 최태영은 온신학이 한국적

---

1   '통전'의 의미에 대해서는 김명용, "통전적 신학이란 무엇인가?" 이종성·김명용·윤철호·현요한, 『통전적 신학』(서울: 장로회신학대학교 출판부, 2004), 53-54를 참고하라.
2   이종성, 『춘계 이종성 저작전집』I, 『신학서론』(서울: 한국기독교학술원, 2001), 77-87.
3   김명용, 『온신학』(서울: 장로회신학대학교출판부, 2014), 91.
4   위의 책, 133-56.
5   김명용, 『온신학의 세계』(서울: 장로회신학대학교출판부, 2016), 23-44.

신학으로서의 정체성을 수립해야 할 것을 다음과 같이 강조하였다. "만일 한국교회의 신학에서 한국적 신학이라 불릴 것이 없다면 한국교회는 세계와 세계의 교회를 위하여 최소한 신학적인 기여를 한 것은 하나도 없다고 말해야 한다."[6] 그는 "서구인들이 발견하지 못한 신학, 한국인의 눈으로 발견한 복음의 진리를 담고 있는 신학"으로서의 한국적 신학의 필요성을 강조한다.[7]

이 글은 통전적 또는 온신학으로서의 한국적 신학을 위한 방법론적 가능성을 한국의 종교사상 전통으로부터 발견하고자 하는 하나의 시도이다. 우리 민족의 종교 역사 속에서 다양한 종교 교리와 이론들 사이의 쟁론으로 인해서 혼란을 겪던 시기에 그 다양한 교리와 이론들 조화시키고 쟁론을 치유하기 위해 노력했던 대표적인 학자가 원효[617-686]이다. 원효는 우리 민족의 모든 종교를 통틀어 역사적으로 가장 커다란 국제적인 영향력을 미쳤던 한민족이 낳은 세계적인 종교학자였다. 특히 그가 당시의 다양한 불교 이론들 사이의 배타적 쟁론들을 조화시키고 치유하기 위해 저술한 『십문화쟁론』[十門和諍論]은 종교적, 시대적 경계를 넘어 오늘날 백가쟁명으로 난립하고 갈등하고 있는 한국교회의 신학적 상황 속에서 통전적인 온신학의 수립을 위한 방법론적 가이드를 제공해 줄 수 있을 것으로 기대된다.

따라서 이 글에서는 원효의 『십문화쟁론』을 중심으로 통전적인 통전적ᄋᆫ 신학 방법론 수립을 위한 화쟁사상의 의미를 고찰해 보고자 한다. 먼저 『십문화쟁론』의 내용을 해의와 해설을 통해 살펴본 후에, 배타적 견

---

6 최태영, "한국신학으로서의 온신학," 「온신학회 전문위원세미나」(장로회신학대학교 세계교회협력센터, 2015.1.20), 17.

7 위의 책, 21, 22.

해의 쟁론을 조화시키는 화쟁의 논법을 『십문화쟁론』 뿐만 아니라 『십문화쟁론』 이외의 원효의 다른 저술들에 나타난 내용을 통하여 고찰할 것이다. 이 글은 종교 간의 대화를 위한 글이라기보다는 한국적인 온신학의 정립을 위한 방법론적 틀과 자원을 우리 민족의 전통적인 종교 문화사 안에서 발견해내고 그것을 가능한 한도 내에서 비판적으로 전유하고 발전시켜서 오늘날의 한국교회의 신학적 상황에 적용하기 위한 글이다. 방법론적 측면에 집중하기 위해서는 원효가 『십문화쟁론』에서 다루는 사상의 종교적, 교리적 의미보다[이것과 분리될 수는 없지만] 그 사상을 전개하는 논리 형식에 관심을 기울일 필요가 있다.

II. 『십문화쟁론』이란?

『십문화쟁론』[十門和諍論]은 『대승기신론소』[大乘起信論疏]와 더불어 원효의 사상을 대표하는 가장 유명한 저술이다. 이 두 책은 모두 당대의 여러 아시아 국가들의 언어로 번역되거나 널리 소개되고 인용되었다. 그런데 『십문화쟁론』은 『대승기신론소』와 달리 주어진 경전에 대한 주석서가 아니라 원효 자신이 수립한 주제를 독자적인 체계로 전개하는 단독 저술서이다. 『십문화쟁론』의 원본인 경판은 해인사 사간장경전[寺刊藏經殿]에 봉안되어 있는데, 상권 가운데 오직 2판 4장[9, 10, 15, 16]만이 비교적 온전한 형태로 남아 현전하고 있다. 이 『십문화쟁론』 잔간[殘簡]에는 두 가지 내용의 화쟁이론이 나타난다. 4장 가운데 제9, 제10의 2면에는 '공'[空]과 '유'[有] 개념에 관한 쟁론에 대한 화쟁이 전개되고 있고, 제15, 16의 2면에는 불성의 보편성 주장('모든 중생은 불성 佛性을 지니고 있다'과 차별성 주장('불성이 없는 중생도 있다') 사이의 쟁론에 대한 화쟁이 전개되고 있다.

『십문화쟁론』이란 제목은 일반적으로 '열 가지 유형의 쟁론 諍論, 견해의 배타적 주장을 화쟁하는 이론'을 의미하는 것으로 알려져 있다. 현재 남아있는 『십문화쟁론』 두 문 門의 내용이 각각 공/유 空/有와 불성 佛性에 관한 이견 異見들을 화쟁의 대상으로 삼고 있음을 볼 때, 『십문화쟁론』은 화쟁의 대상을 열 가지 주제로 종합하고 있는 저술로 보는 것이 일반적인 견해이다.[8] 원효는 불교 이론의 이해를 둘러싼 특정한 쟁론들을 겨냥하여 그들을 대상으로 화쟁론을 구성했으며, 그 과정에서 인간사 모든 쟁론의 보편적 구조와 그 해법에 대한 통찰을 불교적 시각에서 수립한 것으로 추정된다.[9]

그러나 박태원은 '십문'⁺門을 '열 가지 주제에 관한 쟁론들'이 아니라 '관점을 성립시키는 조건들의 열 가지 연기 緣起[10]적 인과계열'로 보고, 따라서 『십문화쟁론』은 '열 가지 주제에 관한 쟁론을 화쟁하는 이론'이 아니라, '관점을 성립시키는 조건들의 열 가지 연기적 인과계열에 관한 화쟁이론' 혹은 '관점을 성립시키는 조건들의 열 가지 연기적 인과계열로써 화쟁하는 이론'으로 이해하는 것이 가능하다고 주장한다.[11] 박태원의 말

---

8 박태원, 『원효: 하나로 만나는 길을 열다』(서울: 한길사, 2012), 176-177.

9 위의 책, 177.

10 연기(緣起)는 'paticcasamuppada'를 번역한 말로, 의지하여(paticca), 함께(sam), 나타남(uppada)의 의미이다. 초기 경전인 『잡아함경』에서는 "이것이 있기 때문에 저것이 이고 이것이 생기기 때문에 저것이 생기며, 이것이 없기 때문에 저것이 없고 이것이 사라지기 때문에 저것이 사라진다"는 뜻으로 모든 존재의 생(生)과 멸(滅)에 관한 원리를 설명하고 있다. 이러한 원리를 관계성의 법칙, 상의성의 법칙이라고 한다. 이 원리에 의하면 모든 존재는 우연히 생겨났거나 아무런 조건 없이 혼자 존재하지 않고 반드시 그 존재를 성립시키는 여러 가지 원인과 조건의 관계성·상의성에 의해 생겨난 것이라는 것을 의미한다. 한국기독자교수협의회·한국교수불자연합회, 『생명과 화쟁』(서울: 동연, 2010), 143.

11 박태원, 『원효의 십문화쟁론』(서울: 세창출판사, 2013), 21-22.

이 옳다면, '십문'의 '문'^門은 화쟁의 소재나 대상이 아니라 화생의 방식이다. 다시 말하면, 『십문화쟁론』은 "상이한 관점들을 각기 성립시키는 열 가지 견해 계열의 의미 맥락을 식별하여 불교사상에 대한 해석학적 관점들의 불화와 충돌을 치유하는 논서"[12]라고 할 수 있다.

원효는 당시에 그가 경험했던 불교 이론에 관한 다양한 견해들의 배타적 대립과 불통을 극복하고 그것들을 통전적으로 통합^{統合} 또는 통섭^通 ^{攝: 서로를 향해 열려 서로를 받아들임}하기 위하여 『십문화쟁론』을 집필하였던 것으로 보인다.[13] 박태원에 따르면, 화쟁은 단순한 "'차이의 모음'이 아니라 '차이들로 하여금 서로를 향해 열려 만나게 하고 상호 지지하게 하는 상호 포섭'"이다. 그는 "차이들이 서로를 향해 열리고, 상호 지지하며 포섭되어, 차이를 안으면서도 더 높고 온전한 지평을 열어 간다"는 의미에서 화생 사상은 "통섭^{通攝}이론으로서의 화회^{和會}주의"라고 표현한다.[14] 이와 같은 원효의 화쟁사상은 원효가 7세기에 대면했던 불교 이론에 대한 배타적 쟁론들의 갈등과 불화를 해소하기 위한 이론이지만 단지 당시의 불교 이론에만 국한되지 않고 오늘날의 학문적 논쟁 일반 그리고 신학적 논쟁에까지 적용 가능한 보편적인 방법론적 통찰을 담고 있다.

---

12 위의 책, 23.

13 원효가 화쟁의 대상으로 삼았던 대상이 구체적으로 동아시아에서의 신(新), 구(舊) 유식(唯識)의 갈등, 그리고 중관(中觀)과 유식(唯識)의 공유(空有)논쟁이라고 보는 견해가 있다. 남동신, "동아시아불교와 원효의 화쟁사상," 『원효학연구』 10권 (2005).

14 박태원, 『원효의 십문화쟁론』, 40.

III. 『십문화쟁론』의 내용

이제 원효의 『십문화쟁론』의 내용을 살펴보자. 원효의 화쟁론은 십문^{十門} 가운데 삼문^{三門}이 단편으로 현존한다. 삼문 가운데에서도 『십문화쟁론』 잔간^{殘簡} 상권 가운데 2판 4장 제9, 10항에 나타나는 공유이집화쟁문^{空有異執和諍門} 즉 '공'^空과 '유'^有 개념에 관한 쟁론에 대한 화쟁, 그리고 같은 2판 4장 제15, 16항에 나타나는 불성유무화쟁문^{佛性有無和諍門} 즉 불성의 보편성 주장('모든 중생은 불성^{佛性}을 지니고 있다'과 차별성 주장('불성이 없는 중생도 있다')에 대한 화쟁은 비교적 온전한 상태로 보전되어있는 반면, 제 31항에 나타나는 인법이집화쟁문^{人法異集和諍門} 즉 "주체^人와 객체^法의 유^有"와 "주공객유"^{主空客有}에 대한 화쟁의 원문은 대부분 마멸되었다.

그런데 몇몇 불교학자들은 현존하는 원효의 다른 저술들과 다른 불교학자들의 저술들에서 화쟁론을 인용한 귀절들로부터 다른 문^門들을 복원하는 것이 가능하다는 전제 아래 나머지 문들에 대한 복원을 시도하였다.[15] 이들이 복원한 『십문화쟁론』의 십문은 다음과 같다. ① 공유이집화쟁문^{空有異執和諍門} ② 불성유무화쟁문^{佛性有無和諍門} ③ 인법이집화쟁문^{人法異集和諍門} ④ 열반이집화쟁문^{涅槃異執和諍門} ⑤ 불신이의화쟁문^{佛身異義和諍門} ⑥ 불성이의화쟁문^{佛性異義和諍門} ⑦ 삼성이의화쟁문^{三性異義和諍門} ⑧ 이장이의화쟁문^{二障異義和諍門} ⑨ 진속이의화쟁문^{眞俗異義和諍門} ⑩ 삼승일승화쟁문^{三乘一乘和諍門}.[16]

---

15 예를 들면, 이종익, "원효의 십문화쟁론 연구," 『동방사상개인논문집』 제1집 (서울: 동방사상연구원, 1977); 이만용, 『원효의 사상』(서울: 전망사, 1983); 오법안, 『원효의 화쟁사상연구』(서울: 홍법원, 1992).

16 이 문들의 의미에 대한 자세한 설명은 이종익, "원효의 십문화쟁론 연구," 21-56; 이만용, 『원효의 사상』, 105-125; 오법안, 『원효의 화쟁사상연구』, 86-108을 참고하라.

그러나 이 글에서는 복원된 문들이 아닌 비교적 양호한 형태로 보존되어 있는 잔간에 나타나는 두 개의 문, 즉 『십문화쟁론』 상권 2판 4장 제9, 10항에 나타나는 공유이집화쟁문空有異執和諍門 즉 '공'空과 '유'有 개념에 관한 쟁론에 대한 화쟁과 제15, 16항에 나타나는 불성유무화쟁문佛性有無和諍門 즉 불성의 보편성 주장('모든 중생은 불성佛性)을 지니고 있다'과 차별성 주장('불성이 없는 중생도 있다')에 대한 화쟁을 중심으로 원효의 화쟁사상을 고찰하고자 한다. 이 글의 목적이 원효의 사상 전반을 이해하는 데 있는 것이 아니라 그의 불교학 방법론으로서의 화쟁사상을 고찰하는 것이기 때문에, 이 두 문을 살펴보는 것만으로도 충분한 방법론적 고찰이 될 것이다. 박태원은 자신의 『원효의 십문화쟁론』에서 『십문화쟁론』에 대한 번역을 직역直譯, 의역意譯, 해의解義 세 부분으로 진행하였다. 이 글에서는 한문으로 쓰인 어려운 불교 용어와 개념에 친숙하지 않은 독자의 이해를 돕기 위해 그의 해의를 중심으로 소개한다.

1. 공유이집화쟁문空有異執和諍門 : 공空과 유有에 관한 쟁론에 대한 화쟁

공과 유에 관한 쟁론에 대한 원효의 화쟁의 주요 내용은 다음과 같다.

① 해의解義

불변의 본질을 독자적으로 간직하는 존재, 이른바 실체는 세계의 그 어디에도 존재하지 않는다. 실체를 설정하는 일반적인 실체적 언어 용법에서 '있음'有은 '불변의 본질을 독자적으로 지닌 실체의 존재'를 의미하고 '비었음'空 혹은 '없음'無은 그러한 실체의 부재를 의미한다. 그러나 불교의 무실체적 언어 용법에서, '있음'有은 '가변적으로 조건에 따라 발생한 실체 없는 현상의 발생'을, '비었음'空 혹은 '없음'無은 '실체의 부재' 혹은 '가변적으로 조건에 따라 발생한 실체 없는 현상의 소멸'을 의미한다. 따라서 여기서는 '있음'有과 '비었음'空 혹은 '없음'無이란 말이 공통점과 차이점을 동시에 지닌다. 모두가 '실체의 부재'를 전제한다는 점에서, '있음'有과 '비었음'空 혹은 '없음'無이 다르지 않다. 그러나 양태의 차이를 반영한다는 점에서는 '있음'有과 '비었음'空 혹은 '없음'無은 같지 않다. 실체적 언어 용법에서는 '있음'有과 '비었음'空 혹은 '없음'無은 상호 부정적이다. 그러나 무실체적 언어 용법에서는 '있음'有과 '비었음'空 혹은 '없음'無은 모두 '실체의 부재'를 담고 있다는 점에서 상호 개방적, 상호 포섭적이다.[17]

공空은 아무것도 없다는 것이 아니라, 단지 불변의 본질을 지닌 무조건적 실체自性가 없다는 것이다. 무실체의 공성空性이라는 점에서 삶과 죽음, 중생과 부처, 세속과 열반은 다르지 않다. 이러한 공성의 지평이 마음의 차원에서 열릴 때 삶/죽음, 중생/부처, 세속/열반이 '둘 아니게'不二 만나고 통한다. 공성의 도리는 허무로 이끄는 것이 아니라 오직 근거 없는 실체라는 환각을 제거해 주고 진실이 충만한 지고의 행복을 구현시켜준다.[18]

실체라는 허구를 생성하고 강화하는 결정적 매체가 실체적 언어 용법이다. 따라서 실체적 언어 용법으로 인한 언어 환각에서 벗어나야 한다. 언어 환각에 의한 망상 분별에 대한 집착을 놓으면, 참된 세상이 드러

---

17 박태원, 『원효의 십문화쟁론』, 93-94.
18 위의 책, 100.

나게 된다. 언어 환각을 붙들고 있는 실체적 언어 용법을 언어 환각을 놓아버린 무실체적 언어 용법으로 전환시켜주는 언어가 부처의 언어이다.[19]

② 해설

역사적으로, 타자들과 동떨어져서 불변의 속성본질을 소유하는 독자적 존재가 실재한다는 실체론이나 본질주의적 존재론의 전통이 철학과 종교의 세계관을 지배해 왔다. 불변적 본질이나 실체의 부재에 관한 붓다의 통찰은 초기불교의 연기緣起, 緣하여 함께 일어남(起), 조건적 생성 및 무아無我, 실체의 부재 이론에 잘 나타나며, 대승불교는 이 통찰을 중관中觀의 공空 이론 및 유식唯識의 마음이론으로 계승한다.

박태원의 해설에 따르면, '연기/무아/공' 등으로 드러내는 통찰의 핵심은 '조건적 발생'이다. 어떤 존재나 현상도 독자적/무조건적/불변의 것이 아니라, 조건적/가변적으로 생성/유지/변화/소멸한다는 것이 연기적 통찰이다. '조건적'이란 말은 조건들의 인과적 관계와 작용을 지시하며, 존재와 현상의 조건적/인과적 발생과 상호적 의존/연루/개방/작용의 면모를 밝혀준다. 또한 무상無常이라는 '가변성'이 모든 조건적 발생을 관통한다. 따라서 모든 존재와 현상은 조건적 관계/작용의 무단無斷한 흐름/과정이다.[20]

모든 존재와 현상이 조건적으로 발생하기 때문에, '있다'고 지칭하는 것도 '불변의 무조건적 있음'이 아니라 '가변적인 조건적 있음'이고, '없다'

---

19 위의 책, 95-103.
20 위의 책, 109.

고 하는 것도 '불변의 무조건적 실체나 본질의 실종'이 아니라 '가변적인 조건적 없음'이다. '있음'이나 '없음' 모두 가변적 조건에 따른 현상을 지칭한다. 이처럼 '있음'과 '없음'은 '조건적 발생'의 두 양상이라는 점에서, 양자 모두 연기적 현상이고 공성空性, 실체의 부재이다. 따라서 '있음'과 '없음'은 서로 배타적이거나 대립적이지 않다. 즉 '있음'有과 '없음'無을 동일한 연기성緣起性의 두 양상으로 보는 연기론적 관점에서 '있음'有과 '없음'無은 상호 포섭, 등가적 상호 치환의 관계로 파악된다.'있음'과 '없음'은 '연기적' 측면에서는 같다고 할 수 있고, '발생'의 측면에서는 서로 다르다고 할 수 있다.[21]

원효는 견해의 배타적 다툼이 실체론적 언어 환각에 의한 망상 분별에서 비롯된다고 본다. 언어는 단지 사고와 인식을 전달하는 도구적 매체가 아니라 사고와 인식을 선행하며 그것을 형성한다. 허구적 자아 관념, '불변의 실체'라는 존재 환각, 그리고 이에 의거한 허구적 통념의 관습은 언어에 의해 생성, 유지, 강화, 발전된다. 그러나 실체 관념을 내용으로 하는 언어는 세속적 관행에 따른 용법일 뿐 그에 해당하는 불변의 자아는 존재하지 않는다.[22] 따라서 실체론적 언어 환각의 치유가 화쟁의 핵심 관건이다. 공空과 유有라는 언어를 서로 섞일 수 없는 이질적 본질을 지닌 실체의 표현이라고 간주하는 마음이 '공과 유를 서로 다른 것이라고 주장하는 잘못된 집착'의 토대이다. 따라서 이 잘못된 집착에서 풀려나려면 '언어적 환각'에서 깨어나야 한다는 것이 화쟁 이론의 핵심이다.

21　위의 책, 110-112.

22　『디가니까야』「뽓다빠다의 경」, 전재성 역주, (한국빠알리성전협회, 2011), 447-448.

2. 불성유무화쟁문佛性有無和諍門 : 불성의 보편성 주장'모든 중생은 불성(佛性)을 지니고 있다')과 차별성 주장'불성이 없는 중생도 있다'에 대한 화쟁

① 해의

모든 중생은 부처 성품佛性을 똑같이 지녔다. '어떤 중생들은 부처 성품이 없다'고 하는 주장은 '존재의 평등한 면모平等法性'와 '한 몸으로 여기는 위대한 동정심同體大悲은 바다와 같이 한 맛一味'이라는 대승의 진리에 어긋난다. 즉 모든 존재는 근본적으로 평등하며 모든 중생을 내 몸으로 여기는 자비심은 어느 중생에 대해서도 바닷물처럼 한 맛이다.[23] 그러나 '부처 성품이 없는 중생은 없다'는 주장과 '부처 성품이 없는 중생이 있다'는 주장이 비록 상반된 것이지만, 이 둘 사이에는 서로 동의하는 내용이 있다. '중생은 모두 마음을 지니고 있다'는 것과 '마음이 있는 자는 반드시 깨달음을 얻는다'는 것이 그것이다.

'부처 성품이 없는 중생은 없다'는 주장을 지지하는 입장에서는, 모든 중생은 예외 없이 '마음을 지니고 있으며' '마음이 있는 자는 반드시 깨달음을 얻는 것'이므로, 결국 '모든 중생은 부처 성품을 지니고 있다'는 뜻과 같은 것이다. 여기서 마음과 부처 성품은 동일시된다. 반면 '부처 성품이 없는 중생이 있다'는 주장을 지지하는 입장에서는, 중생은 모두 마음을 지니고 있지만 이 중생은 부처 성품이 있는 중생과 없는 중생 모두를 지칭하는 것이므로, 결국 '부처 성품이 없는 중생이 있다'는 뜻이 된다. 여기서 마음과 부처 성품은 다른 것으로 이해된다.

이 두 주장 각각의 언어의 의미 맥락을 정확하게 포착하면 쟁론은 해

---

23 박태원, 『원효의 십문화쟁론』, 146.

소된다. 예컨대 '중생은 모두 마음을 지니고 있다'는 말을 '마음을 지닌 모든 중생이 반드시 모두 깨달음을 증득한다'는 뜻으로 이해하는 것은 잘못된 독해이다. 또 경전에서 "마치 허공처럼 일체 중생이 모두 부처 성품을 지닌다"라고 말하는 것은, 진리의 측면에서 말한 것이지 행위의 측면에서 말한 것이 아니다. 이 말을 성립시킨 조건을 포착하여 조건적으로 이해해야지 무조건적으로 읽어버리면 그 말의 원래 취지를 놓치고 엉뚱한 견해를 세우게 된다.

또 "부처가 되는 각각의 원인과 그 결과는 하나같이 감로ᴴ露와 같은 것이어서, 모든 중생이 마땅히 부처 경지의 평온常과 행복樂과 완전한 존재감我과 완벽한 진실성淨을 성취한다"는 말에서 '모든 중생'은, 일정한 제한된 사람들을 '모두'라는 말로 지칭하는 것이지 말 그대로 전부를 '모두'라고 하는 것은 아니다. 이처럼 언어를 성립시킨 조건들을 식별하여 그 의미 맥락을 정확하게 포착한다면, 상반된 해석들이 대립하고 있는 경전의 문구들이 사실은 아무 혼란이나 모순이 없는 것임을 알게 된다.[24]

화쟁의 대상이 될 수 있는 주장은 나름대로 타당한 인과적 조건들에 기초해서 수립된 것이어야 한다. 부분적 타당성조차 지니지 못한 주장들로 인한 무의미한 쟁론은 화쟁의 대상이 될 수 있는 자격의 검토를 통해 제거해야 한다. '본래 그러하기 때문에 부처 성품이 없는 자가 없다'는 주장과 '본래 그러하기 때문에 부처 성품이 없는 자가 있다'는 주장은 모두 부분적 타당성마저 지니기 어려운 것이기 때문에 화쟁의 대상이 될 수 없다.[25]

---

24 위의 책, 148.
25 위의 책, 149.

'부처 성품이 없는 중생이 있다'는 주장을 무조건적으로 내세우는 것은 부분적 타당성마저 확보할 수 없지만, 조건적으로 주장한다면 의미 맥락에 따라 일리를 지닐 수 있다. 현재 부처를 이룰 자질이 풍부한 중생도 남은 생애 동안 부처를 이룰 자질을 훼손하는 행위에 몰두한다면 그가 내생에 해탈로 나아가는 삶을 펼칠 가능성은 줄어든다. 이런 경우에 해당하는 사람을 일컬어 '열반의 부류가 아닌 사람'이라든가 '부처 성품이 없는 사람'이라고 말할 수 있다. '부처 성품이 없는 중생이 있다'는 말을 성립시킨 조건이나 맥락이 이러한 것이라며, 그 말에도 타당성을 부여할 수 있다.[26]

'부처 성품이 없는 중생은 없다'는 타당한 말을 '일체 중생이 반드시 모두 부처를 이룬다'라는 의미로 이해한다면 타당하지 않다. 이러한 이해의 난점을 벗어나기 위해 '중생은 끝내 다함이 없다'라고 말한다면 그것은 또 다른 모순에 빠진다. 왜냐하면 '중생은 끝내 다함이 없다'는 말은 열반에 드는 중생이 없다는 말인데, 실제로는 열반에 드는 중생이 있기 때문이다.[27]

② 해설

부처의 설법들은 모든 인간의 해탈 가능성을 전제한다. 이러한 관점을 계승하는 대승불교의 『열반경』은 "모든 중생은 불성을 지니고 있다" 一切衆生 悉有佛性고 공언한다. 이런 점에서 '부처 성품이 없는 중생이 있다'는 주장은 경전적 근거에 부합하지 않는다. 그러나 현장玄奘에 의해 성립된

---

26 위의 책, 150-151.
27 위의 책, 153.

신유식학^{新唯識學}에서는 '부처 성품이 없는 중생'이 설정된다. 이것은 깨달음과는 무관하거나 상반된 삶을 사는 인간들을 반성케 하여 깨달음의 삶으로 이끌려고 하는 현실적 고려의 반영이다.

원효의 『원효의 십문화쟁론』에 나타나는, '모든 중생은 불성을 지닌다'는 견해와 '불성이 없는 중생도 있다'는 견해의 화쟁은 당시의 중국과 한반도 불교계에서의 중요한 교학적 논쟁에 대한 원효의 대응을 보여준다. 원효는 기본적으로 '모든 중생은 불성을 지니고 있다'는 전통적 관점을 지지한다. 그러나 그는 '모든 중생은 불성을 지니고 있다'는 관점을 무조건적으로 지지하는 것도 아니고, 또한 '불성이 없는 중생도 있다'는 관점을 무조건적으로 거부하는 것도 아니다. 만약 '부처 성품이 없는 중생이 있다'는 말을 성립시킨 조건이나 맥락이 사람으로 하여금 현재와 금생의 삶을 반성케 하여 '부처 성품에 어울리는 삶'을 가꾸어가게 하고자 하는 것이라면, 그 말에 타당성을 부여할 수 있다. 원효는 언어를 성립시킨 조건들을 식별하여 그 의미 맥락을 정확하게 포착한다면, 상반된 해석들이 대립하고 있는 경전의 문구들이 사실은 아무 혼란이나 모순이 없는 것임을 알게 되며, 따라서 배타적 쟁론이 해소된다고 본다.

화쟁의 핵심은 각 견해가 지닐 수 있는 제한적 타당성^制을 식별하여 포섭하는 것이다. 따라서 화쟁을 위해서는 각 주장이 부분적 타당성을 지닐 수 있을 가능성 여부를 검토하는 일이 우선적으로 선행되어야 한다.[28]

---

28 위의 책, 166.

IV. 배타적 견해의 쟁론을 조화시키는 화쟁의 논법

원효가 전개하는 화쟁의 논법은 그 사상의 내용과 의미와 불가분리의 관계에 있다. 그럼에도 불구하고 이 글의 주된 관심은 원효가 다루는 불교 사상의 내용과 의미에 있지 않고 화쟁의 논리 형식에 있다. 원효가 전개하는 화쟁사상은 모든 인간의 쟁론 상황에 적용될 수 있는 높은 수준의 보편 원리들을 포함한다. 박태원은 이 원리를 세 가지로 정리한다. 첫째는 '각 주장의 부분적 타당성 ^{一理}을 변별하여 수용한다'는 것이고, 둘째는 '모든 쟁론의 인식적 토대를 초탈할 수 있는 마음의 경지 ^{一心}에 올라야 한다'는 것이며, 셋째는 '언어를 제대로 이해해야 한다'는 것이다.[29]

이 세 가지 원리 가운데 무엇보다 먼저 주목되는 것은 '각 주장의 부분적 타당성 ^{一理}을 변별하여 수용하기'이다. 이 원리는 쟁론의 일반 상황에 적용 가능한 보편 원리가 될 수 있다. 그런데 문제는 '부분적 타당성'을 어떻게 식별할 수 있는가 하는 것이다. 각 견해에 내재한 부분적 타당성 즉 일리를 식별해 내려면 각 견해의 서로 다른 의미 맥락을 잘 분별해야 한다. 원효의 화쟁 논법에서는 이러한 의미 맥락의 분별이 중요시된다. 원효는 『금강삼매경론』에서 '진리대로 닦는다'^{眞修}는 주장과 '새로 닦는다'^{新修}는 주장을 그 각자의 의미 맥락들을 변별함으로써 각자의 일리들을 수용하여 포섭적으로 화해시킨다.

또한 이 '하나가 된 깨달음'(一覺)은 '본래적 깨달음'(本覺)과 '비로소

---

29   위의 책, 177.

깨달아감'(始覺)의 면모를 (모두) 가지고 있으니, 본각의 '드러내어 이루는 면모'(本覺顯成義)가 있기 때문에 '진리대로 닦느냐'(眞修)는 말도 도리에 맞고, 시각의 '닦아서 이루는 면모'(始覺修成義)가 있기 때문에 '새로 닦는다'(新修)는 말도 도리에 맞다. 만약 한쪽에 치우쳐 고집한다면 곧 미진함이 있게 된다.[30]

각 견해의 서로 다른 의미 맥락을 제대로 분별하기 위해서는 한 문제를 다양한 각도와 맥락에서 파악할 수 있는 종합적 식견과, 부분적 일리에 집착하지 않을 수 있는 마음의 능력이 필요하다. 이와 같은 식견과 능력은 '모든 쟁론의 인식적 토대를 초탈할 수 있는 마음의 경지 ―心'와 '언어에 대한 올바른 이해'를 동시에 요구한다. 배타적인 쟁론은 부분적 진리를 전체적 진리로 주장하는 데서 비롯된다. 특정한 일리에 집착해서 그것을 완전한 전체적 진리로 주장하는 태도는 다른 일리들과 다른 의미 맥락을 외면하거나 배척하고 상호 통섭적 담론을 통한 진리로의 접근을 저해한다.

묻는다. 이와 같은 두 분의 주장 가운데, 어느 것이 맞지 않고 어느 것이 맞는가? 답한다. 혹 어떤 주장을 하는 사람이 오로지 한쪽(一邊)만을 취하면, 두 주장이 모두 맞지 않는다. 그러나 만일 자기주장만을 맞는다고 고집하지 않으면 두 주장이 모두 맞는다.[31]

---

30   『금강삼매경론』, 1-612상; 박태원, 『원효: 하나로 만나는 길을 열다』, 184에서 재인용.
31   『열반종요』, 1-532하 ~ 533상; 박태원, 『원효: 하나로 만나는 길을 열다』, 187에서 재인용.

집착을 떠나 말하면 합당하지 않음이 없는 것이니, 집착하는 자는 말대로만 받아들여 모든 것을 망가뜨린다.[32]

화쟁 원리의 핵심 논법은 자신의 견해의 부분적 진리에 안주하여 집착하지 말고 다른 견해들의 의미 맥락과 그 맥락 안에서의 부분적 진리들을 인지함으로써 상호 통섭적 담론으로 나아가야 한다는 것이다. 쟁론의 주체들이 자기 견해에 집착하지 않으면 않을수록 자기주장의 부분적 타당성과 의미 맥락을 온전히 직시할 수 있는 동시에 다른 견해의 일리와 의미 맥락을 사실대로 인지하고 수용할 수 있는 가능성이 커진다. 따라서 집착을 버리는 것이 일리를 식별하기 위한 관건이다. 붓다의 가르침은 어떻게 해야 무집착의 능력을 확보할 수 있는가에 집중된다. 원효의 화쟁 논법의 원리도 '집착하지 않을 수 있는 방법'에 관한 것이라고 볼 수 있다.

원효에게 있어서 어떤 견해의 부분적 타당성^{일리}을 식별하기 위한 의미 맥락은 바로 '관점을 성립시키는 조건들의 연기적^{緣起的} 인과계열' 즉 '문'^門이다. 현존 잔간에는 빠져 있으나 다른 사람들의 저술에 인용되어있는 『십문화쟁론』의 구절들은 모두 '문^門에 의한 화쟁'을 전하고 있다. 고려 균여^{均如}의 『석화엄교분기원통초』^{石華嚴敎分記圓通抄}가 인용하고 있는 『십문화쟁론』 구절들은 모두 불성의 유무^{有無} 논란에 관한 화쟁인 데, 하나같이 '문^門 구별에 의한 화쟁'이다.

진리다움(眞)과 속됨(俗)의 상호 관계(相望)에는 두 가지 계열(門)

---

32 『대혜도경종요』, 1-481상; 박태원, 『원효: 하나로 만나는 길을 열다』, 205에서 재인용.

이 있다. '(차이들이) 의존적 관계로 수립되는 계열(依持門)'과 '연기의 통찰에 의해 (하나로 보는) 계열(緣起門)'이 그것이다. '(차이들이) 의존적 관계로 수립되는 계열(依持門)'에 나아가면, 진리다움(眞)과 속됨(俗)이 같지 않아(非一) 중생과 진리의 본래 그러함(本來法爾)이 차별된다. 그러므로 무시이래로 생사에 즐겨 달라붙어 구제해 낼 수가 없는 중생이 있다. … 그러므로 이 계열에 의거하여 '불성이 없는 중생(無性有情)'을 주장하는 것이다. '연기의 통찰에 의해 (하나로 보는) 계열(緣起門)'에 의한다면, 진리다움(眞)과 망령스러움(妄)이 별개의 것이 아니며 일체의 것이 모두 '하나가 된(하나로 보는) 마음(一心)'을 바탕(體)으로 삼는다. 그러므로 모든 중생이 무시 이래로 이 진리세계의 흐름(法界流轉)과 같지 않음이 없다. … 그러므로 이 계열(門)에 의거하여 '모든 중생에게 불성이 있다'고 주장하는 것이다. 이와 같은 두 계열(二門)은 본래 서로 방해함이 없다.[33]

원효의 화쟁 논법은 단지 '너도 맞고 나도 맞다', '모두 맞기도 하고 모두 틀리기도 하다'는 식으로 쟁론을 화해시키려고 하는 것이 아니다. '견해 계열門'에 대한 분별에 기초한 원효의 화쟁 논법은 어떤 견해나 이론도 '조건적으로 수립된 것'으로 파악하는 사유, 다시 말하면 붓다의 '연기적緣起的 통찰력'을 재현하는 것이다. 연기緣起는 '조건 의존적 발생'을 지시한다. 즉 연기법은 일체의 현상과 존재, 그 생성과 소멸을 '조건에 의지

---

33 均如, 『석화엄교분기원통초』(石華嚴敎分記圓通抄) 한불전 4, 325b-c; 박태원, 『원효의 십문화쟁론』, 183-184에서 재인용.

하는 것'으로 파악하는 '조건적 독해'의 사고방식을 핵심으로 한다. 연기적 사유는 화쟁적 사유이다. '부분적 타당성－理의 변별과 수용'이라는 화쟁 원리는 연기적 사유의 원효적 계승이라고 할 수 있다.

박태원은 "연기적 사유가 배타적 견해 주장의 불통과 불화를 치유할 수 있고, 원효의 화쟁 논법이 그러한 연기적 사유의 재현이라면, 원효의 화쟁사상은 '견해의 배타적 주장'에 수반되는 병리 현상들을 치유해 주는 보편적 쟁론 치유력을 지닌다"고 평가한다.[34] 다시 말하면, 화쟁사상은 불교 내부의 배타적인 해석학적 분열과 혼란을 수습할 뿐 아니라, 세간의 쟁론적 상황 일반에도 보편적으로 기여할 수 있다는 것이다. 그는 연기적 사유에 의한 진리 접근과 쟁론 치유의 길을 서양철학의 변증법적 사유에 의한 길과 차별화하면서, 일체를 조건 의존적으로 파악하는 연기법의 통찰이 근원적 쟁론 치유력을 지닌다고 주장한다.[35]

각 교설과 이론을 성립하는 의미 맥락을 조건적으로 파악한다면, 그 이론의 유효성은 조건적이고 그 타당성은 조건적으로 제한된다는 점을 알게 된다. 그리고 이렇게 포착한 '복수의 조건적 타당성을 모아(和會)' '포섭적으로 수렴하면(會通)', 비로소 온전한 의미 지평이 열리게 된다. '차이가 불통으로 격리(諍)'되지 않고, '만나서 서로를 향해 열리고 상호 작용하여(和)' 온전함으로 상향되어 가는 것. - 이것이 열림(通)과 상호 포섭(攝)의 화쟁이다.[36]

---

34 박태원, 『원효의 십문화쟁론』, 198.
35 위의 책, 201.
36 위의 책, 204.

V. 결론

원효의 화쟁은 단지 논쟁의 회피나 무마 또는 어중간한 타협이 아니라, 진리 추구를 방해하는 불필요하고 소모적인 쟁론을 지양하고 부분적 타당성－理을 지닌 다양한 견해들을 통섭하여 온전한 진리를 향해 나아가고자 하는 노력이라고 할 수 있다. 어떤 견해의 부분적 타당성－理를 식별하기 위한 의미 맥락, 또는 '관점을 성립시키는 조건들의 연기적緣起的 인과계열' 즉 '문'門의 분별에 기초한 원효의 화쟁 논법은 다음 몇 가지로 요약될 수 있다.

1. 어떤 견해나 주장을 무조건적으로 타당하다고 생각하지 말라. 모든 견해와 이론들은 특정한 조건에 의존한다. 따라서 그 특정한 조건이 무엇인지, 그 조건과 주장의 인과관계가 타당한 것인지 파악하라.

1. 만약 그 조건과 주장의 인과관계의 타당성이 인정된다면, 그러한 조건적 타당성을 인정하여 수용하라. 서로 다른 조건적 타당성－理을 포섭함으로써 더욱 온전하고 높은 이해와 진리로 나아갈 수 있다.

1. 이렇게 모든 주장을 '조건 의존적인 것'으로 보고 그 '조건적 타당성'을 식별하고 그것들을 인정하고 포섭하고자 노력한다면, 견해의 배타적 주장으로 인한 불화와 불통을 극복할 수 있다. 그리하여 각각의 조건적 타당성을 지닌 견해들이 상호 작용함으로써 보다 더욱 온전한 진리로 수렴되는 길로 함께 나아갈 수 있다.

1. 이를 위해서는 특정 견해의 부분적 타당성에 집착하지 않는 무집착의 능력을 키워야 한다. 그리고 일상의 실체론적 사유와 언어 환각을 극복하고 연기적 사유와 언어 능력을 배양해야 한다.

쟁론을 치유하는 화쟁은 완전한 답을 제시하고 상이한 관점과 주장을 통일시킴으로써 이루어지는 것이 아니다. 화쟁은 수용 가능한 조건과 계열을 제시하고 무조건적, 전면적 타당성을 주장하는 쟁론 주체들의 배타적 태도를 치유함으로서 성취되는 것이다. 따라서 화쟁의 목표는 쟁론을 대체하는 또다른 견해나 이론을 세우는 것이 아니라, 주장의 타당성을 전면적, 무조건적으로 관철하려는 태도를 바꾸는 데 있다. 다시 말하면, 쟁론을 대체하는 모범답안을 제시하는 것이 아니라 쟁론을 풀어가는 방법론을 제공함으로써 완전한 모범답안에 접근할 가능성을 높이는 것이 화쟁의 역할이다. 그리고 이 화쟁의 방법론적 논법은 무조건적, 전면적 사고방식을 조건적, 연기적 사고방식으로 바꾸는 것이다.

　　오늘 한국교회 특히 개신교가 사회로부터 부정적으로 비추어지고 있는 이유 가운데 하나는 개신교가 자신의 믿음만이 옳다고 믿는 배타성과 독선이 가장 강한 종교로 인식되고 있기 때문이다. 배타적인 것은 보수적인 교파나 신학자만이 아니라 이른바 진보적인 교파나 신학자도 마찬가지이다. 배타적이고 독선적인 영성과 신학이 한국교회의 분열과 갈등의 가장 큰 원인이다. 한국교회의 분열과 갈등을 치유하기 위해서는 포괄적이고 통전적인 영성이 요청된다. 원효의 화쟁사상은 오늘의 한국교회가 필요로 하는 포괄적이고 통전적인 영성을 보여준다. 즉 그의 화쟁사상은 서로 쟁론하는 다양한 견해들이 각각의 고유한 의미 맥락 즉 연기적 인과계열門 안에서 부분적 타당성－理을 지니고 있음을 인정하고 그것들을 '함께 모아 조화시키고和會' '상호적인 열림 안에서 포섭通攝'하고자 하는 화회和會와 통섭通攝의 영성을 보여주고 있다.

　　이와 같은 화회와 통섭의 영성에 기초한 원효의 화쟁 논법은 기독교 안의 여러 대립적이고 배타적인 신학적 견해들 사이의 쟁론에도 적용 가능하다. 예를 들면, 하나님의 초월성을 강조하는 정통주의적 견해와 하나님의 내재성을 강조하는 자유주의적 견해, 인간을 전적으로 타락한 죄인으로 보는 개혁교적 관점과 인간을 하나님의 동역자 또는 공동 창조자 cocreator로 보는 정치 해방신학적 관점, 인간은 오직 믿음만으로 구원을 얻는다는 개신교적 입장과 구원을 위해 믿음만이 아니라 인간의 행위도 중요하다고 보는 가톨릭적 입장, 하나님의 절대주권과 예정, 미래의 결정성을 강조하는 칼뱅주의적 신학과 인간의 자유와 책임, 미래의 개방성을 강조하는 근대 이후적 신학 사이의 불필요한 배타적인 쟁론을 치유, 화해, 통섭할 수 있는 길을 제시해 준다고 할 수 있다. 왜냐하면 이처럼 대립되어 보이는 여러 신학적 견해들 또는 입장들은 그것들의 정당성의 조건으로서 각기 고유한 의미 맥락을 전제하기 때문이다.

한국교회는 이른바 보수주의, 자유주의, 진보주의로 대변되는 서로 다른 견해와 입장들 사이의 배타적인 쟁론으로 말미암아 분열과 불화와 대립을 반복해 왔다. 통전적인 온신학 방법론이 화회와 통섭의 영성에 기초한 원효의 화쟁 논법을 전유하여 더욱 발전시킨다면 서로 다른 견해와 입장들 사이의 배타적 쟁론을 종식시킴으로써 교회의 화해와 일치를 가져오는데 크게 기여할 수 있을 것이다. 물론, 이미 살펴본 것처럼, 화쟁이 단지 너도 옳고 나도 옳다는 식의 적당주의적인 타협이나 절충을 의미하지 않는다는 것은 다시 반복해서 강조할 필요가 없다. 즉 화쟁은 상호비판적인 대화의 필요성을 부인하지 않는다.

AD 7세기에 살았던 원효의 논법이 인간의 철저한 역사성에 대한 인식에 기초한 오늘날의 탈근대적인 해석학적 사고를 보여주지 못하는 것은 사실이며 또한 이것은 이상한 일이 아니다. 오늘날의 탈근대주의적 해석학에 따르면, 원효가 말하는 의미 맥락, 즉 '관점을 성립시키는 조건들의 연기적緣起的 인과계열'은 단지 개인적인 주관적 관점이나 시각에 기인하는 것이 아니라 근본적으로 각 개인이 속해있는 다양한 삶의 세계 Lebens-welt와 다양한 전통의 영향사影響史로부터 주어지는 것이다. 오늘날의 탈근대적 시대에 인간 실존과 이해의 철저한 역사성과 그로 인한 해석의 다원성과 모호성의 문제는 원효의 화쟁 논법이 전제하는 것보다 훨씬 복잡하고 미묘하다. 그럼에도 불구하고 원효가 다원적 견해들을 하나의 일원적 관점 안에 획일적으로 통합하려고 하지 않고 의미 맥락 즉 연기적 인과계열門 안에서의 그것들 각각의 '부분적 타당성-째'을 인정하면서 보다 온전한 진리를 향해 함께 나아가고자 한 것은 그의 화쟁사상이 오늘날의 탈근대적 시대의 통전적인 해석학적 사고, 예를 들면, 다원성과 모호성의 상황 속에서 각 견해의 '상대적 적절성'relative adequacy을 인정하면서 '유비적 상상력'analogical imagination 안에서 그것들 사이의 대화를 추구했던 데이비드 트레이시David Tracy의 탈근대적 해석학[37]과 일맥상통하는 바가 있다고 할 수 있다.

그러나 한 가지 기억할 것은 그 어떤 탁월한 방법론이라고 하더라도 그것이 진리로 가는 길을 보장할 수는 없다는 사실이다. 원효의 화쟁 논법은 모든 쟁론 상황에 적용하기만 하면 화쟁이 되는 논리 형식이나 방법론을 주장한 것이 아니다. 그것은 고착화된 긍정과 부정의 경계선 안에 갇혀있는 방법론이 아니라 오히려 그 둘을 자유자재로 오가는 방법론이라고 할 수 있다. 이런 의미에서 원효의 화쟁 논법은 '진리'와 '방법'을 양자택일의 관계로 이해한 한스 게오르그 가다머Hans-Georg Gadamer의 해석

---

37 트레이시는 상대적 적절성을 위한 기준의 수립이 방법론적으로 필요함을 강조했다. David Tracy, *The Analogical Imagination: Christian Theology and the Culture of Pluralism* (New York: The Crossroad Publishing Company, 1987)

학적 통찰과 상통하는 바가 있다. 주지하는 바와 같이 가다머는 『진리와 방법』[38]에서 인간을 진리로 인도하는 방법론이란 존재하지 않는다고 보았다. 기독교 신학의 관점에서 말하자면, 그리스도인은 성령의 인도하심을 따라 산다. 성령의 인도하심은 바람과 같이 자유로워서 인간의 방법론적인 틀 안에 갇혀있거나 방법론적 도구에 의해 온전히 파악되지 않는다. "바람이 임의로 불매 네가 그 소리는 들어도 어디서 와서 어디로 가는지 알지 못하나니 성령으로 난 사람도 다 그러하니라"요 3:8. 물론 이 말은 결코 방법론이 불필요하다는 것을 의미하지는 않는다. 진리와 방법은 서로 대립적이거나 상호 배타적인 관계에 있지 않다. 방법은 진리를 향해 나아가는데 유용한 도구가 될 수 있다. 그러나 성령의 인도하심을 간구하는 기도, 그리고 자신의 견해의 부분적 타당성에 집착하지 않는 무집착의 능력 없이, 우리를 진리로 인도하는 길을 보장해주는 방법론이란 존재하지 않는다.

---

38   Hans-Georg Gadamer, *Truth and Method*, trans. Joel Weinsheimer and Donald G. Marshall (New York/London: Continuum, 1989).

부 록

윤철호 교수의 신학 세계

윤철호 교수의 이력

이름 윤철호(尹哲昊)

생년월일 1955년 4월 1일

【학력】

장충초등학교 (1961. 3. - 1967. 2.)

신일중학교 (1968. 3. - 1971. 2.)

경기고등학교 (1972. 3. - 1975. 2.)

장로회신학대학교 신학과 (1980. 3. - 1984. 2.)

장로회신학대학교 신학대학원 (1984. 3. - 1986. 2.)

Princeton Theological Seminary (Th.M) (1986. 9. - 1987. 6.)

Northwestern University (Ph.D) (1987. 9. - 1990. 7.)

【경력】

교회 및 학교

낙원벧엘교회 담임목사 (1990. 10. - 1993. 12.)

장로회신학대학교 조직신학 교수 (1990. 9. - 2020. 8.)

신학춘추, 장신원보 주간 (1994. 3. - 1996. 2.)

신학과장 (1996. 3. - 1997. 8.)(1999. 3. - 1999. 8.)

대학교학처장 (1999. 9. - 2002. 2.)

한국신학사상연구부장 (2003. 3. - 2005. 2.)

기독교사상과문화연구원장 (2004. 3. - 2006. 2.)

학술정보원장 · 도서관장 (2004. 10. - 2006. 8.)

연구지원처장 · 출판부장 (2007. 9. - 2009. 2.)

신학대학원장 (2009. 3. - 2011. 2.)

목회전문대학원장 (2012. 9. - 2014. 2.)

대학원장 (2014. 3. - 2016. 2.)

교수평의회 및 대학평의회 의장 (2015. 1. - 2016. 12.)

에큐메니칼연구부장 (2016. 3. - 2018. 2.)

온누리교회 석좌교수 (2015. 3. - 2020. 8.)

학회

한국화이트헤드학회 편집위원 (1997 - 2001)

통합신학회 회장 (2002 - 2003)

한국조직신학회 서기 (1995. 11. - 1998. 10.). 편집위원 (2008. 1. - 2009. 12.)

한국조직신학회 부회장 (2009. 10. - 2010. 10.)

한국조직신학회 회장 (2010. 10. - 2011. 10.)

기독교통합신학회 회장 (2013. 2. - 2015. 1.)

온신학회 협동회장 (2015. 3. - 2018. 9.)

온신학회 회장 (2018. 10. - 현재)

동서지행포럼 감사 (2019. 10. - 현재)

기독교 기관

한국신학연구소 신학사상 편집기획위원 (1999. 8. - 2001. 7.)

장로회신학대학교 동문회 이사 (1999. 12. - 2002. 12.)

세계교회협의회 신앙과 직제 위원회 상임위원 (2002. 7. - 2003. 12.)

그리스도교 일치를 위한 신학자 모임 연구위원 (2002. 8. - 2006. 7.)

한국기독교교회협의회 신학연구위원회 위원 (2003. 1. - 2004. 12.)

한국기독교교회협의회 교회일치위원회 전문위원 (2005. 1. - 2006. 12.)

총회 국내선교부 전문위원 (2004. 11. - 2006. 10.)

2007년 부활절 연합예배(한기총 · KNCC) 예배문작성위원회 공동위원장

장신대장학재단 이사 (2009. 2. 17. - 2013. 3. 18.)

한국신학재단 운영이사 (2009. 12. - 2012. 1.)

신망애 선교회 부회장 (2011. 8. - 2015. 12.)

사단법인 동서신학포럼 운영이사 및 운영위원장 (2012. 2. - 2016. 1.)

신망애 선교회 회장 (2016. 1. - 현재)

미래신학연구소 대표 (2019. 7. - 현재)

수상

2006년 『세상과 관계성 안에 계신 하나님』. 한국기독교출판협회
　　　제23회 한국기독교출판문화상 신학부문 최우수상

2008년 『신뢰와 의혹』. 문화체육관광부 우수학술도서

2013년 『설교의 영광, 설교의 부끄러움: 설교비평의 이론과 실제』.
　　　제8회 소망학술상

2013년 『너희는 나를 누구라 하느냐: 통전적 예수 그리스도론』.
　　　제30회 한국기독교출판문화상 신학부문 최우수상

2014년 『너희는 나를 누구라 하느냐: 통전적 예수 그리스도론』.
　　　대한민국학술원 우수학술도서

2014년 『설교의 영광, 설교의 부끄러움: 설교비평의 이론과 실제』.
　　　제31회 한국기독교출판 문화상 신학부문 최우수상

2009년도 장로회신학대학교 우수교원업적평가상(2010년)

2013년도 장로회신학대학교 우수교원업적평가상(2014년)

2014년도 장로회신학대학교 우수교원업적평가상(2015년)

【저술】

학위논문

"Karl Barth의 교회 교의학에 나타난 계시론 연구." 신학석사(M. Div.), 장로
회신학대학 신학대학원, 1986.

*God's Relation to the World and Human Existence in the Theolo-
gies of Paul Tillich and John B. Cobb, Jr.* Ph. D. disserta-
tion. Evanston: Northwestern University, 1990.

저서

『성서·신학·설교: 설교형식으로 풀어쓴 조직신학 강의』. 서울: 장로회신학대
학교 출판부, 2000.

『현대신학과 현대개혁신학』. 서울: 장로회신학대학교, 2003.

『통전적 신학』.(공저) 서울: 장로회신학대학교, 2004.

『세계와의 관계성 안에 계신 하나님』. 서울: 한국장로교출판사, 2006.

『신학과 말씀』. 서울: 장로회신학대학교, 2008.

『삼위일체 하나님과 세계』. 서울: 장로회신학대학교, 2011.

『너희는 나를 누구라 하느냐: 통전적 예수 그리스도론』. 서울: 대한기독교서
회, 2013.

『설교의 영광 설교의 부끄러움: 설교비평의 이론과 실제』. 서울: 장로회신학
대학교, 2013.

『기독교 신학개론』. 서울: 대한기독교서회, 2015.

『인간: 인간의 본성과 운명에 관한 학제간 대화』. 서울: 새물결플러스, 2017.

『한국교회와 하나님 나라를 위한 공적 신학』. 서울: 새물결플러스, 2019.

『복음의 발견』. 서울: 두란노서원, 2020.

『신뢰와 의혹: 통전적인 탈근대적 기독교 해석학(개정판)』. 서울: 대한기독교서
회, 2020.

역서

Peter C. Hodgson, Robert H. King 편. 『현대기독교조직신학』. 서울: 한국 장로교출판사, 1999.

Ted Peters 편. 『과학과 종교: 새로운 공명』. 김흡영 · 배국원 · 윤원철 · 윤철 호 · 신재식 · 김윤성 옮김. 서울: 동연, 2002.

세계교회협의회 엮음. 『질그릇 안에 담긴 보배: 해석학에 관한 에큐메니칼적 성찰을 위한 도구』. 서울: 한국장로교출판사, 2002.

Paul Ricoeur. 『해석학과 인문사회과학』. 존 B. 톰슨 편집, 영역. 서울: 서광 사, 2003.

Alister E. McGrath. 『천국의 소망』. 윤철호 · 김정형 옮김. 서울: 크리스천 헤럴드, 2005.

David Tracy. 『다원성과 모호성』. 윤철호 · 박충일 옮김. 서울: 크리스천 헤 럴드, 2007.

윤철호 편역. 『현대신학자들의 설교』. 서울: 한들출판사, 2011.

【논문 및 발표】

국내논문

"역사적 예수의 신학적 의미." 「교회와 신학」 제23집. 서울: 장로회신학대학 교 출판부, 1991. pp. 462-489.

"하나님의 고통, 하나님의 능력." 「장신논단」 제7집. 서울: 장로회신학대학교 출판부, 1991. pp. 179-205.

"하나님의 다스림과 우리의 할 일: 일에 대한 신학적 소고." 「교육교회」 176 (1991).

"그리스도인의 부활신앙과 성만찬: 성만찬, 하나님의 선물." 「교육교회」 178 (1991).

"성례전, 세례, 유아세례에 관한 칼빈의 교리." 「교회와 신학」 제24집. 서울: 장로회신학대학교 출판부, 1992. pp. 253-274.

"교회교의학에 나타난 칼 바르트의 그리스도 중심적 신학과 기독론." 「장신논단」 제8집. 서울: 장로회신학대학교 출판부, 1992. pp. 180-211.

"해방신학에 대한 복음주의적 조명." 「목회와 신학」. 서울: 두란노서원. 1992년 8월호. pp. 51-58.

"로마 카톨릭교회의 성만찬 교리에 대한 비찬으로서의 칼빈의 성만찬 교리." 「교육교회」 196 (1992).

"전기에서 후기에로의 칼 바르트 신학사상의 변천." 「교회와 신학」 제25집. 서울: 장로회신학대학교 출판부, 1993. pp. 347-372.

"그리스도인의 정치적 실존." 『예수 그리스도와 사회』 교육자료 15. 서울: 대한예수교 장로회 총회교육부. 한국장로교 출판사, 1993. pp. 117-144.

"창조·환경교육-하나님 주신 땅을 살리자." 「교육교회」 204 (1993).

"철학적 신학에의 조망." 「장신논단」 제9집. 서울: 장로회신학대학교 출판부, 1993. pp. 369-394.

"철학적 신학에의 조망." 「장신논단」 제10집. 서울: 장로회신학대학교 출판부, 1994. pp. 395-418.

"여성신학의 의의에 대한 평가와 전망." 「교회와 신학」 제26집. 서울: 장로회신학대학교 출판부, 1994. pp. 320-347.

"미래지향적이고 개혁적인 복음주의신학에의 조망." 『21세기 한국신학의 과제』, 신학논총 11. 한국기독교학회 엮음. 서울: 대한기독교서회, 1994. pp. 181-202.

"피오렌자의 성서해석학에 대한 고찰." 「교회와 신학」 제27집. 장로회신학대학교 출판부, 1995. pp. 372-400.

"A Systematic Vision of an Ecological Christian Anthropology." *Korea Journal of Theology*, Vol. 1. Seoul: Korea Association of Accredited Theological Schools, 1995. pp. 190-201.

"21세기 한국교회에 대한 전망과 과제." 『21세기와 예수 그리스도』. 대한예수교장로회총회 교육부편. 한국장로교출판사, 1995. pp. 163-186.

"몰트만, 메츠, 죌레의 정치신학." 「교회와 신학」 제28집. 서울: 장로회신학대학교 출판부, 1996. pp. 262-286.

"페미니스트 성서해석학." 「장신논단」 제12집. 서울: 장로회신학대학교 출판부, 1996. pp. 244-275.

"평신도 신학."「교회와 신학」제30집 1997년 가을호. 서울: 장로회신학대학교 출판부, 1997, pp. 21-32.

"그리스도의 재림과 종말에 대한 올바른 이해."『끝날까지 함께 하시는 그리스도』. 대한예수교장로회 총회 교육부편, 한국장로교출판사. 1997, 10. pp. 227-244.

"간문화적 세계관을 향한 조망."「기독교 언어 문화논집」제1집. 서울: 국제기독교언어문화연구원, 1997. pp. 306-325.

"예수의 선포와 실천 속에 나타난 하나님 나라."「장신논단」제13집. 서울: 장로회신학대학교 출판부, 1997. pp. 162-186.

"제15대 대선의 역사적 의의와 민족적 과제."「기독교사상」. 대한기독교서회, 1997. 12. pp. 9-17.

"서평: 예수 그리스도 (상, 하)."「교회와 신학」31 (1997)

"신학이란 무엇인가?"「조직신학논총」제3집, 한국조직신학회, 1998. 5. pp. 129-146.

"오늘의 사회적 현실에 대한 신학적 진단과 교회의 사회참여."「로고스」제30집. 서울: 장로회신학대학교 신대원신학과 학우회, 1998. pp. 27-50.

"폴 리꾀르의 성서해석학."「장신논단」제14집. 서울: 장로회신학대학교 출판부, 1998. 12. pp. 192-226.

"서평 : 현대 기독교 조직신학." 피터 하지슨, 로버트 킹 편저, 윤철호 역, 「교회와 신학」34 (1998).

"지난 1세기의 신학에 대한 회고와 전망."「교회와 신학」제36집. 서울: 장로회신학대학교 출판부, 1999년 봄호. pp. 32-46.

"한국 토착화신학에 대한 해석학적 고찰."『조직신학논총』제4집. 한국조직신학회, 1999. 6. pp. 154-192.

"김지하의 단군론: 상고사 바로 세우기 운동과 민족정신 회복운동에 대하여."「교회와 신학」제39집. 서울: 장로회신학대학교 출판부, 1999년 겨울호.

"신학과 철학의 관계성에 대한 역사적 개관."「장신논단」제15집. 서울: 장로회신학대학교 출판부, 1999. 12.

"교회를 위한 신학: 신학이 있는 설교를 위하여."「교회와 신학」42 (2000).

"그리스도 형태론적 삼위일체론으로서의 변증법적 만유재신론."「장신논단」제16집. 서울: 장로회신학대학교 출판부, 2000.

"IMF 시대의 교회와 목회의 패러다임." 「신학논단」 제1권. 한국통합신학회, 2000.

"예수 그리스도의 복음전파와 하나님 나라의 구현을 위한 에큐메니칼 개혁신학과 신학교육." 「교회와 신학」 제45호. 서울: 장로회신학대학교 출판부, 2001년 여름호.

"화이트헤드의 신관." 「장신논단」 제17집. 서울: 장로회신학대학교 출판부, 2001.

"네비우스 정책에 대한 고찰을 통해 본 한국교회의 선교정책의 방향." 『하나님 나라와 선교』. 서울: 대한기독교서회, 2001.

"성폭력 문제를 위한 교회의 과제." 『현대교회와 교육』. 서울: 예영, 2001.

"트레이시의 신학 방법론과 해석학적 대화로서의 기독교 신학." 「장신논단」 제18집. 서울: 장로회신학대학교 출판부, 2002.

"하나님의 섭리에 대한 과학적 자연신학의 접근." 『기독교와 과학』. 현요한 엮음. 서울: 장로회신학대학교 출판부, 2002.

"조직신학에 나타난 하나님 나라와 가정." 『생명의 성령님이 역사하시는 하나님의 나라와 가정』. 대한예수교장로회총회교육부 편. 서울: 한국장로교출판사, 2002.

"신학교육 성명 기초문서에 비추어 본 조직신학 교과과정의 평가와 제안." 「교회와 신학」 제51호 (겨울호), 2002.

"기도의 신학: 우리의 기도에 응답하시는 하나님." 「장신논단」 제19집. 서울: 장로회신학대학교 출판부, 2003.

"21세기 신학의 학문성." 『21세기 신학의 학문성』. 장신대 대학원 편집위원회. 2003.

"교회를 위한 신학 : 마음의 갱신과 변화." 「교회와 신학」 제56호. 2004년 봄호.

"통전적 생명신학과 한국교회의 과제." 『하나님의 나라, 역사 그리고 신학』. 이형기 교수 은퇴기념 논문집. 이형기 교수 은퇴기념 논문 편찬위원회. 2004.

"리쾨르 이후의 탈근대적 성서해석학에 대한 통전적 접근." 「장신논단」 제21집. 서울: 장로회신학대학교 출판부, 2004. pp. 185-212.

"기독교와 문화의 관계에 대한 유형론적 고찰." 「장신논단」 제23집. 서울: 장로회신학대학교 출판부, 2005. pp. 131-157.

"21세기 한국교회의 패러다임을 위한 교회론적 고찰." 『제1, 2회 한국교회의 영적 부흥과 리더십』. 장로회신학대학교대학원 편집위원회 편, 2006. pp. 567-644.

"통전적인 종말론적 하나님 나라와 현실 변혁적 교회." 「한국기독교신학논총」 제44집. 한국기독교학회, 서울: 대한기독교서회, 2006. pp. 87-110.

"시간과 영원의 관점에서의 기독론과 기독교적 희망에 대한 해석학적 이해: 리쾨르와 반후저를 중심으로." 「장신논단」 제25집. 서울: 장로회신학대학교 출판부, 2006. pp. 97-125.

"포스트토대주의 신학에서의 합리성: 호이스틴과 슐츠를 중심으로." 「한국조직신학논총」 제16집. 한국조직신학회 편. 서울: 한들출판사, 2006. pp. 101-129.

"메타비판적 탈근대주의 해석학." 『21세기 신학의 과제』. 서울: 대한기독교서회, 2006. pp. 183-210.

"이야기 해석학과 기독론: 역사적 예수와 신앙의 그리스도를 중심으로." 「장신논단」 제26집. 서울: 장로회신학대학교 출판부, 2006. 8. 30. pp. 199-228.

"세계 안에서의 하나님의 행동에 대한 통전적 이해." 『성장 이후 시대의 교회와 신학』 한국조직신학회. 2007. pp. 287-302.

"변증법적 만유재신론." 「장신논단」 제28집. 장로회신학대학교 출판부, 2007. 5. 30. pp. 65-94.

"메조리 수하키의 종말론." 『한국신학의 지평』. 서울: 선학사, 2007. pp. 272-295.

"다음 세대 부흥을 위한 조직신학적 접근." 『하나님의 나라와 다음 세대 부흥』. 대한예수교장로회총회교육자원부 편. 2007. 11. 30. pp. 214-224

"한국교회 위기 극복의 길." 「교회와 신학」 제69호. 서울: 장로회신학대학교 출판부. 2007년 여름호. pp. 70-79.

"한국교회의 여성 리더십, 교회여성지도자의 리더십과 비전." Preaching, vol. 47. 프리칭 아카데미. 2008. 3. pp. 23-31.

"Reinhold Niebuhr's Thought on The Nature of man." *Korea Presbyterian Journal of Theology*, vol. 8. Seoul: Presbyterian College and Theological Seminary Press, 2008. May. pp. 109-142.

"'신의 길 인간의 길'에 대한 신학적, 사회학적 고찰."「교회와 신학」제74호. 서울: 장로회신학대학교 출판부, 2008년 가을호. 2008. 9. 17. pp. 44-51.

"비판적 실재론의 관점에서의 성서이해."「교회와 사회적 책임」. 한국조직 신학회. 2009. pp. 124-138.

"오늘날의 통전적 순교신학." 박성원, 이응삼 엮음.『구름같은 증인들의 빛과 그림자』. 서울: 창과현, 2009.

"성서해석과 설교."「장신논단」제34집. 서울: 장로회신학대학교 출판부. 2009. pp. 157-185.

"고전적 유신론과 만유재신론."「한국조직신학논총」제25집. 한국조직신학 회 편. 서울: 한들출판사, 2009. 12. pp. 101-132.

"동방정교회의 삼위일체론: 블라디미르 로스끼를 중심으로."「장신논단」제 37집. 서울: 장로회신학대학교 출판부. 2010. 4. 30. pp. 51-84.

"관계론적 세계관과 여성의 발달경험: 마조리 수하키와 케더린 켈러를 중심 으로."「화이트헤드연구」제20집. 한국화이트헤드학회. 서울: 동 과서, 2010. pp. 105-143.

"신약성서의 그리스도론."『그리스도론』. 한국조직신학회 엮음. 서울: 대한기 독교서회, 2011. pp. 15-48.

"악의 기원과 극복에 대한 신학적 고찰."「한국조직신학논총」제30집. 한국 조직신학회 편. 서울: 한들출판사, 2011. 9. pp. 279-304.

"설교의 위기와 설교자의 과제."「장신논총」제4집. 서울: 장로회신학대학교 출판부. 2011. pp. 144-167.

"성서의 하나님."『신론』. 한국조직신학회 엮음. 서울: 대한기독교서회, 2011. pp. 15-41.

"구속교리에 대한 해석학적 고찰: '승리자 그리스도' 모델을 중심으로."「장신 논단」Vol. 44, No. 1. 서울: 장로회신학대학교 출판부. 2012. 4. 30. pp. 131-162.

"통전적 구속교리: 형벌 대속이론을 중심으로."「한국조직신학논총」제32집. 한국조직신학회 편. 서울: 한들출판사, 2012. 6. 30. pp. 7-40.

"정신분석 이론과 종교이해에 대한 신학적 고찰."「한국조직신학논총」제35 집. 한국조직신학회 편. 서울: 한들출판사, 2013. 6. 30. pp. 223-260.

"치유적 관점에서의 몰트만의 구원론."「교회와 신학」제78집. 서울: 장로회 신학대학교 출판부. 2014. 2. 28. pp. 115-140.

"춘계 이종성 박사의 신학적 인간학에 대한 고찰." 『춘계 이종성 박사의 생애와 사상』. 서울: 장로회신학대학교출판부, 2014. 2. 25. pp. 50-73.

"창발론적 인간 이해: 필립 클레이턴을 중심으로." 「장신논단」 Vol. 46, No. 1. 서울: 장로회신학대학교 출판부. 2014. 3. 30. pp. 91-120.

"비환원론적 물리주의 인간 이해: 낸시 머피를 중심으로." 「한국조직신학논총」 제38집. 한국조직신학회 편. 서울: 동연, 2014. 6. 30. pp. 37-78.

"통전적 신학 방법론: 춘계 이종성의 신학 방법론을 중심으로." 「장신논단」 Vol. 47, No. 1. 서울: 장로회신학대학교 출판부. 2015. 3. 30. pp. 125-149.

"신앙과 직제의 성서연구에 나타난 에큐메니칼 해석학." 『WCC 신학의 평가와 전망』. 서울: 장로회신학대학교 출판부, 2015. 3. 31. pp. 7-31.

"온 신학 방법론 수립을 위한 화쟁사상의 의미: 원효의 십문화쟁론을 중심으로." 「온신학」 Vol. 1. 서울: 온신학회출판부, 2015. 10. 9. pp. 275-293.

"교회의 사회적 책임과 공적 신학: 명성교회를 중심으로." 『오직 주님』. 은파 김삼환 목사 성역 50주년 기념논문집. 서울: 실로암, 2016. 2. 15. pp. 403-426.

"Social Responsibility of the Church and Public Theology: focused on Myungsung Church." *Only the Lord*. Festschrift in honor of "Eunpa" Rev. Dr. Sam-whan Kim's 50 Years of Ministry. Seoul: Siloam, 2016, 2, 15, pp. 403-429.

"공적신학의 주요 초점과 과제." 「한국조직신학논총」 제46집. 한국조직신학회 편. 서울: 동연, 2016. 12. 30. pp. 175-214.

"너희는 나를 누구라 하느냐?" 『평신도를 위한 알기 쉬운 교리』. 안윤기 외. 서울: 하늘향, 2017. pp. 127-152.

"Theology of Reconciliation." *A Theology of Japan: Japanese and Korean Theologians in Dialogue*. Edited by Brian Byrd and Mitsuharu Akudo. Saitama Japan: Seigakuin University Press, September 2017. pp. 79-102.

"한반도 분단 상황과 통일의 길." 「교회와 신학」 제82집. 서울: 장로회신학대학교출판부, 2018. 2. 28. pp. 58-82.

"창조와 진화." 「한국조직신학논총」 제51집. 한국조직신학회 편. 서울: 동연, 2018. 6. 30. pp. 7-44.

"통전적 신학: 춘계 이종성의 신학방법론을 중심으로." 『춘계 이종성 박사의 통전적 신학과 한국신학』. 서울: 장로회신학대학교출판부, 7, 1. pp. 13-33.

"온전한 복음과 통전적 선교." 「온신학」 Vol. 4. 서울: 온신학회출판부, 2018. 10. 9. pp. 241-265.

"인간." 『조직신학개론』. 총회신학교육부 편. 서울: 한국장로교출판사, 2019. 2. 28. pp. 167-196.

"불트만의 신학 방법론: 하이데거와의 관계를 중심으로." 「한국조직신학논총」 제54집. 한국조직신학회 편. 서울: 동연, 2019. 3. 30. pp. 131-169.

"빅 히스토리 시대의 기독교 자연신학." 「온신학」 Vol. 5. 서울: 온신학회출판부, 2019. 10. 9. pp. 35-59.

"매쿼리의 자연신학과 변증법적 신론." 「한국조직신학논총」 제58집. 한국조직신학회 편. 서울: 동연, 2020.

국내학술대회 발표

"통전적 기독론에 대한 해석학적 구성." 제2회 춘계신학강좌. 장신대 세계교회협력센터. 2003. 4. 22; 5, 1.

"21세기 신학의 학문성." 제1회 장로회신학대학교 대학원 학술대회. 장신대 세계교회협력센터. 2003. 5. 19.

"통전적 생명신학과 선교." 한국선교 120주년 기념 세계평화와 생명을 위한 선교대회. 총회 주최. 장신대 세계교회협력센터, 2004. 3. 19-26.

"21세기 한국교회의 패러다임을 위한 교회론적 고찰." 제2회 소망신학포럼. 주제: 한국교회의 영적 부흥과 리더십. 장신대 세계교회협력센터. 2005. 4. 27.

"통전적인 종말론적 하나님 나라와 현실 변혁적 교회." 한국기독교학회 제34차 정기학술대회 자료집. 대전 유성호텔. 2005. 10. 21. pp. 229-246.

"포스트토대주의 신학에서의 합리성: 호이스틴과 슐츠를 중심으로." 전국조직신학자대회: 한국사회와 교회를 위한 조직신학의 역할. 한국조직신학회. 충북 영동 단해교회. 2006. 4. 28-29.

"헌혈, 장기기증, 시신기증에 대한 신학적 고찰." 생명나눔 선교를 위한 심포지엄. 대한 예수교 장로회 총회 국내선교부. 한국교회백주년기념관. 2006. 6. 27.

"세계 안에서의 하나님의 행동에 대한 통전적 이해." 제2회 전국조직신학자대회. 『성장 이후 시대의 교회와 신학』. 한국조직신학회. 충북 영동 단해교회, 2007. 4. 27-28.

"비판적 실재론의 관점에서의 성서이해." 제4회 한국조직신학자 전국대회, 호서대, 2009. 4. 25. pp. 124-138.

"오늘날의 통전적 순교신학." 순교에 대한 에큐메니칼 신학세미나. 대한예수교장로회 순교자 기념선교회 & 아름다운 생명물결 주최. 2008. 1. 21-23. 경주 콩코드 호텔.

"춘계 이종성 박사의 신학적 인간학에 대한 고찰." 제8회 춘계신학강좌. 장신대 세계교회협력센터. 2012. 9. 26-27.

"통전적 신학 방법론: 춘계 이종성의 신학 방법론을 중심으로." 제10회 춘계신학강좌. 장신대 세계교회협력센터. 2014. 9. 24.

"온 신학 방법론 수립을 위한 화쟁사상의 의미: 원효의 십문화쟁론을 중심으로." 제3차 온 신학회 전문위원 세미나. 장신대 세계교회협력센터 새문안홀, 2015. 6. 1.

"한반도 분단 상황과 통일신학." 「통일을 염두에 둔 한국 개신교회 일치를 위한 신학적 대화」. 제11회 한국조직신학자 전국대회 주제 강연. 한국조직신학회. 덕수교회. 2016. 4. 22.

"온 신학으로서의 공적신학의 초점과 과제." 제10차 온 신학회 전문위원 세미나. 무주티롤호텔, 2016. 8. 16-17.

"포스트휴머니즘과 기독교 신앙." 「종교개혁과 인간의 미래」. 한독신학심포지엄. 장로회신학대학교 세계협력센터 국제회의장. 2017. 9. 8-9. pp. 39-72.

"온전한 복음과 통전적 선교." 제16차 온 신학회 전문위원 세미나. 장로회신학대학교 세계협력센터 미션홀, 2017. 10. 9. pp. 1-15.

"장신신학, 어디로 가야 하는가?" 「세계 속의 한국신학: 장신신학, 우리는 어디로 갈 것인가?」 제19회 국제학술대회. 장로회신학대학교 세계협력센터 국제회의장, 2018. 5. 16. pp. 95-142.

"빅 히스토리 시대의 기독교 자연신학." 제4회 온 신학회 전문위원 집중세미나. 무주티롤호텔. 2018. 8. 16-17. pp. 1-15.

"불트만의 신학 방법론: 하이데거와의 관계를 중심으로." 「하이데거와 현대 신학: 미래인문학을 향한 철학과 신학의 대화」. 한국조직신학회-한국하이데거학회 공동학술발표회. 서울신학대학교. 2018. 11. 10. pp. 1-16.

"공적 신학으로서의 조직신학을 위한 해석학적 방법론: 데이비드 트레이시에 대한 재조명." 제25차 온 신학회 전문위원 세미나. 장로회신학대학교 소양관 609호. 2019. 4. 22. pp. 1-15.

"인간의 미래." 「인간과 미래」. 제14회 한국조직신학자 전국대회 주제 강연. 한국조직신학회. 은혜감리교회. 2019. 4. 27. pp. 1-15.

"칼 바르트의 신학 방법론." 제28차 온신학회 정기학술세미나. 장로회신학대학교 소양관 202호, 2019. 10. 9. pp. 1-15.

국제저술 또는 저널 논문

"The Trinity in the East and the West, and an Integrative View from the Contemporary Perspective." *Trinity: Theological Perspective from the East and the West*. East-West Theological Forum. The 2nd Conference, Seoul, Ewha Womans University, 6-9 (April, 2011): 94-115.

"Wolfhart Pannenberg's Eschatological Theology: In Memoriam." *Neue Zeitschrift für Systematische Theologie und Religionsphilosophie* (A&HCI), Vol 57, Issue 3 (Sep. 2015): 398-417.

"The Points and Tasks of Public Theology." *International Journal of Public Theology* (SCOPUS) Vol. 11, Issue 1 (March, 2017): 64-87.

"Theology of Reconciliation." *Japanese and Korean Theologians in Dialogue*. Edited by Brian Byrd and Mitsuharu Akudo. Saitama Japan: Seigakuin University Press, 2017. 79-102.

"Missio Dei Trinitatis and Missio Ecclesiae: A Public Theological Perspective." *International Review of Mission* (Scopus), Vol 107, Issue 1 (July, 2018): 225-239.

"A Methodological Investigation on Christian Natural Theology." *Neue Zeitschrift für Systematische Theologie und Religionsphilosophie* (A&HCI), Vol 62, Issue 1 (Mar. 2020): 41-57.

해외 & 국제학술대회 발표

"한국의 신학으로서의 토착화 신학과 이정용의 삼위일체론." 한중학술대회: 한국종교문화강좌. 북경대학종교문화연구원. 북경대학철학계, 종교학계, 2009년 10월 30일. pp. 5-14.

"The Trinity in the East and the West, and an Integrative View from the Contemporary Perspective." *Trinity: Theological Perspective from the East and the West*. East-West Theological Forum. The 2nd Conference, Seoul, Ewha Womans University, 6-9 April, 2011. pp. 94-115.

"The Points and Tasks of Public Theology." The Second Meeting of the Global Network of Research Centers for Theology, Religious and Christian Studies, Zurich, Switzerland, January 21-24, 2016.

"화해의 신학." 「회개와 용서와 화해의 신학형성」. 제6회 한일신학자학술회의. 세이가쿠인대학교. 2016년 11월 18일. pp. 25-42, 71-87. "和解の 神學," 聖學院大學綜合研究所紀要. Seigakuin University General Research Institute, No. 63, Tosaki, Ageoshi, Saitama, Japan: 2017. pp. 52-82.

잡지 및 신문 에세이

"일에 대한 신학적 소고." 「교육교회」. 176호. 1991. 1. 25-31.

"성만찬, 하나님의 선물." 「교육교회」. 178호. 1991. 3. 13-20.

"기독교의 부활신앙." 영락교회 「만남」. 1991. 3. 8-9.

"복음적 신학에 대한 칼 바르트의 독특한 견해." 「신학춘추」. 1991. 4. 22. 2면.

"모든 이를 차별없이 사랑하시는 하나님." 「장신원보」. 1991. 3. 18. 4면.

"한국 토착화신학의 평가와 전망." 「장신원보」. 1991. 9. 2. 5면.

"부활의 현실성과 부활신앙의 의미: 부활은 새로운 변혁과 생명의 시작." 「장신원보」. 1992. 4. 14. 1면.

"칼빈의 성만찬 교리." 「교육교회」. 196호. 1992. 11. 31-37.

"역사적 변증학을 통한 기독교 진리 증명: 한스 큉의 『크리스찬이 됨에 관하여』."「장신원보」. 1993. 3. 9. 3면.

"환경문제에 대한 교회적 대응."「교육교회」. 204호. 1993. 7. 21-27.

"작은 기쁨에서 느끼는 목회비밀."「장신원보」. 1993. 9. 21. 5면.

"잘못된 선물 풍조와 올바른 의미의 선물." 영락교회「만남」. 1993. 11. 12-14.

"예정된 사람이면 교회 안 가도 구원받나: 예정론에 대한 올바른 이해."「빛과 소금」. 1994. 1. 100-103.

"악도 하나님이 창조하셨나."「빛과 소금」. 1994. 2. 100-103.

"하나님 뜻에 내 뜻은 얼만큼 포함되나."「빛과 소금」. 1994. 3. 74-75.

"아담의 원죄는 유전되는가."「빛과 소금」. 1994. 4. 74-76.

"나의 선생님 윌 교수님과 신학함의 자세."「신학춘추」. 1994. 11. 29. 6면.

"한국의 미래사회와 교회의 지도자로서의 여성."「장신원보」. 1997. 3. 4. 3면.

"자율적 영성."「장신원보」. 1997. 9. 9. 2면.

"호국 보훈의 달을 맞이하여."「장신원보」. 1997. 6. 13. 5면.

"자율적 영성."「장신원보」. 1997. 9. 9. 2면.

"민주적인 리더십으로의 전환."「장신원보」. 1998. 3. 10. 7면.

"사순절에 대하여." 주님의 교회「함슬함울」. 제29호. 2001. 3. 2. 4면.

"조직신학자가 바라본 장신대 조직신학."「신학춘추」. 2014. 5. 27.

"장신대 신학자에게 듣는 '과학시대의 창조신학'."「신학춘추」. 2017. 9. 26. 6면.

"목회역량과 신학교육에 대하여."「신학춘추」. 2018. 4. 24. 11면.

"공감의 믿음."「경기신우회보」. 2018. 5. 1. 제84호. 4-6.

"하나님의 선교와 교회의 선교: 공적 신학의 관점에서."「장신소식」. Winter 2018. 34-35.

"계속된 창조와 진화."「신학춘추」. 2019. 4. 30. 8면.

윤철호 교수의 생애와 사상

최유진

호남신학대학교 | 조직신학

믿음: "예수 잘 믿다 오너라."

윤철호^{尹哲昊}는 1955년 4월 1일 서울의 약수동^{지금의 중구 신당동}에서 아버지 윤귀득^{尹貴得} 장로와 어머니 정보비^{鄭寶妣} 권사 슬하의 열 형제 중 막내로 태어났다. 부모님은 황해도 황주가 고향으로, 1·4 후퇴 때 남한으로 피난 내려온 독실한 기독교인이셨다. 형님들 중 여덟 명은 이북에서 태어났고, 그중 두 분은 다 성장해서 질병과 사고로 세상을 떠났다. 공산당 원들이 조선민주당 당원이었던 아버지를 핍박하여 첫째와 둘째를 뺀 나머지 가족이 함께 월남하여 이산가족으로 남한에 정착하게 된다. 우리나라 현대사의 비극과 연결되어있는 가족사는 후에 그의 통일신학에 많은 영향을 준다.

그는 독실한 신앙의 가문에서 성장했으나 아버지의 연이은 사업 실패와 어머니의 오랜 투병과 이른 소천으로 정서적, 경제적으로 혹독한 사춘기 시절을 겪게 된다. 그러나 그가 신앙을 잃지 않고, 목사가 된 이유는 41세에 막내아들인 그를 낳고 지극히 사랑하다가, 그의 고등학교 졸업하던 해 61세의 나이로 소천하신 어머니께서 "예수 잘 믿다 오너라."라는 유언을 남겼기 때문이었다.

이 유언을 마음에 품고 있던 그는 그 후 군 생활을 하게 되는데 갑작스러운 허리 부상으로 서울수도통합병원과 대전통합병원의 병상에서 11개월 넘게 보내게 되었다. 이때 그는 하나님께서 이스라엘 백성을 40년 동안 광야에서 연단하신 것처럼, '나를 이 길로 몰아 넣으셨구나'고 생각했다고 회고한다. 이 기간 동안 그는 원망이나 불평이 아니라 기도를 많이 했다고 한다. 경제적 어려움, 어머니의 이른 죽음, 육체적 질병 등의 이 모든 고난은 하나님의 연단 과정이며 이 과정은 그에게 하나님을 만나는 은혜의 시간이 되었다. 그리고 이런 연단 과정을 거쳐 그는 마침내 목사가 되기 위해 신학교에 가겠다는 결심을 하게 된다.

사랑: 광나루와 에반스톤에서의 신학 수업

그는 제대 후 1980년 장로회신학대학교 신학과에 입학한 후 사랑하는 어머니의 유언에 따라 신학 여정을 걷기 시작한다. 신학 수업을 하는 중에 두 분의 잊을 수 없는 은사님을 만나게 되는데, 그중 한 분은 장로회신학대학교 조직신학 교수, 이종성 학장이다. 이 학장은 장신대의 신학적 정체성을 세우기 위한 초석을 놓은 분인데 이 분 밑에서 조직신학의 기초 실력을 연마하게 된다. 이 학장의 신학은 칼빈과 바르트의 개혁신학 전통에서 다른 전통들을 폭넓게 아우르는 통전적 신학이다. 다시 말하면 '열린 복음주의적 애큐메니칼 신학'이라고 할 수 있다. 그는 장로회신학 대학교 학부를 졸업하고 신학대학원 졸업논문으로 「Karl Barth의 교회 교의학에 나타난 계시론 연구」[1986]를 저작하게 된다.

그는 1986년 신학대학원 졸업 후 도미하여 프린스톤 신학대학원에서 신학석사[Th. M.] 과정을 마치고, 1987년 시카고 교외 에반스톤에 위치한 노스웨스턴 대학교와 게렛 신학대학원 공동으로 진행하는 박사[Ph. D.] 과정을 시작한다. 그리고 그 곳에서 운명처럼 또 한 분의 잊을 수 없는 은사, 제임스 윌[James E. Will] 교수를 만나게 된다. 그는 유학 중에 한 번도 어떤 공부를 해야겠다는 계획을 세운 적이 없었고, 하나님의 인도하심에 자신의 인생을 맡겼는데 결국에는 이 과정이 자신에게 더 없는 축복이었다고 회고한다. 이 과정이 그의 인생에 축복이 된 이유는 노스웨스턴 대학교와 게렛 신학대학원에서의 새로운 신학 여정 때문이었다. 그는 노스웨스턴 대학교에서 철학적 현상학, 인류학, 종교 현상학, 불교 등에 관해 공부했다. 그리고 게렛 신학대학원에는 윌 교수의 지도로 틸리히, 해석학, 과정 사상을 공부했으며, 로즈매리 류터로부터 여성신학을 배웠다. 그는 폴 틸리히와 존 캅의 신학을 비교하는 논문, "God's Relation to the World and Human Existence in the Theologies of Paul Tillich and John B. Cobb, Jr."(폴 틸리히와 존 캅의 신학에 나타난 하나님의 세계와 인간 실존과의 관계)를 쓰고 1990년 박사학위를 취득했다. 이 책은 후에 『세계와의 관계성 안에 계신 하나님』[서울: 한국장로교출판사, 2006]으로 번역·출판되었다.

그는 노스웨스턴-게렛에서 교파적 당파성에 얽매이지 않는 에큐메니칼적인 신학적 영성을 배웠다. 노스웨스턴-게렛은 탄성이 높고 유연한 그만의 신학을 만들어내는 용광로와 같았고, 그에게 급진적인 방식과 보수적인 방식을 한국 장로교 안의 신학 전통 안에 잘 녹여내어 세계 신학 안에 균형 있게 자리매김 할 수 있는 토대를 마련해 주었다. 그는 향후 노스웨스턴-게렛에서 연구한 종교학, 철학, 신학의 간학문적 기초를 토대 삼아 아시아적인 컨텍스트 안에서 아시아적인 모티브를 가지고 연구의 지평을 넓혀나가는 소망을 가지고 있다.

그는 자신이 성공적으로 박사과정 생활을 할 수 있었던 이유가 지도 교수인 월 교수와의 사랑과 우정 때문이라고 회고한다. 한국으로 돌아와서 월 교수를 한국에 모셔 교제를 하기도 했고, 월 교수의 타계 전까지도 이메일과 SNS로 신학적, 인간적 사랑의 교류를 지속했다. 어머니와 두 분의 은사님들께 받은 사랑은 후에 제자들과 학교, 한국교회, 한국 신학에 대한 사랑과 열정으로 결실을 맺게 된다.

소망: 다시 광나루에 우뚝 서다

유학을 마친 후 그는 1990년 9월부터 2020년 8월 은퇴할 때까지 장로회신학대학교 조직신학과 교수로 재임한다. 그는 재임 기간 중 학부, 신학대학원, 대학원 수업 등 어떤 과정의 어떤 과목의 수업에도 철저한 준비와 성실함으로 임했다. 방학 중에는 다음 학기 강의를 위한 공부를 했으며 때때로 학생들과 스터디 모임을 갖기도 했다. 이는 질 높은 수업의 결과를 낳았다. 그는 늘 새로운 분야의 새로운 책을 선정해서 학생들을 지적으로 자극했다. 수업 분위기는 자유로웠고, 모든 비판에 열려있었고, 지식에 대한 일방적인 수용이 아니라 비판적 사고를 할 수 있게 이끌었다. 겸손과 성실과 관용과 인내와 사랑으로 학생들을 대했기 때문에 학생들에게 지적인 자극뿐만 아니라 정서적, 정의적인 영향력을 끼쳤다. 수업 외에도 수업을 위한 좋은 교재 집필과 번역, 새로운 논문을 저술하기 위해서 시간과 에너지를 쏟았다. 그는 끊임없이 새로운 신학적 주제들에 도전했다. 그의 기독론, 해석학, 설교학, 삼위일체론, 인간론, 공적신학, 신학과 과학 등의 주제들은 끊임없이 새로운 신학적 주제들을 천착해 나간 그의 도전 과정을 잘 보여준다. 그가 이 과정에서 저술한 신학 논문과 저서들은 한국 신학의 발전에 크게 기여했으며, 그는 국가 및 기독교 기관으로부터 다수의 상을 수상하였다.

그는 또한 수업과 저술 이외에 대학행정 업무, 즉 교학처장, 도서관장, 연구지원처장, 신학대학원장, 대학원장을 비롯한 교수평의회 및 대학평의회 의장 등 장신대의 다양한 보직을 탁월하게 수행하였다. 이와 더불어 학자로서 학교 밖의 여러 가지 학회 활동도 소홀함 없이 해내었다. 그는 한국화이트헤드학회 편집위원, 한국조직신학회 회장, 기독교통합신학회 회장 등 다양한 직책을 두루 훌륭하게 감당해내었다. 현재는 온 신학회 회장과 미래신학연구소의 소장으로 한편으로는 한국신학의 지평을 넓히고 깊이를 심화시키고, 후배 학자들과 교류하고 협업하는 일을 지속하며, 다른 한편으로는 성서, 신학, 설교[BTS] 모임을 통해 목회자들의 실제적인 설교를 돕는 일을 하고 있다.

그가 스스로 "하나님께서 일찍이 기가 막힌 웅덩이에 던져져 아무런 소망이 없던 자를 불쌍히 보시고 긍휼과 자비를 베푸셔서 지금 여기까지 인도해 주셨다."[1]라고 고백하듯이, 지금까지의 그의 생은 믿음에 기초한

---

1   윤철호, 『한국교회와 하나님 나라를 위한 공적 신학』(서울: 새물결플러스, 2019), 16.

사랑의 관계 속에서 푯대를 향하여 그리스도 예수 안에서 하나님이 위에서 부르신 부름의 상을 위하여 달려간 소망의 여정이었다.

관계성 안에 계신 하나님, 관계성 안의 인간, 관계성의 신학

믿음과 사랑과 소망의 관계망 속에서 충실한 삶을 산 그의 신학을 아우르는 주제는 무엇보다도 '관계성'이라고 생각한다. 첫째, 하나님과 세계의 관계성이다. 그는 유학 시절 서구 신학계가 고전적 유신론의 '무감동의 신'과 씨름하면서 해결하고 싶어 하던 하나님과 세계와의 관계성 문제에 천착한다. 그는 이때 화이트헤드의 과정철학과 그의 철학을 신학에 전유한 존 캅의 과정신학을 만나게 되었고, 과정신학에서 제안하는 고통 당하는 하나님의 설득적인 힘이 하나님과 세계와의 상호적인 관계를 고전적 유신론보다 더 잘 해명할 수 있다고 보았다. 그는 그의 학위 논문에서 감리교 전통의 신학자 존 캅을 루터교 전통의 신학자 폴 틸리히와 비교하며 하나님과 인간 실존과의 관계를 조망한다. 그는 이 논문을 번역·출간했는데 이 책은 그의 학문 탐구의 시작과 방향성을 감지하는데 중요한 저서다.

"세계와 인간 실존과의 관계성 안에 계신 하나님"은 신학의 중심 주제이자 내용 전체이다. 다시 말하면, 이 표제는 조직신학 체계 안의 신론, 창조론, 인간론, 죄론, 기독론, 구원론, 교회론, 역사와 종말론을 모두 포함하는 포괄적인 주제이다. 기독교 신학은 세계와 인간 실존과의 관계성을 떠나서는 어떤 하나님에 대하여도 이야기할 수 없다. 물론 이 말은 하나님의 존재 자체가 세계와 인간 실존과의 관계성으로 환원된다는 의미는 아니다. 그러나 기독교 신학은 세계와 인간 실존과의 관계성 안에서 자신을 나타내시는 하나님 외에 다른 하나님을 알지 못한다. 신구약성서와 특히 신약 성서에 기초한 기독교 전통은 예수 그리스도를 통하여 세계와 인간 실존과의 관계성 안에 들어오셔서 자신을 계시하고 인간과 세계를 구원하시는 하나님만을 증언하고 고백한다.[2]

귀국한 후 그는 세계와의 관계성 안에 계신 하나님에 대한 논지를 보다 더 전통적인 기독교 교리적으로 확장해서 탐구했고, 이를 삼위일체론 안에서 풀어낸다. "삼위일체론의 본래적 의미는 세계와의 관계성 안에 계신 하나님의 변증법적 존재양식과 삶에 대한 구원론적 경험을 신학적으로 표현하는 데 있다."[3] 그는 이러한 고민과 탐구 과정을 여러 해 동안 다수의 논문으로 발표했고, 2011년 『삼위일체 하나님과 세계』라는 책으로 묶어낸다. 이 책에는 고대 교회와 중세와 종교개혁시기의 삼위일체론과 현대 삼위일체론 논의를 변증법적 만유재신론의 관점에서 동·서방 삼위일체론의 통섭을 대안으로 내놓고 있다. 그리고 이런 탐구 과정에서 그의 실존론적 관점은 보다 더 역사적·우주론적 관점으로 확장되는데 이런 확장은 진화론을 비롯한 자연과학과의 대화에서 보다 더 구체적인 결실을 맺는다.

둘째 기독교 전통^{계시}과 현재의 상황 안의 인간과의 관계성이다. 이상

---

2   윤철호, 『세계와의 관계성 안에 계신 하나님』(서울: 한국장로교출판사, 2006), 서문.
3   윤철호, 『삼위일체 하나님과 세계』(서울: 장로회신학대학교, 2011), 126.

은은 윤철호의 신학방법론의 특징을 다리 놓는 일이라고 분석했는데 적절한 분석이라고 생각한다.[4] 윤철호는 이 둘을 연결시키는 것을 조직신학 고유의 과제라고 보았다. 그는 이러한 신학의 과제를 수행하기 위해서 부단히 해석학 연구에 매진했다. "신학의 가장 큰 과제는 기독교 전통에 대한 올바른 해석을 통해 하나님, 세상, 그리고 인간에 대한 올바른 앎을 얻는 것이다."[5] 그는 인간 실존의 한계와 죄, 다양한 상황과 관심에서 비롯된 불가피한 다원성과 모호성을 인정하고, 계시를 이해할 때, 적절한 해석 방법을 사용해 올바른 이해를 추구하는 해석학 작업이 요청되어야 한다고 보았다. 그의 이러한 관심과 탐구는 2007년 『신뢰와 의혹: 통전적인 탈근대적 기독교 해석학』으로 출간된다. 이 책에서 그는 탈근대 시대를 위한 적절한 해석학으로 신뢰와 의혹의 해석학을 상호보완적으로 사용해야 할 것을 제안한다. 안윤기는 윤철호의 해석학이 "가다머의 철학적 해석학과 하버마스의 비판이론을 리쾨르가 자신의 포괄적 해석학의 틀 안에 조화시키듯", "귀속성과 거리 두기, 들음과 비판, 이해와 설명, 진리와 방법은 변증법적이고 상호보완적인 관계 속에서 통합"을 주장했다고 기술한다.[6]

셋째, 예수 그리스도에 대한 고백과 그의 하나님 나라 비전의 공적인 영역과의 관련성이다. 윤철호는 귀국 이후 20여년 넘게 장신대 신대원에서 그리스도론이란 필수 과목을 가르쳤다. 그는 그리스도론이란 "'예수는 주이시다'라는 기독교 신앙의 기본적인 고백의 의미를 신학적으로 해명

---

4   이상은, ""신학적 구도의 길"에 가까운 "신학방법론'," 『예루살렘과 아테네』(서울: 장로회신학대학교출판부, 2020; 이하 '본서'), 571.
5   안윤기, "윤철호 교수의 해석학," 본서, 542.
6   위의 글, 544.

하기 위한 시도라고 정의한다."[7] 그는 현재적 그리스도와의 관계성에 관한 물음은 오늘날 나의 개인적인 실존과 우리의 공동체적인 현실 속에서 답할 수 있다고 규명하면서 우리의 현실 속에서 "너희는 나를 누구라 하느냐?"에 대한 대답을 충실하게 해야 한다고 주장한다. 그는 자신의 그리스도론에 관한 저술을 1998년 『예수 그리스도』 상, 하로 출간하고, 그 책을 개정하여 단 권으로 묶어 2013년 『너희는 나를 누구라 하느냐: 통전적 예수 그리스도론』으로 출간하게 된다. 이 책에서 그는 역사적 예수 탐구 문제에서부터 성서와 고대시대부터 시작된 그리스도론의 역사, 현대 그리스도론의 다양한 쟁점들을 다룬다.

그의 이런 그리스도론적 관심은 예수 그리스도가 이 땅에 가져온 하나님 나라 비전을 현재 예수를 따르는 우리가 어떻게 세상에 구현할 것인가라는 실천적 문제로 확장된다. 그는 전통적인 개신교 신학의 복음 이해가 개인 영혼 구속에 지나치게 몰두한 것을 비판하며 이 복음이 포괄적인 하나님 나라의 복음으로 나아가는 "온전한 복음"이 되어야 한다고 주장한다.[8] 이것이 그의 공적 신학의 출발점이다. "공적 신학은 성서가 증언하는 예수 그리스도의 하나님 나라 복음에 기초하여 교회와 신학의 공공성과 사회적 책임을 강조하는 신학이다."[9] 그는 항상 신학이 자신의 게토에 갇혀 사유화되는 것을 경계한다. 이런 신학의 공적, 실천적 관점은 장신대에서 처음 개설한 여성신학 과목 교수와 현대신학 과목 중 민중신학과 정치신학과 해방신학에 대한 소개로 이어진다. 그러나 그는 나이가 들며 라인홀드 니버가 언급한 "인간의 모호성"에 대해 더 깊게 생

---

7 윤철호, 『너희는 나를 누구냐: 통전적 예수 그리스도론』(서울: 대한기독교서회, 2013), 27.

8 윤철호, 『한국교회와 하나님 나라를 위한 공적 신학』, 616.

9 위의 책, 331.

각하게 되었는데 이는 정의를 부르짖는 사람들이 꼭 정의롭지 않을 수 있다는 모순을 경험하게 되었기 때문이라고 설명한다. 이는 그를 여타의 해방신학과는 다른, 하나님 나라에 관한 관심으로 정위된 공적 신학의 탐구로 이끌었다. 그는 공적 신학이 진보와 보수로 나뉘어 맞서고 있는 한국 사회와 한국교회에 좋은 치유책이 되리라고 생각한다. 그의 이런 관심은 2019년 출간한 『한국교회와 하나님 나라를 위한 공적 신학』에 소개되어 있다.

넷째, 성서신학과 실천신학 사이의 관계성이다. 그의 실천적 관심은 설교에 대한 애정에서도 드러난다. 그는 한국교회의 위기는 곧 설교의 위기라고 진단하며, 설교자를 돕는 일이 조직신학자의 본연의 과제에 속한다고 주장한다, 왜냐하면 "조직신학은 한편으로는 성서학자의 주석에 기초하여 그것을 교리화하고 다른 한편으로는 교회의 설교를 검증하고 제시함으로써 양자를 매개해" 주는 "성서신학과 실천신학으로 구성되는 해석학적 아치의 양극의 중심에" 위치하기 때문이다.[10] 그는 신대원 논문으로 바르트의 계시론을 다뤘으나, 유학하며 바르트의 한계를 알고 자신의 신학적 지평을 조금씩 넓혀갔다. 한국신학의 미래를 위해서는 바르트를 넘어서야 한다는 것이 그의 주장이다. 그러나 설교는 교회의 컨텍스트 안에 있는 선포적인 신학의 성격을 띠고 있기 때문에 바르트의 신학 혹은 바르트적 영성이 필요하다고 생각한다. 그가 쓴 설교집과 설교비평집인 『성서·신학·설교: 설교형식으로 풀어쓴 조직신학 강의』2000, 『설교의 영광, 설교의 부끄러움: 설교비평의 이론과 실제』2013, 『복음의 발견』

---

10 윤철호, 『성서·신학·설교: 설교형식으로 풀어쓴 조직신학 강의』(서울: 장로회신학대학교 출판부, 2000), 6.

2020에 이 같은 고민의 흔적이 담겨있다.

다섯째 개혁신학과 에큐메니컬 신학의 관계성이다. 그는 자신이 16세기 종교개혁에서 시작된 개혁신학의 전통을 계승한다고 밝힌다. 그러나 그 개혁신학은 16세기에 머물러서는 안 되고, "새로운 시대와 역사적 현실 속에서 종말론적인 하나님 나라의 비전 아래 끊임없이 자신을 개혁해" 나아가야 한다^{ecclesia reformata semper reformanda}고 주장한다.[11] 이에 그는 개혁신학은 "삼위일체 하나님에 대한 공동의 믿음 안에서의 친교^{koinonia}를 통한 다양성 안의 일치, 그리고 실천적 연대 안에서의 세상을 향한 섬김^{diakonia}"인 에큐메니컬 영성 안에서 이루어져야 함을 강조한다.[12] 그는 에큐메니컬 개혁신학의 특징을 성서중심성, 하나님의 주권, 은총의 우선성, 선포, 교회의 개혁성, 그리스도인의 자유와 책임의 변증법적 관계, 만인제사장직, 다양성 속의 일치란 항목으로 정리한다.

마지막으로 학문과 학문, 전통과 전통의 관계성이다. 그의 공적 신학에 대한 관심은 예수 그리스도의 하나님 나라 비전을 모든 영역에 두루 미치는 것이다. 여기에는 기독교의 진리를 실천하는 실천적 관심과 더불어 공적 세계에 변증하는 학문적 관심이 함께 있다. 공적 세계에서의 기독교 변증의 일환으로 그는 학제간 연구를 통한 인간론을 저술한다. 2017년 출간한 『인간: 인간의 본성과 운명에 관한 학제간 대화』에서 그는 자연과학, 사회과학, 불교와 대화하며 하나님의 형상으로 "상호 간의 공감적 사랑"을 본유적으로 부여받은 인간이 종말론적으로 "호모 엠파티쿠스^{Homo Empathicus}"로 성장해나가야 한다는 것을 주장하며, 인간의 "관계

---

11   윤철호, 『한국교회와 하나님 나라를 위한 공적 신학』, 633.
12   위의 책, 634.

성"을 강조한다.[13] 그는 또한 이 책에서 자연과학과 대화하며 영육 이원론을 넘어서는 창발적 전일론emergent holism을 주장하는데 이는 기독교의 전일적 인간 이해를 해명하는 데 도움이 된다고 제안한다. 2020년에 출간된 그의 신학 방법론에 관한 저서 『예루살렘과 아테네』에서 그는 학제 간 논의뿐만 아니라 한국의 종교 전통과 기독교 전통을 연결시킨다. 이 책에 실린 "통전적(온) 신학 방법론 수립을 위한 화쟁사상의 의미"에서 그는 어떤 견해나 이론도 '조건적으로 수립된 것'으로 파악하여 각각의 부분적 진리인 일리一理를 발견하여 온전한 진리로 통섭하는 화쟁사상을 통전적인 신학을 위한 방법론으로 제안한다.[14] 이는 개개의 전통과 교리에 매몰되어 있는 한국교회의 상황에 요청되는 방법론이며 한국적 사유를 적극적으로 신학에 전유하여 세계 신학에 기여할 수 있는 방법론이라고 생각한다.

이상으로 믿음, 사랑, 소망의 관계성 안에서 신학의 여정을 걸어온 윤철호의 사상을 '관계성'이란 주제로 정리해 보았다. 그에게 신학은 어쩌면 '관계학', '관련 짓는 일', '다리 놓는 일' 일지도 모르겠다. '모든 것을 결정하는 실재'인 삼위일체 하나님을 중심에 두고 온전한 복음 구현을 위해 하나님과 모든 것을 통전적으로 연결하는 것이 윤철호 교수의 신학 여정이었다고 생각한다.

---

13 황수진, "윤철호 교수의 인간론," 본서, 556.
14 본서, 481-505.

윤철호 교수의 기독론

박성규
장로회신학대학교 | 조직신학

들어가는 말

윤철호 교수는 『너희는 나를 누구라 하느냐: 통전적 예수 그리스도론』이라는 방대한 기독론 저술을 출판한 후에 다음과 같이 개인적인 소견을 직접 피력한 바 있다. "내 평생에 예수 이름 팔아서 절대로 돈을 벌지 않겠다."는 말이었다. 책 출판해서 수입을 얻기는 거의 불가능한 시대이기 때문에 실제로 저자의 수입 여부는 따져볼 필요도 없는 얘기이고, 다만 예수 그리스도의 이름에 대한 저자의 진정성과 진심만을 엿볼 수 있는 대목이다. 실제로 저자는 자신의 기독론 책을 집필하면서 1207페이지에 달하는 방대한 분량과 주제색인, 인명색인, 그리고 관련 성경구절 색인까지 정성을 다하여 꼼꼼하게 작업하여 출판함으로써 자신의 개인적 소견에 일치하는 모습을 보여주고 있다. 저자인 윤철호 교수에게 그리고 그의 동료 조직신학 교수들에게서 '기독론' 수업을 들은 학생이라면 누구나 할 것 없이 한 학기 동안 자신들의 방식으로『너·나·누』라고 줄여 불렸던 본서를 옆구리에 끼고 교정을 누비고 다니면서 기독론에 관하여 많은 것을 배웠으리라 확신한다.

서평

서평이랄 것도 없이 본서는 한 마디로 '기독론'에 관한 백과서이다. 책은 총 3부로 구성되어 있다. 그러나 저자는 먼저 프롤로그에서 "통전적 방법론"을 다루고 있다. 저자는 "통전적 방법론"을 사용하여 자신의 기독론을 전개하겠다는 기획의도를 밝히고 있는 것이다. 이러한 통전적 방법론 속에는 장신 신학과 "온신학"의 모태가 되는 이종성 박사의 "통전적 신학" 정신을 계승하겠다는 의지뿐만 아니라, 서구 유럽 신학의 답습을 극복하고 한국의 신학, 장신의 신학의 독자성과 주체적 사유로 독창적인 기독론을 전개하겠다는 포부가 깃들어 있다. 특히 본서에서 드러나는 저자의 "통전적 방법론"은 고대로부터 현대에 이르기까지의 시대적 통전성 뿐만 아니라, 동방신학과 서방신학, 유럽신학과 아시아 신학, 그리고 정통 교의학적 신학과 역사적 예수 연구 사이에 나타나는 여러 가지 기독론적 대립을 극복하는 통전성을 보여주고 있다. 이러한 통전성은 저자가 서론에서 잘 밝혀 주고 있다. "너희는 나를 누구라 하느냐"라는 질문은 예수께서 가이사랴 빌립보 제자에게 던진 질문일 뿐만 아니라, "모든 시대의 모든 그리스도인을 향한 영속적인 질문"이기 때문에, 그리스도에 관한 내용 자체가 필연적으로 통전적일 수밖에 없다. 따라서 저자는 그리스도론에 관한 방대한 주제들을 다루면서도 이러한 통전성이라는 축을 결코 포기하지 않고 있다. 이는 "중심에 서서" "좌로나 우로 치우치지 않으면서" 더 나아가 "좌와 우를 넓게 포용하는" "통전적 신학" 정신이 저자의 기독론 속에도 역동적으로 작용하고 있다는 증거라 볼 수 있다.

제1부에서는 "성서로부터 오늘에 이르기까지 기독론"을 다루고 있는데 주로 "성서에서 사용되는 그리스도 관련 용어들을" 꼼꼼하게 정리해 주고 있으며, 성서 이후 현대신학 이전까지 기독론의 발전을 역사 순으로 일목요연하게 잘 정리해 주고 있다. 특히 성서에 나타나는 그리스도와 관련된 거의 모든 개념을 세밀하게 연구하여 정리해 주고 있어서 신학생들뿐만 아니라, 교회 현장에서도 많은 도움이 될 것으로 판단된다. 특히, 성서에 나타나는 기독론 관련 용어들, 예를 들어 메시아, 인자, 로고스, 주 등과 같은 개념들을 성서학적인 접근법으로 잘 설명해 주고 있다. 그뿐만 아니라 그리스도론과 관련하여 고대교회 시대에 형성된 난해한 개념들을 논리정연하면서도 상세하게 해석해 주고 있기 때문에, 신학생들뿐만 아니라 학자들과 목회자들에게도 좋은 안내서가 되고 있다.

제2부는 "현대신학자들의 그리스도론"을 다루고 있다. 19세기 슐라이어마허로부터 시작하여 칼 바르트, 불트만, 본회퍼, 틸리히, 판넨베르크, 스킬레벡스 등의 유럽 신학자들의 기독론뿐만 아니라, 존 캅, 존 힉, 소브리노 등 영미권의 신학자들의 기독론 그리고 더 나아가 한국 토착화 상황화 신학의 그리스도론까지 포함시켜 다루고 있다. 유럽의 위대한 신학자들과 영미권의 신학자들의 기독론을 넘나들면서 아시아의 상황에서 한국의 토착화 신학의 기독론까지 아우르면서 통전적인 기독론을 전개해 나간다는 점에서 저자의 탁월한 통찰력이 돋보인다. 그뿐만 아니라

통전적인 관점에서 전통적인 교의학적 기독론에서부터 종교학적인 차원의 기독론 더 나아가 해방신학과 역사적 예수 연구의 기독론을 아우르는 거시적인 기독론을 제시하고 있다. 그리고 각 신학자의 기독론의 핵심을 알기 쉽게 잘 정리해 줄 뿐만 아니라, 각 신학자의 기독론의 장점과 한계점들까지 면밀히 연구하여 제공함으로써 세계 신학자들과 어깨를 나란히 하면서 기독론의 새로운 지평을 제시하고 있다.

제3부는 "오늘날의 예수 그리스도론의 초점들"이라는 주제를 서술하고 있다. 3부는 특히 예수 그리스도에 관한 통전적 해석, 유대적 전통에서의 예수 그리스도 이해, 통적적 성육신 이해, 예수 그리스도로 인한 구속 교리, 그리고 역사적 예수 등의 주제를 독창적으로 전개하고 있다. 여기에서 저자는 기독론에서 오늘날 가장 논점이 되고 있는 주제들을 핵심적으로 정리해 주면서도 동시에 "통전적 방법론"을 사용하여 자신의 고유한 기독론을 전개해 나간다.

전체적으로 윤철호 교수의 '기독론'은 한 마디로 전 세계 어디에 내어 놓아도 손색이 없을 정도로 기독론의 교과서 역할을 제대로 감당하는 책이다. 실제로 전 세계 어디에도 이만한 분량의 기독론 관련 서적을 찾아볼 수 없다. 비단 분량의 측면에서만 그런 것이 아니라, 그 내용과 질적인 측면에서 보아도 타의 추종을 불허하는 저서이다. 그만큼 윤철호 교수의 "기독론"은 칼 바르트의 기독론 보다 포용적이며, 판넨베르크의 기독론 보다 방대하며, 몰트만의 기독론보다 더 역사적이다. 그뿐만 아니라 저자는 자신의 문학적인 소질을 백분 발휘하여 정밀하고도 깔끔한 문체로 기독론을 전개하고 있어서 읽은 독자들에게도 가독력을 높여 주고 있으며 실질적 도움을 준다.

결론

『너희는 나를 누구라 하느냐: 통전적 예수 그리스도론』은 신학생으로서 신학 수업을 받을 때 한번 보고 말 책이 절대로 아니다. 본서는 반드시 신학생, 신학자, 목회자들의 서고에 비치하여 두고두고 필요에 따라 꺼내 보아야 할 책이다. 목회자들의 설교 준비와 신학 세미나 준비에도 지속적이면서도 실질적인 도움을 줄 수 있는 책이기 때문이다. 적어도 예수 그리스도에 관하여 관심이 있는 사람이라면 누구에게나 일독과 영구적인 소장을 권한다.

그러나 본서는 그리 가볍지 않다. 책의 무게에서도 가볍지 않지만, 내용상으로도 가볍지 않은 책이다. 왜냐하면 본서는 저자가 한 편 한편 피땀 흘려 논문으로 작성했던 글들을 모은 후 보충하여 책으로 엮었기 때문이다. 그러기에 또한 내용이 산만하지 않고, 무게감이 있으며, 논리 정연하다. 단순히 실용적인 도움이 되는 책일 뿐만 아니라, 학문적으로도 매우 높은 가치가 있는 책이라는 뜻이다.

본 저서를 통하여 우리는 저자가 예수 그리스도에 관하여 오랜 시간에 걸쳐 수없이 하였을 고민들과, 깊이 있는 연구를 위하여 쏟아부은 열정을 면면히 들여다볼 수 있다. 그의 인간적인 고뇌와 학자로서의 학문적 열정에 공감과 경의를 표하지 않을 수 없다. "주는 그리스도시요 살아계신 하나님의 아들이시니이다."[마 16:16]라는 베드로의 대답을 끝으로 위대한 본서에 답하는 간단한 서평을 마무리 하고자 한다. Solus Christus!

윤철호 교수의 해석학

안윤기

장로회신학대학교 | 철학

윤철호 교수는 장로회신학대학교 교과과정에 〈기독교 인식론〉, 〈인식과 해석〉 등의 과목을 신설해 가르치면서 조직신학 연구의 지평을 한층 넓힌 공헌을 했다. 국내에서는 한동안 해석학을 신학보다는 주로 철학 전공자가 다루곤 했는데, 해석학을 독립된 분과로 출범시킨 슐라이에르마허를 보아도, 또 해석 문제가 해당 분과의 논의 영역에서 차지하는 압도적 비중을 보아도, 해석학은 마땅히 신학자가 논의를 주도할 만한 학문이었다. 그럼에도 전인미답이던 영토에 윤철호 교수는 개척자와 같은 모습으로 발을 내딛고 엄청난 연구의 탑을 쌓았는데, 그 이유는 윤철호 교수가 기독교 신학의 본질을 해석학이라고 보았기 때문이다.

신학의 가장 큰 과제는 성서와 기독교 전통에 대한 올바른 해석을 통해 하나님, 세상, 그리고 인간에 대한 올바른 앎을 얻는 것이다. 물론 인간 실존의 한계와 타락 때문에 이러한 앎이 온전할 수는 없다. 궁극적으로는 객관적 계시인 예수 그리스도와 주관적 계시인 성령 안에서만 우리는 하나님과 세상, 그리고 자신을 올바로 이해하고 구원에 이를 수 있다. 그렇지만 계시를 우리 인간이 받아들임에 있어 일종의 변증법적 대화가 일어난다. 그리고 우리가 처한 다양한 상황과 관심으로 인해, 계시의 의미를 찾는 그 과정에는 다원성plurality과 애매성ambiguity이 불가피하게 초래된다. 여기에 적절한 해석 방법을 사용해 올바른 이해를 추구하는 해석학 작업이 요청되는 것이다.

윤철호 교수는 신학 연구의 초창기부터 해석학에 큰 관심을 기울여 많은 논문을 발표했으며, 2007년에는 그간의 연구를 집대성하여 『신뢰와 의혹: 통전적인 탈근대적 기독교 해석학』서울: 대한기독교서회, 2007을 출간했다. 이 책은 수천 년에 걸친 성서해석의 역사를 비롯하여 하이데거, 가다머 등의 철학적 해석학, 불트만, 바르트 등의 신학적 해석학, 리쾨르, 스킬레벡스, 트레이시, 더 나아가 여성신학, 토착화신학의 해석학까지 포괄하는 방대한 내용을 담고 있는데, 수많은 해석학 모델의 핵심을 짚어 일목요연하게 두 양태로 분류한 것이 책의 제목인 '신뢰'와 '의혹'이다.

'신뢰의 해석학'이란 전前근대까지 주류를 형성했던 태도로서, 여기서는 텍스트와 해석자의 관계가 주체와 객체 같아서, 절대적 권위를 가진 텍스트가 진리의 보고가 되고, 해석자는 이를 겸손히 받아들여 이해하는 것을 바른 자세로 간주한다. 이런 모습은 16세기 종교개혁자들과 오늘날 정통 보수주의를 표방하는 사람들의 성서 문자주의 같은 데서 드물지 않게 발견되고, 현대 철학에서는 전통과 영향사를 강조한 가다머에게서 그런 특징이 두드러지게 나타난다. 반면에 근대 이후에는 독자가 처한 상대적 정황, 심지어는 텍스트 자체의 역사성까지 조명되면서 철저한 의혹의 해석학이 제안되었다. 역사비평적 성서해석학 뿐만 아니라, 프로이트의 정신분석, 니체의 계보학, 하버마스의 의사소통이론, 페미니스트 해석학 등이 대표적 사례라 하겠다.

그러나 오늘날은 탈脫근대적 패러다임의 새로운 해석학이 요구된다. 윤철호 교수는 특히 데이비드 트레이시가 제안한 '상호비판적 상관관계를 추구하는 해석학'을 주목하는데, 이에 따르면 인간 실존의 한계와 역사성으로 인해 어떤 해석도 완벽할 수 없다는 '의혹'의 자세와 그럼에도 불구하고 여전히 올바른 진리 이해가 가능하다는 '신뢰'의 자세가 모두 필요하다. 윤철호 교수는 이 둘을 변증법적으로 통합하는 '통전적 탈근대적 기독교 해석학'의 새로운 모형을 모색하며, 특별히 폴 리쾨르와 에드워드 스킬레벡스, 데이비드 트레이시의 해석학에서 그러한 가능성을 발견하여 이들의 사상을 전유해 한 가지 새로운 해석학을 위한 전망을 제시하였는데, 그것이 '비판적 회복의 해석학'hermeneutics of critical retrieval 이다. 이에 따르면 동의와 신뢰, 일치의 해석학과 역사비평과 설명방법을 포함한 의혹의 해석학은 상호배타적이 아니라 상호보완적 관계에 있다. 마치 가다머의 철학적 해석학과 하버마스의 비판이론을 리쾨르가 자신의 포괄적 해석학의 틀 안에 조화시켰듯이, 귀속성과 거리 두기, 들음과 비판, 이해와 설명, 진리와 방법은 변증법적이고 상호보완적인 관계 안에서 통합되어야 한다는 것이다.

특별히 성서 텍스트 해석에 있어서 기독교 전통은 '성령의 내적 증거'Testimonium Spiritus Sancti Internum 과 이에 대한 인간의 순종적 응답인 '신앙 안에서 겸손히 이해 추구할 것'을 강조했다. 성령의 조명과 인도에 대한 기도는 물론 기독교 해석학의 기본 전제 조건이다. 그러나 성령의 내적 증언은 인간의 유한성과 역사적 한계성을 초월하거나 배제하지 않고, 도리어 그것을 통해 경험되는 것이다. 성령의 역사는 텍스트와 해석자의 역사적 지평을 폐하고 초역사적으로 임하는 것이라기보다는, 이 두 역사적 지평 안에서 올바른 상호비판적 대화를 통한 이해, 즉 지평융합이 일어나도록 인도하심에 있다. 성서 텍스트에 대한 참다운 이해와 전유 과정으로서의 지평융합은 인간 실존과 이해의 유한한 역사적 지평을 무시간적으로 뛰어넘어 절대 명증적 진리를 단번에 보여주는 식으로 이루어지지 않고, 또는 과학실증주의적, 역사비평적, 이데올로기 비판적 의혹의 해석학에 의해 실현되지도 않는다. 오직 주체와 주체의 상호비판적이고 창조적인 상관관계 안에서 대화를 통한 텍스트의 지평과 해석자의 지평의 변증법적 지평융합의 과정을 통해서만 진정한 이해가 일어난다고 윤철호 교수는 주장한다. 성령의 영감과 감동은 바로 이러한 지평융합이 올바로 일어나도록 해석자의 사고와 대화를 인도함에 있으며, 그렇기에 해석자는 항상 성령의 인도하심을 간구해야 한다는 것이다.

따라서 최신 학문에서 제공하는 해석 방법의 원리나 비판 기준을 채택해 사용하는 것은 여전히 유효하다. 이것이 적절히 사용될 때 해석은 잘못된 독단론이나 개인주의에 빠지지 않을 것이다. 역사비평, 문학비평, 이데올로기 비판 등을 포함한 방법론적 원리와 기준은 신학적, 영적 해석을 도와주는 필수 보완장치이다. 철학적 해석학과의 대화도 필수적이다. 특히 인간 존재와 이해의 철저한 역사성, 텍스트와 해석자 상황의 다원성이라는 현실을 놓고 볼 때, 여러 해석학 이론과 상호비판적이고도 창조적인 대화를 통해 영적 해석과 방법론적 해석, 신앙의 해석과 이성의 해석, 주관적 해석과 객관적 해석, 진리와 방법, 이해와 설명을 통합하는 통전적 탈근대적 해석학이 가능할 수 있다.

아울러 윤철호 교수는 비판적 회복의 해석학이 '실천지향적'이어야 한다고 주장한다. 예수 그리스도 안에 나타난 하나님의 계시는 하나님 나라를 위해 십자가를 지는 실천적 삶을 통해 실현되었다. 따라서 기독교 해석학의 궁극적 과제는 단지 텍스트와 해석자 사이의 관계에 대한 이론적 논의에 있는 것이 아니라, 해석 주체인 자아의 거듭남과 변화, 자기를 부인하고 그리스도를 뒤따르는 삶, 하나님 나라를 위한 헌신에 있다. 참다운 이해는 개인의 삶과 그가 바라보는 세상에 변화를 가져온다. 현재의 경험과 현실에 비추어서 전통 안에 계시된 것과 이데올로기적 왜곡, 구원의 요소와 억압의 요소를 비판적으로 해석하고, 본래적인 구원 전통을 회복해 새로운 전통을 창조하는 한편, 전통 속에 섞여 있던 왜곡과 억압을 변혁시키는 것에 기독교 해석학의 진정한 목표가 있는 것이다.

윤철호 교수의 삼위일체론

김경래

버클리 연합신학대학원(GTU) | 조직신학

삼위일체는 기독교 신앙의 핵심적인 교리이다. 왜냐하면 그리스도교는 인간의 모습으로 오신 예수를 성자 하나님이라고 고백하면서, 삼위일체 신앙과 대비하여 단일신론적인 유대교와 완전히 구별되었기 때문이다. 기독교 신학이 발전하면서, 성자 예수 그리스도가 어떻게 참 인간인 동시에 참 하나님일 수 있는지를 설명하는 것은 기독론에게, 또 많은 사람들 속에서 다양하게 역사하시는 보혜사 성령이 어떻게 같은 하나님의 영일 수 있는지는 성령론에게 맡겨졌기에, 신약시대 이후 인간에게 성부, 성자, 성령으로 경험된 세 위격의 하나님이 어떻게 구약에서부터 계시된 하나님이실 수 있는지를 되도록 합리적으로 설명하려고 노력하는 것이 삼위일체론의 주된 과제이다.

초기 기독교인들에게 있어서, 구약에서 이어지는 유일신론적 전통

아래서, 성부, 성자, 성령의 세 위격을 구별하며 한 하나님을 설명하는 것은 너무나 어려운 일이었다. AD 381년 콘스탄티노플 공의회에서, 주님으로 경험된 예수를 성자 하나님으로 그리고 기독교 공동체 안에서 강력하게 역사하신 성령을 성령 하나님으로 인식하며 성부 성자 성령 이 세 위격이 동등하심을 고백하기까지도 많은 논쟁이 있었으며, 패배자들은 이단으로 정죄되곤 하였다. 이 '니케아-콘스탄티노플 신조' 이후에도 삼위일체 교리의 난해함이 해소된 것은 아니었다. 주로 서방교회에서는 '한 분 하나님이 어떻게 세 분으로 구별되어 경험되는가?'에 대답하며 양태론적인 설명에서 벗어나기 힘들었다면, 동방교회에서는 '세 분으로 구별되어 경험된 하나님이 어떻게 한 분 하나님으로의 통일성을 가질 수 있는가?'를 설명하며 군주신론적 종속주의에서 벗어나기 힘들었다. 윤철호 교수는 이러한 초기 삼위일체론의 형성과 그 이후에도 종교개혁시대까지 이어졌던 논쟁들을 제1부 '삼위일체론의 역사'에서 다루면서, 삼위일체론의 현대적 논의를 이해할 수 있는 기초를 제공한다.

저자는 이어지는 제2부에서 오늘날의 삼위일체론의 동향을 설명하기 시작한다. 18세기 이후 근대에 들어오면서 사상가들의 관심이 경험적으로 입증 불가능한 관념론적 형이상학을 떠나면서 그리고 역사적 예수 연구에 의해 인간학적 기독론이 득세하면서 삼위일체론에 대한 신학자들의 관심도 줄어들었으나, 20세기에 들어 칼 바르트가 고기독론을 복원하며 계시론 안에서 삼위일체론을 전개하면서, 삼위일체는 다시 신학의 중심 주제로 부상했다. 하지만 전통적인 실체론적 실재관이 관계론적 실재관으로 대체됨에 따라, 현대 삼위일체론은 심리적, 정신적 삼위일체론보다는 관계론적 위격^{인격}과 관계성 안의 본질 개념에 기초하는 관계적 삼위일체론에 집중하고 있다. 이는 세 위격에서 출발하여 한 본질로 나아가는 동방교회의 사회적 삼위일체론과 유사하지만, 위격^{인격}의 개념을 재정의하며 삼신론적 경향을 극복한다. 관계론적 인격 개념에 따르면, 구체적인 인격성은 오직 상호 인격성으로서 존재한다. 나아가 궁극적이고 지고한 실재는 실체가 아니라 관계라고 주장한다. 현대 신학자들은 이러한 관계를 통해 위격들의 존재 방식과 신성의 동등성을 설명하고 통일성과 본질을 설명한다. 그리고 위격들을 동등하게 그리고 통일적으로 연합하게 하는 그 본질은 결국 사랑이다. 윤철호 교수는 여기에서 동서방 신학을 아우르는 통전적 삼위일체론에 필요한 요소들을 제안한다. 그것들은 곧 (1) 세 위격이 동일 본질이며, (2) 세 위격은 페리코레시스적 관계 안에서 한 존재를 이루며, (3) 이 페리코레시스적 관계 안에서 아들과 성령의 관계는 쌍방적이고 상호적인 필리오케와 스피리투케를 수반하며, 그러한 질서 속에서 세 위격의 정체성이 정의되며, (4) 그 페리코레시스적 사랑의 관계가 바로 삼위일체의 본질이며, (5) 우리에게 그 사랑의 관계로 계시된 경세적 삼위일체의 하나님이 바로 내재적 삼위일체의 하나님과 동일함을 고백하는 것이다. 저자는 삼위일체의 본래적 의미는 이 경세적 삼위일체, 즉 하나님이 세계와의 관계성 안에서 세계를 창조하고 구원하고 종말론적으로 완성하는 하나님의 변증법적 존재방식과 삶을 표현하는 데 있음을 강조한다. 그래서 저자는 이제 독자들을 하나님과 세계와의 관계성에 집중하는 만유재신론으로 이끈다.

윤철호 교수가 소개하듯이, 만유재신론은 "하나님의 존재가 우주 전체를 포함하고 관통하며, 따라서 우주의 모든 부분이 하나님 안에 존재하지만, (범신론과 반대로) 하나님의 존재는 우주보다 크며 우주에 의해 다 소진되지 않는다는 믿음" 아래, 초월성을 너무 강조한 나머지 하나님의 불변성과 고통 불가능성을 주장했던 고전적 유신론과는 달리, 하나님께서 세계와의 관계 속에서 가변성, 수용성, 고통 가능성을 갖고 계신다고 주장한다. 에베소서에서 바울이 하나님께서 만유 안에 계시다고 증언하는 것이나 구약성서의 여러 곳에서 나타나는 하나님의 후회와 슬픔에 대한 기사들은 이러한 관계론적 만유재신론의 성서적 근거가 된다. 저자는 제3부에서 현대 신학자들의 만유재신론을 분석하고, 이들의 한계들을 피하고 장점들을 수용하는 통전적인 만유재신론의 길을 모색하는데, 그것은 (1) 경세적 삼위일체로 인식된 하나님을 설명하기 위한 삼위일체론적 만유재신론이어야 하며, (2) 하나님께서 모든 것을 포괄하며 모든 것 안에 내재하는 동시에 모든 것 이상임을 설명하는 즉 내재성과 초월성의 긴장을 조율하는 변증법적 만유재신론이어야 하며, (3) 하나님께서 만유 안에 '충만하게' 거하시며, 모든 것이 변혁되고 구원받고 통합되는 하나님 나라의 완성을 소망하는 종말론적 만유재신론이어야 한다.

그러나 이러한 삼위일체적 변증법적 종말론적 만유재신론이 경험주의적인 현대 과학적 세계관 안에서 어떻게 모순되지 않게 이해될 수 있는가에 대한 질문이 이어지게 되는데, 윤철호 교수는 제4부에서 신학과 과학의 대화 속에서 이에 대한 대답을 모색한다. 이 대화에 참여하는 주축들, 신학적 과학자들과 과학적 신학자들은 고전적인 과학의 기계론적인 세계관에서 이해하기 힘든 현대 과학의 새로운 발견들에 관심을 둔다. 그들은 미시 세계 양자역학의 불확정성과 카오스이론을 통한 거시세계로의 예측 불가능한 증폭에서 물리법칙과 모순되지 않는 하나님의 행동의 가능성을 그리고 창발 현상에서 창조성의 예시를 찾는다. 각 학자마다 집중하는 하나님의 행동 방식의 가능성은 서로 다르지만, 윤철호 교수는 그들의 주장을 모두 분석한 뒤, 약한 창발, 강한 창발, 전체-부분 하향식 인과율, 부분-전체 상향식 인과율 모두가 하나님께서 자신의 행동 유형으로 사용하실 수 있음을 주장하며 통전적인 대답을 추구한다.

이처럼 윤철호 교수의 책 『삼위일체 하나님과 세계』는 현대적 삼위일체론의 주요 이슈들과 그것을 이해하기 위한 배경 지식부터 시작하여 주요 현대 신학자들의 삼위일체론에 대한 자세한 분석을 제공하고 나아가 통전적인 전망을 제시한다. 이것을 통해 우리는 삼위일체론에 대하여 아직 완성된 것은 아니지만, 삼위일체 하나님에 대한 이해가 역사 속에서 어떻게 깊어지고 발전되어 왔는지 그리고 앞으로 남겨진 과제가 무엇인지를 알 수 있다. 하지만 저자가 강조하듯이, 이러한 과학적 자연신학에서 우리가 해야 할 일은, 단지 하나님의 존재 증명이나, 하나님의 행위 증명을 추구하는 것이 아니라, 삼위일체 하나님의 역사하심을 이해하기 위한 이 노력이 신앙적 고백임을 항상 기억하고 겸손한 마음으로 기도하며 연구하는 것일 것이다.

윤철호 교수의 인간론

황수진

장로회신학대학교 | 조직신학

윤철호 교수의 인간론 연구는 성서와 기독교 신학 전통에만 국한되어 있지 않다. 그는 자연과학 분야와 사회과학 분야, 불교에까지 연구의 폭을 넓히면서, 기독교 인간학이 기독교 신학 이외의 학문과 대화하고 이해할 수 있는 계기를 만들고자 노력해 왔다. 그의 저서 『인간: 인간의 본성과 운명에 관한 학제간 대화』^{서울: 새물결플러스, 2017}를 통해 이 연구의 결과들과 그 의의를 함께 나누어 보고자 한다.

기독교 인간론은 인간의 본성과 운명을 하나님과의 관계에서 이해한다. 이때 언급되는 운명이란, 인간이 마땅히 되어야 할 당위적 존재, 그리고 하나님이 마침내 완성하실 미래의 종말론적 인간 존재를 의미한다. 인간 개인의 운명을 공동체 및 창조세계 전체와 분리해 생각할 수 없다는 점이 오늘날 인간론의 중요한 특징이기에, 현대의 인간론은 비이원론적이고 관계론적이다. 윤철호 교수는, 그의 인간론에서, 하나님의 형상으로서의 인간 본성의 본유적 특성이, "관계성", 특히 "상호간의 공감적 사랑"에 있음을 강조한다.

먼저, "인간의 육체의 죽음 후, 그 영혼은 어떻게 되는가"에 대한 문제를 들여다보자. 윤철호 교수는, 해스커의 창발론적 인간 이해가, 영혼-육체를 극명하게 나누는 이원론적 사고를 극복하는 데 도움이 된다고 본다. 그 견해에 따르면, 인간은 맨 처음 물질적인 유기체로 존재하기 시작하는데, 이 유기체가 발달하고 성장함에 따라 정신적, 영적 능력을 지닌 인격이 창발하게 된다. 인격은 자신의 유기체와 구별된 실체지만, 유기체 없이는 자연적으로 존재할 수도 없고 기능할 수도 없다. 그러나 하나님은 초자연적 능력으로, 죽음 이후에 몸과 떨어져 의식의 실존으로서 존재하는 인격을 유지하실 수 있고, 정신적이고 영적인 능력을 지닌 인격의 실존을 부활 때까지 초자연적으로 유지시킬 수 있다. 유기체로서의 몸이 죽어도 그 몸으로부터 창발된 인격적 실존^{영혼}은 죽지 않는다고 할 때, 몸과 인격의 실존이 이원론적으로 분리되는 것은 아니다. 인격적 실존^{영혼} 자체가 유기체적 몸의 최종 산물이고, 인간의 영혼은 하나님과 직접적으로 인격적 관계를 가질 수 있기 때문이다. 인격적 관계 능력이 바로 인간 안에 있는 하나님 형상의 핵심이기 때문에, 영혼으로서의 인격적 실존은 몸과 분리된 이원론적 영혼으로서의 실존이 아니다. 윤철호 교수는 이와 같은 인간 이해를 창발적 전일론^{emergent holism}이라 칭한다. 죽음 이후 천상의 몸은 지상에서 현실화된 총체적 삶의 역사가 하나님 안에서 불멸적 주체성으로 통합, 회복, 변형된 몸인데, 이 불멸적 주체성은 영혼이면서 동시에 몸이다. 그리스도인은 죽음에서 즉시 부활하여 영적인 몸을 지닌 인격, 즉 영혼으로서 주님 안에서 이미 영생을 누리며 미래의 우주적 차원의 종말론적 부활을 기다린다는 것이 헤스커의 견해를 지지하는 윤철호 교수의 주장이다.

이어서, 윤 교수는 다양한 현대 신학자들의 인간론을 연구하고 평가하면서 특히 볼프하르트 판넨베르크의 인간론에 주목한다. 판넨베르크에게 있어 인간의 본성은 종말론적 운명이며 동시에 역사이다. 그는 인간 안에 있는 하나님의 형상을 세계 개방성으로 보는데, 이것은 하나님을 향한 개방성을 의미한다. 하나님의 형상은 처음부터 완성된 형태로 주어지지 않고 역사적 과정을 거쳐 종말론적 미래에 완성되어야 하기에, 인간은 열려진 미래로서의 자신의 운명의 성취를 향한 과정 속에 있는 역사적 존재이고, 역사적 과정으로서의 이 인간 개념이 불변적인 인간 본성 개념을 대체한다. 판넨베르크의 이 보편적이고 공적인 신학은 변증적 관점에서 적극적으로 일반 학문들과의 대화를 가능하게 하는 장점을 지니고 있다.

다른 한편으로, 스탠리 그랜츠와 마이클 호튼은 관계성 안의 이야기적 자아로서의 탈근대적 인간론을 펼친다. 이들은 인간 안에 있는 하나님의 형상의 개념을 하나님과 타자와의 관계성의 관점에서, 또한 종말론적인 완성을 지향하는 이야기적 자아의 관점에서 발견한다. 이 모든 견해들에 있어 언제나 "관계성"이 중심이 된다.

윤철호 교수가 인간론 연구에 있어 가장 큰 관심을 쏟는 분야는 신학과 과학의 대화 부분이다. 그는, 기독교가 진화론을 전적인 오류로 배척한다면 하나님이 창조하신 자연 질서와 법칙 자체를 배격하는 것이 된다고 보고 상호 대화를 긍정적으로 여긴다. 윤 교수는, 진화론적 관점에서, 의식 혹은 정신을 가진 하나님의 형상으로서의 인간에 대한 하나님의 창조가 오랜 세월에 걸친 다단계의 창발적 진화 과정을 통해 이루어졌다는 이해가, 성서 저자들이 고대의 신화론적 세계관 안에서 그 당시의 언어로 표현하고자 했던 창조 신앙과 결코 대립하거나 모순되지 않는다고 본다. 또한, 생물학적 관점에서, 하나님의 형상은, 태어날 때부터 유전자 안에 이미 완성된 형태로 주어진 것이라기보다는, 인간이 자신의 생애 동안 완성해가야 하는 운명으로 주어진 것으로, 유전자적 본성이나 내적 구조 안에서 하나님 및 타자와 상호 인격적 관계를 맺을 수 있도록 창조되고 그러한 관계를 삶에 구현함으로써 영적 생명을 완성해가도록 부르심을 받았다는 데에 그 의의가 있다고 본다.

비환원론적 물리주의 인간 이해를 전개한 낸시 머피는, 인격적 속성^{정신}이 육체^뇌에 의존하지만 육체의 속성으로 환원되지는 않는다고 본다. 그러나 머피는 창발의 사다리 맨 꼭대기에서 출현하는 정신의 창발^{강한 창발}을 강조하지는 않는다. 그래서 윤철호 교수는 이 지점에서, 필립 클레이턴의 견해를 참고할 것을 권한다. 클레이턴은 하나님의 행동이 인간과의 관계에서 정신을 정점으로 하는 전체적 인격 안에서 일어난다고 주장한다.

필립 클레이턴의 인간 이해는 강한 창발론에 기초한다. 그는 창발론을 "우주적 진화가 반복적으로 예측 불가능하고 환원 불가능한 새로운 출현을 포함한다는 이론"이라고 정의한다. 창발적 속성은 "하위 체계로부터 생겨나지만 그 하위 체계로 환원되지 않는 속성"인데, 정신적 창발은 오직 이 강한 창발론에 의해서만 설명 가능하다는 것이 클레이턴과 윤철호 교수의 견해라 할 수 있다.

윤철호 교수는 자연과학에 이어, 사회과학을 대화상대로 삼아 그의 다차원적 인간론 연구를 이어간다. 근대적인 정신분석가 프로이트 이후에 등장한 대상관계 이론가들은 인간을 관계의 그물망 안에서 타자 및 환경과 상호작용하는 존재로 이해하는 탈근대적 인간 이해를 대변한다. 관계적 존재로서의 정신분석적 인간 이해는 신학적 인간 이해와 상이성 안의 유사성 또는 공명을 보여준다. 함께 고난당하는 공감적 사랑compas-sionate-empathic love이라는 개념을 통해서이다. 여기서, 윤철호 교수는 하나님의 형상으로서의 인간은 공감적 사랑의 관계성 안에 있는 "호모 엠파티쿠스"Homo Empathicus이며, 예수 그리스도 안에서 하나님의 형상을 회복하고 이 세상에서 공감적 사랑을 실천하는 것이 우리의 사명임을 천명한다. 바로 이 주장이 윤철호 교수의 인간론 전체를 관통하는 핵심이자 주제라 할 수 있을 듯하다.

피조물들 가운데 인간만이 유일하게 하나님과 인격적 관계를 맺을 수 있다. 육체와 구별되는 영이라는 이원론적 실체를 가지고 있다는 의미가 아니라, 오직 인간에게만 하나님과 상호적 인격적 관계를 맺을 수 있는 가능성이 주어져 있다는 뜻이다. 성령이 우리를 하나님의 공감적 사랑의 능력 안에서 공감적 사랑의 삶을 살 수 있는 힘을 주신다. 그리스도 안에서 하나님의 형상을 회복하고 공감적 사랑을 실천하는 관계적 존재인 호모 엠파티쿠스만이 모든 창조세계의 미래를 위한 희망이라는 것이 윤철호 교수의 인간론의 결론이다.

지금까지 살펴본 윤철호 교수의 인간론의 특징은, 이원론적 육체-영혼의 철저한 구분을 지양하고 몸과 영혼의 전인격적 하나 됨을 지지한다는 것, 그리고 인간이 지니고 있는 하나님의 형상을, 하나님 및 타자와 관계를 맺고 공감하며 배려하고 사랑할 수 있는 관계성에 두고 이 관계성의 능력이 피조세계 전체의 희망임을 주장한다는 데 있다.

성서를 문자적으로 해석하고 전통적 이원론적 사고에 사로잡혀 있는 이들에게 영혼과 육체가 인간을 이루는 단일체라는 견해는 쉽게 수용하기 어려운 난제로 느껴질 수도 있으나, 성서의 전체적 맥락 및 현대 과학과 인문학의 연구 결과들을 들여다보면 이 견해가 결코 허황되지 않으며, 오히려 기독교 신학이 세상의 학문들과 진지하게 대화할 수 있는 가교가 될 수 있다는 것을 깨닫게 될 것이다. 또한 이렇게 다차원에 열려 있는 인간론이 타학문과의 그것 사이에 다리 놓기 및 협업을 통해 하나님 나라 전파와 복음 전파에 이 시대에 맞는 새로운 지평을 열 수도 있을 거라고 기대하게 된다.

윤철호 교수의 설교 및 설교학

김정형
장로회신학대학교 | 조직신학

조직신학자로 윤철호 교수는 일찍부터 교회의 설교에 남다른 애착을 갖고 강의와 저술 활동을 펼쳐 왔다. 일찍이 2000년에 설교 형식으로 풀어쓴 조직신학 강의를 묶어 『성서, 신학, 설교』이란 단행본을 출간했다.[1] 그 이후에도 2011년에는 『현대 신학자들의 설교』를 편역하고,[2] 2013년에는 『설교의 영광, 설교의 부끄러움』이라는 제목 아래 여러 신학자와 목회자들의 설교를 비평하는 책을 출간했으며,[3] 가장 최근에는 『복음의 발견』이라는 큰 주제 아래 자신의 설교문들을 엄선하여 출간했다.[4] 그뿐 아

---

1   윤철호, 『성서, 신학, 설교』(서울: 장로회신학대학교출판부, 2000).
2   윤철호, 『현대 신학자들의 설교』(서울: 한들출판사, 2011).
3   윤철호, 『설교의 영광, 설교의 부끄러움』(서울: 장로회신학대학교출판부, 2013).
4   윤철호, 『복음의 발견』(서울: 두란노, 2020).

니라 윤철호 교수는 장로회신학대학교 신학대학원 과정에 〈성서, 신학, 설교〉라는 과목을 개설해 다년간 수업을 진행했으면, 금년 초부터는 설교 준비를 돕는 소그룹모임을 만들어 목회현장에서 일하는 일군의 교역자들을 돕는 일에 헌신하고 있다.

설교를 주제로 다룬 윤철호 교수의 저술들에서 인상적인 점 중 하나는 다양한 새로운 장르의 글쓰기가 시도되고 있다는 사실이다. 가장 최근에 출간된 〈복음의 발견〉은 한국 교회 목회자들에게 익숙한 설교문 모음집 형식의 단행본이지만, 가장 먼저 출간된 〈성서, 신학, 설교〉는 "오늘과 내일의 한국 교회가 지향하여야 할 새로운 설교의 패러다임을 위한 하나의 범례를 제시하기 위하여 설교 형식으로 풀어 쓴 조직신학 강의"로서 "일반 설교집보다는 좀더 숙고적이고 신학적인 반면 전문적인 신학서적보다는 좀더 실제적이고 상황적인 하나의 새로운 장르의 성격을 가지고 있다."[5] 한편, 〈현대 신학자들의 설교〉는 설교자들의 신학적 능력의 배양을 돕기 위해 엄선한 9명의 현대 신학자들의 설교를 다섯 가지 주제를 따라 편집해서 번역한 책이다. 그리고 〈설교의 영광, 설교의 부끄러움〉에서 윤철호 교수는 "설교비평의 이론과 실제"라는 부제를 통해 암시하듯이 11명의 해외 신학자들과 10명의 국내 목회자들의 설교를 분석하고 비판하는 "지금까지는 본격적으로 시도되지 않았던 하나의 새로운 신학적, 목회학적 장르"[6]를 시도하고 있다.

윤철호 교수가 이처럼 설교에 남다른 애정과 관심을 가진 배경에는 크게 두 가지 요인이 자리하고 있다. 첫째는 조직신학의 고유한 과제에

---

5   윤철호, 『성서, 신학, 설교』, 6.
6   윤철호, 『설교의 영광, 설교의 부끄러움』, 6.

대한 인식이고, 둘째는 한국 교회의 위기 원인에 대한 진단이다.

먼저, 윤철호 교수는 설교자를 돕는 일이 조직신학자의 본연의 과제에 속한다고 강조한다. 왜냐하면 "조직신학은 한편으로는 성서학자의 주석에 기초하여 그것을 교리화하고 다른 한편으로는 교회의 설교를 검증하고 제시함으로써 양자를 매개해"[7] 주는, "성서신학과 실천신학으로 구성되는 해석학적 아치의 양극의 중심에" 위치하기 때문이다. "조직신학자는 설교자를 위한 설교자"[8]라는 문장은 조직신학자로서 윤철호 교수가 설교를 대하는 기본적인 태도를 가장 단적으로 보여준다.

여기에 더하여, 윤철호 교수는 오늘날 한국 교회가 처한 위기의 본질이 무엇보다도 설교의 위기에 있다는 분명한 문제의식을 제기하며 설교자 훈련의 필요성을 강조한다. "한국 교회의 위기는 한 마디로 설교의 위기라고 할 수 있다."[9] "오늘 한국 교회에서 거의 모든 교회마다 직면하고 있는 문제가 목회자의 설교의 문제다."[10] 특히 윤철호 교수는 높아진 현대인의 의식과 지적 수준을 따라잡지 못하는 피상적이고 천박한 설교의 문제점을 지적하면서, 신학적 사고 능력의 배양과 그에 바탕한 글쓰기 능력의 함양이 절실하게 필요하다는 점을 역설한다.[11]

윤철호 교수에 따르면, "설교의 본질을 회복하고 내용의 충실도를 높이기 위해서"는 "무엇보다도 신학적 사고의 능력을 배양해야" 하고, 신학적 사고의 배양을 위해서는 "성서 본문에 대한 충실한 해석과, 이에 기초한 적절한 주제의 수립과 논지의 전개, 그리고 회중의 상황에 적합한 적

---

7   윤철호, 『성서, 신학, 설교』, 3.
8   위의 책.
9   윤철호, 『현대 신학자들의 설교』, 5.
10   윤철호, 『설교의 영광, 설교의 부끄러움』, 5.
11   윤철호, 『현대 신학자들의 설교』, 5; 윤철호, 『설교의 영광, 설교의 부끄러움』, 5.

용 이 세 가지를 통합하는 신학적 능력이 요청된다."[12] 하지만 "불행히도 한국 교회의 강단에는 아직 이 세 가지[성서주석과 신학과 설교]가 올바로 통합된 설교가 부족하다. 철저한 역사적 주석의 과정도 부족하며, 신학적 사고의 훈련도 부족하며, 사회, 정치, 문화, 자연의 세계 현실을 향한 깨어 있는 의식 안에서의 실존적, 실천적 선포도 부족하다."[13] 윤철호 교수는 이 세 영역 각각에서 일정한 소양을 갖추는 것에 더하여 그 세 가지를 상호연관적으로 통합시키는 능력이 매우 중요하다고 강조한다. 왜냐하면 "예수 그리스도의 말씀과 행동을 통한 담화 사건에 대한 기록인 성서를 오늘날 교회 안에서 설교를 통하여 살아 있는 하나님의 말씀으로 새롭게 재현하는 것이 조직신학의 해석학적 과정의 최종 단계"[14]이기 때문이다.

이러한 문제의식에서 윤철호 교수의 강의와 저술은 일관되게 "역사적 이성과 신학적 사고, 그리고 실존적 통찰력을 겸비한 설교자"[15], "신학적 사고력과 인문학적 언어능력, 그리고 현실사태나 주제 Sache 를 파악하는 통찰"[16]을 두루 갖춘 목회자를 훈련시키고자 하는 목적을 지향하고 있다. 궁극적으로 윤철호 교수는 이처럼 준비된 "설교자가 미래의 한국 교회의 강단에 성령의 역사를 가능케 하며 사회와 민족을 향하여 창조적인 변혁의 영향력을 미치는 지도자가 될 것이다"[17]고 전망한다.

요컨대, 윤철호 교수는 위기에 처한 한국 교회의 안타까운 상황 속에

---

12   윤철호, 『현대 신학자들의 설교』, 6.
13   윤철호, 『성서, 신학, 설교』, 5.
14   위의 책.
15   위의 책, 6.
16   윤철호, 『설교의 영광, 설교의 부끄러움』, 6.
17   윤철호, 『성서, 신학, 설교』, 6.

서 건강한 설교자 양성을 통해 한국 교회의 갱신에 기여하고자 오랜 기간 많은 수고를 해 왔다. 이것은 설교자를 위한 설교로서 조직신학의 고유한 과업에 대한 확고한 신념과 한국 교회를 향한 뜨거운 사랑에 기반하고 있다. 윤철호 교수의 이러한 신념과 열정은 필자를 포함하여 조직신학을 전공하는 모든 후학에게 귀한 모범이 될 것이다.

윤철호 교수의 교회론과 공적신학

이관표

한세대학교 교수 | 교양학(실천철학/조직신학)

윤철호 교수의 저서, 『한국교회와 하나님 나라를 위한 공적 신학』에 대해 서평을 쓰기 전, 그에 대해 보았던 몇 가지를 이야기해야 할 것 같다. 윤철호 교수는 한국의 대표적 조직신학 교수로서 늘 교의학, 철학적 신학과 더불어 한국교회를 위한 신학모색에 노력해왔다. 여러 이론적 저서들과 더불어 출판되어 있는 설교에 대한 저서는 바로 이러한 윤철호 교수의 노력을 잘 보여주는 예라 할 것이다. 본 서평자가 신대원 학생이었던 시절,[1] 교수와 제자의 관계임에도 불구하고 늘 존댓말로 말 걸어주셨던 그의 모습을 기억해 보면, 무지한 질문이나 도발적인 대답에도 늘

---

[1] 서평자는 장로회신학대학교 신학대학원 교역학석사 과정 110기에서 윤철호 교수에게 사사하여 석사논문을 작성하였다.

웃으며 함께 생각해보기를 권해주었던 그의 모습을 기억해 보면, 그리고 학회 회장으로서 힘든 행사 때에도 늘 솔선수범하셨던 그의 모습을 기억해 보면, 서평자는 윤철호 교수야말로 예수의 십자가를 제대로 따라 실천하는 흔치 않은 그리스도인이 아닐까 생각했었다. 그리고 이것은 단순한 서평자의 판단은 아닌 것 같다. 왜냐하면 윤철호 교수의 이러한 모습은 이 저서의 서론에 잘 고백되어 있기 때문이다. 그는 다음과 같이 말한다. "하나님께서는 일찍이 기가 막힌 웅덩이에 던져져 아무런 소망이 없던 자를 불쌍히 보시고 긍휼과 자비를 베푸셔서 지금 여기까지 인도해주셨다"(16). 윤철호 교수와 동기간 신대원 생활을 하셨던 다른 동료분의 전언에 따르면, 윤철호 교수는 대학 때부터 탁월한 학생으로 유명했다고 한다. 그럼에도 불구하고 그분은 지금까지도 자신의 모든 학문적 활동이 자기의 능력이 아닌 하나님의 은혜였다고 고백하는 자기 비움의 삶을 살고 계신다. 그리고 이러한 윤철호 교수의 삶의 여정이야말로 그가 기독교의 진리와 세상의 변혁을 강하게 말할 수 있는 분명한 이유가 되고 있는 것은 아닐까?

학문으로서의 기독교 신학은 분명 진리를 다룬다. 교단마다, 신학마다, 나라마다 조금씩의 차이는 있을지 몰라도, 그 모든 차이들을 포괄하여 표현될 수 있는 기독교 혹은 신학의 진리는 의외로 간단한 것으로 보인다. 그것은 바로 "십자가에 죽었다 부활한 예수가 그리스도이시다!"[2]라는 사실이다. 그리고 "사도들[이] 자신들이 경험한 부활의 빛에 비추어 예수의

---

[2] "기독교의 복음은 아버지 하나님에 의해 이 세상으로 보냄을 받은 나사렛 예수의 인격과 사역과 죽음과 부활을 통해 하나님 나라가 이 세상에 선취적으로 이미 도래했으며 성령을 통해 이 세상을 변혁시킴으로써 종말론적으로 완성될 것이라는 좋은 소식을 의미한다." 윤철호, 『한국교회와 하나님 나라를 위한 공적 신학』(서울: 새물결플러스, 2019), 39. 이하 출처 표기는 괄호 안 페이지 표기로 대신함.

하나님 나라 선포와 죽음을 새롭게 이해했"(29)던 것처럼, 예수 그리스도를 근거로 삼아 신앙과 삶을 해석하고 고백하는 것을 우리는 기독교 신앙이라고 부른다. 한국의 대표적 조직신학자 윤철호 교수는 2019년 새롭게 출판한 저서, 『한국교회와 하나님 나라를 위한 공적 신학』에서 바로 이러한 기독교의 진리와 신앙을 따라 한국교회의 당면 문제에 대해 따끔한 일침을 가하고, 그 대안을 모색하고 있다. 그리고 그가 제시한 일침과 대안은 단순히 교회에만 머물지 않고, 세상에서 하나님 나라를 이루어야 한다는 신학적 사명[3]으로까지 확장되고 있다.[4]

앞서의 전제를 가지고 이 저서는 공적 신학을 크게 교회(특별히 한국교회)와 하나님의 나라라는 두 가지 영역과 연결시켜 전개한다.[5] "공적 신학은 성서가 증언하는 예수 그리스도의 하나님 나라 복음에 기초하여 교회와 신학의 공공성과 사회적 책임을 강조하는 신학이다"(331). 다시 말해, 공적 신학이란 기독교의 진리로서의 예수 그리스도를 통해 교회, 신학, 그리고 사회의 공공성과 책임을 다시 한 번 해석하여 삶에 적용하는 신

---

3 "오늘의 한국사회와 한국교회의 현실을 함께 살펴보면서 한국교회가 직면한 도전과 과제에 대하여 고찰해 보는 것은 매우 절실한 신학적 의제가 아닐 수 없다"(57).

4 이 저서에서 윤철호 교수는 신학적 사명을 밝히기 위해, 교회론과 공적 신학에 대한 접근 기준이 (말의 본래 의미대로) 중도적이고 개혁주의적인 정신이어야 한다고 밝힌다. "중도적이고 개혁주의[적이란] 비판적 원형으로서의 성서관에 기초한 성서적 정체성을 의미한다"(239)는 자세를 의미한다. 이러한 전제를 가지고 윤철호 교수는 신학적으로 "근본주의 또는 보수주의와 진보주의 또는 자유주의 사이의 대립"(12)에 거하지 않고, 그것을 극복하려고 한다. 왜냐하면 양쪽 진영은 오히려 "공통되게 독선적·배타적 특성을 공유하고 있"기 때문이다. 따라서 윤철호 교수는 "자기 입장을 절대화하고 다른 입장들을 정죄하는 독선적이고 배타적인 신앙과 신학을 버려야 하며, 또한 자신의 기득권을 양보하여 타자와 함께 나누는 삶으로 전환해야"(79)함을 분명히 한다. 또한, 윤철호 교수는 사회적 입장 역시 그래야 한다고 제안한다. 하나님의 피조물로서 평등한 인간들 사이의 관계 안에는 결코 차별이나 폭력이 만연되어서는 안 됨에도 불구하고, 전통적으로 교회는 여성에 대한 차별을 시작으로 다양한 차별과 폭력의 행위들을 자행했다. 그러나 현대에는 이 문제와 더불어 또 다른 방향의 문제가 함께 등장했다. 왜냐하면 전통적 차별과 폭력에 대해 저항하는 쪽으로부터 또 다른 차별과 폭력이 나타나고 있기 때문이다. 이러한 통찰 안에서 윤철호 교수는 사회적 운동이 중도적, 개혁주의적으로 지향되어야 한다고 주장한다. 즉, 자기를 절대화하는 그 어떤 것도 거절하면서 언제나 자신을 개혁하며 중도에 머물고자 하는 입장이 바로 교회론과 공적 신학이 터해야 하는 장소라는 것이다.

5 "제 1부는 '한국교회를 위한 공적 신학'이며, 제 2부는 '하나님 나라를 위한 공적 신학이다'"(14).

학이다. 그리고 이러한 공적 신학의 역할을 윤철호 교수는 제1부에서 한국교회와 한국사회의 개혁을 위한 원동력으로 제시하고 있다.

먼저 윤철호 교수는 한국교회와 한국사회의 문제의 원인을, 개인 및 폐쇄적인 소수의 기득권만을 유지하려 하는 교회의 잘못으로부터 찾는다.[6] 따라서 이러한 문제점의 극복은 교회가 제대로 된 자신의 모습을 찾는 것이다. 교회란 우리를 위해 죽은 예수 그리스도를 따르는 공동체이다.[7] 물론 교회의 본질은 예수 그리스도의 죽음, 자기희생, 자기 비움이지만 동시에 부활이며, 이는 곧 교회가 날마다 죽고 희생하면서 비워내야 하지만, 동시에 예수께서 부활하신 것처럼, 개혁됨으로써 살아나 세상을 변혁시켜야 함을 의미한다. 다시 말해, "예수 그리스도가 친히 몸으로 보여준 자기 비움과 겸비와 섬김"(71)을 통해 사회적 책임, 타자, 그리고 세상을 위해 행동할 때, 한국교회는 부활하여 세상을 변혁시킬 수 있다는 것이다.

제2부에서는 하나님 나라를 세상에 실현하기 위한 공적 신학의 구체적 방향성을 제시한다. "공적 신학[이] 공적 영역에서 [······] 인류의 공공선을 위해 기여하고 이 땅에 하나님 나라를 구현"(354)하려는 노력인 한에서 모든 삶의 상황이 공적 신학의 자리이다. 문화[10장], 정치[11장], 사회현실[12장], 현실변혁[13장], 한국의 분단과 통일[14장], 화해[15장], 차별과 평등[16장], 창조와 진화[17장], 탈근대[18장] 모두를 다루는 2부의 내용은 바로 이러한 공

---

6 "대형교회의 구조적 문제에서 비롯되는 각종 비리와 스캔들은 한국교회의 대사회적 이미지를 추락시키는 결정적 요인이 되고 있다. [······] 교회 안에서 한 사람의 독재적 통치나 위계적 지배구조는 그리스도의 섬김의 통치방식과 정면으로 대립한다"(70-71).

7 "예수 그리스도는 '자기희생'의 섬김의 도를 보여주셨다. [······] 머리 되신 예수 그리스도의 몸으로서의 교회는 '자기 비움과 낮춤'의 섬김의 도를 실천하는 공동체가 되어야 한다"(163). 그리고 이것을 사회로까지 적용할 수 있도록 교회는 노력해야만 한다. 왜냐하면 "교회는 이 세상에서 예수 그리스도의 복음을 전파하며 그분의 하나님 나라 운동을 계승하는 대안적이고 변혁적인 성령 공동체"(152)이기 때문이다.

적 신학의 전체 범위를 보여준다. 그리고 바로 여기에서 공적 신학은 실천적-변혁적 신학을 통한 사회적 책임을 수행하게 되며, 이것은 결국 예수 그리스도의 복음을 실현하는 교회의 사명과 만나게 된다.[8]

윤철호 교수에 따르면, 공적 신학을 통한 하나님 나라의 실현을 이루기 위해 각 상황에서 (한국)교회가 지닌 사명은 다음과 같다. 문화[10장]: "교회는 세상 문화와의 관계에 있어 [······] 대화적이고, 설득적이고, 자기희생적인 섬김과 사랑에 있다는 사실을 다시 한 번 기억해야 한다."(385) 정치[11장]: 교회는 "자아-사회 변혁적인 정치적 실존의 자의식과 실천을 통하여, [······] 성례전적 삶을 살아가야 한다"(425). 사회현실[12장]: "한국교회는 한국 사회의 정치경제적 불의를 고발하고 책망할 뿐만 아니라 그러한 불의한 구조를 변혁시키니 위한 실천적 행동"(452)으로 나아가야 한다. 현실변혁[13장]: "한국교회는 [······] 하나님의 통치가 인간 실존의 모든 상황 [······] 속에서 구현되도록 하기 위해 부름 받은 현실변혁적 공동체로서의 자기 정체성을 회복해야 한다"(485). 한국의 분단과 통일[14장]: 한국교회는 "통일을 위한 한국교회의 과제[가] 갈등의 치유와 화해, 사회 정의의 구현, 나눔의 사랑 실천, 회개의 기도"(512)임을 통찰해야 한다. 화해[15장]: 교회는 "기독교 화해신학의 핵심[이] 예수 그리스도의 삶과 죽음과 부활 안에서 체현된 화해의 메시지와 영성[······, 즉] 그들을 하나님의 사랑으로 용서할 뿐만 아니라 그들의 죄를 걸머지고 죽음으로써 모든 인간과 하나님, 그리고 모든 가해자와 피해자 사이의 화해를 가져왔"(548-549)음에 있음을 기억해야 한다. 차별과 평등[16장]: 교회는 "차별받는 이웃을 향한 공감적 사랑이 포용적이고 평등한 사회의 구현을 위한 가장 근

---

8 "예수 그리스도의 하나님 나라 복음은 가장 근본적이고 영속적인 변혁의 원리다"(384).

본적인 전제조건"(582)임을 인정해야 한다. 창조와 진화[17장]: 교회는 일방적인 과학의 배척이 아니라 건전한 대화를 통해 "종교와 과학이 서로 구별되는 상호보완적인 지식의 영역인 동시에 상호작용하는 영역으로 이해"(612)함으로써 새로운 세대를 위한 기독교 신앙의 자리를 마련해 주어야 한다. 탈근대[18장]: 교회는 21세기 탈근대 시대 안에서 귀 닫은 종파주의로부터 벗어나서 "타자의 목소리를 듣고자 하는 열린 태도를 가지고 상호비판적이고 건설적인 대화를 통해 최대한 이해 가능하고 설득력 있는 방식으로 기독교 진리를 제시하고, 실천적 행동을 통해 기독교 진리의 변혁적 능력을 입증해야 한다"(645).

저서에서 윤철호 교수가 지속적으로 지적한 것처럼, 한국교회는 다시 한번 새로운 위기와 도약의 시대를 한꺼번에 맞이하고 있다. 4차 산업혁명을 통해 지금까지 경험해보지 못한 기술과 생명의 등장은 전통적 교회의 형태를 새롭게 개혁하기를 요구하고 있지만, 동시에 이것을 통해 개혁된 교회는 세상을 변혁시킬 수 있는 가능성을 획득하게 된다. 그리고 이런 상황과 관련하여 윤철호 교수의 공적 신학에 대한 논의는 우리가 그리스도인으로서 어떤 태도를, 어떤 준비를, 어떤 각오를 해야 하는지 분명하게 제시하고 있는 참으로 귀한 글이라 말할 수 있다.

마지막으로 우리는 새로운 위기와 도약의 시대를 맞이하면서 앞서 언급했던 여러 주제에 대한 공적 신학의 내용들이 통일적으로 귀결되고 있는 그 지점을 다시 한번 기억하며 글을 마무리하고자 한다. 십자가의 자기희생을 따라 "교회는 하나님 나라를 지향하는 섬김 공동체로서 이 땅에 존재한다"(84). 아니 교회가 섬김의 공동체라 일컬어지는 이유는 그 자신의 주장과 생존에만 집착하지 않고 오히려 다른 이들을 위해 자신을 내어주는 것이 그것의 목적이기 때문이다. "교회는 그 자신을 위해 존재하지 않는다. 교회는 그 자체가 목적이 아니라 하나님 나라의 전조이며 매개적 수단이다. [······ 왜냐하면] 종말론적 하나님 나라는 역사적 교회보다 크고 궁극적이"(15)이 때문이다. 이제 이 시대 우리에게 주어진 사명은 의외로 간단하다. "누구를 섬길 것인지 오늘 선택하라! 여기에는 어떠한 타협도 있을 수 없다."[9] 오직 예수 그리스도만이 우리의 구주이시다. 이분은 자기를 비워 십자가를 지신 분이시며, 동시에 부활하셔서 하나님 나라를 선취하신 분이시다. 우리 역시 그분의 십자가와 부활을 따라 비움과 거듭남을 사는 그리스도인이 되어야 한다. 그리고 공적 신학은 바로 이러한 비움과 거듭남을 통해 한국을 바꾸고, 세상을 변혁시키며, 하나님 나라를 이루어내려는 현대기독교 신학의 필수적 노력이라 말할 수 있다.

　　한국의 대표적 조직신학자 윤철호 교수님의 명예로운 정년퇴임을 진심으로 축하드리며, 혹시라도 부족한 제자의 글이 그분의 탁월한 업적에 누가 되지 않았을까 불안하다. 그저 이러한 불안을 극복할 수 있는 길은, 끊임없이 자기 비움을 보여주신 스승의 가르침을 잘 기억하고 제대로 실천하는 그리스도인, 즉 공적 신학의 자리에 늘 함께 서는 그리스도인으로 사는 것이 아닐까 고백해 본다.

9　　Bernhard W. Anderson, *Understanding the Old Testament*, 강성열 · 노항규 역, 『구약성서이해』 (서울: 크리스챤 다이제스트, 1996), 238.

윤철호 교수의 신학방법론

이상은

서울장신대학교 | 조직신학

어떤 학문 분야에서든 마찬가지이겠지만, 신학에서도 방법론은 특히 중요하다. 훌륭한 어부가 되어 많은 이들을 배불리 먹여야 할 소명을 받은 이들이라면, 물고기를 잡는 지침을 가르쳐줄만한 좋은 길잡이를 애타게 기다릴 수밖에 없다. 신학의 방법론을 배우고자 하는 후학들에게 윤철호 교수는 훌륭한 길잡이의 모습을 보여주었을 뿐 아니라, 항상 스스로 성실한 자세로 길을 찾아 나서는 구도자로서의 모습을 보여주었다. 그러한 구도자의 모습이 담겨 있는 저술이 바로 "예루살렘과 아테네"라는 제목이 붙어 있는 윤철호 교수의 역작이다.

사실 신학방법론이라고 하는 범주에 따라 윤철호 교수의 연구와 저작물들을 살펴볼 때, 이미 그동안 저술했던 모든 성과물에 그 편린이 스며있었다고 해도 과언이 아니다. 그러한 면에서 『기독교 신학개론』과 같은 기본서들로부터 해석학을 다루었던 여러 저술에서, 『예수 그리스도』로부터 『너희는 나를 누구라 하느냐』에 이르는 기독론적 저술에 이르기까지, 『삼위일체와 세계』로부터 『세계와의 관계성 안에 계신 하나님』에 이르기까지, 모든 저술은 신학방법론에 대한 고민과 성찰들을 담고 있는 신학방법론의 지침서들이었다고 할 수 있다. 또한 그 동안 소개해왔던 많은 번역서 또한 신학방법론에 대한 고민과 성찰들을 담고 있었다. 그 모든 것을 집대성해서 한 자리에 압축해 낸 것이 바로 이 저술이라고 할 수 있다. "예루살렘과 아테네"라는 이 저술을 통해 우리는 윤철호 교수의 신학방법론이 담고 있는 특징들을 몇 가지로 정리해볼 수 있을 것 같다.

우선 눈에 띄는 것은 다리를 놓는 신학이라는 것이다. 신학은 자칫하면 예루살렘에 머물러 있기를 원하든지, 아니면 아테네 회당을 배회하기를 원하든지 둘 중 하나의 길을 걷기가 쉽다. 교회 안의 많은 이들은 예루살렘에 머물러 있는 것이 편하다고 생각한다. 반면 아테네 회당을 배회하는 이들은 지성과 합리성을 자랑하고 싶어할지 모른다. 이러한 두 편당성을 넘어 윤철호 교수는 두 도시 간에 다리를 놓는 기획을 시도한다. "예루살렘에서 출발하되 아테네와 열린 마음으로 대화"하고, 기독교의 정체성을 지키면서도 자신의 진리를 변증하는 신학방법론을 추구하는 것이다. 이러한 기획과 시도를 담아내는 도구로 "포스트토대주의"와 "비판적 실재론"이 사용되고 있다. 여기에서 바로 "모든 합리적인 사람들에게 열려진 공적인 장" 속에 설득력있는 논쟁이 일어나는 간학문적, 간공동체적, 간전통적 신학이 추구되고 있다. 이러한 작업에서 윤철호 교수는 단순히 전통간, 학문간 지평융합을 추구하는데 머무르지 않는다. 윤철호 교수가 추구하는 대화와 지평융합은 분명한 중심을 가지고 일어나는 역동적 운동과 같다. 그 가운데에는 삼위일체 하나님과 하나님의 신비를 향한 고백이 놓여 있다. 이 하나님의 신비와 인간이 가진 다원성과 모호성이 대조를 이루면서 신학의 향연을 벌여나가고 있다. 여기에서 하나님은 계시의 주님이시면서 세상과의 "관계성" 안에 계시며, 종말론적 미래의 지평 안에 계시면서 인간을 공적이고 책임적인 자리로 부르시고 계신다. 예루살렘과 아테네를 잇고 있는 이 신학 안에는 미래와 현재, 초월과 내재, 종말과 역사가 함께 어우러져 있으며, 이러한 도식 안에 하나님에 대한 고백과 세상을 향한 소명의식이 얽혀 있다.

윤철호 교수의 신학에서 두드러진 특징은 적극적인 학제간 대화의 자세에서 발견된다. '다리를 놓는 사람'으로서 윤철호 교수는 역동적으로 철학과 신학, 과학과 신학의 대화를 시도해 나간다. 그러한 면에서 "모든 것을 포괄하는 실재"인 하나님을 중심으로 신학의 지평을 확대해 나갔던 판넨베르크의 방법론과 유사성을 보이고 있다. 삼위일체 하나님을 중심으로 미래와 현재, 하나님나라와 역사의 지평을 융합해내는 측면에서는 몰트만과 비슷한 면모도 보여주고 있다. 바르트의 고민을 주의 깊게 주목하면서도, 틸리히와 트레이시를 비롯한 시카고학파의 관점에 보다 공감을 보이는 것 같기도 하다. 그러나 신학적 도목수로서 윤철호 교수는 앞서간 여러 대가의 관점을 넘어서는 기량을 보여준다. 그것은 무엇보다도 한국의 신학자로서, 그리고 21세기의 신학자로서 윤철호 교수가 서 있는 삶의 자리에서 나오는 것으로 볼 수 있다. 서구의 철학자들과 신학자들이 나름대로 추구한 진리는 결국 그들의 자리에서 고백된 진리라고 할 수 있다. 우리가 가지고 있는 역사적, 문화적 지반을 그들은 다 이해하지 못한다. 과학자들이 추구하는 진리와 신학자들이 추구하는 진리도 궁극적으로 하나의 목표를 지향하고 있지만, 진리의 도상에서는 보다 많은 대화가 필요하다. 오랜 사상사적 전통을 가지고 있는 한국의 신학자로서,

'자연'의 가치를 진지하게 다룰 수 있는 시대의 변증가로서 우리는 앞서 간 이들과 다른 관점에서 우리의 신학에 대해 진지하게 고민해야 할 사명을 가지고 있다. 윤철호 교수는 이러한 과제를 진지하게 다루어 나간다. 특히 내가 발견한 진리의 길을 따라 오라고 외치기보다, 주님께서 보여주신 길을 더불어 함께 가보지 않겠냐고 손을 내미는 구도자와 같은 느낌을 주고 있다. 이러한 구도자의 자세는 신학의 여정에 필요한 또 하나의 방법론을 가르쳐주고 있다.

한때 본서에서 인용되고 있는 그렌츠나 올슨의 『20세기 신학』과 같은 포괄적이면서 깊이 있는 저술이 언제쯤 우리의 신학자에 의해 소개될 것인가 기대한 적이 있다. 이 저술 한 권으로 그런 목마름은 해갈될 것 같다. 방대한 넓이도 인상적이지만 깊이와 밀도도 충분한 감명과 도움을 주고 있다. 이 책이 담고 있는 삶과 유리되지 않은 신학, 삶의 성찰이 곧 방법론을 구성한다는 것을 보여주는 신학, 그리고 종말론적 지평 안에서 역사를 향한 책임을 이야기할 수 있는 신학의 방법론이 후학들에게 많은 도움을 줄 것이 분명하다. 이렇게 해서 후학들은 또 한 번 은혜를 입게 되는 것 같다. 모쪼록 이러한 구도자의 길을 통해 앞으로도 많은 이들이 도움을 받게 되기를 기대한다.

참고문헌

Alston, William. *Perceiving God: The Epistemology of Religious Experience*. Ithaca, NY: Cornell University Press, 1991.

B. A. Gerrish. *A Prince of the Church: Schleiermacher and the Beginnings of Modern Theology*. 목창균 역. 『현대신학의 태동』. 서울: 대한기독교서회, 1988.

_____. "The Chief Article: Then and Now." *Journal of Religion* 63-4 (October, 1983), 355-75.

_____. *Tradition and the Modern World-Reformed Theology in the Nineteen Century*. Chicago: The University of Chicago Press, 1978. 목창균 역. 『19세기 개신교신학』. 서울: 대한기독교서회, 1990.

Barbour, G. Ian. *Religion in an Age of Science*. San Francisco: Harper and Row, 1990.

_____. *Issues in Science and Religion*. London: SCM Press, 1996.

Barr, James. *Holy Scripture: Canon, Authority, Criticism*. Oxford: Clarendon, 1983.

_____. *Biblical Faith and Natural Theology*. Oxford: Clarendon, 1993.

Barth, Karl. *Against the Stream: Shorter Post-War Writings, 1946-52*. Edited by Ronald Gregor Smith. Milton Keynes: Lightning Source UK Ltd., 1954.

_____. *Christ and Adam: Man and Humanity in Romans 5*. Translated by T. A. Smail. Edinburgh: Oliver and Boyd, 1956.

_____. *The Word of God and the Word of Man*. New York: Harper & Row, 1956.

_____. "An Introductory Essay" to L. Feuerbach. *The Essence of Christianity*. New York: Harper, 1957.

_____. "Philosophie und Theologie." In *Philosophie und Christlicher Existenz Festschrift für Heinrich Barth*. Basel: Helbing and Lichtenhahn, 1960.

_____. *Anselm: Fides Quaerens Intellectum: Faith in Search of Understanding*. London: SCM, 1960.

_____. *The Epistle to the Romans*. London: Oxford University, 1965.

_____. *The Humanity of God*. Richmond: John Knox Press, 1960.

_____. *Protestant Theology in the Nineteenth Century*. London: SCM Press, 1972.

_____. *Church Dogmatics*, I/1, II/1. Edited and translated by G. W. Bromiley and T. F. Torrance. London: T and T clark, 2004.

_____. "Das erste Gebot als theologisches Axiom [1933]." In *Vorträge und kleinere Arbeiten 1930-1933*. Edited by Michael Beintker, Michael Hüttenhoff, and Peter Zocher. *Gesamtausgabe 3*. Zürich: TVZ, 2013.

Bavinck, Herman. *Reformed Dogmatics*. Grand Rapids: Baker Academic, 2003-8.

Berkhof, Hendrik. *Christian Faith*. Grand: Eerdmans, 1979.

Berkouwer, Gerrit Cornelis. *The Triumph of Grace in the Theology of Karl Barth*. Translated by Harry R. Boer. Grand Rapids: Eerdmans, 1956.

Braaten, Carl E. and Philip Clayton, eds. *The Theology of Wolfhart Pannenberg*. Minneapolis: Augsburg, 1988.

Brueggemann, Walter. "The Loss and Recovery of Creation in Old Testament Theology." *Theology Today* 53-2 (1996), 177-90

Brunner, Emil. *Die Mystik und das Wort*. Tübingen: JCB Mohr, 1928.

_____. *The Mediator: A Study of the Central Doctrine of the Christian Faith*. Translated by Olive Wyon. London: Lutterworth Press, 1934.

_____. *Dogmatics*. vol. 1. Translated by Olive Wyon. London: Lutterwork Press, 1949.

_____ and Barth, Karl. *Natural Theology: Comprising Nature and Grace*. Eugene, Oregon: Wipf and Stock Publishers, 2002.

Bultmann, Rudolf. "Das Problem der 'natürlichen Theologie'[1933]." In *Glauben und Verstehen: Gesammelte Aufsätze*, 4 vols. Tübingen: Mohr, 1933-65.

_____. "The Question of Natural Revelation." *Essays: Philosophical and Theological*. Translated by J. C. G. Grieg. London: Student Christian Movement Press, Ltd., 1955.

_____. *Theology of the New Testament* II. Translated by Grovel, Kendrick. New York: Charles Scribner's, 1955.

_____. *The Presence of Eternity: History and Eschatology*. New York: Harper and Brothers, 1957.

_____. *Jesus Christ and Mythology*. New York: Charles Scribner's Sons, 1958.

_____. *Existence and Faith: Shorter Writings of Rudolf Bultmann*. Translated by Schubert Ogden. New York: Meridian, 1960.

_____. "Is Exegesis Without Presuppositions Possible?" *Existence and Faith: Shorter Writings of Rudolf Bultmann*. Translated and introduced by Schubert M. Ogden. London/New York: Meridian Books, 1960.

_____. et al. *Kerygma and Myth: A Theological Debate*. Edited by Hans Werner Bartsch. Translated by Reginald H. Fuller. New York: Harper Torchbooks, 1961.

_____. *Theologische Enzyklopädie*. Edited by Eberhard Jüngel and Klaus W. Müller. Tübingen: Mohr. 1984.

_____. "The Problem of Hermeneutics." In *Rudolf Bultmann: Interpreting Faith for the Modern Era*. Edited by Roger A. Johnson. Minneapolis: Fortress Press, 1991.

_____. "Die Geschichtlichkeit des Daseins und der Glaube: Antwort an Gerhardt kuhlmann." In *Neues Testament und christliche Existenz: Theologische Aufsätze*. Edited by Lindemann, Andreas. Tübingen: Mohr Siebeck, 2002.

Busch, Eberhard. *Karl Barth: His Life from Letters and Autobiographical Texts*. London: SCM, 1976.

_____. *The Great Passion: An Introduction to Karl Barth's Theology*. Edited by Darrell L. Guder and Judith J. Guder. Grand Rapids: William B. Eerdmans, 2004.

Carr, Anne. *The Theological Method of Karl Rahner*. Missoula, Montana: Scholars Press, 1977.

Chalmers, Alan Francis. *What Is This Thing Called Science?: An Assessment of the Nature and Status of Science and Its Method*. 신일철 · 신중섭 역. 『현대의 과학철학』. 서울: 서광사, 1985.

Christian, David. *Big History*. 윤신영 외 역. 『빅 히스토리: 138억 년 거대사 대백과사전』. 서울: 사이언스북스, 2017.

Christian, David, and Bob, Bain. *Big History*. 조지형 역. 『빅 히스토리: 한 권으로 읽는 모든 것의 역사』. 서울: 해나무, 2013.

Clayton, Philip. *God and Contemporary Science*. Grand Rapids: Eerdmans, 1997.

Cobb, John B. Jr. and Robinson, James M. *New Frontiers in Theology. Volume 1: The Later Heidegger and Theology*. New York, Evanston: Harper and Row, Publishers, 1963.

_____. *A Christian Natural Theology, Based on the Thought of Alfred North Whitehead*. 2nd Edition. Louisville: Westminster John Knox Press, 2007.

Cobb, John B. Jr. *Living Options in Protestant Theology: A Survey of Methods*. Lanham/London: University Press of America, 1986.

Copleston, Frederick C. *Aquinas*. Baltimore: Penguin, 1955.

Denzinger, Heinrich. *Enchiridion Symbolorum Definitionum et Declarationum de Rebus Fidei et Morum*. 39th Edition. Freiburg-im-Briesgau: Herder, 2001.

Diem, Hermann. *Dogmatics*. Translated by Harold Knight. London: Westminster, 1959.

DiNoia, Joseph A. "Karl Rahner." In *The Modern Theologians*. 2nd Edition. Edited by David Ford. Cambridge: Blackwell, 1997.

Eliade, Mercea. *The Sacred and the Profane: The Nature of Religion*. New York: Harper, 1961.

_____. *The Myth of the Eternal Return*. Princeton: Princeton University Press, 1954.

Farley, Edward. *Theologia: The Fragmentation and Unity of Theological Education*. Philadelphia: Fortress Press, 1983.

Feingold, Lawrence. *The Natural Desire to See God According to St. Thomas and His Interpreters*. Rome: Apollinare Studi, 2001.

Feuerbach, Ludwig. *The Essence of Christianity*. New York: Harper & Row, 1957.

Frei, Hans W. *The Eclipse of Biblical Narrative: A Study in Eighteenth and Nineteenth Century Hermeneutics*. New Haven: Yale University Press, 1974.

Gadamer, Hans-Georg. *Truth and Method*. 2nd Edition. Translated and revised by Joel Weinsheimer and Donald G. Marshall. New York: Crossroad, 1989.

Grenz, Stanley J. and Olson, Roger E. *20th Century Theology: God and the World in a Transitional Age*. Downers Grove: InterVarsity Press, 1992.

_____. *Reason for Hope: The Systematic Theology of Wolfhart Pannenberg*. Grand Rapids: W. B. Eerdmans Pub. Co., 2005.

Griffin, David Ray and Hough, Joseph C. Jr., eds. *Theology and the University: Essays in Honor of John B. Cobb, Jr*. Albany: State University of New York Press, 1991.

Gunton, Colin. *The One, the Three and the Many*. Cambridge University Press, 1993.

Harnack, V. Adolf. *What is Christianity?* Translated by J. R. Wilkinson. London: Williams and Norgate, 1901.

Heidegger, Martin. "Postscript" to "What Is Metaphysics?" *Existence and Being*. Intro. Brock, Werner. Washington, D.C.: Henry Regnery Company, 1949.

_____. *What is Philosophy?* Translated and introduced by William Kluback and Jean T. Wilde. Woodbridge: Twayne Publishers, 1958.

_____. *Being and Time*. Translated by John Macquarrie and Edward Robinson. New York/Evanston: Harper and Row, 1962.

_____. *Kant and the Problem of Metaphysics*. Translated and introduced by James S. Churchill. Bloomington: Indian University Press, 1962.

Heussi, Karl. *Kompendium der Kirchengeschichte*. 7. Aufl. 11, Tübingen: 1957.

Hick, John. *The Existence of God*. London: Macmillan, 1964.

_____. *Faith and Knowledge*. New York: Cornell, 1966.

_____. *Evil and God of Love*. London: Collins, 1966.

_____. *Philosophy of Religion*. Englewood Cliffs, New Jersey: Prentice-Hall, Inc. 1983.

Hiebert, Paul. *Anthropological Reflections on Missiological Issues*. 김영동 · 안영권 역. 『문화 속의 선교』. 서울: 죠이선교회출판부, 1997.

Hodgson, C. Peter. and Robert, H. King. *Readings in Christian Theology*. Philadelphia: Fortress Press, 1985.

_____. *Christian Theology: An Introduction to Its Traditions and Task*. 윤철호 역. 『현대 기독교 조직신학: 기독교 신학의 전통과 과제에 대한 개론』. 서울: 한국장로교출판사, 1999.

Hunsinger, George, and William Placher, eds. *Theology and Narrative: Selected Essays*. New York/Oxford: Oxford University Press, 1993.

_____. *Types of Christian Theology*. New Haven/London: Yale University Press, 1992.

Jüngel, Eberhard. "Glauben und Verstehen: Zum Theologiebegriff Rudolf Bultmanns." In *Wertlose Wahrheit: Zur Identität und Relevanz des christlichen Glaubens-Theologische Erörterungen* III. Munich: Chr. Kaiser, 1990.

Kant, Immanuel. *Critique of Pure Reason*. Translated by Norman Kemp Smith. New York: St. Martin's Press, 1965.

Kelsey, David H. *The Uses of Scripture in Recent Theology*. London: SCM, 1975.

Kerr, Fergus. *Immortal Longing: Versions of Transcending Humanity*. London: SPCK, 1997.

Kierkegaard, Søren. *Philosophical Fragments*. Princeton: Princeton University Press, 1936.

Kim, Sebastian C. H. *Theology in the Public Sphere*. SCM Press: London, 2011.

_____. *Editorial to International Journal of Public Theology* 3-2/4 (2009); 6-2/3 (2012).

Kuhn, Thomas S. *The Structure of Scientific Revolutions*. Chicago: University of Chicago Press, 2012.

Küng, Hans. *Existiert Gott?*. München: R. Piper and Co. Verlag, 1978.

Lamm, Julia A. "Schleiermacher's Post-Kantian Spinozism: The Early Essays on Spinoza. 1793-94." *Journal of Religion* 74-4 (October, 1994), 476-505.

Lessing, G. E. *Theological Writings*. A. and C. Black, 1956.

Lindbeck, George. *The Nature of Doctrine: Religion and Theology in a Postliberal Age*. Philadelphia: Westminster Press, 1984.

Lonergan, Bernard. *The Way to Nicaea*. Darton: Longman and Todd, 1976.

Luther, Martin. *Martin Luthers Werke(WA): Kritische Gesamtausgabe Tischreden*. I. 16. 13 (no. 46). WA, 5. 163. 28. operationes in Psalmos, 1519-21.

Mackintosh, Hugh Ross. *Types of Modern Theology: Schleiermacher to Barth*. New York, Scribner's, 1937.

Macquarrie, John. *An Existentialist Theology: A Comparison of Heidegger and Bultmann*. London: SCM Press, 1955.

_____. *Principles of Christian Theology*. London: SCM Press, 1977.

_____. *Jesus Christ in Modern Thought*. London: SCM Press, 1991.

MaFague, Sallie. *Metaphorical Theology: Models of God in Religious Language*. 정애성 역. 『은유신학: 종교언어와 하느님 모델』. 서울: 다산글방, 2001.

McGrath, Alister E. *Re-imagining Nature: The Promise of a Christian Natural Theology*. Hoboken: Wiley Blackwell, 2016.

McMullin, E. "Realism in Theology and Science: A Response to Peacocke." *Religion and Intellectual Life* 2. 1985.

Moltmann, Jürgen. *God in Creation: A New Theology of Creation and the Spirit of God*. San Francisco, Harper and Row, 1985.

_____. *Science and Wisdom*. Translated by Margaret Kohl. Minneapolis: Fortress Press, 2003.

_____. *Experience in Theology: Ways and Forms of Christian Theology*. Translated by Margaret Kohl. Minneapolis: Fortress Press, 2000.

_____. *Erfahrungen theologischen Denkens*. 김균진 역. 『신학의 방법과 형식: 나의 신학여정』. 서울: 대한기독교서회, 2001.

Morley, Georgina. *John Macquarrie's Natural Theology: The Grace of Being*. Aldershot: Ashgate, 2003.

Mostert, Christiaan. *God and the Future*. Edinburgh/New York: T&T Clark Ltd, 2002.

Murphy, Nancy. *Theology in the Age of Scientific Reasoning*. Ithaca: Cornell University Press, 1990.

Musser, Donald W. and Price, Toseph L. Eds. *A New Handbook of Christian Theologians*. Nashville: Abingdon Press, 1996.

Niebuhr, H. Richard. *Christ and Culture*. New York: Harper and Brothers, 1951.

Ott, Heinrich. *Theology and Preaching*. Philadelphia: The Westminster Press, 1965.

Pannenberg, Wolfhart. "Die Aufname des philosophischen Gottesbegriffs." *Grundfragen systematischer Theologie*. German: Vadnenhoeck and Ruprecht, 1967.

_____. *Revelation as History*. With Rolf Rendtorff, Trutz Rendtorff, and Ulrich Wilkens. Translated by David Granskou. New York: Macmillan, 1968.

_____. *Jesus-God and Man*. Translated by Lewis L. Wilkins and Duane A. Priebe. London: SCM Press, 1968.

_____. *Theology and the Kingdom of God*. Edited by Richard J. Neuhaus. Philadelphia: Westminster Press, 1969.

_____. *Basic Questions in Theology*. Volume 1, 2. 3. Translated by George H. Kehm. Philadelphia: Westminster Press; London: SCM Press, 1970, 1971, 1973.

_____. *Theology and the Philosophy of Science*. Translated by Francis McDonagh. Philadelphia: Westminster Press, 1976.

_____. *Anthropology in Theological Perspective*. Translated by Matthew J. O'Connell. Philadelphia: Westminster, 1985.

_____. "Problems of a Trinitarian Doctrine of God." Translated by Philip Clayton. *Dialog* 26-4 (Fall 1987), 250-7.

_____. *Metaphysics and the Idea of God*. Translated by Philip Clayton. Edinburgh: T&T Clark, 1990; Grand Rapids: Eerdmans, 1991.

_____. *Systematiche Theologie*. Band 1-3. German: Vandenhoeck and Ruprecht, 1988, 1991, 1993.

_____. *Systematic Theology*. Vol. 1-3. Translated by Goeffrey W. Bromiley. Grand Rapids: Eerdmans; Edinburgh: T&T Clark, 1991, 1994, 1998.

_____. *Introduction to Systematic Theology*. Grand Rapids: Eerdmans, 1991.

_____. *Toward a Theology of Nature: Essays on Science and Faith*. Edited by Ted Peters. Louisville: Westminster/John Knox Press, 1993.

Peacocke, A. *Intimations of Reality: Critical Realism in Science and Religion*. Notre Dame: University of Notre Dame Press, 1984.

Peters, Ted. *Science and theology: the new consonance*. 김흡영 · 배국원 · 윤원철 · 윤철호 · 신재식 · 김윤성 역. 『과학과 종교: 새로운 공명』. 서울: 동연, 1998.

Polanyi, Michael. *Personal Knowledge: Towards a Post-Critical Philosophy*. Chicago: University of Chicago Press, 1962.

Polkinghorne, John. *Belief in God in an Age of Science*. New York: Yale University Press, 1998.

_____. *Encountering Scripture: A Scientist Explores the Bible*. London: Society for Promoting Christian Knowledge, 2010.

Rahner, Karl. "Aquinas: The Nature of Truth." *Continuum* II (Spring, 1964), 60-72.

_____. *Spirit in the World*. Translated by William Dych, S. J. New York: Herder and Herder, 1968.

_____. "The Concept of Existential Philosophy in Heidegger." *Philosophy Today*, XIII (Summer 1969), 126-37.

_____. *Spirit in the World*. Translated by William Dych, S. J. New York: Herder and Herder, 1968.

_____. *Hearer of the Word*. Translated by Joseph Donceel. New York: Continuum, 1994.

_____. *Theological Investigations*, I, IV. New York: Seabury Press, 1974-1975.

Redeker, M. *Schleiermacher: Life and Thought*. 주재용 역. 『슐라이에르마허: 생애와 사상』. 서울: 대한기독교출판사.

Reno, Richard. *The Ordinary Transformed: Karl Rahner and the Christian Vision of Transcendence*. Grand Rapids: Wm. B. Eerdmans Publishing Co., 1995.

Ricoeur, Paul. *The Symbolism of Evil*. Translated by Emerson Buchanan. Boston: Beacon Press, 1969.

_____. *The Conflict of Interpretations: Essays in Hermeneutics*. Edited by Don Ihde. Evanston: Northwestern University Press, 1974.

_____. *Interpretation Theory: Discourse and the Surplus of Meaning*. Fort Worth: Texas Christian University Press, 1976.

_____. "Manifestation and Proclamation." *The Journal of the Blaisdell Institute* 12 (Winter, 1978), 13-35.

_____. "Toward a Hermeneutic of the Idea of Revelation." In *Essays on Biblical Interpretation*, 73-118. Edited by Lewis S. Mudge. Philadelphia: Fortress Press, 1980.

_____. "The Bible and the Imagination." In *The Bible as a Document of the University*, 49-75. Edited by Hans Dieter Betz. Chico: Scholars Press, 1981.

Robinson, James M. and Cobb, John B., eds. *Theology as History, New Frontiers in Theology*. Volume 3. New York: Harper and Row, 1967.

Rupp, Gordon. *The Righteousness of God: Luther Studies*. London: Hodder and Stoughton, 1953.

Russel, Bertrand. *A History of Western Philosophy*. New York: Simon and Schuster, 1945.

Salaquarda, J. *Philosophische Theologie im Schatten der Nihilismus*. Berlin: Walter de Gruyter, 1971.

Schleiermacher, Friedrich. D. E. *Aus Schleiermacher's Leben: In Briefen*. Edited by Ludwig Jonas and Wilheim Dilthey. Berlin: Georg Reimer, 1858-63.

_____. *On Religion: Speeches to its Cultured Despisers*. New York: Harper and Row, 1958.

_____. *The Christian Faith*. New York and Evanston: Harper and Row, 1963.

_____. *Kurz Darstellung des Theologischen Studium zum Behuf Einleitender Vorlesungen; Brief Outline on the Study of Theology*. 선한용 외 2인 공역. 『신학연구개요』. 서울: 대한기독교출판사, 1982.

Shults, F. LeRon. *The Postfoundationalist Task of Theology: Wolfhart Pannenberg and the New Theological Rationality*. Grand Rapids: William B. Eerdmans Publishing Co., 1999.

Stackhouse, Max L. "Public Theology and Ethical Judgement." *Theology Today* 54-2 (1997), 165-79.

Stoeger, Willliam R. "Contemporary Cosmology and Its Implications for the Science-Religion Dialogue." In *Physics, Philosophy and Theology: A Common Quest for Understanding*. Edited by Robert J. Russell et al. Vatican State: Vatican Observatory, 1988.

Tanner, Kathryn. "Public Theology and the Character of Public Debate." *The Annual of the Society of Christian Ethics* (1996), 79-101.

Thiel, John. *Nonfoundationalism*. Minneapolis: Fortress, 1994.

Thiemann, Ronald F. *Constructing a Public Theology: The Church in a Pluralistic Culture*. Louisville: Westminster/John Knox Press, 1991.

Thiselton, Anthony C. *The Two Horizons: New Testament Hermeneutics and Philosophical Description with Special Reference to Heidegger, Bultmann, Gadamer, and Wittgenstein*. Grand Rapids, MI: Eerdmans, 1980.

Tillich, Paul. *Systematic Theology*. 3 Volumes. Chicago: University of Chicago Press, 1951-63.

_____. *The Protestant Era*. Chicago: The University of Chicago Press, 1957.

_____. *Perspectives on 19th and 20th Century Protestant Theology*. Edited by Carl E. Braaten. New York: Harper and Row, 1967.

_____. *Perspectives on 19th and 20th Century Protestant Theology*. 송기득 역. 『19-20세기 프로테스탄트 사상사』. 서울: 한국신학연구소, 1980.

Thomas, S. Kuhn. *The Structure of Scientific Revolutions*. 김명자 · 홍성욱 역. 『과학혁명의 구조』. 서울: 까치글방, 2013.

Torrance, Thomas F. "Karl Barth." In *Ten Makers of Modern Protestant Thought*. Edited by George L. Hunt. Reflection Book, Association Press, 1958.

_____. *Theological Science*. Oxford University Press, 1969.

Tracy, David. *Blessed Rage for Order: The New Pluralism in Theology*. New York: The Seabury Press, 1975.

_____. "Theology as Public Discourse." *The Christian Century* 92-10 (1975), 280-84.

_____. *The Analogical Imagination: Christian Theology and the Culture of Pluralism.* New York: Crossroad, 1981.

_____. "Defending the Public Character of Theology." *The Christian Century* 98-12 (1981), 350-56

_____. *Pluralism and Ambiguity: Hermeneutics, Religion, and Hope.* San Francisco: Harper and Row, 1987.

_____. *Dialogue with The Other: The Inter-Religious Dialogue.* Grand Rapid: Wm B. Eerdmans Publishing Co., 1990.

Van Huysteen, J. Wentzel. *Essays in Postfoundationalist Theology.* Grand Rapids: Eerdmans, 1997.

_____. *Theology and the Justification of Faith: Constructing Theories in Systematic Theology.* Translated by H. F. Snijders. Grand Rapids: Eerdmans, 1989.

_____. *Essays in Postfoundationalist Theology.* Grand Rapids: William B. Eerdmans Publishing Co., 1997.

Voegelin, Eric. "History and Gnosis [1965]." In *Published Essays, 1953-1965.* Edited by Sandoz, Ellis. Columbia: University of Missouri Press, 2000.

Von Rad, Gerhard. "The Theological Problem of the Old Testament Doctrine of Creation." In *The Problem of the Hexateuch and Other Essays*, 131-42. New York: McGraw-Hill, 1966.

_____. *Old Testament Theology: The Theology of Israel's Historical Traditions* I. New York: Harper and Row, 1967.

Wendel, Francois. and Mairet, Philip. *Calvin: Origins and Development of His Religious Thought.* Durham: Labyrinth, 1963.

Westermann, Claus. "Creation and History in the Old Testament." In *The Gospel and Human Destiny*, 11-38. Edited by Vilmos Vajta. Minneapolis: Augsburg, 1971.

_____. *Genesis* I-II (*BK* I/1). Neukirchen-Vluyn: Neukirchener Verl, 1999.

Whitehead, Alfred North. *Religion in the Making.* New York: The Macmillan Company, 1960.

_____. *Process and Reality.* Edited by David Ray Griffin and Donald W. Sherburne. New York: Macmillan, the Free Press, 1978.

William, F. Storrar and Morton, Andrew R., eds. *Public Theology for 21th Century: Essays in Honor of Duncan B. Forrester.* London: T&T Clark, 2004.

김도훈, 박성규 편. 『춘계 이종성 박사의 생애와 사상』. 서울: 장로회신학대학교, 2014.

김도훈, 정기묵 편. 『21세기 아시아 태평양 신학과 실천』. 서울: 장로회신학대학교, 2014.

김명용. 『열린 신학 바른 교회론』. 서울: 장로회신학대학교, 1997.

_____. 『칼 바르트의 신학』. 서울: 이레서원, 2007.

_____. 『온신학』. 서울: 장로회신학대학교, 2014.

_____. 『온신학의 세계』. 서울: 장로회신학대학교출판부, 2016.

_____. 『이 시대의 바른 기독교 사상』. 서울: 장로회신학대학교, 2001.

김이태 교수 저작 출판위원회 편. 『중심에 서는 신학: 김이태의 신학 세계』. 서울: 장로회신학대학교, 1994.

남동신. "동아시아불교와 원효의 화쟁사상." 『원효학연구』 10 (2005).

박태원. 『원효』. 서울: 한길사, 2012.

_____. 『원효의 십문화쟁론』. 서울: 세창출판사, 2013.

_____. 『원효: 하나로 만나는 길을 열다』. 서울: 한길사, 2012.

신옥수. "중심에 서는 신학, 오늘과 내일." 『교회와 신학』 58 (2004).

오법안. 『원효의 화쟁사상연구』. 서울: 홍법원, 1992.

윤철호. 『21세기 한국 교회와 하나님 나라를 위한 실천신학』. 서울: 장로회신학대학교, 2006.

_____. 『세계와의 관계성 안에 계신 하나님』. 개정판. 서울: 한국장로교출판사, 2012.

_____. 『신뢰와 의혹: 통전적인 탈근대적 기독교 해석학』. 서울: 대한기독교서회, 2007.

_____. 『현대신학과 현대 개혁신학』. 서울: 장로회신학대학교출판부, 2003.

_____. 『너희는 나를 누구라 하느냐』. 서울: 대한기독교서회, 2013.

이만용. 『원효의 사상』. 서울: 전망사, 1983.

이종성, 김명용, 윤철호, 현요한. 『통전적 신학』. 서울: 장로회신학대학교, 2004.

_____. 『신학서론』 조직신학대계 제1권. 서울: 한국기독교 학술원, 2001.

_____. 『춘계 이종성 저작전집』 I. 『신학서론』. 서울: 한국기독교학술원, 2001.

_____. 『신학적 인간학』. 서울: 대한기독교출판사, 1979, 1982.

이종익. "원효의 십문화쟁론 연구." 『동방사상개인논문집』. 제1집. 서울: 동방사상연구원, 1977.

이형기. 『21세기를 향한 새로운 신학적 패러다임의 모색』. 서울: 장로회신학대학교, 1997.

_____. 『모더니즘과 포스트모더니즘 논의에 비추어 본 몰트만 신학』. 서울: 한들, 2006.

장로회신학대학교 연구지원처. 『화해와 화해자: 화해자로서의 교회와 장신신학의 정체성』. 서울: 장로회신학대학교, 2012.

전재성. 『디가니까야』. 전재성 역주. 서울: 한국빠알리성전협회, 2011.

조정환. "신학 안의 인간학적 전환과 신학적 인간학의 태동: 칼 라너의 인간학적 전환을 중심으로." 『인간연구』. 부천: 가톨릭대학교인간학연구소, 2007.

최태영. "한국신학으로서의 온신학." 『온신학회 전문위원세미나』. 장신대 세계교회협력센터, 2015.1.20.

한국기독자교수협의회·한국교수불자연합회. 『생명과 화쟁』. 서울: 동연, 2010.

『교회와 신학』 48 (2002).

『기독공보』. 1985.9.14.

주제 찾아보기

ㄱ

감각상   322, 328, 329, 331-334, 336-348

개혁신학   19, 56, 57, 77, 210, 389, 469, 473-475, 512, 516, 527, 535

객관주의   49, 73, 133, 135, 144, 157, 173

계몽주의   31, 57, 72, 100, 118, 123, 125, 145-147, 158, 213, 214, 216, 236, 240, 245, 248, 250, 272, 421, 422, 444

계시신학   48, 61, 69, 99, 258, 265, 267, 286, 288, 304, 318, 350, 351, 426, 430, 437, 440-442, 448, 449, 459

계시 실재론   256, 282, 283, 285

계시실증주의   69, 113, 211, 254, 282

계시종교   31

공空   488-491

공공성   65, 71, 127, 387, 388, 389, 391, 392-394, 396, 409, 410-412, 441, 461, 462, 478, 533, 565

공적 신학   71, 386-388, 409, 411, 441, 443, 461, 512, 519, 522, 524, 529, 533-535, 563-569

과학신학   423, 435, 437, 438, 439, 447

과학적 실재론   176, 181, 182

구원론   90, 471, 518, 530, 531

궁극적 관심   68, 245

근대주의   124, 132, 133, 137, 140, 143, 144, 145, 149, 150, 151, 157, 158, 164, 165-187, 445, 472, 503, 517

기독교 자연신학   59, 65, 288, 354, 420-423, 432-440, 442-444, 445, 448, 449, 520, 521

기독론   5, 81-83, 90, 116, 192, 223, 225, 230, 232, 233, 246, 257, 282, 286, 362, 376, 377, 378, 400-402, 406, 407, 413, 414, 456, 514, 517, 520, 529, 530, 537-540, 547, 548, 571

ㄴ

낭만주의   215-217, 240, 394

논리실증주의   127, 149

누미노스 the numinous   33

ㄷ

다원성   151, 154, 171, 198, 205, 206, 387, 388, 392, 395, 398, 403, 409, 410, 414, 422, 432, 451, 473, 477, 478, 504, 513, 532, 543, 545, 572

독자반응비평 200, 205, 206

ㄹ

로고스 5, 55, 81, 82, 116, 158, 282, 400, 401, 515, 539

ㅁ

미래 존재론 354, 356, 359, 370, 376, 381

ㅂ

반증주의 177
범신론 243, 244, 549
변증법적 신학 62, 64, 103, 108, 260, 400
변증적 신학^{변증학} 575
보편사 354, 357, 470
보편적 신학 131, 443, 460
보편적 합리성 444
복음주의 248, 462, 464, 473-475, 482, 514, 527
부처 489, 490, 492, 493-495
비신화화 307, 308, 311, 318
비토대주의 132, 133, 135, 137, 138, 144-146, 150-163, 165-169, 187, 445, 446
비판적 실재론 154, 155, 172-174, 176, 178-182, 184-194, 197, 199, 200, 202-206, 518, 521, 571
비판적 합리주의 177

ㅅ

삼위일체론 5, 83, 95, 224, 246, 370, 371, 376, 381, 435, 459, 515, 518, 523, 529, 531, 547-551
상대적 적절성 205, 206, 392, 395, 397, 398, 400-402, 405-407, 409, 410, 412-414, 478, 504
상호비판적 상관관계 390, 402, 408, 409, 544
생활세계 24, 25
선이해 195
선취 129, 130, 326, 327, 332, 335-337, 340, 341, 348, 349, 351, 354, 356, 361-364, 376-381, 383, 404, 564, 569
선험적 23, 70, 127, 146, 149, 214, 217, 221, 321-325, 327, 328, 330, 334-337, 339, 340, 347, 348, 357
선험적 종합판단 323, 324
세계-내-존재 294, 295, 298
소급적 존재론 359, 360
순수 자아의식 228
스콜라주의 62, 84, 99, 122, 465, 472

시간성	106, 294, 325, 326, 328, 334, 354, 362, 368, 384, 393
신개신교주의	272
신비주의	235-237, 254, 404
신앙 경험	111, 170, 189, 191, 192, 234, 247, 250, 251, 252, 254
신앙의 유비 analogy of faith	576
신앙주의	113, 132, 137-139, 156, 157, 168, 169, 171, 173, 201, 203, 444-446
신 인식	95, 96, 100
신정론 theodicy	35, 358
신정통주의	56, 83, 103, 404, 423, 460
신존재 증명	72, 95, 228, 433
신칸트주의	101
신플라톤주의	55, 84, 96, 105, 236, 472
신학적 실재론	182, 183
신화	21, 27, 101, 306-308, 311, 312, 315, 316, 318, 396, 424, 555
실재론	23, 34, 153-155, 171-197, 199-206, 227, 256, 282, 283, 285, 334, 518, 521, 571
실재 전체성	408
실존론적	25, 103, 290, 294, 296, 297, 300, 309, 311, 315, 318, 322, 326, 354, 531
실존철학	214, 292, 303, 310
실증주의	30, 49, 69, 113, 127, 134, 149, 162, 175, 176, 211, 254, 282, 413, 438, 446, 545
실체	20, 92, 97, 180, 181, 183, 218, 227, 309, 406, 476, 488-491, 501, 548, 549, 553, 556

ㅇ

양자물리학	25, 106, 130, 136
언어분석철학	24
역사적 예수	282, 312, 412, 413, 513, 517, 533, 538, 540, 548
연기	98, 485, 490, 491, 498-502, 504
영감설	34, 192, 212, 213, 250, 475
예정론	261, 263, 264, 274, 275, 524
온신학	480, 482-484, 503, 510, 519, 520, 522, 538
우연성	319, 354, 359, 361, 365, 366, 374, 378-381, 436, 437, 448
우주론적	34, 95, 306, 307, 377, 428, 531
유대주의	79, 88
유비적 상상력	388, 389, 405-408, 410, 414, 415, 504
유일신론	86, 226, 547
은총 은혜	96, 98, 112, 113, 120, 264, 415, 427, 428, 440, 469, 475, 482, 535
이성종교	63
이신론	31, 59, 60
이해의 선구조	24, 120
인간론	97, 242, 279, 286, 304, 306, 338, 340, 341, 363, 377, 456, 459, 529, 530, 535, 536, 552-557

인식론	23, 24, 29, 30, 132-138, 143-146, 148, 151, 153, 156-158, 161, 164-167, 169, 173-176, 178, 180, 181, 183, 187-192, 194-196, 200, 202-204, 214-217, 227, 228, 247, 252, 254, 265, 283, 321, 323, 327, 328, 330, 333, 334, 422, 432, 435, 444, 542
인식작용 noesis	23

ㅈ

자연신학	7, 31, 47, 54, 56, 58-65, 68, 70-72, 74, 77, 95, 99, 108, 184, 185, 258, 263, 265-269, 282, 283, 286, 288, 292, 303, 304, 316, 318, 323, 350, 351, 354, 420-423, 425-430, 432-449, 516, 520, 521, 551
자연의 신학 theology of nature	64, 65, 351, 423, 436, 439
자유주의	101, 102, 137, 157, 161, 167-169, 233, 247, 249, 259, 260, 265, 272, 348, 412, 455, 459, 472, 475, 481, 503, 565
장 역장	577
전이해	73, 75, 81, 82, 105, 106, 162, 268, 284, 302, 303, 307, 308, 315-318, 395, 398, 403, 409
전적 타자	261
전통의 영향사 Wirkungsgeschichte	24, 75, 123, 195, 250, 315, 403, 409, 432, 478, 504
절대의존의 감정	101, 156, 228, 229, 235, 244, 245, 250
절대정신 Absolute Spirit, Geist	23, 101, 330
존재론	19, 21-23, 25, 26, 29, 30, 34, 48, 68, 69, 73, 92, 105, 156, 157, 181, 185, 193, 226, 254, 280, 281, 291-294, 300-304, 308-310, 315, 316, 321, 322, 324-328, 330, 332, 333, 337-339, 341, 342, 344, 354, 356, 358-360, 370, 373, 374, 376-378, 380, 381, 428, 458, 490
존재유비	268
존재 자체	20, 294, 297, 298, 300, 324-327, 330, 332, 334, 337, 341, 531
종교비판	258, 265, 269
종교철학	30-35, 59, 61, 69, 137, 155, 338, 339, 341, 342, 348
종교현상학	32, 33, 61
종말론적	47, 50, 70, 75, 76, 77, 129, 130, 140, 141, 171, 286, 288, 306, 307, 313, 351, 352, 354-356, 358-365, 367, 369, 370-384, 399, 404, 408, 431, 436, 437, 441, 442, 445, 448, 449, 477, 478, 517, 520, 535, 549, 550, 552, 554, 564, 568, 572, 573
죄	57, 64, 223-225, 247, 251, 253, 260, 261, 264, 277, 280, 288, 296, 297, 302, 303, 314, 344, 345, 351, 367, 401, 402, 404, 407, 408, 415, 427-431, 434, 435, 439, 446, 459, 482, 503, 524, 530, 532, 548, 565, 567
지향적 대상 noema	23

ㅊ

창조신앙 신학	423-426, 428, 431, 433-435, 441
철학적 신학	16, 17, 19, 30, 31, 47, 52-55, 59, 60-65, 69-77, 80, 81, 83, 93, 101, 105, 106, 108, 127, 137, 143, 220, 321, 451, 461, 514, 563
초월론적	320-326, 331, 335, 338, 339, 341, 347, 348, 350

초자연적 실존   322, 332, 342-346, 349, 351, 448

ㅋ

케리그마   45, 46, 291, 300, 305-307, 311, 313-315, 396, 399, 413

ㅌ

탈근대적 세계관   578
텍스트 실재론   189, 190, 191, 193-195, 197, 200, 201
토대주의   73, 110-112, 131-140, 142-171, 173, 174, 176, 185, 187, 192, 195, 201-206,
              422, 423, 432, 439, 444-446, 448, 449, 478, 517, 520, 571
토미즘   94, 322, 331, 332, 337, 347, 350
통전적   7, 120, 155, 167, 187, 315, 412, 413, 415, 419, 420, 440, 450-453, 459-463,
              465-470, 473-478, 480-483, 486, 502-504, 511, 512, 516-521, 527, 532, 533,
              536-541, 543-545, 549-551
특별계시   74, 77, 84, 95, 236, 434, 436, 444, 447, 469

ㅍ

포스트 토대주의   73, 110-112, 131-140, 142-146, 150-155, 157-167, 169-171, 173, 174, 176,
              187, 202, 203, 206, 422, 423, 439, 444, 446, 448, 449, 478
프로테스탄트   216, 247, 249, 454, 455, 465, 467

ㅎ

합리성   111, 113, 123, 133, 134, 136-140, 142-145, 150-154, 157-167, 170, 171, 173,
              174, 178, 186, 187, 202, 203, 262, 274, 438, 444, 445, 449, 461, 478, 517,
              520, 571
해석된 경험   133, 135, 136, 138, 139, 144, 152, 153, 170, 186-188, 204
해석학   23, 24, 37, 45, 46, 75, 103, 112, 116, 119, 121, 123, 124, 130, 138, 143-146,
              158, 159, 161, 164-169, 172, 174, 176, 188, 194-200, 203-206, 220, 250, 251,
              254, 283, 292, 306, 311, 315, 357, 363, 364, 378, 386-389, 391, 393-396, 398,
              400, 402, 409, 410-413, 452, 486, 500, 503, 504, 512-520, 522, 527, 529, 532,
              534, 542-546, 560, 561, 571
해체주의   154, 168, 169, 173, 178, 196, 205, 394, 472
헬레니즘   6, 55, 79, 80-82, 85, 86, 91, 92, 102, 105, 116, 121, 375, 464, 472
현상학   32, 33, 61, 130, 211, 214, 247, 293, 297, 299, 300, 308, 309, 315, 316, 413,
              527
현존재 Dasein   25, 293-298, 300, 304, 325-327
형이상학   2-26, 28, 30, 31, 48, 57, 63, 67, 68, 82, 86, 95, 100-102, 105, 106, 127, 181,
              211, 214, 215, 218, 221, 228, 251, 252, 254, 297, 299, 300, 321-334, 336-338,
              340, 347, 356, 357, 391, 392, 396, 397, 414, 415, 435, 438, 548
화쟁   476, 480, 483-489, 491-493, 495, 496, 498-504, 519, 521, 536
화체설 transubstantiation 97

인명 찾아보기

ㄱ

게리트 코르넬리스 베르카우어 Gerrit Cornelis Berkouwer   264
김명용   259, 452, 453, 469, 473, 475, 482, 582, 583

ㄴ

니니안 스마트 Ninian Smart   20, 83

ㄷ

데이비드 켈시 David H. Kelsey   196
데이비드 트레이시 David Tracy   169, 386, 387, 389, 451, 504, 522, 544

ㄹ

레론 슐츠 F. LeRon Shults   144
루돌프 불트만 Rudolf Bultmann   103, 290, 291
루돌프 오토 Rudolf Otto   33
루트비히 비트겐슈타인 Ludwig Wittgenstein   137
르네 데카르트 René Descartes   147
리차드 니버 H. Richard Niebuhr   87, 457

ㅁ

마르틴 루터 Martin Luther   99
마르틴 하이데거 Martin Heidegger   24, 291, 293
맥스 스택하우스 Max L. Stackhouse   410

ㅂ

버나드 로너간 Bernard Lonergan   91, 182
버트란드 러셀 Bertrand Russel   22
벤첼 반 호이스틴 J. Wentzel van Huyssteen   133
볼프하르트 판넨베르크 Wolfhart Pannenberg   27, 105, 352-554
빌헬름 딜타이 Wilhelm Dilthey   162

ㅅ

샐리 맥패그 Sallie MaFague	415
세바스찬 김 Sebastian C. H. Kim	410
슈베르트 옥덴 Schubert M. Ogden	114
스피노자 Spinoza	217

ㅇ

아돌프 하르낙 Adolf von Harnack	79
아리스토텔레스 Aristotles	21, 34, 55, 59, 96, 97, 105, 118, 147, 455, 463, 464, 472
안셀무스 Anselmus	34, 39, 40, 112, 126, 132, 202, 262
안토니 티즐톤 Anthony C. Thiselton	292
알렉산드리아의 클레멘트 Clement of Alexandria	89
알리스터 맥그래스 Alister E. McGrath	421
알브레흐트 리츨 Albrecht Ritschl	86
알프레드 노스 화이트헤드 Alfred North Whitehead	25
앤디 샌더스 Andy F. Sanders	159
에드워드 팔리 Edward Farley	117
에른스트 트뢸치 Ernst Troeltsch	48
에밀 브루너 Emil Brunner	36, 350, 429
에버하르트 융엘 Eberhard Jüngel	304
원효	476, 480, 483-489, 491, 492, 495-504, 519, 521, 582, 583
위르겐 몰트만 Jürgen Moltmann	70, 286, 423, 439
윌리암 스테거 Willliam R. Stoeger	135
이안 바버 Ian G. Barbour	135, 174
이종성	450, 452-473, 481, 482, 519-521, 526, 538, 582, 583
임레 라카토스 Imre Lakatos	177
임마누엘 칸트 Immanuel Kant	23

ㅈ

제임스 바 James Barr	196, 426
조셉 마레샬 Joseph Maréchal	322
조지 린드벡 George Lindbeck	156
존 로크 John Locke	148
존 매쿼리 John Macquarrie	61
존 캅 John B. Cobb	65
존 틸 John Thiel	150
존 폴킹혼 John Polkinghorne	179, 447

쇠렌 키에르케고르 Søren Kierkegaard   57

쥴리아 램 Julia A. Lamm   217

ㅋ

칼 라너 Karl Rahner   287, 320, 321, 448, 583

칼 바르트 Karl Barth   40

칼 포퍼 Karl Popper   177

콜린 군톤 Colin Gunton   132

크리스토프 블룸하르트 Christoph Friedrich Blumhardt   260

클라우스 베스터만 Claus Westermann   424

ㅌ

터툴리아누스 Tertullianus   5, 6, 55, 82, 85-87, 90, 103, 113, 143

토마스 아퀴나스 Thomas Aquinas   34, 55, 66, 84, 93, 105, 121, 143, 328, 428, 441, 463

토마스 토런스 Thomas Torrance   183

ㅍ

폰 라트 Gerhard von Rad   423-426

폴 리쾨르 Paul Ricoeur   199

폴 틸리히 Paul Tillich   20, 527, 530

프레더릭 코플스턴 Frederick C. Copleston   95

프리드리히 슐라이에르마허 Friedrich Schleiermacher   61, 100

프리드리히 헤겔 G. W. Friedrich Hegel   22

ㅎ

하인리히 오트 Heinrich Ott   42

한스 게오르그 가다머 Hans-Georg Gadamer   24, 504

한스 큉 Hans Küng   105, 107, 524

한스 프라이 Hans Wilhelm Frei   167

헤르만 바빙크 Herman Bavinck   428

헨드릭 벌콥 Hendrik Berkhof   36

휴 로스 매킨토쉬 Hugh Ross Mackintosh   247